I0620090

www.ingramcontent.com/pod-product-compliance
Lightning Source LLC
Chambersburg PA
CBHW082136120626
46553CB00010B/2688
9798892180757

IX 9Marks

أسئلة كنسيَّة

٢٧ سؤالاً كنسيًا يسألها غير المؤمنين والمسيحيين والخدام المؤمنين

ذهن جديد

اسم الكتاب: أسئلة كنسيَّة

٢٧ سؤالاً كنسيًا يسألها غير المؤمنين والمسيحيين والخدام المؤمنين

المؤلف: مارك ديفر وآخرون

الناشر للطبعة العربية: خدمة «ذهن جديد»

www.zehngadid.org

مسؤول الخدمة: الدكتور/ ياسر فرح

المترجمون: أمير سامي - مارثا بشارة - رفيق شكر الله - مايكل حكيم

المطبعة: سان مارك

رقم الإيداع: 2023/25845

9Marks ISBN: 979-8-89218-075-7

بعض الشهادات
عن كتاب أسئلة كنسيَّة

- «يواجه المسيحيُّون كل يوم أسئلة واقعية جدًا، مثل: كيف يؤسس الكتاب المُقدَّس الكنيسة؟ وكيف ينظم طريقة العبادة؟ أو يرتب أمور الخدمة؟ وكيف يحدد القيادة الكتابيَّة؟

- وهذه مُجرد أمثلة لتلك الأسئلة التي تم الرد عليها بوضوح وحرص وحكمة، في هذا الكتاب الجديد الذي تقدمه خدمة «العلامات التسع 9MARKS». أنا حقًا ممتن بشدة لهذه الخدمة ولتأثيرها السليم المبني على الرجاء، في العديد من الكنائس الأمينة، وأُثني على هذا الكتاب بشدة».

(القس: أر. ألبرت مولر، رئيس كلية اللاَّهوت المعمدانية الجنوبية).

- الأسئلة الجادة تستحق أجوبة مدروسة. إن لم تكن تدري من أين تبدأ بالإجابة على تلك الأسئلة، دع هذا الكتاب يقودك نحو الطريق الصحيح. فهذا الكتاب المميّز يدخل في صميم الموضوع ببراعة، وممتاز جدًا لمشاركته مع صديق أو حتى المئات من الأصدقاء».

(الكاتبة: جلوريا فيرمان، مؤلفة كتابيّ «الأمومة بحسب قلب الله» و«زوجة الراعي»).

- كقِس، يأتني العديد من الأسئلة من غير المؤمنين المهتمين بمعرفة الإيمان المسيحي، ومن المؤمنين الجُدد المرتبكين ويتساءلون: وماذا بعد الإيمان؟ ومن المؤمنين القُدامى الذين يبحثون عن أجوبة على تساؤلاتهم، سواء من أفراد عائلاتهم المؤمنين أو جيرانهم أو زملائهم بالعمل. وكم أود في تلك اللحظة لو يكون بيدي كتابًا موجزًا أستطيع أن امنحهم إياه، ليُجيب تساؤلاتهم ويضعهم على الطريق الصحيح، لكي ينطلقوا في الدراسة بعمقٍ أكثر! هذا ما

يوفـره كتـاب «أسـئلة كنسـيَّة»، فـكل عنـوان (فصـل كامـل) يتنـاول سـؤالًا واحـدًا بطريقـة سلِسـة وروحيَّـة وعمليَّـة. إن هـذا الكتاب «أسـئلة كنسـيَّة» يمكن تسـميته بحق «أجوبـة كنسـيَّة»! أنـا أنـوي الحصـول علـى العشـرات مـن تلـك الكتيّبـات وتوزيعهـا بشـكل منتظـم (**متاحـة فـي شـكل كتـب إلكترونيـة علـى موقـع خدمـة ذهـن جديـد**)، وهـذا مـا يجـب أن تفعلـهُ أنـت أيضًـا».

(القس/ خوان. أر. سانشيز، راعي كنيسة هاي بوينت المعمدانية بأوستن تكساس).

- أيـن يمكننـا نحـن المؤمنـون أن نجـد أجوبـة موثوقـة وواقعيَّـة، للأسـئلة الشـائعة عـن حيـاة المؤمنيـن فـي الكنيسـة – دون الاضطـرار لشـراء كتـب ضخمـة وغاليـة الثمـن –؟ كتـاب «أسـئلة كنسـيَّة» يُلبّـي هـذا الاحتيـاج عـن طريـق أجوبـة كتابيَّـة مدروسـة وعمليـة. ويوفـر هـذه الكتـاب للرعـاة والخـدّام مصـدرًا موثوقًـا ليسـتخدموه فـي قيـادة أعضـاء الكنيسـة نحـو حكمـة أعمـق ووحـدة أكبـر بيـن جماعـة المؤمنين».

(**راي أورتلاند**، رئيس خدمات التجديد).

عناوين وفصول
كتاب أسئلة كنسيَّة

المؤلفون

براد ويلير

حاصل على ماجستير اللاهوت من كلية اللاَّهوت المعمدانية الجنوبية. راعي كنيسة الكلية المعمدانية في فيات ڤيل في أركنساس. خدم سابقًا كراعٍ شريك لكنيسة كابيتال هول المعمدانية بواشنطن. هو وزوجته إيرين لديهما أربعة أبناء.

جريج جيلبرت (ماجستير الرعاية، كلية اللاَّهوت المعمدانية الجنوبية).

راعي كنيسة الطريق الثالث المعمدانية، لويس ڤيل، كنتاكي. مؤلف كتب: ما هو الإنجيل؟ ودراسة رسالة يعقوب في ١٢ أسبوع ومن هو يسوع؟ وشارك في تأليف كتاب: ما هي مهمة الكنيسة؟

جريج وزوجته موريا لديهما ثلاثة أبناء.

مات مِكولا

راعي كنيسة إيدچ فيلد، ناشڤيل، تينسي.

ومؤلف كتاب: تذكَّر أن الموت هو الطريق العجيب لرجاء حي.

شون دي مارس

راع في كنيسة ٦ شارع الجماعة في ديكاتور، ألاباما. ولديه هو وزوجته، آمبر، طفلتان، بيشنس وإيزابيلا.

جيريمي بيير

يخدم جيريمي بيير (حاصل على الدكتوراه في اللاهوت، كلية اللاهوت المعمدانية الجنوبية) كأستاذ للمشورة الكتابية في كلية اللاهوت المعمدانية الجنوبية. كما أنه راع في كنيسة كليفتون المعمدانية. يعيش جيريمي وزوجته سارة في لويسفيل، كنتاكي، ولديهما خمسة أطفال.

قمنا في خدمة ذهن جديد بنشر كتابه الشهير «الراعي والمشورة»

ج. جاريت كيل

هو الراعي الرئيسي في كنيسة ديل راي المعمدانية في ألكساندريا، فرجينيا. خدم سابقًا كراعي التبشير في كنيسة دانتون للكتاب المُقدّس في دانتون، تكساس؛ وكراع في كنيسة جراهام للكتاب المُقدّس في جراهام، تكساس؛ وفي فريق العمل في كنيسة كابيتول هيل المعمدانية. لديه هو وزوجته كاري خمسة أطفال.

جيريمي كيمبل

(حاصل على الدكتوراه من كلية اللاهوت المعمدانية الجنوبية الشرقية) هو أستاذ مساعد في الدراسات اللاهوتية في جامعة سيدارفيل. لديه هو وزوجته، راشيل، طفلين.

جوناثان ليمان

(حاصل على الدكتوراه من جامعة ويلز)، مدير التحرير بخدمة العلامات التسع 9MARKS، كاتب ومُحرر لعشرات الكتب ويُدرس في العديد من كليات اللأهوت. لديه أربع بنات ويعيش مع زوجته وبناته في أحد ضواحي واشنطن، وشيخ في كنيسة تشيڤرلي المعمدانية.

أندي نِسالي

(دكتوراه، جامعة بوب جونز؛ دكتوراه كلية لاهوت ترنيتي الإنجيلية) أستاذ مساعد للاهوت النظامي والعهد الجديد بكلية لاهوت بيت لحم وشيخ بكنيسة بيت لحم المعمدانية.

ماثيو إمادي

(دكتوراه، كلية اللاهوت المعمدانية الجنوبية) راعي لكنيسة كروسرودز في ساندي، يوتا. ماثيو وزوجته بريتاني لديهم ستة أطفال.

مارك كولينز

(ماجستير رعوي، كلية اللاهوت المعمدانية الجنوبية) خدم كمرسل عابر للثقافات لأكثر من عشرين عامًا. وهو الآن يخدم كراع لكنيسة في شرق آسيا. لديه هو وزوجته ميجان ستة أطفال.

مارك ديفر

(دكتوراه، جامعة كامبريدج) هو الراعي الرئيسي لكنيسة كابيتول هيل في واشنطن العاصمة ورئيس خدمة العلامات التسع (9Marks.org). قام ديفر بتأليف أكثر من اثني عشر كتابًا ويتحدث في المؤتمرات على الصعيد الوطني وألقى الكثير من المحاضرات في طول البلاد وعرضها. قام بزيارة مصر مؤخرًا.

قمنا كخدمة ذهن جديد بنشر كتابه الشهير «كيف تبني كنيسة صحيحة»

كيري فولمر

عضوة في الكنيسة المسيحية المتحدة في دبي، حيث زوجها هو الراعي الرئيسي مدة الخمس عشرة سنة الأخيرة. لديها ثلاثة أطفال وقد ألفت كتاب *The Good Portion: The Doctrine of Scripture for Every Woman* وسلسة الدراسات الكتابية بعنوان الابتهاج بالكلمة، Delighting in the Word.

دان أورتلاند

(حاصل على دكتوراه من ويتون كوليدج)، ويخدم كراعي لكنيسة نابرڤيل المعمدانية، نابرڤيل، إلينويز. مؤلف كتُب: الطيب والحقير؛ وقلب يسوع للخطاة والمتألمين

والمكسورين؛ وتغيير حقيقي في حياة خاطي حقيقي. القس/ دان وزوجته ستاسي لديهما خمسة أطفال.

خوان سانشيز

(حاصل على الدكتوراه من كلية اللاَّهوت المعمدانية الجنوبية)، وهو راعي كنيسة هاي بوينت المعمدانية، أوستن، تكساس. مؤسس مشارك ورئيس الائتلاف «Coalición»، مؤلف كتاب (وصفة القيادة: طوِّر الجيل القادم من القادة في الكنيسة)، وشارك في تأليف كتاب (الاحتمال بأمانة).

چون أونوتيشكوا

(ماجيستير في الآداب من كلية دالاس اللاهوتية) يخدم كراعي لكنيسة كورنرستون (Cornerstone Church) **في أتلانتا، جورجيا. وهو مؤلف كتاب** Prayer: How Praying Together Shapes the Church

جانر جندرسِن

(حاصل على دكتوراه في اللاهوت من كلية اللاهوت المعمدانيَّة الجنوبيَّة)، يخدم كراعي لكنيسة بريدچ بوينت بايبل المعمدانيَّة في هيوستن، تكساس. خدم في السابق لمدة خمسة عشرة عام، في خدمة التعليم والتدريب في كلية مسيحيَّة، كمدير مقيم، وعميد مُشارك، وأستاذ.

إسحاق آدمز

(حاصل على ماجستير في اللاهوت من كلية اللاهوت المعمدانية الجنوبية)، يخدم كراعي لكنيسة كابيتول هيل المعمدانية بواشنطن، حيث يعيش مع زوجته وطفلين. مؤسس اتحاد (نحن نُصلّي)، وهي خدمة مُكرسة للصلاة من أجل الصراع الطائفي بين المسيحيين.

سام إيمادي

(حاصل على دكتوراه في اللاَّهوت من كلية اللاَّهوت المعمدانية الجنوبية). يخدم كرئيس تحرير في خدمة العلامات التسع، وهو كاتب ومحرر ومدير لبعض مشروعات النشر.

أليكس دوك

(ماجستير رعوي، كلية اللاهوت المعمدانية الجنوبية) هو مدير تحرير خدمة العلامات التسع ومدير خدمة الشباب والتدريب الكنسي في كنيسة الشارع الثالث المعمدانية في لويفيل، كنتاكي.

أوبري م. سيكويرا

(دكتوراة من كلية اللاهوت المعمدانيَّة الجنوبيَّة) ويخدم بصفته الراعي الرئيس لكنيسة الشركة الإنجيليَّة في أبو ظبي. وقد خدم في إحدى الخدمات في الهند وأمريكا الشمالية والآن هو في الشرق الأوسط.

بوبي جاميسون

(دكتوراه، جامعة كامبريدج) يعمل كقس شريك في كنيسة الكابيتول هيل المعمدانية في واشنطن العاصمة. شغل سابقًا منصب مساعد محرر لخدمة العلامات التسع. بوبي وزوجته لديهما أربعة أطفال.

جيمي دونلوب

خدم جيمي دونلوب كراعٍ مساعد في كنيسة كابيتول هيل المعمدانية منذ عام ٢٠٠٩. قبل هذا، كان مديرًا في إدارة استشارية كبيرة. وقد شارك في تأليف كتاب *The Compelling Community* مع مارك ديفر.

مقدمة الناشر

نشكر إلهنا الذي قادنا إلى فكرة طباعة هذه السلسلة المكونة من ٢٧ كتيّبًا (متاحة للاقتناء والقراءة على موقع الخدمة - قسم المكتبة الإلكترونية على شكل ebooks) في كتاب واحد كبير يرد على معظم الأسئلة التي يسألها الأعضاء في مختلف الكنائس المحلية وأيضًا للذين هم من خلفية غير كنسية. توجّه هذا الكتاب هو الفكر المُصلح والذي يميل إلى معمودية البالغين بعد الإيمان Reformed Baptist.

كتاب أسئلة كنسيَّة من خدمة العلامات التسع 9MARKS يقدّم للمؤمن البسيط تعاليم كتابيَّة صحيحة، من خلال الإجابة على الأسئلة الشائعة عن الحياة المسيحيَّة. كل عنوان (فصل كامل) يقدّم إجابة كتابيَّة وتطبيق عملي بهدف النمو في النعمة وفي معرفة الرب والمخلّص يسوع المسيح، من أجل التزام وممارسات كنسيَّة سليمة.

نصلّي أن يكون هذا الكتاب المميّز بركة لكل من يقرأه وبركة لخدّام الكنيسة المحلية في كل مكان.

خدمة ذهن جديد

١

هل أنا مدعُو للخدمة؟

براد ويلر

«صَادِقَةٌ هِيَ الْكَلِمَةُ: إِنِ ابْتَغَى أَحَدٌ الأُسْقُفِيَّةَ، فَيَشْتَهِي عَمَلًا صَالِحًا»

١ تيموثاوس ٣: ١

الدخول في الخدمة كان أبعد ما يكون عن تفكيري أو اهتمامي. ورُغم إن اعتلاء المنبر يمثل حُلم العمر بالنسبة للبعض، كانت الخدمة تبدو بالنسبة لي كنوع من التأديب!

لقد نشأت في بيت دافئ مُحب، لكن عائلتي لم يكونوا مؤمنين. ولم أكن أعرف أي شيء عن الوعاظ بخلاف تلك الهيئة الضخمة التي يظهرون عليها في الرسوم الكاريكاتورية. والحديث أمام الجماهير تحديدًا لم يكن ضمن اهتماماتي على الإطلاق، ولم أرى الخدمة «كمجال عمل» لي بأي حال من الأحوال، لقد كانت لديَّ خططًا أفضل لحياتي.

أثناء مراهقتي، أعطوني كتابًا مقدّسًا، ولأنني أعتبر نفسي مُفكرًا ومُنفتحًا، قبلت التحدي وأعطيت نفسي فرصةً لقراءته. وبعد عدة أيام، أثناء قراءتي لإنجيل مرقس منفردًا في غرفتي، قبلت خلاص الله! لقد غيَّر الكتاب المُقدَّس حياتي شيئًا فشيئًا، لكن رؤيتي للخدمة لم تتغير؛ لأنني كنت أري القسوس كأشخاص ليس لديهم القدرة

علـى الانخـراط فـي عالـم الواقـع، ومـن يمتلـك منهـم المقـدرة والموهبـة قطعًـا سـيختار وظيفـة أُخرى. ولـك أن تتخيل صدمتـي حيـن قالـت لـي المـرأة – التـي أصبحـت زوجتـي الآن – بـكل ثقـة، أنهـا تأمـل أن تتـزوج بقـس يومًـا مـا! كان جوابـي دون تـردد هـو، إنها لن تتزوج بي إذًا لأنني لن أصبح قسًا أبدًا! ثم تركتها ورحلت.

وبعـد أعـوام قليلـة، تخرجـت مـن الجامعـة وحصلـت علـى وظيفـة مُربحـة فـي مجـال الاسـتثمارات. ولسـبب غيـر مفهـوم، تزوجـت تلـك المـرأة بـذاك الأحمـق المتعجـرف! وانضممنـا لكنيسـة صغيـرة بمنطقـة باسـيفيك باليسـادز فـي جنـوب كاليفورنيـا، حيث كان القس يعظ من إنجيل مرقس وعظًـا تفسيريًا،[١] أسبوعًا تلو الآخر، ظل يعظ مـن إنجيل مرقس أصحاحًـا بأصحـاح. وهنـا، بـدأت كلمـة الله تغيّـر حياتـي مجددًا.

ذات أحـد، سـمِعت نفسـي أتفـوه بتلـك الكلمـات: «لا أدري إن كان يجـب علـيَّ القيـام بذلـك؟!» نظـرت زوجتـي نحـوي وهـي تسـألني، مـا إذا كنـت أود إدارة صنـدوق الكنيسـة، لكننـي أجبتهـا بالنفـي، وبأننـي أود بـأن أخـدم بالوعـظ. لقد صُدمـت مـن الـرد كمـا صُدمـت أنـا أيضًـا!

لـم أكـن أدري معنـى مـا قُلـت للتـوّ، لـذا سـألت راعـي الكنيسـة: مـاذا يمكننـي أن أفعـل إذا وددت الخدمـة بالوعـظ مثلـك؟ لـن أنسـى مـا قالـه لـي مـا حييـت، قـال: «أول شـيء يجـب عليـك فعلـه هـو الانتقـال إلـى دالاس والالتحـاق بكليـة دالاس اللاهوتيَّـة، فهـي كليـة لاهـوت جيـدة. وبعـد أربـع إلـى سـت سنوات، سـتتخرج وتبحـث عـن وظيفـة كـراعٍ للسـن الصغيـر، وإذا صـارت الأمـور كمـا يجـب، سـتصبح راعيًـا للشـبيبة والكبـار أو كـراعٍ مُسـاعد، وربمـا بعـد ذلـك سـتصبح راعيًـا لكنيسـة».

لقـد شـعرت بإحبـاط كبيـر! فبالنسـبة لشـاب ترعـرع فـي سـاحل كاليفورنيـا، لـم تكـن دالاس أرض الأحـلام. كمـا لـم يبـدو لـي التخلّـي عـن وظيفـة واعدة فـي مجـال الاسـتثمارات، والتفـرغ لسـت سـنوات كاملـة مـن أجـل الدراسـة بـدون رؤيـة واضحـة لكـي اسـتهل حياتـي العمليـة كـراعٍ للشـبيبة، قـرارًا حكيمًـا. البعـض لديـه تلـك الموهبـة، لكـن بـكل تأكيد ليـس أنـا.

---

[١] الوعـظ التفسـيري، هـو التركيـز علـى المغـزى مـن النـص، ليكـون هـو نفسـه المغـزى مـن العظـة، ويصـل لقلـب السـامع.

ربما يهمك الأمر، وربما تكون مؤمنًا ولسببٍ ما تفكر في حياة الخدمة، فهل عليك المُضيّ قُدمًا؟ كيف تعرف هذا؟ وماذا عليك أن تفعل؟ إن كانت تلك الأسئلة تشغلك؟ فهذا الفصل خصيصًا لك.

لكن هذا الفصل ليس فقط لمن يسعى لأن يصير راعيًا، بل هو أيضًا للرعاة المنخرطين بالفعل في الخدمة، ولقادة الكنيسة الذين يواجهون الكثير من المتاعب أثناء خدمتهم. طوال الوقت أسمع عن أزمات الكنيسة في الكرازة، لكن هناك أزمة واحدة لا تُحل أبدًا وهي، العدد المتزايد للملتحقين بكليات اللاهوت، لرجال لديهم قناعة تامة بأنهم مدعوون للخدمة، في حين أنهم أبعد من يصلُح لقيادة الكنيسة! الذي يؤهِّل الرعاة هي الكنائس المحلية وليست كليات اللاهوت. سواء كنت راعيًا أو قائدًا لكنيسة، أأمل أن يساعدك هذا الفصل بمعرفة مسؤولياتك أمام الله. حتى يمكنك معرفة من هم الذين يجب أن ترسلهم للانطلاق في الخدمة، ومن هم الذين يجب أن تحافظ على إبقائهم داخل الكنيسة.

قبل أن أُواصل، لديَّ توضيحًا بسيطًا وهو، أن معظم حديثي في هذا الفصل موجه بشكل خاص لمن يصارعون مع فكرة إذا كان يجب عليهم الدخول في الخدمة الرعويَّة أم لا. ولكن إذا كنت تفكر في أن تهب حياتك للخدمة في مجالات أخري كالتعليم في كليات اللاَّهوت، أو الخدمة في إرساليات، فواصل القراءة، أعتقد أن المبادئ الكتابيَّة المطروحة ستعود بالفائدة عليك أيضًا!

فلنتحدث عن «الدعوة»!

واحد من أفلامي المفضلة هو، فيلم «نهر يجري في وسطها» إنتاج عام ١٩٩٢، في بداية الفيلم يعود «نورمان»، الشخصية الرئيسيَّة إلى موطنه في ميسولا، مونتانا، بعد ستة أعوام قضاها في الدراسة في دارتماوث. وعند عودته يخبره أباه بحماس – وهو خادم معمداني إسكتلندي –، كيف أنه يخطط لكي يجعله يستفيد مما تعلمه في الخدمة، لكن «نورمان» أجابه، بأنه ليس متأكدًا بعد إذا كان يريد الانخراط في الخدمة! نظر إليه أباه بامتعاض من خلف نظارته ذات الحواف الرفيعة،

وهو يقول: «لقد قضيت ست أعوام لتكون متأكدًا!». يبدو أن بعض النقاشات بين الأب والابن لا تتغير أبدًا!

المهم، اقترح الأب على ابنه، أن يُكمل الدراسة ويحصل على درجة متقدّمة في الحقوق أو الطب أو الخدمة الكنسيَّة، تاركًا كلمة الخدمة كآخِر اختيار على أمل أن يختارها، لكن «نورمان» صارح أباه بأنه تقدَّم للحصول على وظيفة في التدريس. أجابه بهدوء قائلًا: «وهل هذا يستحق؟» توقف قليلًا ثم أردف، «هل يمكن أن تعتبر أن هذا يؤكد.. دعوتك؟» أجاب «نورمان» بدهشة «دعوتي!»[٢]

كانت هناك فكرة متداولة بين المؤمنين وهي، أنهم يستخدمون كلمة «الدعوة» حين يتحدثون عن المهنة أو الوظيفة، لقد بات الحديث بهذه اللغة غير مناسب لأيامنا هذه. فأنا مثلًا، لم يسألني أي صديق مؤمن أثناء دراستي الجامعيَّة إن كنت أشعر بأنني «مدعو» للعمل في الاستشارات المالية. أنا فقط كنت أحلُم بمهنة يمكنني من خلالها تمجيد الله وإعالة أسرتي وأن أحظى ببعض المرح أيضًا.[٣] ولكن هناك مهنة واحدة، تظل فيها كلمة «الدعوة» كلمة مقدَّسة، وهي الخدمة. فعندما يأتي الأمر للخدمة، يميل المؤمنون لسؤال أنفسهم إذا كانوا «مدعوين» للخدمة أم لا. إن اختيارك لهذا الفصل خصيصًا، هو لإنك تريد بالطبع معرفة إجابة هذا السؤال!

ولكن سأخرج عن المألوف وأفترض: أنك إن سألت إذا كانت لك «دعوة» للخدمة كوظيفة أم لا، فهذه طريقة غير كتابيَّة وغير مفيدة!

غير كتابيّة

إن السؤال: هل أنت «مدعو» أم لا؟ هو غير كتابي، لأن هذه ليست هي الطريقة التي يوضح بها الكتاب المُقدَّس «الدعوة». في العهد الجديد، «الدعوة» هي مرادف لكلمة «الخلاص» وليس كلمة «وظيفة».

---

[2] *A River Runs Through It*, directed by Robert Redford (Los Angeles, CA: Columbia Pictures, 1992).

[٣] على الرغم من اعترافي بذلك، لكن الأمر لا يسير على هذا النحو دائمًا.

علـى سـبيل المثـال، عندمـا وعـظ بطـرس فـي يـوم الخمسين، أخبـر الجميـع أن الموعـد هـو لـكل مـن يدعـوه الـرب (أعمـال ٢: ٣٩)، وهنـا يقصـد بطـرس الخـلاص. مثـال آخـر يؤكـد ذلـك، مـا يقولـه بولس الرسـول في (روميـة ٨: ٢٨-٣٠)، «**وَنَحْنُ نَعْلَمُ أَنَّ كُلَّ الأَشْيَاءِ تَعْمَلُ مَعًا لِلْخَيْرِ لِلَّذِيـنَ يُحِبُّـونَ اللهَ، الَّذِيـنَ هُـمْ مَدْعُـوُّونَ حَسَـبَ قَصْـدِهِ. وَالَّذِيـنَ سَـبَقَ فَعَيَّنَهُـمْ، فَهـؤُلاَءِ دَعَاهُـمْ أَيْضًـا. وَالَّذِيـنَ دَعَاهُـمْ، فَهـؤُلاَءِ بَرَّرَهُـمْ أَيْضًـا. وَالَّذِيـنَ بَرَّرَهُـمْ، فَهـؤُلاَءِ مَجَّدَهُـمْ أَيْضًـا**». إن «الدعـوة» هـي الوجـه الآخـر للخـلاص.

وعندمـا يقـول بولـس فـي رسـالته لأهـل روميـة (روميـة ١١:٢٩)، «**لأَنَّ هِبَـاتِ اللهِ وَدَعْوَتَـهُ هِـيَ بِـلاَ نَدَامَـةٍ**» هـو لا يقصـد إنـه يجـب عليـك تغييـر وظيفتـك. وعندمـا يقـول فـي رسـالته لأهـل كورنثـوس (١ كورنثـوس ١:٢٦)، «**فَانْظُـرُوا دَعْوَتَكُـمْ أَيُّهَـا الإِخْـوَة**»، هـو لا يطلـب مـن أهـل كورنثـوس أن يفكـروا مليًـا إذا كانـوا فـي وظيفـة مناسـبة أم لا، بـل بالأحـرى أن يُفكـروا بمـا كانـوا عليـه وقـت خلاصهـم. هنـاك العديـد مـن الفقـرات فـي الكتـاب المُقدَّس تؤكـد هـذه النقطـة ذاتهـا، أُشـجعك أن تبحـث عنهـا بنفسـك، وتتأمـل بهـا. انظـر (١ كورنثـوس ١: ٩، ٢٦؛ ٢ تيموثـاوس ١: ٨-٩؛ ٢ بطـرس ٣-٤، ١٠).

إن الاسـتثناء الوحيـد مـن هـذا الشـكل لــ «الدعـوة»، (أي الدعـوة لوظيفـة محـددة) هـي دعـوة يسـوع نفسـه بـأن يكـون رئيسًـا للكهنـة، (العبرانييـن ٥:٤)، ودعـوة التلاميـذ ليكونـوا رُسـلًا (متـى ٤: ٢١-٢٢؛ ١٠: ١)، وبولـس أيضًـا «المدعـو رسـولًا» (رومية ١:١؛ ١ كورنثوس ١:١).

باختصـار، لا يسـتخدم الكتـاب المُقدَّس أبـدًا كلمـة «دعـوة» للإشـارة إلـى وظيفـة مـا، بـل يسـتخدمها للإشـارة لمـا يجـب أن نكـون عليـه كمؤمنيـن. الرُسـل هـم فقـط الاسـتثناء؛ لأنهـم سـمعوا أصواتًـا لـم يسـمعها غيرهـم (أعمـال ١: ٦-٨؛ ٢٢: ٩) وهـم فقـط مـن رأى رؤى لـم يرَهـا غيرهـم (مرقـس ٩: ٧؛ أعمـال الرسـل ٩: ١-٩)، لأنـه كانـت لديهـم مهـام لا يستطيع أحد أن يتقاسمها معهم (أفسس ٢:٢٠).[4]

---

[4] See Christopher Green, *The Message of the Church* (Downers Grove, IL: InterVarsity Press, 2013), 217.

يُذكّرنـا الكاتـب الإنجليـزي أوس. جينيـس «Os Guinness» أننـا أولًا وقبـل كل شـيء، مدعـوون لنتبـع شـخصًا (الـرب) وليـس شـيئًا (كالأمومـة أو السياسـة أو التعليـم) أو أماكـن (كمدينـة أو بلـدٍ مـا).[٥]

إن الاسـتخدام اللغـوي الـذي نسـتخدمه لكلمـة «دعـوة» ليـس فقـط غيـر كتابـي، بل هو أيضًا غير مفيد.

غير مفيد

كنـت أمـارس لعِـب الـورق كثيـرًا عندمـا كنـت فـي الجامعـة، اغفـروا لـي ذلـك، لـم أكـن حينهـا مؤمنًـا معمدانيًّـا! ولـم يكـن اختـراع الإنترنـت متاحًا بعـد. إن لُعبة «سـبادس Spades» هـي لُعبـة الـورق المفضلـة لـديَّ. هـذه اللُّعبـة بهـا فئـة ورق تُدعـى «ورقـة ترامـب»، مـن يملـك هـذه الورقـة، يربـح كل الـورق. تظـل تلعـب بالـورق وتظـن أنـك فائـز، وحيـن ينـزل أحدهـم بـ«ورقـة ترامـب» يفـوز بكل شـيء! وبالمثـل، قـد لا يضللنا اسـتخدامنا اللغوي الخاطـئ لكلمـة «الدعـوة» وحسـب، بـل أيضًـا يشـكل خطـرًا.

فقـط فكِّـر فـي السـؤال نفسـه: «هـل أنـا مدعُـو؟» أيـن هـو محـور السـؤال؟ إنـه يتمحـور حـول الشـخص السـائل نفسـه. إنهـا دائـرة غامضـة مـن التركيـز علـى الـذات، ربمـا تقضـي ليـال مـن التأمـل فـي النجـوم والانشـغال العميـق بالأمـر. لكـن تلـك الطريقـة هـي أبعـد مـا يكـون عمَّـا يخبرنـا بـه الكتـاب المُقدَّس، لأنـه لا يشـخصن الخدمـة أو يركـز علـى الفـرد بهـذه الطريقـة.

وبالرغـم مـن أن الكتـاب المُقدَّس لا يتحـدث عـن «الدعـوة» بهـذه الطريقـة التـي تتمركـز حـول الفـرد، إلا إننـي كثيـرًا مـا أدخـل فـي مناقشـات مـع شـباب يؤمنـون بأنهـم مدعـوون للخدمـة بنـاءً علـى مـا شـعروا بـه فـي لحظـة حمـاس، ربمـا عندمـا أخفـق قلبهـم خـلال مؤتمـر أو خلـوة روحيـة، وظنـوا أنهـا «دعـوة» مـن الله، فأصبحـوا علـى اقتنـاع بأنهـم

٥ أنـا لا أقـول بـأن الله لا يسـتطيع التعامـل مـع نفوسـنا، وأن يلهـب حواسـنا بالـروح القـدس، لكن من الحكمة ألأ نوظف لغة "الدعوة" لصالح الطموح الفردي، انظر في:
Os Guinness, *The Call: Finding and Fulfilling the Cen- tral Purpose of Your Life* (Nashville, TN: Word, 1998), 31.

مدعوون للخدمة. إنهم يتصرفون تمامًا كما لُعبة الورق. عندما تستحوذ عليهم فكرة أنهم «مدعوون»، يظنون أنه الفوز الثمين، ولا يمكن لأي أحد أن يقول أو يفعل شيئًا حيال ذلك!

حسنًا، ربما أكون قد بالغت قليلًا في الأمر! ولكن تبقى المسألة هي، أن «الدعوة» للخدمة غريبة تمامًا في العهد الجديد. لنأخذ بولس كمثال، فإن كان على أحد أن يستخدم «الدعوة» كورقته الرابحة، فبكل تأكيد سيكون بولس. لقد بدأ تعليمه الديني في اللحظة التي بدأ فيها تعلُّم الكلام، ربما امتلك شهادات علميَّة على جدران منزله أكثر مما تمتلك أنت من الكتب على الرفوف (أعمال ٢٢: ٣؛ فيلبّي ٣: ٤-٦)، كان لديه رؤية بالفعل؛ لأن الله أمره بأن يكرز. لكنه عندما ذهب إلى كنيسة أنطاكية، لم يتفاخر بـ «الدعوة» أو يطلب من الآخرين أن يتنحوا جانبًا بأي شكل من الأشكال، لنقرأ ما سجله لنا لوقا في (أعمال الرسل ١٣: ٢-٣) «**وَبَيْنَمَا هُمْ يَخْدِمُونَ الرَّبَّ وَيَصُومُونَ، قَالَ الرُّوحُ الْقُدُسُ:** «**أَفْرِزُوا لِي بَرْنَابَا وَشَاوُلَ لِلْعَمَلِ الَّذِي دَعَوْتُهُمَا إِلَيْهِ**». **فَصَامُوا حِينَئِذٍ وَصَلُّوا وَوَضَعُوا عَلَيْهِمَا الأَيَادِيَ، ثُمَّ أَطْلَقُوهُمَا**».

نرى هنا نموذجًا يتسّق مع كل العهد الجديد (وهذا ما سنكتشفه لاحقًا).

لقد أرسل الروح القدس بولس وبرنابا للكرازة، ولكن الكنيسة أيضًا أعدتهم لتتميم هذا العمل. وهنا درسٌ هام لنا، أن الرغبة الشخصية للخدمة يجب أن تتوافق مع تأييد الكنيسة ككل. لا يجب أن نبني التزامنا بالخدمة بناءً على لحظة خادعة (بوجود دعوة زائفة)، ويجب أيضًا ألا نشجع الآخرين – لو تطلب الأمر – أن ينجرفوا وراء تجربة لحظية تحت تأثير العواطف الجياشة. لو لم يكن هذا ما حدث معي، لما كنت الآن راعيًا لكنيسة ولما كنت لأكتب هذا الفصل.

في الواقع، من الممكن جدًا أن تكون «الدعوة» ضارة حتى للرعاة الذين يخدمون بالفعل! سمعت مؤخرًا راعٍ لكنيسة محلية يقول: «لأننا مدعوون من الله، لا يمكننا أن نترك الخدمة». أعتقد أنه يقصد بكلامه هذا إثارة حماس الرعاة المتعبين أو المتكاسلين في الخدمة. لكن في الحقيقة، قد يُسبب هذا الاعتقاد شعورًا بالذنب لمن يفكرون

في ترك الخدمة، في حين أن قرارهم هذا ربما يكون هو الأنسب والأكثر حكمة ومحبة للكنيسة ولعائلاتهم.

إن عدم مقاومة تلبية «دعوة خاصة» من الله، حجة كثيرًا ما يستخدمها البعض للتستر على عيوب وعدم كفاءة القادة غير المؤهلين. فيقولون لك: «من نحن حتى نقاوم إرادة الله»! في حين أن هناك أدلة واضحة وضوح الشمس تؤكد عدم كفاءتهم للقيادة.

إذًا، طالما أن لغة «الدعوة» غير كتابيَّة وغير مفيدة، فهل هناك طريقة أفضل لنتبين الأمر؟ نعم، أعتقد ذلك، فعوضًا عن «الدعوة» لنتحدث عن أربعة مفاهيم هي: الرغبة والمؤهلات والقدرة والتأكيد.

الرغبة

أعلم أنني في الصفحات السابقة، وجهت نقدي الشديد للذاتيَّة المفرطة في مسألة «الدعوة»، لكنني لا أعني بذلك أن وجود الرغبة أمرٌ ثانوي، بل العكس، هذا أمرٌ جوهري، ففي (١ تيموثاوس ٣: ١) يقول بولس «**إِنِ ابْتَغَى أَحَدٌ الأُسْقُفِيَّةَ، فَيَشْتَهِي عَمَلًا صَالِحًا**». إن الرغبة هنا ليست فقط عملًا صالحًا بل ضرورة!

شرف الخدمة

الخدمة هي مسؤولية جليلة وسامية. هذا ما لم استوعبه في حداثة إيماني، حين كنت أسخر من الخدمة الرعوية. لقد سمحت للعالم وليس الله ليُشكل تصوراتي عن الأمر، وبكبرياء سخرت مما يراه الله جليلًا وساميًا! إنه أمر جيد أن يكون لديك اشتهاء للخدمة الرعوية، لأن لها كرامة خاصة، فنقرأ في (١ تسالونيكي ٥: ١٢-١٣)، «**ثُمَّ نَسْأَلُكُمْ أَيُّهَا الإِخْوَةُ أَنْ تَعْرِفُوا الَّذِينَ يَتْعَبُونَ بَيْنَكُمْ وَيُدَبِّرُونَكُمْ فِي الرَّبِّ وَيُنْذِرُونَكُمْ، وَأَنْ تَعْتَبِرُوهُمْ كَثِيرًا جِدًّا فِي الْمَحَبَّةِ مِنْ أَجْلِ عَمَلِهِمْ. سَالِمُوا بَعْضُكُمْ بَعْضًا**».

عادة ما يسخر العالم من هؤلاء الذين يُكرّسون أنفسهم للكرازة (يرون في ذلك خرافات وخداع للبسطاء). لقد أعرب مديري السابق في وول ستريت عن أسفه الشديد لتنازلي عن عملي المرموق والتوجه لاستكمال حياتي في العمل بالكرازة. احتقاره

لقراري كان واضحًا، حتى أمي الحبيبة لم تتوقف عن النواح لأسابيع بعد أن أخذت هذا القرار المُفزع بالنسبة لها.

ومع ذلك، فإن ما يبدو في نظرهم مثيرًا للسخرية والشفقة، هو في نظر الله مكرَّمًا وجليلًا! لم أندم يومًا على اِتباع مشيئة الله، بل وأفضِّلها على نظرة عائلتي وفكر العالم الذي يسخر من الخدمة الكنسيَّة.

خطورة الخدمة

لنكن واضحين، الرغبة الصادقة في الخدمة ليس كالطموح الجامح للخدمة. نحن نعيش اليوم في عالم يُعظِّم من شأن قسوس الكنائس الكبيرة، هناك حالة من التنجيم والتلميع لخدام الكنائس الشهيرة، وبالطبع هؤلاء الخدام مطلوبون بشدة في المؤتمرات الروحيَّة الكبيرة، لقد بلغ الأمر أن بعضهم يصاحبه موسيقى ترحيبيَّة خاصة عندما يعتلي المنبر، مثل مشاهير لاعبي كرة القدم عندما يدخلون لأرض الملعب!

يمضون عقودًا خيالية لنشر كتبهم مع دور النشر الكبيرة، لديهم قاعدة جماهرية كبيرة من المعجبين الذين يتبعونهم أينما يذهبون. لقد رأيت بأم عيني وأنا وفي مؤتمر ضخم لأحد هؤلاء القسوس، طابورًا طويلًا من المصلّين، يقفون في انتظار أن يقوم هذا القس بتوقيع كتبهم المُقدَّسة! كم غريب هذا الأمر، هل يظنون أنه قام بكتابته مثلًا؟! لم أستطع أن أعرف ماذا عليَّ أن أفعل، لقد صُدمت بالفعل من طول الطابور المنتظر بتلهف لتوقيع هذا القس!

أنا لا أفترض أن كل رعاة الكنائس الكبيرة لديهم هوس وعُجب بأنفسهم، في الحقيقة هناك رعاة لديهم هذا الهوس حتى في الكنائس الصغيرة! أنا فقط أريد توضيح أننا نعيش في عالم يُمجِّد الشهرة والمشاهير، وهذا للأسف له تأثير بالغ على الكنيسة. نحن أيضًا قد يكون لدينا ميل للتمجيد والتمحور حول أنفسنا، فكم من مرة أسمع بعض المُصلين لا يذكرون اسم الكنيسة التي ينتمون إليها، بل يتفاخرون بأنهم يحضرون في كنيسة القس الشهير، فيقولون بعضهم لبعض: «أنا أذهب لكنيسة فلان أو فلان»!

إذا كان العقد الأخير من القرن العشرين يتمحور حول كنيسة منطلقة نحو الهدف، فإن العقود الأولى من القرن الحادي والعشرين تتمحور كليًا على التركيز على الذات.[٦] نحن نصنع من القادة الروحيين مُسحاء جُدد، نرفعهم إلى مكانة تشبه مكانة الله، ونتمسك بكل كلمة تخرج من فمهم كما لو كانت كلام المسيح نفسه! نحن في داخل القلب أصبحنا عابدي أوثان، ونحن نعلم كيف يُحطم الرب تلك الأصنام التي نعبدها.

ما أريد قوله هو، إننا مع ثقافة حب الشهرة والمشاهير السائدة في الكنائس اليوم، قد نخلط بين الرغبة الصادقة والطموح والجامح، لأنه من السهل أن نقول إننا نمجد اسم المسيح، في حين أننا لن نصبح سعداء حتى يتمجّد اسمنا أيضًا. يقول راعي الكنيسة التي يذهب أبي إليها: «في كل علاقة وفي كل لحظة، إما أن تكرز للناس وتخدمهم إما أن تتلاعب بهم». قد تصبح الخدمة شكلًا من أشكال التلاعب بعقول الناس واستغلالهم، إذا صاروا وسيلةً لتمجيد ذواتنا.[٧]

الخدمة الرعويَّة مهمة جَد خطيرة، نقرأ في (يعقوب٣: ١) «**لاَ تَكُونُوا مُعَلِّمِينَ كَثِيرِينَ يَا إِخْوَتِي، عَالِمِينَ أَنَّنَا نَأْخُذُ دَيْنُونَةً أَعْظَمَ!**». لنتوقف ونفكر للحظة، يُحذر يعقوب هنا، كل من يحاول الدخول في الخدمة الرعويَّة، يطلب منهم أن يكبحوا طموحهم، لأن الخدمة الرعويَّة ليست فقط عملًا ساميًا بل خطِرًا أيضًا، لذلك لا يجب الخلط بين الرغبة والطموح. لن يكون للغالبية العظمى من الرعاة متابعين على تويتر، ولن يؤلِّفوا كتبًا، ولن يدعوهم أحد للظهور على منابر الكنائس الكبيرة، بل سيخدمون ويكرزون في الخفاء، وسيموتون غير معروفين.[٨] هل يكفي هذا لتراجع قرارك؟ إن كان الطموح الشخصي هو دافعك، إذًا لن يُرضيك أي نجاح تحققه في الخدمة، ولكن إذا كان دافعك هو رغبة صادقة في قلبك من الرب، ستنظر إلى المُخلّص وتقول: «هو كفايتي».

---

[٦] لم يُصِب داء الخدمة المتمركزة حول الأشخاص كنيستنا المعاصرة فقط، بل أيضًا عانت منه كنيسة كورنثوس (انظر ١ كورنثوس ١: ١٠-١٧).

[٧] أنا هنا أقتبس قول توم شرادر "Tom Shrader"، راعي كنيسة الوادي الشرقي، وهي الآن كنيسة الخلاص في فيونيكس. أز.

[٨] شهادة عميقة وتم صياغتها بكل تواضع عن هذه الخدمة في:
D. A. Carson's reflections of his father's pastoral work: D. A. Carson, Memoirs of an Ordinary Pastor: The Life and Reflec- tions of Tom Carson (Wheaton, IL: Crossway, 2008).

الموهبة

الرغبة في الخدمة هي عطية من الله، لا يمكن تصنيعها أو تزييفها، قد يمكن لأخ مؤمن أن يكون راعيًا كفئًا وواعظًا مفوَّهًا، لكن إن كان يفتقر إلى الرغبة الصادقة للخدمة، سيُستنزف ويستسلم سريعًا.

قال تشارلز سبيرچن «Charles Spurgeon» يومًا لتلاميذه: «إن كان أحد من الطلاب الحاضرين في هذه الغُرفة، يرضى بأن يكون محررًا صحفيًا، أو بائعًا، أو مزارعًا، أو طبيبًا، أو محاميًا، أو ضابطًا، أو ملكًا، فبحق السماء ليذهب في طريقه»![9]

ربما بالغ سبيرچن بهدف توضيح هذه النقطة، لكنني لا أعتقد أن القدرة على القيام بشيء آخر، بالضرورة يُبعد الشخص عن الخدمة، ألا نتعلم من بولس أن نكون راضين بأية ظروف نجتاز بها؟ (فيلبّي ٤: ١١).

إن الموهبة التي تجعل الرعاة مثمرون في خدمتهم، تجعلهم ينجحون بأي وظيفة أخرى. تُرى، هل كنت سأصبح راضيًا إن اضطررت إلى العودة للعمل بمجال الاستشارات المالية؟ أنا أعتقد ذلك؛ لإنه بالطبع سيكون أسهل لعائلتي ولصحتي! لكن في نهاية الأمر، أنا لي حياة واحدة أود أن أحياها للمسيح، وبالنسبة لي، شعرت أن هناك احتياج لأن أقضي حياتي في الخدمة. ربما يكون هذا هو ما قصده سبيرچن عندما قال:» إن الرغبة العميقة التي تستحوذ على النفس، هي شرط أساسي للخدمة الرعويَّة».[10]

رغم المكافأة الروحية للخدمة – إن أديتها بها بأمانة – إلا أنها تطلب منك الكثير؛ لأن مسؤولياتها لا تنتهي أبدًا. الكثير من المهن تطلب حوالي ٤٠ إلى ٤٥ ساعة عمل بالأسبوع، لكن الخدمة الرعويَّة ليست واحدة من هذه المهن. إذا تحدثنا عن الفوائد والمتطلبات من الناحية الإنسانية، ستكون الخدمة الرعوية أقل المهن التي قد يمتهنها الإنسان ربحًا، هي ليست حياة سهلة على الإطلاق. فعندما تستمر اجتماعات مجلس

---

[9] C. H. Spurgeon, *Lectures to My Students* (Edinburgh: Banner of Truth, 2008), 24.

[10] Spurgeon, *Lectures to My Students*, 24.

الشيوخ حتى وقت متأخر من الليل، وعندما تصلك رسائل عديدة من أعضاء كنيستك المُحبطين، وعندما يضل بعض المؤمنون وينجرفون خارج القطيع، ليجدوا أنفسهم محاصرين بأسلاك الخطية الشائكة، وعندما يتقدم أحد الخدام الأحبة في خدمته بينما تشعر أن عظاتك غير مجدية، حينها ربما تُجرَّب لكي تبحث عن وظيفة أخرى! وحدها عطية اشتهاء الخدمة التي يضعها الله في قلبك، هي التي ستجعلك تقاوم دائمًا.

لقد أدرك «Charles Simeon» (قِس عاش في القرن الثامن عشر)، تلك النقطة، فقد تحول إلى الإيمان في أول عام دراسي له في الكلية الملكية بجامعة كامبريدج، وحلُمَ بأن يصبح راعيًا لكنيسة (الثالوث المُقدَّس)، وتحقق حلمه في عام ١٧٨٢. لكن للأسف، لم يرحب العديد من أعضاء الكنيسة بقرار تعيينه، فاحتج الأعضاء المسؤولين عن إدارة شئون الكنيسة وأغلقوا أبواب الكنيسة، بل ورفضوا السماح للمترددين الآخرين بالحضور والجلوس على مقاعد الكنيسة! كان على سمعان أن يفعل شيئًا حيال ذلك، فقام بتأجير بعض المقاعد على نفقته الخاصة، لكن هؤلاء الأعضاء المتسلطين ألقوا بالمقاعد إلى خارج الكنيسة، ليجبروا الحضور على الوقوف أثناء العظة، وأسندوا خدمة الأحد المسائية إلى رعاة آخرين. لم يُرِد أحدٌ أن يستمع إلى تشارلز سايمون على الإطلاق! لم يستمر هذا النزاع لمدة شهر أو عام، بل لأكثر من عقد كامل! كان الطلاب يلقون الحجارة على نوافذ الكنيسة ليعيقوه عن الوعظ، وكان المعلمون يحددون يوم الأحد كيوم امتحانات للطلاب لكي يفوتوا عليهم فرصة الحضور إلى الكنيسة وسماع عظاته.

كان العداء عظيمًا ومنظمًا ومتفقًا عليه بين الجميع، ولو كان أي شخص آخر مكان سمعان لكان لينسحب ويستسلم، لكن الأمر لم يكن كذلك بالنسبة له، لقد أكمل مهمته مدفوعًا بمزيج من المقاومة والإصرار الروحي. خدم لمدة ٥٤ عام! وفي نهاية الأمر، صار من أكثر الشخصيات احترامًا ومحبة في تاريخ الكنيسة الإنجليزية.[١١]

الطموح لا يستطيع الصمود والمثابرة، أما الرغبة الصادقة الإلهية تفعل ذلك. لكنها وحدها أيضًا لا تكفي.

---

[١١] للمزيد عن تشارلز سايمون انظر في:
Handley Moule, Charles Simeon: Pastor of a Generation (Fern, Ross-Shire, Great Britain: Christian Focus, 2001).

يتعامل الكثيرون وكأن لا شيء ذو أهمية يأتي بعد الرغبة الصادقة في الخدمة (١ تيموثاوس ٣: ١)، لكن بولس نفسه يُكمل ليوضح في (١ تيموثاوس ٣: ٢-٧)، كل الصفات التي يجب أن تتوافر فيمن يرغب في الخدمة الرعويَّة. لا يجب على الرعاة أن يشتهوا فقط الخدمة الرعويَّة، بل أن يكون لديهم أيضًا الصفات الحميدة، والموهبة والتأكيد (التأييد) الكنسي. يجب أن نكون لدينا (اشتهاء) للخدمة، ولكن يجب أن يكون لدى الكنيسة التأكيد على هذه الرغبة (الصفات الحميدة والموهبة والتأييد).

الصفات

يروي أوس جينيس «Os Guinness» في كتابه «عشاء مع إبليس»، على لسان رجل أعمال ياباني: «كلما رأيت رجل دين بوذي، أرى قديسًا، وكلما رأيت رجل دين مسيحي، أرى مديرًا!»[١٢]

ولأننا نعشق الكفاءة والإنتاجية، ونميل للتعامل كمستهلكين، وننظر للمؤسسات المختلفة على أنها تمنحنا مقومات الحياة المثاليَّة، فلا عجب أن تأخذ الكنيسة من المؤسسات والشركات الأمريكية قدوةً لها؛ فاستبُدِلت عهود وإقرارات الكنيسة برؤى وأُطر جديدة للعمل، وأصبحنا نقلل التركيز على ما يجعلنا نرتبط بالكنيسة الحقيقية، ونركز على ما يجعل من كنيستنا مكانًا شهيرًا ومميزًا، أصبحنا نقيّم نجاح الخدمة بعدد الحضور، ونجعل من وظيفة الراعي أداة لنمو شهرة الكنيسة. فنقوم بتعيين رجال محبوبين ومؤثرين في الجموع بشخصياتهم الجذابة.

بالطبع هناك عواقب لهذه الطريقة، فقد صارت كنائسنا لديها مقاييس رجال الأعمال وأصحاب الشركات، فعند اختيار الرعاة، نبحث عن قادة كاريزماتيين لديهم سجلّ حافل ومميز. بمعنى مُختصر نبحث عن الموهبة فقط.

لذلك، نجد بولس بعد التأكيد على أهمية وضرورة وجود الرغبة الصادقة للخدمة، يلقي الضوء مباشرةً على أهم الصفات الحميدة التي يجب أن تتوافر في الخادم، فيقول:

---

12 Os Guinness, *Dining with the Devil: The Megachurch Movement Flirts with Modernity* (Grand Rapids, MI: Baker, 1993), 49.

«فَيَجِبُ أَنْ يَكُونَ الأُسْقُفُ بِلاَ لَوْمٍ، بَعْلَ امْرَأَةٍ وَاحِدَةٍ، صَاحِيًا، عَاقِلًا، مُحْتَشِمًا، مُضِيفًا لِلْغُرَبَاءِ، صَالِحًا لِلتَّعْلِيمِ، غَيْرَ مُدْمِنِ الْخَمْرِ، وَلاَ ضَرَّابٍ، وَلاَ طَامِعٍ بِالرِّبْحِ الْقَبِيحِ، بَلْ حَلِيمًا، غَيْرَ مُخَاصِمٍ، وَلاَ مُحِبٍّ لِلْمَالِ، يُدَبِّرُ بَيْتَهُ حَسَنًا، لَهُ أَوْلاَدٌ فِي الْخُضُوعِ بِكُلِّ وَقَارٍ. وَإِنَّمَا إِنْ كَانَ أَحَدٌ لاَ يَعْرِفُ أَنْ يُدَبِّرَ بَيْتَهُ، فَكَيْفَ يَعْتَنِي بِكَنِيسَةِ اللهِ؟ غَيْرَ حَدِيثِ الإِيمَانِ لِئَلاَّ يَتَصَلَّفَ فَيَسْقُطَ فِي دَيْنُونَةِ إِبْلِيسَ. وَيَجِبُ أَيْضًا أَنْ تَكُونَ لَهُ شَهَادَةٌ حَسَنَةٌ مِنَ الَّذِينَ هُمْ مِنْ خَارِجٍ، لِئَلاَّ يَسْقُطَ فِي تَعْيِيرٍ وَفَخِّ إِبْلِيسَ» (١ تيموثاوس ٣: ٢-٧).

وكما سيلاحظ الكثيرون منكم، أن تلك الصفات المميزة، هي صفات عادية جدًا، إذ يجب أن تتوافر في كل مؤمن مسيحي وليس الرعاة فقط. لكن ما يدهشنا حقًا هو، أن الكتاب المُقدَّس يركز على التقوى دون الموهبة، في حين أن هناك العديد من الكنائس التي تميل إلى التركيز على مدى مواهب الشخص دون صفاته الشخصية!

إذا تناولنا أول صفة وهي «**بِلاَ لَوْمٍ**» (آية ٢)، سنجد أنها كالمظلة التي يندرج تحتها باقي الصفات، وسنجد أن آخر صفة، وهي «**تَكُونَ لَهُ شَهَادَةٌ حَسَنَةٌ مِنَ الَّذِينَ هُمْ مِنْ خَارِجٍ**»(آية ٧)، تُشير إلى نفس النقطة، الصفتان كضفتي كتاب. إذ يجب أن يتمتع الرعاة بسمعة حسنة في الكنيسة وفي المجتمع على حدٍ سواء، فهم ليسوا واعظين وحسب، بل يجب أن يسلكوا وفق المثال الذي يعظون به. فإن كنت ترغب في أن تصبح راعيًا، يجب أن تضع هذا في الحسبان، أن النمو الروحي أسمى وأهم من امتلاك الموهبة، يجب أن يكون نضج شخصيتك أولوية أهم من امتلاك مقومات تحقيق خدمة مزدهرة.

يهتم الله بزواجك، لأنك كما تُعامل زوجتك، هكذا ستُعامل عروس المسيح (أي الكنيسة).[١٣] يجب أن يكون الراعي «**غَيْرَ مُدْمِنِ الْخَمْرِ، وَلَا ضَرَّابٍ**» حتى لا يتأثر

[١٣] تعني "بعل امرأة واحدة" رجل واحد له امرأة واحدة حرفيًا. وأتفق مع الكثير من المفسرين الذين يعتقدون، أن بولس لم يكن يتحدث عن الإخلاص في صيغة الماضي، (أي، هل الخادم هنا طلّق امرأته؟) لكن عن الإخلاص في صيغة المضارع (هل الخادم مخلص في زواجه؟).

بأي بدعة، ويصبح غير قادر على رعاية أعضاء الكنيسة بشكل سليم. يجب أن يكون أيضًا «حَلِيمًا» (آية ٣) لأن الشخصية السيئة المشاكسة قد تُعثِر خِراف المسيح.

فلتسأل نفسك، هل أنت تتميز بشخصية صالحة مسالمة، أم تُحب الخصام؟ فكر في كل منشور تشارك به على وسائل التواصل. هل تحث الآخرين على السلام، أم تفتعل الخلافات والمخاصمات؟

للأسف، هناك الكثير من الشباب يميلون إلى افتعال خلافات ومشاكل حول بعض الأمور اللاهوتيَّة، كأنهم يشعلون حرائق دون أن يهتموا إلى أي مدى قد يمتد تأثيرها وأضرارها.

هل تعتبر نفسك مِضيافًا؟ الضيافة تعني أن تكون «محبًا للغرباء». إن الأشخاص المضيافون يفتشون على الذين هم في الخارج، فهل تحرص على أن تأتي للكنيسة باكرًا وتظل حتى يذهب الجميع لكي ترحب بالغرباء وتتواصل معهم بمحبة واهتمام؟ هل تُقييم علاقاتك؟ هل تميل للاندماج مع الأشخاص الذين لديهم نفس اهتماماتك فقط؟ الراعي عليه أن يذهب إلى خارج هذه الحدود ليأتي بالآخرين إلى الكنيسة.

إذا كان لديك عائلة، فهل ينعمون بقيادتك الحكيمة، أم يضجّون من تحكُّمك؟ أو الأسوأ هل يودون الهرب منك؟ يمكنك أن تكون قائدًا جيدًا، ولكن أن كانت حياتك العائلية فوضوية، فهذا لا يخدم الإنجيل بأي شكل من الأشكال؛ لذلك يؤكد بولس الرسول أن رعاية شعب الكنيسة بطريقة سليمة، يأتي من رعايتك لعائلتك أولًا.

هناك فخ يقع فيه عدد لا يُحصى من الرجال، وهو الوقوع في الخطايا الجنسية. وتعاني الكنيسة كما يعاني كل العالم من وباء الإباحية، ربما يحاول ضميرك مقاومة المغريات التي يروج لها العالم بشكل متزايد، لكن الرب يقول بحسم: «**وَأَمَّا الزِّنَا وَكُلُّ نَجَاسَةٍ أَوْ طَمَعٍ فَلاَ يُسَمَّ بَيْنَكُمْ كَمَا يَلِيقُ بِقِدِّيسِينَ**» (أفسس ٥: ٣). إن الطهارة الجنسية هي جزء لا يتجزأ من الحياة بقداسة وضبط النفس. لا تخدع نفسك، لا يمكنك أن تكون راعيًا وتركع أمام ذُل الإباحية. لذا، إن كنت تسعى حاليًا لدخول الخدمة،

فعليك تأجيل الأمر حتى تأخذ موقفًا جادًا من صراعك مع هذه الخطية. في الحقيقة، هذه الرغبة هي علامة تدل على كونك شخص مدرك لعظمة هذه الوظيفة.[١٤]

بمجرد أن تنضم للخدمة الرعويَّة، يصبح الأمر أكثر خطورة، لأن الوقوع في هذه الخطية يتبعه خسارة وظيفتك في الخدمة، ويلحقك العار كما يلحق عائلتك، ربما تُجرِّب بأن تحاول الاختباء، لكن ذلك عواقبه كارثية. تمامًا كالقول المعروف لـجون أوين John Owen: «إما أن تموت عن الخطية أو تُميتك الخطية»![١٥]

قد يبدو ذلك ثقيلًا على أرواحنا، لذلك يتبني بولس الرسول دائمًا الدفاع عن أهمية النزاهة الشخصية وليس بلوغ الكمال، النضوج وليس التسيُّد، الأمانة وليس الخلو من الأخطاء. يجب على قادة الكنيسة أن يكونوا قدوة للكنيسة (١ بطرس ٥: ٣)، ليس هناك معرفة حقيقية لله بدون التقوى (تيطس ١: ١). فإن لم يكن القائد متعطشًا للتقوى ويسعى لها بجِد، فكيف إذًا سيقود الآخرين نحوها؟

المحبة

علاوةً على صفات الشخصية التي تكلمنا عنها في (١ تيموثاوس الأصحاح ٣)، أعتقد أنه هناك صفتين أخرتين يجب أن تتوافرا في الراعي. أول هاتين الصفتين هي المحبة؛ لأن «**الله محبة**» (١ يوحنا ٤: ٨)، بالفعل تتعلق كل الشريعة بهذه الوصية (متى ٢٢: ٣٤-٤٠). المحبة هي السمة التي تميز أبناء الله، «**وَصِيَّةً جَدِيدَةً أَنَا أُعْطِيكُمْ: أَنْ تُحِبُّوا بَعْضُكُمْ بَعْضًا. كَمَا أَحْبَبْتُكُمْ أَنَا تُحِبُّونَ أَنْتُمْ أَيْضًا بَعْضُكُمْ بَعْضًا. بِهذَا يَعْرِفُ الْجَمِيعُ أَنَّكُمْ تَلاَمِيذِي: إِنْ كَانَ لَكُمْ حُبٌّ بَعْضًا لِبَعْضٍ**» (يوحنا ١٣: ٣٤-٣٥). لقد ميزت المحبة خدمة بولس الرسول، وعلى الرغم من أننا عادةً ما نراه كشخص عنيد وصارم، يواجه الهرطقات والبدع وهو يعيش في حياة التقشف، نعم نُقدره، ولكن لا نتمنى أن نصبح أصدقاء مقربين له. ولكن إذا نظرنا للأمر بتمعن، سنكتشف أن المحبة

---

[١٤] للمزيد حول هذا الموضوع انظر:
Garret Kell, Pure in Heart: Sexual Sin and the Promises of God (Wheaton, IL: Crossway, 2021).

[15] John Owen, Of the Mortification of Sin (Fearn, Scot- land: Christian Focus, 2012).

هي الغالبة على حياة بولس بأكملها، فلنرى كيف وصف خدمته وسط أهل تسالونيكي: «**بَلْ كُنَّا مُتَرَفِّقِينَ فِي وَسَطِكُمْ كَمَا تُرَبِّي الْمُرْضِعَةُ أَوْلاَدَهَا، هكَذَا إِذْ كُنَّا حَانِّينَ إِلَيْكُمْ، كُنَّا نَرْضَى أَنْ نُعْطِيَكُمْ، لاَ إِنْجِيلَ اللهِ فَقَطْ بَلْ أَنْفُسَنَا أَيْضًا، لأَنَّكُمْ صِرْتُمْ مَحْبُوبِينَ إِلَيْنَا**» (١ تسالونيكي ٢: ٧-٨). كان بولس الرسول يحب الآخرين بصدق، وجعله هذا ينفق حياته في خدمة الآخرين. لذا، يجب على كل من يرعى رعية الله أن يتحلى بتلك الصفة.

يقول مارتن لويد جونز «Martyn Lloyd-Jones»، الواعظ الشهير في القرن العشرين من ويلز: «أن تحب وتعِظ شيء، وأن تُحب من تعِظهم شيء آخر».[١٦] إذا لم تحب من تخدمهم وتضحي من أجلهم، فأنت تستغلهم أو ستعاملهم كأنهم مشكلة يجب عليك حلها، وليس أشخاصًا تُحبهم. فعندما تُدرك رعية الكنيسة أن الراعي يُحبهم، سيصغون لكل كلمة منه،[١٧] لذلك يقول قس وكارز القرن التاسع عشر روبرت تشابمان Robert Chapman: «مهمتي هي أن أحب الآخرين، وليس أن أنتظر أن يُحبني الآخرون».[١٨]

الخدمة

لأن المحبة تظهر من خلال الخدمة. لقد ظهرت مؤخرًا حركة تسعى لوضع القسوس في قالب الحكام! بكل تأكيد يتمتع الراعي بسلطان في الخدمة، وعلى الرعيَّة أن تخضع لهذا السلطان (أعمال ٢٠: ٢٨؛ ١ تسالونيكي ٥: ١٢-١٣؛ العبرانيين ١٣: ١٧؛ ١ بطرس ٥: ١-٥). لكن قبل كل شيء، يجب على الرعاة أن يدركوا أنهم مدعوون لمذبح الخدمة وليس لكرسي العرش. الرعاة يجب أن يدركوا كيف يتبعون مثال المسيح «**وَدَعَا الْجَمْعَ مَعَ تَلاَمِيذِهِ وَقَالَ لَهُمْ: «مَنْ أَرَادَ أَنْ يَأْتِيَ وَرَائِي فَلْيُنْكِرْ نَفْسَهُ وَيَحْمِلْ صَلِيبَهُ وَيَتْبَعْنِي.**

[16] Martyn Lloyd-Jones, Preaching and Preachers (Grand Rapids, MI: Zondervan, 2011), 105.

[١٧] يذكر القس ومؤلف الترانيم الشهير جون نيوتن "John Newton" أن شعب كنيسته يأخذون منه أي شيء، مهما كان مؤلمًا، لأنهم على يقين بأنه يتكلم بما فيه خيرهم. انظر في:
Sinclair Ferguson, Some Pastors and Teachers: Reflecting a Biblical Vision of What Every Minister is Called to Be (Carlisle, PA: Ban- ner of Truth, 2017), 764.

[18] Taken from «The Best Leaders are Often the Least Noticed: Robert Chapman (1803–1902),» *Desiring God*, January 30, 2018, https://www.desiringgod.org/articles/the-best-leaders-are-often-least-noticed

فَإِنَّ مَنْ أَرَادَ أَنْ يُخَلِّصَ نَفْسَهُ يُهْلِكُهَا، وَمَنْ يُهْلِكُ نَفْسَهُ مِنْ أَجْلِي وَمِنْ أَجْلِ الإِنْجِيلِ فَهُوَ يُخَلِّصُهَا» (مرقس ٨: ٣٤-٣٥). العظمة الحقيقية في الخدمة، ويجب على الرعاة أن يطبقوا هذا المبدأ، ومن غير اللائق أن يسلك الرعاة بعنجهية وتسلط وعُجب. لقد أخبرنا يسوع أن قادة كنيسته يجب ألاَّ يسلكوا كالقادة الآخرين في العالم ويستغلوا سلطانهم في القيادة «**وَأَمَّا أَنْتُمْ فَلَيْسَ هكَذَا، بَلِ الْكَبِيرُ فِيكُمْ لِيَكُنْ كَالأَصْغَرِ، وَالْمُتَقَدِّمُ كَالْخَادِمِ. لأَنْ مَنْ هُوَ أَكْبَرُ: أَلَّذِي يَتَّكِئُ أَمِ الَّذِي يَخْدُمُ؟ أَلَيْسَ الَّذِي يَتَّكِئُ؟ وَلكِنِّي أَنَا بَيْنَكُمْ كَالَّذِي يَخْدُمُ**» (لوقا ٢٢: ٢٦-٢٧). لقد قلب يسوع فكر العالم عن القوة رأسًا على عقب، وفكره هو، أن القادة الذين يمتلكون القوة والسلطان والمسؤولية، عليهم أن يستغلوا كل ذلك لخدمة ومصلحة الرعية وليس لمصلحتهم الشخصية. السلطان بحسب فكر الله هو، أن تقود تعني أن تخدُم. كل من يشتهي الخدمة عليه أن يشتهي قيادة خادمة، نحن مطالبون ببذل أنفسنا لأجل الآخرين.

الرعاة ليس ملوكًا، بل خدام ليسوع الملك.

الموهبة

رغم أن الكتاب المُقدَّس يعطي الأولوية لصفات الشخص، إلاَّ أن هذا لا يعني أن المهارة أو الموهبة غير ضرورية. الكثير من الوظائف تفرض على الموظفين اجتياز اختبارات للتأكد من مهاراتهم وكفاءتهم. المحامون لديهم اختبارات قبول في النقابة، والأطباء لديهم اختبارات في المجالس الطبية، حتى موظفي البريد عليهم اجتياز سلسة من الاختبارات، وقبل تجتاز الاختبارات بنجاح، لن تكون مؤهلاً لممارسة العمل. كل فئة لها متطلبات خاصة من أجل الحصول على الترخيص ومزاولة المهنة، لكن الكتاب المُقدَّس لم يؤسس هيئة تعتمد مهارات وصلاحيات الوظيفة الوحيدة التي نادى بها، وهي وظيفة الراعي. ومع ذلك، لا يعني هذا عدم أهمية تمتع الراعي بالموهبة والمهارات والقدرات اللأزمة للخدمة الرعويَّة.

التعليم

موهبة هامة جدًا تميز الراعي عن الشماس هي، موهبة التعليم (انظر ١ تيموثاوس ٣: ٨-١٣). التعليم هو قلب الخدمة الرعوية، الراعي ليس منظم برامج أنشطة، ولا مرشد نفسي، بل معلم لكلمة الله. إن النموذج الثابت في الكتاب المُقدَّس هو، أن تجتمع رعيَّة الله حول الراعي لتتعلم منه إعلان الله (خروج ٢٤: ٧؛ يشوع ٨: ٣٤-٣٥؛ ٢ أخبار أيام ٣٤: ٣٠؛ متى ٥: ١-٣؛ مرقس ١: ٣٨؛ أعمال ٦: ٢). لهذا، كل من يبتغي أن يكون راعيًا، يجب أن يكون قادرًا على التعليم. لكن أن تكون قادرًا على التعليم، لا يعني أن تكون تشارلز سبيرچن العصر! يوضح بولس دور الراعي هنا في (تيطس ١: ٩) «**مُلاَزِمًا لِلْكَلِمَةِ الصَّادِقَةِ الَّتِي بِحَسَبِ التَّعْلِيمِ، لِكَيْ يَكُونَ قَادِرًا أَنْ يَعِظَ بِالتَّعْلِيمِ الصَّحِيحِ وَيُوَبِّخَ الْمُنَاقِضِينَ**». إن آراء ووجهات نظر وأفكار الراعي يجب أن يستمدها من كلمة الله وليس من الثقافة السائدة أو التقاليد والعادات البالية. على الراعي أن يسأل نفسه، هل لديَّ القدرة على قراءة الكتاب المُقدَّس في أي موضع وتفسير ما يعني بالضبط؟ هل يمكنني أن أؤكد على أمرٍ ما بناءً على كلمة الله حتى تنمو وتثبت الرعية في الإيمان؟ هل يمكنني أن أقوم بذلك بطريقة تفيد السامعين؟ إذا كان الأمر يسير على هذا النحو، إذًا، فأنت صالح للتعليم.

لكن اسمح لي أن أشاركك بتحذير بسيط، موهبة التعليم تتقدم مع الوقت، لذا، إذا كنت تقييم موهبة الوعظ لدي شخص آخر، احترس من أن تصدر حكمًا متسرعًا. وإذا كنت تبتغي الخدمة، فلا تقييم أداءك في التعليم بناءً على رأي الآخرين بعد سماع عظة واحدة.

لقد سنحت لي أول فرصة للتعليم بعد عام كامل بعد قبولي الإيمان، قدمت عظتي لمجموعة من الشبيبة، بعد أن طلب مني راعي الشبيبة آنذاك أن أعلّم عن الخليقة في مقابل نظرية النشوء والارتقاء (أو التطور). لقد وافقت على طلبه هذا فقط لأنني لم أستطع أن أقول لا لذلك الرجل الذي يحبني بشدة. سألته بعد أن انتهيت، كيف سارت الأمور؟ بعد صمت وترقُّب قال: «جيدة إلى حدٍ ما»، فهمت إنني لو كنت قرأت وبحثت أكثر في الموضوع، لكانت الكلمة أكثر إقناعًا وإمتاعًا.

أما أول عظة لي، فكانت بعد أن تركت عملي بمجال الاستشارات المالية بحوالي تسعة أشهر. بعد أن انتهاء الخدمة، وقفت إلى جوار باب الكنيسة لأرحب بالحضور، فأتت امرأة وسألتني، إذا كانت الإنجليزية هي لغتي الثانية؟! أنا لا أمزح، هذا ما حدث بالفعل! لقد كان الأمر محرجًا لدرجة جعلتني أتمنى لو اختفيت في تلك اللحظة! أقل ما في الأمر هو، أنني قاومت هذا الشعور الذي اجتاحني وكاد يدفعني لأمسك بالهاتف وأترجَّى مديري السابق لأعود لعملي القديم!

لدي الكثير والكثير من هذه القصص المهينة والمواقف المحرجة، لكنني مازلت حيًا أرزق، أتقدم وأنمو، بل وحتى صرت أعظ كل أسبوع تقريبًا! في الحقيقة، لقد ساعدني كثيرًا انتقاد بعض الناس لي، لكن حتى يحدث ذلك، استغرق الأمر وقتًا طويلاً. لقد أخبرتني زوجتي، بأن أدائي في الوعظ لم يصبح مميزًا قبل مرور عامين ونصف العام تقريبًا في الخدمة كراعٍ مساعد، وسبعة أعوام من الدراسة، وخمسة أعوام كراعٍ شريك، وعام كراعٍ للكنيسة! عند هذه اللحظة فقط ثبَّت أقدامي على الطريق الصحيح. بعد مرور كل هذه الأعوام، قدمت ما يقرب من خمس وسبعون عظة، لذا، تحلَّى بالصبر!

البعض يتم دعوتهم لتقديم عظة صباح كل أحد، لكن هذا لا يعني عدم العمل على تطوير موهبة التعليم لديك. اطلب قيادة مجموعة صغيرة، تطوع في مجموعة للشبيبة، كوّن مجموعة مع صديق أو أكثر وتبادلوا تقديم الوعظ معًا كل يوم سبت، ثم قوموا بتقييم بعضكم بعضًا، ادعو راعي الكنيسة أو بعض الأعضاء لينضموا إليكم واطلب تقييمهم، فكر في حضور ورشة تتعلم فيها مهارة الوعظ.

يحث بولس تيموثاوس في رسالته الأخيرة «**اجْتَهِدْ أَنْ تُقِيمَ نَفْسَكَ للهِ مُزَكًى، عَامِلاً لاَ يُخْزَى، مُفَصِّلاً كَلِمَةَ الْحَقِّ بِالاسْتِقَامَةِ**» (٢ تيموثاوس ٢: ١٥). قد لا تعرف ما يحمله لك الغد، لكن هناك الكثير الذي يمكنك عمله لتزكِّي نفسك وتفصّل كلمة الحق باستقامة.

التلمذة

مع امتلاك موهبة التعليم، يجب على الراعي أن يكون تلميذًا أمينًا مع الآخرين، فإذا كان معنى التلمذة هو أن نتعلم كيف نتبع يسوع (في علاقة رأسية)، فإن تلمذة الآخرين هي، كيف نساعدهم أن يتعلموا كيف يتبعون يسوع (وهذا هو الشكل الأفقي لعلاقة التلمذة). إن التلمذة بشكل دقيق هي، كيف تظهر الفائدة الروحيَّة لكي يصير المؤمن أكثر تشبُّهًا بالمسيح. تأمل كيف بدأ يسوع خدمته، هو لم يبدأ مملكته بحملة دعائية وإعلانية ضخمة، أو يستأجر مستشارين ليساعدوه على الاستفادة القصوى من الانتشار على وسائل التواصل الاجتماعي، أو ينكبّ على تصفح المدونات على الإنترنت وتحليل التغريدات على تويتر كل عشرة ثوان. هو ببساطة جمع مجموعة بسيطة وصغيرة من الرجال الذين حوله، وشاركهم تفاصيل الحياة اليومية، وظل يعلمهم طيلة ثلاث سنوات. وبالمثل، حددت علاقة بولس بتيموثاوس وتيطس وعشرات الأشخاص الآخرين شكل التلمذة (كولوسي ١: ٢٨-٢٩).

التلمذة لا تعني أننا نقضي بعض الوقت الطيب ونحن نحتسي القهوة، بل هي بكل تأكيد أن نلهج بكلمة الله فيما بيننا بهدف أن ننمو في الإيمان بالمسيح. نحن لا نعد تلاميذ لأنفسنا بل تلاميذ للمسيح، نسعى لكي نجعلهم يتشبهون بنا أقل ويتشبهون بالمسيح أكثر، هذه هي الطريقة التي امتدت بها خدمة بولس، لقد كان يجاهد ويصارع من أجل تثبيت الإيمان والنمو الروحي للآخرين.

الرعاة ليسوا نجوم منابر أو مشاهير، الرعاة معلمين ومتلمذين، هذا ما يتحدث عنه بولس بوضوح في (٢ تيموثاوس ٢: ٢) «**وَمَا سَمِعْتَهُ مِنِّي بِشُهُودٍ كَثِيرِينَ، أَوْدِعْهُ أُنَاسًا أُمَنَاءَ، يَكُونُونَ أَكْفَاءً أَنْ يُعَلِّمُوا آخَرِينَ أَيْضًا**». الرعويَّة هي، أن تتلمذ جيلًا من الرعاة والقادة من بعدك، والراعي الذي لا يقوم بذلك، لا يصلح لقيادة الرعيَّة. إذا كنت مهتمًا بالخدمة حقًا، أسأل نفسك، بأي طريقة أستطيع أن أقدم الفائدة الروحيَّة للآخرين؟ هل أُعد آخرين للخدمة؟ هل أتلمذ الطلاب الذين تحت مسؤوليتي، أو أتطوع للخدمة في خلوات الشبيبة الروحيَّة؟ هل أخطط لتعليم رسالة الإنجيل في مكان العمل؟ هل أسعى للخدمة حقًا أم أنتظر حتى تأتي لي على طبق من فضة؟

من واقع خبرتي، تسعى خدمات الوعظ المزدهرة في الكنائس النشطة، لإثارة حماس الشباب حتى يكون لهم دور . بعض هؤلاء الشباب قد يظن إنه «مدعو» للخدمة، وبعضهم يسعى بكل بساطة من أجل الحصول على وظيفة دينية، يظنون أنهم إذا ثبتوا في الإيمان وفصلوا كلمة الله باستقامة، سيخلص الخطاة، ويصلُح حال الزواج، ويطيع الأبناء والديهم، بل وحتى من الممكن أن يعيش الحمل مع الأسد! لكن الأمر لا يسير بهذه السهولة، لأنه وراء كل خدمة ناجحة، هناك عدد لا يحصى من ساعات تُبذل في التحضير والصلاة والعطاء، ليس هناك بديل عن العمل الجاد والاجتهاد. إذا كنت تقيم أداء الرجال، بادر بتلمذتهم، يجب أن تفتش عن رجال يصنعون فرصًا جيدة، وليس أن تجلس وتنتظرهم. وعندما يتعامل هؤلاء الرجال مع الآخرين، لاحظ ماذا ستكون النتيجة؟ هل هي جيدة أم سيئة؟ هل سيلاحظون سلوكهم في العلاقة مع الآخرين، أم سيفعلون ما يحلو لهم؟ هل يتحمسون بشدة لشيءٍ ما ثم يعرضون عنه ويذهبون لشيء آخر؟ مثل هؤلاء لا يستطيعون تقديم خدمة ناجحة.

التأييد

أنت تبتغي الخدمة، وتعتقد أن لديك صفات صالحة، وتمتلك الموهبة وهذا كل شيء. حسنًا، لكن كيف لك أن تعرف؟ كيف يتأكد ذلك في حياتك؟ ما هي الخطوة التالية، الالتحاق بالدراسة في إحدى كليات اللأَهوت، أم الرسامة؟

الكنائس لها بعض الممارسات التي تحدد هيكلها الكنسي (مع اختلاف طفيف من كنيسة لأخرى). وأعتقد أن الكنيسة المحلية هي التي تدعو الرعاة. فبولس على سبيل المثال، لم ينصب نفسه للخدمة، بل قامت كنيسة أنطاكية بدعوته للخدمة. لقد قضى وقتًا طويلًا في الكنيسة ليتأهل لهذه المسؤولية (أعمال ١١: ١٩-٣٠، انظر خاصة للآية ٢٦). لقد اختارته الكنيسة للخدمة والتعليم، رغم أن الروح القدس دعاه وأطلقه للخدمة (أعمال ١٣: ٢). الكنيسة هي التي أرسلته في رحلته الكرازيَّة الأولى (أعمال ١٣: ٣). الكنيسة لا تقود عمل الرعاة والقادة فحسب، بل هي نفسها صاحبة العمل.

ونتيجة لهذه القيادة الحكيمة، صارت كنيسة أنطاكية هي القاعدة التي انطلقت منها كل جهود زرع كنائس جديدة فيما بعد. لقد أرسلت كنيسة أنطاكية بولس في رحلتيه الكرازيتين التاليتين (أعمال ١٥: ٤٠؛ ١٨: ٢٣)، ثم عاد بولس لكنيسة أنطاكية ليقدم تقريرًا عن خدمته (أعمال ١٤: ٢١). لذلك حقَّ للكنيسة التي أرسلته للخدمة، أن تبتهج بثمر خدمته!

الخدمة الرعويَّة تتطلب التأييد من الكنيسة المحليَّة جنبًا إلى جنب مع الرغبة الشخصية في الخدمة. ربما تعتقد أنك «مدعو» للخدمة، وتشعر بقوة بأن لديك موهبة للخدمة، لكن كل ذلك يبقى مقومات ضعيفة، مالم يدعمها تأييد الكنيسة العلني.

الرسامة

سأتكلم بإيجاز عن الرسامة، لأن هناك الكثيرون الذين حددوا تعريف عملية الرسامة بأنها التأييد والتأكيد على دعوة الخدمة الرعويَّة. في البداية، كلمة «رسامة» وفعل «يرسُم» هي تعابير ليست كتابيَّة. وأنا مثل الكثيرين، لدي حساسية تجاه استخدام هذه التعابير لأنها توصل فكرة وجود رُتب كنسيَّة داخل الكنيسة. على أقل تقدير، يجب أن نتذكر أن شهادة الرسامة، لا تُطيل عمر الشخص.

أقرب شيء لهذا التعبير في الكتاب المُقدَّس، هو ما نجده في (٢ تيموثاوس ١: ٦) حيث يذكر بولس أن الشيوخ وضعوا أيديهم على تيموثاوس في أفسس ليطلقوه من أجل خدمة الإنجيل. أحيانًا تتبع الكنيسة اليوم هذه الطريقة، عند اختيار الرعاة، بوضع الأيادي عليهم بغرض إطلاقهم لخدمة الإنجيل.

لكن إذا استخدمت تعبير «رسامة» فربما تكون بذلك تربط هذه الممارسة بوظيفة كنسيَّة! والكتاب المُقدَّس لا يعطي ألقاب «شيخ» و«شماس» لأشخاص لا يعملون في خدمة الكنيسة، على عكس هؤلاء الأشخاص الذين يتركون خدمة الكنيسة ويصرون على الإشارة لأنفسهم بأنهم مرسومون! فهم الفرق بين الحالتين يجعلنا نفهم أن الأمر أكثر من مجرد ممارسة وظيفة معينة في الكنيسة. هذه واحدة من المشكلات الأساسيَّة مع فكرة «الرسامة» ككل، ولهذا، أفضل عدم استخدام هذا المصطلح.

إن التعامل مع الجهات الحكومية والنقابية يتطلب رخصة أو «شهادة رسامة»، لكن ليس هناك في كل الكتاب المُقدَّس ما يتطلب ذلك.

ما الذي يجب أن نفعله بعد أن عرفنا كل ذلك؟

ربما تكون حصلت على هذا الفصل ليجيب باختصار عن أمر محدد، على أمل أن يساعدك في تقييم مسألة الخدمة الرعويَّة بسهولة، لكن ربما تشعر ببعض الإحباط بعض أن عرفت كل ذلك، وتتساءل: ما الذي يجب عليَّ أن أفعله الآن؟ دعني أقدّم لك أربعة مقترحات:

١- اِلزم نفسك بالانضمام لكنيسة محليّة:

الكنائس هي التي تُعد الرعاة، وهي التي ترسلهم للخدمة. لذا، إذا كنت تبتغي الخدمة، فعليك الاندماج في كنيستك المحليَّة. هذا لا يعني أن الدراسة في كليات اللاهوت غير ضرورية، بل على العكس، كلية اللاهوت تُكمل ما بدأته الكنيسة دون أن تحل محلها. أنت لست بحاجة للحصول على درجة علمية في اللاهوت لتخدم، أعظم الرعاة والوعاظ أمثال تشارلز سبيرجن Charles Spurgeon ومارتن لويد چونز Martyn Lloyd-Jones لم يدرسوا بكليات اللأهوت. بالأخير، كليات اللأهوت هي اختراع جديد، لكنني أكرِّر أن هذا لا يعني عدم أهميتها، بل العكس تمامًا. وعلى الرغم من أن الكتاب المُقدَّس لا يشترط الدراسة اللاهوتيَّة، إلاَّ إنني أنصح بالدراسة اللاهوتيَّة، لكن دون التعويل عليها كثيرًا، ومع ذلك، حاول ألاَّ تخطئ الاختيار، لأن الدراسة اللاهوتية لازمة لإعداد الخادم جيدًا.

إذا لم يكن هناك كنيسة محليَّة صحيحة ومناسبة روحيًا وكتابيًا، عليك أن تبحث عن كنيسة أخرى؛ لأنك ربما تفوّت فرصة الدخول في خدمة أمينة عن غير قصد، لكن إن تعذَّر ذلك، فمن الحكمة أن تواصل البحث حتى تجد الكنيسة المناسبة التي تبني حياتك وتؤهلك روحيًا وكتابيًا، وليس الدخول في الخدمة انطلاقًا من دراستك اللاهوتيَّة فقط.

٢- خبِّر القادة في الكنيسة عن رغبتك في الخدمة:

السمة المميزة للكنائس الأمينة هي، أن قادتها يُعدون جيلاً آخر من القادة، تمامًا كما كانت كنيسة أورشليم التي أعدت برنابا ثم أرسلته ليشجع ويقود حديثي الإيمان في كنيسة أنطاكية. وبدورها أعدت كنيسة أنطاكية سمعان ولوكيوس ومناين (أعمال ١٣: ١). وبالمثل فعل بولس مع سيلا وتيموثاوس وتيطس وأبولوس وأرسطوس والعشرات من الآخرين الذين لم يذكرهم الكتاب المُقدَّس.

خبّر الرعاة في كنيستك عن رغبتك في الخدمة لكي يُصلّوا لأجلك، ويرشدونك، ويقدمون لك تقييمًا صادقًا عن نموك ونضجك الروحي. لكن لا تتعجَّل الأمور، وتظن أنك ستحصل على الكثير من فرص التعليم، أو أن شيوخ الكنيسة سيتواصلون معك ليل نهار. فأنا على سبيل المثال، عندما يخبرني شخص بأنه يبتغي الخدمة، أصلّي لأجله فقط، وهذا كل ما في الأمر! أفترض بأنه قد يكون محبطًا من ردة فعلي هذه، لكنني أفعل هذا عن عمد، لكي أعرف إذا كان سيجاهد في السعي للخدمة، أم ينتظر أن تأتي له دون عناء أو مجهود!

٣- اشغل وقتك بالخدمة:

تُكتشف المواهب عادةً أثناء الخدمة. لذا، افعل كل ما هو مطلوب لاكتشاف ذلك، واحرص على تقييم خدمتك في الكنيسة لتعرف إذا بإمكانك أن تفعل أفضل. إذا أردت التعليم مثلاً، اِبدأ بخدمة الأطفال، لأنك إذا استطعت توصيل كلمة الكتاب بطريقة شيقة ومؤثرة ومقنعة للأطفال، فاضمن أنك قادرٌ على توصيل الإنجيل لأي شخص!

إذا كانت الكنيسة بحاجة لأشخاص يرحبون بالوافدين إلى الكنيسة، لا تستخف بالأمر وترفض المساعدة، لا تتصرف هكذا، لأن السمة المميزة للخادم الأمين هي رغبته الصادقة للخدمة في أي موضع به احتياج. هناك الكثيرون الذين يجلسون على مقاعدهم في انتظار أن تأتيهم الخدمة كهدية مغلفة وسط احتفال وتكريم خاص لهم. اندمج في حياة الكنيسة واترك الرب يفتح لك الباب المناسب للخدمة في الوقت المناسب.

٤- كُن صبورًا!

لقد قضى يسوع ثلاث سنوات كاملة مع تلاميذه. وحتى بولس، بعد أن قضى سنوات في تعلُّم الشريعة اليهودية بشكل مكثف، قضى ثلاث سنوات أخرى يُعد نفسه للخدمة المسيحيَّة (غلاطية ١: ١٧-١٨). الرعاة ليسوا آلات يتم إنتاجها بكميات وفيرة على خط الإنتاج في وقت قصير. الإعداد للخدمة عملية تطلب الكثير من الوقت. مثل الخبز، قد تمتلك كل مكونات العجين، لكن لتحصل على رغيف خبز، عليك أن تنتظر لبعض الوقت. استعجال الأمر لن يفيد في شيء، بل العكس تمامًا، قد تخسر المنتج النهائي. لذلك، كن صبورًا، وصلِّ. وفكر في الكلمات الحكيمة التي قالها إدموند كلوني Edmund Clowney: «من الممكن أن تبالغ في تقدير الموهبة التي لديك، لكن من المستحيل أن تبالغ في التضرع لطلب المواهب التي أنت بحاجة إليها».[١٩]

لذا، اخدم، وانتظر، وثق أن الله الذي ابتدأ فيك عملاً صالحًا هو قادرٌ أن يكمله بحسب مشيئته.

مصدر موصى به

Bobby Jamieson. The Path to Being a Pastor. Wheaton, IL: Crossway, 2021.

[19] Edmund P. Clowney, *Called to the Ministry* (Phillips- burg: P&R, 1964), 30.

٢

هل يمكن للمرأة أن تكون راعيًا لكنيسة؟

جريج جيلبرت

«فَأُرِيدُ أَنْ يُصَلِّيَ الرِّجَالُ فِي كُلِّ مَكَانٍ، رَافِعِينَ أَيَادِيَ طَاهِرَةً، بِدُونِ غَضَبٍ وَلاَ جِدَالٍ. وَكَذلِكَ أَنَّ النِّسَاءَ يُزَيِّنَّ ذَوَاتِهِنَّ بِلِبَاسِ الْحِشْمَةِ، مَعَ وَرَعٍ وَتَعَقُّل، لاَ بِضَفَائِرَ أَوْ ذَهَبٍ أَوْ لآلِئَ أَوْ مَلاَبِسَ كَثِيرَةِ الثَّمَنِ، بَلْ كَمَا يَلِيقُ بِنِسَاءٍ مُتَعَاهِدَاتٍ بِتَقْوَى اللهِ بِأَعْمَال صَالِحَةٍ. لِتَتَعَلَّمِ الْمَرْأَةُ بِسُكُوتٍ فِي كُلِّ خُضُوعٍ. وَلكِنْ لَسْتُ آذَنُ لِلْمَرْأَةِ أَنْ تُعَلِّمَ وَلاَ تَتَسَلَّطَ عَلَى الرَّجُلِ، بَلْ تَكُونُ فِي سُكُوتٍ، لأَنَّ آدَمَ جُبِلَ أَوَّلاً ثُمَّ حَوَّاءُ، وَآدَمُ لَمْ يُغْوَ، لكِنَّ الْمَرْأَةَ أُغْوِيَتْ فَحَصَلَتْ فِي التَّعَدِّي. وَلكِنَّهَا سَتَخْلُصُ بِوِلاَدَةِ الأَوْلاَدِ، إِنْ ثَبَتْنَ فِي الإِيمَانِ وَالْمَحَبَّةِ وَالْقَدَاسَةِ مَعَ التَّعَقُّلِ»

١ تيموثاوس ٢: ٨–١٥

في الكنيسة التي أخدُم كراعٍ لها في لويس ڤيل، نُقدّم بعض الدورات التدريبية المختلفة، واحدة من هذه الدورات بعنوان: «منتدى الوعظ»، ويتكون هذا المنتدى من ستة رجال، يقوم كلٌ منهم بتقديم عِظة أمام الخمسة الآخرين، ثم يحصلون

علـى تقييـم مـن فريـق الخدمـة الرعـوي بالكنيسـة. هدفنـا مـن هـذا التدريـب واضـح، أن يصير هؤلاء الرجال أفضل في خدمة الوعظ.[١]

لدينـا دورة تدريبيـة أخـرى بعنـوان: «دراسـة فـي علـم الكنيسـة». - نحـن نُبـدع أحيانًـا فـي اختـراع مسميات جديـدة للأشياء -! علـى أيـة حـال، فـإن هـذه الـدورة متاحة للجنسين، رجـالًا ونسـاء. وهدفنـا هـذه المـرة أيضًـا، هـو أن يتعلَّـم كل متـدرب كيـف أننـا نسـعى في كنيسة الطريق الثالث المعمدانية، أن نطبق عقيدة الكنيسة.

فـي كل فصـل دراسـي فـي هـذه الـدورة، يقـدم كل واحـد مـن المتدربيـن محاضـرة أمـام زمـلاءهُ حـول مواضيـع لاهوتيـة مختلفـة، ليـس هـذا وحسـب، بـل فـي بعـض الأحيـان نطلب مـن المتدربيـن أن يجـادل ويُحاجـج أحدهمـا الآخـر.

فـي فتـرات الاسـتراحة بيـن العِظـات فـي «منتـدى الوعـظ»، وبيـن محاضـرات دورة «دراسـة فـي علـم الكنيسـة»، كنـت أُطـرق السـمع للكثيـر مـن أعضـاء الكنيسـة وهـم يتناقشـون علنًـا حـول العديـد مـن المسـائل اللاَّهوتيـة والكتابيَّـة. أتعرفـون مـا الـذي تعلمتـه طـوال هـذه السـنوات؟ أن النسـاء غالبًـا مـا يكـنَّ أكثـر عمقًـا وأفضـل تحدّثًـا مـن الرجـال، حتى من هؤلاء المشاركين بالتدريب الخاص بتعليم الرجال ليصيروا وعاظًا أفضل!

فـي الحقيقـة، أشـعر بإنـه مـا كان يجـب علـيَّ أن أُنهـي العبـارة السـابقة بعلامـة التعجُّـب، فـلا غرابـة فـي الأمـر علـى الإطـلاق؛ مـا أقصِـده هنـا هـو، لمـاذا يجـب علينـا أن نندهـش مـن كـون بعـض النسـاء يفكـرن ويتكلمـن أفضـل مـن بعـض الرجـال؟ لا يوجـد شـيء أو عنصـر أصيـل فـي الرجـل، يجعلـه أفضـل فـي مجادلـة الحُجّـة بالحُجّـة، أو تقديـم تفسيرًا أفضـل وأدق للنـص الكتابـي، أو مخاطبـة الجماهيـر، أليـس كذلـك! لكـن إذا كان هـذا هـو الحـال، فهـذا يجعلنـا فـي مواجهـة مـع سـؤال: لمـاذا يظـل بعـض المؤمنيـن عالقيـن عنـد فكـرة أن، الرجـال فقـط هـم الذيـن يسـتطيعون ويمكنهـم أن يكونـوا واعظيـن؟! وإذا كان هنـاك بعـض النسـاء اللاَّتـي مـن الممكـن أن يصبحـن واعظـات رائعـات، فلمـاذا لا تسـمح لهـن بعـض الكنائـس بذلـك؟ لمـاذا يصـرون علـى الرجـال فقـط؟ بـل والأكثـر

[١] القصـص الشـخصية الـواردة فـي هـذا الكتـاب تتضمـن أسـماء لأشـخاص آخريـن، كُتبـت بـإذن منهـم، وفـي أغلـب المـرات بأسـماء مسـتعارة حفاظًـا علـى الخصوصيـة.

من ذلك، إذا كان الله نفسه يدعو امرأةً لتكون واعظة أو راعية لكنيسة، فمن له الحق في أن يخبرها بأنه من غير المسموح لها أن تلبّي الدعوة؟

كل هذه الأسئلة الهامة. سأتناولها في هذا الفصل، وسأثبت بالحجة أن الله اختار لوظيفة الراعي (أحيانًا تدعى الشيخ) بكل ما يخصها من مهام كسلطة القيادة والتعليم، الرجال الأكفاء فقط. لكن من المهم أن نعرف قبل أن نبدأ، أن المسألة ليست مبنية على (المقدرة)، وإنما على (السلطة وتصميم الخليقة) المؤسس بحسب سلطان الله، لترتيب وتصميم الكنيسة والخليقة ككل، بحسب الطريقة التي يراها بحكمته. ومسؤوليتنا هي الخضوع لهذه السلطة والعيش بحسب هذا التصميم.

المناقشات عن الوظائف التي من الممكن أن تشغلها المرأة في الكنيسة المحلية، تتناول كل ما ورد في الكتاب المُقدَّس تقريبًا. بدءًا من الحديث عن أمثلة على قيادة المرأة في تاريخ شعب اسرائيل، وحتى الوصايا أو المحظورات المذكورة في كل الكتاب المُقدَّس. فهناك دبورة التي كانت تقود شعب اسرائيل في زمن القضاة، وحقيقة أن النساء هن أول من بشّر بقيامة المسيح في كل الأناجيل، ثم الحديث عن ارتداء المرأة لغطاء الرأس أثناء العبادة في الكنيسة (١ كورنثوس ١١). ثم ماذا بعد؟ ماذا نفعل مع حديث بولس في ١ كورنثوس ١٤ الذي يقول بأنه من القبيح أن تتحدث المرأة في الكنيسة؟!

يُمكن مناقشة وتفسير هذه النصوص وغيرها الكثير من تلك النصوص التي تتحدث عن دور المرأة في الكنيسة، لكن أكثر هذه النصوص جدلاً على الإطلاق هو ما ورد في ١ تيموثاوس ٢: ١٢، هذا النص يمثل حجر الزاوية لكل معسكر في تحديد وجهة نظره عن إمكانية أن تكون المرأة راعيًا أم لا. وعلى ضوء ذلك، بدلًا من مناقشة كل نص إذا كان يُجيب على هذا السؤال، دعونا نركز على هذه الآية تحديدًا ضمن سياق النص والكتاب المُقدَّس ككل، لنفهم ليس فقط معنى كلام بولس، بل أيضًا لماذا قاله. وأمَل بعد فهمنا واستنتاجنا، ألاَّ ننفض أيدنا ونقول، حسنًا، إذا كان الأمر كذلك، فعلى أن أطيع وكفى! بل بالأحرى أن نقول، يا له من أمر رائع بالفعل! بهجتي وفرحتي هي أن أطيعه.

الآن، دعونا نبدأ!

حجر الزاوية في ١ تيموثاوس ٢: ١٢:

«وَلكِنْ لَسْتُ آذَنُ لِلْمَرْأَةِ أَنْ تُعَلِّمَ وَلاَ تَتَسَلَّطَ عَلَى الرَّجُلِ، بَلْ تَكُونُ فِي سُكُوتٍ» (١ تيموثاوس ٢: ١٢)

تدور الكثير من النقاشات حول ما نظن أنه قصد الرسول بولس من قوله (أن المرأة لا يجب أن تُعلِّم أو تمارس السلطة على الرجل)، لذا دعوني أدخل في صُلب الموضوع وأقول، هذه الآية تصف وظيفة ومهام القيادة على حدٍ سواء. لكن كيف نعرف ذلك؟ لأن بولس غالبًا ما يصحب التعليم بالسلطة عندما يتحدث عن الشيوخ، وإليك بعض الأمثلة القليلة على ذلك:

- في ١ تيموثاوس ٤: ١١ يوصي بولس تيموثاوس، قائد كنيسة أفسس قائلاً: «أَوْصِ بِهذَا وَعَلِّمْ».
- في ١ تيموثاوس ٣ يصف القادة بأنهم مدبّرون ومعلّمون.
- في ١ تيموثاوس ٥: ١١ يمتدح بولس الشيوخ الذين نفهم بأنهم «الْمُدَبِّرُونَ حَسَنًا» والذين «يَتْعَبُونَ فِي الْكَلِمَةِ وَالتَّعْلِيمِ».

إذًا، في فكر بولس، أن الشيوخ يعلمون ويمارسون سلطة قيادة الكنيسة. هذه هي مهمتهم، ولهذا وجدت هذه الوظيفة الكنسيَّة.

لهذا عندما يتكلم بولس عن التعليم والسلطة في ١ تيموثاوس ٢: ١٢ هو لا يتحدث عن أي تعليم أو أية سلطة، وإنما يتحدث عن سلطة قيادة وتعليم الكنيسة. أي الوظيفة والمسؤولية التي تخص الراعي/ الشيخ المسؤول عن الكنيسة.

أشعر بحاجة لتوضيح الأمر أكثر! حسنًا، بكل تأكيد لم يقصد بولس، أن المرأة لا تستطيع بأي حال من الأحوال أن تعلم أي رجل. فلدينا بريسكيلا التي علّمت أبلّوس الكتب المُقدَّسة (أعمال ١٨: ٢٤-٢٦). ولا يعني أيضًا أن المرأة لم تمارس أي سلطة على الرجل في تاريخ الكنيسة. المسألة هنا هي مسألة قيادة وتعليم بسلطان، أي تعليم عقيدة الكنيسة المبنية على الكتاب المُقدَّس، وتوجيه نظام قيادة الكنيسة.

هـذه هــي المؤهــلات التــي يختــار بولــس بنــاءً عليهــا الرجــال. بمعنــى آخــر، هنــاك فــرق كبيــر بيــن أن يقــف الراعــي (أو الشــيخ) علــى المنبــر فــي خدمــة الأحــد ويقــول: «هــذا مــا يعلمــه لنــا مرقــس ١٤» وتســتقبله الكنيســة ككلمــة الله، وبيــن أن يقــول شــخص لصديقــه بعــد الخدمــة: «أظــن أن هــذا مــا يعلمــه مرقــس ١٤»، لأن هــذا الصديق، لــن تراجعه الكنيســة فيمــا يظــن أو يفكــر، كمــا تراجــع الراعــي بعــد العِظــة فيمــا قدمــه علــى المنبــر كتعليم كتابــي مؤكــد، أو عقيــدة كنســيَّة.

فــي ضــوء مــا ســبق، فــإن الإجابــة علــى ســؤال: هــل يمكــن للمــرأة أن تكــون راعيًــا لكنيســة؟ هـــي.. لا!

المــرأة تحمــل صــورة الله الزكيــة، وهــي عضــو لا يمكــن الاســتغناء عنــه فــي الكنيســة، ويجــب أن تخــدم فــي الكنيســة بــكل طريقــة يمكــن تصورهــا، دون أن تمتلــك وظيفــة الراعــي/ الشــيخ، أو أن تمــارس مهــام ومســؤوليات وظيفتــه. هــذا معنــى مــا يقولــه بولــس بكل بســاطة!

لكــن إذا كان هــذا هــو كل مــا فــي الأمــر، مجــرد وصيــة جامــدة، فهــذا محبــط جــدًا! ربمــا يتــرك الأمــر بداخلنــا شــك مزعــج بخصــوص الأمــر، يجعلنــا نفتــرض أن ١ تيموثــاوس ٢: ١٢ ربمــا يكــون مجــرد تأثــر بثقافــة ســابقة كارهــة للنســاء! العديــد مــن دارســي الكتــاب المُقدَّس يفترضــون ذلــك كلمــا حاولــوا تفســير الأمــر. لكــن هــل مــن الإنصــاف تفســير قــول بولــس علــى هــذا النحــو؟ لا أظــن ذلــك، لأننــا عندمــا نواصــل القــراءة، سنكتشــف أن وصيــة بولــس لــم تكــن نتــاج ثقافــة معينــة بــل هــو مــا تقولــه (الخليقــة). لنتأمــل فــي الآيــة التاليــة:

«لأَنَّ آدَمَ جُبِلَ أَوَّلاً ثُمَّ حَوَّاءُ، وَآدَمُ لَمْ يُغْوَ، لكِنَّ الْمَرْأَةَ أُغْوِيَتْ فَحَصَلَتْ فِي التَّعَدِّي» (١ تيموثــاوس ٢: ١٣-١٤) أعــرف مــا تفكــرون بــه الآن، هذه الكلمات دون مستوى النقاش، وأكثــر مــن مجــرد عبــارات مهينــة، يتــم توظيفها لخدمــة محظورات عشــوائية!

حســنًا، لنتمهــل قليــلًا! لــو قضينــا بضــع دقائــق لنفكــر فيمــا يعنيــه بولــس بهــذا القــول، وحللنــا حجتــه فــي ســياقها بدقــة، ســنجد أن احتــكام بولــس للطبيعــة رائــع ومقنــع! علــى مــدار (١ تيموثــاوس ٢) كان بولــس يضــع (تكويــن ١-٣) نُصــب عينيــه، ليــس فقــط كنــص يؤكــد قصــده، لكــن كأســاس لاهوتــي يحمــي الكنيســة فــي مواجهــة مســائل فــي غايــة الخطــورة.

هنـا بيـت القصيـد، هـو يريـد أن يعـود بنـا لأصـل الخليقـة، حيـث صمـم الله وأسـس نظـام السـلطة الـذي تتمثـل قمتـه فـي سـلطانه هـو الـذي يحكـم كل العالـم. وكمـا نعـرف، هاجـم إبليـس بنـاء السـلطة الجميـل هـذا وقصـد أن يدمـره مـن خـلال خطيـة الإنسـان. يمكـن أن نعيـد صياغـة حجـة بولـس علـى النحـو التالـي: (يـا تيموثـاوس، لا تسـمح بالفوضـى التي أحدثها إبليس في الخليقة أن تنتشر في الكنيسة)!

هـذا مـا أريـد تأكيـده، أن وظيفـة الراعـي حُفظـت للرجـال المؤهليـن، ليـس بطريقـة عشـوائية، بـل تـم تأسيسـها مـن خـلال نظـام السـلطة الـذي أرسـى الله قواعـده فـي جنـة عـدن. ولنفهـم هـذه النقطـة، علينـا العـودة للـوراء والتأمـل بحـرص فـي تكويـن ١-٣، ومـا أن نسـتوعب المكتـوب هنـاك، يمكننـا العـودة إلـى ١ تيموثـاوس ٢ واسـتيعاب صـدى قصـة الخلـق فـي كل الأصحـاح، وبخاصـة وصيـة بولـس فـي ١ تيموثـاوس ٢: ١٢.

كيف أسس الله نظام السلطة؟

فـي البـدء خلـق الله السـماوات والأرض، وكانـت السـماوات والأرض تعجَّـان بـكل المخلوقـات التـي تُظهـر جـلال الله وعظمتـه، لكـن قمـة إبـداع الخلـق كانـت فـي مخلـوق واحـد مميـز حمـل صـورة الله نفسـه، الإنسـان.

> «وَقَـالَ اللهُ: «**نَعْمَلُ الإِنْسَـانَ عَلَـى صُورَتِنَـا كَشَـبَهِنَا، فَيَتَسَـلَّطُونَ عَلَـى سَـمَكِ الْبَحْـرِ وَعَلَـى طَيْـرِ السَّـمَاءِ وَعَلَـى الْبَهَائِـمِ، وَعَلَـى كُلِّ الأَرْضِ، وَعَلَـى جَمِيـعِ الدَّبَّابَـاتِ الَّتِـي تَـدِبُّ عَلَـى الأَرْضِ». فَخَلَـقَ اللهُ الإِنْسَـانَ عَلَـى صُورَتِـهِ. عَلَـى صُـورَةِ اللهِ خَلَقَـهُ. ذَكَـرًا وَأُنْثَـى خَلَقَهُـمْ. وَبَارَكَهُـمُ اللهُ وَقَـالَ لَهُـمْ: «أَثْمِـرُوا وَاكْثُـرُوا وَامْـلأُوا الأَرْضَ، وَأَخْضِعُوهَـا، وَتَسَـلَّطُوا عَلَـى سَـمَكِ الْبَحْـرِ وَعَلَـى طَيْـرِ السَّـمَاءِ وَعَلَـى كُلِّ حَيَـوَانٍ يَـدِبُّ عَلَـى الأَرْضِ»»**» (تكوين ١: ٢٦-٢٨).

يقدم لنا موسى (كاتب سفر التكوين) بعض الملامح الجوهريَّة في خلق الإنسان:

أولاً: قال الله إنه صنع الإنسان (ذكرًا وأنثى) على صورته. فما معنى ذلك؟ لقد صارع اللاَّهوتيين على مدار مئات السنين ليجدوا جوابًا لهذا السؤال. كتبت آلاف الكتب حول هذا الموضوع. افترض بعض اللاَّهوتيين معنى أن نكون على صورة الله هو، أن نعكس قدراته العقلانية والعاطفية. على سبيل المثال، قدرتنا الفريدة على التفكير، أو تنفيذ ما نريد أو حتى أن يكون لدينا وعيًا، يعكس مقدرة الله على فعل نفس الشيء. البعض الآخر فسر الأمر، بأن معنى أن تكون مخلوقًا على صورة الله، فهذا يعني أنك تحمل (العنصر العاقل) من الله. وكما أن هناك علاقة وثيقة وأزلية بين الله الآب والابن والروح القدس، نحن أيضًا تربطنا بالله وبمن حولنا علاقة قوية.

كلا التفسيران يحمل بعض الأوجه لمعنى أننا على صورة الله. لكن هناك درجات أعلى من التشابه التي يشير إليها موسى، ربما تكون أكثر أهمية وهي، كوننا نحمل صورة الله لا يظهر فقط في قدراتنا أو علاقاتنا الإنسانية، بل أيضًا فيما يجب علينا فعله في هذا العالم الذي نعيش فيه (أي، الوظيفة التي خلقنا الله لأجل القيام بها). قد يبدو ذلك غير مفهوم، لذلك سأوضح كلامي أكثر: في الحضارات القديمة، كان أمرًا شائعًا أن يشيد الملوك العِظام تماثيل ضخمة لأنفسهم، لتذكر الناس بحكمهم وعظمتهم، على سبيل المثال في (دانيال ٣)، شيد نبوخذ نصر لنفسه تمثالاً ضخمًا بارتفاع تسعين قدم من الذهب. مثل هذه التماثيل تذكر سكان الأرض بمن يحكم الأرض ومن يستحق ولائهم. في ضوء هذا المثال، فكر مرة أخرى في المسؤولية التي أوكلها الله لآدم وحواء في (تكوين ١: ٢٨) بأن يملأوا الأرض ويتسلطوا عليها، أي أن يمارسوا السيادة والحكم والسلطة. بمعنى آخر، أن الله خلق الإنسان كائن مصغر منه، ليستطيع أن يحكم كل العالم بعدل وصلاح، ويعكس صور الحاكم الأعظم والأفضل الذي يحكم العالم. الإنسان مدعو لأن يكون وكيلاً يحكم ويُسأل عن وكالته أمام الملك العظيم نفسه. لكن ما هي أهمية هذا الأمر؟ أهميته توضيح أن الله أسس نظامًا وبناءً للسلطة بحيث يكون: الله نفسه هو الملك العظيم، والرجل والمرأة اللذان يمثّلان صورة مصغرة منه يحكمان العالم تحت سلطانه.

وهناك تأكيد أقوى على حكم آدم للخليقة في تكوين ٢: ١٩-٢٠:

«وَجَبَلَ الرَّبُّ الإِلهُ مِنَ الأَرْضِ كُلَّ حَيَوَانَاتِ الْبَرِّيَّةِ وَكُلَّ طُيُورِ السَّمَاءِ، فَأَحْضَرَهَا إِلَى آدَمَ لِيَرَى مَاذَا يَدْعُوهَا، وَكُلُّ مَا دَعَا بِهِ آدَمُ ذَاتَ نَفْسٍ حَيَّةٍ فَهُوَ اسْمُهَا. فَدَعَا آدَمُ بِأَسْمَاءٍ جَمِيعَ الْبَهَائِمِ وَطُيُورَ السَّمَاءِ وَجَمِيعَ حَيَوَانَاتِ الْبَرِّيَّةِ. وَأَمَّا لِنَفْسِهِ فَلَمْ يَجِدْ مُعِينًا نَظِيرَهُ».

هل فكرت من قبل في السبب الذي لأجل يذكر الكتاب المُقدَّس هذه القصة القصيرة الغريبة؟ بكل وضوح لأنها تُظهر بما لا يدع مجالاً للشك، أنه من بين كل المخلوقات التي خلقها الله، لم تكن هناك زوجة مناسبة له. تخيل كم كان فزع آدم عندما يمر به آخر حيوان، فيقول آدم: «الحمار الوحشي، كم هو جميل! لكنه غير مناسب لي»!

لكن هناك سببًا آخر لقيام آدم بدعوة هذه الحيوانات بأسماء، وهو أنه عندما يفعل ذلك، هو يمارس السلطة التي منحه إياها الله (تكوين ١: ٢٨). حتى في ثقافتنا المعاصرة، عندما ندعو الأشياء بأسماء يعني أننا نمارس السلطة. عندما يدعو الآباء أطفالهم بأسماء، فهم يمارسون السلطة عليهم. عندما يدعوا بعض الأشخاص سياراتهم (كما تدعو زوجتي سيارتها القديمة «چيلي بينز») فهذا شكل من أشكال السلطة، وهذا بالطبع ينبع من امتلاك السيارة ذاتها (وهو شكل آخر من أشكال السلطة). على أية حال، أظن أنكم فهمتم قصدي الآن، أن آدم عندما دعا الحيوانات بأسماء، هو بذلك تصرف كملكٍ عليهم، ونفذ السلطة المخوَّلة له من الله على الأرض وما عليها.

لكن انظر ماذا حدث بعد ذلك:

«فَأَوْقَعَ الرَّبُّ الإِلهُ سُبَاتًا عَلَى آدَمَ فَنَامَ، فَأَخَذَ وَاحِدَةً مِنْ أَضْلاَعِهِ وَمَلأَ مَكَانَهَا لَحْمًا. وَبَنَى الرَّبُّ الإِلهُ الضِّلْعَ الَّتِي أَخَذَهَا مِنْ آدَمَ امْرَأَةً وَأَحْضَرَهَا إِلَى آدَمَ. فَقَالَ آدَمُ: «هذِهِ الآنَ عَظْمٌ مِنْ عِظَامِي وَلَحْمٌ مِنْ لَحْمِي. هذِهِ تُدْعَى امْرَأَةً لأَنَّهَا مِنِ امْرِءٍ أُخِذَتْ»» (تكوين ٢: ١٢-٢٣).

لقد دعا آدم المرأة باسم حواء، لكن ذلك لا يضعها في نفس المستوى مع الحيوانات. يذكر في تكوين ١: ٢٦-٢٧. أربع مرات على الأقل بأن حواء نظيرًا لآدم. خُلقت

على صورة الله ومثاله، بل وأكثر من ذلك في تكوين ١: ٢٨ أن السلطة كُتبت في صيغة الجمع (أي مُنحت لكليهما: الرجل والمرأة)، ويحكم آدم وحواء الأرض كملك وملكة. لقد أسس الله بناء وهيكل السلطة في علاقتهما كزوج وزوجة. إذ مُنح آدم مسؤولية حماية ومحبة زوجته حواء.

هل فهمت الآن ما فعله الله في هذه الأصحاحات الأولى من سفر التكوين؟ لقد صمم الله شكلاً رائعًا من السلطة الملوكية في خليقته. ومارس آدم وحواء سلطانهما على الحيوانات، بينما في علاقتهما الزوجية، يعكس آدم صورة شخص الله المبارك من خلال سلطته على زوجته، ويسير الجميع تحت سلطان الملك العظيم، الله نفسه.

يصطدم الناس غالبًا بالمفهوم السلبي الموروث عن السلطة، وبالطبع هذا له ما يبرره، فعبر التاريخ، أثرت الطبيعة الإنسانية الفاسدة في استغلال السلطة. لكن السلطة التي نعرفها في سفر التكوين، لم تكن شيئًا هامشيًا، أو شيئًا تم فرضه قهرًا، أو اختراع عديم الفائدة، بل هو في الواقع جزء لا يتجزأ من النظام المتكامل الذي خلقه الله، وعندما اكتملت خليقة الله، اكتمل هيكل وبناء السلطة بشكل متناغم ورائع.

وهذا ما تفسير لنا أن إبليس لن يقف مكتوف الأيدي دون أن يسعى لتدمير كل ذلك!

كيف أفسد إبليس هذا النظام؟

قبل أن يحدث ذلك، كان كل شيء يسير جنبًا إلى جنب في تناغم وكمال. ربما تكون هذه هي القصة المألوفة، لكن الأمر يستحق أن ننظر له نظرة مختلفة، خاصةً ونحن نناقش سؤال هذا الفصل.

إليك ما سجّله موسى في سفر التكوين:

> **«كَانَتِ الْحَيَّةُ أَحْيَلَ جَمِيعِ حَيَوَانَاتِ الْبَرِّيَّةِ الَّتِي عَمِلَهَا الرَّبُّ الإِلهُ، فَقَالَتْ لِلْمَرْأَةِ: «أَحَقًّا قَالَ اللهُ لاَ تَأْكُلاَ مِنْ كُلِّ شَجَرِ الْجَنَّةِ؟» فَقَالَتِ الْمَرْأَةُ لِلْحَيَّةِ: «مِنْ ثَمَرِ شَجَرِ الْجَنَّةِ نَأْكُلُ، وَأَمَّا ثَمَرُ الشَّجَرَةِ الَّتِي فِي وَسَطِ الْجَنَّةِ فَقَالَ اللهُ: لاَ تَأْكُلاَ مِنْهُ وَلاَ تَمَسَّاهُ لِئَلاَّ تَمُوتَا». فَقَالَتِ الْحَيَّةُ لِلْمَرْأَةِ:**

«لَنْ تَمُوتَا! بَلِ اللهُ عَالِمٌ أَنَّهُ يَوْمَ تَأْكُلاَنِ مِنْهُ تَنْفَتِحُ أَعْيُنُكُمَا وَتَكُونَانِ كَاللهِ عَارِفَيْنِ الْخَيْرَ وَالشَّرَّ». فَرَأَتِ الْمَرْأَةُ أَنَّ الشَّجَرَةَ جَيِّدَةٌ لِلأَكْلِ، وَأَنَّهَا بَهِجَةٌ لِلْعُيُونِ، وَأَنَّ الشَّجَرَةَ شَهِيَّةٌ لِلنَّظَرِ. فَأَخَذَتْ مِنْ ثَمَرِهَا وَأَكَلَتْ، وَأَعْطَتْ رَجُلَهَا أَيْضًا مَعَهَا فَأَكَلَ» (تكوين ٣: ١-٦).

ينزعج الكثيرون بسبب هذه القصة، لأنهم يرون أن عقوبة الموت التي أنزلها الله على آدم وحواء، لا تتناسب مع حجم الخطأ الذي ارتكباه، فكل ما فعلاه هو أكل جزء من قطعة فاكهة، فهل من المعقول أن يستحق ذلك الموت؟! لقد أخطأ كلاهما بالفعل عندما لم يطيعا الله، لكن لماذا يتصرف الله وكأنه يتصيد لهما الأخطاء؟!

إن آدم وحواء لم يسقطا في خطية عدم الطاعة وحسب، لقد تمردا على الله. إن الهدف من وجود شجرة معرفة الخير والشر، هو تذكيرهما بأن سلطانهما على الأرض محدودًا، وبأن هناك ملك عظيم متوج على عرش أعظم منهما. ولهذا السبب، فإن أكلهم من الشجرة لا يعني مجرد ارتكاب خطية صغيرة، بل تمردًا على سلطان الله، وانفصالاً عنه. لقد انضما لجانب إبليس وأعلنا الحرب ضد الله!

لكن ما هو الأسوأ؟

هل فكرت من قبل لماذا بدأ إبليس بغواية حواء بدلًا من آدم؟ كما يذكر بولس في ١ تيموثاوس ٢: ١٢-١٤. صراحةً، لقد قدم الكثيرون جوابًا غبيًا وساذجًا عن هذا السؤال على مدار قرون عديدة، مثل: «لأن المرأة مذنبة أكثر من الرجل، وهذا ما حرض إبليس على أن فرصة خداعها أسهل من آدم»، أو «لأن النساء مُغويات، وهذا ما جعل إبليس يظن أنه بإغواء لحواء، سيتمكن من إغواء آدم»، أما الجواب الصحيح فهو، بالرغم من أن إبليس لم يكن يريد إغواء آدم وحده، إلاَّ أنه أراد أن يقلب كل هيكل السلطة الذي أسسه الله لحكم العالم؛ ولذلك أراد أن تكون المرأة هي التي تقنع آدم بالتمرد على الله!

بل وأكثر من ذلك، هل فكرت قبلًا، لماذا أتى إبليس إلى حواء في جسم الحية؟ لماذا لم يأتِ في شبه إنسان، أو ملاك نور؟! الإجابة مرة أخرى هي، لأن هدف إبليس لم يكن فقط سقوط آدم وحواء في الخطية، بل تعطيل وتدمير كل هيكل السلطة

الذي خلقه الله! لقد أراد أن يسبب سلسلة متواصلة من التمرد في الخليقة، كانت خطته أن يغوي الحيوان حواء فتغوي هي بدورها آدم، فيعلن الجميع الحرب ضد الله!

ولتنفيذ هذه المهمة، أي حيوان اختار؟ الحية، فلماذا لم يختر حيوانًا أفضل.. فيل أو حصان على سبيل المثال؟ مرة أخرى نجد الجواب عندما نفهم خطة إبليس. لقد أتى في جسم الحية، لأنها على الأقل، هي الأقل شأنًا بين جميع الحيوانات، وبهذا يأتي العصيان بقلب كل المقاييس وسيطرة الأصغر والأقل شأنًا في كل الخليقة. لقد كانت الخطة شاملة وشيطانية لتضخم من قدرة إبليس على السخرية من الله عندما تُنَّفذ! لذا، فلم يختر غير الحية، لتكون الأحقر بين المخلوقات، هي التي تغوي حواء التي بدورها تغوي آدم ليتمرد على الله.

هل فهمت القصد من كل هذا؟ الخطية «لا تعني أن تفعل الخطأ، بل هي التمرد على الله»! إنها انقلاب على النظام الذي أسسه الله. هي إعلان حرب ضد ملك هذا الكون. إذًا فلا عجب أن تكون عقوبة الخطية هي الموت. ليس هناك ملك مهما عظم شأنه أو صغُر لا يقبل بغير الموت عقابًا للتمرد.

هذا هو لُبّ القضية، أن الله أسس هيكل السلطة في الخليقة منذ البدء، وكانت خطة إبليس هي تضخيم المهانة لشخص الله، من خلال تدمير هذا البناء الصالح والرائع للسلطة. هل تدرك أهمية ذلك! ليس هينًا أبدًا إشراك حيوان محتقر كالحية في تدمير تلك السلطة الرائعة التي رسمها الله!

كل هذا كان في فكر بولس وهو يكتب ١ تيموثاوس ٢ لكن قبل أن نعود لرسالة تيموثاوس الأولى، دعونا نتأمل في فقرة أخيرة في تكوين ٣، لأنها تفتح أذهننا على السبب الذي لأجله كتب بولس ١ تيموثاوس ٢ بهذه الطريقة. فكر معي في اللعنات التي أعلنها الله على البشرية في تكوين ٣: ١٦-١٩:

> **«وَقَالَ لِلْمَرْأَةِ: «تَكْثِيرًا أُكَثِّرُ أَتْعَابَ حَبَلِكِ، بِالْوَجَعِ تَلِدِينَ أَوْلاَدًا. وَإِلَى رَجُلِكِ يَكُونُ اشْتِيَاقُكِ وَهُوَ يَسُودُ عَلَيْكِ». وَقَالَ لآدَمَ: «لأَنَّكَ سَمِعْتَ لِقَوْلِ امْرَأَتِكَ وَأَكَلْتَ مِنَ الشَّجَرَةِ الَّتِي أَوْصَيْتُكَ قَائِلاً: لاَ تَأْكُلْ مِنْهَا، مَلْعُونَةٌ الأَرْضُ بِسَبَبِكَ. بِالتَّعَبِ تَأْكُلُ مِنْهَا كُلَّ أَيَّامِ حَيَاتِكَ. وَشَوْكًا وَحَسَكًا**

تُنْبِتُ لَكَ، وَتَأْكُلُ عُشْبَ الْحَقْلِ. بِعَرَقِ وَجْهِكَ تَأْكُلُ خُبْزًا حَتَّى تَعُودَ إِلَى الأَرْضِ الَّتِي أُخِذْتَ مِنْهَا. لأَنَّكَ تُرَابٌ، وَإِلَى تُرَابٍ تَعُودُ»».

لكن عندما أتى للعنة الحية، وعد الله بأن يرسل (نسل) المرأة، ليفعل ما كان يجب على آدم أن يفعله وهو، سحق رأس الحية وطردها خارج جنة عدن (تكوين ٣: ١٥). يسوع هو الذي يتمم وعد الله للمنتهى، ليس هناك ما هو أهم في تكوين ٣ من هذا الوعد.

ولنفهم أكثر، دعونا نتأمل بتدقيق فيما وصفها الله بأنها الخطايا (النموذجية) التي سيتميز بها آدم وحواء في العالم الساقط. أي، الخطايا التي ستحدد شكل علاقتهما فيما بعد.

أولاً: انظر لما يقوله الله للمرأة في النصف الثاني من الآية ١٦ «**وَإِلَى رَجُلِكِ يَكُونُ اشْتِيَاقُكِ**» قد تبدو هذه العبارة غريبة! هل هذا شيء جيد أم سيء؟ للوهلة الأولى ستظن بأنه شيء جيد، شيء ربما يثير حماسة آدم كثيرًا! لكن تذكر أن الله قال بأن ذلك لعنة، أي أنه من الأفضل أن نعتبر «اشتياق (رغبة)» حواء لزوجها شيئًا سيئًا. يساعدنا على فهم ذلك أكثر إذا انتقلنا إلى تكوين ٤، حيث نقرأ تلك الكلمات التي يقولها الله لقايين: «**إِنْ أَحْسَنْتَ أَفَلاَ رَفْعٌ** (أفلا أقبلك)؟ **وَإِنْ لَمْ تُحْسِنْ فَعِنْدَ الْبَابِ خَطِيَّةٌ رَابِضَةٌ، وَإِلَيْكَ اشْتِيَاقُهَا وَأَنْتَ** (ينبغي أن) **تَسُودُ عَلَيْهَا**»» (تكوين ٤: ٧). هنا نجد كلمة «اشتياق» مرة أخرى، الخطية تشتاق لك يا قايين، لكن ما معنى ذلك؟ عبارة «وَأَنْتَ تَسُودُ عَلَيْهَا» تفسر لنا الأمر، اشتياق الخطية لقايين، ليس أمرًا جيدًا على الإطلاق! الخطية تشتاق إليه، لتسود عليه، لتسيطر عليه، فتهلكه. وردة فعله يجب أن تجعله يسود عليها ويسيطر عليها ويعلن عليها الحرب ليُهلكها.

والآن، نحن نفهم ما قصده الله عندما قال لحواء أن (اشتياقها) سيكون لزوجها، فهذا الاشتياق سيكون كاشتياق الخطية لقايين، سوف تشتاق لتسيطر عليه، وتتسيَّد عليه وتطرحه. هذه هنا نموذج للخطية التي ستظهر في العالم الساقط، ومرة أخرى، بهدف تدمير نظام السلطة الإلهي.

ثانيًا: فكر أيضًا فيما قاله الله للرجل، حتى خطية آدم أيضًا تدمر نظام السلطة الذي أسسه الله. انظر ما يقوله الله عن طريقة تعامل آدم مع «**اشتياق**» **زوجته للتسيُّد عليه**، «**وَهُوَ يَسُودُ عَلَيْكِ**» (تكوين ٣: ١٦). هذا لم يكن الحكم (السلطة) الصالح العادل الذي منحه الله للإنسان في البدء، بل هو الحكم العنيف المدمر الذي يجب أن يمارسه قايين ضد الخطية، المرأة سوف ترغب (تشتاق) في أن تتسلط وتحكم الرجل، والرجل سوف يراوغ ويمارس السلطة بطرق ملتوية للتعسف ضد المرأة.

يكشف الله أيضًا عن خطية سيمارسها الرجل، وهي تعكس سلطته الجائرة ضد المرأة. يقول عند توجيه اللعنة لآدم، «**لأَنَّكَ سَمِعْتَ لِقَوْلِ امْرَأَتِكَ**» (تكوين ٣: ١٧)، فعوض أن يمارس سلطته، ويرفض الخطية، ويوبخ حواء، ويطرد الحية خارج جنة عدن، أخفق آدم في مسؤوليته وتخلى عن وظيفته الملوكية، وترك آدم حواء تأخذ المسؤولية عندما تخلى هو عن دوره. هل فهمت الآن كيف وصف الله انعكاس خطية الإنسان؟ لقد انعكست في العنف، والسلبية، وحب السيطرة على الآخرين، والتخلي عن المسؤولية. احفظ ذلك في رأسك، في هذا العالم الساقط، يكون الإغواء النموذجي للمرأة هو أن تسيطر على الرجل، وفي المقابل، يكون الإغواء النموذجي للرجل هو، إما أن يتخلى لها عن مسؤوليته، إما أن يحاول سحقها، يا لها من صورة مرعبة!

لم يكتفِ آدم وحواء بالوقوف إلى جانب إبليس في تدمير هيكل السلطة الذي أسسه الله، بل الأسوأ من ذلك، هو أنهما سعيا بكل قلبيهما اللذان امتلآ بغريزة وحشية للحيلولة دون بناء هذا الهيكل مرة أخرى، حتى يبقيا عند تلك النقطة التي بدأ عندها العصيان.

حسنًا، بعد أن تعمقنا في تكوين ١-٣، لنعود الآن مرة أخرى إلى ١ تيموثاوس ٢، لنرى كيف يظهر كل ذلك في فكر بولس، وكيف يتوافق تحديدًا مع تعاليمه عن وظيفة الرعوية.

كيف يُشكّل تكوين: ١-٣ أساس ١ تيموثاوس ٢؟

لا تُشكّل ١ تيموثاوس ٢ عقيدة لاهوتية قائمة بذاتها، بل علاجًا مناسبًا للحالة المرضية الخطيرة التي وصلت إليها كنيسة أفسس، الكنيسة التي كان تيموثاوس راعيًا لها. لكن ما هو هذا المرض؟ من الواضح أن الكنيسة كانت ممتلئة بالمعلمين الكذبة، الذين تهدد تعاليمهم بغرق الكنيسة بأكملها. لم يخبرنا بولس ما هي هذه التعاليم تحديدًا، لكنه ترك بعض المفاتيح لنكتشف منها ذلك:

أولاً: استطاع هؤلاء المعلمون الكذبة أن يصنعوا مزيجًا شيطانيًا بين تعاليم متناقضة تمامًا بين ما يدعو للزهد الشديد من ناحية والفسق الشديد من ناحية أخرى (قارن بين ١ تيموثاوس ١: ٦-١١؛ ٤: ١-٥). كانوا أيضًا مهووسين بنسج قصص خيالية قديمة، لا تتسق مع الخط التاريخي في العهد القديم، وكان جليًا أنهم يولون الأنساب اهتمامًا خاصًا (١ تيموثاوس ١: ٣-٤). وتشير ١ تيموثاوس ٥ إلى أنهم كانوا ماهرين في استقطاب النساء ليكن تحت قيادتهم.

ثانيًا: كان هؤلاء المعلمون الكذبة يدَّعون أنهم مؤمنين ليتحرروا من التزامهم بدورهم، ولكي ينكروا سلطة الوظائف الكنسيَّة، بل وحتى ليتحرروا من تعاليم الكتاب عن دور ومسؤولية الرجل والمرأة. على سبيل المثال: في ١ تيموثاوس ٥: ١٤-١٦ يدعو بولس النساء للعودة إلى الزواج والإنجاب والاهتمام بمسؤولية بيوتهن؛ لأن في تخليهن عن هذه المسؤوليات (يضلِّين وراء إبليس). ربما يكون هذا هو نفس نوع التعليم الكاذب الذي أثر على كنيسة كورنثوس من قبل، وهو الاعتقاد الذي يقول بأن القيامة حدثت بالفعل للمؤمنين، ولهذا فقد أعتقوا من كل الاهتمامات والمسؤوليات الأرضية. نحن لا نعرف على وجه التحديد على أي أساس يبني هؤلاء المعلمون الكذبة هذه التعاليم، لكن من الواضح أن هذه التعاليم أثرت على كل الكنيسة – رجالاً ونساء – حتى أعلنوا أنفسهم متحررين من أية اهتمامات أرضية وتفرغوا لحياة اللاَّ شيء!

يخاطب بولس هذه الضلالات في ١ تيموثاوس ٢ السبع آيات الأولى في هذا الأصحاح ليست مجرد دعوة للمؤمنين لكي يصلّوا لأجل الذين هم في سلطة، بل

بالأحرى هي توبيخ لفكرة أن المؤمنين غير ملزمين بطاعة هؤلاء الذين في موضع سلطة. يذكّر بولس مؤمني أفسس أنهم مازالوا تحت سلطة هؤلاء، وبالتالي يجب عليهم أن يصلّوا لأجلهم.

عند هذه النقطة في ١ تيموثاوس ٢، يتحدث بولس إلى كل المؤمنين – ليس فقط للرجال، وليس فقط للنساء –. لكن بدءًا من الآية ٨، يوجه حديثه لكل واحد منهما على حِدى، ما أقصده هنا، أن الوصايا والتعاليم التي يوجهها بولس هنا، مبنية على ما سجله الوحي في تكوين ١-٣، إذ يرى بولس أن مشكلة كنيسة أفسس (وخطية الرجال والنساء) هي صدى لذاك السقوط الكارثي الذي حدث في جنة عدن.

لنتأمل ما يقوله بولس في آية ٨: «**فَأُرِيدُ أَنْ يُصَلِّيَ الرِّجَالُ فِي كُلِّ مَكَانٍ، رَافِعِينَ أَيَادِيَ طَاهِرَةً، بِدُونِ غَضَبٍ وَلاَ جِدَالٍ**». وصية الصلاة هنا، استكمال لما قيل في الآيات ١-٧. والغريب أنه يتبع توصيته بالصلاة بالقول «**بِدُونِ غَضَبٍ وَلاَ جِدَالٍ**»! فلماذا يقول بولس ذلك؟! هل كان رجال كنيسة أفسس يصلون بغضب، أو يتشاجرون بعضهم مع بعض أثناء وقت الصلاة؟ ربما! لكن أعتقد أن بولس في بقية الفقرة، كان يشير إلى تكوين ٣. مشددًا على أن ذلك هو انعكاس الخطية النموذجية للرجل في سفر التكوين، وهي محاولة كل واحد أن يسيطر ويهيمن على الآخرين سواء بالشجار والنزاع، أو محاولة القفز على السلطة. إذًا جذور هذه الرغبة هي سبب المشاكل والنزاعات في كنيسة أفسس. ولهذا يستغل بولس هذا الموقف حتى يؤكد للمؤمنين (**أنتم غير محلولين من المسؤولية تجاه الآخرين، أنتم لستم أحرارًا في محاولة التسلط على الآخرين، لستم أحرارًا في عدم طاعة الذين هم في مسؤولية، يجب أن تتذكروا دوركم في الخضوع لسلطة الله والخضوع للذين في سلطة عليكم**».

أما في الآيات ٩-١٥ يوجه بولس حديثه للنساء:

> «**كَذلِكَ أَنَّ النِّسَاءَ يُزَيِّنَّ ذَوَاتِهِنَّ بِلِبَاسِ الْحِشْمَةِ، مَعَ وَرَعٍ وَتَعَقُّل، لاَ بِضَفَائِرَ أَوْ ذَهَبٍ أَوْ لآلِئَ أَوْ مَلاَبِسَ كَثِيرَةِ الثَّمَنِ، بَلْ كَمَا يَلِيقُ بِنِسَاءٍ مُتَعَاهِدَاتٍ بِتَقْوَى اللهِ بِأَعْمَال صَالِحَةٍ. لِتَتَعَلَّمِ الْمَرْأَةُ بِسُكُوتٍ فِي كُلِّ**

خُضُوعٍ. وَلكِنْ لَسْتُ آذَنُ لِلْمَرْأَةِ أَنْ تُعَلِّمَ وَلاَ تَتَسَلَّطَ عَلَى الرَّجُلِ، بَلْ تَكُونُ فِي سُكُوتٍ، لأَنَّ آدَمَ جُبِلَ أَوَّلاً ثُمَّ حَوَّاءُ، وَآدَمُ لَمْ يُغْوَ، لكِنَّ الْمَرْأَةَ أُغْوِيَتْ فَحَصَلَتْ فِي التَّعَدِّي. وَلكِنَّهَا سَتَخْلُصُ بِوِلاَدَةِ الأَوْلاَدِ، إِنْ ثَبَتْنَ فِي الإِيمَانِ وَالْمَحَبَّةِ وَالْقَدَاسَةِ مَعَ التَّعَقُّلِ».

تظهر الآية ١٤ أن بولس كان يضع تكوين ١-٣ أمامه، فبعد أن تحدث عن الخطية النموذجية للرجل، الآن يوجه نظره للخطية النموذجية للمرأة. وما هي هذه الخطية؟ بحسب تكوين ٣، هي الرغبة بإطاحة الدور والسلطة المعطاة من الله للزوج، في محاولة للقفز على هيكل السلطة الذي وضعه وأسسه الله في جنة عدن ثم في الكنيسة. وهنا في كنيسة أفسس، تحاول النساء أن يكررن دور الحية في الانقضاض على النظام الذي أسسه الله. هذا يأخذنا مرة أخرى للآية ١٢ «**وَلكِنْ لَسْتُ آذَنُ لِلْمَرْأَةِ أَنْ تُعَلِّمَ وَلاَ تَتَسَلَّطَ عَلَى الرَّجُلِ، بَلْ تَكُونُ فِي سُكُوتٍ**»، لم يقصد بولس بهذه الوصية أن تبقى النساء في صمت حرفيًا. لأن المقصود هنا يتماثل مع ١ تيموثاوس ٢: ٢ عندما قال أن المؤمنين يجب أن يقودوا في «تقوى ووقار». فبدلاً من التمرد على هيكل السلطة الذي أسسه الله في الكنيسة، وبدلاً من محاولة انتزاع السلطة، يجب أن يعشن حياة هادئة في سلام وخضوع لنظام السلطة الذي رتبه الله.[٢]

ما أن تفهم كيف كان بولس يفكر في مبادئ تكوين ١-٣، يتكشّف مدى خطورة الأمر! لم تكن وصية بولس في الآية ١٢، بعدم السماح للمرأة بأن تُعلّم أو تتسلط على الرجل مكتوبة اعتباطًا، ولم تكن صنيعة نظرة ذكورية فوقية أو كارهة ومحتقرة للمرأة. بل كانت مبنية على هيكل السلطة الذي أسسه الله في جنّة عدن. لقد سمع بولس بجهود هؤلاء النسوة في تخطي نظام السلطة في الكنيسة، بل وحتى محاولة انتزاع مهام ووظيفة الشيوخ لأنفسهن! لقد دنى إلى أذنه حفيف الحية في جدن عدن!

---

٢ لقد أربكت الآية ١٥ المؤمنين على مدار قرون عديدة. وصراحة، لم يكن واضح تمامًا قصد بولس بأن النساء يخلصن بولادة الأبناء! البعض فسّرها ببساطة على أن الله يحمي المرأة ويخلّصها أثناء عملية الولادة. لكن في رأي، أظن أن المعنى يسمو عن ذلك، فأفضل تفسير هو أن بولس عندما كتب ذلك، كان يشير إلى "نسل المرأة" في تكوين ٣: ١٥. فهو عندما فكر في مرض الخطية الذي أصاب أفسس في ضوء تكوين ١-٣ أنهى حديثه بالإشارة إلى "نسل المرأة" الذي في المنتهى سوف يخلّص الرجال والنساء من التمرد على الله.

لقد تحالفت أولئك النساء مع الحية للعمل ضد مشيئة الله، لكن هذه المرة في الكنيسة وليس جنّة عدن!

كل ذلك له تداعيات عميقة لسؤال «هل يمكن للمرأة أن تكون راعيًا لكنيسة»؟ وكما قلت في بداية هذا الفصل، أن جواب بولس القاطع هو «لا». وظيفة الشيخ (الراعي) ومهامه الأساسية (سلطة القيادة، وتعليم كلمة الله للكنيسة) حُفظت فقط للرجل. إن القراءة العميقة في ١ تيموثاوس ٢ وتكوين: ١-٣ تظهر لنا كيف أن هذا التحريم لم يكن مسألة سهلة أو هينة بالنسبة لبولس، لكن هيكل السلطة الذي أسسه الله بين الزوج والزوجة في التكوين، هو ما يوصي به بولس كل الرجال (لا تتسيَّد ولا تهيمن)، وكل النساء (لا تسعين لانتزاع السلطة) في الكنيسة. الكنيسة، حيث رعية عهد المسيا الملك، حيث هيكل السلطة الذي تم تدميره في جنّة عدن، لابد وأن يُسترد مرة أخرى الآن.

أفكار عملية

بعد أن اكتملت الصورة أمامنا، دعونا الآن نفكر في بعض الأسئلة التي قد تترد من آن لآخر.

أولاً: هل من الممكن أن تُعلّم المرأة في خدمة درس الكتاب مثلا طالما أنها هي نفسها ليست راعيًا، وطالما يتم ذلك صراحةً «تحت سلطة وقيادة الرعاة/ الشيوخ؟

بعض المؤمنين يسيئون فهم (١ تيموثاوس ٢: ١٢) بأن يحفظون وظيفة الراعي/ الشيخ للرجل، بينما لا يحفظون له مهام هذه الوظيفة. كيف؟ يفترضون بأنه طالما كل شيوخ الكنيسة من الرجال، وطالما أن الشيوخ يتولون الإشراف سلطة على التعليم، إذًا فلا بأس من أن تُعلّم المرأة الكنيسة.

لكن هناك بعض المشاكل في هذا التفسير، أولاً: لاحظ أن هذه الآية تحديدًا تتحدث عن المهام وليس عن الوظيفة، فبولس هنا يستخدم الأفعال وليس الأسماء ليشرح

معنى أن تكون هذه الوظيفة محفوظة للرجال فقط. ليس مسموحًا للمرأة أن «تُعلّم» ولا أن «تُمارس السلطة» على الرجل. هذان الفعلان، يؤسسان التعريف المهني الفني لوظيفة الشيخ. وكون بولس يستخدم هذه الأفعال، فهذا ليعلنها صراحةً، أنه ليست وظيفة الراعي/ الشيخ هي فقط التي حُفظت للرجل، بل أيضًا المهام الأساسية لهذه الوظيفة، متمثلة في تعليم الكنيسة، وسلطة قيادة الكنيسة.

علاوةً على ذلك، إن القول بأنه يمكن للمرأة القيام بكل مهام القيادة، طالما أنها لا تتقلد وظيفة، يعد وضعًا غريبًا، أليس كذلك! يبدأ الأمر بافتراض أن وظيفة الراعي/ الشيخ ليس لها سلطة فريدة تميزها، بدليل أن أي شخص يمكنه القيام بما يقوم به الراعي، وبهذا، يكون تخصيص بولس لوظيفة الراعي للرجال فقط أمرًا عشوائيًا. وتتحول المشيخية/ الرعوية بهذا الشكل لمجرد وظيفة رئيسية ديكورية قاصرة على الرجال دون النساء بدون سبب واضح!

وبكل صراحة، لا يمكن أن نرى هذا التفسير سوى أنه مبني على أساس التمييز بين الجنسين. لكن كما رأينا في هذا الفصل، لم تأتِ رؤية بولس لوظيفة الشيخ من فراغ. إن الشيوخ لهم سلطة فريدة في قيادة الكنيسة، وتخصيص بولس لسلطة الراعي/ الشيخ لم تكن اعتباطية، بل مبنية بالأساس على النظام الذي أقره الله للسلطة في جنّة عدن. ما أن تفهم ذلك، ستعرف أن وصية بولس في ١ تيموثاوس ٢: ١٢ لم تكن مبنية على أساس التمييز بين الجنسين على الإطلاق، بل بالأحرى مبنية على هيكل السلطة الذي خلقه الله منذ البدء.

ثانيًا: كيف تحدد ما هو الدور المناسب للمرأة في الخدمة؟ فهل يمكن للمرأة أن تُصلّي أو تقدم شهادة أو تقود الترنيم، أو ماذا؟

من المفيد أن تفهم عمق الوصية الكتابيَّة قبل أن تتطرق لما يتفرع عنها. وهذا ما أحاول فعله حتى الآن، وهو معرفة الجواب على «لماذا» وكيف» في وصية بولس في ١ تيموثاوس ٢: ١٢، لكن بالطبع ستظهر أسئلة أخرى، مثل: هل هذا يعني أنه من غير المسموح للمرأة أن تقرأ الكتاب المُقدَّس في خدمة الأحد؟

وماذا عن الصلاة أمام الجمع؟ وماذا عن إمكانية أن تشهد عن الرب، وإذا صاحب ذلك شرح آية أو اثنتين؟

ما أن تخوض في مثل هذه الأسئلة، يصير هناك خلاف بين الكثيرين، بل وتعطي كل كنيسة تفسيرها الخاص. لذا، من المفيد أن نفكر في مجاوبة مثل هذه الأسئلة بحكمة شديدة، حتى نبتعد عن خطورة الانزلاق في مهاترات، وتظهر تعاليم كأنها تعاليم الكنيسة الصحيحة.

لنتأمل معًا في بعض الأمثلة من الكنيسة التي أعمل راعيًا لها في لويس ڤيل. تبدأ خدمة الأحد بتقديم عظة مني أو من أي شاب آخر يعظ على المنبر، سواء كان شيخًا أم ليس بعد. يمضي الأمر بسلام بعد انتهاء الخدمة، في طريق العودة، تخبرني زوجتي بأنني أسأت فهم الفقرة التي كنت أعظ منها وتقدم لي تفسيرًا أفضل! هنا تسير الأمور بشكل رائع، لأنه لا أنا ولا أي شخص آخر (من الذين معنا في السيارة) سوف يُجرب بأن يظن أنها تقدم تعليمًا كنسيًا. بل على العكس، أنها امرأة حكيمة، تعين زوجها على فهم الكتاب المُقدَّس بصورة أفضل. قد تحدث مثل هذه الأمور بين المؤمنين هنا أو هناك، لكن يجب أن نفعل ما بوسعنا ليكون حكمنا على الأمور سليمًا وعادلاً. فتعليم المرأة في فصل درس الكتاب على سبيل المثال ليس بنفس خطورة التعليم في خدمة الأحد العامة. إذًا هل يمكن للمرأة قيادة كنيسة ترعى مجموعة صغيرة مختلطة، ربما يكون ذلك أبعد كثيرًا عن المنطقة الخطرة، لكن بالنسبة لي، أرى أنها تقترب بدرجة تكفي لأقول لا. ومع ذلك، يسعدني كثيرًا أن تقدم أي امرأة أفكارها وتأملاتها حول الكتاب المُقدَّس في مجموعة صغيرة. مرة أخرى، المعيار هنا هو، أن الناس لن يسمعوا لكلماتها كما لو كان لها سلطان التعليم بتعاليم وعقيدة الكنيسة، حتى ولو كانت كلماتها – كما أَمَل – تُعلّم وتبني.

مثال آخر: لسنوات طويلة، اعتادت كنيستنا في لويس ڤيل أن تدعو النساء للصلاة في خدمة الصلاة المسائية يوم الأحد، وكن غالبًا يقرأن فقرة من الكتاب المُقدَّس، بل وحتى يفسّرن ما يقرأن قليلاً أثناء الصلاة. هل يعد هذا كسرًا لوصية بولس في ١ تيموثاوس ٢: ١٢؟ هل مارس هؤلاء النساء مهمة تخص الشيوخ/ الرعاة

وهـي تعليم الكنيسـة أثنـاء الصـلاة؟ قـد يـرى البعـض ذلـك، لكننـا ككنيسـة، قررنـا أن تلـك الصلـوات المسـائية القصيـرة، لا تصـل لدرجـة أن تكـون «شـرك التعـدي علـى سـلطة الراعـي». فهـؤلاء النسـاء اللاتـي يشـاركن، يفعلـن ذلـك وهـن فـي مقاعدهـن وليس مـن علـى المنبـر. الكثيـر مـن الرجـال والنسـاء يصلّـون فـي خدمـة الأحـد المسـائية، وهـذه الصلـوات لا يتـم المشـاركة بهـا فـي أثنـاء الخدمـة.

لقـد بدأنـا مؤخـرًا دعـوة النسـاء للمشـاركة بالصـلاة فـي خدمـة الأحـد الصباحيـة، وكان هـذا فـي السـابق حصـرًا علـى الرجـال. صراحةً يُشكّل هـذا الأمـر اقترابًا مـن المنطقة المحظـورة بعـض الشـيء، لكـن عـادة يشـارك ثلاثـة أفـراد فقـط بالصـلاة فـي خدمـة الأحـد (شـخص مـن الجمـع، واثنـان، عـادة مـن علـى المنبـر، أنـا وأي شـخص آخـر مـن الذيـن يقدمـون التعليـم) فالصـلاة تكـون مـن علـى المنبـر، ونحـن نعلـن صراحـةً أننا نريـد أن تكون الصـلاة عـن الموضـوع الـذي تـم تناولـه مـن الكتـاب المُقدَّس فـي خدمـة الأحـد الصباحيـة. بالطبـع يمكنـك تخيـل كيـف أن بعـض أعضـاء الكنيسـة يـرون فـي ذلـك تخطـي للخطـوط الحمـراء وكسـر لوصيـة ١ تيموثـاوس ٢: ١٢. لقـد حكـم شـيوخنا علـى الأمـر بطريقـة مختلفـة، لكـن نقاشـنا تـم بنـاءً علـى هـذه المبـادئ: بنـاءً علـى مـا نعرفـه ونؤمـن بـه فـي ١ تيموثـاوس ٢: ١٢، هـل تعـد مشـاركة النسـاء بالصـلاة فـي خدمـة الأحـد العامـة كسـرًا للوصيـة أم لا؟[٣]

يوجـد الكثيـر مـن الأدوار، لكـن شـيوخنا هـم مـن يقـررون أي واحـد منهـا يتعـارض مـع وصيـة بولـس. فنحـن علـى سـبيل المثـال، لا ندعـو النسـاء لاجتمـاع المجلـس لأن قيـادة الكنيسـة أمـر يخـص عمـل الشـيوخ. كمـا لا نسـتبدل الفتـرة التعبدية فـي خدمة الأحـد المسـائية بشـهادات واختبـارات الإخـوة، بالرغـم مـن أنـه يسـعدنه مشـاركة الإخـوة مـن الرجـال والنسـاء مـن علـى المنبـر فـي بعـض الاجتماعـات الأخـرى.

هـذه هـي القضيـة، ربمـا تتفـق أو تختلـف كنيسـتك مـع كنيسـتنا فـي أي أمـر مـن هـذه الأمـور، وربمـا تظـن أن البعـض متزمتيـن ومتشـددين. المهـم هنـا هـو، أنـه ليـس

---

[٣] بعـض الحقائـق الكتابيَّـة الأخـرى يجـب أن تكـون فـي سـياق الحديـث عـن هـذا الأمـر. علـى سـبيل المثـال: فـي ١ كورنثـوس ١١ يذكـر أن النسـاء يصليـن فـي اجتماعـات الكنيسـة، وأن بولـس نفسـه نظـم ذلـك فـي هـذا الأصحـاح. كمـا يختلـف المؤمنـون فـي تفسـير ١ كورنثـوس ١١، لكـن هـذه هـي نوعيـة النصـوص التـي نفكـر بهـا عندمـا تأتـي أسـئلة ليسـت موجهـة مباشـرة لــ ١ تيموثـاوس ٢: ١٢.

من الضروري أن تتفق كل الكنائس حول بعض المبادئ الثانوية. المهم أن نبدأ جميعًا في مجاوبة مثل هذه الأسئلة من خلال تعاليم بولس التي قدمها في ١ تيموثاوس ٢: ١٢ وأن ننطلق من الأكثر وضوحًا للأقل وضوحًا.

بالأخير، أن تقول: «اسمع، أنا لا أفهم على الإطلاق لماذا قال بولس هذا، ولا يعجبني الأمر نهائيًا، لكنني أريد أن أطيع كلمة الله، لذا سأفعل كما يقول الكتاب وحسب»! التفكير بهذه الطريقة يقود للكثير من المشاكل فيما بعد. سيقود النساء للغضب والتذمر على ما يرينه وصية عشوائية. سيقود الكنائس لتجرب كيف يمكنها الابتعاد عن هذه الوصية وهي تدعي طاعتها لوصايا بولس. والأكثر خطورة من ذلك، أنه قد يشيع الشك بين المؤمنين في مصداقية الكتاب المُقدَّس، وينتهي الأمر بالتشكيك في صاحب الكتاب نفسه، الله ذاته!

لكن في المقابل، ماذا ستكون النتيجة لو نظرنا لهذه الآية، بل وكل الأصحاح في ضوء حقيقته الرائعة؟ لو فعلنا ذلك، سنرى أن بولس في الحقيقة يحتفي بالكنيسة ويدافع عن حياة الكنيسة كأنه يعيد تأسيس جنّة عدن، ويعيد بناء المجتمع بحسب قصد الله في الخليقة الأولى.

لقد اختار آدم أن ينضم إلى الحية في الحرب ضد الله، وتمرد على الله، لقد اختار أن يدمر كل شيء جميل صنعه الله، وصدق أكاذيب إبليس بأن هيكل السلطة الذي أسسه الله قمعي وجائر. لكن في الكنيسة يجب أن يكون كل شيء مختلفًا. نحن كمؤمنين رفعنا الرايات البيضاء وأنهينا التمرد على الله. نسجد أمام ملك الملوك المحب الذي قدم لنا الحب والرحمة دافعًا عنّا الثمن. في الكنيسة، نحن سفراء عن ملك السماوات العظيم. نحن نبني ما دمرته خطيتنا، لا أن نُصارع الملك ونتمرد على نظامه، بل نرى ونسعى بأقصى ما في وسعنا، لننعم بالجمال والحكمة والمجد.

٣

هل يُحب الله الجميع؟

مات مِكولا

«لأَنَّهُ هكَذَا أَحَبَّ اللّهُ الْعَالَمَ حَتَّى بَذَلَ ابْنَهُ الْوَحِيدَ، لِكَيْ لاَ يَهْلِكَ كُلُّ مَنْ يُؤْمِنُ بِهِ، بَلْ تَكُونُ لَهُ الْحَيَاةُ الأَبَدِيَّةُ»

يوحنا ٣: ١٦

هل تؤمن أن الله يحب الجميع؟ إذا كان هذا اعتقادك، فأنت في علاقة جيدة مع الله!

قامت مجموعة من الباحثين منذ أعوام قليلة، بعمل بحث حول ما يؤمن به الناس عن الله. من ضمن العديد من النتائج الأخرى، وجدوا حقيقة رائعة تُفيد بأن ثلاثة من بين أربعة بالغين يؤمنون بوجود إله أو قوة عُظمى، يحب كل البشر بغض النظر عن أخطائهم! يعتبر هذا الرقم كبيرًا بغض النظر عن كيف تراه، لكن ما أذهلني بالفعل هو، كيف تظل نظرتنا لله عالية رغم الاختلافات التي تفرقنا جميعًا!

تظل نسبة النساء أعلى قليلاً (٨٢٪) من نسبة الرجال (٧٢٪) بين هؤلاء الذين يؤمنون أن الله يحب الجميع. وتزداد هذه النسبة لتصل إلى (٨٣٪) بين الذين تزيد أعمارهم عن ٦٥ عام، وتقل لتصل إلى (٧٢٪) بين الذين تتراوح أعمارهم بين ٣٠-٤٠. وكلما زاد تعليم الشخص، كلما قلت نسبة إيمانه بالله، ومع ذلك، مازال هناك من يؤمن بين المتعلمين الحاصلين على شهادة جامعية بنسبة (٧٠٪). وحتى المشاركين الذين

لا ينتمون لأي دين، مازال حوالي (٥٠٪) منهم يؤمنون بوجود قوة عظمى تحب الجميع.[1]

رغم كل انقساماتنا واختلافاتنا الواضحة، يتفق غالبية البشر على أن الله يحب الجميع. ربما تتفق مع ذلك، وتفترض أن الله يجب أن يحب الجميع، لأن ذلك وظيفته الأساسية. لا يهُم إذا اتفقنا أو اختلفنا حول هذه المسألة، لكن المهم هو، أننا جميعًا على الأقل، يمكننا الاعتماد على وجود إله محب. إذا كان هذا هو اعتقادك فإن هذا الفصل سوف يدهشك!

لكن على الجانب الآخر، ربما تقرأ هذا الفصل ولك خلفية عقائدية أو فكرية مختلفة، ربما تتساءل إذا كان الله يحب الجميع حقًا، لأنك لا تستطيع أن تصدقك أنه يحبك، وربما حتى لا تحب نفسك، ولا تظن أن أحدٌ ممن تعرفهم يحبك أيضًا، وإذا كنت مكان الله، فلن تحب شخصًا مثلك!

إذا كان هذا هو تصورك عن محبة الله، فهذا الفصل سوف يدهشك أيضًا!

لكن قبل أن نسأل هل يحب الله الجميع؟ يجب أن نسأل: كيف نعرف إذا كان الله يحب الجميع بالفعل أم لا؟

كيف يمكنك أن تعرف إذا كان اللّه يحب الجميع أم لا؟

إنه سؤال صعب لسببين:

نحن لا نعرف إذا كان اللّه يحب الجميع أم لا إذا نظرنا للخليقة!

فنحن نعيش في عالم مليء بالأشياء المبهجة، التي يمكننا الاستمتاع بها دون أن نتحرك ولو قيد أنمُلة. كل الظروف على الأرض توفر لنا حياة مثيرة. كل الأشياء حولنا تظهر الخالق الذي صنعها بعناية لأجل راحتنا؛ فلدينا هواءً لنتنفس،

[1] «When Americans Say They Believe in God, What Do They Mean?» Pew Research Center, April 25, 2018, https://www.pewforum.org/2018/04/25/when-americans-say-they-believe-in-god-what-do-they-mean/.

وطعامًا لنأكل ومياهً لنرتوي، وضوء الشمس ينتشر من حولنا لتدفئتنا. لدينا أجساد لنستمتع من خلالها بكل مباهج الحياة، أجساد مازالت معقدة وفريدة بدرجة تصعُب حتى على العلم برغم كل التقدم، استيعابها بكل تفاصيله الدقيقة والطريقة التي يعمل بها.

الأكثر من ذلك، نحن نمتلك القدة على التفكير والتخيل والإبداع، لدينا القدرة على بناء علاقات صداقة، والقدرة لأن نفعل أشياء جيدة معًا. إذا استخدمنا جودة العطايا التي يغدقها الحبيب على المحبوب كقياس لدرجة الحب، فهناك أدلة لا تحصى من الطبيعة، تؤكد لنا عظمة المحبة التي يعلنها لنا الله المحب العظيم، خالق السماء والأرض.

لكن المشكلة هي، أن الطبيعة ترسل لنا رسائل مزدوجة تتسبب في حيرتنا، فمع كل هذا الجمال والخير، يتميز عالمنا بوحشية لا يمكن إنكارها، وهذا ما قد يسبب معاناة بلا معنى! فالبيئة الطبيعية التي تمدنا بكل ما يبهجنا ويريحنا، كثيرًا ما تنقلب ضدنا. الأسبوع السابق لبدء كتابتي لهذا الفصل، اندلع إعصار مدمر اجتاح قلب المدينة بينما كان معظمنا نيامًا. لقد دمر الإعصار الكثير من المنازل والمتاجر، وترك المئات من الجرحى، وقتل ما يزيد عن عشرين شخصًا.

وبينما أكتب الآن، ظهر فيروس لا يُرى بالعين المجردة، اجتاح مدينة صغيرة في الصين، ثم نشر مخالبه حول العالم أجمع، أصاب الملايين من البشر، وقتل مئات الآلاف منهم.

أجسادنا المعقدة التي تعمل بطريقة فريدة، أحيانًا تولد مصحوبة بأمراض غير مفهومة، بل وحتى في أفضل الظروف المعيشية، أحيانًا تنهار أجسادنا فجأةً وتموت بدون سابق إنذار!

اجتيازنا في الكثير من التجارب المتناقضة بين ما هو جميل وما هو مدمر، والتي تحدث بطريقة تبدو عشوائية، تطرحنا فريسة للسؤال عن الذي خلف كل هذه الأمور؟! لماذا يولد الكثير من الأطفال لأبوين يُسيئان معاملتهم بينما يعاني زوجين من صعوبة الإنجاب ويطوقان لإنجاب طفل؟! حقيقةً لا أعرف، لكن هذا لا يمكن أن يحدث بدافع المحبة!

وإذا افترضنا بوجود إلـه خلق العالـم ويحكـم كل شـيء فيـه، هـل هـذا الإلـه يحـب الجميـع؟ كيف تعـرف الجـواب بكـل يقيـن؟! لا يهـم كيف تـرى الأمـر، أو مـا مـدى صعوبتـه علـى إدراكـك، في النهايـة لن تجد إجابة مباشرة من الطبيعة.

نحـن لا يمكننـا الوثـوق بافتراضنـا عمـن هـو اللّه، أو مـا هـو شكـل محبتـه.

يجب أن نحـاول فهـم الله كمـا نحـاول فهـم أي شـخص آخـر. إذا افترضنـا أن الآخريـن نسخة أخرى منـا، سوف نمـر جميعًا بأوقـات صعبة ونحـن نحاول فهمهـم. هذا بالمثـل مـع الله، الله شـخص، ليـس مجرد فكرة أو نظريـة فلسفية. إذا أردنـا أن نعرفـه، فلا يجـب أن نعتمـد علـى مـا يخبرنـا بـه حدسنـا أو شعورنـا عنـه.

دعونـي أوضـح أكثـر، أنـا خبيـر فـي الكثيـر مـن الأمـور التـي أفعلـها لأستمتـع بقضـاء يـوم السبـت، علـى سبيـل المثـال، في فصلـي الربيـع والصيـف، أذهب للصيـد أو للتمشّي في الحقول البعيدة، وفي الخريف لا أفعل شيئًا سوى الجلوس على الأريكـة ومشـاهدة مباريـات كـرة القـدم والتهـام الكثيـر مـن الطعـام. لكن الطريقـة التـي أحـب أن أقضـي بهـا وقـت راحتي، ليسـت بالضـرورة هي نفس الطريقـة التي تحبهـا زوجتي. فهـي شـخص مختلـف عنـي، وبـكل تأكيـد تختلـف الأشيـاء التـي تستمتـع بالقيـام بهـا وقـت الراحـة عـن تلـك التي استمتـع أنـا بهـا، فهـي تحـب العمـل في حديقـة المنـزل والعنايـة بالـزرع، أو أن تغفـو لفتـرة في وقـت القيلولـة، أو تقـوم ببعـض الأعمـال المنزليـة، والنسبة لـي، فبخـلاف أن تأخـذ غفـوة وقـت القيلولـة، لا شـيء مـن كل هـذه الأمـور يجعلني أشعـر بالراحـة!

المقصـود مـن هـذه القصـة، أنـك لـن تسـتطيع فهـم أي شـخص آخـر بنـاءً علـى افتـراض أنـه يشبهك. إذا أردت أن تفهـم شخصًـا، يجب أن تسـمعه، توليه اهتمامـك، وتلاحـظ كل تفاصيـل شخصيتـه. وإذا كان هـذا الأمـر ضـروري ومطلـوب فـي علاقتـك بشـخص تـراه وجهًـا لوجـه، فكـم وكـم يكـون مطلوبًـا بشـدة لفهـم ومعرفـة شـخص الله المختلـف عنا كليًـا؟!

الله هو الذي يجب أن يخبرنا مَن يكون؟

بالنسبة لنا، لكي نعرف من هم الذين يحبهم الله، عليه أن يخبرنا هو بذلك. وهذا بالضبط ما يؤمن المسيحيون أنه تم من خلال الكتاب المُقدَّس. لقد تكلم الله في الكتاب المُقدَّس عن مَن يكون، ولهذا يمكننا ليس فقط أن نعرف عنه، بل أن نعرفه شخصيًا.

وما يخبرنا به الكتاب المُقدَّس عن محبة الله رائع بشكل مذهل!

- محبة الله فريدة بشكل يجعلها تسمو عن أيَّة محبة أخرى، «**لاَ إِلهَ مِثْلُكَ فِي السَّمَاءِ وَالأَرْضِ، حَافِظُ الْعَهْدِ وَالرَّحْمَةِ لِعَبِيدِكَ السَّائِرِينَ أَمَامَكَ بِكُلِّ قُلُوبِهِمْ**» (٢ أخبار الأيام ٦: ١٤).
- محبة الرب حصن أمان، حتى في أصعب الظروف التي لا يُعبر عنها بالكلام «**مِنْ إِحْسَانَاتِ الرَّبِّ أَنَّنَا لَمْ نَفْنَ، لأَنَّ مَرَاحِمَهُ لاَ تَزُولُ. هِيَ جَدِيدَةٌ فِي كُلِّ صَبَاحٍ. كَثِيرَةٌ أَمَانَتُكَ**» (مراثي إرميا ٣: ٢٢-٢٣).
- محبة الله فريدة ويمكن الاعتماد عليها لأنها ثابتة، لا تتبدل أو تتغير، لأنها شيء جوهري في شخص الله «**اللهَ مَحَبَّةٌ**» (١ يوحنا ٤: ٨).

إذا كنت تؤمن أن الله محبة، فقد تكون متأثرًا بالكتاب المُقدَّس. لكن يجب أن تنتبه، لا يمكننا أن نقول إن الله محبة، ثم نتصور هذه المحبة بكل ما نحمله من أفكارنا الخاصة عن معنى المحبة. لأنه إذا كان الكتاب المُقدَّس هو المصدر الرئيس الذي نستقي منه معرفتنا بأن الله محبة، فيجب علينا أن نترك الكتاب المُقدَّس هو الذي يحدد ويعرِّف معنى الله محبة، من الألف إلى الياء، حتى لو كان ما يعلمه لنا يتحدى افتراضاتنا الخاصة.

إذًا، ما الذي يعلمه لنا الكتاب المُقدَّس عن هؤلاء الأشخاص الذين يحبهم الله؟

هل يحب الله الجميع؟

في الكتاب المُقدَّس يعلن لنا الله عن نفسه ليس بتلقين بعض المعلومات عن شخصه، لكن في قصة رائعة ومؤثرة نُسِجت خيوطها في كل الكتاب المُقدَّس، بدءًا من التكوين وحتى الرؤيا، هي من البداية وحتى النهاية قصة حب. ولكي نعرف ونفهم من هم الذين يحبهم الله، علينا جميعًا أن نتتبع خيوط هذه القصة كلها.

لكن قبل أن نقفز لهذه النقطة، دعوني أعطيكم فكرة عن الموضوع. ما يخبرنا به الكتاب المُقدَّس عن محبة الله في غاية التعقيد. فهو يخبرنا أن الله يحب الجميع، لكنه لا يحب الجميع بنفس الطريقة! وهذا الجواب هو الذي أود الحديث عنه في بقية هذا الفصل: نعم، يحب الله جميع البشر، لكنه لا يحب جميع البشر بطريقة متماثلة. ولكي نحل هذا اللغز، علينا أن نفكر في خمس خطوات عن القصة الرئيسية في الكتاب المُقدَّس.

١- يحب الله نفسه!

يخبرنا يوحنا أن الله محبة (١ يوحنا ٤: ٨)، ولا يقول الله لديه محبة، وهذا يعني أن الله لا يظهر محبته في بعض الأحيان وفي بعض الأماكن. بل، أن المحبة جوهرية في ذاته. وتفسير هذا، أن قصة محبة الله في كل الكتاب المُقدَّس، تبدأ حتى قبل بدء الخليقة.

تبدأ قصة محبته في سفر التكوين كالتالي: «في البدء كان الله..» تلك الكلمات التي يتبعها الكثير من الأمور الهامة، في البدء كان الله، وهذا الإله، الذي كان موجودًا قبل الأزل، هو محبة.

الآن، سنتحدث بطريقة مبنية على العقل والمنطق، لتفنيد التعريف البسيط والمألوف الذي قدّمه يوحنا: قبل أن يوجد العالم على الإطلاق، قبل أن توجد الشمس أو يوجد القمر، وقبل أن توجد النجوم وتوجد المحيطات، وقبل أن توجد الجبال وتوجد الأشجار، قبل أن توجد الحيوانات وتوجد الطيور، وقبل أن يوجد حتى الإنسان، كان الله بالفعل

محبة. وهذا جزء جوهري منه، وليس هناك ما يشير إلى أن الله لم يحب أي شخص على الإطلاق.

لكن من هم الذين أحبهم الله من قبل أن يخلق العالم؟

أول شيء يجب أن تعرفه عن محبة الله، هو أنه قبل أن يحب أي شخص، وقبل أن يوجد أي شخص آخر ليحبه، أحب الله نفسه. ربما تزعجك هذه الكلمات، وترى أن ذلك أقل كثيرًا من أن يكون تصرف الله أو حتى تصرف إنسان، لكن ذلك غير حقيقي لبعض الأسباب:

لشيء واحد، أن الله ليس مثلك أو مثلي، هو كائن لا يشابهه آخر، محبته ليست ضيقة وتتمحور حول ذاته. يعلمنا الكتاب المُقدَّس أن الله ثالوث؛ أي، الآب والابن والروح القدس. لذا، فعندما يحب الله نفسه، فهذا يعني أن تلك المحبة تتحرك من أقنوم لآخر في ذات الإله الواحد. الله يحب ذاته تعني أن الآب يحب الابن والابن بدوره يحب الآب إلى الأبد. كما صلى يسوع للآب قائلاً: «**أَحْبَبْتَنِي قَبْلَ إِنْشَاءِ الْعَالَمِ**» (يوحنا ١٧: ٢٤). بالطبع لو كنت مكان يسوع، كنت سأحب نفسي أكثر من كل العالم! نحن عندما نحب أنفسنا نفعل هكذا، نبتعد عن الآخرين، ونعطي الأولوية لأنفسنا عليهم، بالنسبة لي ولك، حب النفس أناني ومنفِّر ومدمر. لكن عندما يحب الله نفسه، لا تكون محبته هكذا، بل حب متبادل بين كل أقنوم والآخر، حب يمثل بذل الذات والعطاء وليس الأنانية والاستغلال.

ولشيءٍ آخر، محبة الله لنفسه محبة متناغمة متوافقة، لأن الله في ذاته جدير بأسمى درجات الحب، فكل أثر لكل ما هو جميل وصالح وطاهر، وكل ما هو مبهج يأتي منه هو، وكل أثر من كل ذلك هو مجرد انعكاس ضئيل لجماله وشخصه. لا يوجد مَن هو مبهج وواهب للحياة وملهم في هذه الحياة أكثر منه. عندما ينظر الآب للابن ويرى جماله منعكسًا فيه، يبتهج، وبالمثل، عندما ينظر الابن إلى الآب يبتهج، هذه المحبة التي لا يمكن هزيمتها أو إيقافها متبادلة بين الأقانيم الثلاثة من الإزل إلى الأبد. هو بالفعل كل الحق أن يحب الله نفسه، أكثر من أي شخص أو شيء آخر، تمامًا كما أُحب ابني أكثر من أي شيء آخر على وجه الأرض.

بقي شيئًا آخر وهو، أن محبة الله لذاته ليست أنانية ومتكبرة، وهذا ما يأتي بي للخطوة الثانية في قصة الحب المسجلة في الكتاب المُقدَّس.

٢- يحب الله الجميع

محبة الله لنفسه تصب مباشرة في محبته لي ولك. تذكر أنه قبل أن يكون هناك عالم ليحبه الله، كان الله بالفعل مُحبًا ومَحبوبًا، هو لم يكن وحيدًا، ولم يخلق العالم والإنسان ليملأ فراغ نفسه. لقد كان سعيدًا للتمام منذ الأزل، راضيًا ومكتفيًا في ذاته.

ربما يبدو لك الأمر مزعجًا بعد أن عرفت أن الله لم يكن بحاجة لوجودك، ربما يكون لديك رغبة لتشعر بأن الله كان بحاجة لوجودك، وأن عكس ذلك ربما يسبب لك الحزن! فهل لو ليست هناك حاجة لوجودي، يعني هذا أنني غير مهم ويمكن الاستغناء عني؟

بالطبع لا، حقيقة أن الله لم يخلق العالم والإنسان ليسد فراغ نفسه، تعني أن حياتنا تعني له كثيرًا. دعنا نفترض أن الله خلقك ببساطة لأنه لا يستطيع الحياة بدونك، في هذه الحالة تكون أنت كسلعة صنعها الله كعكاز يرتكز عليه عند الحاجة، هذا استغلال وليس محبة.

لكن لأن الله ليس بحاجة لهذا العالم ليكون سعيدًا، أو ليعرف ما هو الحب، فإن دافعه الحقيقي لخلقنا هو العطاء وليس الاستغلال. هو لم يخلقنا لأنه ينتظر منا شيئًا، لقد خلقنا لنشاركه أكثر ما هو مبهج وحي في هذا العالم، نفسه. هو لم يخلقنا لأنه مضطرًا لذلك، بل لأنه يريد ذلك. بمعنى آخر، الله الذي هو محبة، خلقنا لأجل المحبة. حياتك ذات معنى، لأن الله خلقك لأجل الحياة.

تبدأ قصة الخلق في (تكوين ١) بقصيدة شعرية جميلة عن كمال عمل الله ومسرته به. يصف الكاتب صورة تلو صورة ليعدد الأشياء التي صنعها الله، وبعد نهاية عمل كل يوم نقرأ نفس العبارة «**وَرَأَى اللهُ ذلِكَ أَنَّهُ حَسَنٌ**»! **وَرَأَى اللهُ ذلِكَ أَنَّهُ حَسَنٌ، ثم وَرَأَى اللهُ ذلِكَ أَنَّهُ حَسَنٌ، يوم بعد يوم، وَرَأَى اللهُ ذلِكَ أَنَّهُ حَسَنٌ!**

ثم في قمة هذا البناء الجميل للخليقة، توج الله الخليقة بخلقه إيانا: لقد بنيَّ كل شيء لتلك اللحظة التي قال فيها:

«**نَعْمَلُ الإِنْسَانَ عَلَى صُورَتِنَا كَشَبَهِنَا، فَيَتَسَلَّطُونَ عَلَى سَمَكِ الْبَحْرِ وَعَلَى طَيْرِ السَّمَاءِ وَعَلَى الْبَهَائِمِ، وَعَلَى كُلِّ الأَرْضِ، وَعَلَى جَمِيعِ الدَّبَّابَاتِ الَّتِي تَدِبُّ عَلَى الأَرْضِ». فَخَلَقَ اللهُ الإِنْسَانَ عَلَى صُورَتِهِ. عَلَى صُورَةِ اللهِ خَلَقَهُ. ذَكَرًا وَأُنْثَى خَلَقَهُمْ**» (تكوين ١: ٢٦-٢٧).

عندما خلق الله الرجل والمرأة، هذان اللذان خلقهما على صورته، رأى بهما شيئًا حسنًا جدًا! كان هذا إعلان محبته، الإعلان الذي لازم الإنسان في الماضي والحاضر والمستقبل. المحبة دائمًا ما تُبهج النفس. يشبه هذا شعوري بالابتهاج عند سماع الموسيقى أو قراءة رواية أو اِلتهام اللحم المدخن اللذيذ! مثل هذه الأشياء تبهجني، تسعدني، ولذلك أحبها!

بحسب تكوين ١ كل إنسان خلق على صورة الله هو حسنٌ جدًا، ليس صدفة، وليس خطأ، بل مصدر مسرة فريدة لله! هذا يؤكد محبة الله، لأن الله يبتهج ويُسر بالجميع بنفس الطريقة التي أبتهج أنا بها مع أول قضمة من فطيرة التفاح في فصل الصيف! أو عند سماع صوت أطفالي وهم يضحكون بصوتٍ عالٍ، أو النظر في وجه زوجتي صباح كل يوم. هذه الأشياء رائعة جدًا، وعلى هذا النحو، يُسر الله بحياة كل إنسان، إنها محبته التي تجعلنا بشرًا.

عندما نتحدث عن المحبة بين البشر، نرى أبعادًا مختلفة لشكل المحبة فيما بينهم. المحبة تعنى أن تبذل نفسك لخدمة الآخرين. فمن السهل عليَّ أن أقول لك: أنا أحبك. لكن هل من المحبة أن آرك في ضيق دون أن أفعل شيئًا؟! هل من المحبة أنك تكون بحاجة لشيء وفي قدرة يدي أن أساعدك وأمتنع عن ذلك؟! حينها لا عجب إن تساءلت إن كنت أحبك حقًا! المحبة دون فعل هي محبة باللسان بدون عمل.

يُحب الله كل شخص مخلوق على صورته، لذا من محبته، أنه يمنح العطايا الصالحة لمخلوقاته.

يمثل مزمور ١٣٦ ترنيمة تحتفي بمحبة الله الثابتة. كل سطر منها يعطي مثالاً لعطايا الله الصالحة، ثم يتبعها بعبارة «**لأَنَّ إِلَى الأَبَدِ رَحْمَتَهُ**». يصور المزمور

كل العطايـا الصالحـة، بدءًا من الخليقة، لافتدائه لشـعب إسـرائيل مـن مصر، لأرض الموعد. لكـن آخـر مثـال لمحبتـه، يذهـب أبعد مـن إسـرائيل ليشـمل كل شـخص فـي العالم: فـالله يهب الطعـام للجميع لأن محبتـه ثابتـة، «**الَّـذِي يُعْطِـي خُبْزًا لِكُلِّ بَشَـرٍ، لأَنَّ إِلَـى الأَبَـدِ رَحْمَتَـهُ**» (مزمور ١٣٦: ٢٥).

يُعلّمنـا يسـوع فـي الموعظـة علـى الجبـل، أن تكـون محبتنـا علـى هـذا المثـال: وهـي ألاَّ نكتفـي بمحبـة الأصدقـاء والأقـارب الذيـن قـد يحبوننـا لسـبب أو لآخـر، بـل أن نحـب أعداءنـا، يجـب أن نحـب الجميـع. ومـا هـو السـبب؟ لكـي تكـون محبتنـا مثـل محبـة الله.

> «**أَحِبُّـوا أَعْدَاءَكُـمْ. بَارِكُـوا لاَعِنِيكُـمْ. أَحْسِـنُوا إِلَـى مُبْغِضِيكُـمْ، وَصَلُّـوا لأَجْـلِ الَّذِيـنَ يُسِـيئُونَ إِلَيْكُـمْ وَيَطْرُدُونَكُـمْ، لِكَـيْ تَكُونُـوا أَبْنَـاءَ أَبِيكُـمُ الَّـذِي فِـي السَّـمَاوَاتِ، فَإِنَّـهُ يُشْـرِقُ شَمْسَـهُ عَلَـى الأَشْـرَارِ وَالصَّالِحِيـنَ، وَيُمْطِـرُ عَلَـى الأَبْـرَارِ وَالظَّالِمِيـنَ**» (متـى ٥: ٤٤-٤٥).

إن الله يهـب الشـمس والمطـر للجميـع، للطيـب والشـرير، الصالـح والطالـح لأنـه يحـب كل إنسـان مخلـوق علـى صورتـه ومثالـه. إن وجـود العالـم، وكل مـا بـه، هـو جـزء من قصة محبة الله. لكن كل هذا الحب العجيب يقابله جانب مظلم نصنعه نحن.

٣- لا أحد يحب اللّه!

الأصحاحـات الأولـى مـن سـفر التكويـن، لا تصـف بدايـة الخلـق وحسـب، بـل أيضًـا بدايـة العلاقـة بيـن الله والإنسـان. تعطـي لمحـة عـن المحبـة والثقـة التـي تميـزت بهـا علاقـة الله بالإنسـان الـذي خلقـه علـى صورتـه. وتحدثنـا ليـس فقـط عـن علاقـة المحبـة والثقـة هـذه، بـل كيـف حمـى الله هـذه المحبـة بأسـوار منيعـة. ونفـس المحبـة التـي كانـت سـببًا فـي خلـق آدم وحـواء، هـي المحبـة التـي أعطتهمـا قوانيـن يطيعانهـا، حتـى تحميهمـا وتجعـل حياتهمـا تزدهـر فـي الجنـة التـي خلقهمـا فيهـا الله.

وراء كل تدميـر لمـا هـو جميـل وصالـح فـي هـذا العالـم، سـتجد انهيـار الثقـة فـي محبـة الله وسـلطانه. يخبرنـا (تكويـن ٣) كيـف رفـض آدم وحـواء طاعـة الله، لقـد اختـارا عصيانـه

بمجرد أن فقدا الثقة، في أن الوصايا التي أعطاها لهما ليست في صالحهما! بمعنى آخر، لقد شكًّا في محبة اللّه. وعندما فُقدت الثقة، ظهر الصراع، لقد قررا أن خيارتهما غير خيارات اللّه، وأنهما مضطران ليقررا ما في مصلحتهما.

سواء استوعبنا ذلك أم لا، لكن اسمحوا لي أن أقول، أنه في كل مرة نخطئ أنا أو أنت، نحن نتخذ نفس القرار. نحن نقع في الخطية عندما نقرر أن ما يهُم اللّه لا يتماشى مع ما يهُمنا نحن، ونقرر أن نختار لأنفسنا ما نراه في مصلحتنا.

لا يقف تدمير علاقتنا باللّه عند هذا الحد، لأن القصة التي يخبرنا بها تكوين ٣، بجانب ما نختبره نحن، تؤكد أن تأثير تدمير علاقتنا باللّه يمتد لعلاقتنا بالآخرين أيضًا، وهذا ما نراه مباشرة بعد كسر هذه العلاقة من تنصل من المسؤولية، وإلقاء اللوم على الآخر، والحسد والقتل والظلم.. (تكوين ٣-٤).

يُلخّص لنا مزمور ١٤ ما يقوله الكتاب المُقدَّس عن طريقة تفاعلنا مع محبة اللّه، «اَلرَّبُّ مِنَ السَّمَاءِ أَشْرَفَ عَلَى بَنِي الْبَشَرِ، لِيَنْظُرَ: هَلْ مِنْ فَاهِمٍ طَالِبِ اللّٰهِ؟ الْكُلُّ قَدْ زَاغُوا مَعًا، فَسَدُوا. لَيْسَ مَنْ يَعْمَلُ صَلَاحًا، لَيْسَ وَلَا وَاحِدٌ» (مزمور ١٤: ٢-٣).

دون أن نسير في محبة اللّه، نضل طريقنا، ونملأ العالم بأشخاص يتمحورون حول ذواتهم، ويصنعون منها أوثان لأنفسهم!

٤- يحب اللّه الخطاة!

لقد خلقنا اللّه من محبته، لكننا رفضنا هذه المحبة. كان من الممكن أن تنتهي القصة عند هذه النقطة، هذا هو تصورنا البشري المحدود. لكن ما فعله اللّه أظهر محبةً أعمق تفوق حد التصور!

تمثل يوحنا ٣: ١٦ أشهر حقيقة تُظهر محبة اللّه، «لِأَنَّهُ هَكَذَا أَحَبَّ اللّٰهُ الْعَالَمَ حَتَّى بَذَلَ ابْنَهُ الْوَحِيدَ، لِكَيْ لَا يَهْلِكَ كُلُّ مَنْ يُؤْمِنُ بِهِ، بَلْ تَكُونُ لَهُ الْحَيَاةُ الْأَبَدِيَّةُ». عندما أقرأ كلمة «العالم» أفكر للوهلة الأولى أن الأمر يمثل عددًا ضخمًا لا يُحصى!

الله يحب الجميع، لقد تحدثنا عن ذلك، وهذا بالطبع حقيقي تمامًا. لكن (الجميع) التي تكلمنا عنها قبلًا في هذا الفصل، تختلف عن (الجميع) التي يقصدها يوحنا، لأنه يقصد الكيف وليس الكم، كما يقول أحد أساتذة العهد الجديد «كلمة (العالم) بالنسبة ليوحنا لا تعني ضخامة العدد في مقابل الشر، بل تعني انحدار النظام الأخلاقي بتعمد العصيان والتمرد على الله».[٢]

سنُصدم عندما نفهم قصد يوحنا، ليس فقط أن الله يحب كل إنسان خلقه وكرمه بأن يكون على صورته، بل إنه يحب كل إنسان تمرد على محبته وسلطانه، كل هؤلاء الذين عبدوا أنفسهم واختاروا لأنفسهم طرقًا بعيدة عن طريق الله. يقدم يوحنا نفس فهمه لمحبة الله في رسائله، فما معنى أن «**اللهَ مَحَبَّةٌ**» (١ يوحنا ٤: ٨)؟ تأمل ما يقوله بعد ذلك:

> «**بِهذَا أُظْهِرَتْ مَحَبَّةُ اللهِ فِينَا: أَنَّ اللهَ قَدْ أَرْسَلَ ابْنَهُ الْوَحِيدَ إِلَى الْعَالَمِ (تذكر الشر وليس العدد) لِكَيْ نَحْيَا بِهِ. فِي هذَا هِيَ الْمَحَبَّةُ: لَيْسَ أَنَّنَا نَحْنُ أَحْبَبْنَا اللهَ، بَلْ أَنَّهُ هُوَ أَحَبَّنَا، وَأَرْسَلَ ابْنَهُ كَفَّارَةً لِخَطَايَانَا**» (١ يوحنا ٤: ٩-١٠).

هل فهمت ما قصد يوحنا أن يظهره لنا؟ أن محبة الله أتت أولاً، لقد أحبنا عندما كنا لا نفكر أو نطلب هذه المحبة، أو نكن ممتنين لها. لقد أحبنا وأرسل ابنه ليكون كفارة ليخلص الخطاة. ورغم أن كلمة «أحبنا» تركز على (شرنا وليس عددنا) إلاَّ أن يوحنا يخبرنا بأن هذه المحبة مقدمة للجميع. فهي كافية لغفران «**خَطَايَا كُلِّ الْعَالَمِ**» (١ يوحنا ٢: ٢).

الله في محبته، أرسل ابنه ليخلص هؤلاء الذين يرفضونه، ويسترد علاقة المحبة معهم. وهذا الخلاص والاسترداد مقدم للجميع دون استثناء، «**لأَنَّ** «**كُلَّ مَنْ يَدْعُو بِاسْمِ الرَّبِّ يَخْلُصُ**»» (رومية ١٠: ١٣).

---

2 D. A. Carson, The Difficult Doctrine of the Love of God (Wheaton, IL: Crossway, 2000), 17.

لكن هنا يجب التوضيح أن: نعم يحب الله الجميع، لكنه لا يحب الجميع بنفس الطريقة! «**لأَنَّهُ هكَذَا أَحَبَّ اللهُ الْعَالَمَ حَتَّى بَذَلَ ابْنَهُ الْوَحِيدَ، لِكَيْ لاَ يَهْلِكَ (فقط) كُلُّ مَنْ يُؤْمِنُ بِهِ (بابن الله يسوع)، بَلْ تَكُونُ لَهُ الْحَيَاةُ الأَبَدِيَّةُ**» (يوحنا ٣: ١٦). توجد محبة خاصة لهؤلاء الذين يثقون في يسوع، إنها محبة الله لشعبه من المفديين.

٥- يحب الله شعبه

من المستحيل أن تفهم الهدف الأعظم من قصة الكتاب المُقدَّس، دون أن تدرك أن قصده هو تمييز شعبه وحبهم بمحبة خاصة فريدة.

بالعودة لقصة التكوين، بعد أن فسد العالم بالخطية والأنانية، دعا الله رجلاً واحدًا هو أبرام (الذي دُعيَ لاحقًا إبراهيم)، وعده بأن يباركه ويجعل من نسله أمة عظيمة. قال له، «**أَجْعَلَكَ أُمَّةً عَظِيمَةً وَأُبَارِكَكَ وَأُعَظِّمَ اسْمَكَ، وَتَكُونَ بَرَكَةً. وَأُبَارِكُ مُبَارِكِيكَ، وَلاَعِنَكَ أَلْعَنُهُ. وَتَتَبَارَكُ فِيكَ جَمِيعُ قَبَائِلِ الأَرْضِ**»» (تكوين ١٢: ٢-٣). وبعد أن صار نسل إبراهيم أمة عظيمة (إسرائيل)، ظل مرة تلو الأخرى يؤكد محبته لهم وتميزه لهم بين شعوب الأرض. وعند إعطائهم الشريعة، ذكرهم قائلاً: «**هُوَذَا لِلرَّبِّ إِلهِكَ السَّمَاوَاتُ وَسَمَاءُ السَّمَاوَاتِ وَالأَرْضُ وَكُلُّ مَا فِيهَا. وَلكِنَّ الرَّبَّ إِنَّمَا الْتَصَقَ بِآبَائِكَ لِيُحِبَّهُمْ، فَاخْتَارَ مِنْ بَعْدِهِمْ نَسْلَهُمُ الَّذِي هُوَ أَنْتُمْ فَوْقَ جَمِيعِ الشُّعُوبِ كَمَا فِي هذَا الْيَوْمِ**» (تثنية ١٠: ١٤-١٥). كل مخلوق وكل شيء هو للرب، لكنه اختار شعبه وميزهم فوق كل الشعوب. علاقة المحبة بين الله وشعب إسرائيل، هي صورة مصغرة عن علاقة المحبة بين الله وكنيسته.

ويصف العهد الجديد هذه العلاقة بنفس اللغة، ليؤكد لنا أنها علاقة محبة خاصة وفريدة. لذلك يفتتح بولس رسالته لأفسس بتقديم الشكر لله لأنه أنعم بمحبته على هذه الرعية الجديدة قبل تأسيس العالم، إذ يقول: «**مُبَارَكٌ اللهُ أَبُو رَبِّنَا يَسُوعَ الْمَسِيحِ، الَّذِي بَارَكَنَا بِكُلِّ بَرَكَةٍ رُوحِيَّةٍ فِي السَّمَاوِيَّاتِ فِي الْمَسِيحِ، كَمَا اخْتَارَنَا فِيهِ قَبْلَ تَأْسِيسِ الْعَالَمِ، لِنَكُونَ قِدِّيسِينَ وَبِلاَ لَوْمٍ قُدَّامَهُ فِي الْمَحَبَّةِ، إِذْ سَبَقَ فَعَيَّنَنَا لِلتَّبَنِّي بِيَسُوعَ الْمَسِيحِ لِنَفْسِهِ، حَسَبَ مَسَرَّةِ مَشِيئَتِهِ، لِمَدْحِ مَجْدِ نِعْمَتِهِ الَّتِي أَنْعَمَ بِهَا عَلَيْنَا فِي الْمَحْبُوبِ**»

(أفسس ١: ٣-٦). وقبل نهاية هذه الرسالة نفسها، يقارن بولس محبة الله للكنيسة بمحبة الزوج للزوجة فيقول: «**أَيُّهَا الرِّجَالُ، أَحِبُّوا نِسَاءَكُمْ كَمَا أَحَبَّ الْمَسِيحُ أَيْضًا الْكَنِيسَةَ وَأَسْلَمَ نَفْسَهُ لأَجْلِهَا**» (أفسس ٥: ٢٥).

تشبيه هذه العلاقة بالزواج يساعدنا كثيرًا في فهم هذه المحبة الخاصة التي بقلب الله من جهة شعبه. إنها تشبه محبتي لزوجتي، بالطبع هناك الكثير من النساء اللاّتي أحبهن، فأنا لديَّ أمي وثلاث أخوات، ولديَّ أيضًا صديقات صالحات، ولديَّ الكثير من الأخوات في الكنيسة. أحبهن جميعًا، لكن يمكنك تصور ذلك الحب الخاص الذي أكنّه لزوجتي فقط! فأحبها بطريقة لا أحب بها أي امرأة أخرى، وبهذه الطريقة يحب الله شعبه محبة خاصة.

لكن لماذا؟ ما الذي يميز هؤلاء الناس الذين يحبهم الله؟ هذا هو السؤال المهم. إذا كان هذا الحب متبادل، (أخذ وعطاء) فهذا يعني أنه سوف يحب أشخاصًا ولا يحب آخرين، كيف تعرف ذلك؟ هذه هي المسألة التي تدهشنا فيها قصة الكتاب المُقدَّس عن محبة الله!

لا يحب الله شعبه لأنهم متميزين!

من الطبيعي أن تفترض أن الله يحب شعبه لشيءٍ ما يميزهم، شيئًا ما يقدمونه له دون غيرهم، لكن اسمع ما يقوله الوحي في التثنية، عن سبب تمييز الله لشعب إسرائيل عن سائر الشعوب:

> «**لَيْسَ مِنْ كَوْنِكُمْ أَكْثَرَ مِنْ سَائِرِ الشُّعُوبِ، الْتَصَقَ الرَّبُّ بِكُمْ وَاخْتَارَكُمْ، لأَنَّكُمْ أَقَلُّ مِنْ سَائِرِ الشُّعُوبِ. بَلْ مِنْ مَحَبَّةِ الرَّبِّ إِيَّاكُمْ، وَحِفْظِهِ الْقَسَمَ الَّذِي أَقْسَمَ لآبَائِكُمْ**» (تثنية ٧: ٧-٨).

يقول بولس شيئًا مماثلاً عن محبة الله للكنيسة، وهو يكتب للمؤمنين الجدد في كنيسة كورنثوس، عندما جُربوا بمحاولة الظهور والقفز أحدهم فوق الآخر، ذكرهم بولس قائلاً: «**لَيْسَ كَثِيرُونَ حُكَمَاءَ حَسَبَ الْجَسَدِ، لَيْسَ كَثِيرُونَ أَقْوِيَاءَ، لَيْسَ كَثِيرُونَ**

شُرَفَاءَ» (١ كورنثوس ١: ٢٦). أي بالمعنى الصريح، أنتم لم تكونوا نجومًا متوجين كمشاهير الرياضيين أو ملكات الجمال!

عندما أغدق الله محبته على شعبه، لم يكن ذلك على أساس ميزة خاصة بهم، لم تكن علاقة محبة الله لشعبه مثلما نفعل نحن عندما نفتش بين الناس عن أفضل اختيار بينهم مناسب لنا، محبة الله ليست هكذا، بل هو أحب شعبه لأنه فقط يحبهم! هكذا كان الحال مع شعب إسرائيل، وهكذا هو الحال الآن مع الكنيسة.

لا يحب الله شعبه لأنهم صالحون!

ربما من الطبيعي أن تفترض أن الله يختار شعبه بناءً على طاعتهم لوصاياه، هذا النوع من التفضيل تجده في الأديان الأخرى، حيث الأشخاص الذين يسعون للفوز بالمحبة والتمييز، يجب أن يدفعوا الثمن!

لكن هذه ليست هي الطريقة التي يحب الله بها شعبه، بالطبع طاعة الله، التي يدعوها الكتاب المُقدَّس (القداسة) لها أهميتها، لأن الله الذي يستحق العبادة والثقة، كيف يكون هو الإله الحق، إن لم يرَ فينا الفرق بين الخير والشر؟!

لكن القداسة التي يحبها الله، غير مبنية على طاعة شرائع ظالمة وعشوائية لتُسقط الآمنين في فخاخها أو لتسحق الضعيف. القداسة التي يحبها الله تعكس التزامه التام بكل ما هو صحيح. قداسة الله رائعة وتستحق منا أن نسعى في إثرها. حتى نحن في أعماقنا (رغم شرورنا) نريد ذاك الإله الذي يحب القداسة، لأننا نريده أن يغلب بقداسته الظلم، والله يحب القداسة بالفعل!

لكن الله يحب شعبه بالرغم من عدم التزامهم التام بالقداسة، لنأخذ قصة شعب إسرائيل كمثال: سنجد أن السمة الغالبة في علاقة الله بشعبه إسرائيل كانت المحبة الثابتة، في مقابل ذلك، كانت السمة السائدة من جهة شعب إسرائيل، النسيان، والتنكر لمحبة الله وتفضيل الآلهة الوثنية للشعوب الأخرى! لذا، فإن أقوى مثال يوضح لي طبيعة هذه العلاقة هو قصة النبي هوشع، لقد وضح لنا الله طبيعة علاقته بشعب

إسرائيل، من خلال مثال عملي متجسد في قصة هوشع، لقد أمر الله هوشع بأن يتزوج من امرأة زانية تُدعى جومر، ليحبها ويؤسس معها حياة زوجية رغم ماضيها المُشين، وهذا ما فعله هوشع. لكن زواجهما، لم يكن هو النهاية السعيدة للقصة.

لقد تركت جومر زوجها لتعود لحياة العُهر، فضلت الحياة كعاهرة عن الحياة كزوجة لهوشع. هكذا يصف الله معاملة شعب إسرائيل له، هؤلاء هم الشعب الذين يحبهم كخاصته!

أما رعية العهد الجديد، أي الكنيسة، فهي تضم أشخاصًا لم يكونوا أكثر تقوى أو قداسة من شعب إسرائيل عندما اختارهم الله، اقرأ كيف يصف بولس حياة المؤمنين قبل أن تفتديهم محبة الله:

> «**لأَنَّنَا كُنَّا نَحْنُ أَيْضًا قَبْلاً أَغْبِيَاءَ، غَيْرَ طَائِعِينَ، ضَالِّينَ، مُسْتَعْبَدِينَ لِشَهَوَاتٍ وَلَذَّاتٍ مُخْتَلِفَةٍ، عَائِشِينَ فِي الْخُبْثِ وَالْحَسَدِ، مَمْقُوتِينَ، مُبْغِضِينَ بَعْضُنَا بَعْضًا. وَلكِنْ حِينَ ظَهَرَ لُطْفُ مُخَلِّصِنَا اللهِ وَإِحْسَانُهُ، لاَ بِأَعْمَالٍ فِي بِرّ عَمِلْنَاهَا نَحْنُ، بَلْ بِمُقْتَضَى رَحْمَتِهِ**» (تيطس ٣: ٣-٥).

كنا عبيدًا لشهواتنا، تمامًا كما كانت جومر، غير طائعين كما كانت إسرائيل، لا يوجد مجهود به نطهر أنفسنا، لا (أعمال بر عملناها) لننال رحمة ومحبة الله. لقد أتت محبته ولطفه أولاً لتصحح الفوضى التي صنعناها في حياتنا.

يحب الله الجميع في ابنه

يظهر الفرق في شكل وعمق محبة الله لشعبه من خلال ابنه يسوع. فهي محبة لا تشبه مسابقة تُجاهد لتكسبها، ولا حالة تسعى لتحصل عليها، إنها هدية تُمنح لك، ولن تنالها إلاَّ عندما يفتح لك يسوع الباب، «**أَنَا هُوَ الطَّرِيقُ وَالْحَقُّ وَالْحَيَاةُ. لَيْسَ أَحَدٌ يَأْتِي إِلَى الآبِ إِلاَّ بِي**» (يوحنا ١٤: ٦).

إن الله يحب الأشخاص غير البارين، ليس لأن هذا البر لا يعنيه، ولكن لأنه قرر أن يجعلهم أبرارًا. كما تقول الترنيمة القديمة: «أحب الله المنبوذين، ليجعلهم رائعين».[٣] لم تنته قصة هوشع وجومر بزواجهما، ولا حتى انتهت بالخيانة والهجر، لكنها انتهت

---

[3] Samuel Crossman, «My Song Is Love Unknown,» 1664.

بمراحم واسعة تفوق التصور؛ لقد أمر الرب هوشع أن يذهب خلف زوجته الخائنة، ويشتريها ليفتديها من العبودية التي اختارتها لنفسها. العبودية التي فضلتها على رفقته وعنايته بها. لقد وصف أحد الرعاة قصة هوشع بأنها: «كانت صورة عن قصة المسيح المستقبلية مع شعبه».[4] لذا، فليس من المستبعد أن تكون هذه القصة في ذهن بولس، عندما كتب إلى كنيسة أفسس يصف المؤمنين، «**الَّذِينَ نَحْنُ أَيْضًا جَمِيعًا تَصَرَّفْنَا قَبْلاً بَيْنَهُمْ فِي شَهَوَاتِ جَسَدِنَا، عَامِلِينَ مَشِيئَاتِ الْجَسَدِ وَالأَفْكَارِ، وَكُنَّا بِالطَّبِيعَةِ أَبْنَاءَ الْغَضَبِ كَالْبَاقِينَ أَيْضًا**» (أفسس ٢: ٣)، كل واحد منا يومًا ما كانت جومر!

لكن «**اللهُ الَّذِي هُوَ غَنِيٌّ فِي الرَّحْمَةِ، مِنْ أَجْلِ مَحَبَّتِهِ الْكَثِيرَةِ الَّتِي أَحَبَّنَا بِهَا، وَنَحْنُ أَمْوَاتٌ بِالْخَطَايَا أَحْيَانَا مَعَ الْمَسِيحِ**» (أفسس ٢: ٤-٥). ثم يستكمل بولس بعد ذلك، ومازالت صورة هوشع أمامه، فيصف علاقتنا بالله كعلاقة الزواج، ويطلب من الأزواج أن يحبوا زوجاتهم، «**أَيُّهَا الرِّجَالُ، أَحِبُّوا نِسَاءَكُمْ كَمَا أَحَبَّ الْمَسِيحُ أَيْضًا الْكَنِيسَةَ وَأَسْلَمَ نَفْسَهُ لأَجْلِهَا**» (أفسس ٥: ٢٥).

والسبب الذي لأجله وهب المسيح نفسه للكنيسة هو، «**لِكَيْ يُقَدِّسَهَا، مُطَهِّرًا إِيَّاهَا بِغَسْلِ الْمَاءِ بِالْكَلِمَةِ، لِكَيْ يُحْضِرَهَا لِنَفْسِهِ كَنِيسَةً مَجِيدَةً، لاَ دَنَسَ فِيهَا وَلاَ غَضْنَ أَوْ شَيْءٌ مِنْ مِثْلِ ذلِكَ، بَلْ تَكُونُ مُقَدَّسَةً وَبِلاَ عَيْبٍ**» (أفسس ٥: ٢٦-٢٧).

أن تكون مُقدَّسةً وبلا عيب، هذا ما يريده المسيح لعروسه (الكنيسة). القداسة والبر، هذا ما يريده الله بالفعل، لكن قداسة شعبه، القداسة التي يحبها الله ويُسر بها هي، قداسة يأخذونها من يده كعطية، عطية اشتُريت لهم بدم ابنه، فكما دفع هوشع الثمن ليفتدي زوجته غير الأمينة، دفع الله ثمن خطايانا في ابنه ليقدسهم.

هذا ما قصده بولس عندما قال: «أن يسوع أسلم نفسه» لأجل الكنيسة (أفسس ٥: ٢٥). وهذا ما قاله بطرس أيضًا، «**فَإِنَّ الْمَسِيحَ أَيْضًا تَأَلَّمَ مَرَّةً وَاحِدَةً مِنْ أَجْلِ الْخَطَايَا، الْبَارُّ مِنْ أَجْلِ الأَثَمَةِ، لِكَيْ يُقَرِّبَنَا إِلَى اللهِ**» (١ بطرس ٣: ١٨). وهذا ما قاله يسوع عن نفسه، «**يَبْذِلَ نَفْسَهُ فِدْيَةً عَنْ كَثِيرِينَ**» (مرقس ١٠: ٤٥).

---

4 James Montgomery Boice, The Minor Prophets, vol. 1 (Grand Rapids, MI: Baker, 1983), 14.

إنها محبة بدلية، وأفضل نص يلخص هذا ما قاله بولس، «**لأَنَّهُ** (أي الله) **جَعَلَ** (أي يسوع) **الَّذِي لَمْ يَعْرِفْ خَطِيَّةً، خَطِيَّةً لأَجْلِنَا، لِنَصِيرَ نَحْنُ بِرَّ اللهِ فِيهِ**» (٢ كورنثوس ٥: ٢١). غالبًا ما يصف المسيحيون محبة الله بأنها غير مشروطة، وهذا صحيح؛ لأن الله يحب شعبه بالرغم من خطاياهم، إنه يحبهم قبل أن يبادلوه المحبة، وقبل أن يكون بهم أي شيء يستحق هذه المحبة. حمدًا وشكرًا لله على كل هذه الإحسانات الحقيقية!

لكن محبته لا تقف عند هذا الحد، هي أبعد من ذلك بكثير. يخبرنا الكتاب المُقدَّس أن الله أحب البشر في المسيح، أحب الله العالم حتى أرسل ابنه ليأخذ على نفسه ذلك العقاب الذي يستحقونه، على عدم القداسة التي يكرهها الله وتستوجب العقاب. لهذا السبب مات المسيح، ولكن في المسيح أيضًا سينال شعب الله ما يستحقه المسيح من محبة كاملة وثابتة لا تنتهي لابنه البار.

إنه بالفعل أمر يصعب استيعابه، لكن محبة الله لشعبه، هي امتداد لمحبته الأبدية الكاملة لابنه. في الليلة التي أُسلم فيها يسوع، كان يصلي للآب من أجل هؤلاء الذين هو مزمع أن يفتديهم. لقد هزم يسوع الشر، ليظهر لنا سرًا لا يمكن استيعابه في رسالة الإنجيل. يقول:

> «**وَأَنَا قَدْ أَعْطَيْتُهُمُ الْمَجْدَ الَّذِي أَعْطَيْتَنِي، لِيَكُونُوا وَاحِدًا كَمَا أَنَّنَا نَحْنُ وَاحِدٌ. أَنَا فِيهِمْ وَأَنْتَ فِيَّ لِيَكُونُوا مُكَمَّلِينَ إِلَى وَاحِدٍ، وَلِيَعْلَمَ الْعَالَمُ أَنَّكَ أَرْسَلْتَنِي، وَأَحْبَبْتَهُمْ كَمَا أَحْبَبْتَنِي.. وَعَرَّفْتُهُمُ اسْمَكَ وَسَأُعَرِّفُهُمْ، لِيَكُونَ فِيهِمُ الْحُبُّ الَّذِي أَحْبَبْتَنِي بِهِ، وَأَكُونَ أَنَا فِيهِمْ**» (يوحنا ١٧: ٢٢-٢٣؛ ٢٦).

أن تكون في المسيح يعني أن تعيش في المحبة التي يحبها الله لابنه. الأمر ليس بهذه البساطة لأن نقول، أن الله يحب شعبه بالرغم من خطاياهم، هو يحبهم لأن ابنه بار، هو يحبهم «حتى كما» يحب يسوع، أي أن المحبة التي أحبها لابنه هي الآن (فيهم)؛ لأنه عندما ينظر الله لشعبه، يرى قداسة ابنه، فيُسر بهم.

إذًا، كيف يُحدث هذا فرقًا في حياتك؟

أحاول حتى الآن في معظم هذا الفصل أن أُجيب على السؤال الهام: هل يُحب الله الجميع؟

والإجابة المختصرة التي يقدمها لنا الكتاب المُقدَّس هي: نعم، يُحب الله الجميع، لكن لا يحب الجميع بنفس الطريقة. لكن الكتاب المُقدَّس كُتب ليس فقط لتعليمنا، بل أيضًا ليدعونا لأن نكون في علاقة مع الله الذي يكلمنا على صفحاته.

أريد أن أُنهي هذا الفصل بأن أطلب منك أن تفكر فيما تعنيه إجابة الكتاب المُقدَّس بالنسبة لك. لقد أخبرتك في بداية هذا الفصل أن ما سأقوله عن محبة الله، ربما يُدهشك. وسأخبرك بما كان في رأسي:

ربما تكون واحد من هؤلاء الذين يفترضون دائمًا أن الله يُحب الجميع، وهذا ما يظنه غالبية البشر. ربما تفكر هكذا لأنك تفعل مثل الجميع. وإذا كان هكذا هو الحال، فربما تكون معذورًا في عدم التفاتك لشخص الله نفسه؛ لأنك تفكر هكذا، (**بالطبع يحب الله الجميع، لأن هذه هي وظيفته، سيسرع لمعونتي عندما أدعوه، وفي ذات الوقت، يمكنني أن أعيش حياتي كما يحلو لي)!**

إن كانت هذه هي فكرتك عن محبة الله، فيجب عليك أن تقلق حيال ذلك! لأنه لا يحب الجميع بتلك الطريقة التي تفترضها في رأسك. محبة الله طاهرة. نعم محبة بلا حدود، ولا تنتهي، وهي متاحة للجميع. هو لا يبخل بمحبته، لكن هذه المحبة المجانية من الله، تتطلب محبة صادقة في قلوب شعبه، بأن يتوبوا عن محبة أي شيء آخر أكثر منه، وأن يضعوا ثقتهم في ابنه يسوع؛ لأنه الطريق والحق والحياة، ولا يستطيع أحد أن يأتي إلى الآب إلاَّ به.

لكن على الجانب الآخر، قد تكون واحد من هؤلاء الذين لا يؤمنون أن الله يحب أحد، لأن الله لا يمكن أن يحبك. ربما يكون السؤال الحقيقي في أعماقك هو: هل الله يحبني حقًا؟! هل يمكن أن يحبني الله؟

سأذكّرك بالجواب المدهش عن هذا السؤال، الجواب الذي يعلنه الله في كلمته بكل وضوح:

نعم، الله يحبك، لأنك مخلوق على صورته. لقد أعطاك كرامةً أفضل، لم يعطها لأي مخلوق آخر. وأنت تختبر محبته هذه كل يوم، فلديك القدرة على التنفس، ولديك ملبس يسترك، وطعام يشبع جوعك، وكل ما تملكه هو بفضل الله الذي بذل نفسه لأجل الذين يحبهم. نعم الله يحبك؛ لأنه يحب الخطاة، رغم خطيتك، هو مازال يحبك، لقد أحبك جدًا حتى بذل ابنه لكيلا تهلك إذا آمنت به، بل تكون لك حياة أبدية. في الحقيقة، أنت تقرأ هذا الفصل الآن لأنه يدعوك لكي تثق به لأنه يحبك.

إذا آمنت بيسوع، إذا وضعت ثقتك به أنه قادر على خلاصك، عوض أن تبحث عن طرق أخرى، فالله سوف يحبك، حتى كما يحب ابنه. إنها محبة قوية مطهرة لا تتزعزع ولا يمكنك شرائها، لأن المسيح اشتراها بدمه بدلاً منك. الله يحبك لأنه عندما ينظر لك يرى ابنه يسوع. لا يرى الضعف الذي يحبطك، ولا الفشل الذي يهزمك، لأنك في المسيح لن تكون كما كنت، سيغطيك بر القدوس الوحيد إلى التمام.

والآن ماذا عليك أن تفعل؟ فقط أن تستريح في محبة الرب. أعرف القول سهل، لكن العمل صعب؛ لأن هناك شيء ما بدخلنا يقنعنا بأننا يجب أن ندفع الثمن لا أن ننال مكافأة دون تعب. لا يمكن أن ننال القداسة التي يريدها الله بهذه السهولة، كيف نقبل شيئًا يستحقه شخص آخر غيرنا؟ هذا مهين! ليس من حقنا أن نأخذ المحبة التي يمنحها لنا الله في المسيح.

هنا، يجب أن نتوقف عن الكبرياء! وفي المقابل، سننعم بالأمان الذي لن نجده في أي مكان آخر، طمان ثابت على الصخر كالمحبة الأبدية التي يحبها الله لابنه. المحبة التي لا تستطيع أن تشتريها، لا يمكن أن تخسرها، فاسترح في هذه المحبة.

مرجع موصى به

D. A. Carson, The Difficult Doctrine of the Love of God (Wheaton, IL: Crossway, 2000).

٤

هل يَعِد الكتاب المُقدَّس بالصحة والرخاء؟

شون ديمارس

«أَنَّهُ قَدْ وُهِبَ لَكُمْ لِأَجْلِ ٱلْمَسِيحِ لَا أَنْ تُؤْمِنُوا بِهِ فَقَطْ، بَلْ أَيْضًا أَنْ تَتَأَلَّمُوا لِأَجْلِهِ.»

فيلبّي ١: ٢٩

كنت جالسًا في حوض استحمامي، غير قادر على الوقوف. شعرت بأنني على وشك الموت. لقد أصبحت المياه في الحوض باردة. كنت منقوعًا في المياه المليئة بالصابون لمدة ساعتين. كنت أفقد الوعي وأعود إليه. عندما كان عقلي يتماسك للصلاة، كنت أصلّي. صلّيت طالبًا الشفاء، وصلّيت طالبًا الإيمان لنوال شفائي.

يا يسوع، خلّصني من فضلك. اِشفني، من فضلك. إنني أتوب، أضع قلبي كله في الصلاة الآن، وأطرح خارجًا كل شك أو خوف. أعرف أنه بإمكانك أن تشفيني. من فضلك اشفني!

أخيرًا، سحبتني أمي خارج حوض الاستحمام. وقالت بدموع، «أنظر لحالك! سآخذك إلى غرفة الطوارئ الآن!»

لم يكن بإمكاني التحدث. «كلا! يسوع هو طبيبي.»

في ذهني، كان هذا هو معنى أن أتبع المسيح.

كنت قد صرت مسيحيًّا مؤمنًا لشهور قليلة. كنت قد خرجت من السجن حديثًا، وكنت أقضي معظم أيامي محاولًا المشاركة بالإنجيل مع أشخاص اعتدت على تناول المخدرات معهم أو بيعها لهم. أثناء هذه الأيام المبكرة، تقابلت مع رجل اسمه روجر، والذي، على عكس أي شخص آخر في الحي، دعاني إلى بيته لتناول وجبة معه. اشترى لي روجر الغداء وأمضى اليوم كله يعلمني عن الكتاب المُقدَّس.[١]

على مدار الشهور الستة التالية، أطعمني روجر، وقدّم لي المشورة، وساعدني من الناحية المالية، وعلّمني كيف أقرأ كتابي المُقدَّس. ويا للأسف، كان ما علّمه لي خطأ. فقد علّمني شيئًا يُدعى «إنجيل الرخاء». أثق تمامًا في أنه ما من مسيحي يعرف عن الكتاب المُقدَّس أقل مني، لذا لم تكن لدي فكرة عن أن التعليم اللاهوتي الذي كان روجر يسقيني إياه مسمومًا.

وقد شربته كله.

كان تعليم روجر يبدو منطقيًا وقتها. «أنظر لقد لمست هدب ثوبه وشُفيت. انظر، يسوع لم يقدر أن يشفيهم لأنه لم يكن لديهم إيمان كاف». بدا إنجيل الرخاء أنه يثبت صحته بنفسه من الكتاب المُقدَّس. لقد كان بسيطًا للغاية، وواضحًا للغاية.

ولكن الأمور لم تكن تسير هكذا في الواقع. لم يكن بإمكاني دفع الإيجار. صارعت لتغطية نفقاتي كل أسبوع. كنت أمرض حتى عندما طالبت بالشفاء باسم يسوع. أين هي النصرة؟ لم تكن حسابات إنجيل الرخاء صحيحة؟

قلت، «أهلًا روجر. أنا لا أفهم. يبدو أن هناك خطأ ما. ما الذي فعلته خطأ؟ ما الذي فات عليَّ؟»

---

١ القصص الشخصية التي تتضمن أشخاصًا آخرين والتي شاركت بها في هذا الكتاب مأخوذة بإذن من هؤلاء الأشخاص وغالبًا ما استُخدمت فيها أسماء غير حقيقيَّة للمحافظة على الخصوصيَّة.

«لا أدري بالضبط يا شون، ولكني أعرف أن المشكلة ليست في الله ولا في كلمته. لابد وأنه شيء في قلبك أو في حياتك.»

أثناء هذه الأيام الأولى وأنا مسيحي، أحببت يسوع بصدق. لقد خلّصني، وأردت أن أقضي بقية حياتي أخدمه. في ذهني، انتهرت المرض، وطالبت بالرخاء، وفحصت خبايا قلبي المظلمة العميقة باحثًا عن الخطية والشك، وهو ما ظننت أن يسوع يرد مني فعله. لم أعرف شيئًا أفضل من هذا، لذا فعلت ما أعرفه.

ثم في أحد الأيام، تدخل الله. أراني معلمًا حقيقيًا للكتاب المُقدَّس كان يُعلِّم الكتاب المُقدَّس بحق.

لا أتذكر تفاصيل كثرة من هذه الليلة، ولكن عندما سمعت شخصًا يعظ بالإنجيل الكتابي بصدق، أدركت أن معظم ما ظننت إني أعرفه عن الله، والكتاب المُقدَّس، والصليب، والحياة المسيحيَّة كان خطأ. خطأ بشكل مميت. كانت هذه أيامًا سوداء. كنت مليئًا بالغضب والارتباك والإحباط. ولكن الله أعاد تشكيل فهمي للإنجيل بفهم سليم لكلمته.[٢]

اليوم، أخدم كراعٍ لكنيسة في شمال الاباما. مر وقت طويل منذ آمنت بإنجيل الرخاء، ولكني لا أزال أرى تأثيره المُضر على الكنيسة التي اشتراها يسوع بدمه. وأنا أكتب هذا الفصل ليساعدك على التفكير بشكل سليم بخصوص إنجيل الرخاء لأجل مصلحة نفسك (٢ يوحنا ٨) ولتجهيزك لعمل الكرازة والتلمذة.

خطتي أن التزم بالأسئلة الكبيرة الخاصة بإنجيل الرخاء. أسئلة مثل:

- ما هو إنجيل الرخاء؟
- هل إنجيل الرخاء تعليم كتابي؟
- كيف يمكننا مساعدة من يُحتمل أن يؤمنوا بإنجيل الرخاء؟

---

٢ هذه القصة مذكورة بشكل أكمل في
«A Gospel That Al-most Killed Me,» *9Marks Journal*, Jan–Feb 2014: 13–16, http://www.9marks.org/wp-content/uploads/2014/01/9Marks_Journal_2014_jan-feb.pdf.

ما هو إنجيل الرخاء؟

عندما أتكلم مع أصدقائي من المتحدثين بالإنجليزية بالخارج، أتذكر المزحة القديمة التي تقول إن الأمريكيين والبريطانيين والأستراليين تفصلهم لغة مشتركة. فالإنجليز يقولون «boot،» وأنا (كأمريكي) أفكر فيما يلبسه رعاة البقر من أحذية طويلة الرقبة. ولكنهم في الواقع يشيرون إلى فراغ صندوق سيارتهم. ويستخدم أصدقائي الأستراليون كلمة «diary» ليشيروا بها إلى جدول أعمالهم، وليس إلى الكتب التي تخفيها الفتيات المراهقات تحت وساداتهن. يتحدث كل من الأستراليون والبريطانيون والأمريكيون الشماليون الإنجليزية، ولكن أحيانًا نستخدم نفس الكلمات للتعبير عن أشياء مختلفة.

وقد يحدث هذا عندما نتكلم عن اللاهوت. لذلك أريد أن أطمئن قبل أن نبدأ الحديث عن «إنجيل الرخاء،» أننا نفهم الكلمات التي نستخدمها وكيف نستخدمها، لذلك نحتاج إلى تعريف مصطلحاتنا.

ولكن قبل أن نصل إلى هذه التعريفات، دعونا نتكلم عن واحد من موضوعاتي المفضلة: الطعام. لأنه إن كنت تريد أن تفهم إنجيل الرخاء ينبغي أن تفهم الطعام المكسيكي.

أنا من عشاق الطعام المكسيكي. فقد نشأت في جنوبي كاليفورنيا، لذا فحبي لهذا الطعام حب شديد. في أي وقت أسافر فيه، أحاول عادة أن أجد مكانًا محليًا يبيع الطعام المكسيكي لأجرب نسختهم من التاكو. جربت التاكو الكوري، التاكو المكسيكي – الجنوب أمريكي، التاكو النباتي، وكل أشكال هذا الصنف. ولكن هذا هو الشيء الذي يمتاز به الطعام المكسيكي: أيًا كان الصنف الذي تأكله، لن تجده سوى شكل آخر من نفس المكونات: اللحم، الجبن، خبز التورتيلا، خضروات، ونوع معين من الصلصة. قد يبدو الطعام المكسيكي بشكل ما في جنوب كاليفورنيا، وبشكل آخر في مكسيكو سيتي، وبصورة أخرى في جنوب بوسطن، ولكن أينما أكلت هذه المكونات، فقد أكلت طعامًا مكسيكيًّا.

هـذه صـورة جيـدة جـدًا تصـف إنجيـل الرخــاء. ليـس إنجيـل الرخــاء فكـرة أو عقيـدة واحـدة، إنـه مجموعـة مـن الأفكار التـي عندمـا تؤخـذ معًـا تشـوش وتشـوه وتقـوض إنجيـل يسـوع المسـيح الحقيقـي. قـد يبـدو بصـورة مـا فـي أمريـكا الجنوبيـة، وبصـورة أخـرى فـي الهنـد، وبصـورة ثالثـة فـي ضواحـي شـمال جورجيـا. ولكـن أينمـا ذهبـت، سـتجد أن لإنجيـل الرخـاء عـادة نفس المكونـات الأساسـية. لـذا بـدلًا مـن تقديـم تعريـف يتكـون مـن عبـارة واحـدة «لإنجيـل الرخـاء»، سـوف أضـع أمامكـم أربعـة مـن مكوناتـه الأساسـيَّة.

١. الله يريد أن يمنحنا رخاءً ماديًا.

٢. الله يريدنا أن نتكلم بسلطان.

٣. الله لا يريدنا أن نتألم.

٤. الله يريدنا أن نعيش حياة منتصرة مزدهرة.

وسوف أشرح كل عبارة بدورها.

١. اللّه يريد أن يمنحنا رخاءً ماديًا

يُشـدِّد إنجيـل الرخـاء علـى أن الله يريـد أن يبـارك شـعبه بخيـرات ماديـة. وتعتمـد طريقـة الله فـي فعـل هـذا علـى السـياق. علـى الأرجـح سـيخبرك وعـاظ الرخـاء في ضواحي تكسـاس بـأن الله يريـدك أن تقـود سـيارات ذات مقاعـد جلديـة وأن تكـون لديـك سـيارة رولـز رويـس فاخـرة. أمـا فـي ريـف أفريقيـا فقـد يلمـح وعـاظ الرخـاء إلـى أن الله يريـد أن يكـون لـدى شـعبه دجـاج يضـع بيضًـا ومحاصيـل وافـرة كل موسـم. فـي أي سـياق، تلمـح كل صـورة مـن صـور إنجيـل الرخـاء إلـى أن علاقتنـا بـالله مـن خـلال المسـيح ينبغـي أن ينتـج عنهـا خيـرات ماديـة فـي حياتنـا.

مشكلة هذه الطريقة في التفكير هي أنها

تقدر بركات الله أكثر من الله نفسه.

إنها تعلّم الناس أن يحبوا العطايا أكثر من العاطي.

لا شك أن الله يُسرّ بأن يعطي عطايا صالحة لشعبه (متى ٧:٧-١١). ولكن من المفترض في النهاية أن توجهنا هذه العطايا السماوية إلى الله نفسه. كما قال بولس، «**إِذْ هُوَ يُعْطِي ٱلْجَمِيعَ حَيَاةً وَنَفْسًا وَكُلَّ شَيْءٍ .... لِكَيْ يَطْلُبُوا ٱللهَ لَعَلَّهُمْ يَتَلَمَّسُونَهُ فَيَجِدُوهُ**» (أعمال ١٧: ٢٥، ٢٧).

هل ترى هذا؟ الله يعطينا خيرات لكي توجهنا إليه.

ومع هذا، يُعلِّم إنجيل الرخاء الناس ببراعة، وربما عن غير قصد، أن يفكروا في الله كوسيلة للحصول على ما نريد. إنه لا يعلم الناس أن يريدوا الله لذاته. في إنجيل الرخاء، أخبار الإنجيل السارَّة هي النجاح المالي، الصحة الشخصية، الشفاء من المرض، أو تراكم أي عدد من العطايا الأخرى من الله.

ببساطة، هذه وثنية. إنه يرى الله وكأنه جني المصباح وليس الآب السماوي. قارن ما قرأته للتو بكلمات آساف في مزمور ٧٣:

مَنْ لِي فِي ٱلسَّمَاءِ؟

وَمَعَكَ لَا أُرِيدُ شَيْئًا

فِي ٱلْأَرْضِ.

قَدْ فَنِيَ لَحْمِي وَقَلْبِي.

صَخْرَةُ قَلْبِي وَنَصِيبِي

ٱللهُ إِلَى ٱلدَّهْرِ.

(مزمور ٧٣: ٢٥-٢٦)

هل يبدو أن آساف يهتم أكثر بعطايا الله أم بالله نفسه. في الكتاب المُقدَّس، الله هو الغاية العليا، العطية الأعظم.

٢. الله يريدنا أن نتكلم بسلطان

يُعلِّم إنجيل الرخاء بأنه عندما نأتي إلى المسيح بإمكان كلماتنا أن تستفيد من قوة الله التي تخلق من العدم. يدعي وعاظ إنجيل الرخاء بأنه من خلال يسوع المسيح نستطيع أن نتكلم بسلطان لإيجاد أمور معينة في واقعنا. أحيانًا يُسمى هذا «أنطق باسم الشيء وطالب به» – فنحن «نذكر اسم» البركة ثم «نطالب» بها بصفتنا نمتلكها، متوقعين أن تصبح واقعًا في حياتنا.

مشكلة هذه الطريقة في التفكير

أنها تخلط حقيقتين أساسيتين ثابتتين

من الكتاب المُقدَّس:

الله هو الخالق، ونحن مخلوقاته.

دعوني أشرح.

أولًا، يعيد إنجيل الرخاء خلق الله على صورتنا. يعلمنا الكتاب المُقدَّس أن الله خلق البشر على صورة وشبه الله (تكوين ١: ٢٧). ولكن إنجيل الرخاء يعكس هذه الحقيقة ويعيد تشكيل الله على صورتنا نحن بحيث تصبح اهتماماتنا وطموحاتنا بالضرورة اهتماماته وطموحاته هو.

بالطبع، ليس إنجيل الرخاء هو الديانة الكاذبة الوحيدة التي تعيد تشكيل الله بحسب ذوقنا نحن. فقد اعتاد البشر الخطاة على فعل هذا لآلاف السنين. فكر في بانثيون الآلهة اليونانيين والرومانيين. آريس وأرتاميس وزيوس وديميتر، كل واحد من هؤلاء «الآلهة» هو بشري بشكل لا تخطئه عين. فهم غالبًا ما يثيرون الشفقة – تمامًا مثلنا؛ فهم ممتلئون خبثًا وشهوة وجشعًا – مثلنا تمامًا. ما نراه في هذه الآلهة ليس إلهي بحق، بل مجرد انعكاس لصورتنا الساقطة.

قد يبدو هذا مختلفًا على شبكة TBN – وهي شبكة تليفزيونية تؤيد إنجيل الرخاء علانية – عما كان يبدو عليه في البانثيون الروماني القديم. ولكن الملاحظ الحريص

سيتعرف على نفس الظاهرة فيه. يُشكِّل إنجيل الرخاء رغبات الله بحث تنسجم مع رغباتنا، بدلًا من أن يشكل رغباتنا لتنسجم مع رغباته.

ببساطة، إنجيل الرخاء هو ديانة الجشع (١ تسالونيكي ٢: ٥). إنه يدرب المسيحيين على أن يروا يسوع كإله يريدنا في الأساس أن نكون مزدهرين من كل ناحية بشكل وفير، إله لا يحكم أبدًا علينا بالمرض أو الألم، والذي تتمثل مشغوليته الوحيدة في راحة مخلوقاته.

عندما خلقنا الله على صورته، ارتاح وهو يرى عمله أنه «حسن» (تكوين ١: ٢٧، ٣١). ولكن عندما أخطأ آدم وحواء، شوها خليقته الجيدة والجميلة. عندما نحاول في خطيتنا أن نعيد خلق الله على صورتنا، فإننا نشوه هويته وشخصيته. يرسم إنجيل الرخاء صورة ليسوع تجعله يبدو أشبه بآلهة اليونان وروما القديمة المثيرين للشفقة من صورته الحقيقية بصفته ابن الله الأزلي.

ثانيًا، يُعلِّمنا إنجيل الرخاء أن ننطق على الأشياء لتأتي إلى الوجود، وهو شيء لا يمكن أن يفعله إلا الله. في البدء، تكلم الله، فحدث ما نراه ظاهرًا (تكوين ١). جاء الكون إلى الوجود. لماذا؟ لأن الله تكلم على الأشياء بالوجود. لا يستطيع البشر فعل هذا لأن البشر ليسوا الله. ولكن بحسب الكثيرين من معلمي إنجيل الرخاء، كل المسيحيين يتمتعون بالقدرة على النطق بالوجود على الأشياء، البركات واللعنات على حد سواء. بقدر ما قد يبدو هذا غريبًا، إلا أن هذا التعليم ينبع بالكامل تقريبًا من فهم مغلوط لآية واحدة فقط، أمثال ١٨: ٢١.

اَلْمَوْتُ وَٱلْحَيَاةُ فِي يَدِ

ٱللِّسَانِ،

وَأَحِبَّاؤُهُ يَأْكُلُونَ

ثَمَرَهُ.

يقترح معلمو إنجيل الرخاء أن هذه الآية تشير إلى أنه إن كنا نريد شيئًا ما، فعلينا ببساطة أن «**نعلنه ونطالب به**.» نحتاج ببساطة أن ننادي عليه بالوجود.

المشكلة بالطبع، هي أن أمثال ١٨: ٢١ لا يعني هذا على الإطلاق.

دعونا نأخذ درسًا سريعًا حول كيفية تفسير الأمثال في الكتاب المُقدَّس. الأمثال هي أقوال مأثورة، شذرات بليغة من الحكمة تدور حول كيف نعيش حياتنا لمجد الله في عالم ساقط. كما أنها تمدنا بالفطنة لنعيش في الاتجاه الطبيعي لنظام خليقة الله. فالمقصود من هذا المثل ليس أن «البشر لديهم القدرة على خلق الرخاء بكلماتهم». المقصود بهذا المثل هو أن ما نختار أن نفعله بكلماتنا سيعبر إما عن النعمة والتشجيع (أي الحياة) أو الإحباط واليأس (أي الموت).

يعلّمنا الرسول يعقوب، معتمدًا في الغالب على سفر الأمثال، نفس الفكرة عندما يشبه ألسنتنا بألسنة اللهب التي بإمكانها أن تشعل غابة بأكملها (يعقوب ٣: ٥). عندما نلعن الآخرين، يقول يعقوب، أن لساننا يكون «**شَرٌّ لاَ يُضْبَطُ، مَمْلُوٌّ سُمًّا مُمِيتًا**» (يعقوب ٣: ٨). من الواضح أن يتكلم بطريقة رمزيَّة. فألسنتنا ليست سامة بشكل حرفي كما أنها لا تخلق الحياة أو تسبب الموت بشكل حرفي. ترمز هذه الأوصاف ببساطة إلى قوة كلماتنا وقدرتها على البناء أو الهدم.

علاوة على هذا، فإن اقتراح قدرتنا على أن نأمر بوجود البركات المادية يتناقض مع باقي الكتاب المُقدَّس. يعلم الكتاب المُقدَّس بانتظام وبشكل ثابت بأن الله وحده هو صاحب القدرة على النطق بالحياة فتوجد بقوة كلمته (رومية ٤: ١٧).

يختلف معلّمو إنجيل الرخاء مع هذا. حيث يقولون إنه عندما نصبح مسيحيين، نستفيد من نفس القوة الخلاقة التي يمتلكها الله وحده. ولكن الكتاب المُقدَّس يرفض هذه الادعاءات ليس فقط بصفتها ادعاءات خطيرة، بل ومهلكة. تذكر، يحاول إبليس أن يضلل الناس بإخبارهم أنه بإمكانهم أن يكونوا مثل الله (تكوين ٣: ٥). أي شخص يقول لك أنه بإمكانك أن تصبح مثل الله وأن تنطق على البركات المادية بالوجود فهو يتبع إثر خطوات المخادع.

٣- اللّه لا يريدنا أن نتألم

يقترح إنجيل الرخاء أنه لأن الله هو أبونا فلن يريد البتة لأولاده أن يتألموا. في الواقع، لو تألم شخص مسيحي، فهذا على الأرجح بسبب خطية ما أو على الأقل بسبب افتقاره للإيمان. سيختبر المسيحيون الممتلئون حقًّا بالإيمان الصحة والسلامة الجسدية.

المشكلة في هذه الطريقة من التفكير

هي أن الله يعد شعبه بأنهم سوف يتألمون

في هذا العالم.

أحيانًا نتألم بسبب الخطية – إما خطيتنا نحن أو خطايا الآخرين (مثل ٢ صموئيل ١٢: ١٩؛ مزمور ٣٢: ٣-٤). ولكن الكتاب المُقدَّس يعلمنا أيضًا بأن الناس يتألمون بسبب عناية الله الصالحة والغريبة في نفس الوقت.

كثيرًا ما يستخدم الله الألم ليتمم شيئًا جميلًا وصالحًا في حياة أولاده (تكوين ٥٠: ٢٠؛ أيوب ١؛ يوحنا ٩: ١-٣؛ ٢ كورنثوس ١٢: ٧-١٠). تنطبق هذه النقطة قطعًا على آلام الرب يسوع الأمين والبريء تمامًا، والتي من الواضح أنها كانت مشيئة الله (إشعياء ٥٣: ١٠؛ أعمال ٤: ٢٧-٢٨).

يعمل كُتَّاب كثيرون من كتبة العهد الجديد أن الألم جزء طبيعي من خبرة الإنسان المسيحي. أنظر كيف يتكلم الله مع شعبه عن متاعبهم:

> **طُوبَى لَكُمْ إِذَا عَيَّرُوكُمْ وَطَرَدُوكُمْ وَقَالُوا عَلَيْكُمْ كُلَّ كَلِمَةٍ شِرِّيرَةٍ، مِنْ أَجْلِي، كَاذِبِينَ. اِفْرَحُوا وَتَهَلَّلُوا، لِأَنَّ أَجْرَكُمْ عَظِيمٌ فِي ٱلسَّمَاوَاتِ، فَإِنَّهُمْ هَكَذَا طَرَدُوا ٱلْأَنْبِيَاءَ ٱلَّذِينَ قَبْلَكُمْ.** (متى ٥: ١١-١٢)

> **لِأَنَّهُ قَدْ وُهِبَ لَكُمْ لِأَجْلِ ٱلْمَسِيحِ لَا أَنْ تُؤْمِنُوا بِهِ فَقَطْ، بَلْ أَيْضًا أَنْ تَتَأَلَّمُوا لِأَجْلِهِ.** (فيلبّي ١: ٢٩)

وَلَكِنْ إِنْ كَانَ كَمَسِيحِيٍّ، فَلَا يَخْجَلْ، بَلْ يُمَجِّدُ ٱللهَ مِنْ هَذَا ٱلْقَبِيلِ.
(١ بطرس ٤: ١٦)

برغم هذه الفقرات الواضحة من الكتاب المُقدَّس، إلا أن معلّمي إنجيل الرخاء يجعلون المسيحيين يشعرون بالخجل عندما يتألمون. فيقولون للناس أن الله يريد دائمًا أن يشفي أمراضهم، مما يجعل وجود نسبة مئوية عالية بشكل ملحوظ من الناس تموت في النهاية أمرًا غريبًا حقًا. إنهم يقولون للناس أن الله لا يريدهم أن يتألموا. ولكن تعليم الكتاب المُقدَّس معقد بشكل أكبر من هذا. يشرح الكتاب المُقدَّس أن الله أحيانًا يظهر محبته وقدرته بالشفاء وبإعفائنا من الألم، وأحيانًا يستخدم الألم والمصاعب ليأتي لنفسه بالمجد بينما يقدس ويخلص شعبه في النهاية.

٤ – اللّه يريدنا أن نعيش حياة منتصرة ومزدهرة

أثناء الوقت الذي قضيته في إنجيل الرخاء، سمعت بشكل رئيسي عظات عن أربعة مواضيع:

١ - الإيمان

٢ - الثروة

٣ - الصحة

٤ - النصرة

هذه المواضيع الأربعة هي المسارات التي يجري فوقها قطار وعظ الرخاء. لماذا؟ لأن الازدهار والنصرة هي السمات الرئيسيَّة في الحياة المسيحيَّة.

مشكلة هذا الأسلوب في التفكير هي أن

الكتاب المُقدَّس يعلمنا بأنه لا يمكن اختزال

الحياة المسيحيَّة الأمينة إلى أربعة أو خمسة مواضع أو أفكار.

في مسـار خدمـة الوعـظ المنتظمـة التـي قمـت بهـا، أسـمعت كنيسـتي عظـات حـول مواضيـع مثـل النعمـة، والإيمـان، والاتضـاع، والسـلطان، والعائلـة، والـزواج، وسـبق التعييـن، والترنيـم، والألـم، والطاعـة، والبـركات، والتبنّـي، والرعايـة، والعضويـة، والجحيـم، والتقديـس، والاختيـار، والتلمذة، والمُصالحـة العرقيَّـة، والفـرح، وخيمـة الاجتمـاع، ونظـام الذبائـح، والقداسـة، والحـرب الروحيَّـة، وغيرهـا مـن المواضيـع.

سـمع شـعبنا عظـات عـن هـذه التشـكيلة مـن المواضيـع لأن كنيسـتنا ملتزمـة بالوعـظ التفسـيري. حيـث أعـظ بالتسلسـل، آيـة بآيـة، مـن أسـفار الكتـاب المُقـدَّس. بعبـارة أخـرى، الله هـو مـن يحـدد برنامـج مـا سـتسمعه الكنيسـة. حيـث نهـدف إلـى أن نعيـش بحسـب كل مـا قالـه الله، ونحـن نخضـع لـكل مشـورة الله.

مـن ناحيـة أخـرى، ينتقـي وعـاظ إنجيـل الرخـاء ويختـارون آيـات منتزعـة مـن سـياقها لدعـم لاهوتهـم السـيء. بفعـل هـذا، يتجنبـون أيضًـا أيـة فقـرات تتعـارض مـع رسـالتهم ليريحـوا بالهـم.

لـذا، دعنـي أسـألك: هـل تتلقـى تعليمًـا يشـمل كل مشـورة الله، آيـة بآيـة، مـن كل سـفر مـن الكتـاب المُقـدَّس؟ هـل يربـط الوعـاظ هـذه الفقـرات بثبـات بشـخص وعمـل يسـوع المسـيح، شـارحين مـن يكـون وكيـف يتطلـب مـا فعلـه تجاوبًـا؟ أم يركـز الوعـاظ علـى نفـس المواضيـع الأربعـة أو الخمسـة: الامتيـازات، والبركـة، والصحـة، والثـروة، والرخـاء؟ إن سـمعت رسـائل حـول نفـس الموضوعـات بحيـث لـم تكـن تحتـوي علـى رسـالة الإنجيـل، فاذهـب إلـى مـكان آخـر. ابحـث عـن كنيسـة تعـظ بـكل مشـورة الله. كلمـة الله وليمـة حـق؛ لا ترض بالفتـات البسـيط.

نفس الكتاب المُقدَّس، عقيدة مختلفة؟

الآن وقـد تكـون لدينـا تصـورًا عـن العناصـر الأساسـية لإنجيـل الرخـاء، دعونـا نتعمـق قليـلًا.

يقـرأ مـن يؤمنـون بإنجيـل الرخـاء نفـس الكتـاب المُقـدَّس الـذي أقـرأه. فكيـف يمكـن إذن أن نتوصـل إلـى اسـتنتاجات مختلفـة بهـذا الشـكل؟

حسنًا، تكمن الإجابة في كيف **نُفسِّر** الكتاب المُقدَّس. دربني إنجيل الرخاء على قراءة الكتاب المُقدَّس بحيث رأيت كل ألم وكأنه الدليل على وجود تقصير روحي معين. ظننت أن الذهاب إلى الطبيب خطية. ظننت أن الاعتراف بنزلة برد عادية كان إثباتًا على عدم إيماني. ظننت أن قول الكلمات الصحيحة بالطريقة الصحيحة سيفتح باب بركات الله لحياتي. ولكن حمدًا لله إني تعلمت طريقة أفضل لقراءة، وفهم وتطبيق حقائق الكتاب المُقدَّس.

من الحكمة أن نتذكر أنه ليس كل من يدعِ أنه معلم لكلمة الله يتكلم بحق الله. تذكر، حتى إبليس اقتبس من الكتاب المُقدَّس وهو يتحدث مع يسوع، وكان على يسوع أن يرد على مفاهيم إبليس المشوهة بفهم سليم لكلمة الله (متى ٤: ٥-٧). في الواقع، يتوقع الكتاب المُقدَّس أن يسعى المعلمون الكذبة أن يسعوا إلى خداعنا بلِّي عنق الشواهد الكتابيَّة (أعمال ٢٠: ٣٠؛ ٢ بطرس ٣: ١٦).

هناك عدد من الطرق التي يلوي بها إنجيل الرخاء عنق الشواهد الكتابيَّة. دعونا نلقي النظر على ثلاثة منها.

أولًا، يعلمنا إنجيل الرخاء أن نقرا الكتاب المُقدَّس بنظرة تتركز على الإنسان، وليس على المسيح. علّمنا يسوع أن كلمة الله تتعلق به في النهاية (لوقا ٢٤: ١٣-٣٥). فالله يخلق لمجده، ويعمل لأجل مجده، ويخلص الخطاة لمجده. في الكتاب المُقدَّس، مجد الله هو القلب النابض لكل فقرة. ولكننا نميل إلى التفكير بأن العالم يدور حولنا، ونقرأ الكتاب المُقدَّس بحسب هذه النظرة.

ورغم أننا نميل لقراءة الكتاب المُقدَّس بطريقة سيئة بهذه الطريقة التي تتمركز حول ذواتنا، إلا أن معظمنا يدرك أن هذه مشكلة. ولكن إنجيل الرخاء يدرب الناس على قراءة الكتاب المُقدَّس بهذه الطريقة. عندما صدقت إنجيل الرخاء، تعلمت أن أقرأ الكتاب المُقدَّس بالتركيز على نفسي وعلى اختباراتي الشخصية. كنت اقترب من كل نص بالأسئلة التالية:

- ماذا يعلّمني هذا النص عن كوني مباركًا؟
- ماذا تقول هذه الآية عن النصرة؟
- كيف تقودني هذه الكلمة إلى رخاء مالي أكبر؟

في مقابل هذه الطريقة التي مركزها أنا في قراءة الكتاب المُقدَّس، يريدنا الله أن نقرأ الكتاب المُقدَّس ونحن نركز على أعماله. كما كتب بولس، كل الأشياء هي «**مِنْهُ وَبِهِ وَلَهُ**» (رومية ١١: ٣٦). ينبغي أن تركز قراءتنا للكتاب المُقدَّس على أعمال الله في الخلاص، وليس على كيفية الحصول على ثروة شخصية.

ثانيًا، يدرّبنا إنجيل الرخاء على تفسير النصوص خارج سياقها. كمسيحي شاب، أردت أن أجعل حق كلمة الله أمام عيني طول الوقت. كنت أكتب الشواهد الكتابيَّة على قطع صغيرة من الورق وأضعها فيكل مكان ببيتي - على مرآة الحمام، على الثلاجة، على منبهي، على أي مكان يمكن أن تتجه إليه عيني طول اليوم. كان الشاهد الموجود على مرآة الحمام هو رومية ٨: ٣٧: «**يَعْظُمُ ٱنْتِصَارُنَا بِٱلَّذِي أَحَبَّنَا.**»

الشاهد الذي كنت أراه كل صباح على الباب بينما أتهيأ للخروج هو متى ٤: ٩: «**أُعْطِيكَ هَذِهِ جَمِيعَهَا إِنْ خَرَرْتَ وَسَجَدْتَ لِي.**» لقد أخذت هذه الآية كوعد: إذا خدمت الرب بأمانة، فسيباركني بوفرة ويعطيني كل أمور العالم. وبينما أخطو إلى قلب عالم مظلم ومكسور، أردت أن يقوي هذا الوعد إيماني والتزامي بالرب.

ولكن هناك مشكلة. متى ٤: ٩ ليس وعدًا من الله. إنه تجربة من إبليس.

ها هي الآية في سياقها:

> **ثُمَّ أَخَذَهُ أَيْضًا إِبْلِيسُ إِلَى جَبَلٍ عَالٍ جِدًّا، وَأَرَاهُ جَمِيعَ مَمَالِكِ ٱلْعَالَمِ وَمَجْدَهَا، وَقَالَ لَهُ: «أُعْطِيكَ هَذِهِ جَمِيعَهَا إِنْ خَرَرْتَ وَسَجَدْتَ لِي». حِينَئِذٍ قَالَ لَهُ يَسُوعُ: «ٱذْهَبْ يَا شَيْطَانُ! لِأَنَّهُ مَكْتُوبٌ:**
>
> **لِلرَّبِّ إِلَهِكَ تَسْجُدُ وَإِيَّاهُ وَحْدَهُ تَعْبُدُ.**
>
> **ثُمَّ تَرَكَهُ إِبْلِيسُ، وَإِذَا مَلَائِكَةٌ قَدْ جَاءَتْ فَصَارَتْ تَخْدِمُهُ.** (متى ٤: ٨-١١)

بالطبع، كنت سأعرف أن متى ٤: ٩ ليس وعدًا لو كنت قد تعلمت أن أقرأ الشواهد الكتابيَّة في سياقها، ولكن إنجيل الرخاء يعتمد على عبارات منتقاة دون الانتباه إلى القصة الكتابيَّة الأوسع.

وقراءة الآيات خارج سياقها أمر لا يتفرد به إنجيل الرخاء. لا أحد منا يقرأ كلمة الله بشكل مثالي. كلنا نقترب منها بانتباه أقل مما تستحق. ولكن هذه الطريقة في قراءة الكتاب المُقدَّس هي سمة يتسم بها إنجيل الرخاء؛ إنها أمر أساسي فيه. وهذا هو السبب أيضًا في خداع وعاظ الرخاء الكثير من المسيحيين المعترفين، والذين يرغب الكثيرين منهم حقًا في معرفة وطاعة كلمة الله، ولكنهم لم يتعلموا البتة كيف يقرؤونها في سياقها.

ثالثًا، يفشل إنجيل الرخاء في تعليم قصة الكتاب المُقدَّس الكبيرة. يكشف الكتاب المُقدَّس قصة الفداء، في بداية القصة، يتواجد الإنسان مع الله في سلام وانسجام ورخاء تامين. ولكن عندما تدخل الخطية إلى العالم، يأتي الموت معها. فتدخل الخليقة في حالة من الانحلال، ويصبح الألم جزءًا طبيعيًا من الخبرة البشرية (تكوين ٣: ١٧-١٩؛ رومية ٨: ٢٠).

ولكن القصة لا تنتهي هنا. في توقيت الله الصالح، يأتي يسوع ليجعل كل شيء جديدًا بتدمير الخطية والموت على الصليب ورد كل بركات خليقة الله الصالحة بقيامته (١ كورنثوس ١٥: ٥٤-٥٧؛ العبرانيين ٢: ١٤). ورغم أن يسوع قد بدا بالفعل في جعل كل شيء جديدًا، إلا أنه ينتظر حتى الفصل الأخير ليصل بهذا العمل إلى ذروته. يعدنا الإنجيل بأن كل من يوجدوا في المسيح سيعيش بسعادة إلى الأبد (إشعياء ٦٥: ١٧-٢٥؛ رؤيا ٢١: ١-٤، ٢٢-٢٧).

واحدة من المشاكل الرئيسيَّة في إنجيل الرخاء هي أنه يعلم المسيحيين أن يصدقوا أن الوعود الكتابيَّة قد تحققت هنا والآن، بينما الله نفسه يطبق نفس الوعود على السماوات الجديدة والأرض الجديدة فقط.

تأمل مثلًا وعد الله بالنسبة للشفاء الجسدي. يعد الكتاب المُقدَّس كل مسيحي حقيقي بالشفاء الجسدي النهائي في صورة جسد مقام وممجد (١ كورنثوس ١٥: ٥١-٥٣). ولكن كثير من أنصار إنجيل الرخاء يلمحون إلى أنه في متناولنا الآن الشفاء الجسدي بالكامل هنا والآن، على هذا الجانب من السماء. فيقولون إن يسوع اشترى شفاءنا الجسدي على الصليب؛ بالتالي، كل مؤمن مشترى بالدم أصبح في متناوله بركة الصحة الجسدية الآن.

تسيء هذه التأكيدات فهم الأسلوب الذي تتكشف به دراما الفداء الكتابيَّة إلى حد كبير. نعم، المسيح اشترى وبشكل نهائي الشفاء الجسدي التام لشعبه. ولكن هذه الفوائد تنطبق على شعب المسيح عندما تُقام أجسادنا من الأموات، عندما يتمم الله بشكل تام ونهائي كل وعوده للقديسين.

أن نُعلِّم الناس أن الله يعد بشفائهم هنا والآن إن كان لديهم إيمان كاف فهذا ليس فقط خطر من الناحية الروحية – إنه أمر مميت. أتذكُر قصتي في البداية؟ يشهد الآلاف من أنصار إنجيل الرخاء على مرورهم بخبرات مشابهة، حيث يرفضون المساعدة الطبية لمشاكل خطيرة لأنهم عرفوا فقط أن الله سيشفيهم – إلى الوقت الذي لا يفعل فيه هذا. يُضر المدافعون عن إنجيل الرخاء أتباعهم بتقديم رجاء لم يعد به يسوع أبدًا لهم.

كيف تساعد من يصدقون إنجيل الرخاء

إذن، كيف نساعد أعضاء عائلتنا، أصدقاءنا، زملاءنا في العمل، أو حتى رفاقنا من أعضاء الكنيسة الذين اكتسحهم إنجيل الرخاء؟ ها هي بعض الأفكار البسيطة القليلة بينما تنشغل في مواجهة خطأهم مصليًا.

اشرح الإنجيل الصحيح

أهم طريقة للمساعدة هي أن تعلمهم المفهوم الصحيح للإنجيل.

بحسب الكتاب المُقدَّس، يقول الإنجيل أننا كنا أموات في الخطية (أفسس ٢: ١)، ومنفصلين عن الله، ومصيرنا هو غضبه المُقدَّس (إشعياء ٥٩: ٢). ولكن حتى عندما

كنا أموات في خطايانا، أحبنا الله أرسل ابنه ليموت لأجلنا (رومية ٥: ٨). بموت يسوع وقيامته، صالحنا الله لنفسه (٢ كورنثوس ٥: ١٨). تنطبق علينا فوائد عمل المسيح بشكل شخصي عندما نعترف بصحة هذه الرسالة ونتجاوب معها بالتوبة عن خطايانا ونتكل على المسيح وحده، معترفين بفرح بسيادة يسوع على حياتنا (مرقس ١: ١٥؛ رومية ١٠: ٩؛ ١ يوحنا ٥: ٣). يأتينا هذا العرض المجاني للخلاص بنعمة الله وحدها، ونقبل هذا الخلاص بالإيمان وحده (رومية ٤: ٥)، وهذا الإيمان في حد ذاته هو هبة من الله (أفسس ٢: ٨-٩).

دعني أقترح عليك بينما تفسر رسالة الإنجيل، أن تبدأ من عند إشعياء ٥٣ لأنه شاهد جيد أن تبدأ به – رغم أنه للمفارقة، كثيرًا ما يستخدمه وعاظ إنجيل الرخاء للدفاع عن فكرهم اللاهوتي.

وَهُوَ مَجْرُوحٌ لأَجْلِ مَعَاصِينَا،

مَسْحُوقٌ لأَجْلِ آثَامِنَا.

تَأْدِيبُ سَلاَمِنَا عَلَيْهِ،

وَبِحُبُرِهِ شُفِينَا.

(إشعياء ٥٣: ٥)

يشير وعاظ الرخاء إلى هذه الآية كوعد بالشفاء الجسدي الذي اشتراه يسوع بعمله على الصليب. للوهلة الأولى، لا تبدو هذه الفكرة غير منطقية. ولكن هل هذا هو ما تقوله هذه الفقرة حقًا؟

عندما نُفسِّر الكتاب المُقدَّس، هناك قاعدة مهمة ينبغي أن نتذكرها وهي أنه ينبغي أن نترك الكتاب يفسِّر نفسه بنفسه دائمًا. علاوة على هذا، لابد أن ننظر إلى العهد الجديد في أي وقت نفسر فيه العهد القديم. على أي حال، نريد أن نفسر الكتاب المُقدَّس مثلما فعل يسوع والرسل، أليس كذلك؟

عندئذ يتبين لنا أن الرسول بطرس يفسر إشعياء ٥٣: ٥ في ١ بطرس ٢: ٢١-٢٥. وها هي تلك الفقرة في سياقها:

لِأَنَّكُمْ لِهَذَا دُعِيتُمْ. فَإِنَّ ٱلْمَسِيحَ أَيْضًا تَأَلَّمَ لِأَجْلِنَا، تَارِكًا لَنَا مِثَالًا لِكَيْ تَتَّبِعُوا خُطُوَاتِهِ. «ٱلَّذِي لَمْ يَفْعَلْ خَطِيَّةً، وَلَا وُجِدَ فِي فَمِهِ مَكْرٌ»، ٱلَّذِي إِذْ شُتِمَ لَمْ يَكُنْ يَشْتِمُ عِوَضًا، وَإِذْ تَأَلَّمَ لَمْ يَكُنْ يُهَدِّدُ بَلْ كَانَ يُسَلِّمُ لِمَنْ يَقْضِي بِعَدْلٍ. ٱلَّذِي حَمَلَ هُوَ نَفْسُهُ خَطَايَانَا فِي جَسَدِهِ عَلَى ٱلْخَشَبَةِ، لِكَيْ نَمُوتَ عَنِ ٱلْخَطَايَا فَنَحْيَا لِلْبِرِّ. ٱلَّذِي بِجَلْدَتِهِ شُفِيتُمْ. لِأَنَّكُمْ كُنْتُمْ كَخِرَافٍ ضَالَّةٍ، لَكِنَّكُمْ رَجَعْتُمُ ٱلْآنَ إِلَى رَاعِي نُفُوسِكُمْ وَأُسْقُفِهَا.

وهكذا يمكنك أن ترى، بطرس يعلمنا أن النبي إشعياء لم يكن يعد بأن يسوع سيجلب الشفاء الجسدي، بل الشفاء الروحي – شفاء من مرض خطيتنا. دعني أذكر لك ما قاله مرة أخرى:

ٱلَّذِي حَمَلَ هُوَ نَفْسُهُ خَطَايَانَا فِي جَسَدِهِ عَلَى ٱلْخَشَبَةِ، لِكَيْ نَمُوتَ عَنِ ٱلْخَطَايَا فَنَحْيَا لِلْبِرِّ. ٱلَّذِي بِجَلْدَتِهِ شُفِيتُمْ. (١ بطرس ٢: ٢٤)

لست بحاجة لاستخدام أكثر من فهرس شواهد بسيط للكتاب المُقدَّس حتى يمكنك أن تثبت لشخص ما معنى أن «تُشفى» بجراح يسوع. لقد مات المسيح ليعتني بصفة نهائية بأكبر مشاكلنا، إثمنا أمام الله بسبب خطيتنا. لقد أخذ على نفسه عقاب خطايانا المستحق بحيث يمكننا أن نقف أمام الله ببرِّه، وليس ببرنا نحن (٢ كورنثوس ٥: ٢١).

بخصوص موضوع الشفاء الجسدي، يمكنك أيضًا أن تطرح أسئلة مثل، «إذا كان من المفترض أن يكون الشفاء بمتناول يد كل المؤمنين في الكفارة، فلماذا يعطي الله «موهبة الشفاء»؟» أو يمكنك أن تقرأ يعقوب ٥: ١٤ وتسأل ببساطة، «إن كان لدى كل المسيحيين القدرة على المطالبة بالشفاء باسم يسوع، فلماذا توجه رسالة يعقوب المسيحيين بالذهاب إلى شيوخ الكنيسة وطلب الصلاة؟»

لا يُقصد بهذه الأسئلة «الفوز» في الجدل. ولكن بإمكان أسئلة مثل هذه، إذا ما طُرحت بروح المحبة والاتضاع، أن تزرع بذرة الشك كثيرًا بحيث يستخدمه الروح القدس ليقود الشخص إلى إنجيل يسوع الصحيح.

أَشِر باستمرار إلى الكتاب المُقدَّس

يمتلئ الكتاب المُقدَّس بالقديسين الذين أحبهم الله ومع ذلك تألموا بشكل كبير كجزء من خطة الله الصالحة لحياتهم. تذكر بعض الأشخاص الذين تألموا لأنهم أولاد الله. كان أيوب بارًا (أيوب ١:١)، ومع هذا شاء الرب له أن يتألم بشكل كبير. ولكن الله تمجد في آلام أيوب.

اذكر خدمة الرسول بولس. وها هو وعد يسوع بالنسبة لحياة بولس:

أَنِّي سَأُرِيهِ كَمْ يَنْبَغِي أَنْ يَتَأَلَّمَ مِنْ أَجْلِ ٱسْمِي. (أعمال ٩: ١٦)

كانت هذه حياة بولس المثالية. واسمع ما يصف به بولس تتميم الله لخطته المحبة:

ثَلَاثَ مَرَّاتٍ ضُرِبْتُ بِٱلْعِصِيِّ، مَرَّةً رُجِمْتُ، ثَلَاثَ مَرَّاتٍ ٱنْكَسَرَتْ بِيَ ٱلسَّفِينَةُ، لَيْلًا وَنَهَارًا قَضَّيْتُ فِي ٱلْعُمْقِ. بِأَسْفَارٍ مِرَارًا كَثِيرَةً، بِأَخْطَارِ سُيُولٍ، بِأَخْطَارِ لُصُوصٍ، بِأَخْطَارٍ مِنْ جِنْسِي، بِأَخْطَارٍ مِنَ ٱلْأُمَمِ، بِأَخْطَارٍ فِي ٱلْمَدِينَةِ، بِأَخْطَارٍ فِي ٱلْبَرِّيَّةِ، بِأَخْطَارٍ فِي ٱلْبَحْرِ، بِأَخْطَارٍ مِنْ إِخْوَةٍ كَذَبَةٍ. فِي تَعَبٍ وَكَدٍّ، فِي أَسْهَارٍ مِرَارًا كَثِيرَةً، فِي جُوعٍ وَعَطَشٍ، فِي أَصْوَامٍ مِرَارًا كَثِيرَةً، فِي بَرْدٍ وَعُرْيٍ. عَدَا مَا هُوَ دُونَ ذَلِكَ: ٱلتَّرَاكُمُ عَلَيَّ كُلَّ يَوْمٍ، ٱلِٱهْتِمَامُ بِجَمِيعِ ٱلْكَنَائِسِ. مَنْ يَضْعُفُ وَأَنَا لَا أَضْعُفُ؟ مَنْ يَعْثُرُ وَأَنَا لَا أَلْتَهِبُ؟ (٢ كورنثوس ١١: ٢٥-٢٩)

تذكر، لم يكن بولس عدوًا لله عندما تألم. لقد كان رسولًا، مختارًا من الله، ومُنح النعمة ليكون قائدًا في الكنيسة الأولى. لقد دعاه الله، وكان أمينًا لله، وقد باركه الله لمجده. ومع هذا بدت حياته مثل حياة سيده يسوع: مليئة بالألم.

مما يأتي بنا بالطبع إلى المثال الأسمى للألم في الكتاب المُقدَّس: الرب يسوع نفسه.

يسوع هو العبد المتألم المذكور في إشعياء (إشعياء ٥٣). كان ابن الله المحبوب (متى ٣: ١٧). وكان الله مسرورًا به تمامًا (متى ٣: ١٧). ومع هذا، كانت مشيئة الله أن يسحقه (إشعياء ٥٣: ١٠). عرف يسوع أن كل هذا سيحدث له. وعرف أن الألم

كان جزءًا من خطة الآب لحياته (أعمال ٢: ٢٣)، وقد تحدث عنه كثيرًا مع تلاميذه (متى ١٦: ٢١).

إن كان يسوع قد وُعد بالألم في خدمته للآب، فماذا يعني هذا بالنسبة لنا إذن؟ ليس العبد أعظم من سيده (يوحنا ١٥: ٢٠). إن كان المسيح قد تألم، فلابد أن يحدث هذا لنا.

لِأَنَّهُ قَدْ وُهِبَ لَكُمْ لِأَجْلِ ٱلْمَسِيحِ لَا أَنْ تُؤْمِنُوا بِهِ فَقَطْ، بَلْ أَيْضًا أَنْ تَتَأَلَّمُوا لِأَجْلِهِ. (فيلبّي ١: ٢٩)

أحيانًا، نظن أن تقويم الخطأ أو الدفاع عن الإنجيل هو من أجل «هؤلاء الناس» – الرعاة، معلمي مدارس الحد، والمسيحيين الذين يبدو أنهم يحبون الجدال فحسب. ولكن مساعدة من نحبهم حتى يروا خطأ الإنجيل المزيف هو شيء قد يُدعى أي واحد منا للقيام به (١ بطرس ٣: ١٥). وإن كان الرب يمنحنا هذه الفرصة، ينبغي ألا نقلق بشأنها، أن نقلق بشأن ما إذا كان لدينا التدريب السليم أو المواهب السليمة لتوصيل الإنجيل أم لا (خروج ٤: ١٢؛ لوقا ١٢:١٢). إن كانت لدينا كتب مقدسة مفتوحة، وقلوب متضعة، ومحبة لقريبنا، وروح الله، يمكن لله أن يستخدم أي شخص منا ليجلب النور إلى من هم في ظلمة إنجيل الرخاء.

إن كنت قد آمنت بإنجيل الرخاء، أود أن أطلب منك أن تتأمل في الآيات التي ذكرناها للتو. اسأل نفسك، هل فهمي للإنجيل والحياة المسيحيَّة يتماشى مع شهادة الكتاب المُقدَّس كله؟[٣]

إنجيلان مختلفان

الإنجيل بحسب إنجيل الرخاء هو «بإمكانك الحصول على أفضل حياة الآن.» الإنجيل بحسب يسوع هو «لقد غفرت لك خطاياك. والآن احمل صليبك واتبعني»

---

[٣] للاطلاع على كتابين ممتازين يستكشفان الإنجيل الكتابي انظر
Greg Gilbert, *Who Is Jesus?* (Wheaton, IL: Crossway, 2015); and Gilbert, *What Is the Gospel?* (Wheaton, IL: Crossway, 2010).

(أنظر لوقا ٩: ٢٣). هذان إنجيلان مختلفان. هل تذكر صديقي روجر الذي ذكرته في بداية الفصل؟ حتى هذا اليوم أكن له عاطفة كبيرة. فقد اهتم بي في الوقت الذي كانت قلة هي التي تفعل هذا معي.

بعد سنوات قليلة من إيماني المسيح، جلست مقابل روجر وأخبرته أنه على الرغم من إنني أحبه كثيرًا، إلا إنني قلق بشأن نفسه. بحلول هذا الوقت، توصلت إلى فهم أن إنجيل الرخاء لم يكن إنجيلًا على الإطلاق. أردته أن يعرف الحق. أرد أن أخدمه كما خدمني. أردت أن يرى جمال الإنجيل الكتابي. حاولت أن أريه أن إنجيل الرخاء كان مزيفًا، وأن هناك شيء أكبر، شيء أفضل. للأسف، لم يصغ لي روجر. لقد وبخني على عدم إيماني، وانفصلنا عن بعضنا.

وبينما قُدت سيارتي بعيدًا عن بيت روجر في هذا اليوم، عذبني شعور بالألم والارتباك. كنت أتساءل ماذا يعني رفضه للإنجيل الصحيح وإيمانه بإنجيل الرخاء بالنسبة لروحه.

إنني متأكد من أن الكثيرين ممن يقرأون هذا الفصل يصارعون مع أسئلة مثل هذه. ربما تفكر في صديقك، راعيك، أبويك – وتحاول أن تفك شبكة معقدة من الارتباك الروحي. ربما توصلت إلى أن ترى بنفسك أن إنجيل الرخاء ليس إنجيلًا على الإطلاق. فماذا يعني كل هذا؟

هذه تساؤلات عميقة، وليس لدينا المجال الكافي لمعالجتها في هذا الفصل. للحصول على مزيد من المساعدة في التفكير بشأن كيفية تقييم مصداقية اعتراف الشخص بالإيمان، أشجعك على قراءة كتاب مايك ماكنلي «هل أنا حقًا مسيحي؟»[٤]

في النهاية، نحتاج أن نتذكر أننا نخلص فقط عندما نضع إيماننا في إنجيل يسوع المسيح الصحيح. إن وضعنا إيماننا في أي إنجيل آخر سوى الإنجيل المُسَّلم مرة واحدة وبصفة نهائية للقديسين (يهوذا ٣)، فنحن لا نزال تحت لعنة الناموس (غلاطية ١: ٦-٩) ولا يمكن أن نتمتع بالثقة في خلاصنا.

---

4 Mike McKinley, *Am I Really a Christian?* (Wheaton, IL: Crossway, 2011).

أتذكر أول مرة يتحداني فيها أحد حول إنجيل الرخاء. لم أستقبل الأمر بصورة جيدة. إن كنت في إنجيل الرخاء وقد قطعت شوطًا كبيرًا كهذا، فربما تجد أن الله يحاول أن يفتح عينيك على الفهم السليم للإنجيل. إن كان الأمر كذلك، أشجعك على العثور على كنيسة محلية سليمة يمكنك فيها الجلوس تحت مظلة وعظ تفسيري سليم، وأن تتتلمذ، وتشارك بقصتك، وتبدأ في الشفاء، وتتعلم أن تتبع يسوع في ملء الروح والحق.

إلى أولئك القراء الذين ربما يحاولون أن يخدموا أفرادًا من الأصدقاء أو العائلة الذين مازالوا عالقين في إنجيل الرخاء، دعوني أشجعكم على ألا تملوا (غلاطية ٦: ٩). استمروا في الصلاة لأن إلهنا هو صاحب السيادة. استمر في الحوارات التي تمثل تحديًا. ادفع من تحبهم إلى التفكير بشكل كتابي في رسالة الإنجيل، وثق في أن الرب سيوفر الفهم السليم (٢ تيموثاوس ٢: ٧). وبالطبع، افعل كل هذا باتضاع، متذكرًا أنه بنعمة الله وحدها توصلت إلى معرفة إنجيل يسوع المسيح الصحيح والجميل (متى ١٦: ١٣-١٧).

مصادر مقترحة

1. Kate Bowler, Blessed: A History of the American Prosperity Gospel (Oxford University Press, 2013).

2. Costi Hinn, God, Greed, and the (Prosperity) Gos- pel: How Truth Overwhelms a Life Built on Lies (Grand Rapids, MI: Zondervan, 2019).

3. David W. Jones and Russell S. Woodbridge, Health, Wealth, & Happiness: Has the Prosperity Gospel Overshadowed the Gospel of Christ? (Grand Rapids, MI: Kregel, 2010).

٥

كيف أتأكد من خلاصي؟

جيريمي بيير

«مُبَارَكٌ ٱللّٰهُ أَبُو رَبِّنَا يَسُوعَ ٱلْمَسِيحِ، ٱلَّذِي بَارَكَنَا بِكُلِّ بَرَكَةٍ
رُوحِيَّةٍ فِي ٱلسَّمَاوِيَّاتِ فِي ٱلْمَسِيحِ، كَمَا ٱخْتَارَنَا فِيهِ
قَبْلَ تَأْسِيسِ ٱلْعَالَمِ، لِنَكُونَ قِدِّيسِينَ وَبِلَا لَوْمٍ قُدَّامَهُ
فِي ٱلْمَحَبَّةِ، إِذْ سَبَقَ فَعَيَّنَنَا لِلتَّبَنِّي بِيَسُوعَ ٱلْمَسِيحِ لِنَفْسِهِ،
حَسَبَ مَسَرَّةِ مَشِيئَتِهِ، لِمَدْحِ مَجْدِ نِعْمَتِهِ
ٱلَّتِي أَنْعَمَ بِهَا عَلَيْنَا فِي ٱلْمَحْبُوبِ.»

أفسس ١: ٣–٦

لو رُسمت الحياة المسيحية على خريطة، يمكننا تسمية نقطة البداية «الله يحبك.» وسيلتف الخط الأزرق الذي يتتبع الطريق من هذه النقطة وينحني وفي النهاية يدور عائدًا إلى نفس هذه النقطة. الرحلة المسيحية رحلة طويلة وصعبة تعود بك إلى المكان الذي بدأت من عنده – المكان الذي أدركت أنه، برغم خطيتك، إلا أن **الله يحبك**.

لماذا يعود بك الطريق إلى نفس المكان؟ هذا ما يدور حوله هذا الفصل جزئيًا. إنها رحلة يقوم بها كل مسيحي. ويأخذها كل واحد منا بشكل فردي، ولكن هذا لا يعني أننا نقوم بها وحدنا. أحيانًا نشعر بالوحدة، خاصة إن كنت تصارع لتعرف

إن كنت قد خلصت حقًا. ربما تكون قد انتقيت هذا الفصل لأنك غير متأكد من موقفك أمام الرب. ربما تنظر حولك على مسيحيين آخرين وتتساءل لماذا يبدون متأكدين تمامًا ولماذا لا تشاركهم طمأنينتهم. قد تتساءل إذا ما كنت نوعًا مختلفًا من المسيحيين أو أنك لست مسيحيًا مؤمنًا من الأصل. إن كنت ابنًا حقيقيًا لله، أما كان يريدك أن تكون مطمئنًا من ناحية محبته أيضًا؟

هذا السؤال الأخير هو المفتاح. مثل كل المخلوقين على صورة الله، لقد خُلقت لتكون محبوبًا من الله وأن تحبه بدورك. هذا هو قصد حياتك الرئيسي. ينبغي أن تكون عبارة «الله يحبني» في مركز النفس الإنسانية. يعمل كل شيء بصورة صحيحة عندما تأخذ هذه المحبة مكانها الصحيح، وكل شيء يسير بشكل خطأ عندما تُعاق. لذا عندما لا تكون متأكدًا من محبته – وعندما تجد قلبك غير قادر على أن يحبه بدوره – عندئذ تبدأ هويتك ذاتها في التداعي.

ربما تبدو هذه الكلمات درامية بزيادة. إن كانت كذلك، اعتبر نفسك مباركًا. فقد اختار الرب بلطفه أن يجعل درجة صراعك مع فكرة الضمان أقل من صراعات الآخرين. ولكن إن كنت لا تشعر أن هذه الكلمات درامية بزيادة، إن كنت تعرف إحباط الشعور بأن الله لا يحبك، إذن فأنت بحاجة إلى أن تعرف أنك لست وحدك. قد تبدو وحيدًا في الطريق، ولكن تعب المسيحيون طول التاريخ في سيرهم عبر هذه الأودية، حيث يبدو الله غير راغب في طمأنتهم شخصيًا بشأن محبته. ولهذا يصرخون، لماذا؟

لا أحد يمكنه أن يعرف بشكل أكيد لماذا ينقصه الضمان بخصوص محبة الله. ولكن في الحوارات التي لا تُعد والتي أجريتها مع مسيحيين يعبرون في هذه الأودية الكئيبة، وجدت أنهم بصفة عامة يفترضون سببًا من اثنين: إما وقوعهم في خطية كبرى أو معاناة عظيمة.

ربما يكون الشخص مقتنعًا بأنه خاطئ جدًا بحيث لن يحبه الله القدوس. إنه شخص يعرف عار خطاياه السرية. إنه يتعذب بأفكار منحرفة يبدو أنها تزعج ذهنه باستمرار. ربما يكون ساخرًا أو قاسيًا على الآخرين، في قلبه أكثر مما يفعل بلسانه. حتى أفكاره

من جهة الله نفسه رديئة - أحيانًا بلا حياة وخاملة، وأحيانًا تعتبر تجديفًا صريحًا. ويعرف أنه لو رأى الناس ما يجري حقًّا بداخله، سيوافقون على أن الله القدوس ينبغي أن يرفضه. ولهذا يغلق على نفسه، خائفًا لئلا يكتشف أحد صراعه المظلم.

أو ربما تكون امرأة واقعة تحت وطأة الألم لدرجة أن تتساءل كيف يمكن أن تكون محبوبة من إله يدعي أنه رؤوف. وتظل المتاعب تأتي على حياتها بشكل متجدد، لذا تصرخ للرب طالبة العون. ولكن يبدو أن الله يتصامم عنها. إنها تعرف من الكتاب المُقدّس أن الله يسمع أولاده عندما يصرخون إليه، لذا فالنتيجة بالنسبة لها حتمية. عندما تلمح إلى مسيحيين آخرين عن ألمها، لا يقدمون سوى وعد غامض بأن يصلوا من أجلها. فتتركها الوحدة والاكتئاب خائرة القوى. إنها تعرف أن الله لديه الكثير من القوة لينقذ ولكن يبدو أنها ليست لها.

ربما تشعر أن أحد السببين أو كلاهما ينطبق عليك. ربما تبدو خطيتك أو معاناتك قريبة، بينما تبدو محبة الله بعيدة. أيًا كان سبب هذه الأودية بالنسبة للمؤمن، فإن الصراع مع الضمان أمر حقيقي، وهو تعبير عن مشكلة أكبر.

والمشكلة الأكبر والنقطة الرئيسية في هذا الفصل المميّز هي: أن صراعك / مع الضمان هو صراع مع رؤيتك لنفسك بشكل صحيح. بشكل أكثر تحديدًا، إنه صراع لاستبدال منظورك عن نفسك بمنظور الله عنك. إنه صراع يتضمن أن تقر ذهنك لا على ما أنت متأكد بشأنه، بل على الثقة. الثقة أمر علاقاتي، يعني أنك تعتمد على الله ليكون هو من يحبك أولًا وقبل أي شيء، وأن محبتك ما هي إلا رد فعل غير كامل. يعبر الله عن محبته للمؤمنين بكل أقانيم ثالوثه - الآب والابن والروح القدس. ينال المسيحيون هذه المحبة من خلال الكلمة والصلاة والشركة مع الكنيسة. في الواقع، لن تتعلم أن ترى نفسك في ضوء محبته وحدك، بل وسط شعب الله.

سوف أجزئ هذه النقطة الرئيسية إلى ثلاثة مقاطع: (١) أن تتعلم أن ترى نفسك كما يراك الله، (٢) محبة الله الثالوث التي لا مبرر لها، و(٣) الثقة بأن الله يحبك.

أن تتعلم أن ترى نفسك كما يراك الله

النقطة الرئيسية، الجزء الأول: صراعك مع الضمان هو صراع لترى نفسك بصورة سليمة – لكي تستبدل منظورك عن نفسك بصفة خاصة، بمنظور الله عنك. إنه يتضمن أن تقر ذهنك لا على ما أنت متأكد بشأنه، بل على الثقة.

يدور الصراع مع الضمان حول تصورك عن نفسك. وراء السؤال «كيف أعرف إنني خلصت؟» يكمن سؤال أكبر «كيف أعرف أي شيء عن نفسي؟»

بإمكانك أن تسمي هذا سؤالًا يتعلق بالهوية. يمكن وصف الهوية الشخصية في جزئين: التصور والواقع. التصور هو من تظن نفسك. الواقع هو من تكون في الحقيقة. أن تتعلم أن ترى الفرق بين الاثنين فهذا جزء من النضوج كشخص وكإنسان مسيحي. وهذا يعني الاعتراف بأن الأسلوب الذي ترى به نفسك قد وقد لا يتسق مع من تكون. في الواقع، هناك طريقة أفضل للتعبير عن هذا: تنسجم الطريقة التي ترى بها نفسك جزئيًا مع من تكون وجزئيًا لا تنسجم. كيف تعرف الفرق؟

في النهاية، يمكنك فقط أن تعرف الفرق بأن تتعلّم أن تنصت لله الذي خلقك. هو وحده يعرفك على حقيقتك. يأتي الضمان عندما تتعلم أن تخضع منظورك الذاتي عن نفسك لفهم الله الموضوعي عنك.

يحدث هذا الإرشاد على مدار حياة كاملة من التعلم أن تنصت لما يقوله الله عنك. هذه هي الطريقة التي يخاطب بها الإنجيل كل من واقع من تكون ومنظورك، كيف ترى نفسك. يستخدم الله كل من الكتاب المُقدّس والشركة مع المؤمنين الآخرين ليجعل منظورنا ينسجم مع الواقع. في الكتاب المُقدّس، لدينا كلمات الله ذاته، والتي تظهر قلبه من نحو الخطاة والمتألمين من كل شريحة. وأنت لست حالة استثنائية. في الشركة، نرى في المؤمنين الآخرين نماذج تُحتذى في تصورهم الصحيح عن ذاتهم: الثقة المتضعة في أن الله كريم حقًّا من نحو أشخاص لا يستحقون كما يقول هو عن نفسه. فعليهم أن يفهموا أنفسهم بدرجة لا تقل عنك. وأنت لست استثناءً في هذا أيضًا.

ولكن هنا نجد ما قد يعد أصعب جزء في مسألة الضمان – وفي أي سؤال يخص الهوية حقًا. لن تأتي الإجابة الوحيدة ذات المصداقية كشيء أكيد، بل كشيء نثق به ونتكل عليه.

الرغبة في التأكد هي الشوق لمعرفة الشيء معرفة تتخطى احتمال الشك. إنها الرغبة في معرفة مطلقة تمتلكها بنفسك. معرفة لا يمكن التشكيك بها أو إعادة التفكير فيها. بعبارة أخرى، الرغبة في التأكد هي الشوق لمعرفة الشيء بشكل موضوعي كما هو. ولكن مشكلة هذه الرغبة هي أنك تريد أن تعرف شيئًا بطريقة لا يمكن إلا لله أن يحققها (تثنية ٢٩:٢٩؛ مزمور ١٣٩: ٦).

كإنسان مخلوق، معرفتك بالأشياء معرفة محدودة. ولكن الله الخالق ليست لديه حدود في معرفته. أنت تعرف بعض الأشياء بشكل غير كامل ولكن بشكل صحيح. ولكن الله يعرف كل شيء بشكل كامل وتام. قدرتك على المعرفة قدرة متوقفة على عوامل معينة، بينما معرفة الله معرفة لا تتوقف على شيء. ومعنى هذا أن الله وحده هو الذي يمكنه الوصول إلى نوعية اليقين التي قد تصيب من يصارع مع مسألة الضمان بالهوس. إن كنت تظن بأنه يمكنك أن تقر ذهنك فقط إن عرفت أنك قد خلصت دون أدنى ظل من الشك، فلن يستقر ذهنك أبدًا.

في الحقيقة، هذه أخبار سارة. لم يصممك الله بمثل هذا المعيار المعرفي الذي لا يمكنك تحقيقه. ولكن ما يمكن للناس تحقيقه هو الثقة المطلعة. إنها معرفة تعتمد على ما يقوله الله عن قلبه من نحو الخطاة والمتألمين، بما فيهم أنت. تمتلئ كنيستك المحلية بمثل هؤلاء الأشخاص الذين ينبغي أن يعتمدوا على الله بنفس الطريقة.

الثقة المطلعة هي المعيار الصحيح للمعرفة. يصف الرسول يوحنا هذه الثقة برقة في رسالته إلى مسيحيين غير متأكدين. تمتلئ الرسالة بعبارة «بهذا نعرف،» والتي تشير إلى الموقف الشخصي أمام الله (١ يوحنا ٢: ٣، ٥؛ ٣: ١٦، ٢٤؛ ٤: ٢، ٦، ١٦؛ ٥: ٢). ولكن ربما يكون أبرز تعبيرين – مثل نقطتي مراقبة على جبل تمنحانك نظرة عامة شاملة – هما الموجودين في ١ يوحنا ٣ و١ يوحنا ٥. تأمل في أول نقطة مراقبة:

وَبِهَذَا نَعْرِفُ أَنَّنَا مِنَ ٱلْحَقِّ وَنُسَكِّنُ قُلُوبَنَا قُدَّامَهُ.

لِأَنَّهُ إِنْ لَامَتْنَا قُلُوبُنَا فَٱللهُ أَعْظَمُ مِنْ قُلُوبِنَا، وَيَعْلَمُ كُلَّ شَيْءٍ.

أَيُّهَا ٱلْأَحِبَّاءُ، إِنْ لَمْ تَلُمْنَا قُلُوبُنَا، فَلَنَا ثِقَةٌ مِنْ نَحْوِ ٱللهِ. (١ يوحنا ٣: ١٩-٢١)

هنا يعترف يوحنا بأن المسيحيين – الذين ينتمون بشكل موضوعي لله – يمكنهم أن يختبروا بشكل شخصي أوقات لا تنسجم فيها نظرتهم عن أنفسهم مع واقع من يكونون في الحقيقة. ويذكر عبارتين متناقضتين: «**إِنْ لَامَتْنَا قُلُوبُنَا**» و «**إِنْ لَمْ تَلُمْنَا قُلُوبُنَا.**» وكلاهما ممكن بالنسبة للمؤمن الحقيقي. الآن، ما هو الحل في هذه الأوقات عندما يديننا تصورنا عن ذواتنا – أي، عندما نرى أنفسنا خارج حظيرة الخلاص؟ يوضح يوحنا فارقًا لاهوتيًا بسيطًا بين معرفة الله ومعرفتنا: «**فَٱللهُ أَعْظَمُ مِنْ قُلُوبِنَا، وَيَعْلَمُ كُلَّ شَيْءٍ.**»

وهذا يعني أن الله يعرف من تكون وكل شيء عنك أفضل منك. أقبح الأفكار وأكثر الأوهام إثارة للغثيان، تشاؤمك، كراهيتك، الفوضى العاطفية، الدوافع الفاسدة. إنه يعرف أفضل من قلبك إلى أي مدى أنت لا تستحق الخلاص. ومع هذا، ها هو يذكرك كيف يدافع يسوع عن خطاة مثلك (١ يوحنا ٢: ١-٢)، وكيف يذوب الخوف عندما تدرك أن محبة الله موجودة حتى من قبل أن يمكنك أن تحب (٤: ١٨-١٩)، وكم يمكنك أن تكون واثقًا من قلب الله الكريم عندما تدنو منه (٥: ١٣-١٥). الله يعرف إلى أي حد أنت غير مستحق أفضل منك. وهذا ينطبق على كل الخطاة على قدم المساواة. ومع هذا يصر على إعلان محبته لأي شخص ينصت. بما في ذلك أنت. بهذه الطريقة يلزمك يوحنا بالثقة المتقدة فيمن يعرف كل الأشياء كما هي.

يكرر الشاهد الثاني نفس النقطة. تختم هذه الكلمات رسالة يوحنا:

وَنَعْلَمُ أَنَّ ٱبْنَ ٱللهِ قَدْ جَاءَ وَأَعْطَانَا بَصِيرَةً لِنَعْرِفَ ٱلْحَقَّ. وَنَحْنُ فِي ٱلْحَقِّ فِي ٱبْنِهِ يَسُوعَ ٱلْمَسِيحِ. هَذَا هُوَ ٱلْإِلَهُ ٱلْحَقُّ وَٱلْحَيَاةُ ٱلْأَبَدِيَّةُ. (١ يوحنا ٥: ٢٠)

من أين تأتي بصيرتك؟ لقد جاء ابن الله نفسه وأعطانا البصيرة. فهمك لنفسك ليس فهمًا مستقلًا بالقطع، أي ليس حقيقة منتهية تمتلكها في نفسك. كلا، فمعرفتك، حتى عن نفسك، تعتمد على مجيء ابن الله إلى الأرض لمنحك الحق في معرفة لا تمتلكها من نفسك. يؤكد يوحنا على هذه النقطة بتذكيرك بالتباين بينك وبين يسوع: «الله الحقيقي هو الوحيد في الكون الذي لا تعتمد معرفته على معرفة أي شخص سواه. لا يمكنك أن تقول هذا عن نفسك. تعتمد نظرتك لنفسك على نظرته لك.

إذن، كيف يمكنني أن أعرف ...؟ إنه صراع ألا تبني ثقتك على شعور داخلي باليقين، بل على ادعاءات شخص آخر. إذا لا يمكنك أن تعرف بيقين مستقل. لذا توقف عن محاولة الحصول عليه بالهوس بشأن خلاصك. توقف عن انتقاد نفسك على عدم قدرتك على الوصول إلى هذا المستوى من اليقين. توقف عن الشعور بالفزع لأنك تفترض أن المسيحيين الآخرين يتمتعون بهذا النوع من اليقين. توقف عن محاولة معرفة الأشياء بطريقة لا يقدر أن يصل إليها إلا الله. وبدلًا من هذا، ثق في أنه عندما كتب الرسول يوحنا هذه الكلمات، كان الله يعرف أن عيناك ستقرآن ترجمتهم باللغة الإنجليزية. كن مستعدًا أن تبني كل ما تؤمن به عن نفسك على ما يقوله الله عن نفسه – أن قلبه من نحو الخطاة والمتألمين كريم بقدر ما يقول هو عن نفسه.

محبة الله الثالوث التي لا مبرر لها

النقطة الرئيسية، الجزء الثاني: الثقة تُبنى على العلاقات، بمعنى أنك تعتمد على أن الله هو من أحبك أولًا وفي المقام الأول، وأن محبتك ما هي إلا مجرد تجاوب غير كامل. تعبّر كل أقانيم اللاهوت الثلاثة الآب والابن والروح القدس عن محبة الله للمؤمنين.

أرجو أن يكون القسم السابق قد ساعدك على فهم الفرق بين الجانبين الذاتي والموضوعي للخلاص. أنت مدعو إلى الثقة ليس في فهمك، بل في قلب الله المعلن في تصرفاته نيابة عن الخطاة.

بعبارة أخرى، الخلاص حقيقة أكبر من اختبارك الخاص. سيساعدك هذا القسم على فهم هذه الحقيقة الأوسع، بحيث يمكنك الخروج خارج رأسك والثقة في شيء أكبر منك.

وها هي الحقيقة الأكبر: لست أنت السبب في محبة الله لك، ولا يمكن أن تكون أنت السبب فيها. ليس بإمكانك أن تجعل الله يحبك بسبب استحقاقك، ولا يمكنك أن تجعل الله لا يحبك بسبب عدم استحقاقك. إنها محبة قديمة للغاية، وقوية للغاية، وثابتة لدرجة أنه ما من مخلوق يمكنه أن يجعلها تحدث. فالمحبة جزء من طبيعته ذاتها بصفته الله الثالوث. في الواقع، وينبغي أن يؤثر هذا فيك بعمق – كل اقانيم الثالوث عاملة في محبة الله للخطاة – وبالأخص، في محبتهم لك. تأمل في هذا.

الله هو أبوك، وقد أحبك من قبل أن تتسنى لك فرصة أن تكون غير محبوب.

قال جي. آي باكر، «يستيقظ الحب بين الناس بسبب وجود شيء في المحبوب، ولكن محبة الله محبة حرة، تلقائية، لا مبرر لها، ولا سبب. الله يحب الناس لأنه اختار أن يحبهم.»[11] يقصد باكر بكلمة الناس هنا الأفراد. وأشير إلى هذا ليس فقط لأؤكد على أن محبة الله غير قاصرة على نوع معين (يا لها من حقيقة رائعة أن الرجال والنساء ينتميان على قدم المساواة إلى المحبوبين) بل على أن محبة الله الأزلية تُوجه إلى أفراد معينين. ولا شيء يفعله هؤلاء الأفراد يسبب هذه المحبة.

يخبرنا الكتاب المُقدّس أن الله اختار أن يحب كل واحد من أولاده حتى قبل أن يشكل العالم الذي سيعيشون عليه (أفسس ١: ٤). وقبل أن يخلق الهواء الذي ستحتاجه رئتاهم، قرر أن يحبهم. وقبل أن يمد الأوكسجين أول عمل بالطاقة، سواء كان خيرًا أم شرًا، كان قد قرر أن يظهر نعمته الفردية (٢ تيموثاوس ١: ٩). لقد أحبك الله قبل أن تتسنى لك الفرصة لتكون غير قابل للمحبة. هو يحبك قبل أن تتمكن من المحبة. لقد جاء هو أولًا.

في الواقع، هذا هو السر في التغلب على الخوف من أن يدينك الله: الله أولًا. فكرم محبته يأتي أولًا قبل الإساءة التي تتسبب فيها خطيتك. وهذه الأسبقية تشمل كل من الزمن والصدارة. الله يختار أن يظهر عظمته في أن يسبقك قبل أن تتمكن

[11] J. I. Packer, Knowing God (Downers Grove, IL: Inter-Varsity Press, 1973), 112.

من فعل شيء. إنه يحب الخطاة قبل أن تتسنى لأي منهم الفرصة لمبادلته المحبة. كتب الرسول يوحنا، «**لَا خَوْفَ فِي ٱلْمَحَبَّةِ، بَلِ ٱلْمَحَبَّةُ ٱلْكَامِلَةُ تَطْرَحُ ٱلْخَوْفَ إِلَى خَارِجٍ لِأَنَّ ٱلْخَوْفَ لَهُ عَذَابٌ. وَأَمَّا مَنْ خَافَ فَلَمْ يَتَكَمَّلْ فِي ٱلْمَحَبَّةِ. نَحْنُ نُحِبُّهُ لِأَنَّهُ هُوَ أَحَبَّنَا أَوَّلًا**» (١ يوحنا ٤: ١٨-١٩).

أبوك السماوي يأتي أولًا. ومحبته ذاتية الدافع، وليست بسببك أنت. وهذا هو السبب إلى حد كبير في أن الأقنوم الأول من الثالوث يشير إلى نفسه باسم الآب. فالآباء يأتون قبل أبنائهم وبناتهم. ربما تحتاج أن تضع نفسك تحت عظمة الآب الذي جاء أولًا. إنه حر في أن يفعل ما يسره، بلا قيود حتى جراء مقاومتك.

يسوع هو برك، وهو يبررك برغم أخطاءك الكثيرة

قد تكون على دراية بشكل مؤلم بمشكلتك، إذ تمثل تلك العادات القديمة الخاطئة التي تشدك إلى الخلف بقوة عبئًا ثقيلًا عليك. وتنتظر بداخلك فترة التعدي، وهو أمر يعتصرك حزنًا. فكرة أن يكون قلبك طاهرًا ونقيًا فكرة جميلة، ولكنها شهوة مستحيلة. كما لا يعتبر البر سمة تتسم بها حياتك الخاصة وكثيرًا ما لا تتسم بها حياتك في العلن. إن كان هذا هو تقييمك بأمانة، واعترافك الكئيب الجاثم على صدرك، فقد تكون أقرب مما تظن من البر اللامع المشرق.

يقول الرسول يوحنا، «**إِنْ قُلْنَا: إِنَّهُ لَيْسَ لَنَا خَطِيَّةٌ نُضِلُّ أَنْفُسَنَا وَلَيْسَ ٱلْحَقُّ فِينَا. إِنِ ٱعْتَرَفْنَا بِخَطَايَانَا فَهُوَ أَمِينٌ وَعَادِلٌ، حَتَّى يَغْفِرَ لَنَا خَطَايَانَا وَيُطَهِّرَنَا مِنْ كُلِّ إِثْمٍ**» (١ يوحنا ١: ٨-٩). أن تعترف يعني ببساطة أن تتفق مع الله بشأن خطيتك. إنها سيئة بقدر ما يقول إنها سيئة، ولا يصح أن نقول إنه ليس خطأ أحد، بل هي خطؤنا نحن.

ولكن فكر في النتيجة: الله الأمين والعادل يغفر لنا ويطهرنا من عدم البر هذا. كيف يمكن أن يكون هذا؟ «**وَإِنْ أَخْطَأَ أَحَدٌ فَلَنَا شَفِيعٌ عِنْدَ ٱلْآبِ، يَسُوعُ ٱلْمَسِيحُ ٱلْبَارُّ**» (٢: ١). يسوع هو برك. افهم هذا: يسوع هو من يساهم بالبر. أنت لا تساهم إلا بالخطية. ولكن المسيحيون يساهمون بالخطية المعترف بها – خطية لم تعد مستورة، بل مفضوحة، ومتفق على كونها خطية.

عانـى جـون بنيـان مـن الكثيـر مـن العواصـف فـي روحـه بخصـوص فكـرة الضمـان. وكثيـرًا مـا كتـب عـن هـذا، واصفًـا العديـد مـن المعالـم فـي رحلـة بحثـه عـن الضمـان. فـي مذكراتـه، المعنونـة بجـدارة باسـم النعمـة المتفاضلـة فـي حيـاة أشـر الخطـاة، قـال إنـه كان يتمشـى خارجًـا، ومـر عبـر أحـد الحقـول. وفـي هـذه اللحظـة، شـعر بثقـل ذنـب خطيتـه. ولكـن لمعـت عبـارة معينـة فـي ذهنـه: بـرك هـو فـي السـماء. وفكـر فـي المسـيح الجالـس عـن يميـن الله، معلنـا نفسـه بصفتـه بـر جـون بنيـان. عندئـذ أدرك بنيـان أن الله لا يمكـن أن يقـول عنـه، «الرفيـق بنيـان هـذا ينقصـه بـري.» لمـاذا؟ لأن بـره كان هنـاك أمامـه بالضبـط. ثـم ختـم كلامـه هكـذا:

عـلاوة علـى هـذا رأيـت أن هيئـة قلبـي الجيـدة لـم تكـن مـا جعلـت بـري بحـال أفضـل، ولا هيئتـه السـيئة كانـت سـتجعل بـر فـي حـال أسـوأ: لأن بـري كان هـو يسـوع المسـيح نفسـه، الـذي هـو هـو أمسًـا واليـوم وإلـى الأبـد (العبرانييـن ١٣: ٨).[٢]

محبـة يسـوع قويـة لأنـه بـار – بـار جدًا لدرجـة أنـه يسـتطيع أن يكـون بـر أي شـخص يثـق بـه. بمـا فـي ذلـك أنـت.

الروح القدس هو معزيك، وهو يساعدك على سماع يسوع

عندما لا يكون بإمكانك إلا أن تسمع نفسك فقط.

أحيانًـا يكـون أسـوأ الأصـوات التـي يمكـن أن تسـمعها هـو صوتـك أنـت، خاصـة عندمـا يكـون موضـوع الحـوار هـو أنـت. حتـى المسـيحيين يتذبذبـون بيـن كراهيـة النفـس وتبريـر النفـس. فقـد تذهـب مـن التفكيـر بـأن كل شـيء علـى مـا يـرام إلـى التفكيـر بأنـك قـد انتهيـت، وكل هـذا فـي ظهيـرة يـوم واحـد. أيًـا كانـت الرسـالة، فـإن الإنصـات لصوتـك عـن نفسـك هـو أمـر خطـر.

ولكن حمدًا لله، فهو يعطيك روحه القدوس ليساعدك في هذا:

---

[2] John Bunyan, Grace Abounding to the Chief of Sinners, ed. W. R. Owens (London: Penguin Books, 1987), 59.

إِذْ لَمْ تَأْخُذُوا رُوحَ ٱلْعُبُودِيَّةِ أَيْضًا لِلْخَوْفِ، بَلْ أَخَذْتُمْ رُوحَ ٱلتَّبَنِّي ٱلَّذِي بِهِ نَصْرُخُ: «يَا أَبَا ٱلْآبُ». اَلرُّوحُ نَفْسُهُ أَيْضًا يَشْهَدُ لِأَرْوَاحِنَا أَنَّنَا أَوْلَادُ ٱللهِ. فَإِنْ كُنَّا أَوْلَادًا فَإِنَّنَا وَرَثَةٌ أَيْضًا، وَرَثَةُ ٱللهِ وَوَارِثُونَ مَعَ ٱلْمَسِيحِ. إِنْ كُنَّا نَتَأَلَّمُ مَعَهُ لِكَيْ نَتَمَجَّدَ أَيْضًا مَعَهُ. (رومية ٨: ١٥-١٧)

لاحظ أمر هام. توقع بولس الخوف كجزء من الاختبار المسيحي. لقد عرف مسيحًا واقعًا بين صراع بين روحين – أو هويتين توجهان حياة الشخص. روح العبودية الذي يشير إلى أنك مستعبد، فيقودك لطاعة الخطية بصفتها سيدك. ولمواجهة هذه الهوية المزيفة، الروح نفسه «أَيْضًا يَشْهَدُ لِأَرْوَاحِنَا.» يشهد أي يتكلم معلنًا صحة شيء ما. إنه يعلن أنه قد تبنتك عائلة حرة من عائلة العبيد التي أتيت منها – وهي ليست فقط عائلة حرة، بل عائلة ملكية. لم تعد عبدًا، بل ابنًا لله.

أن تكون ابنًا لله فهذا لا يعني أنك تعيش في قصر فاخر – ليس بعد على الأقل. وبصفتك ابن ملكي، سترث يومًا الحرية التي تفوق أكثر خيالاتك جموحًا. ولكن في الوقت الحالي، أنت تعاني. والألم مع المسيح الذي يشير إليه بولس هنا هو ألم المقاومة. أنت تقاوم جذب الخطية لك، لتعود إلى عبوديتك القديمة. وهكذا كما ترى، فإن الاجتهاد من أجل الحصول على الضمان ليس مجرد صراع من أجل السلام النفسي. إنه صراع لتصديق ما يشهد به الروح عنك، والأهم من ذلك، عن المسيح.

عمل الروح القدس هو أن يذكرك بكلمات يسوع عن نفسه وعزمه على أن يخلص خطاة من أمثالك (يوحنا ١٤: ٢٥-٣١). قد تكون اتهامات إبليس الموجهة لك واتهاماتك لنفسك عالية الصوت في بعض الأحيان حقًا. ولكن الروح القدس صوته أقوى. لذا ثق فيما يقول.

كيف تقوي هذه الثقة؟ لقد ذكرتك للتو بعزم الآب الأزلي على أن يحب خطاة مثلك، وبقدرة يسوع على جعلك بارًا برغم إثمك العميق، وعزم الروح القدس على أن يغطي صوته على الشوشرة التي تغطي على محبة المسيح لك. ولكن من الناحية العملية، كيف يظهر هذا في حياتك؟

الثقة بأن الله يحبك

النقطة الرئيسية، الجزء الثالث: يأخذ المسيحيون هذه المحبة من خلال الكلمة والصلاة والشركة مع الكنيسة. في الواقع، لن تتعلم أن ترى نفسك في ضوء هذه المحبة وحدك، بل وأنت وسط شعب الله.

أتذكر من مقدمة هذا الفصل أن الحياة المسيحية عبارة عن رحلة تعود فيها إلى النقطة التي بدأت من عندها؟ عنوان هذه النقطة ببساطة هو: «الله يحبك.» والرحلة تتحرك من فهمك لمحبة الله كعقيدة إلى قبولها شخصيًا لنفسك. يسمى هذا الإدراك العميق بالثقة – تسليم قلبي كامل ومتزايد لمحبة الله.

والتسليم لله أمر فعال وليس خامل. حتى ولو لم يكن لك دور في جعل الله يحبك، إلا أنه عليك دور في التجاوب مع محبته. بعبارة أخرى، ليس عليك دور لا في تبريرك ولا في ولادتك من جديد ولا في تبنيك، ولكن عليك دور في تجاوبك مع هذه الحقائق الرائعة. وهذا القسم الختامي هو محاولتي لإقناعك بأن أفضل طريقة لتقوية الثقة الشخصية في محبة الله لك هي أن تبحث عن الأماكن التي يتكلم فيها بأوضح شكل عن هذه المحبة: **في كلمته، في الصلاة، وفي شعبه.**

سوف أقدم مبادئ في هذا القسم لإرشاد سعيك الدؤوب للشعور بالضمان، ولكن ينبغي ألا تفكر في هذه المبادئ كعملية عقلية تقوم بها خطوة بخطوة بحيث تؤدي بك إلى ناتج قياسي معقول. كتب سينكلير فيرجسون، Sinclair Ferguson،

> يكتشف البعض الضمان بعد معارك طويلة؛ في حين لا يعرف غيرهم البتة ماذا يعني أن تكون بدونه؛ بالنسبة للبعض يأتي الضمان من خلال الأحزان، وبالنسبة لغيرهم يأتي من خلال الفرح. إنه أمر فردي كما أنه أمر ينبع من سيادة الله، وهو كذلك بالضرورة، لأنه يجعلنا نقول، «**ابن الله الذي أحبّني وأسلم نفسه لأجلي.**»[٣]

[3] Sinclair Ferguson, Taking the Christian Life Seriously (Grand Rapids, MI: Zondervan, 1981), 58.

مع احتفاظك بهذه الكلمة الرعوية في بالك، دعني أقدم لك بعض الإرشاد المتواضع لسعيك الدؤوب وراء الحصول على الضمان الأبدي. ليس هدفي هو أن أقول لك فقط أن تقرأ الكلمة أو تصلي أو تطلب الشركة، بل بالحري كيف تقرأ الكلمة وتصلّي وتطلب الشركة.

١ - اقرأ الكلمة كما لو أن اللّه يريد أن يطمئنك بأن الخلاص، لا أن يطمئنك بشأن الدينونة

الله يتكلم لكي يخلص. أو على حد تعبير جون ويبستر، John Webster، «الإعلان الإلهي مصالحة.»[٤]

الغرض من توجيه الله كلماته إلى الناس هو أن يجلب الخلاص لمن يسمعون. لكي تقرأ الكتاب المُقدّس بأمانة، ينبغي أن تقرأه في ضوء هذا القصد الرئيسي. مهمًا كان موقفك كفرد أمام الله، على حد ظنك، فعندما تفتح صفحات الكتاب المُقدّس، من المهم أن تدرك شيئًا ما: لقد كان قصده من الحديث ثابتًا من قبل أن تولد. لست حالة خاصة. ضع نفسك بإدراكك بأنك لست استثناءً لمقاصد الله.

منذ أن دخلت الخطية إلى العالم، كان قصد كلماته إلى البشرية أن تخلص أي شخص ينصت. لو كان يريد أن يدين الناس، لما احتاج أن يتكلم معهم. كان بإمكانه ببساطة أن يجري دينونته البارة. ولكن الكتاب المُقدّس هو قصة واحدة طويلة عن الله وهو يتكلم مع البشرية بقصد إعلان التزامه بالعمل لأجل خلاصهم. من الأصحاحات الافتتاحية للكتاب المُقدّس، يستخدم الله كلمات تعبر عن هذا القصد الأساسي: «الله يلزم نفسه بمسار العمل الأمين المؤدي إلى ولادة المسيح وسكب الروح القدس في يوم الخمسين وهو مستمر طوال «الأيام الأخيرة» الحالية حتى عودة المسيح في المستقبل.»[٥] أتعلم ماذا يثبت هذا؟ إن مسألة خلاصك الشخصي أكبر بكثير من رأيك في نفسك. إنها مسألة تتعلق بمقاصد الله في المسيح بأن يقوم بما يلزم ليخلص أي شخص يؤمن.

---

[4] John Webster, Holiness (Grand Rapids, MI: Eerdmans,2003), 13.

[5] Timothy Ward, Words of Life: Scripture as the Livingand Active Word of God (Downers Grove, IL: IVP Aca-demic, 2009), 23.

لذا ينبغي أن تقرأ كل الكتاب المُقدّس – حتى الأجزاء المرعبة – في ضوء التزام الله بالعمل. حتى أكثر فقرات التحذيرات إزعاجًا، مثل العبرانيين ٦: ٤-٨ أو ١٢: ١٥-١٧، قُصد بها أن تجلب الخلاص، لا الدينونة. كيف تعرف هذا؟ لأنك تحذر فقط الشخص الذي تريد أن تخلصه. إن سمعت صوت الله في هذه الفقرات، فسوف تنتبه لتحذيره وتتعلق بيسوع المسيح بصفته الطريق الوحيد لمواجهة نار الدينونة حتى لا تحترق.

ربما تتساءل، «حسنًا، كيف أعرف أنني قد تعلّقت بيسوع بهذه الطريقة؟» ربما تعي تمامًا ما ذكرته سابقًا من رسالة يوحنا الأولى – أن المسيحي الحقيقي، يتسم بالطاعة لوصايا الله، والمحبة للمؤمنين الآخرين، والرفض لأوثان العالم. ربما تنظر على حياتك ولا تجد نفسك متأكدًا من أنك ترى ما يكفي من هذه السمات.

حسنًا، دعني أواجه هذا بشكل مباشر. ها هو ما يقوله يوحنا:

> **بِهَذَا نَعْرِفُ أَنَّنَا نُحِبُّ أَوْلَادَ ٱللهِ: إِذَا أَحْبَبْنَا ٱللهَ وَحَفِظْنَا وَصَايَاهُ. فَإِنَّ هَذِهِ هِيَ مَحَبَّةُ ٱللهِ: أَنْ نَحْفَظَ وَصَايَاهُ.**
>
> **وَوَصَايَاهُ لَيْسَتْ ثَقِيلَةً، لِأَنَّ كُلَّ مَنْ وُلِدَ مِنَ ٱللهِ يَغْلِبُ ٱلْعَالَمَ. وَهَذِهِ هِيَ ٱلْغَلَبَةُ ٱلَّتِي تَغْلِبُ ٱلْعَالَمَ: إِيمَانُنَا.**
>
> **مَنْ هُوَ ٱلَّذِي يَغْلِبُ ٱلْعَالَمَ، إِلَّا ٱلَّذِي يُؤْمِنُ أَنَّ يَسُوعَ هُوَ ٱبْنُ ٱللهِ؟** (١ يوحنا ٥: ٢-٥)

ما الذي يُخلّصك؟ طاعتك لله، محبتك للمؤمنين، أم رفضك للعالم؟ الإجابة: لا شيء من هذه الأشياء. بل، يسوع ابن الله هو من يُخلّصك، لأنه هو تحقيق التزام الله بالعمل نيابة عن الخطاة. هذا هو السبب في أن الله يتكلم. وتجاوبك الوحيد هو أن تثق فيما يقول.

ولكن بما تظل تنتابك المخاوف العنيدة من أن الله قد وضع الكتاب المُقدّس في يدك ليؤكد لك الدينونة. ولكن فكر معي: عندما يدين الله الخطاة، يسلمهم ببساطة لخطاياهم بحيث لا يقدرون أن يروها بأنفسهم (رومية ١: ٢٤، ٢٦، ٢٨). يعد صممهم من جهته

علامة على دينونتهم. لكن بقدر ما تشعر بالقلق من خطيتك وما يشير إليه هذا من موقفك أمام الرب، فهذا يعني أنه مازال بإمكانك أن تسمع. لم يجرِ تسليمك. إن كنت تظن أن الله يعذبك نوعًا بحرصه على أن تعرف أن دينونتك مضمونة قبل أن تحدث، فأنت لا تقرأ الكتاب المُقدّس بحسب قصد الله المتمثل في دفع الخطاة إلى الجري إليه طلبًا للخلاص.

إن كانت كلمات الله ترعبك بشأن خطيتك، فأنت بحاجة إلى أن تفهم هذا **كتبكيت** وليس **كدينونة**. ثق في أن الله يشاء ويقدر أن يخلصك، تمامًا كما يقول في كلمته. أخضع منظورك لمنظوره. وإن كنت لا تعرف كيف تفعل هذا، حسنًا، بالإضافة إلى الإنصات لكلمته، ينبغي أن تتكلم معه في الصلاة.

٢- صلِّ كما لو أن اللّه يعرف أفضل منك بخصوص خلاصك

في الصلاة، نتحرر من الأفكار الصغيرة ونفتح أنفسنا على الأفكار الكبيرة. الصلاة هي واحدة من الطرق الرئيسية التي نعطي بها مخاوفنا للرب بالتعبير عنها له، بدلًا من أن نسمح لها بأن تستولي على عقولنا. فكر في الأمر هكذا: نحن نتكلم لأنفسنا عن أنفسنا كثيرًا. ولكن لا يكمن تغيير أسلوب كلامنا مع أنفسنا في المزيد من الكلام مع أنفسنا. بل في الحديث مع الرب عن أنفسنا. هكذا نخضع منظورنا لمنظوره.

لتقوم بهذا بشكل جيد، تحتاج أن تكون محددًا بشأن الأفكار التي تضمرها عن نفسك، وأن تخضعها لله في ضوء الحق المحدد الذي تعرفه من كلمته. أود أن أقدم لك عدة أمثلة عن استراتيجيات صلاة مختلفة تحدد وتعبر وتطلب من الرب المعونة بشكل محدد في أمور خاصة:

- لقد طلبت من الله الضمان، ولكنه لم يمنحه لي. أنا غير متأكد إذا كنت قد خلصت.

- **حدِّد**: ما أريده الآن هو اليقين. ولكن ينبغي أن أريد الإيمان.

- **عبِّر**: يا رب، أنت وحدك الذي يمكنه أن يكون لديه نوعية اليقين التي أودها، لأنك وحدك تعرف كل الأشياء على حقيقتها (رومية

١١: ٣٣-٣٦). لا أقـدر حتـى أن أعـرف نفسـي بالكامـل، لـذا أحتـاج أن تساعدني على أن أرى نفسي بشكل صحيح.

- **اطلب:** يـا رب، أنـا لا أطلـب منـك اليقيـن، بـل الإيمـان حتـى أصـدق أنـك كريـم معـي كمـا أنـك كريـم مـع الخطـاة الآخريـن. لقـد قلـت لـي أنـك غنـي فـي الرحمـة ومملـوء محبـة عميقـة لا يسـتحقها أحـد. فهذا هـو أنـت، وبإمكانـي الاتكال عليـك حتـى فيمـا يخـص نفسـي (أفسـس ٢: ٤-١٠).

• أنا مرعوب من الله. لقد ضايقته.

- **حـدِّد:** خوفـي يجعلنـي أتحـرك بعيـدًا عـن الله، وليـس نحـوه. إبليـس هو أصل هذا النوع من الخوف، وليس الله.

- **عبِّر:** يـا رب، خوفـي منـك يجعلنـي أهـرب منـك، وليـس إليـك. وقـد قلـت لـي أن المحبـة تطـرح خارجًـا النـوع الخطـأ مـن الخـوف (١ يوحنـا ٤: ١٦-١٩) وتسـتبدله بالنـوع الصحيـح (١ بطـرس ١: ١٧-٢١).

- **اطلب:** يـا رب، سـاعدني حتـى أخافـك كمـا ينبغـي، لا أن أرتعـب منـك كمـا لا ينبغـي. عندمـا أشـعر بغضبـك، سـاعدني علـى الهـرب إليـك بـدلًا مـن الهـرب منـك. محبتـك تعنـي أنـك ستقبلنـي دائمًـا، بغـض النظـر عـن أخطائـي (لوقـا ١٥: ١١-٣٢).

• خطيتي مخجلة جدًا، لا يمكن أن أخلص.

- **حـدِّد:** ضميـري يشـتكي علـيَّ دائمًـا. ولكـن الغـرض مـن ضميـري هـو أن يدفعنـي للاعتـراف بالخطيـة كجـزء مـن كونـي شـخص مغفور لـه خطايـاه. أي تقصيـر فـي هـذا القصـد هـو مـن إبليـس، المشـتكي.

- **عبِّر:** يـا رب، أنـت تعـرف كل مـن ذنـب خطايـاي وخـزي شـعوري بالخطيـة. ساعدنـي علـى الاعتـراف بهـا بالطريقـة الصحيحـة، أمامـك وأمـام شـعبك. فقـد قلـت لـي أنـه عندمـا أكشـف خطيتـي، فإنـك تسـترها بشـيء أفضـل بكثيـر، بـر ابنـك (مزمـور ٣٢: ٥-٧؛ ١ يوحنـا ١: ٨ - ٢:٢).

- **اطلـب:** احمنـي مـن المشـتكي. ساعدنـي علـى مواجهـة نتائـج خطيتـي الأرضيـة بتصميـم وفـرح (مزمـور ٣٨؛ ٢ كورنثـوس ٧: ١٠-١١) لأن النتائـج الأبديـة قـد أزيلـت بشـكل مجيـد. لـم تعـد هنـاك دينونـة علـيَّ، لأن يسـوع أخذهـا منـي (روميـة ٨: ١-٤).

• لسـت صالحًـا بمـا يكفـي حتـى يحبنـي الله. أنـا مصـدر إحبـاط لا قيمـة لـه.

- **حـدِّد:** أدعـي أشـياء عـن نفسـي لا يقولهـا عنـي الله. إننـي أفتـرض أن رأي الله فـيَّ يطابـق رأيـي أو رأي الآخريـن.

- **عبِّر:** يـا رب، إننـي أنتقـد نفسـي بشـدة وأعـرف نقـد الآخريـن لـي. لا أقـدر أن أهـرب مـن الشـعور بأننـي مصـدر إحبـاط. ولكنـك لا تشـترك فـي هـذه المعاييـر الأرضيـة الخاصـة بالجمـال أو النجـاح. أنـا لا أكثـر اسـتحقاقًا ولا أقـل اسـتحقاقًا مـن الخطـاة الآخريـن حتـى أنـال أو لا أنـال الخـلاص (١ كورنثـوس ١: ٢٧-٢٩؛ فيلبـي ٤: ٧).

- **اطلـب:** يـا رب، ساعدنـي حتـى أضـع نفسـي أمامـك باعترافـي بأنـك صنعتنـي إنـاءً هشًـا مـن الخـزف لا لكـي تطرحنـي، بـل لتملأنـي بقـوة مـن الواضـح أنهـا لا تأتـي منـي (٢ كورنثـوس ٤: ٧-١٠). أنـت لا تريدنـي أبـدًا أن أثـق فـي نفسـي، بـل فـي محبتـك لـي فقـط (٢ كورنثـوس ١٢: ٧-١٠؛ غلاطيـة ٢: ٢٠).

٣- اطلب الشركة كما لو أن الله يظهر في المسيحيين الآخرين نفس نوعية الضمان المتواضع الذي يمكنك التمتع به أنت أيضًا

ضمان الخلاص أمر معد.

قد تفاجئك هذه العبارة، حيث إنك قد تشعر بالعكس عندما تذهب إلى الكنيسة وترى كل من عداك يرنم بقلبه للرب، شاهدين لنعمته في حياتهم، ومتقبلين كلمته بلهفة تبدو غير موجودة لديك. ربما يجعلك الوجود مع المؤمنين أقل اطمئنانًا بشأن خلاصك.

لو كان هذا هو ما تشعر به، فهل تسمح لي بأن أكشف عن مشكلة خفية قد تكون كامنة في منظورك للأمور؟ ربما تفترض أن المسيحيين الآخرين قد حصلوا على الضمان لأنهم لا يصارعون كما تفعل أنت. لكن دعني أقلب النص. ماذا لو أنهم قد وجدوا الضمان لأنهم يصارعون بنفس قدرك؟ ماذا لو أن الثقة التي يعبرون عنها لم تكن تلقائية بالنسبة لهم، بل شكلها نفس الشعور بالخزي ولشك اللذين تفترض أنهما فيك وحدك؟

هل ترى الآن كيف يمكن أن يكون ضمان الخلاص أمرًا معديًا؟ قد يكون لديك ثروة من المسيحيين المحيطين بك ممن قد صارعوا مع الله طوال ليال مظلمة من الشعور بعدم الضمان والخوف، فقط ليظهروا بصورة ما وقد نالوا منه بركة الضمان. النوع السليم من الثقة في محبة الله هي نوعية معدية.

والسبب في أن الكنيسة أمر أساسي للغاية لضمان خلاصك الشخصي هو: أنك تعيش في عالم من الأصوات المتنافسة. تخبرك هذه الأصوات كيف ينبغي أن تفكر في نفسك، وفي الآخرين، والأهم، في الله نفسه. ليس بإمكانك ألا تنصت للأصوات المحيطة بك (النفي المزدوج مقصود). لذا فالسؤال هو: ما هي الأصوات التي تحيط نفسك بها؟

إذا ابتعدت بعيدًا عن المسيحيين لأنك تظن أنهم يتمتعون بسمة معينة ليست لديك وتجعلهم مطمئنين تمامًا وبشكل مثالي، إذن فقد اتجهت إلى وجهة خاطئة. ربما جربت أن تشتت نفسك عن الألم بانشغالات أخرى مثل العمل أو المدرسة، أو المسليات مثل الرياضة أو اللعب، أو علاقات أخرى مثل من لا يبدون عليهم الانشغال بالأسئلة

الأبدية التي تنزل عليك كالصاعقة. تتضمن كل هذه المساعي مجتمعات مختلفة تقول لك كيف ترى نفسك؛ إنها تخبرك كيف تجيب – أو تتجاهل – على الأسئلة التي تنتابك. ولكن هذه المجتمعات قد تساعدك فقط على تشتيت نفسك عن القضية الحقيقية المتمثلة في موقفك أمام الله القدير.

المجتمع الوحيد القادر على دعمك بشأن هذا السؤال الضاغط هو الكنيسة. الكنيسة هي بيت الله الحي، المكان الذي يُحتفى فيه بحق الرب يسوع (١ تيموثاوس ٣: ١٥-١٦). إنها المكان الذي يقوي فيه إيمان مؤمن واحد إيمان الآخر (رومية ١: ١٢، ١٦-١٧). إنها المكان الذي يتكلم فيه المسيحيون بالحق عن أنفسهم وعن مخلصهم لبعضهم البعض وهكذا ينمون – أي، يحرزون تقدمًا حقيقيًا – في ثقتهم في محبة الله (أفسس ٤: ١١-١٦).

علاوة على هذا، نحتاج أن نتذكر أن يسوع وكل الكنيسة المحلية بأن تميز شعب الله. في متى ١٦، قال يسوع أن الكنيسة تمسك «بمفاتيح ملكوت السماوات.» إنها استعارة معقدة، ولكن في النهاية ما يعنيه يسوع هو أن كنائسه المحلية تمثل السماء وتعلن نيابة عنها من ينتمي إلى هذا الملكوت. كيف تفعل الكنائس هذا؟ من خلال العضوية. عندما تنال المعمودية باسم الآب والابن والروح القدس، فإن الكنيسة تقول بصفة أساسية، «نحن واثقون من أن هذا الشخص ينتمي إلى يسوع.» وليس هذا فقط، بل إن كل مرة تحتفل فيها الكنيسة بعشاء الرب وتدعوك إلى الاشتراك معها، فإنهم يقولون، «نحن مازلنا واثقون من أن هذا الشخص ينتمي إلى يسوع.» طبعًا قد يكون لدى الشخص ضمانًا مزيفًا مبني على مجرد عضوية الكنيسة أو عشاء الرب. ولكن لا تدع هذا يقلل من القوة الكامنة وراء هذه الطرق الرسمية للانضمام إلى الكنيسة. كل مرة تتناول فيها من عشاء الرب مع عائلة كنيستك، تذكر هذا: عشرات ومئات، بل وآلاف من المؤمنين الآخرين يعبرون عن ثقتهم في موقفك أمام الرب، حتى عندما تعوزك أنت نفسك هذه الثقة.

تساهم الكنيسة بشكل رسمي في ضمان خلاصنا، ولكنها تساعدنا بشكل غير رسمي أيضًا، من خلال العلاقات التي نكونها في مجتمع شعب الله. تذكر، ينمو الضمان

الشخصي بينما يثق الشخص بشكل أكثر كمالًا في محبة الله، مما ينتج عنه التمثل بهذه المحبة في حياته. محبة للآخرين، محبة لوصايا الله، ومحبة لله نفسه هي أشكال التجاوب مع محبته والتي تبني الضمان في اختبار الشخص المؤمن. ليست هذه التعبيرات إضافة للإيمان، بل هي تعبير عن الإيمان. ومجتمع كنيستك هو حيث تحدث هذه التعبيرات.

لو كنت قد أبقيت صراعك مع مسألة الضمان لنفسك، فأحب أن أقدم لك أقوى نصيحة لدي: لا تفعل هذا. لا تبتعد عن شعب الله. إنهم وحد من أعظم وسائل الحماية لديك. اذهب وتكلم مع أحد الرعاة أو المؤمنين الناضجين عما تأملته في هذا الفصل المميّز. قد تكتشف أنه حتى ولو لم يصارعوا مع نفس المشاكل التي تصارع أنت معها بالضبط، إلا أنهم قد صارعوا ولا شك. وستجد أن ثقتهم في محبة الله ليست **برغم** هذا الصراع، بل **بسببه**.

كلمة ختامية من شريك لك في الصراع

تشكل كثير مما سمعته هنا في وقت من حياتي بدا لي فيه أن الله كان يعلقني فوق نيران الدينونة. بحسب كل المظاهر الخارجية، كان أدائي عظيمًا في ذلك الوقت – شماس في كنيستي، أدرس في كلية لاهوت لأصبح راعيًا، أمين من جهة زوجتي، وثابت في أوقات عبادتي الشخصية.

ولكن من الداخل كنت محرومًا من أي شعور بأن الله يحبني. حتى عندما أتطلع إلى الوراء على هذا الوقت الآن، لا أعرف تمامًا لماذا مررت به. لم تكن هناك خطية سرية قابضة عليَّ. لم أكن أعبث بأية أيديولوجيات فاسقة. لم أكن أحاول أن اقبل خسائر الماضي. لسبب ما، أصبحت واعيًا بشكل زائد بعمق تمركزي حول ذاتي، وكم كان سعيي وراء الخدمة لخدمة ذاتي، وكيف كانت محبتي لكل من هم في حياتي تعتمد على ما يفعلونه من أجلي. وفي مركز كل شيء كانت الحقيقة الصارخة هي أنني لم أحب الله بكل قلبي – في الواقع، لقد أحببته بجزء منه فقط.

لمدة ثلاثة أشهر تقريبًا، كنت مقتنعًا بأنني لم أكن أحب الله على الإطلاق وأنه لم يكن يحبني – ومعه الحق. بدا لي أن الله باردًا من نحو صلواتي، وبدا الكتاب

المُقدّس مشـتعلًا فـي دينونتـه، وبـدا شـعب الكنيسـة غيـر قادريـن علـى فهـم مـا أمـر بـه. لقد كنت وحدي.

لا أود تكـرار هـذه التجربـة مقابـل كل شـهرة وثـروة العالـم. وأنـا أعنـي هـذا حرفيًـا. لقـد كان هـذا جحيمًـا مكثفًـا لمـدة اثنتـي عشـر أسـبوعًا. ولكـن هـذا العـذاب أنتـج فـيَّ شـيء مـا. أتذكـر نومـي علـى الأرض فـي غرفـة نومـي، صارخًـا مـرارًا وتكـرارًا إلـى الله الـذي لـم يحبنـي. فـي هـذه الصلـوات، أعـدت علـى مسـامع الله الحقائـق التـي سـمعت عنهـا عظـات ورنمت عنهـا ترانيـم وصليتهـا فـي كنيسـتي – حقائـق بـدا أنهـا لـكل الجالسـين فـي صفـوف الكنيسـة إلا أنـا. ثـم، بعدمـا شـعرت بالإنهـاك، وجـدت نفسـي استسـلم لمصيـري، قائـلًا، «يا الله، إن كنت سترسـلني إلى الجحيم، فعليك أن تفعل هذا وانا متعلق بقدمي يسـوع.»

ولأول مـرة منـذ وقـت طويـل، شـعرت بـدفء يدخـل إلـى قلبـي. فـي وجـه الدينونـة التـي كنـت اعتقـد أنهـا أمامـي، أعلنـت، وإن كان بشـكل يثيـر الأسـى، أن يسـوع هـو ثقتـي الوحيـدة فـي أن الله حتمًـا يحبنـي. وفـي لحظـة، اتضـح لـي أن المحبـة التـي لـم أتمكـن من إدراكها ربما كانت موجودة طوال الوقت.

لـم يتبخـر صراعـي تمامًـا فـي هـذا المسـاء، ولكـن مـن هـذه النقطـة فصاعـدًا بـدأت أرى بشـكل أوضـح أن الله كان يسـتخدم هـذا العـذاب ليقنعنـي بشـكل أعمـق بـأن سـبب خلاصـي لـم يكـن سـوى محبتـه التـي لا مبـرر لهـا ولا أسـتحقها ولا تنتهـي. لقـد احتجـت أن يحبنـي هـو أولًا وأخيـرًا. اليـوم، أنـا أكثـر اطمئنانًـا مـن جهـة خلاصـي ليـس **برغـم** هـذه التجربـة، بـل **بسـببها**.

من ناحية، لم أتعاف البتة من هذه الأشهر اليائسة. وأرجو ألا أُشفى منها أبـدًا.

٦

كيف أجد شخصًا يتلمذني؟

ج. جاريت كيل

«كُونُوا مُتَمَثِّلِينَ بِي كَمَا أَنَا أَيْضًا بِٱلْمَسِيحِ.»

اكورنثوس ١١: ١

يا رب، أرسل إليَّ شخصًا ليساعدني لأتبعك.

لم أكن أعرف ما الذي أطلبه لكني كنت أحتاج المساعدة.

لقد اقتحم يسوع حياتي أثناء سنتي الأولى بالجامعة فقلب حياتي رأسًا على عقب. تحولت أيام العطلة من كونها ليال كاملة من الهياج إلى قراءة الكتاب المُقدّس بمفردي. ذهبت إلى الكنيسة والتقيت بأصدقاء جدد. كان الله يغيرني، لكني كنت على متن قطار ملاهي روحي. في بعض الأحيان أشعر أنني قريب من الرب، وأحيانًا أخري أشعر بالارتباك وأنني غير متأكد كيف يمكنني أن أتبعه. أحببت قراءة الكتاب المُقدّس ولكن في أغلب الأوقات لم أفهمه. أردت أن يعرف أصدقائي القدامى يسوع، ولكن أحيانًا كنت أنضم إليهم في فعل خطية. كرهت هذا الصراع. لم أعرف ماذا ينبغي أن أفعل.

لذلك صلّيت، يا رب، أحضر لي شخصًا ليساعدني في تبعيتك.

واستجاب الرب.

سمع شيلبي عن إيماني الجديد بيسوع وخرج معي لنذهب إلى تاكوس.[١] وسألني عن حياتي. كما شرح لي الكتاب المُقدّس. أشار إلى رومية ١٣: ١٤ وتحداني «لا تعط إبليس فرصة. إذا وضعت نفسك في مواقف تتعرض فيها للتجربة، فعلى الأرجح ستكون عرضة بصورة أكبر للوقوع في خطية. ابق على مقربة من يسوع، وهو سوف يحميك.» مازلت أتذكر تلك المحادثة التي قمنا بها منذ أكثر من عشرين سنة. كنا نتقابل تقريبًا كل أسبوع أثناء ذلك الفصل الدراسي. وقد أراني كيف أتبع يسوع.

منذ ذلك اليوم، استجاب الله لصلواتي باستمرار عن طريق إرسال أشخاص لمساعدتي على اتباع يسوع. أراني تومي كيف أدرس الكتاب المُقدّس. وقد أظهرت جين كرم ضيافة كبير. وأرتني ليزا كيف أرنم من القلب. وحثني ريد على القداسة. وجسدت ماما راعوث حياة الشكر. علمني جون كيف أستعين بنعمة الله في انكساري. أرتني بيث روح الخدمة. وكان مارك مثال للقائد المتواضع.

علمني كل شخص من هؤلاء الإخوة والأخوات والعديد غيرهم كيف اتبع يسوع. أشياء قليلة ساعدتني على تقوية مسيري مع الله مثل علاقات التلمذة تلك.

لقد كُتب هذا الفصل المميّز ليساعدك حتى تجد شخصًا ليتلمذك ويجهزك لتتلمذ آخرين غيرك. ولكن قبل أن نتعمق، دعونا نجيب عن سؤالين: (١) من هو التلميذ؟ و(٢) ما هي التلمذة؟

من هو التلميذ؟

ببساطة، التلميذ هو التابع. التلميذ يتبع، يتعلم من، يتمثل بشخص آخر.

المسيحيون هم تلاميذ يسوع. وقد ترك هو لنا مثال لنتبعه (١ بطرس٢: ٢١). نحن نتبعه عن طريق معرفة من يكون، والتمثل به، وإطاعة وصاياه.

---

[١] القصص الشخصية التي تتضمن أشخاصًا آخرين والتي أشارك بها في هذا الكتاب هي مذكورة بإذن من هؤلاء الأشخاص. وغالبًا ما تم استخدام أسماء بديلة للحفاظ على خصوصيتهم..

يدعونا يسوع لنكون تلاميذه في فقرات مثل لوقا ٩: ٢٣-٢٧:

وَقَالَ لِلْجَمِيعِ: «إِنْ أَرَادَ أَحَدٌ أَنْ يَأْتِيَ وَرَائِي، فَلْيُنْكِرْ نَفْسَهُ وَيَحْمِلْ صَلِيبَهُ كُلَّ يَوْمٍ، وَيَتْبَعْنِي. فَإِنَّ مَنْ أَرَادَ أَنْ يُخَلِّصَ نَفْسَهُ يُهْلِكُهَا، وَمَنْ يُهْلِكُ نَفْسَهُ مِنْ أَجْلِي فَهذَا يُخَلِّصُهَا. لأَنَّهُ مَاذَا يَنْتَفِعُ الإِنْسَانُ لَوْ رَبحَ الْعَالَمَ كُلَّهُ، وَأَهْلَكَ نَفْسَهُ أَوْ خَسِرَهَا؟ لأَنَّ مَنِ اسْتَحَى بِي وَبِكَلاَمِي، فَبِهذَا يَسْتَحِي ابْنُ الإِنْسَانِ مَتَى جَاءَ بِمَجْدِهِ وَمَجْدِ الآبِ وَالْمَلاَئِكَةِ الْقِدِّيسِينَ. حَقًّا أَقُولُ لَكُمْ: إِنَّ مِنَ الْقِيَامِ ههُنَا قَوْمًا لاَ يَذُوقُونَ الْمَوْتَ حَتَّى يَرَوْا مَلَكُوتَ اللهِ.

لقد تاب تلاميذ المسيح عن الخطية، تخلوا عن العالم، وألزموا أنفسهم بأن يتبعوه بالإيمان. يرفض تلاميذ المسيح شهواتهم الشريرة بقوة الروح القدس ليُسرّوا ربهم. يضع تلاميذ يسوع حياتهم لأجل اسمه يوميًا. كما يعلم تلاميذ يسوع أن يوم الدينونة آت ويجتهدوا ليعيشوا كل دقيقة في ضوء ذلك اليوم.

عندما يدعو يسوع شخصًا ما ليكون تلميذه، هو لا يدعوه أو يدعوها ببساطة لينضموا إلى أحد الأندية أو أن يكونوا جزء من ثقافة فرعية دينية غريبة. إنه يدعوهم ليبتعدوا عن خطيتهم ويحبوه كل يوم حتى يروه وجهًا لوجه.

أن تكون تلميذًا ليسوع فهذا ليس قرار لمرة واحدة فقط، إنها علاقة مستمرة. كل يوم نحن نعتمد على نعمته ونجتهد لنعيش في طاعة له.

ما هي التلمذة؟

بعد أن قام يسوع من الموت بأربعين يوم، جمع تلاميذه وكلفهم بهذه المأمورية:

«دُفِعَ إِلَيَّ كُلُّ سُلْطَانٍ فِي السَّمَاءِ وَعَلَى الأَرْضِ، فَاذْهَبُوا وَتَلْمِذُوا جَمِيعَ الأُمَمِ وَعَمِّدُوهُمْ بِاسْمِ الآبِ وَالابْنِ وَالرُّوحِ الْقُدُسِ. وَعَلِّمُوهُمْ أَنْ يَحْفَظُوا جَمِيعَ مَا أَوْصَيْتُكُمْ بِهِ. وَهَا أَنَا مَعَكُمْ كُلَّ الأَيَّامِ إِلَى انْقِضَاءِ الدَّهْرِ». آمِينَ. (متى ٢٨: ١٨-٢٠)

يوجه يسوع تلاميذه بأنه حيثما ذهبوا، يجب أن يجعلوا هدفهم الأساسي هو «صنع التلاميذ»

يوجد جانبان في عملية صنع التلاميذ.

الأول، نصنع تلاميذ عن طريق دعوة الناس الذين لا يتبعون يسوع ليتبعوه. وهذا يسمي تبشير. حيث نعلن الخبر السار أن يسوع مات على الصليب لأجل الخطاة أمثالنا نحن، وبعد ثلاثة أيام قام من الموت. فنؤكد لهم أنهم إذا تركوا خطيتهم وآمنوا به، سيغفر كل خطاياهم ويصالحهم مع الله. إذا تجاوبوا بشكل صحيح، يصبحون تلاميذًا ليسوع.

الثاني، نصنع تلاميذ عن طريق مساعدة الناس الذين يعرفون يسوع بالفعل حتى ينموا في علاقتهم معه. بهذا نصنع معهم خيرًا روحيًا عن عمد. حيث نساعدهم ليطيعوا كل ما أوصي به يسوع (متى ٢٨: ٢٠). فنُعلّم الناس كيف يطيعون يسوع بكلامهم، وبعملهم، وبوقتهم، وبأموالهم، وبحياتهم الجنسية، وكل شيء آخر يمكن أن تتخيله. يسوع هو الرب على حياتنا بأكملها، وكل شيء نفعله يجب أن يهدف إلى مسرّته هو. (٢ كورنثوس ٥: ٩؛ أفسس ٥: ١٠؛ كولوسي ١: ١٠؛ ١ يوحنا ٣: ٢٢). إذا كنت تلميذًا، فعليك أن تساعد الآخرين ليتبعوا يسوع. وعليك أيضًا أن تبحث عن آخرين ليساعدوك حتى تتبعه.

إذا كنت تقرأ هذا الفصل، أفترض أنك مستعد لتدخل في علاقة تلمذة. في الصفحات التالية، سنفكر معًا كيف يمكنك أن تجد شخصًا ما، أو أفضل من هذا، العديد من الأشخاص ليساعدوك بإخلاص على اتّباع يسوع.

كيف أجد شخصًا ليتلمذني؟

إيجاد شخصًا ما ليتلمذك ليست عملية معقدة، لكنها تتطلب مجهود. غالبًا ستحتاج أن تبادر ببدء العلاقة. لكن ثق أن الله سيستخدم كل جزء من عملية التلمذة، شاملة إنشاء علاقة التلمذة، ليعمق اتكالك عليه.

صلاة

الله هو أبونا السماوي. إنه يهتم بنا ويريدنا أن نثق في أنه يسدد كل ما نحتاج إليه. لقد وعد بإمدادنا بالطعام والملابس (متى ٦: ١١؛ ٢٥-٣٣)، وبأن يكافئنا على أعمالنا الحسنة (متى ٦: ٤، ٦، ١٨)، وبأن يمنحنا حكمة في معاناتنا (يعقوب ١: ٥)، وبالحماية من التجربة (متى ٦: ١٣). علَّم يسوع بأن الله «**يَعْلَمُ مَا تَحْتَاجُونَ إِلَيْهِ قَبْلَ أَنْ تَسْأَلُوهُ**» (متى ٦: ٨). إذا كان الله يهتم بك بهذا المقدار، ألا تعتقد أنه يرغب أن يحضر لك شخصًا ما ليساعدك على السير معه؟ أطلب من الله أن يوفر لك علاقات تلمذة. استمر في الطلب منه. أستمر في طلب تدبيره بالصلاة المليئة بالإيمان. ولأنه صالح، سيستجيب لك (متى ٧: ٧-١١).

إذًا ماذا يجب أن تقوله في الصلاة؟

صلِّ أن تقابل شخصًا ما. كان كرنيليوس شخصًا صالحًا اشتهى أن يعرف الله أكثر (أعمال ١٠). استجاب الله صلاته ورتب أن يقوم الرسول بطرس بزيارته. علمه بطرس عن يسوع، فآمن كرنيليوس، هو وعائلته كلها، بالإنجيل. الله يقدر أن يعد مقابلات إلهية ويرتب الظروف لتتقابل مع الشخص الصحيح ليساعدك على أن تسير معه.

صلِّ طالبًا روحًا متواضعة. حان الوقت لتسأل نفسك «هل أريد أن أتتلمذ حقًا؟» لأن اتّباع يسوع يتطلب تغييرًا. إذا كان هناك شخص سيقوم بتلمذتك، فستحتاج إلى التواضع. هل أنت مستعد لتلقي الإرشاد؟ هل تريد شخصًا يلفت انتباهك لخطاياك؟ هل أنت مستعد للتقويم والتدريب؟ صلِّ طالبًا روحًا متضعة، مليئة بالرجاء، قابلة للتعليم لتكون جاهزًا لتنمو مع الله.

صلِّ لتساعد شخصًا آخر. كما تبحث عن شخص ما ليتلمذك، أطلب من الله أن يستخدمك لتتلمذ آخرين. ابحث عن أشخاص يمكنك مساعدتهم روحيًا. قد تشعر أنك لا تمتلك الكثير لتقدمه للآخرين، ولكن هذا غير صحيح. إذا كنت مسيحيًا، فأنت لديك روح الله ويمكنك مباركة الآخرين (رومية ١٥: ١٤؛ ١ كورنثوس ١٢: ١٤-١٩). من هم المؤمنون الجدد الذين يمكنك أن تشجعهم في سيرهم مع الله؟ من هو الشخص

الـذي يمكنك أن تقرأ معـه الكتـاب المُقـدّس؟ من هو الشخص الـذي يمكنك أن تبشر معـه؟ صـلِّ بلجاجـة واطلـب مـن الله أن يحضـر لـك شخصًا تستطيع مساعدته ومـن ثـمّ اذهب بنشاط وابحـث عن ذلك الشخص. شيء واحـد ستتعلمه وهو أن التلمذة غالبًا مـا لـن تكون أبـدًا في اتجـاه واحـد. يتعلم المُتلمذ في كثير من الأحيان الكثير من التلميذ لأن كل عضـو في جسـد المسيح لديـه شـيء يسـاهم بـه. وبالحديـث عن جسـد المسيح، فالكنيسـة المحليـة هـي الطريقـة الرئيسية التي اعتمدهـا الله لأبنائـه ليتتلمذوا.

دعونا نتأمل كيف ذلك.

انضم لكنيسة

كمسيحي شـاب كنت أري الكنيسـة كشـيء اختياري. كنـت مكتفيًـا بقراءة الكتـاب المُقـدّس وحـدي وحضـور أي دراسـة أو خدمـة كنسية تبـدو هـي الأفضل في ذلك الوقت. ولكـن فاتنـي شـيء مهم. الله يريـد أن ينمـو كل واحـد مـن أولاده في عائلـة – كنيسـة محليـة مليئـة بالإخوة والأخـوات الذين يحبون، ويشجعون، ويهتمون ببعضهم البعض. كنت أحتـاج أن ألتـزم برفاقي المؤمنيـن وأن أسـاهم في بنـاء إيمانهـم بينمـا هم يسـاهمون في بنـاء إيمانـي.

إذا كنت تريـد أن تجد شخصًـا يقـوم بتلمذتك، فلتنضم للكنيسـة. فعلى أي حـال، هنـاك يتواجد شـعب الله. لا وجـود لكنيسـة كاملـة ولكـن توجد كنائـس سليمة الصحـة. ابحـث عـن كنيسـة تقدم عظـات مـن الكتـاب المُقـدّس، وتذكّرك بانتظـام بنعمـة الله في الإنجيل، وتشعل حبـك ليسـوع، وتتكون مـن مجتمـع نابـض بالحيـاة مـن المسيحيين، وتتمتع بقيادة يؤهلها إيمانها للاقتداء بـه.

الكنيسة المحليـة هـي المكان الرئيـسي الـذي ستتعلم فيـه أن تخضـع لوصايا يسـوع. وبينمـا تتكاتف جهـودك مـع شـعب الله، ستتعلّم أن تخـدم الآخرين، وتمـارس كـرم الضيافة، وتطبّق الإنجيل مـع الآخرين، وتقبـل التقويم، وتسامح الآخرين عندما يخطئون في حقك، وتحب الآخريـن كمـا أحبـك المسيح (يوحنا ١٣: ٣٤-٣٥). الكنيسـة المحليـة هي الصوبـة الخاصـة بالتلمذة. حيـث نجتمـع لنساعد أحدنا الآخـر على اتبـاع يسـوع بصـورة أفضـل ونحمل بعضنا البعض بالمسؤوليات بينمـا نسـعى لخدمة الرب.

عندما ننضم للكنيسة، نلتزم بعلاقات تلمذة مع بعضنا البعض. تمدنا الكنيسة المحلية بعشرات من الإخوة والأخوات الذي يمتلك كل واحد منهم شيئًا مميزًا ليعلّمنا إياه بخصوص اتّباع المسيح. تذكّر، أنت لا تحتاج شخصًا واحدًا فقط ليتلمذك، بل تحتاج إلى مجتمع كامل يعلّمك اتّباع يسوع فكل عضو يحتاج إلى كل عضو آخر (١ كورنثوس ١٢: ١٤-٢٦).

ما أن تنضم لكنيسة، دعني أعطيك بعض النصائح الإضافية عن كيفية متابعة علاقات التلمذة.

أولًا، اجتمع بانتظام مع الكنيسة. اضبط جدولك الزمني لتضمن عدم وجود تعارض مع حضور الكنيسة في يوم التعبّد الرئيسي. يعد الاجتماع بانتظام مع الكنيسة جزءً أساسيًا من اتّباع يسوع (العبرانيين ١٠: ٢٤-٢٥). احضر بإيمان. توقع أن الله سيستخدم كلمته وشعبه ليساعدوك على اتباعه. قد تشعر بعدم الراحة في البداية، لكن مع الوقت، سيزيد الله حبك لكنيسته.

ثانيًا، اسعَ لإقامة علاقات مع رفاقك من أعضاء الكنيسة. سيساعدك استمرار الاجتماع مع شعب الله أيضًا على بناء علاقات مع أعضاء آخرين. لن تتمكن من معرفة الناس إذا كنت تراهم بضع مرات فقط كل بضعة أشهر. لكن إذا كنت تحتك بنفس الأشخاص كل أسبوع، سوف تتطور صداقتك بهم بسرعة كبيرة. غالبًا ما تنشأ أفضل علاقات التلمذة من صداقتنا مع أعضاء الكنيسة الآخرين.

دعنا نفكر أكثر قليلًا في آخر جملة. تحدث التلمذة في السياقين الرسمي وغير الرسمي. قد تقابل في بعض الأحيان أحد القديسين المؤمنين الكبار وتطلب منه التوجيه في معضلة معينة. لكن في أغلب الأحيان، ستظهر علاقات التلمذة المفيدة ببساطة بينما تقضي وقتًا مع الأصدقاء في كنيستك المحلية. وبينما تناقشون معًا مواضيع الأبوة والأمومة، والكرازة، ودراسة الكتاب المُقدّس، أو أي جزء آخر في الحياة، سوف تنصحون أحدكم الآخر وتبنون إيمان بعضكم البعض – حتى ولو كنتم لا تتقابلون رسميًا لعقد جلسات التلمذة.

في الحقيقة، جمال الكنيسة المحلية هو أن نساعد بعضنا على اتّباع يسوع. بل إن القديسين الأصغر سنًا يساعدون القديسون الأكثر نضوجًا في سيرهم مع الرب. تأمل فقط ما كتبه بولس للكنيسة في روما «**لِأَنِّي مُشْتَاقٌ أَنْ أَرَاكُمْ، لِكَيْ أَمْنَحَكُمْ هِبَةً رُوحِيَّةً لِثَبَاتِكُمْ، أَيْ لِنَتَعَزَّى بَيْنَكُمْ بِٱلْإِيمَانِ ٱلَّذِي فِينَا جَمِيعًا، إِيمَانِكُمْ وَإِيمَانِي**» (رومية ١: ١١-١٢). اشتهى بولس أن يباركهم بمواهبه الروحية. لكن بولس، هو نفسه بولس الذي كتب أغلب العهد الجديد وربما يكون تقريبًا أكثر مسيحي تقي عاش على الإطلاق، توقع هو أيضًا أن يتبارك بواسطتهم. كان بإمكان هؤلاء المؤمنين العاديين بروما أن يشجعوا رسولًا.

عندما تلتقي بمؤمنين أكثر نضجًا سيستخدمك الله لتساعدهم على النمو.

- سيستخدم الله أسئلتك ليتحداهم.
- سيستخدم الله عمق أفكارك الجديدة ليوجههم.
- سيستخدم الله حماسك ليلهمهم.
- سيستخدم الله حثك لهم ليجذبهم ليعتمدوا عليه.
- سيستخدم الله إخفاقاتك ليجعلهم يعملون بأقصى طاقتهم.
- سيستخدم الله نموك ليشجعهم.

ثالثًا، اشترك. لا تكن متفرجًا فقط في الكنيسة. هل يمكنك أن تأتي مبكرًا لتخدم أو تلتقي بالزائرين؟ هل يمكنك أن تبقى بعد الخدمة للتحدث مع الناس؟ هل يوجد بكنيستك خدمة مسائية يمكنك حضورها؟ هل هناك مجموعات صغيرة تنضم إليها؟ توفر المشاركة فرصًا لتطوير علاقات التلمذة، خصوصًا مع هؤلاء الذين يمكنهم أن يساعدوك على النمو في النواحي التي تأمل أن تنموا فيها. يبدو الاندماج في حياة الكنيسة مختلفًا في كل كنيسة، لذلك اسأل الراعي في كنيستك عن كيفية البدء.

رابعًا، تحدث مع رعاتك. يحب الرعاة الجيدون أن يطعموا الخراف الجائعة. ربما لن يتمكن الرعاة في كنيستك أن يتلمذوك شخصيًا، لكنهم يستطيعون أن يساعدوك

في العثور على شخص يمكنه ذلك. جزء من عمل الرعاة هو «**أَجْلِ تَكْمِيلِ الْقِدِّيسِينَ لِعَمَلِ الْخِدْمَةِ**» (أفسس ٤: ١٢). يجتهد الرعاة ليضمنوا أن أعضاء الكنيسة يمكنهم تلمذة أحدهم الآخر، لذلك اجعل نفسك معروفًا لرعاتك حيث يمكنهم توصيلك بمن يتلمذوك.

راقب إيمان الناس

بينما تقضي الوقت في الكنيسة المحلية، لاحظ كيف يتبع المؤمنون من حولك يسوع. تشجعنا العبرانيين ١٣: ٧ على: «**اُذْكُرُوا مُرْشِدِيكُمُ الَّذِينَ كَلَّمُوكُمْ بِكَلِمَةِ اللهِ. انْظُرُوا إِلَى نِهَايَةِ سِيرَتِهِمْ فَتَمَثَّلُوا بِإِيمَانِهِمْ.**» ابحث عن الناس الذين تشع من خلالهم حياة يسوع وأقض وقتًا معهم. ستلهمك تقواهم لتقوم بتقليدهم كما يقومون بتقليد يسوع (١ كورنثوس ١١: ١). ما هي السمات التي يجب أن تبحث عنها؟ إليك القليل منها.

السمة ١: الأمانة وليس الشهرة. كانت ماما راعوث أرملة في التاسعة والتسعين من عمرها تعيش في بيت العجائز. يوم تقابلنا كان كرسيها المتحرك مركونًا بجانب النافذة وبدت عيناها منبهرتان بشئ في الخارج. ركعت بجانب كرسيها. فأدارت وجهها المجعد نحوي. وبدون مقدمات قالت: «عندما أتيت أول مرة إلى هذا المكان، كنت حزينة جدًا. ظننت أن الله لن يستطيع أن يستخدمني ثانيًة. لكن يومًا ما بينما كنت أجلس هنا شاعرًة بالأسف على نفسي، ذكرني الله أنه يجب ألا نقلق لأنه إن كان الله يطعم الطيور، فهو سيرعانا. لذلك فكرت، ربما أستطيع أن أساعد الله في إطعام الطيور.»

بعد كل وجبة، كانت ماما راعوث تجمع بقايا الخبز من أطباق النزلاء. وعندما سأل الناس ماذا كانت تفعل، كانت تدعوهم للانضمام إليها. وكانت تسوق كرسيها إلى الباب وتجعل أحدهم يلقي بالخبز في الفناء. بعد هذا كانت تركن كرسيها لترى الطيور تتناول خبزها الموعود. وإذ كانت الطيور تفعل، كانت تقول لأي شخص على مرمى السمع أن هذا يصور بالضبط طريقة تعامل الله مع أولاده. فهو يعتني بهم دائمًا، تمامًا كما وعد أن يفعل.

علمتني ماما راعوث كيف أكون أمينًا أينما وضعني الله، حتى ولو لم يكن هناك من يلاحظ. لم تكن مشهورة في هذا العالم، لكني أثق أن الأمور ستختلف في الدهر الآتي.

السمة ٢: الحكمة في الكلمة. خدمت ضمن فريق عمل الكنيسة لمدة سنتين مع زاك. خدمنا معًا، وعملنا معًا، وكان يهذبني في بدروم الكنيسة. لم يكن يعرف هذا وقتها، ولكنه كان يتلمذني. كان زاك رجل الكتاب المُقدّس. لم يكن يحمل كتابه المُقدّس باستمرار، ولكن يمكنك أن تخمن أنه كان يقرأه. فقد شكّل الكتاب المُقدّس حياته كلها. كانت مشورته مشبعة بالكلمة. عندما كان يشجعني أو يقومني، كان يفعل هذا بتوجيهي إلى ما يقوله الكتاب. كنت محاطًا بأشخاص يعرفون كتابهم المُقدّس، ولكن زاك كان مختلفًا. فقد كان يعرفه بصورة جعلتني أود أن أقرأ الكتاب المُقدّس وأدرسه، لا لكي أعرف أكثر منه، بل حتى أتمكن من مساعدة الناس على اتباع يسوع بالصورة التي ساعدني هو بها.

السمة ٣: متاح للآخرين. ميركوري هو مدير بلدة بالقرب من واشنطن العاصمة. يحب زوجته ويقضي معها وقتًا كل مساء. كما يقضي وقتًا فرديًا مع كل واحد من أولاده الثمانية كل أسبوع. وفوق كل هذا، يتلمذ أكثر من عشرين رجلًا من كنيستنا. كيف يفعل هذا؟ إنه يستغل تقريبًا كل ساعة من ساعات الغداء ليلتقي مع شخص ما ليتحدثا عن مسيرتهما مع يسوع.

ميركوري يفتح كلمة الله معهم، ويسأل أسئلة صعبة عن قداستهم الشخصية، ويساعدهم في تعديل ميزانيتهم العائلية، وفي أي شيء آخر يحتاجونه ليساعدهم على إكرام الرب. يدير ميركوري وقته بحيث يمكنه أن يكون متاحًا للناس الذين يريدون أن ينموا. وماذا يفعل إن لم يجد وقتًا مناسبًا لأحدهم؟ يصله بشخص آخر قام بتلمذته. يتمتع ميركوري بواحدة من أهم سمات المُتلمذ الجيد: إنه متاح.

السمة ٤: منظور تبشيري. تأتي كارين إلى الكنيسة متعطشة لسماع صوت الله. ولكن نادرًا ما تأتي وحدها. فبصورة شبه دائمة تأتي معها بأصدقاء غير مؤمنين. إنها تريدهم أن يؤمنوا بيسوع الذي غيّر حياتها. وتبحث عن فرص للحديث عن يسوع في أي مكان تذهب إليه. سواء في العمل، أو مع جيرانها، أو في صالة الألعاب الرياضية، أو في حدث في المجتمع المحلي -تؤمن كارن أن الله يرتب فرصًا لتلتقي بأشخاص وتوجههم إلى يسوع.

بإمكاني أن أحكي المزيد من القصص عن أشخاص يعتبرون نماذج تُحتذى في الشجاعة، واللطف، والصلاة، والفرح، والخدمة، وكرم الضيافة – من بين الكثير من السمات المسيحيَّة الأخرى.[٢] لن يجسّد أحد كل سمة من سمات القداسة بشكل مثالي، ولكن لتكن عيناك مفتوحتين لترى من يظهرون إيمانًا ملهمًا بالمسيح. اقضِ الوقت مع هؤلاء الناس. اصغِ لهم وهم يصلّون. لاحظ كيف يربون أولادهم. راقب كيف يبشرون. اسألهم أسئلة عن الكتاب المُقدّس. اتبعهم بينما يتبعون يسوع.

اسأل شخصًا ما

لا تنتظر حتى يبحث عنك مؤمن أكثر نضجًا. ابحث أنت عنه. خذ أنت الخطوة الأولى، حتى ولو كانت خطوة تخاف منها. ستُصدم عندما تجد مقدار استعداد ولهفة المسيحيون الناضجون لتلمذة الآخرين.

ماذا ينبغي أن تقول؟ قد يبدو من المحرج أن تطلب من شخص ما أن يتلمذك، ولكن الله سيمنحك شجاعة. اذهب إليه في الكنيسة، اتصل به تليفونيًا، اكتب له ملاحظة قصيرة. ادعَ نفسك إلى الدخول إلى حياته. اسأله إن كان بإمكانك اصطحابه للخروج لتناول القهوة أو وجبة معًا. دعه يعرف أنك تحاول أن تنمو في مسيرك مع الله وأنك قد تشجعت بإيمانه. شارك معه بما لاحظته ولماذا تود منه أن يستثمر في حياتك. أخبره إن كنت تريد الخروج بشيء معين من علاقة التلمذة تلك. دعه يعرف أنك تريد أن تتعلم كيف تقرأ الكتاب المُقدّس، وكيف تصلي، وكيف تدير وقتك بشكل أفضل، وكيف تبشر، أو أنك تريد فقط أن تنمو في مسيرك مع المسيح.

ماذا لو رُفضتَ؟ «كنت أود، ولكن ليس لدى مجال متاح لألتقي بك الآن.» شعرت ياسمين بزلزلة في كيانها عندما تلقت هذه الإجابة. فقد صلّت، وخططت، وتصاعدت آمالها – ثم خذلها الشخص الذي طلبت منه أن يساعدها على النمو مع يسوع. جعلها هذا تريد أن تتخلى عن الأمر وتعود إلى مرحلة المرور السطحي على الكنيسة.

---

[٢] للاطلاع على قوائم مفيدة خاصة بالسمات التي ينبغي البحث عنها في الآخرين، ادرس هذه الفقرات: غلاطية ٥: ٢٢-٢٣؛ ١ تيموثاوس ٣: ١-١٣؛ تيطس ١: ٥-٩؛ ٢: ١-١٠.

التعرض للرفض أمر صعب. لو كان الشخص غير قادر أو غير مستعد للاستثمار فيك، تذكر أن الله لم يتخلّ عنك. فقصده الأولي هو أن يشكّلك على صورة يسوع (رومية ٨: ٢٩). سيدبر ما تحتاجه لتنمو بطريقة أخرى. كثيرًا ما يذكّرني أحد أصدقائي بحكمة «الرفض هو مجرد إعادة توجيه!» إذا أُغلق الباب مع شخص معين، ابحث عن شخص آخر بروح الصلاة. سيستخدم الله هذه العملية ليشكّلك وينضج إيمانك أكثر. وتذكّر، لقد وضعك الله في كنيسة محلية بحيث يمكنك السعي لإنشاء علاقات تلمذة مع الكثير والكثير من الناس. إن كان هناك شخص في كنيستك لا يقدر أن يخصص وقتًا ليتلمذك، فكر في بناء علاقات مع أشخاص آخرين في كنيستك.

كيف أحقق أقصى استفادة من علاقات التلمذة؟

بينما تبدأ في تطوير علة تلمذة، قم بالدور الذي عليك لتحقيق اقصى فائدة منها. تأمل هذه السمات وجاهد لتزرعها في نفسك.

كن مصليًا

صلِّ من أجل نفسك (متى ٢٦: ٤١). صلِّ من أجل كنيستك (٣ يوحنا ٢). صلِّ من أجل الشخص الذي يتلمذك (١ تسالونيكي ٥: ٢٥). صلِّ، صلِّ، صلِّ. توجه الصلاة حياتك إلى الله. ستحفظ الصلاة المنتظمة علاقة التلمذة في منظورها الصحيح. فليس من يتلمذك هو رجاؤك أو معونتك النهائية، بل الله.

كن قارئًا

بإمكان علاقة التلمذة أن تساعدك على النمو، ولكن ليس لديها القدرة على تغييرك. كلمة الله وحدها هي التي تفعل هذا (٢ تيموثاوس ٣: ١٦-١٧؛ العبرانيين ٤: ١٢). فاحرص على أن تتمركز علاقات تلمذتك حول الكلمة. إن كنت تصارع حتى تفهم الكتاب المُقدّس، فابق بجواره. اكتب أسئلتك وناقشها مع من يتلمذك.

كن مرنًا

قد لا تسير علاقات تلمذتك كما كنت تتصور. فأنت تدخل حياة شخص آخر بكل قممها ووديانها، فيضانها وانحسارها. قد تحصل فقط على فرصة مع من يتلمذك مرة أو مرتين في الشهر. كما أن ما تفعلانه معًا سيختلف هو الآخر. فقد تدرسان سفرًا من الكتاب المُقدّس، تحفظان بعض الشواهد، تقرأن كتابًا لاهوتيًا، تبشران، أو تركزان على محاربة نمط خطية معين. كن مستعدًا لأن تكون مرنًا وثق في تدبير الرب لهذه العلاقة الخاصة.

علاوة على هذا، قد يكون الشخص الذي يستثمر فيك في مرحلة عمرية مختلفة بحيث قد تحتاج إلى طرق خلاقة للدخول إلى عالمه. على سبيل المثال، تستمتع زوجتي بالتلمذة. عندما كانت عازبة أو متزوجة حديثًا، كانت متاحة للالتقاء بالنساء بأي شكل من الأشكال. ولكن الآن، حيث أن لدينا خمسة أطفال صغار، تحد هذه المرحلة من حياتها مدى إتاحتها بشكل كبير. لم تعد الأحاديث الممتدة بالساعات لشرب القهوة والنقاش حول الرسالة إلى رومية واقعية النسبة الآن.

في هذا الموسم من الحياة، يبدو جدول التلمذة لدى زوجتي مختلفًا ببساطة. فعلى الأخوات اللاتي يردن أن يقضين وقتًا مع زوجتي أن يقفزن إلى روتينها اليومي. فيتحدثن معها بينما يقمن بطي الغسيل، أو يذهبن معها للتسوق من البقالة، أم يركبن معها لالتقاط الأطفال من المدرسة، أو يتمشين معها في الأمسيات التي ألتقي فيها برعاة آخرين. كلما كانت الأخت مرنة، كلما زاد احتمال أن تستطيع زوجتي أن تستثمر فيها. إن كان هناك شخص ما تريد أن يتلمذك، فافعل أي شيء لتسهل الأمر عليه.

- هل بإمكانك أن تذهب إليه بسيارتك لتلتقيا على الفطور أو الغداء بقرب بيته أو مكان عمله؟
- هل تستطيع أن تخدم عائلته باي شكل بحيث يكون لديك وقت لتقضيه معه؟

- هل يمكنك مشاركة السيارة في رحلة العودة إلى المنزل من العمل؟

- هل هناك فرصة لتعيش مع عائلة تقية أو مؤمن أكثر نضجًا؟

كن محددًا

كما قلت من قبل، تظهر الكثير من علاقات التلمذة بشكل طبيعي بينما تبني علاقات مع الآخرين في كنيستك المحلية. ولكن أحيانًا قد تحتاج إلى مساعدة في معضلة معينة. فغذا وضحت توقعاتك مع من يتلمذك فسوف تساعده على القيام بالمزيد من الاستثمار المتعمد في حياتك. قد تبدو بعض الطلبات المحددة كما يلي:

- هل يمكننا الالتقاء لمدة ٣ شهور بحيث يمكنك أن تعلّمني كيف أدرس الكتاب المُقدّس؟

- هل يمكن أن نقرأ إنجيل يوحنا معًا حتى أستطع أن أتعلّم المزيد عن يسوع؟

- عائلتي في حالة صراع؛ هل تساعدني على التفكير كيف أكرمهم في هذا الوقت؟

- أنا أب حديث وأشعر أني تائه؛ هل تشارك معي بتوجيهات حكيمة في التربية؟

- لا أعرف كيف أبشر؛ هل يمكن أن تأخذني لأشارك برسالة الإنجيل مع الآخرين؟

- هل يمكن أن نلتقي شهريًا لنتكلم عن كيف يمكنني أن أكرم الله في العمل وأفكر بطريقة كتابية في فرص العمل؟

مرة أخرى، بينما تطلب هذه الطلبات، لا تشعر بأنك ملزم أن يتلمذك شخص واحد إلى الأبد. التق بالكثير من الناس. فستحتاج أن تتعلم دروسًا مختلفة في أوقات مختلفة من الحياة، وستحتاج كثيرًا متلمذين مختلفين في القضايا المختلفة.

كن مثابرًا

إن رغبت أن تتقابل مع شخص ما، ثابر في التواصل معه. احرس قلبك من الشعور بالاستياء إذا شعرت أن أحدهم «مشغول جدًا» عن أن يقابلك.

ولكن أحيانًا قد يرغب الشخص في الاستثمار في حياتك بصدق، لكنه يكون بحاجة إلى أن تذكره بلطف. طبعًا هناك خط رقيق بين المثابرة والإزعاج. كن مباشرًا معه. قل ببساطة، «إن كان من الأفضل بالنسبة لي أن أرتب وقتًا مع شخص آخر، عرفني من فضلك.»

كذلك أنت بحاجة إلى المثابرة لتواصل تطوير العلاقات ما أن تنتهي العلاقات السابقة. على سبيل المثال، كنيستي متنقلة بشدة. في سنة واحدة، غيَّر ما يعادل ثلث الأعضاء محل إقامته. غالبًا ما يطور الأعضاء علاقات تلمذة تدوم فقط لوقت محدود. وعلى حد تعبيرهم فإن المبادرة باستمرار بإنشاء علاقات جديدة قد يكون أمرًا مرهقًا. ولكن ينبغي أن نثابر. يريدنا يسوع أن نتتلمذ وأن نتلمذ الآخرين. بغض النظر عن التحديات التي تواجهها، استمر في متابعة علاقات التلمذة في كنيستك.

كن صبورًا

قد يستلزم الأمر بعض الوقت لتعثر على الأشخاص المناسبين ليتلمذوك. استخدم وقت انتظارك لتستثمر في الآخرين. استمر في الصلاة. استمر في القراءة. استمر في الخدمة. لا تفترض أنك إن لم تجد شخصًا محددًا لتلمذك في خلال الشهر القادم فلن تقدر أن تنمو كشخص مسيحي.

قال جون نيوتن، مؤلف ترنيمة «النعمة العجيبة،» ذات مرة، «كل الأشياء تعمل معًا للخير: كل ما يرسله هو ما نحتاجه؛ لا شيء يمكن أن نحتاجه يحجبه عنا.»[3] الله أب صالح. وسوف يمنحنا ما نحتاج إليه، عندما نحتاجه. إن لم يعطه لنا بعد، فهذا يعني أننا لا نحتاج إليه. وهذا يشمل علاقات التلمذة. استمر في ثقتك، الله أمين.

---

3 John Newton, *The Works of John Newton*, ed. Richard Cecil (London: Hamilton, Adams & Co., 1824), 2:147.

اطرح الأسئلة

نشأ جريج في البرونكس. كان يتجول في الشوارع، أمضى وقتًا في السجن، وخاض رحلة للتخلص من آثار المخدرات. ولكن يسوع خلّص جريج. ومنذ اهتدائه إلى المسيح، أصبح جريج يطرح أسئلة بلا كلل. فكل شيء يخص يسوع كان جديدًا عليه. في وقت مبكر من هذا الأسبوع، مررت به، فقال لي، «حسنًا جي، لقد كنت أقرأ الرسالة إلى العبرانيين، ولم أفهمها يا رجل. أخبرني، ماذا ينبغي أن أبحث عنه؟»

إن روح جريج المحبة للبحث تساعده على النمو كإنسان مسيحي، وأنا أشجعك على التشبه به. عندما تلتقي بشخص ما، لا تتوقع أن يقوم متلمذك بكل العمل. تعلم أن تطرح أسئلة. لا تقلق من ألا تطرح أسئلة مثيرة للإعجاب، لكن لتكن لديك أسئلة حقيقية.

بينما تقرأ الكتاب المُقدّس أو تنصت لعظة ما، اكتب أسئلتك. إن سمعت كلمة لاهوتية لا تعرفها، اسأل عن معناها. إن رأيت شيئًا يحيرك في الكنيسة، أسأل ماذا يحدث. أسأل أسئلة عن العزوبية، والمواعدة، والزواج، وتربية الأطفال. اسأل كيف تدير وقتك ومالك. اطلب من الله أن يزرع في قلبك الفضول لتعرف كيف تنطبق كلمته على كل جوانب حياتك. تعال بهذه الأسئلة إلى أشخاص آخرين، وسوف تساعدك كلاكما على النمو في التشبه بالمسيح.

رحب بالأسئلة

تتطلب التلمذة عدم الانغلاق. إن أردت أن تنمو، ينبغي أن تعطي الناس الحق في الدخول إلى حياتك. لا تشارك بكل شيء مع الجميع (أمثال ١٨: ٢٤)، ولكن علاقة التلمذة السليمة تتطلب الاستفسار.

صارعت مع الشفافية لوقت طويل من حياتي المسيحيّة المبكرة. كنت قلقًا جدًا أريد أن أثير إعجاب قادتي الشخصيين لدرجة إنني تجنبت أن أكون أمينًا حقًا معهم بخصوص خطيتي. للأسف، استطعت أن أخدعهم وأتلاعب بهم وشققت طريقي من خلال هذه العلاقات لعدة سنوات حتى كُشف أمري. أنقذني الله بنعمته

من أن أدفن خطيتي وعلمني أن آتي بها أمام الآخرين. إن كان الشخص الذي تلتقي به لا يطرح أسئلة موجهة عن خطيتك، شجعه على مسائلتك بخصوص خطايا معينة. على مر السنين تعلمت أن أساعد الآخرين على مساعدتي. ستجد أدناه نوعية الأسئلة التي شجعت أصدقائي ومشيريَّ على طرحها عليَّ:

- ما أخبار خدمتك لعائلتك، خاصة عندما تكون مشغولًا أو متعبًا؟
- ما أخبار حمايتك لنفسك من الوصول إلى المواد الإباحية على الإنترنت؟
- ما أخبار الوقت الذي تقضيه قاصدًا مع من لا يعرفون يسوع؟
- متى كانت آخر مرة شاركت فيها بالإنجيل مع شخص ما، وكيف سار الأمر؟
- ما أخبار إكرامك لله بمالك؟ هل كنت كريمًا أم جشعًا؟
- هل هناك شخصًا تحسده؟ هل هناك شخص تشعر تجاهه بمرارة؟
- ما الذي يستفز غضبك؟ وكيف تتجاوب معه؟

اقبل التقويم

من أكثر الوصايا التي تعقل في الكتاب المُقدّس «**لَا تَضِلُّوا**» (١ كورنثوس ١٥: ٣٣؛ غلاطية ٦: ٧؛ يعقوب ١: ١٦). الخطية تخدعنا وتضللنا. إنها تخرب علاقتنا مع الله وتقوض فرحنا. لذا نحتاج إلى مؤمنين آخرين ليساعدونا على رؤية الخطية التي لا نقدر أن نراها بأنفسنا. يقول صديقي مارك أن التلمذة تشبه إلقاء الدهان على الرجل الخفي.[4] كلما زاد الوقت الذي نقضيه مع شخص معين، كلما انكشفت خطيتنا أكثر. يستخدم الله المؤمنين الناضجين ليساعدونا على التعرف على الخطية التي قد لا ندري عنها شيئًا والتوبة عنها.

---

[4] Mark Dever, «4 Ways to Make Disciples,» TGC web-site, May 30, 2016, https://www.thegospelcoalition.org/article/4-ways-to-make-disciples/.

يعتبر قبول التقويم أمرًا صعبًا، ولكنه ضروري. فكر فقط في مدى جدية التحذير الذي يوجهه كاتب العبرانيين لقرائه بشأن حاجتهم للتقويم:

اُنْظُرُوا أَيُّهَا ٱلإِخْوَةُ، أَنْ لَا يَكُونَ فِي أَحَدِكُمْ قَلْبٌ شِرِّيرٌ بِعَدَمِ إِيمَانٍ فِي ٱلِٱرْتِدَادِ عَنِ ٱللهِ ٱلْحَيِّ. بَلْ عِظُوا أَنْفُسَكُمْ كُلَّ يَوْمٍ، مَا دَامَ ٱلْوَقْتُ يُدْعَى ٱلْيَوْمَ، لِكَيْ لَا يُقَسَّى أَحَدٌ مِنْكُمْ بِغُرُورِ ٱلْخَطِيَّةِ. (العبرانيين ٣: ١٢-١٣)

قد لا نشعر بهذا وقتها، ولكن من النعمة والمحبة أن يرينا شخص ما خطيتنا ويحثنا على القداسة. عندما أخفى داود جريمة الزنا والقتل، واجهه ناثان، مما أدى إلى توبة داود (٢ صموئيل ١٢: ١-١٤؛ مزمور ٥١). عندما أربك بطرس الناس بخصوص الإنجيل بتصرفه برياء في إحدى مهامه الكنسية، واجه بولس بطرس مما أدى إلى توبته (غلاطية ٢: ١٤). كان لي امتياز رؤية إخوة وأخوات كثيرين ينجون من آثار الخطية الفتاكة لأن شخص ما كانت لديه الشجاعة والمشغولية الكافيتين لمواجهتهم بشأن خطيتهم. هل أنت مستعد للتقويم؟ والأكثر، هل ترغب في أن تُقوَّم؟

يتسم الحمقى بمقاومة التقويم (أمثال ١٢: ١)، ولكن من يقبلونه يحصلون على الحكمة (أمثال ١٥: ٣٢). إن كنت تريد أن تتبع يسوع، ينبغي أن تكون مستعدًا لقبول التقويم.

عدِّل توقعاتك

نادرًا ما تبدو علاقات التلمذة بالضبط كما تتوقع. قد تتصور أن يوفر لك الرب علاقة مكثفة، بينك وبين شخص آخر بحيث يكون مؤمنًا يحيا حياة مقدّسة، وصبورًا، وأكبر منك، ويجيب على أسئلتك بحكمة ويتوقع احتياجاتك الروحية بسرعة بديهة. لكن في أغلب الأحوال، ستجد نفسك تتتلمذ على يد أخ تجده مقتضبًا للغاية، وغير لبق من الناحية الاجتماعية، أو لا يركز. تتكون الكنيسة من خطاة مفديين. حتى أكثرهم تقوى لديه أخطاء. إن لم تكن حريصًا، فقد تُحبط عندما تكتشف أن علاقات تلمذتك بها عيوب.

للمساعدة في تعديل توقعاتك، أقدم لك القليل من الاعتبارات لتبقيها في بالك.

أولًا، لن يكون مُتلمذك كاملًا. غالبًا ما أقول لمن أتلمذهم أنه ينبغي أن يراقبوا حياتي ليجدوا أشياء يودوا أن يحاكوها وأشياء يودوا أن يتجنبوها. سوف أقول وأفعل أشياء يتشجعون بها. ينبغي أن يجاهدوا في تقليد هذه السمات. كما سأقول وأفعل أشياء سيريدوا تجنبها. ينبغي أن يشعروا بالحرية في تقويمي والتعلم من أخطائي. سيكون متلمذ لك في أشياء كثيرة، ولكن ليس من بينها الكمال.

ثانيًا، لن يكون مُتلمذك هو الله. لا يستطيع من تلتقي بهم أن يكونوا كل شيء تحتاجه. لن يكونوا متاحين دائمًا. ولكن يسوع وعد، «**وَهَا أَنَا مَعَكُمْ كُلَّ ٱلْأَيَّامِ**» (متى ٢٨: ٢٠). لن يقدروا أن يفعلوا كل شيء لك. ولكن الروح القدس هو المعين الذي يمنحك القدرة على فعل كل وصايا الله (يوحنا ١٤: ١٦؛ أعمال ١: ٨). لن يعرفوا كل شيء. ولكن الله «**أَبَاكُمْ يَعْلَمُ مَا تَحْتَاجُونَ إِلَيْهِ قَبْلَ أَنْ تَسْأَلُوهُ**» (متى ٦: ٨). بإمكان الإخوة والأخوات أن يوجهوك إلى الله، ولكنهم لا يقدرون أن يكونوا هم الله بالنسبة لك. تجنب تحويل من تتعلّم منهم إلى أوثان واسمح لعدم كفايتهم أن توجهك إلى كفاية إلهك اللامحدودة.

ثالثًا، لا يقدر متلمذك أن يكون هو الكنيسة. ما من شخص واحد يستطيع أن يأخذ مكان الكنيسة المحلية. لن تحتاج إلى عضو واحد فقط من الجسد؛ بل تحتاج الجسد كله. لقد صمم الله الكنيسة كلها لتقوم بدور في تشكيلك. ادخل في الكثير من العلاقات المختلفة في كنيستك. كل واحد من رفاقك من الإخوة والأخوات لديه شيء يعلمه لك.

رابعًا، لن تثير إعجاب مُتلمذك دائمًا. إنني متأكد من أن بطرس فوجئ قليلًا عندما دعاه يسوع شيطانًا. أتعشم ألا يناديك أحد بالشيطان، ولكنك ستُقوَّم عندما تخطئ. لن يظن من يتلمذوك دائمًا أن أفكارك الثاقبة رائعة. ولكن لا تعش لتحصل على استحسانهم. كما قال يومًا تشارلز سبرجن، «إن ظن فيك أي شخص السوء، لا تغضب منه. لأنك أسوأ مما يظن هو.»[5] تذكّر لست بحاجة إلى أن تكون رائعًا. يسوع رائع، وليس أنت.

---

[5] Charles Spurgeon, «David Dancing before the Ark Because of His Election» (sermon, Metropolitan Tabernacle, London, July 1, 1888), https://www.spurgeon.org/resource-library/sermons/david-dancing-before-the-ark-because-of-his-election/#flipbook/.

ثلاثة أمور مُشجِّعة أخيرة

كلما انخرطت في علاقات تلمذة، كلما أدركت كم أحتاج إلى حكمة الله. توفر لنا علاقات التلمذة فرصًا رائعة للنمو في النعمة وفي معرفة المسيح الرب. ولكن ينبغي أن نحترس من القليل من العثرات.

خذ النوع في اعتبارك بحرص

كما هو الأمر في العائلة بالضبط، يستطيع الإخوة والأخوات الاستفادة من بعضهم البعض في الكنيسة المحلية. نجد هذا النمط في كل الكتاب المُقدّس. فقد علّم يسوع مريم بينما كانت تجلس عند قدميه (لوقا ١٠: ٣٨-٤٢). كما استضافت ليديا ولس وخدمته (أعمال ١٦: ١٤-١٥). وصححت بريسكلا وأكيلا تعليم أبولوس (أعمال ١٨: ٢٤-٢٨). تمتلئ الكنيسة دائمًا برجال ونساء يبنون بعضهم البعض.

في نفس الوقت، نحتاج أن نتذكر أن علاقات التلمذة غالبًا ما تخلق روابط روحية عميقة ووثيقة بين الشخصين. تزرع المشاركة بالأفكار الروحية الثاقبة وطلبات الصلاة القلبية نوعًا من التعلق الروحي. وبالتالي فقد يصبح الأعضاء من جنسين مختلفين متعلّقين عاطفيًا بسهولة بشكل يشتتهم عن هدف التلمذة. وإن زاد الشعور بالانجذاب، فقد يؤدي إلى وقوع أذية، مثل الاستغراق في المشاعر الرومانسية، أو حتى التعرض لخطر الخطية. ففي حين ينبغي أن نحب ونبني كل من أخوتنا وأخواتنا في الكنيسة، إلا أنه ينبغي أن نجتهد أيضًا لتجنب العلاقات المربكة. وهكذا، من الحكمة بصفة عامة أن نشجع علاقات التلمذة فقط مع شخص من نفس النوع.

في الواقع، يقدم الكتاب المُقدّس نمطًا يتمثل في رجال يركزون جهود تلمذتهم على رجال آخرين ونساء يركزن على مساعدة نساء أخريات. على سبيل المثال، يوجه بولس تيطس بوجوب تعليم النساء الأكبر سنًا للنساء الأصغر سنًا (تيطس ٢: ٣-٥). تضمن نمط تلمذة بولس في الأساس رجالًا مثل برنابا، وتيموثاوس، وتيطس، وسيلا، ولوقا، من بين رجال آخرين. عندما نلاحظ خدمة يسوع، نجد أن تلاميذه الإثني عشر كانوا رجالًا. يقدم الكتاب المُقدّس نمطًا يتمثل في تشجيع علاقات التلمذة بين أشخاص من نفس النوع.

نوّع العلاقات بشكل متعمّد

نشأت في بلدة يبدو فيها الجميع مثلي، ويتكلمون مثلي، ويفكرون مثلي، ويصوتون مثلي، ويختبرون الحياة بنفس طريقتي. بعدما أصبحت مسيحيًا مؤمنًا، كانت الكنائس التي أحضر بها متشابهة. لقد اشترك الجميع في نفس الإرث الثقافي. فقد كنا نغني أغاني متشابهة، ونستمتع بأساليب وعظ متشابهة، وتعكس شركتنا نوعية ثقافتنا.

بعد هذا بسنوات، انتقلت إلى مدينة تتسم بتنوع استثنائي وبدأت أعبد يسوع مع أشخاص يختلفون تمامًا عني. وإذ بدأت أطور علاقات تلمذة مع أشخاص من خلفيات إثنية وثقافية وأوضاع اجتماعية ومجالات اقتصادية مختلفة، نضج إيماني بطرق غير متوقعة. اكتشفت أنماط خطية في قلبي لم أتعرف عليها البتة من قبل. تعلمت أن أحب الناس الذين لا يشتركون معي في كثير من السمات. زاد الرب تعاطفي من نحو الأصدقاء الذين يعانون. أصبحت أقدر جمال الثقافات والمفضلات المختلفة.

أشارك معك بهذه القصة لأني أتحداك أن تسعى إنشاء علاقات تلمذة مع أشخاص يختلفون عنك. سيستخدم الله اختلافاتكم ليعلمك أن تحب بطرق معبرة. يتكون ملكوت الله من أشخاص من كل قبيلة ولغة وأمة (رؤيا ٧: ٩). لذا ينبغي أن تكون علاقات تلمذتنا بمثل هذا التنوع بقدر الإمكان.

ربما تعيش في منطقة بدون تنوع عرقي كبير، ولكن تحتوي كنيستك على الأرجح على أشخاص من خلفيات ثقافية وأوضاع اقتصادية وانتماءات سياسية مختلفة. في كل كنيسة محلية هناك الشباب وكبار السن، والمتزوجين والعزاب، والبسطاء والمعقدين – وكلهم يسجدون ليسوع. كلما قضيت وقتًا مع من يختبرون الحياة بشكل يختلف عنك، كلما رأيت نعمة الله تشرق من خلالهم بصور آسرة.

فبقدر استطاعتك، التق بشخص يختلف عنك. اطلب من الله أن يعطيك الاتضاع والصبر بينما يستخدم اختلافاتكما كأدوات لتشكيلك على صورة يسوع.

عالج الإحباط بالصلاة

الناس سوف يخذلوك. بغض النظر عمن يتلمذك، سوف يخذلك في النهاية. قد لا يرد على رسائلك. قد ينسى موعد اللقاء. قد لا يتابع العبء الهام الذي شاركت معه بخصوصه. بل وقد ينتهي الحال بالبعض مبتعدين عن يسوع. قد يجربك الشعور بالإحباط باليأس. هنا أود أن أضع أمامك عدة نقاط لتتذكرها.

أولًا، يسوع يعمل في هذا الشخص أيضًا. رغم أن الوضع الطبيعي هو أن يكون المؤمن الناضج نموذجًا يُحتذى في التقوى، لكن تذكر أن الله ينضجه هو أيضًا. دائمًا يذكرني أحد أصدقائي، «يسوع يقدس الجميع دائمًا في نفس الوقت.» تأمل فقط كيف تظهر الأناجيل كيف يعمل يسوع دائمًا في حياة الجميع. في غضون عدة آيات فحسب، نجد يسوع يخدم شخصًا مريضًا، ويعلم تلاميذه درسًا، ويوبخ المرائين، ويدعو الحشود للإيمان. يسوع عجيب. إذ تذكرت هذا فسيساعدك على أن تتحلّى بالصبر والغفران عندما يخذلك الآخرون.

ثانيًا، لن يخذلك يسوع أبدًا. سيخذلك كل شخص في هذه الحياة. ما من أحد كامل – لا أحد إلا يسوع. يذكرنا كاتب العبرانيين، «**كُونُوا مُكْتَفِينَ بِمَا عِنْدَكُمْ، لِأَنَّهُ قَالَ: «لَا أُهْمِلُكَ وَلَا أَتْرُكُكَ»، حَتَّى إِنَّنَا نَقُولُ وَاثِقِينَ: «ٱلرَّبُّ مُعِينٌ لِي فَلَا أَخَافُ. مَاذَا يَصْنَعُ بِي إِنْسَانٌ؟» ... يَسُوعُ ٱلْمَسِيحُ هُوَ هُوَ أَمْسًا وَٱلْيَوْمَ وَإِلَى ٱلْأَبَدِ**» (العبرانيين ١٣: ٥-٨).

يسوع لا يتغير أبدًا. لقد كان أمينًا عندما دعاك، وسيظل أمينًا ليحفظك. لن يكذب يسوع عليك أبدًا. ولن يتغاضى عنك أبدًا. ولن يتجاهلك أبدًا. ولن يخونك أبدًا. ولن يسيء فهمك أبدًا. اسمح لفشل الآخرين أن يساعدك على النظر إلى يسوع بصفته رجاءك النهائي.

دعونا نبدأ العمل

شعر ديفيد أن الآخرين يتجاهلونه باستمرار. كان يتوق أن يريه أي شخص كيف يصبح رجلًا تقيًا. جاء المشيرون وذهبوا، ولكنه لم يشعر البتة باهتمام جاد من أي شخص. فصلّى بشأن الأمر وطلب المساعدة من البعض، لكن العلاقات

لم تتطور كما كان يرجو. عندما شارك بشعوره بالإحباط مع راع كبير السن، قبل مشورته، «كن مع الآخرين كما تود أن يكون المرء معك.»

غيرت هذه النصيحة حياة ديفيد. فبدلًا من الوقوع في الشفقة على النفس، بدأ يساعد الرجال الآخرين على اختيار مسالكهم مع الله. كثيرًا ما شعر بأنه لا يعرف ماذا كان يفعل، ودائمًا ما بدا الله يسدد ما يحتاجه. لازال دافيد يطلب النصيحة والتشجيع من مؤمنين أكثر نضوجًا، ولكنه لم يسمح لإحباطه بأن يمنعه عن طاعة وصية يسوع بأن نتلمذ.

إذا شعرت بالإهمال، أطلب من الله أن يساعدك لتكون للآخرين ما تودهم أن يكونوا بالنسبة لك. ابحث عن مؤمنين أصغر منك لتستثمر فيهم. أطرح الأسئلة التي تود أن يطرحها عليك شخص آخر. تابع الحوارات بالطريقة التي تحب أن يتابعها أي شخص معك. كما قال يسوع، «**فَكُلُّ مَا تُرِيدُونَ أَنْ يَفْعَلَ ٱلنَّاسُ بِكُمُ ٱفْعَلُوا هَكَذَا أَنْتُمْ أَيْضًا بِهِمْ**» (متى ٧: ١٢).

أرجو أن يشجعك هذا الفصل على بناء علاقات كثيرة مع قديسين يستطيعون أن يساعدوك على اتّباع يسوع. ولكن تذكر، رفاقك المؤمنين في كنيستك يبحثون عن شخص يتلمذهم هم أيضًا. ابحث عنهم وساعدهم على النمو في مسيرتهم مع الله. قد تشعر بأنك غير مجهز للقيام بهذا العمل، ولكنك لست وحدك. وعد يسوع، «**وَهَا أَنَا مَعَكُمْ كُلَّ ٱلْأَيَّامِ إِلَى ٱنْقِضَاءِ ٱلدَّهْرِ**» (متى ٢٨: ٢٠). بغض النظر عن مدى شعورك بالوحدة أو عدم الاستعداد، سيكون يسوع معك، وسوف يساعدك.

عندما لا تكون هناك تلمذة فيما بعد

تتطلع علاقات التلمذة عبر الأفق برجاء إلى السماء. ينبغي أن نقوم بكل ما نفعله أو نناقشه في هذه العلاقات وفي بالنا اليوم الأخير. فإذ اعتنقنا منظورًا أبديًا فسيجعلنا هذا صاحين، وسيجعلنا هذا قادرين على محاربة الخطية، وسيجعلنا نتعلق بوعود الله. هدفنا من التلمذة هو مساعدة بعضنا البعض على اتّباع يسوع حتى ذلك اليوم الذي تنتهي فيه التلمذة. فيوم عودة يسوع يقترب. لذلك التزم بمساعدة الآخرين على الوصول إلى الوطن.

مصادر مقترحة

1. Mark Dever, Discipling: How to Help Others Follow Jesus (Wheaton, IL: Crossway, 2016).

2. Bobby Jamieson, Growing One Another: Disciple-ship in the Church (Wheaton, IL: Crossway, 2012).

3. J. Garrett Kell, Pure in Heart: Sexual Sin and the Promises of God (Wheaton, IL: Crossway, 2021).

4. Eugene Peterson, A Long Obedience in the Same Direction: Discipleship in an Instant Society (Downers Grove, IL: InterVarsity Press, 2019).

5. J. C. Ryle, Thoughts for Young Men (Edinburgh, Scotland: Banner of Truth, 2015).

6. Ed Welch, Side by Side: Walking with Others in Wisdom and Love (Wheaton, IL: Crossway, 2015).

٧

كيف يمكنني الاستفادة أكثر من قراءة الكتاب المُقدَّس؟

جيريمي كيمبل

«طُوبَى لِلرَّجُلِ ٱلَّذِي لَمْ يَسْلُكْ فِي مَشُورَةِ ٱلْأَشْرَارِ،
طَرِيقِ ٱلْخُطَاةِ لَمْ يَقِفْ، وَفِي مَجْلِسِ ٱلْمُسْتَهْزِئِينَ لَمْ يَجْلِسْ.
لَكِنْ فِي نَامُوسِ ٱلرَّبِّ مَسَرَّتُهُ، وَفِي نَامُوسِهِ يَلْهَجُ نَهَارًا وَلَيْلًا»

مزمور ١: ١–٢

بصفتي أستاذ جامعي في جامعة مسيحية، أريد أن ينمو تلاميذي في إيمانهم. أريدهم أن يروا أن جذور اللاهوت موجودة في الكتاب المُقدَّس. أريدهم أن يروا أن الكتاب المُقدَّس هو أعظم مصادر الحياة والإرشاد المتوفرة لديهم. في النهاية، أريد أن يحب تلاميذي الكتاب المُقدَّس ويفهمونه.

ولكن قد يكون هذا صعبًا. في أحد المواد الدراسية، وضحت التحدي بأن قصصت عليهم قصة خيالية عن الطلبة الذين يصبحون شغوفين بكلمة الله. حيث يحثهم نبع حماستهم الجديد إلى الشروع في رحلة قراءة الكتاب المُقدَّس كله في سنة.

وإذ يبدؤون، يطيرون عبر سفر التكوين. ومن لن يفعل هذا؟ فالقصة ساحرة، والشخصيات آسرة، أصحاحات كثيرة تبدو وكأنها مسرحية إذاعية.

ثم ينتقلون إلى سفر الخروج و ... حسنًا ... على الأقل نصفه جذاب!

ثم بعد هذا نجد سفر اللاويين – قفر القرارات المحطمة وخطط قراءة الكتاب المُقدَّس المتوقفة. ما أن يصل أولئك الطلبة الذين كانوا متحمسين إلى لاويين ٥، حتى يتضاءل اهتمامهم بالكتاب المُقدَّس وتبدأ خلواتهم تتلاشى.

عندما أحكي هذه القصة، يشعر تلامذتي أنها تنطبق عليهم. فتملأ حجرة الدراسة الضحكات والابتسامات ونظرات الإحراج. فقد غلبهم هم أيضًا سفر اللاويين؛ لقد رأوا نواياهم الحسنة في قراءة الكتاب المُقدَّس تتلاشى.

فماذا نفعل حيال هذا؟ إن كنت تقرأ هذا الكتاب، أفترض أنك تريد أن تقرأ الكتاب المُقدَّس بصورة أكثر ثباتًا. بل وتريد أن تستفيد من الكتاب المُقدَّس؛ أنت تريد أن يزيد الله معرفتك به بواسطة كلمته. وأنا أريد نفس الشيء بالنسبة لتلاميذي، وأريد نفس الشيء لك.

ربما لم تتفاعل من قبل بصورة مفيدة مع الكتاب المُقدَّس. ربما تشعر أن القصة المذكورة أعلاه هي عنك وأنه لا يمكنك الخروج من دائرة قراءة الكتاب المُقدَّس المتكررة: تصمم على قراءة الكتاب المُقدَّس، وتبقى ثابتًا لفترة، وتفوت بعض الأيام، ثم تتخلف عن خطتك، وفي النهاية تنحيها جانبًا بالتمام. أو ربما ينقصك الدافع ببساطة لقراءته لأنك تشعر أن الأمر مربك أو كبير إلى حد ما. هدفي في هذا الفصل هدف بسيط: أريد إجابة على السؤال، «كيف يمكنني الحصول على المزيد من قراءتي للكتاب المُقدَّس؟» إنني أكتب إلى مسيحيين يريدون أن يعرفوا ويحبوا ويخدموا الله. إنني أكتب لمن يريدون أن يروا الحقيقة بشأن من يكون في الكتاب المُقدَّس. إنني أكتب من أجل من يريدون أن يقرأوا الكتاب المُقدَّس بصورة أفضل – أو حتى من يريدون فقط أن يريدوا قراءة الكتاب المُقدَّس.

سوف نتمعن في كيفية قراءة الكتاب المُقدَّس في قسمين. أولًا، سنركز على عطية الكنيسة المحلية المفاجئة وكيف تعلمنا أن نقرأ كتبنا المُقدَّسة بطرق أكثر مما ندرك. ثانيًا، سوف أقدم بعض النصائح حول القراءة الشخصية للكتاب المُقدَّس.

لماذا نقرأ الكتاب المُقدَّس؟

قبل أن نناقش كيف نقرأ الكتاب المُقدَّس بشكل أكثر فعالية، ينبغي على الأقل أن نتأمل بشكل مختصر في السؤال: لماذا ينبغي أن نقرأ الكتاب المُقدَّس. تأمل في الحقائق التالية:

- الله موجود (مزمور ١٤: ١-٢)
- الله كامل، وجليل، ومهوب في كل طرقه (تثنية ٣٢: ٤؛ مزمور ٦٦: ٣).
- الله خلق كل شيء وهو ضابطها (تكوين ١: ١-٢: ٣؛ إشعياء ٤٥: ٥-٧؛ كولوسي ١: ١٥-١٧).
- خلقنا الله على صورته لنعرفه، ونمثله، ونعش لمجده في كل طرقنا (تكوين ١: ٢٦-٢٧؛ إشعياء ٤٣: ٦-٧).
- أعلن الله ذاته لنا في الكتاب المُقدَّس (٢ تيموثاوس ٣: ١٦-١٧).

لنلخص ما سبق: الله كلّي المجد موجود؛ وقد خلق كل الأشياء، بما في ذلك نحن، لمجده؛ وقد أعلن ذاته لنا في الكتاب المُقدَّس. في ٢ تيموثاوس ٣: ١٦، يصف بولس الكتاب المُقدَّس بأنه «متنفس به من الله»، أي، أنه آت من فم الله ذاته. الكتاب المُقدَّس هو الله متكلمًا. وبصفتنا حاملي صورة الله، فأعظم احتياجاتنا هو أن نسمع منه ونجعل حياتنا تنسجم مع مقاصده. لقد خُلقنا لهذا. نحن بحاجة إلى الكتاب المُقدَّس.

والأكثر إن الكتاب المُقدَّس يخبرنا عن يسوع والوعد بالغفران الموجود فيه وحده. بدون الكتاب المُقدَّس، لن نعرف الخبر السار عن الخلاص بالمسيح.

الآن بإمكانك أن ترى لماذا يعد الكتاب المُقدَّس هامًا للغاية. الكتاب المُقدَّس جوهري جدًا. لأنه يمكننا من أن نعرف ونتواصل ونسمع ونحصل على الإرشاد من إله الكون.

نحن لا نقرأ الكتاب المُقدَّس حتى نحفظ ونكرر العبارات الدينية التي سيكون لها تأثير سحري علينا. نحن نقرأ الكتاب المُقدَّس بحيث يشكّل الله حياتنا. نحن نقرأ حتى نثق في مُخلّصنا بصورة أكمل، ونحفظ الوحدة بين شعب الله، ونحرس العقيدة السليمة. نحن نقرأ حتى نعرف كيف نحب ونخدم إخوتنا وأخواتنا. نحن نقرأ حتى يمكننا أن نحب الله ونتغير أكثر وأكثر إلى صورة ابنه (رومية ٨: ٢٨-٢٩؛ ٢ كورنثوس ٣: ١٨).

ينبغي ألا يقرأ المسيحيون الكتاب المُقدَّس فقط كواجب ديني. ينبغي أن نبتهج به، كما يقول المرنم (مزمور ١: ١-٣). لو لعب ابني كرة القدم من باب الواجب فحسب، لن يدوم التزامه طويلًا. ولكنه لعبها لسنوات. لماذا؟ لأنه يحبها (رغم أن الوجبات الخفيفة التي يشتريها بعد المباريات ليست سيئة هي الأخرى). بالمثل نقرأ الكتاب المُقدَّس لنعرف الله الحي الذي نحبه، ونفعل هذا بفرح لأنه ما من فرح أعظم من معرفته (مزمور ١٦: ١١).

هل تريد أن تعرف الكتاب المُقدَّس؟ انضم إلى كنيسة

حسنًا، دعنا نذهب إلى السؤال الرئيسي لهذا الفصل: كيف نحصل على المزيد من قراءة كتابنا المُقدَّس؟ كيف نقرأ الكتاب المُقدَّس بصورة أفضل؟ قد يفاجئك أول شيء أقترحه. إذا كنت تريد أن تقرأ الكتاب المُقدَّس بصورة أفضل، انضم إلى كنيسة محلية.

قد تفكر، «مهلًا، ما علاقة هذا بقراءة الكتاب المُقدَّس؟ ألا ينبغي أن نبدأ ببعض النصائح عما ينبغي أن أبحث عنه في الكتاب المُقدَّس؟ ماذا عن بعض الاقتراحات العملية؟ ماذا عن مبادئ التفسير؟» سوف نصل إلى هذا بعد قليل.

أولًا، نحتاج أن نأخذ في اعتبارنا شيئًا جوهري أكثر. الله لا يريد أن يختبئ شعبه في جديرات يقرأوا في الكتاب المُقدَّس لأنفسهم فقط. وإنما عندما يخلصنا الله، يجعلنا جزءًا من شعب (كولوسي ١: ١٣-١٤؛ ١ بطرس ٢: ١٠). إنه يدعونا للانضمام إلى كنيسة – مجتمع من الرفاق في قراءة الكتاب المُقدَّس. عندما ننضم إلى كنيسة محلية، نحن نلتزم بحياة بحسب كلمة الله وفي شركة مع شعبه. الله يخلصنا إلى كنيسته، والكنيسة بدورها توجهنا مرة أخرى إلى الله، والإنجيل، والكتاب المُقدَّس. لذا إن كنت

تريد أن تتعلم الكتاب المُقدَّس، انضم إلى كنيسة محلية – التي هي مدرسة الله لتعليم الكتاب المُقدَّس.

هل صدمك هذا الادعاء؟ دعنا نفكر فيه أكثر قليلًا. ينبغي أن تكون كلمة الله في قلب كل كنيسة لأن كلمة الله تخلق الكنيسة. كلمة الله تخلق شعب الله الذي بدوره يسمع ويلتزم باتباع كلمة الله. هذه العبارة معبأة بالكثير، لذا دعنا نفصلها.

نحن البشر أموات روحيًا في خطايانا (أفسس ٢: ١-٣). لقد أخطأنا (رومية ٣: ٢٣)، وبالتالي نحن تحت غضب الله (يوحنا ٣: ٣٦)؛ رومية ٦: ٢٣). ولكن الله في نعمته أرسل ابنه يسوع المسيح، الله الظاهر في الجسد، ليخلصنا (يوحنا ١: ١-١٤). عاش يسوع حياة كاملة، ومات نيابة عنا، ودفع عقوبة خطايانا، وقام من الأموات دليلًا على أن ذبيحته عن الخطية قد قُبلت (رومية ٣: ٢١-٢٦؛ ١ بطرس ٢: ٢١-٢٥). أعلن المسيحيون الخبر السار الخاص بالخلاص بالمسيح وحده لأجيال. وكل من يدعو باسمه، ويتوب عن خطاياه، ويؤمن به يخلص (رومية ١٠: ٩-١٧؛ راجع يوحنا ٦: ٣٥).

نتعلم كل هذا من خلال كلمة الله. حيث تأتينا بينما نحن أموات في خطايانا. فنسمعها، فيحيينا الروح القدس. فنتحول عن الخطية ونلتفت إلى المسيح بإيمان.

عندما يحدث هذا، لا يتصالح شعب الله فقط معه؛ بل ويتصالحون أيضًا مع بعضهم البعض. لقد وصلت الآن العداوة التي اشتعلت بين البشر منذ قتل قايين هابيل إلى نهايتها. عندما نأتي إلى المسيح، نشبك أذرعنا مع من فعلوا مثلنا. نحن لا نأتي إلى المسيح حتى نطيع كل شيء أمر به فحسب، بل وكذلك لنساعد المسيحيين الآخرين على السلوك في نفس طريق الطاعة. فكلمة الله هي التي تجمع الكنيسة، وكلمة الله هي التي توجه الكنيسة.

لا يريد لنا الله أبدًا أن نقرأ الكتاب المُقدَّس بمعزل عن الآخرين. لا يُفترض بنا أن نحاول ونكتشف كل شيء بأنفسنا. فالله لا يتوقع منا جميعًا أن نكون «خبراء في الكتاب المُقدَّس.» ولكنه يريدنا جميعًا أن نقرأ كلمته بشكل مفيد وأن نشارك بها الآخرين (كولوسي ٣: ١٦). نستطيع أن نفعل هذا بينما نتعلم أن نقرا الكتاب المُقدَّس مع الآخرين في كنيستنا المحلية.

من الغريب أن يخشى البعض أن يعتمدوا بشدة على الكنيسة من أجل نموهم الروحي – كما لو كان من «الغش» أن يتشجعوا بالعظات أكثر مما يتشجعوا بأوقات عبادتهم الشخصية. يفترض بعض الناس أن المسيحيون الشباب أو الضعفاء بالذات هم الذين يحتاجون إلى كنيسة محلية. ولكن ما أبعد هذا عن الحقيقة. يحتاج كل المسيحيون – الصغار والكبار، الناضجون وغير الناضجين – إلى إشراف وتوجيه الكنيسة المحلية. نحن لسنا ضعفاء حتى نعتمد على مواهب الله في الكنيسة. لقد صممها الله لتعمل بهذا الشكل. لقد خلقت كلمته الكنيسة، والآن تدعم الكنيسة وتعلم شعبه بكلمته. حسنًا، دعنا نصبح عمليين. كيف يساعدك الانضمام إلى كنيسة محلية على قراءة الكتاب المُقدَّس بشكل أفضل؟

اعتراف إيمان الكنيسة وعهدها

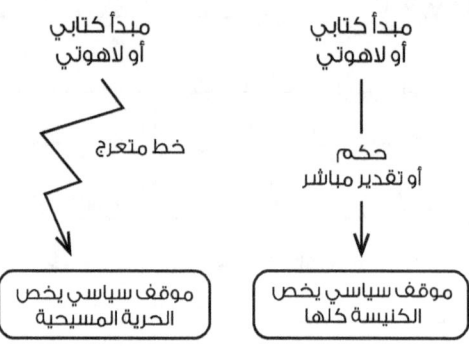

توقف لوك عند مكتبي ليطلب النصح. كان يخطط للنقل إلى مكان آخر، وكان عصبيًا. لم يكن لديه ما يرشده لاختيار كنيسته الجديدة. كنا نبحث بسرعة على الإنترنت نرى ما هي الكنائس الموجودة في المنطقة. ومثل أي معلم جيد، لم أستطع أن أقاوم تحويل هذه اللحظة إلى امتحان ارتجالي بسيط: «ما هو أول شيء ينبغي أن ننظر عليه في مواقع هذه الكنائس؟» وبلا تردد (وهو ما أرضاني جدًا) أجاب، «بيان الإيمان.»

لكل كنيسة «بيان إيمان» – اعتراف يصف ما تؤمن به. كما أن الكثير من الكنائس لديها عهد يصف كيف تنوي أن تعيش إيمانها معًا كجماعة. باختصار، يلخص بيان الإيمان اعتقاد الكنيسة بما يعلمه الكتاب المُقدَّس بشأن ما ينبغي أن نؤمن به، ويلخص عهد الكنيسة ما تعتقد الكنيسة أن الكتاب المُقدَّس يعلمه بشأن كيف ينبغي أن نعيش.

يتنوع شكل استخدام الكنائس لهاتين الوثيقتين بشكل كبير في الواقع. بعضها يقرا بانتظام أجزاء من بيان إيمانها صباح أيام الأحد. وتقرأ بعض الكنائس عهدها في كل مرة تشترك في عشاء الرب. على الأقل، ربما علمتك كنيستك بيان الإيمان عندما انضممت إليها في البداية.

للأسف، كثيرًا ما لا تميز الكنائس قيمة هذه الوثائق، خاصة عندما يتعلق الأمر بمساعدتهم على قراءة الكتاب المُقدَّس. فكر في الأمر. الكتاب المُقدَّس كتاب كبير. من الصعب توضيح كل الأفكار الكبيرة. ولكن اعتراف إيمان الكنيسة وعهدها يلخصان معظم التعاليم الهامة للكتاب المُقدَّس في عدة صفحات فحسب. إذا داومنا بانتظام على تكرار اعتراف إيمان كنيستنا وعهدها، ستكون «الصورة الكبرى» للكتاب المُقدَّس في ذهننا في كل مرة نفتح فيها الكلمة. فكر في الأمر هكذا: يعطينا اعتراف إيمان الكنيسة وعهدها درابزين لقراءة الكتاب المُقدَّس. تلخص هاتان الوثيقتان تعاليم الكتاب المُقدَّس الرئيسية عن الله، الخلاص، الروح القدس، الكنيسة، وكيف يُفترض بنا أن نعيش كشعب ينتظر عودة المسيح. إنها تحفظنا من رؤية أشياء غير موجودة في الكتاب المُقدَّس.

قد يعترض البعض: لماذا ينبغي أن نعطي مثل هذه الأولوية العالية لوثيقتين من خارج الكتاب المُقدَّس؟ ولكن اعترافات الإيمان وعهود الكنيسة تنبع من الكتاب المُقدَّس لكي توجهنا إلى الكتاب المُقدَّس. إنها تلخص الكتاب المُقدَّس بحيث نقرأه بشكل أفضل؛ إنها لا تحل محله.

خدمة الوعظ

لم تقدر ميجان أن تخفي حماستها من جهة الكتاب المُقدَّس. فقد أتت إليَّ بعد الكنيسة لتخبرني بأن كل شيء بدأ أخيرًا «يعمل بفعالية.» بعد سنوات عديدة من الجلوس في ظل الوعظ السليم بدأت تلاحظ كيف يفسر راعيها ويشرح ويطبق الكتاب المُقدَّس. فبحضور الكنيسة أسبوعًا تلو الآخر ببساطة، تعلمت كيف تقرأ الكتاب المُقدَّس بمراقبة النموذج الذي يمثله راعيها.

الطريقة الأساسية التي تعلم بها الكنائس المحلية الشعب قراءة كتبهم المُقدَّسة بصورة أفضل هي من خلال الوعظ. بحسب الكتاب المُقدَّس، الرعاة (أحيانًا يُدعون أيضًا «شيوخ») هم هبات من المسيح لكنيسته. ووظيفتهم الأساسية هي التعليم والوعظ بالكتاب المُقدَّس. تأمل لبرهة فقط فيما يقوله الكتاب المُقدَّس عن الرعاة والشيوخ.

- ينبغي أن يكونوا «**صَالِحِين لِلتَّعْلِيمِ**» (١ تيموثاوس ٣: ٢).
- لقد تم تكليفهم بإعلان الحق الموجود في كلمة الله (٢ تيموثاوس ٤: ١-٢).
- ومدعوين لتجهيز القديسين بحيث يمكنهم أيضًا الانخراط في خدمة مركزها الكلمة (أفسس ٤: ١١-١٦).
- هم رجال موهوبين من الله ليعلموا بالكتاب المُقدَّس ويكونون أمثلة في طاعته (تيطس ٢: ٧-٨).

إذا كانت الكنيسة المحلية هي مدرسة الله لتعليم الكتاب المُقدَّس، إذن فقد وُهب الرعاة من الله حتى يعلموا في مدرسته. إن أردت أن تصبح قارئًا أفضل للكتاب المُقدَّس، إذن أتح نفسك لموهبة الله الصالحة المتمثلة في الرعاة.

وإذ تطلب أن تتعلم الكتاب المُقدَّس بصورة أفضل بالجلوس تحت خدمة وعظ أمينة، فها هي نقاط قليلة ينبغي أن تتذكرها.

أولًا، يؤكد الوعظ الكتابي على أن الكتاب المُقدَّس هو كلمة الله الموحى بها، والمعصومة، وأنه ملزم (٢ تيموثاوس ٣: ١٦-١٧؛ ٢ بطرس ١: ٢٠-٢١). إذا قلل أي راع من أهمية الكتاب المُقدَّس، ولو بشكل غير مقصود من خلال ما يفعله ولا يشدد على أهميته، فلتبحث إذن عن كنيسة أخرى لتنضم إليها. فعلى الأرجح لن تتعلم الكثير عن الكتاب المُقدَّس هناك.

ثانيًا، أكثر وعظ منعش هو الوعظ التفسيري، وهو الوعظ الذي يشرح معنى النص ويجعل النقطة التي يقصدها النص النقطة الرئيسية في العظة. في الواقع، عادة ما يقضي الوعاظ التفسيريون أسابيع أو أشهر (أو ربما حتى سنين) في الوعظ آية بآية عبر كل أسفار الكتاب المُقدَّس. ما من طريقة أفضل الوجبة الأسبوعية من الوعظ التفسيري لتعلم كيفية قراءة الكتاب المُقدَّس.

ثالثًا، كما ذكرت صديقتي ميجان، لن يفسر فقط الوعظ الأمين محتوى الكتاب المُقدَّس، بل وسيقدم أيضًا النموذج الصحيح بكيفية قراءة الكتاب المُقدَّس بصورة جيدة. يستبعد الوعاظ الجيدون أي غموض غير ضروري في تفسير الكتاب المُقدَّس. إذ يبينون كيف ينبغي قراءة الفقرة في سياقها وفهم ما تعنيه. كما يبينون لك ما صلتها بالإنجيل وكيف تطبقها في حياتك. يبين الوعاظ الجيدون «أنهم يقومون بواجبهم المنزلي» بحيث يمكن لأعضاء الكنيسة أن قرأوا الكتاب المُقدَّس بقدرة أكبر. فبينما تراقب الرعاة يفسرون، يشرحون، ويطبقون النص أسبوعًا تلو الآخر، ستتعلم كيف تفعل مثلهم.

إن كنت تريد حقًا أن تقرأ الكتاب المُقدَّس بشكل أفضل، ابحث عن كنيسة تعلم الكتاب المُقدَّس وتمارس الوعظ التفسيري.

خدمة التعليم

بينما يعطي الله الرعاة بصفتهم معلمي الكتاب المُقدَّس الأساسيين في الكنيسة، إلا أن المسيحيين الآخرين أيضًا يعلموننا الكتاب المُقدَّس. توفر معظم الكنائس فرصًا إضافية للتعليم: فصول الكتاب المُقدَّس للبالغين، المجموعات الصغيرة، أو دروس الكتاب المُقدَّس للرجال والنساء.

كثيرًا ما توفر خدمات التعليم الأخرى تلك فرصة لنا لطرح الأسئلة، وتمدنا بأفكار كتابية ثاقبة، والتكلم مع رفاقنا من أعضاء الكنيسة عما نتعلمه. في الفصل الذي أشترك في قيادته في كنيستي، كثيرًا ما ابدأ بأن أطلب من الحاضرين مشاركتنا بشيء قرأوه من الكتاب المُقدَّس هذا الأسبوع، وماذا يعني، وكيف يطبقونه على حياتهم. أصبحت هذه الممارسة جزءًا من ثقافة كنيستنا، وغالبًا ما يأتي الناس مستعدين للمشاركة.

في بيئات كهذه، لا يسمع الأعضاء فقط درسًا مبنيًا على كلمة الله، بل ويعتادون على سماع رفاقهم من أعضاء الكنيسة يشاركون بما يتعلمونه عن الله من كلمته. تعتبر لحظات كهذه ببساطة طريقة ننفذ بها وصية الكتاب المُقدَّس، «**يُنْذِرَ بَعْضُكُمْ بَعْضًا**» (رومية ١٥: ١٤) بينما نتعلم من بعضنا البعض كيف نقرا الكتاب المُقدَّس بصورة أفضل.

إن كنت تريد الحصول على المزيد من الكتاب المُقدَّس، افتح نفسك على خدمات تعليم الكنيسة الرسمية بالإضافة إلى عظة الأحد.

خدمة الشركة والتلمذة

ليست العظات، والفصول الرسمية، والمجموعات الصغيرة الطرق الوحيدة التي تعلمنا من خلالها الكنيسة أن نقرأ الكتاب المُقدَّس بصورة أفضل. حيث نصبح قراء أفضل للكتاب المُقدَّس أيضًا من خلال الاستثمار ببساطة في علاقاتنا مع رفاقنا الأعضاء.

تدور الشركة المسيحية حول التزامنا المشترك بيسوع والإنجيل. نحن متحدون في المسيح حتى ولو كان النوع، العرق، المكانة الاجتماعية والاقتصادية تفصلنا. برغم كل اختلافاتنا، لقد شكلنا المسيح وصنع منا إنسانية جديدة ملتزمة بالعيش في تضامن كتابي (أفسس ٢: ١٨-١٩) ونقول الحق بمحبة (أفسس ٤: ١٥).

ماذا عني هذا من الناحية العملية؟ حسنًا، عندما يخرج المسيحيون معًا، يميلون إلى التحدث عن الكتاب المُقدَّس. طبعًا، للمسيحيين نصيبهم من حرية التعبير فيما يخص الرياضات، العمل، الهوايات، والسياسة. ولكن إن كنت محاطًا بمسيحيين ناضجين، لن يمر وقت طويل حتى تسمع شخصًا يبدأ في ربط الكتاب المُقدَّس بحياته اليومية.

ربما تشارك إحدى الأخوات عن صراعاتها في تربية أولادها وكيف تتشجع بوعد معين من الكتاب المُقدَّس. ربما يذكر أحد الإخوة كيف ساعده ما يقرأه في الكتاب المُقدَّس في صراعه مع الهلع. في ملاعب كرة القدم، في الفناء الخلفي، أو على مائدة العشاء، يشارك المسيحيون بإيمانهم المشترك وغالبًا ما يعلم أحدهم الآخر الكتاب المُقدَّس بدون قصد (رومية ١٥: ١٤).

وقد ثبتت صحة فائدة هذه العلاقات لفهم الكتاب المُقدَّس في حياتي الشخصية. فمثلًا، منذ فترة مضت زرت بيت صديقي آرون لحضور حفل ألعاب السوبر بأول. استمتعنا بجزء من اللعبة، والكثير من الإعلانات التجارية المرحة، والكثير من الطعام الجيد الوفير. ولكن أكثر شيء أتذكره بخصوص هذه الليلة هو حواراتنا عن الكتاب المُقدَّس، واللاهوت، وكيف ينطبق كل هذا على حياتنا. لا شيء من هذا كان مرتبًا – إنه فقط شيء يحدث عندما يجلس المسيحيون مع بعضهم البعض. تركت هذا الحفل وأنا أحب يسوع أكثر مما كنت أحبه عندما دخلت. تركت هذا الحفل وأنا أعرف الكتاب المُقدَّس أفضل مما كنت أعرفه عندما وصلت. ساقتني هذه الشركة المسيحية البسيطة لأعود إلى كلمة الله بفهم وعاطفة أعظم.

ولكننا لا نتعلم فقط الكتاب المُقدَّس في الشركة المسيحية غير الرسمية. بل نتعلم كذلك أن نقرأ الكتاب المُقدَّس بصورة أفضل من خلال علاقات التلمذة المقصودة. والتلمذة تعني مساعدة الآخرين على التعلم من يسوع بحيث يمكنهم اتباع يسوع بأمانة أكبر.

إن لم تكن في علاقة تلمذة، ينبغي أن تبدأ! يدعونا يسوع جميعًا أن نذهب ونتلمذ من يتبعونه وأن نعلم هؤلاء التلاميذ أن يطيعوا كل ما أوصى به (متى ٢٨: ١٩-٢٠). يريدنا يسوع أن نتتلمذ ونتلمذ الآخرين. إن كنت تحتاج إلى مساعدة حتى تبدأ في علاقات تلمذة، فارجع إلى كتاب جاريت كيل، كيف أجد من يتلمذني؟ في هذه السلسلة.

هل تصارع لتفهم الكتاب المُقدَّس؟ لم لا تطلب من شخص مسيحي ناضج أن تلتقوا على الغداء مرة في الأسبوع لتقرأا سفرًا من أسفار الكتاب المُقدَّس وليشرح لك كيف يقرأه؟

تريد أن تصقل مهاراتك في القراءة بحيث يمكنك أن ترى المزيد مما يقوله الكتاب المُقدَّس؟ قم بحضور مجموعة من أقرانك لتقرأوا وتناقشوا ما تقرؤونه في أوقاتكم التعبدية. ويمكنك كذلك أن تطلب من الراعي أو أحد الشيوخ في كنيستك أن يلتقي بك.

هل تصارع في ناحية معينة من حياتك؟ لم لا تطلب من مؤمن ناضج أن يستعين بالكتاب المُقدَّس في حياتك ويساعدك على رؤية كيف يعالج الكتاب المُقدَّس موقفك؟

لا تبحث فقط عمن يمكنهم مساعدتك. من الذي يمكنك أن تساعده؟ ابحث عن شخص ما في كنيستك ممن يحتاج إلى التلمذة، وتواصل معه، والتق به للحديث عن الكتاب المُقدَّس. إنني أقدم المشورة بانتظام للعديد من الشباب بهذه الطريقة. وأرجو أن يستفيدوا من الوقت الذي نقضيه معًا. ولكنهم ليسوا الوحيدين الذين يستفيدون من علاقتنا. إنني مندهش كيف يزيد هؤلاء الشباب من محبتي لله ومعرفتي بالكلمة حتى وأنا أجاهد لمساعدتهم على فعل المثل.

نماذج الطاعة

هناك طريقة أخرى يساعدنا بها رفاقنا من أعضاء الكنيسة في قراءة كتبنا المُقدَّسة بصورة أفضل وهي تقديم نماذج الطاعة بحياتهم. حيث نرى رؤية الكتاب المُقدَّس للحياة المسيحية بصورة حية في شعب الله. في الكنيسة المحلية، نشهد بأعيننا أشخاصًا يعيشون وصايا الكتاب المُقدَّس. حيث نحصل على كرسي في المقعد الأول لنشاهد الآخرين يثقون في وعود الله.

يطالب الكتاب المُقدَّس بألا نكون سامعين للكلمة فقط، بل وفاعلين لها (يعقوب ١: ٢٢). تساعدنا ملاحظة الآخرين وهم يطيعون الكتاب المُقدَّس على فهمه وطاعته. ليست هذه مجرد فكرة ماهرة طرأت على بالي. حيث يدعونا الكتاب المُقدَّس بانتظام إلى ملاحظة كيف يطيع الآخرون وصايا الله وأن نتبع مثالهم. فنتشبه بهم كما يتشبهون بالمسيح (١ كورنثوس ٤: ١٤-١٧؛ ١١: ١؛ فيلبّي ٣: ١٢-١٧؛ ٤: ٨-٩؛ ١ تسالونيكي ١: ٤-٧؛ ٢ تسالونيكي ٣: ٦-٩؛ العبرانيين ١٣: ٧).

يأتي إلينا التشبه بالآخرين بصورة طبيعية. عندما كان أولادي صغارًا واحتاجوا أن نطعمهم بالملعقة، كانت زوجتي تقلدهم بشكل فكاهي عندما يفتحون أفواههم ليقضموا قضمة. كنت أمازحها، ولكني كثيرًا ما وجدت نفسي أفعل نفس الشيء بالضبط. وبينما يكبرون، يقلد الأطفال والديهم - سواء في طريقة النطق، أو الهوايات، أو حتى خزانة ملابسهم (مازال ابني يحب تنسيقه معي). كثيرًا ما نسمع زوجتي وأنا ابنتي هانا تقول أشياء نعرف أنها سمعتها منا (قد تكون هذه السمة جيدة أو سيئة). يحب ابني أن يركب دراجته مرتديًا سروالًا قصيرًا وقميص صوفي لأنه رآني أفعل هذا. لا شخص يبقى دون أن يتأثر بأحد. المحاكاة أمر حتمي، لذا نحتاج أن نطمئن أننا نقلد الشخص الصحيح.

تقدم لنا الكنيسة نماذج في الطاعة ترينا كيف نفهم ونطبق الكتاب المُقدَّس. وها هي مجرد أمثلة قليلة:

- تريد أن تعرف ماذا يقصد بولس عندما يقول «**أَحِبُّوا نِسَاءَكُمْ كَمَا أَحَبَّ ٱلْمَسِيحُ أَيْضًا ٱلْكَنِيسَةَ**» (أنظر أفسس ٥: ٢٥)؟ أنظر على رجل في كنيستك يعتبر نموذجًا في القيادة التقية في بيته.
- تريد أن تعرف ما معنى ما يقوله يسوع أن تقطع يدك إن كانت تعثرك (متى ٥: ٣٠)؟ أنظر على الشاب الموجود في مجموعتك الصغيرة والذي تخلص من كل أجهزة الإنترنت لديه في محالو لقطع الفرصة للوصول إلى أية مواد مثيرة.
- تريد أن تعرف معنى وصية بولس لنا بأن نطرح كل مرارة ومنافسة فارغة (فيلبّي ٢: ١-٤)؟ انظر إلى تلك السيدتين المسنتين الجلستين في الصف التالي واللتين لا تقارنان نفسيهما ببعضهما البعض أو تشعران بالإهانة من تعليقاتهما الماضية على بعض، بل مستمرتان في خدمة بعضهما البعض برغم اختلافاتهما.

بصفتها مدرسة الله لتعليم الكتاب المُقدَّس، تعلّمنا الكنيسة كيف نفسر الكتاب المُقدَّس بشكل صحيح وكذلك تقدم لنا نماذج - وإن كانت غير مثالية - في طريقة معيشته.

قراءة الكتاب المُقدَّس من أجل الآخرين

هنا أقدم آخر الاعتبارات بخصوص كيف تعلمك الكنيسة قراءة الكتاب المُقدَّس: قراءتك الكتاب المُقدَّس أمر لا يتعلق بك وحدك!

من المفترض مما تقرأه كل يوم في وقتك الخاص وما تسمعه في الخدمات كل أسبوع في كنيستك المحلية أن يتردد صداه من خلالك في قلب جماعة كنيستك. فالواعظ وكيل يوزع الكلمة بحيث نصبح وكلاء ونوزع نفس الكلمة. قد لا نفعل هذا أبدًا من خلال التعليم الرسمي، ولكن كل عضو في الكنيسة لديه فرص كثيرة ليقرأ الكتاب المُقدَّس مع آخرين في باله ثم يخبرهم بالحق الكتابي: «**وَتَكَلَّمُوا بِٱلصِّدْقِ [الحق] كُلُّ وَاحِدٍ مَعَ قَرِيبِهِ، لِأَنَّنَا بَعْضَنَا أَعْضَاءُ ٱلْبَعْضِ**» (أفسس ٤: ٢٥؛ أنظر كذلك أفسس ٤: ١٥-١٦، ٢٩).

أنا بحاجة إلى التكلم بالكتاب المُقدَّس إلى الآخرين، وأحتاج أن يتكلم به أحد معي.

قد يفاجئك هذا، ولكن عالم التنافس في قيادة الدراجات يوضح هذه النقطة. أحب قيادة الدراجات. تذهب آثار الدراجة قرب منزلي في عدة اتجاهات لمسافة مئات الأميال. لفترة طويلة، كنت أقود الدراجة وحدي. ولكن بعد بضعة سنوات، قررت أن أدخل حدثًا يشترك فيه حوالي ألف متسابق.

عند خط البداية، رأيت صديقًا عرف أنني جديد في مجال التنافس في قيادة الدراجات. فمال نحوي وأخبرني، «انتهز فرصة الجر. أبق على مسافة عدة أقدام من الدراجة التي أمامك – فهذا يقلل من مقاومة الهواء بحوالي ٣٠٪.» عندما أخذ الحدث شكله، انضممت إلى مجموعة من حوالي ١٠ متسابقين. لم أصدق كيف كان أسهل أن أسير المسافة ببساطة معتمدًا على جر الآخرين من حولي! عندما يتكلم الناس بكلمة الله في حياتي، يكون لها تأثير جر مشابه. فهذا يساعدني بينما أجري سباق الحياة المسيحية.

يوصينا بولس بأن نترك كلمة المسيح تسكن فينا بغنى بينما نعلم وننذر بعضنا البعض بكل حكمة (كولوسي ٣: ١٦). أترى؟ الله يريدنا كلنا أن نكون شعبًا ممتلئًا بالكلمة يشجع ويعلم بعضه بعضًا بانتظام من الكتاب المُقدَّس. وهذا يتطلب قراءة واستماع يتخطيان حياتنا الفردية.

عندما نتعلم أن نقرا الكتاب المُقدَّس في الكنيسة، نتذكر أننا نقرأ الكتاب المُقدَّس لا لنعزز معرفتنا وننفخ أنفسنا بسبب بصيرتنا العظيمة. وإنما نقرا الكتاب المُقدَّس لنخدم أحدنا الآخر بالكلمة – عائلتنا، أصدقاءنا، مجموعتنا الصغيرة. نقرأ الكتاب المُقدَّس لخير الآخرين بقدر ما نقرأه لخير نفوسنا.

نصائح قليلة لقراءة أفضل للكتاب المُقدَّس

أهم شيء يمكنك فعله لتتعلم كيف تقرأ كتابك المُقدَّس بصورة أفضل هو الانضمام إلى كنيسة. الآن، وبعد أن أكدنا على هذا الأساس، أود أن أقدم القليل من الاقتراحات العملية التي بإمكانك أن تبدأ في استخدامها الآن بينما تقرا كتابك المُقدَّس. مرة أخرى، ستجد نماذج على كل هذا في الكنيسة، ولكن دعني أعطيك القليل من الأفكار حول ما ينبغي أن تبحث عنه.

نحتاج أن نضع نصب أعيننا ثلاثة أسئلة في كل الأوقات بينما نقرا الكتاب المُقدَّس.

- عم يدور الكتاب المُقدَّس كله؟
- عم يدور السفر كله؟
- عم تدور هذه الفقرة؟

سيظهر دور كل سؤال من هذه بينما نتأمل المبادئ الأربعة التالية لقراءة أفضل للكتاب المُقدَّس.

المبدأ الأول: افهم الصورة الكبيرة للكتاب المُقدَّس

أولًا، قبل أن تدخل في كل التفاصيل، فكر في القصة الشاملة للكتاب المُقدَّس كله. بعبارة أخرى، عم يدور الكتاب المُقدَّس كله؟

عندما ظهرت سلسلة أفلام مملكة الخواتم في بدايات الألفية الجديدة، أتذكر إنني كنت في عرض لفيلم *The Two Towers*، ثاني فيلم في السلسلة المكونة من ثلاثة أفلام. فرأيت أحد أصدقائي في المسرح، وكنا نشعر سويًا بالإثارة. بعد هذا اعترف

لـي بشـيء غريـب: إنـه لـم يقـرأ قصـص الأفـلام ولا رأى الفيلـم الأول. كنـت مسـتغربًا. لِـم لَـم يشـاهد الفيلـم الأول قبـل أن يأتـي ويـرى الثانـي؟ كنـت متأكـدًا عندمـا رأيتـه بعـد هـذا مـن أنـه سـيكون متحيـرًا تمامًـا. حيـث لـم يعـرف الصـورة الكبيـرة، لـذا لـم يقـدر أن يفهم ما يحدث. نفس الدرس ينطبق على قراءة الكتاب المُقدَّس بالمثل.

إذن، مـا هـي قصـة الكتـاب المُقدَّس الكبيـرة؟ قـد يفاجئـك هذا، ولكـن يمكنك فعليًـا تلخيص كل الكتـاب المُقدَّس في سـت كلمات:

- **الخلق**: خلق الله كل الأشياء من العدم (تكوين ١:١-٢: ٣).
- **السـقوط**: تمـردت الإنسـانية علـى الله؛ فدخلـت الخطيـة والمـوت إلى العالم (تكوين ٣: ١-٢٤).
- **إسـرائيل**: بصفتهـم شـعب الله المختـار فـي العهـد القديـم، دُعيـت إسـرائيل لحفـظ العهـد والعيـش حيـاة مقدسـة. فـي النهايـة، فشـلوا وسُـبوا مـن أرضهـم (تكويـن ١٢– ملاخـي ٤).
- **الخـلاص**: جـاء يسـوع. بصفتـه الله الظاهـر فـي الجسـد، عـاش حيـاة كاملـة، ومـات بـدلًا منـا، وتحمـل غضـب الله علـى خطايانـا، وقـام ثانيـة، مقدمًـا لنـا الخـلاص مـن خطايانـا بالإيمـان بـه وحـده (متـى – يوحنـا).
- **الكنيسـة**: يجتمـع شـعب الله الذيـن خلصـوا بالإيمـان بالمسـيح فـي جماعـات محليـة ليحفظـوا الإنجيـل ويراقبـوا عضويـة بعضهـم البعـض مـن خـلال الوعـظ الكتابـي والفرائـض (أعمـال – يهـوذا).
- **الخليقـة الجديـدة**: سـوف يعـود المسـيح ويحقـق ملكوتـه. سـتنتهي الخطيـة وإبليـس والمـوت إلـى الأبـد. لـن يكـون هنـاك صـراخ ولا ألـم ولا حـزن فيمـا بعـد، وسـنكون مـع الله شـعبًا لـه نعبـده بفـرح إلـى الأبـد (الرؤيـا).

هـذه هـي قصـة الكتـاب المُقدَّس باختصـار. تظهـر هـذه القصـة عبـر العديـد مـن العهـود التـي يقطـع فيهـا الله «وعـودًا كبيـرة» لشـعبه. فكـر فـي كل عهـد بصفتـه «الحلقـة التاليـة»

في ملحمة الفداء التي تتكشف. أسس عهد الله مع آدم علاقة الله بالبشرية. ينبغي على آدم، بصفته حامل صورة الله، أن يطيع الله ويمثل حكمه البار. ولكن آدم تمرد على الله، لذا تعاني كل البشرية من تبعات الموت والخطية (تكوين ١-٣). في عهده مع نوح، وعد الله بألا يقضي على البشرية كما فعل في الطوفان وطمأن البشرية من حيث أنه سيحفظ الخليقة بينما يحقق تاريخ الفداء (تكوين ٨-٩).

في العهد الإبراهيمي، اختار الله إبراهيم وأولاده ليكونوا شعب عهده. فوعدهم بأرض، ونسل، وبركة. كما وعد بأن يبارك الأمم من خلال عائلة إبراهيم (تكوين ١٢؛ ١٥؛ ١٧). في العهد الموسوي، فدى الله إسرائيل من العبودية في مصر وأعطاهم ناموسه، مطالبًا إياهم بأن يكونوا مملكة كهنة وأمة مقدسة أمام الرب (خروج ١٩-٢٤). في العهد الداودي، وعد الله داود بأن يأتي ملك من نسله وستدوم مملكته إلى الأبد وسيحقق البركة الموعود بها لإبراهيم للأمم (٢ صموئيل ٧).

أخيرًا، وعد الله بعهد جديد، سيتمم كل العهود الأخرى. في هذا العهد الجديد، سيتمم المسيا، الملك الآتي من نسل داود، كل وعود الله ويخلق شعبًا جديدًا لله. هذا الشعب يسكن فيه الروح القدس، وخطاياهم تُغفر، وناموس الله يُكتب في قلوبهم (أرميا ٣١: ٣١-٣٤). هذه العهود هي العمود الفقري لقصة الكتاب المُقدَّس، والتي تأخذنا من الخلق إلى الخليقة الجديدة. إن كنا نريد أن نفسر الكتاب المُقدَّس بشكل صحيح، فسنحتاج دائمًا أن نتذكر أين نحن في القصة وكيف يكشف كل عهد خطة الله الفدائية.

في النهاية، تؤكد هذه الدراسة القصيرة على نقطة واحدة هامة: الكتاب المُقدَّس عبارة عن قصة. بالتأكيد يحتوي على وصايا ووعود وحكمة والعديد من أساليب الكتابة الأخرى. ولكن في صميمه، هو عبارة عن قصة تتحقق في النهاية في يسوع.

يمكننا أن نلخص هذه القصة بعبارة واحدة: الله يقيم ملكوته من خلال العهود، التي تبلغ ذروتها في المسيح، بحيث يكون الكل لمجده.

إن كنت تريد أن تقرأ الكتاب المُقدَّس بطريقة جيدة، فستحتاج أن تتذكر دائمًا الصورة الكبيرة وان تعرف بالتحديد أين أنت في هذه سياق القصة.

المبدأ ٢: أن ترى ماذا هنالك

هل سمعت من قبل عن قصة «أجاسيز والسمك»؟ إنها قصة عن طالب جامعي يريد أن يدرس مع أجاسيز، وهو أستاذ مشهور في علم الحيوان. عندما عرف الطالب أجاسيز برغبته، سحب الأستاذ من على الرف إناءً بداخله سمكة وقال للطالب أن ينظر إليها.

واختبر أجاسيز الطالب في نقاط مختلفة. فطلب منه أن يقدم ملاحظاته عن السمكة. في البداية، خاب ظن الأستاذ من إجابات الطالب، ونهره لأنه لا يرى سوى أشياء قليلة للغاية. فاستمر الطالب في الملاحظة، محدقًا في السمكة لساعات. وظل يدون ملاحظاته. ورسم السمكة. وفعل كل ما يمكنه فعله ليرى ماذا هنالك. أخيرًا، أثنى عليه أجاسيز على ملاحظاته. ولكن كانت النصيحة هي نفسها طول الوقت، بغض النظر عن نوع الحيوان الجاثم أمام الطالب: «أنظر، أنظر، أنظر.» نحتاج كلنا إلى يوم مع أجاسيز لنتعلم كيف ندرس كتابنا المُقدَّس. لا يوجد طريق مختصر خاص لفهم الكتاب المُقدَّس. علينا ببساطة أن نظل ننظر إلى النص، وننظر إلى النص، وننظر إلى النص. علينا ن نرى ماذا هنالك – وهذه المهمة تتطلب وقتًا.

إذن، ما هي بعض الطرق التي تساعدنا على رؤية ماذا هنالك في النص؟

أولًا، اقرأ الكتاب المُقدَّس بسرعة

تساعدك قراءة سفر كامل من الكتاب المُقدَّس في جلسة واحدة على إدراك رسالته العامة. وهذا أمر يسهل فعله بالنسبة لسفر مثل يهوذا أو فيلبي. ولكنه تحد أكبر بكثير إذا أردت أن تشرع في قراءة التثنية أو إشعياء. ولكنه تحد يستحق الوقت الذي ستقضيه فيه – بديل يستحق أن يحل محل حفلة من حفلات نتفلكس! إن قرأت سفرًا من الكتاب المُقدَّس على أقسام على مدى عدة أيام، فسيفوت عليك الكثير جدًا من الصلات والروابط. ولكن إن قرأته في جلسة واحدة، فستبدأ ترى ما يفعله الكاتب على مستوى السفر كله. بالإضافة إلى قراءة سفر بأكمله في جلسة واحدة، ينبغي أن تقرأه أيضًا عدة مرات. لن نرى كل ما فيه أبدًا من مرة واحدة. لذا إن أردت أن تحسن من مستوى

قراءتك للكتاب المُقدَّس، أنتق سفرًا واقرأه عدة مرات. وبينما تفعل، اكتب ملخصًا من جملة واحدة لكل إصحاح. وعندما تنتهي، أكتب ملخصًا من جملة واحدة لكل السفر. سيساعدك هذا في طريقك لفهم ما يدور حوله السفر.

ثانيًا، اقرأ الكتاب المُقدَّس ببطء

لكي تستوعب معنى سفر كامل، اقرأه بسرعة. ولكن إن أردت أن تبدأ في فهم التفاصيل الدقيقة لسفر معين، إذن فأنت بحاجة إلى القراءة ببطء ... ببطء بحق. أنت بحاجة إلى أن تجد طريقة لتركز على الإصحاح الواحد أو حتى الفقرة الواحدة. هناك طريقة ربما تود أن تأخذها في اعتبارك وهي أن تأخذ فقرة من الكتاب المُقدَّس وتكتبها بيدك. تساعدنا هذه الطريقة على الإبطاء ورؤية ماذا هنالك.

ستقول، «حسنًا، أنا أقرأ ببطء وأحاول بحق أن أرى ماذا هنالك. عم ينبغي أن أبحث؟ هنا أقدم لك بعض النصائح لتأخذها في اعتبارك.

- تذكر: السياق هو الملك! حاول أن تفهم كيف تساهم الفقرة التي تدرسها في حجة السفر. تذكر دائمًا أن تحدد موقعك على خط قصة الكتاب المُقدَّس. ما هي العهود التي مرت بك؟ كيف يشكّل هذا فهمك للفقرة؟ ما هي العهود والوعود التي تأتي بعد ما تقرأه، وكيف ينبغي أن يشكل هذا فهمك؟

- أبحث عن الكلمات المتكررة.

- أبحث عن الوصايا الواضحة.

- إن كنت تقرأ قصة – مثل قصة من العهد القديم أو شيء من الأناجيل أو سفر الأعمال – ابحث عن الأماكن حيث يضع راوي القصة أو أحد الشخصيات الرئيسية تفسيره الخاص في القصة. على سبيل المثال، إن أخبرنا يسوع بمعنى واحد من أمثاله، فلسنا بحاجة إلى البحث عن معنى آخر؛ فقد فسره بالفعل من أجلنا!

- ابحث عن الكلمـات المفتاحيـة (مثل: بالتالـي، لأن، بحيث، ولكن، إلـخ)، وفكر كيـف تربـط هذه الكلمـات الجمـل والأفكار.

- ابحـث لتـرى كيـف فهـم كُتَّاب الأسفار الأخـرى الفقـرة التـي تدرسـها. مثـلًا، إن كنـت تحـاول أن تفهـم يوئيـل ٢، اقـرأ تفسـير بطـرس لـه فـي أعمـال ٢. كلمـا قـرأت العهـد الجديـد، سـتجد أن كتـاب العهـد الجديـد يقتبسـون بانتظـام مـن العهـد القديـم ويشـرحونه ويبينـون كيـف تحقـق فـي يسـوع.

- تذكر دائمًـا، دع الأجـزاء الواضحـة مـن الكتـاب المُقـدَّس تفسـر الأجـزاء غيـر الواضحـة.

- حـاول أن تحفـظ آيـات مـن الكتـاب المُقـدَّس. سـتُصدم مـن مقدار مـا تلاحظه فـي فقـرة أودعتهـا فـي ذاكرتـك.

تذكر، المقصود هو أن ترى ما هو هنالك وأن تستمر في البحث.

ثالثًا، أطرح أسئلة جيدة

طريقـة أخـرى لتـرى مـاذا فـي النـص وهـي أن تطـرح أسـئلة. نريـد أن نمطـر كل فقـرة مـن الكتـاب المُقـدَّس بوابـل مـن الأسـئلة. وهـا هـي قائمـة بأنـواع الأسـئلة التـي ينبغـي أن تأتـي بهـا إلـى كل فقرة من فقرات الكتاب المُقـدَّس:

- ما هي الشخصيات الرئيسية؟ وماذا تفعل؟

- ما هي المواضيع الرئيسية في هذه الفقرة؟

- هل تعلم هذه الفقرة عن أي شيء بخصوص عقيدة هامة؟

- ماذا يكشف هذا النص عن الله؟

- ماذا يقول هذا النص عن الخطية؟

- ماذا يقول هذا النص عن العالم؟

- هل تحتوي هذه الفقرة على أية وصايا؟

- هل تحتوي هذه الفقرة على أية وعود؟

بإمكانك طرح أي عدد من الأسئلة عن الفقرة التي تقرؤها. ليس المقصود هو طرح مجموعة محددة من الأسئلة. المقصود هو أنه ينبغي أن تكون قارئًا محبًا للتحقيق. استمر في النظر على النص، واستمر في طرح الأسئلة. أنظر ماذا هنالك.

المبدأ ٣: افهم المعنى

تهدف هذه النصائح حول الملاحظة إلى أمرين: تفسير وتطبيق الكتاب المُقدَّس. في النهاية، نريد أن نلاحظ ماذا هنالك بحيث يمكننا فهم قصد الكاتب الأصلي. ماذا كان يقصد عندما كتب هذه الكلمات؟ ينبغي أن تهدف كل ملاحظاتنا إلى الإجابة على هذا السؤال. وبينما تسعى لاكتشاف هذا المعنى، أقدم لك المزيد من المبادئ الأخرى لتساعدك في طريقك:

- اعرف أن هناك أنواع مختلفة من الكتابة في الكتاب المُقدَّس (مثل: القصة، الشعر، النبوة، الرسائل) وأسع لتفهمها بناء على هذا. لابد أن تدرك أن الطريقة التي تفسر بها سفر شعري تختلف عن الطريقة التي تفسر بها سفرًا تاريخيًا.

- خذ في اعتبارك السياق دائمًا. اقرأ كل آية في ضوء الإصحاح، وكل إصحاح في ضوء السفر كله، وفي النهاية اقرأ كل سفر في ضوء الكتاب المُقدَّس كله.

- ابحث عن معنى الكلمات المفتاحية لتحدد معناها الخاص.

- تعرف على الأساليب الرمزية في فقرتك، وأسع لفهمها داخل سياقها.

- أربط ما اكتشفته بالفقرات ذات الصلة في الكتاب المُقدَّس.

- استخدم أدوات أخرى، مثل التفاسير، الكتب اللاهوتية، واعتراف إيمان كنيستك لتعمل كسياج لحماية تفسيرك.

كل كاتب في الكتاب المُقدَّس لديه قصد محدد. لا نريد أن نقرأ المعنى الذي نظنه في النص. نريد أن نستمد من النص ما قصد الكاتب أن يقوله لقرائه.

المبدأ ٤: طبّق الحق على الحياة

ما أن نلاحظ ما في النص ونكتشف معناه، حتى يلزم أن نطبق الحق الكتابي على حياتنا. بإمكاننا فعل هذا بطرح أربعة أسئلة:

- بم يريد مني الله أن أؤمن؟
- ماذا يريد مني الله أن أحب؟
- بم يريد مني الله أن أرغب؟
- ماذا يريدني الله أن أفعل؟

القصد من الكتاب المُقدَّس هو أن يشكّل عقولنا (رومية ١٢: ١-٢؛ فيلبي ٤: ٨)، وعواطفنا (أفسس ٥: ١-٢)، واشتياقاتنا (مزمور ٧٣: ٢٥-٢٦)، وتصرفاتنا (١ بطرس ١: ١٣-١٦). ونحن إذ ننظر مجد الرب في كلمته (٢ كورنثوس ٣: ١٨-٤:٤)، نتغير بشكل متزايد وتدريجي إلى صورته. وإذ نتوب عن الخطية ونلتفت إلى الإنجيل، يثمر الله في حياتنا ثمرًا روحيًا بالحق.

مجتمع من قرّاء الكتاب المُقدَّس

قمت بخدمة الرعاية لعدة سنوات في ويسكونسن. قابلت رجلًا اسمه بول هناك؛ وأصبح واحدًا من أقرب أصدقائي. كان بول بكل المقاييس «رجلًا عاديًا.» كان متزوجًا، يعمل من التاسعة صباحًا إلى الخامسة عصرًا، يتمتع بهوايات قليلة مثل صيد الحيوانات والأسماك. عندما قابلته لأول مرة، كان يذهب إلى الكنيسة أحيانًا ولكنه لم يكن متأصلًا بشكل خاص في فهمه للإيمان المسيحي. ولكنه إذ التزم بحضور كنيستنا، بدأ شيء ما يتغير فيه. بدأ ينصت بعناية للعظات، ويحضر دراسات الكتاب المُقدَّس، ويقرأ الكتاب المُقدَّس يوميًا. وإذ أمضت عائلتانا المزيد من الوقت معًا، كان يشارك بم يقرؤه

في الكتاب المُقدَّس وكيف كان هذا يغيره. وبدأ يقرأ كتبًا لاهوتية وبدأ يعلم في دراسات الكتاب المُقدَّس. أخيرًا، أصبح شيخًا في الكنيسة – وهو منصب ظل يتمتع به منذ ذلك الوقت.

في الكثير من المناسبات، كان بول يقول لي أنه عندما أصبح عضوًا جادًا في كنيستنا تغيرت حياته وفهمه للكتاب المُقدَّس إلى الأبد. كان يسرع دائمًا في ذكر أنه ليس بسبب شخصية أحد أو بسبب برنامج معين في الكنيسة. بل، كان مجتمع الكنيسة – مجتمع مبني حول كلمة الله. لقد ترددت أصداء الكتاب المُقدَّس من المنبر وعبر خدمات التعليم وعلاقات التلمذة في حياتنا اليومية العادية. لقد ترددت من خلالنا إلى الموجودين في المجتمع الذين يحتاجون إلى سماع الإنجيل. كما رن هذا الصدى في جميع علاقاتنا. من الاثنين إلى السبت بينما الكنيسة مشتتة في أماكنها ومراكزها المتنوعة. ويتصاعد هذا الصدى إذ نجتمع مرة أخرى كشعب الله صباح يوم الأحد.

صديقي، أريدك أن تخرج بالمزيد من كتابك المُقدَّس. أريدك أن تجعل الكتاب المُقدَّس أولوية لا تتزحزح في حياتك. لذا انضم إلى كنيسة محلية ملتزمة بالتمسك بكلمة الله وحبها.

تأمل بفرح في الكتاب المُقدَّس نهارًا وليلًا (مزمور ١: ١-٣) في سياق كنيستك المحلية بحيث يمكنك باستمرار أن ترى مجد الله وهكذا تتغير إلى صورته عينها (٢ كورنثوس ٣: ١٨).

مصادر مقترحة

لمزيد من القراءة حول كيف تعلمنا الكنيسة المحلية أن نقرأ الكتاب المُقدَّس جيدًا، ارجع إلى:

1. Mark Dever. Discipling: How to Help Others Follow Jesus. Wheaton, IL: Crossway, 2016.

2. Jonathan Leeman. Word-Centered Church: How Scripture Brings Life and Growth to God's Peo-ple. Wheaton, IL: Crossway, 2017.

3. For further reading on how to interpret and apply Scripture, check out:

4. J. Scott Duvall and J. Daniel Hays. Grasping God's Word: A Hands-On Approach to Reading, In- terpreting, and Applying the Bible. 3rd Edition. Grand Rapids, MI: Zondervan, 2012.

5. Graeme Goldsworthy. According to Plan: The Un- folding Revelation of God in the Bible. Downers Grove, IL: InterVarsity Press, 1991.

6. Robert Plummer. 40 Questions on Interpreting the Bible. Grand Rapids, MI: Kregel, 2010.

7. Vaughn Roberts. God's Big Picture: Tracing the Story- line of the Bible. Downers Grove, IL: InterVarsity Press, 2002.

٨

كيف أحب أعضاء الكنيسة ذوي التوجهات المختلفة؟

جوناثان ليمان & أندي نِسالي

«مَاذَا تَظُنُّ يا سِمْعَانُ؟ مِمَّنْ يَأْخُذُ مُلُوكُ ٱلْأَرْضِ ٱلْجِبَايَةَ أَوِ ٱلْجِزْيَةَ، أَمِنْ بَنِيهِمْ أَمْ مِنَ ٱلْأَجَانِبِ؟ قَالَ لَهُ بُطْرُسُ: مِنَ ٱلْأَجَانِبِ. قَالَ لَهُ يَسُوعُ: فَإِذًا ٱلْبَنُونَ أَحْرَارٌ.»

متى ١٧: ٢٥-٢٦

«وَلْيُعْطِكُمْ إِلَهُ ٱلصَّبْرِ وَٱلتَّعْزِيَةِ أَنْ تَهْتَمُّوا ٱهْتِمَامًا وَاحِدًا فِيمَا بَيْنَكُمْ، بِحَسَبِ ٱلْمَسِيحِ يَسُوعَ، لِكَيْ تُمَجِّدُوا ٱللّٰهَ أَبَا رَبِّنَا يَسُوعَ ٱلْمَسِيحِ، بِنَفْسٍ وَاحِدَةٍ وَفَمٍ وَاحِدٍ.»

رومية ١٥: ٥-٦

كان هذا هو يوم الأحد الذي جاء بعد الانتخابات الرئاسية. وكنت أُعلِّم (أنا جوناثان) في فصل مدارس الأحد للكبار عن المسيحيين والحكومة في هذا الخريف. كانت الكنيسة، مثل معظم أمتنا، ما تزال تحاول استيعاب نتيجة الانتخابات غير المتوقعة. وكانت المشاعر في هذا الصباح بلا تكلف.

بدأت الفصل بالحديث عن التعاطف. أردت أن أشجع الأعضاء الذين فاز مرشحهم يوم الثلاثاء على التعاطف مع الأعضاء الذين خسر مرشحهم. فقلت للفصل من ضمن ملاحظاتي أن النضوج المسيحي يعرف كيف يختلف مع شخص معين ومع هذا يعرف أيضًا الشفقة. رفعت امرأة متقدمة في السن، من الأقلية وكان مرشحها قد خسر، يدها وقالت إنها لم تشعر بأي تعاطف من الكنيسة وأنها كانت خائفة. بعدها بدقائق، رفعت امرأة بيضاء متوسطة العمر يدها وقالت إنها صُعقت من ندائي بالتعاطف لأن الجانب الخاسر كان «شريرًا».

في هذه اللحظة – ولا شك – تشككت في قراري بتعليم هذا الموضوع في هذا الصباح.

ولكن تقدم لنا هاتان السيدتان شيئًا أمينًا للغاية: صورة عن مقدار التحدي الذي يتمثل في أن تحب أشخاص لهم آراء سياسية مختلفة، حتى عندما يكونون أعضاء في نفس الكنيسة.

هذه المسألة هي ما نود أن نتناوله في هذا الفصل: كيف نحب رفاقنا من أعضاء الكنيسة عندما نختلف حول الأمور السياسيَّة؟

تأكد من أنني أنا وأندي نكتب هذا الفصل لأننا نحتاج إليه نحن أيضًا. فبإمكاننا نحن الاثنين أن نتذكر لحظات تُسلِّط الضوء على تحدياتنا لنحب عندما تثور المواضيع السياسيَّة.

لحظات مثل:

- تجنب ذلك الرجل الذي يريد دائمًا أن يتكلم عن موضوعه السياسي المفضل.
- التفكير في تلك المرأة بشيء من الشعور بالتفوق لأنها تبدو متطرفة لليمين أو لليسار كثيرًا.
- الشعور بأن ذلك العضو هو العدو، بل وقد يكون حتى مسيحي غير حقيقي، لأنه صوت للجانب الآخر.

قد تظهر مثل هذه المشاعر من ناحية الأشخاص الواقعين عن يميننا أو عن يسارنا على الطيف السياسي.

لماذا نشعر التشكك أو الغضب من نحو رفاقنا الأعضاء وسط الاختلافات السياسيَّة

اهتمامنا هنا ليس بالاختلافات المعتدلة، تلك التي لا تؤثر على حالة القلب من نحو شخص آخر. بل، إننا مهتمون بالاختلافات التي تؤثر على اتجاه قلبك أو تلك التي تعوق الشركة مع شخص آخر في كنيستك. ربما تشعر بالازدراء. ربما تكون غاضبًا لأنه يؤيد قضية أنت مقتنع بأنها ظالمة. بل وقد تجد نفسك تشكك في اعترافه بالإيمان: «كيف يمكن أن يكون هذا الشخص مسيحيًّا ويؤيد هذا؟!»

يمكننا التفكير على الأقل في ثلاثة أسباب تجعل هذا الشك يتصاعد في قلوبنا لدى ظهور هذه الاختلافات.

السبب الأول: يهتم المتبررون بالعدل

يهتم عمل الحكومة في الأساس بشئون العدل، ويهتم من تبرروا بالمسيح - المسيحيُّون - بالعدل. إنهم يهتمون بالأحكام البارة والعادلة، وهذه إحدى طرق تعريف العدل من الكتاب المُقدَّس. بالتالي، من المنطقي أن تطرح أسئلة، بل وأن تتشكك، عندما يختار المسيحيُّون ما يبدو طريقًا للظلم. إذ يبدو أنهم يحكمون أحكامًا غير بارة وغير عادلة.

دعونا نشرح كل هذا. لقد أسس الله الحكومات لينشئ منصة للعدل لكل مخلوق على صورته (تكوين ٩: ٥-٦؛ ٢ صموئيل ٨: ١٥؛ ١ ملوك ١٠: ٩؛ أمثال ٢٩: ٤؛ رومية ١٣: ١-٧). وهذا يعني أن كل تلك الحوارات التي دارت بينك وبين أصدقائك وزملائك عن الانتخابات، والإجهاض، والهجرة، والفقر، وزواج المثليين، وإصلاح النظام العدلي الجنائي، وسياسة التجارة الأمريكية مع الصين، أو عضويَّة الأحزاب، هي حوارات تدور في الأساس حول العدل.

علاوة على هذا، فإن الغضب هو العاطفة المعطاة لنا من الله للتجاوب مع الظلم. إذا سمعت عن تعرض أحد الأطفال للاعتداء، ينبغي أن تغضب. فغرض الغضب، على أي حال، هو المقاومة. ينبغي علينا نحن المسيحيين أن نقاوم الظلم جميعًا. لذا فكر مرة أخرى في حواراتنا مع رفاقنا من أعضاء الكنيسة حول الانتخابات أو الهجرة أو سياسة الرفاهية. عندما يختلفون معك، تخبرك غرائزك بأنهم يختارون الظلم. إنهم يوصون بأحكام غير بارة، وهذا قد يجعلك تغضب.

وإذا كانت القضية هامة بصفة خاصة، فقد يغريك هذا حتى بأن تشكك في إيمانهم. لماذا؟ فكّر في الأمر هكذا. يخبرنا يعقوب بأن الإيمان الحقيقي يخلق تصرفات جيدة وأن الأفعال الجيدة تبرهن على إيماننا. تثبت أعمالنا الجيدة أن إيماننا حقيقي: يقول في يعقوب ٢: ١٨، «**وَأَنَا أُرِيكَ بِأَعْمَالِي إِيمَانِي**» (أنظر الرسم التوضيحي أسفله).

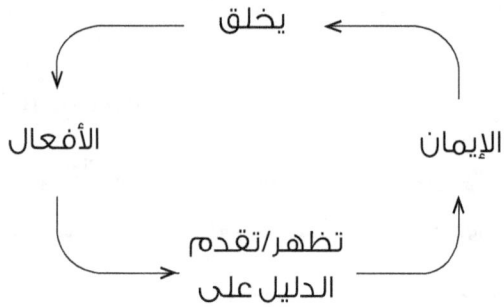

مما يعني، عندما تغيب الأفعال، أنه ينقصنا الدليل على وجود الإيمان. بل إن يعقوب يشكك في إيمان الشخص الذي لا يظهر أعمالًا: «**أَنْتَ تُؤْمِنُ أَنَّ ٱللهَ وَاحِدٌ. حَسَنًا تَفْعَلُ. وَٱلشَّيَاطِينُ يُؤْمِنُونَ وَيَقْشَعِرُّونَ!**» (يعقوب ٢: ١٩). كما قال يسوع، «**مِنْ ثِمَارِهِمْ تَعْرِفُونَهُمْ**» (متى ٧: ١٦، ٢٠). هل تتابع معنا حتى الآن؟

والآن، بدلًا من أن نقول الإيمان والأعمال، دعونا نستبدلهما بالتبرير والعدل، كطريقة أخرى للتعبير عن نفس الأفكار. بنفس الطريقة التي يخلق بها الإيمان الأفعال، هكذا يخلق عمل الله في تبرير الشخص بالنعمة بالإيمان اهتمامًا بالعدل. وبنفس الطريقة

التـي تظهـر بهـا التصرفـات أو تعطـي الدليـل علـى وجـود الإيمـان، هكـذا تبرهـن مشغوليتنا بالعـدل أو تعطـي الدليـل علـى تبريرنـا (أنظـر الشـكل التوضيحـي الثانـي أدنـاه).

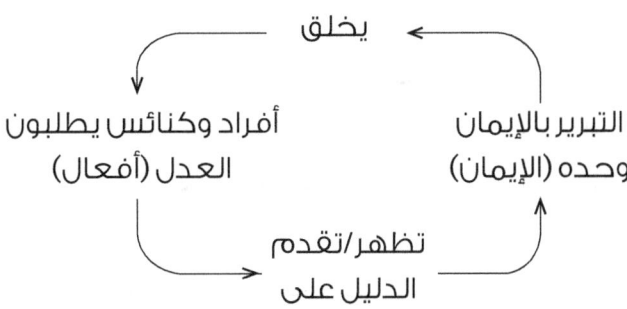

إنها دائرة فاضلة، هذا إن وجدت.

والآن دعونـا نجمـع الصـورة كلهـا. تتضمـن السياسـة أسـئلة تتعلـق بالعـدل. عندمـا يختلـف رفاقنـا المسيحيُّـون معـك حـول أمـور سياسـية مهمـة، تشـك فـي التزامهـم بالعـدل، ممـا يغريـك بـدوره فـي بعـض الأحيـان علـى أن تشـك فـي تبريرهـم. نحـن لا نقـول إنـه معـك حـق فـي فعـل هـذا دائمًـا. نحـن نقـول فقـط أنـه مـن المنطقـي أن يحـدث هـذا. هنـاك غرائـز صحيحـة لاهوتيًّـا تعمـل فـي هـذا المشـهد. بالإضافـة إلـى أنـه أحيانًـا يكـون هـذا الشـك فـي محلـه.

ولكن دعونـا حاليًا نتأمل في السبب التالي الذي يجعلنا نشعر بالشك.

السبب الثاني: الأشخاص الذين يبررون أنفسهم متأكدون من أن قناعاتهم عادلة

نشـعر بإغـراء أن نسـخر ونشـك فـي رفاقنـا مـن أعضـاء الكنيسـة الذيـن لا تتفـق أفكارهـم السياسيَّـة مـع أفكارنـا لأن كل واحـد منـا يميـل بالطبيعـة إلـى تبريـر نفسـه ويشـعر بالبـر الذاتـي، وهـذا الشـعور بالبـر الذاتـي والتبريـر الذاتـي يوفـر الوقـود الـلازم للسياسـات الساقطة.

كان جزء من قرار آدم وحواء بعصيان الله والأكل من الثمرة الممنوعة هو إقناعهما لنفسيهما بأن أكل الثمرة تصرف عادل. ومنذ ذلك الحين، أصبحنا مخلوقات تبرر نفسها. أكل آدم من الثمرة وسفك فرعون للدم هما نفس الشيء: تصرفات ذاتية التبرير نابعة من أشخاص يحكمون أنفسهم بأنفسهم.

والآن، كثيرًا ما يكون الناس أبرار بحسب رأيهم وبحسب سياستهم، ولكن ليس هذا ما نتكلم عنه هنا. نحن نتكلم عن التوجه الأساسي للقلب الساقط والذي يظن أنه دائمًا على حق – أن يظن دائمًا أن قضيته عادلة. حتى ونحن أطفال، كنا ندخل في مشاجرات مع إخوتنا على العرائس والعربات لأننا مقتنعون بأن قضيتنا عادلة. ولكن، يا ماما، لقد ضربني هو أولًا! وعندما ولدنا ثانية، وهو أمر رائع، فقدنا الحاجة إلى أن نبرر أنفسنا أمام الله بمساعينا الشخصية السياسيَّة. أصبح المسيح هو تبريرنا. ومتى سلكنا في الروح، نصبح عندئذ قادرين على إخراج الخشبة من أعيننا، وليس فقط القذى من عين قريبنا، وأن نحارب من أجل الحق، لا لنبرر أنفسنا، بل من أجل المحبة. السياسة المولودة ثانية هي نوع مختلف من السياسة.

والتحدي هو أن موقعنا حاليًا هو لحظة معينة على خط قصة فداء الكتاب المُقدَّس حيث نجد أنفسنا في آن واحد مبررون وخطاة. نحن قادرون على السلوك بالجسد والروح معًا. بالتالي، كمؤلفين هدفنا هو مساعدتك على أن تعي نفسك من الناحية اللاهوتيَّة بشكل أكبر قليلًا. هل أنت مقتنع بآرائك السياسيَّة؟ إن كنت كذلك، ربما يكون هذا لأنك تسلك بالروح، وتحب قريبك كنفسك، وقد صغت أحكامك حول قضايا اليوم بشكل صحيح. إذن مرة أخرى، قد يكون هذا لأنك تتبع سيناريو التبرير الذاتي الذي يتبعه كل حزب سياسي آخر، وكل قبيلة وأمة أخرى، طول تاريخ العالم.

وكل هذا يعني أن الغضب الذي تشعر به عندما يختلف معك الناس من الناحية السياسيَّة قد يكون هو رد الفعل الصحيح تجاه الظلم. ولكن تذكر كلمة الله: ينبغي أن يكون كل شخص «**مُبْطِئًا فِي ٱلتَّكَلُّمِ، مُبْطِئًا فِي ٱلْغَضَبِ، لِأَنَّ غَضَبَ ٱلْإِنْسَانِ لَا يَصْنَعُ بِرَّ ٱللهِ**» (يعقوب ١: ١٩-٢٠). كثيرًا جدًا ما نستخدم غضبنا كسلاح لتدمير أي شيء يقاوم نسختنا الشخصية من الكون العادل. نحن نخدم أنفسنا بغضبنا.

لنلخص السببين الأول والثاني، غضبنا وتشككنا من جهة رفاقنا من أعضاء الكنيسة ذوي التوجهات السياسيَّة المختلفة أمر منطقي، ولكنه قد لا يكون بارًا كما نظن. فنحن نعطي باليد الواحدة ما نأخذه بالأخرى.

ولكن ما زال كل هذا لاهوتي تمامًا. والسبب التالي هو ما يلزمنا بأن نبدأ في الدخول في الزوان الضار.

السبب الثالث: تتطلب الأحكام السياسيّة الحكمة

تعتمد معظم الأحكام السياسيَّة التي نقوم بها على الحكمة وليس على تطبيق مبادئ كتابيَّة صريحة مباشرة. بعبارة أخرى، هناك مساحة فاصلة معينة بين مبادئنا الكتابيَّة واللاهوتيَّة وأحكامنا السياسيَّة الخاصة. قد يتفق شخصان مسيحيان على مبدأ كتابي أو لاهوتي ولكن يختلفان حول أي السياسات، الطرق، التكتيكات، أو التوقيت الأفضل والذي يتفق مع هذا المبدأ. لماذا، إذن تعتبر الاختلافات السياسيَّة صعبة هكذا؟ لأنه تنقصنا الحكمة!

ما هي الحكمة؟ إنها قدرة عقلية تجمع ما بين مخافة الرب ومهارة العيش في عالم الله المخلوق الساقط بطريقة ينتج عنها العدل والسلام والازدهار. إنها تنظر إلى كلمة الله، نعم، ولكنها كذلك تقيم الظروف والأشخاص وكل المعرفة المتاحة لكل الناس بواسطة النعمة العامة. تدرك الحكمة أن هناك وقت للبناء ووقت للهدم، وتسأل دائمًا، «الآن هو وقت ماذا؟»

فكر في الملك سليمان عندما ادعت كلتا الزانيتين أن الطفل ابنها. لم يكن هناك سيناريو لحل كتابي يحل هذه المعضلة. كان عليه أن يفكر فيها. لو كان سأل مشيريه، لكانوا نصحوه بحلول مختلفة. ولكن سليمان عرف ماذا ينبغي أن يفعل: عرض أن يقسم الطفل نصفين بالسيف، مما كشف بدوره عن الأم الحقيقية والأم المزيفة. ويختم الراوي بأن حل سليمان كان حكيمًا: «**وَلَمَّا سَمِعَ جَمِيعُ إِسْرَائِيلَ بِٱلْحُكْمِ ٱلَّذِي حَكَمَ بِهِ ٱلْمَلِكُ خَافُوا ٱلْمَلِكَ، لِأَنَّهُمْ رَأَوْا حِكْمَةَ ٱللهِ فِيهِ لِإِجْرَاءِ ٱلْحُكْمِ**» (١ ملوك ٣: ٢٨). كان الهدف هو العدل؛ وكانت الوسيلة هي الحكمة.

والآن اختر أي قضية سياسية محل نزاع في أيامنا، مثل الجدل المحيط بطالبي اللجوء السياسي من أمريكا الوسطى والجنوبية والمهاجرين الآخرين الذين يعبرون الحدود الجنوبية للولايات المتحدة. تعتقد مجموعة من المسيحيين بأن القوانين الحالية ممتازة. وإن كانت هناك أية تعديلات لازمة، فنحن بحاجة إلى إحكام القيود حتى نحمي أمتنا وأطفالنا. وتجادل مجموعة أخرى من المسيحيين بأن الاعتبارات الإنسانية تعني السماح بدخول المهاجرين بقدر ما يسمح القانون الحالي أو حتى تغيير القوانين لاستيعاب المزيد. ودعونا نتفق على أن «حماية أطفالنا» و«إظهار العطف لطالبي اللجوء» هما دافعان كتابيان. ومع هذا، فهناك طريق طويل يفصل بين تأييد هذين المبدأين الكتابيين وتحديد كيفية الموازنة بينهما في السياسة العامة. كم عدد المهاجرين الذي ينبغي أن تسمح بها الأمة في السنة؟ وكم عدد اللاجئين السياسيين؟ كيف سيؤثر هذا على الاقتصاد ومعيشة الناس؟ ما هي أفضل طريقة لمنع ومحاربة المخدرات والإتجار بالبشر؟ هل الأمة ملزمة بأن تأخذ على عاتقها كل تكاليف معاملة مئات الآلاف من المهاجرين الذين قد يظهرون عند الحدود؟ ما هو أنواع أحوال الإسكان التي ينبغي أن يتمتع بها اللاجئون عند الحدود؟ وماذا عن قوانين فصل الأطفال عن والديهم؟ ما هي النتائج غير المقصودة التي قد تلي هذا القرار أو ذاك؟

قد تعرف إجاباتك الشخصية على هذه الأسئلة. ولكن هل يمكن أن نعترف بأن هذه أسئلة صعبة تعتمد إجاباتها على أحكام سياسية مبنية على الحكمة، وليس على مبادئ كتابيَّة صريحة؟ كما قلنا منذ لحظة، هناك مساحة فاصلة بين هذه الأحكام السياسيَّة ومبادئنا الكتابيَّة واللاهوتيَّة. تعتمد أحكامنا السياسيَّة على اكتشاف كيف نطبق مبادئنا الكتابيَّة والأخلاقيَّة على مجموعة الظروف الكبيرة والمعقدة التي تحيط بكل قرار سياسي. إنها تعلل الديناميكيات الاجتماعيَّة، والسوابق القانونيَّة، والجدوى السياسيَّة، والعوامل التاريخيَّة، والتوقعات الاقتصاديَّة، والتوترات العرقية، والاعتبارات الجنائيَّة القضائيَّة، والمزيد والمزيد.

كثيرًا ما يعامل الناس اليوم أصواتهم كتعبيرات شخصية تعبر عمن يكونون. ولكننا نشجعك على أن ترى صوتك بدرجة أقل كأمر ينم عن التعبير عن الذات أو الهوية العرقية وبدرجة أعلى كحسابات استراتيجية تخص هذه الأنواع من الأمور

غير الكتابيَّة. ثم عليك أن تدرك أن المسيحيين المختلفين سيقومون بحسابات حكيمة مختلفة.

مثال آخر. نرجو أن تتفق معنا على أن الإجهاض جريمة قتل، وهو ما ينهى عنه الكتاب المُقدَّس. أساس معارضتنا المشتركة للإجهاض هو حكمة الله. ولكن هذا يختلف عن الاتفاق على التكتيكات السياسيَّة للتغلب على الإجهاض. يأخذ بعض المسيحيين استراتيجية تصاعديَّة. إذ يدافعون عن سياسات تمنع الإجهاض باستثناء الاغتصاب وسفاح القربى لأنهم يظنون أن هذه السياسات لها فرصة أفضل في تمريرها. بينما يعتقد آخرون أن استراتيجية تصاعدية مثل هذه تعد تنازلًا مهينًا، ويعتمدون منهج إما كل شيء أو لا شيء. وآخرون يصرون على إضافة اعتبارات «الحياة الكاملة» إلى معارضتنا للإجهاض. من هو صاحب الرأي الصائب من الناحية الاستراتيجية؟ من الصعب أن نكون متأكدين بالطبع، لأننا هنا نعتمد على حكمتنا. فالكتاب المُقدَّس لديه مبادئ لنستخدمها، ولكنه لا يتكلم بشكل مباشر إلى تكتيكات سياسية مثل هذه.

والأبعد من كل هذا، إذا أردت تنفيذ أي شيء في النظام الديمقراطي، عليك صنع تحالفات مع أشخاص لا تتفق معهم في كل شيء. وهذا هو سبب وجود الأحزاب السياسيَّة. حيث لا يوجد عدد كاف من الأشخاص الذين يفكرون مثل بعضهم بالضبط في كل قضية. بالتالي، علينا أن ننضم إلى من يتفقون معنا حول مجموعة كبيرة من القضايا من أجل تحقيق أي هدف.

المشكلة هي أن عملية بناء التحالف تلك أو تشكيل حزب تستوجب مراعاة الاعتبارات الأخلاقيَّة. هل نستحق أن نُلام أخلاقيًا على أي تشريع شرير ينجح أعضاء حزبنا السياسي الآخرون في دفعه ليصبح قانونًا؟ وماذا لو فعل الحزب الآخر شيئًا أشر؟ هل سيكون خيارنا الوحيد عندئذ هو عدم التصويت؟ هل هناك فرق إذا كان الشر الذي نتكلم عنه هو «شر بسيط» مقابل «شر كبير» – وما هو حجم هذا «الكبير»؟ ما نحن متأكدون بشأنه هو: أننا نحتاج إلى حكمة! لاحظ كذلك كيف يُسحب البساط من تحت أرجلنا بسرعة. افترض أنك كنت تعيش في ألمانيا في بدايات العشرينات من القرن العشرين، وقال لك صديق مسيحي أنه انضم إلى حزب العمال الألماني

الاشـتراكي القومـي – النـازي. قـد تكـون لديـك بعـض الشـكوك، ولكـن يحتمـل أنـك لـن تشـعر باليقيـن الكافـي لتقطعـه أو تحرمـه مـن كنيسـتك. ولكـن بحلـول الثلاثينـات مـن القـرن العشـرين، سـتكون هـذه الشـكوك قـد نمـت إلـى حـد كبيـر، وسـتود أن تناقـش موضـوع العـزل الكنسـي، كمـا يـدل إعـلان بارمـن الصـادر فـي عـام ١٩٣٤ والـذي شـجبت فيـه الكنيسـة المعترفـة علانيـة كل الفكـر النـازي. وبعـد هـذا، كـم سـيكون يقينـك أكبـر بحلـول الأربعينيـات؟ مـا أقصـده هـو أن الحيـاة والسياسـة ليسـا أمـران سـاكنان، ومـع مـرور كل يـوم، نحتـاج إلـى جرعـة جديـدة مـن الحكمـة لأن المشـهد السياسـي مسـتمر فـي التغيـر. سيظل لـدى المسـيحيُّون آراء مختلفـة طـول الوقـت.

بالنظـر إلـى المشـهد السياسـي فـي الولايـات المتحـدة اليـوم، يبـدو بعـض المسـيحيين غيـر منزعجيـن مـن اختيارهـم لحـزب معيـن. فـي حيـن لا يشـعر البعـض بالانسـجام التـام مـع أي مـن الحزبيـن ويقولـون إنهـم يسـدون أنوفهـم ويختـارون «أخـف الشـرين.» ويتسـاءل غيرهـم إذا كان كلا الحزبيـن أو واحـدًا منهمـا قـد تخطـى الحـدود بالنسـبة للمسـيحيين، كمـا كان الحـال مـع الحـزب النـازي. علـى المسـتوى الشـخصي، سنُصدم إذا بـدا أي حـزب سياسـي مناسـبًا تمامًـا للشـخص المسـيحي، لأن هـذا قـد يشـير فقـط إلـى أن مسـيحيَّة المـرء قـد خربهـا التفكيـر الحزبـي. كمـا لا نؤمـن بالتكافـؤ الأخلاقـي – بعـض الأحـزاب أفضـل مـن غيرهـا، وبعـض المظالـم أسـوأ مـن غيرهـا. ولكـن ليـس هدفنـا طـوال هـذا الفصـل أن نقـدم لـك تقييمنـا للمشـهد السياسـي أو أن نقـول لـك مـا هـي الأحـكام السياسـيَّة التـي ينبغـي أن تقـوم بهـا حـول أي مسـألة سياسـية معينـة. بـل، أن نشـجعك فـي المقـام الأول علـى أن تطلـب مـن الله حكمـة، وثانيًـا، لنذكـرك بأنـه لا أنـت ولا رفاقـك من أعضـاء الكنيسـة مثـل سـليمان، وكـم بالأقـل مثـل يسـوع، الـذي هو وحـده الحكيـم الفائـق. المفـروض أن يفسـح تذكـرك لهـذا بعـض المجـال للمحبـة والصبـر.

كيف يمكننا أن نحب أعضاء الكنيسة ذوي التوجهات السياسيَّة المختلفة؟

ضع هذه الأسباب الثلاثة معًا، علام تحصل؟ الإحباط. من ناحية، نعلم أنه ينبغي أن نكون متحدين في الإنجيل وفي آرائنا حول العدل. فنحن نخدم نفس الملك! ومن ناحية أخرى، لدينا أفكار مختلفة بخصوص كيف نخدم ملكنا. فيسوع لم يعد ليكملنا، ويمنحنا حكمة كاملة. لذا فلسبب أو لآخر، تتشعّب أحكامنا. قد يسمي اللاهوتيون هذا مأزق «الآن وليس بعد.» فقد خلّصنا بالفعل، ولكن لم نتكمل بعد. لا نريد أن نتشاجر، ولكننا نتشاجر.

مع وجود كل هذا في بالنا، كيف يمكننا أن نحب أعضاء الكنيسة ذوي التوجهات السياسيَّة المختلفة؟ أود أن أقدم هنا ست توصيات.

التوصية الأولى: عدّل توقعاتك

دعونا نبدأ بهذه النقطة الأخيرة – حقيقة أننا نعيش في لحظة «الآن وليس بعد» من تاريخ الفداء. إذا وجدت كنيسة يفكر فيها الأعضاء مثل بعضهم البعض من الناحية السياسيَّة بالضبط، فقد يحق لك أن تتساءل كيف حدث هذا، خاصة إذا كانت الكنيسة متنوعة من حيث الطبقات الاقتصادية، والأجيال، والخلفيات العرقية، أو القومية.

لا يحل الإنجيل بصورة تلقائية كل أحكامنا السياسيَّة التي تحتاج إلى الحكمة هنا والآن. إنه يساعدنا على أن نحب ونصبر على بعضنا البعض وسط هذه الأحكام التي تحتاج إلى حكمة. إنه يخلق وحدة وسط التنوع، وليس رأيًا موحدًا.

إذا نظرت حولك ولاحظت أن كنيستك ذات راي سياسي واحد، فقد تسأل، من أين أتى هذا؟ هل هناك ضغوط غير كتابيَّة تدفع للانصياع إلى معايير طبقة، أو جيل، أو خلفية عرقية، أو حزب سياسي معين؟ هل هناك شيء (بخلاف الإنجيل) يخلق هذا الرأي الموحد؟ إن كان الأمر كذلك، هل يمكن أن تكون هذه المعايير الثقافية ملزمة بشكل خاطئ للضمائر بشأن ماذا ينبغي أن يعتقده المسيحيُّون؟

عندئذ نرى هنا مفارقة ساخرة كبيرة: حتى ولو كانت كنيستك صحيَّة، فمن غير المرجح أن يكون أعضاؤك كلهم ذوي رأي واحد في توجهاتهم السياسيَّة. بل قد يشعر أعضاؤك بشيء من التوتر السياسي. فما يوحدهم هو يسوع، وليس السياسة الحزبية.

علاوة على أن الوحدة وسط التنوع يمكن أن تكون نقطة قوة لشهادة الكنيسة لمن هم من خارجها. فأنت تريد أن يرى من هم من خارج كنيستك ويفكرون، «واو، أنتم تحبون بعضكم بعضًا برغم القواسم السياسيَّة التي تفصلكم! لم أر شيئًا كهذا من قبل!» للأسف، المرجح أكثر أن نُعرف بنبرتنا الحادة.

تصور يسوع يسير ومعه تلاميذه. وفي المجموعة نجد كل من متى جامع الضرائب، وسمعان الغيور. نحن نتكلم هنا عن توجهين سياسيين مختلفين! علاوة على هذا، لا يوجد ما يدعونا أن نظن أن كل من متى وسمعان قد تخليا عن آرائهما السياسيَّة في روما بالكامل. حتى ولو خفف اتباع يسوع من آرائهما، فربما ظل الواحد منزعجًا بدرجة أعلى من الاحتلال الروماني بينما ظل الآخر أقل انزعاجًا.

التوصية الثانية: لتدرك ما هي الكنيسة

بناء على النقطة السابقة، ينبغي أن تدرك ما هي الكنيسة التي يذكرها الكتاب المُقدَّس. حيث لم يصمم يسوع كنائسنا لتكون تجمعًا قوميًا أو عرقيًا أو طبقيًا أو لتكون تجمعًا لحزب سياسي. بل، لقد صممها لتكون تجمعات من أتباعه من كل قبيلة ولسان وأمة. كنيستك وكنيستنا هي مجتمعات من أعداء سابقين يتعلمون أن يحبوا بعضهم بعضًا. إنها مجتمعات من خصوم سياسيين يعملون معًا.

نحن أعداء بطبيعتنا. فكل واحد منا يريد أن يسود. حيث يفصل بيننا كلنا «**حَائِطَ ٱلسِّيَاجِ ٱلْمُتَوَسِّطَ**» الذي يفصل بين اليهود والأمم (أفسس ٢: ١٤). ومع هذا، كما جعل الله اليهود والأمم «**إِنْسَانًا وَاحِدًا جَدِيدًا**» بعمله الذي عمله على الصليب (أفسس ٢: ١٥)، هكذا يجعلنا كلنا واحدًا (أفسس ٤: ٤-٦). يتعلم الأعضاء من كل أمة وعرق وقبيلة أخرى أن يعيشوا كمواطنين في ملكوت المسيح – أمة جديدة وجنس جديد (١ بطرس ٢: ٩).

لم يسبق في تاريخ العالم أن وجد شيء مثل الكنيسة. فقد تم توحيد كل أمة أخرى إما على أيدي رجال أقوياء بالسيف أو عن طريق الروابط العائلية، بما في ذلك إسرائيل القديمة. ولكن الآن توجد أمة جديدة، موحدة لا عن طريق السيف أو العائلة، بل فقط بالكلمة والروح القدس. حقًا هي أمة لا تملك أرضًا حاليًا. يبدو كما لو أن الله أراد أن يرى العالم ما بمقدوره هو وحده أن يفعله. لذا أخذ مجموعة من الأعداء الطبيعيين، وخلصهم بدم ابنه وبقوة روحه، وخلق شعبًا موحدًا يتمتع بسلام مشترك.

الكنيسة المحليَّة هي حيث تبدأ القبائل المعادية تطبع سيوفها محاريث ورماحها مناجل. إنها حيث البيض والسود، الأغنياء والفقراء، الصغار والكبار، المتعلمين وغير المتعلمين، الأمريكيون والصينيون، عمال الصرف الصحي وأعضاء مجلس الشيوخ يصبحون واحدًا.

ماذا يعني كل هذا من الناحية العملية بالنسبة لك؟ إنه يعني أنك تذهب إلى اجتماع الكنيسة يوم الأحد عالمًا أن عملك هو أن تحول هذه السيوف إلى محاريث. قد تتوقع أن تقابل ذلك الرجل الذي يثرثر كثيرًا حول هواياته السياسيَّة، أو هذان الزوجان اللذان يختلفان في توجههما عنك، وتدرك أن هذه المقابلات صالحة ومرتبة من الله. ونحن لا نقول إنه ينبغي عليك أن تتخلى عن وجهات نظرك، بل أن تنصت وتحب. لديك الفرصة لتخفض سيفك وتظهر للعالم مملكة أخرى خلقتها قوة خارقة للطبيعة.

التوصية الثالثة: فلتدرك ما يوحد الكنيسة وما يخص مجال الحرية المسيحيَّة.

إن لم يكن يسوع قد صمم كنائسنا لتكون تجمعات من المواطنين أو الأحزاب السياسيَّة، بل تجمعات من المسيحيين، فسيترتب على هذا سؤال واضح: ما الذي يوحد الكنيسة بالضبط؟ ستساعدنا الإجابة على هذا السؤال في معرفة ماذا نفعل مع اختلافاتنا السياسيَّة وإلى أي مدى نأخذها بجدية. هل يمكن أن يتحد من يختلفون حول نسب الضرائب في الكنيسة؟ وماذا عن الاختلافات حول موضوع الإجهاض؟

أتذكر ما قلناه من قبل عن المسافة الموجودة بين مبادئنا اللاهوتيَّة وأحكامنا السياسيَّة. طريقة أخرى للتوصل إلى نفس الفكرة هي إدراك الخط الفاصل بين ما سنسميه قضايا **تخص الكنيسة كلها** وقضايا **تخص الحرية المسيحيَّة**. هذا أمر هام للغاية، لذا يجدر بنا قضاء المزيد من الوقت في شرحه.

القضايا التي تخص الكنيسة كلها هي تلك القضايا التي توجد الكنيسة وتجعل الكنيسة كنيسة – قضايا مثل الإنجيل، وإقرار إيماننا كله، وتأكيد التوبة، والاشتراك في الفرائض المقدّسة. القضايا التي تخص الكنيسة كلها هي الأشياء التي نتفق ككنيسة أن الشخص المسيحي ينبغي أن يؤمن بها أو يمارسها – مثل، «ينبغي أن يصدق المسيحيُّون الإنجيل؛ وينبغي أن يتوب المسيحيُّون عن الخطية؛ وينبغي أن ينال المسيحيُّون المعمودية،» وهكذا.

من جهة أخرى، فإن قضايا الحرية المسيحيَّة هي تلك القضايا التي قد تكون لها أهمية أخلاقية وأهمية في ذاتها، بل وأهمية هائلة، ولكننا غير مستعدين أن نقول «ينبغي على المسيحيين» بخصوصها. ولكن ليست هذه القضايا مجال للنسبية الأخلاقيَّة بأي حال من الأحوال. ومع هذا، لن نعامل هذه الأمور كشروط لعضوية الكنيسة (أو الخلاص) لأننا نريد أن نترك مساحة للمسيحيين ليختلفوا داخل كنيستنا.

سيختلف المسيحيُّون بشأن أي القضايا تقع على أي جانب من الخط الفاصل. يقول البعض أن وجهة نظر معينة بخصوص المعمودية هي مسألة تخص الكنيسة كلها؛ بينما لا يقول هذا آخرون. يقول البعض إن موقفًا معينًا بخصوص الملك الألفي (قبل ألفي؟ رافض للملك الألفي؟ ما بعد الألفية؟) هي قضية تخص الكنيسة كلها؛ وغيرهم لا يقولون هذا. لا بأس. النقطة التي نقصدها هنا هي أنه يوجد خط ما. وعلى حد تعبير يسوع، بعض الأشياء سوف تربطها الكنيسة، في حين ستحل أشياء أخرى (متى ١٦: ١٩؛ ١٨:١٨). ستقرر الكنيسة أن «المعتقد س» أو «الممارسة ص» ضرورية ليكون المرء مسيحيًا ولعضوية الكنيسة، أو أنه ليس كذلك.

علاوة على هذا، نأمل أن يمكننا الاتفاق جميعًا على أن كل شيء في جانب قضايا تهم الكنيسة كلها ينبغي أن يكون كتابيًّا بشكل صريح أو واضح «**بواسطة استدلال جيد ولازم**» (على حد تعبير اعتراف إيمان وستمنستر). ينبغي ألا تربط الكنائس ضمائر أعضاءها حول قضية كشرط لعضويتها ما لم يعلم الكتاب المُقدَّس بها. اشتهر الفريسيون بربط الضمائر في أمور لم يربطها الكتاب المُقدَّس وكذلك تفعل الطوائف الدينية. ولكننا لا نريد تكرار أخطاء أي منهما. بالتالي، قبل أن نفرض قناعاتنا على الآخرين، نريد دائمًا أن نستخدم معيارين: «هل هذا شيء أنا مقتنع بأن هذا شيء ينبغي أن يعظ به وعاظ الكتاب المُقدَّس كمحتوى كتابي، وأنه شيء واضح جدًا في الكتاب المُقدَّس حتى أنه ينبغي أن نعامله كمعيار لعضوية الكنيسة؟»

مثلًا، نؤمن كلانا بشكل شخصي بأن ألوهية وإنسانية المسيح من القضايا التي تخص الكنيسة كلها، في حين أن طبيعة الملك الألفي ليست كذلك. نؤمن أن دعوة الناس ليتوبوا عن الفسوق الجنسي قضية تخص الكنيسة كلها، بينما تشجيع الناس على استخدام أسلوب المدارس البيتية مع أطفالهم ليس كذلك. قد تقترب بعض القضايا الواقعة في جانب الحرية المسيحيَّة كثيرًا من الخط الفاصل. بينما تقع قضايا أخرى بعيدًا عنه. كما أنك تعرف متى تكون قد عبرت هذا الخط إلى جانب ما يخص الكنيسة كلها عندما يصبح المعتقد أو الممارسة أساسًا محتملًا لإلغاء شخص ما من عضوية الكنيسة كنوع من التأديب (أو العزل الكنسي). مثلًا، تعزل كنائسنا العضو إذا أنكر ألوهية المسيح أو إذا لم يتب عن الفسوق الجنسي.

ولكن هذا لا يعني أنه لن يكون لدى الناس قناعات كتابيَّة على جانب الحرية المسيحيَّة. قد تكون مقتنعًا من الكتاب المُقدَّس أن النظرة الرافضة للمُلك الألفي لأزمنة النهاية غير دقيقة. ولكنك قد تقرر في نفس الوقت بأن هذا لا يستحق أن يوضع في إقرار إيمان الكنيسة لأنه أمر يمكن أن يختلف حوله المسيحيُّون. بإمكانك أن تأتي بسعادة إلى مائدة الرب مع شخص يؤمن بوجهة نظر ما قبل الألفية. أذكر (أنا جوناثان) ذات مرة إنني شاركت بوجهة نظري عن الملك الألفي في أحد فصول مدارس الأحد للكبار والذي كنت أقدم فيه التعليم. كما قلت للفصل أن وجهة نظري

لم تكن في إقرار إيمان الكنيسة وأنه بإمكانهم أن يختلفوا مع فهمي للكتاب المُقدَّس حول هذا الموضوع ومع هذا يظلون أعضاء سعداء في كنيستنا. باستثناء معظم المؤيدين المتشددين لإحدى وجهات النظر أو غيرها، خفض هذا التنازل من حرارة العواطف حول موضوع الملك الألفي بشدة. فَحين ينبغي أن تكون ضمائرنا مربوطة بالكتاب المُقدَّس، إلا إنني أردت أن يعرف الفصل أن كنيستنا لم تقرر أبدًا أن تؤيد بثقلها نظرة معينة للملك الألفي كما فعلت مع قضية من الدرجة الأولى مثل ألوهية المسيح أو حتى قضية من الدرجة الثانية مثل المعمودية. تربط كنيستنا الضمائر في القضايا من الدرجة الأولى والثانية. ولكنها لن تربط الضمائر في قضية من الدرجة الثالثة مثل المُلك الألفي.

كان هذا شرحًا مطولًا. والآن دعونا نرجع إلى السياسة. كيف يساعدنا هذا التمييز بين القضايا التي تخص الكنيسة كلها وقضايا الحرية المسيحيَّة في أن نحب أعضاء الكنيسة ذوي الميول السياسيَّة المختلفة؟

الإجابة القصيرة هي: أننا نقول إنه ينبغي أن تحافظ على الخط الفاصل بين القضايا التي تخص الكنيسة كلها وقضايا الحرية المسيحيَّة واضحًا في ذهنك عندما يتعلق الأمر بمناقشة السياسة. عندما لا يميز المسيحيُّون الفرق، فإنهم يخاطرون بتمزيق الصداقة، المجموعة الصغيرة، أو حتى الكنيسة. فقد تضمن القضية التي تخص الكنيسة كلها، على أي حال، العزل الكنسي بشكل مشروع. لكنك لن تحب أن تعامل القضايا التي تخص الحرية المسيحيَّة بلا تفكير كما لو كانت قضايا تخص الكنيسة كلها وتخول لها العزل الكنسي. عندما نفعل هذا، نبدأ نقسم أنفسنا عن إخوتنا وأخواتنا بسبب فكرة هادئة موجودة في رؤوسنا تقول، **كيف يمكن أن يكونوا مسيحيين ويفكرون هكذا؟! أو لابد وأنهم مسيحيين غير ناضجين أو بلا عقل!**

عندما تشعر بإغراء التفكير هكذا بشأن الموضوع السياسي (س) مثلًا، تمهل. لملم شتات نفسك. فكر بتأن: هل الموضوع السياسي (س) قضية تخص الكنيسة كلها؟ هل تعتقد حقًا أن الواعظ ينبغي أن يعظ بوجهة نظرك عن الموضوع (س) بصفته الموقف المسيحي؟ هل تتوقع منه أن يفتح كتابه المُقدَّس ويعظ عن الموضوع

(س) كتطبيق كتابي ملزم لكل مسيحي؟ كذلك، هل تعتقد أن كنيستك ينبغي أن تعزل أي شخص يرى شيئًا بعكس وجهة نظرك في الموضوع (س)؟ أو هل ينبغي على كنيستك أن تسأل الناس عن الموضوع (س) عندما يحاولون الانضمام إلى كنيستك، كما قد تطلب من الناس أن يشرحوا رسالة الإنجيل؟

ليس من الواضح دائمًا ما إذا كانت قضية معينة تقع في نطاق القضايا التي تخص الكنيسة كلها أم في نطاق الحرية المسيحيَّة. قد تنقسم القضايا المعقدة فعلًا إلى أجزاء تقع في كلا الجانبين. ومع هذا فلا زال الخط موجودًا، وغالبية القضايا السياسيَّة العظمى وتكتيكاتها واستراتيجياتها تعتبر قضايا تخص الحرية المسيحيَّة. ومع قضايا الحرية المسيحيَّة، أنت حر في أن تناقشها مع رفاقك الأعضاء. أنت حر في أن تعمل على إقناع أصدقاءك. بل ويمكنك، بطريقة لطيفة، أن تعامل هذه القضايا كأمور تخص التلمذة، خاصة إذا كانت القضايا معقدة ولكنها هامة من الناحية الأخلاقيَّة. ولكن إن فعلت هذا، ينبغي أن تفعله بحساسية واهتمام شديدين. بطريقة أو بأخرى، ينبغي أن توصل مع كلماتك، ولهجتك، بل وبلغة جسدك، أنه «بإمكانك أن تختلف معي، ولن يعرض هذا شركتنا أو صداقتنا إلى الخطر بأي حال من الأحوال. نحن إخوة وأخوات في المسيح.» هذا ما فعلته (أنا جوناثان) عندما قلت لفصل مدارس الأحد أن وجهة نظري في الملك الألفي لم تكن في إقرار إيمان الكنيسة. نحرص أندي وأنا بشكل استثنائي على فعل هذا عندما نتناقش في الأمور السياسيَّة.

في الواقع، بالاعتراف بأن قضية ما هي مسألة حرية مسيحيَّة، ينبغي أن يكون بإمكانك أن تقول لنفسك، «لست بحاجة إلى مناقشة هذا، وستبقى شركتي مع هذا الشخص الذي يختلف معي قوية كما كانت من قبل.» ينبغي أن يكون بمقدورك أن تغير الموضوع.

نعم، قد يكون هذا صعبًا، صعبًا للغاية. فعلى أي حال، الحوار السياسي هو حوار حول ما هو عادل. ليست هذه ببساطة مقارنة ما بين رقائق الذرة من شركتين مختلفتين. إنها حوارات أخلاقية هامة. ولكن مع هذا، إن استطعت أن تعترف لنفسك بأنه لا ينبغي عزل الناس في كنيستك من العضوية إذا اختلفوا معك، إذن فلابد أنك

تمارس المحبة والصبر. قد تكون على حق، وقد يكونوا مخطئين، ولكن ينبغي عليك أن تمارس المحبة والصبر. فحكمك السياسي لم يصل إلى درجة كافية من الوضوح الكتابي أو إلى مستوى من الأهمية الأخلاقيَّة ليصبح قضية تخص الكنيسة بأكملها. لذا فلترخ قبضتك وتخفض من حرارتك العاطفية. إن استطعت أن تفعل هذا، عندما يستدعي الموقف، فهذه علامة على النضج المسيحي.

ربما يكون من المفيد أن أوضح بعض المواضيع الموجودة على كلا جانبي الخط الفاصل. افترض أننا الآن في أواخر خمسينات القرن العشرين، ويوجد محام في كنيستك يعمل لدعم بعض بقايا قوانين جيم كرو، التي فصلت السود عن البيض. بميزة الإدراك المتأخر، نعتقد اليوم أن هذه القوانين كانت قوانين شريرة. بمعنى أننا كنا نود لو وعظ مزيد من الوعاظ ضدها ولو كانت الكنائس عزلت من عضويتها أشخاصًا مثل هذا المحامي. كان ينبغي على الكنائس أن تتناول هذه القضية كقضية تخص الكنيسة كلها. للأسف، فشلت كنائس كثيرة في إدراك هذا في ذلك الوقت. على أي حال، ينبغي أن تتحد الكنائس حول التوبة عن التمييز والتعصب الأعمى. (دعونا نُصلّي ليمنحنا الله هذا الوضوح الأخلاقي في القضايا التي نواجهها اليوم).

ولكن تأمل الآن شيئًا مثل سياسة الضرائب. افترض أن اثنين من أعضاء كنيستك دخلا في جدال حول ما إذا كان من العدل فرض ضرائب باهظة على الأغنياء. يقول أحد العضوين، «أعتقد أنه ينبغي أن يدفع الأغنياء نصيبهم العادل.»

فيرد عليه العضو الآخر، «عادل بأي مقياس؟ عادل بمقياس اشتهاءك لما لدى الغني؟»

فيرد الأول، «مرحبا، أنا فقط أحاول أن آخذ صف يسوع الذي قال، «**فَكُلُّ مَنْ أُعْطِيَ كَثِيرًا يُطْلَبُ مِنْهُ كَثِيرٌ**» (لوقا ١٢: ٤٨).

فيرد الثاني، «هل تتلاعب عن قصد بالكتاب المُقدَّس لتبرر آراءك، أم أنك جاهل ليس إلا؟» وكما يمكنك أن تخمن على ما يبدو، لن تنتهي هذه المحادثة بشكل جيد.

بعيدًا عن عدم النضوج والوقاحة الظاهرتان هنا، فإننا نود أن يدرك كلا الطرفين أن الأسئلة الخاصة بمعدلات الضرائب المقصودة هنا تخص جانب الحرية المسيحيَّة وليس جانب القضايا التي تخص الكنيسة كلها. نعم إن فرض ضريبة باهظة على الأثرياء أمر هام من الناحية الأخلاقيَّة، أمر لا يسعنا أن نهمله وكأنه غير مهم. ولكننا نقترح أنه من الصعب أن نفتح كتبنا المُقدَّسة ونتناوله بوضوح ويقين يماثل وضوح ويقين تناولنا للمبادئ الموجودة في إقرارات إيمان كنائسنا. فلن نشجع الوعاظ على حث الأعضاء على تبني موقف معين أو غيره أو على تأديب أي أعضاء يخالفوننا الرأي.

بدلًا من هذا، يحتاج هذان العضوان إلى أن يتوقفا ويتأملا مصدر وحدتهما: الإنجيل والتزامهما بالكتاب المُقدَّس بصفة عامة. إنهما بحاجة إلى إدراك أن هذه ليست قضية تخص الكنيسة كلها وأنه في نهاية المطاف، بإمكانهما الاتفاق أو الاختلاف حول هذا الموضوع. كما أنهما يحتاجان إلى أن يجدا طريقة أفضل لمناقشة اختلافاتهما.

متى تكون المبادئ الكتابيَّة التي على المحك واضحة بدرجة كافية لجعل الأمر قضية تخص الكنيسة بأكملها؟ وهذا يأتي بنا إلى التوصية التالية.

التوصية الرابعة: حدد ما إذا كانت القضية تتطلب حكمًا مباشرًا وعلى طول خط مستقيم أم يحتمل وجود خط متعرج

كيف يمكننا أن نعرف متى تخص قضية سياسية معينة جانب الكنيسة كلها أم جانب الحرية المسيحيَّة؟

لا يوجد ببساطة إجابة اسمها «دائمًا هذا» أو «دائمًا ذاك» على هذا السؤال. مرة أخرى، المسيحيُّون يختلفون في وجهات نظرهم. ربما يساعدنا أن نتعمق قليلًا في نوعية الأحكام التي نصدرها في قضية تخص الكنيسة كلها مقابل نوعية الأحكام التي نصدرها فيما يخص قضية حرية مسيحيَّة.

باختصار، تعتمد القضايا التي تخص الكنيسة كلها على تقديرات مباشرة من كلمة الله، بينما تعتمد القضايا التي تخص الحرية المسيحيَّة على أحكام غير مباشرة.

بقولنا إن الأمور التي تخص الكنيسة كلها تعتمد على تقديرات أو أحكام مباشرة، فنحن نقصد أن هناك خط مستقيم بسيط بين المبدأ اللاهوتي أو الأخلاقي الموجود في الكتاب المُقدَّس والقناعة السياسيَّة (أنظر الرسم مقابله).

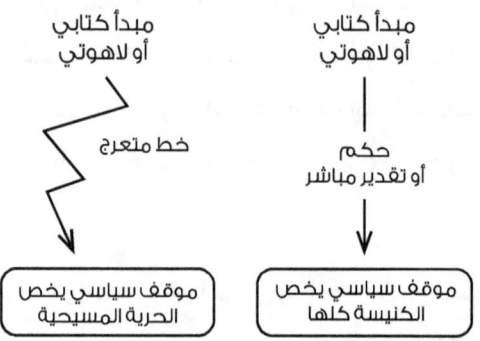

فكر مرة أخرى في مثل الإجهاض. يقول الكتاب المُقدَّس، «لا تقتل.» كما يقول إن الله عرفنا في رحم أمهاتنا. لذلك نعتقد أنه إذا انتقلنا من هذين النصين الكتابيين إلى قضية الإجهاض السياسيَّة فسيكون هذا في صورة حركة مستقيمة ومباشرة. بما أن القتل خطأ وبما أن الطفل الذي لم يولد هو شخص حي بداخل أمه، إذن الإجهاض خطأ. بالتالي، ينبغي أن يأخذ الوعاظ والكنائس موقفًا ضد الإجهاض، في كل من وعظهم وفي قرارات عضويتهم. ينبغي أن تعزل الكنائس أي شخص يؤيد الإجهاض دون توبة، سواء بشكل شخصي بتشجيع النساء على السعي للإجهاض أو سياسيًا بتأييد القضية. رغم أننا لا نجزم بأمانة الكنائس الكاثوليكية الرومانية من ناحية رسالة الإنجيل، إلا أننا نقدر تقارير الأخبار المتفرقة التي تخبرنا عن أسقف روماني كاثوليكي يرفض تقدم بعض الساسة لتناول الشركة، كما حدث مع تيد كنيدي، وجو بايدن، وغيرهم.

والآن دعونا ننتقل إلى الاستراتيجيات السياسيَّة التي يعتمدها الناس لمحاربة الإجهاض. هل ينبغي أن يعتصم المسيحيُّون حول عيادات الإجهاض؟ يشعر جوناثان وأنا بالراحة لفعل هذا، ولكننا نتفهم عدم شعور مسيحيين آخرين بالراحة لفعل هذا. لا نريد أن نجعل الاستعداد للاعتصام حول عيادة اختبارًا للأمانة. على أي حال، يعتمد القرار بشأن الاعتراض على عيادة إجهاض على العديد من الأحكام والتي لا تسير في خط مستقيم بالضرورة من الكتاب المُقدَّس: هل يمكن القول بأن هذا الاعتراض أكثر فعالية

من صور الاعتراض الأخرى؟ هل يجازف المعترضون بتقسية قلوب مؤيدي الإجهاض؟ هل تتطلب الأمانة هذا الشكل من الاعتراض بغض النظر عن شكل رد فعل الناس؟ وهكذا يمكن أن تتوالى الأسئلة.

مثل آخر على الحكم في خط غير مباشر. افترض أنه يوجد شخص مسيحي يريد ان يجادل لصالح وجود رعاية صحية عامة كحق من حقوق الإنسان. قد يبدأ بادعاء أخلاقي عن حقوق الإنسان كفكرة كتابيَّة، ولكن من هناك ينبغي أن تسير الحجة في خط متعرج، لتجيب بشكل مرض على العديد من الأسئلة التي قد يختلف حولها المسيحيُّون باعتدال.

ما هي الخدمات المشمولة؟ ما هي التكلفة على دافعي الضرائب؟ ماذا ستكون التنازلات الاقتصادية المطلوبة في المقابل، وهل ستكون عادلة؟ وماذا لو انهارت معايير الرعاية الطبية بشكل درامي، بحيث لا يعود بمقدور المزيد من الناس الحصول على علاج ينقذ حياتهم؟ مع أسئلة مثل هذه وغيرها الكثير، سيكون من الأصعب أن نجزم بأن الرعاية الصحية العامة هي الموقف المسيحي الوحيد وأن قرارات عضوية الكنيسة ينبغي أن تؤخذ بناء عليه. بل، إن هذا الموضوع ينتمي لنطاق الحرية المسيحيَّة وينتمي إلى نطاق الضمير المسيحي الشخصي. قد يكون لدى المسيحيُّون قناعات قوية لصالح أو ضد الرعاية الصحية العامة. ولكن ينبغي ألا يجعلوا هذه القناعات معيارًا للأمانة المسيحيَّة ومعاملة أي شخص يختلف معهم كمسيحي في مرتبة أدنى أو كمسيحي أقل نضجًا.

أتذكر (أنا جوناثان) ذات مرة إنني سألت أحد معارفي إذا كان يظن أن يسوع يتفق مع مواقفه حول الرعاية الصحية وسياسة الضرائب. فأجاب هذا الشخص بثقة بأن يسوع يتفق معه. كان يعتقد أن موقفه هو الموقف المسيحي أو الموقف الكتابي بخصوص الرعاية الصحية وسياسة الضرائب.

دعونا نتوقف ونفكر فيما يعنيه أن نتكلم كما فعل هذا الرجل. بهذا نحن نقول إن هذا هو ما يعلم به الكتاب المُقدَّس وأن كل المسيحيين ينبغي أن يتبنّوا موقفنا حتى يطيعوا الكتاب المُقدَّس. إننا نقول إنه بإمكاننا الثقة في هذا الموقف السياسي

بقدر ثقتنا في الادعاء بأن الله أعطى الوصايا العشر لموسى أو بأن يسوع قد مشى على الماء.

كثيرًا جدًا ما نفشل في إدراك كم ينبغي أن تختلف حواراتنا السياسيَّة كمسيحيين عن الحوارات السياسيَّة التي يجريها غير المسيحيين. بمقدور غير المسيحيين أن يخبروك بالضبط **بم يفكرون**. بإمكان المسيحيين أن يفعلوا هذا هم أيضًا، ولكن الفرق الحاسم هو أن المسيحيين يمكنهم أيضًا أن يخبروك - حول بعض المواضيع السياسيَّة - **ما هو رأي الله**. فنحن لدينا كتابه. لقد أعلن عن نفسه. وهذا شيء رائع، أليس كذلك؟ ومع هذا فهناك خطر كبير يلوح في الأفق. حيث ندخل في جدل سياسي نقول فيه لشخص ما **بم نفكر**. ولكن معنا الكتاب المُقدَّس أيضًا في أيدينا، وبالتالي نبدأ نطمس الخط بين **ما نظنه وما يراه الله**.

وأنتم تعرفون كيف تسير الأمور. حيث تشعر شعورًا قويًا من جهة أمر معين. وبإمكانك أن تجد بسرعة فقرة كتابيَّة أو اثنتين لتدعم بهما رأيك، وتبدأ تتكلم كما لو أن الله يتفق معك (انظر متى ١٥: ٩). قد تظن أنك مستثنى من هذا الخطر. ولكننا لدينا الشجاعة الكافية لنقول إننا كلنا فعلنا هذا في وقت ما من حياتنا. في الواقع، يمكننا أن نشير إلى ألفي عام من سوء استخدام المسيحيين للكتاب المُقدَّس ليبرروا مخرجاتهم السياسيَّة المفضلة، ونحن نقترح باتضاع أننا لسنا أذكى أو أحكم منهم كلهم.

وبالتالي لتفادي خلط أفكارنا بأفكار الله ينبغي أن نعامل كتاب الله بتوقير ومخافة مقدسين. ينبغي أن نتأنى جدًا لنميز حكمته المعصومة والملزمة عن حكمتنا الخاصة. وليساعدنا على هذا، أسس يسوع الكنائس المحلية. يتطلب منا وجود الكنيسة المحلية بحد ذاته، والتي يتمثل عملها في تحديد من هم المسيحيُّون الموجودون على كوكب الأرض، أن تكون لدينا مجموعة من المعايير لتحديد القضايا التي تخص الكنيسة كلها ومجموعة أخرى لأي شيء آخر. يتطلب هذا منا أن نميز بين الأحكام المباشرة والأحكام غير المباشرة.

التوصية الخامسة: احترم إخوتك وأخواتك الذين لديهم ضمير يختلف في معاييره عنك فيما يخص الأحكام غير المباشرة

ولكن، ماذا يحدث عندما تظن أن أمر سياسي يتضمن حكمًا غير مباشر وعضو آخر في الكنيسة يظن أنه يعتمد على حكم مباشر، يخص الكنيسة كلها؟ حدث هذا مؤخرًا في كنيستي (كنيسة أندي) عندما طلب أحد أعضاء الكنيسة الأتقياء من الشيوخ أن يعظوا عن التغير المناخي. وجادل بأن البشر يتسببون في الاحتباس الحراري العالمي، وأن الاحتباس الحراري العالمي أمر سيء، وأن هذه القضية تتساوى بشكل قاطع مع قدسية الحياة. وأود هنا أن أذكر كيف حاولت بلطف أن أرد على هذا الأخ:

من ناحية، ينبغي أن نكون وكلاء مسؤولين عن خليقة الله. كما أن إتلاف خليقة الله بتهور خطية. ولكن من ناحية أخرى، هناك قضايا معينة ينبغي أن يكون بمقدور المسيحيين أن يختلفوا حولها. ما هي أفضل الاستراتيجيات لمعالجة موضوع الاعتناء بخليقة الله في بيئتنا الأمريكية؟ بعض الناس مقتنعون بأن البشر يتسببون في الاحترار العالمي ويطالبون بأن نعيد النظر بشكل كبير في الطريقة التي نعيش بها لكي نكون وكلاء أمناء. وغيرهم – بعضهم لتشكيلة معقدة من الأسباب الجيدة – غير مقتنعين بأن البشر يتسبون في الاحترار العالمي أو أن الاحترار العالمي هو بالضرورة شيء سيء ويحرصون على الإصرار على تطبيقات معينة (مثل، تركيب ألواح شمسية على أسطح مبانيكم ولا يقودون سيارات رباعية الدفع). كيف ينبغي أن نمارس وكالتنا على الخليقة بالضبط هو موضوع معقد لأنه يعتمد ليس فقط على أسلوب تفسيرنا لفقرات كتابيَّة معينة، بل وعلى كيف نفسر البيانات خارج الكتاب المُقدَّس. كما أن المسيحيين يفسرون البيانات خارج الكتاب المُقدَّس بصورة مختلفة.

ينتج عن أحكامنا غير المباشرة ما يسميه بولس بـ «أمور قابلة للجدل» أو «أمور تخص الضمير.» وقد ميزنا للتو بين أمور تخص الكنيسة كلها وأمور ضميرية تخص الحرية المسيحيَّة. دعونا نستكشف أكثر ما هي أمور الضمير.

ضميرك هو وعيك بما تعتقد أنه صواب وخطأ. وهذا يعني أن ضميرك ليس بالضرورة صحيحًا في كل القضايا. لا يتطابق ما تعتقد أنه صواب وخطأ بالضرورة

مع ما يرى **الله** أنه صواب وخطأ. قد تعتقد في ضميرك باقتناع شديد أن الصبي البالغ من العمر خمس سنوات له الحق في أن يختار أن يصبح أنثى من الناحية البيولوجية. إن كنت كذلك، فسنجادل بأن ضميرك لا يعمل بشكل صحيح بالنسبة لهذا الموضوع، لأنه مبني على معايير غير أخلاقية بحسب الكتاب المُقدَّس. وسنجادل بأنه ينبغي أن تفحص وتقوم ضميرك. توحي فكرة تقويم ضميرك بأن ضميرك أداة. وقد تكون الأدوات غير صحيحة: قد يقول ميزانك أنك تزن ٨٥ كجم، في حين أنك في الحقيقة تزن ٨٢,٥ كجم. قد يشير مؤشر السرعة بسيارتك إلى أنك تسير بسرعة ١٠٠ كم / ساعة في حين أنك تسير بسرعة ٩٣ كم / ساعة. قد تقرأ على ساعتك أن الوقت هو ٨:٥٢ مساء في حين أنه في الواقع ٨:٥٤ م. عندما تكون إحدى الأدوات غير صحيحة، سيكون من اللطيف أن يعايرها شخص ما. أن تعاير الأداة يعني أن تجعلها تتفق مع معيار موثوق لضمان أنها تعمل بدقة.

معيار الصواب والخطأ هو الله، الذي أعلن نفسه لنا بشكل خاص من خلال الكتاب المُقدَّس. لذا عندما لا يعمل ضميرك بدقة، ينبغي أن تسعى إلى توفيقه مع كلمات الله. والمثل الكلاسيكي على هذا في الكتاب المُقدَّس هو الرسول بطرس. كان مقتنعًا في ضميره بأنه م الخطأ أكل أطعمة معينة – مثل لحم الخنزير. قال الله لبطرس ثلاث مرات أن «يذبح ويأكل» حيوانات يعتبرها بطرس نجسة. وكان لدى بطرس الوقاحة ليرد على الله، «**كَلَّا يَا رَبُّ! لِأَنِّي لَمْ آكُلْ قَطُّ شَيْئًا دَنِسًا أَوْ نَجِسًا**» ولكن لأن الرب كان يأمر بطرس بأن يأكل من هذه الأطعمة، كان على بطرس أن يعيد معايرة ضميره بحيث تكون لديه الثقة ليقبل طعامًا وأشخاصًا بم يقدر من قبل أن يقبلهم (أعمال ١٠: ٩-١٦).

إذن كيف ينبغي عليك تقويم ضميرك؟ بثلاث طرق أساسية:

١ – **قوِّمه بتعليمه الحق.** يشير الحق في الأساس إلى الحق الذي يعلنه الله في الكتاب المُقدَّس، ولكنه يشمل كذلك الحق خارج الكتاب المُقدَّس. مثلًا، قد تكون المعلومة الحاسمة التي قد تؤدي إلى استخدام زوجان مسيحيان أو عدم استخدامهما لوسيلة معينة لمنع الحمل حقيقة خارج الكتاب المُقدَّس – أي، معلومة علمية تشرح بالتفصيل كيف تعمل تلك الوسيلة من وسائل منع الحمل.

٢ – **قوِّمـه فـي سـياق كنيسـتك.** قـادة الكنيسـة الأتقيـاء والأعضـاء الرفـاق هـم واحـدة مـن عطايـا الله لـك لمسـاعدتك علـى تقويـم ضميـرك. فليـس عليـك القيـام بهـذا بمفـردك.

٣ – **قوِّمـه بالمسـار السـليم للعمليَّـة.** بعـض القضايـا قـد تأخـذ سـنوات للعمـل عليهـا. لا بـأس.

مـن الأفضـل ألا تندفـع فـي عمليـة التقويـم بحيـث لا تتغيـر قبـل الأوان وتسـير فـي اتجـاه يخالـف ضميـرك. كيـف يتصـل كل هـذا بالأحـكام غـر المباشـرة؟ مـن المهـم جـدًا أن يميـز المسـيحيُّون بيـن القضايـا المباشـرة التـي تخـص الكنيسـة كلهـا وبيـن القضايـا غيـر المباشـرة التـي تتعلـق بالحريـة المسـيحيَّة لأن ضمائـر المسـيحيين ينبغـي أن تتعامـل بطريقـة مختلفـة معهمـا. بالنسـبة للقضايـا المباشـرة التـي تخـص الكنيسـة كلهـا، ينبغـي أن يعـظ الرعـاة قائليـن، «هـذا هـو مـا يقولـه الله.» مـن الصـواب أن تحـاول أن تقنـع النـاس بـأن يتحركـوا وفـق مـا تمليـه عليهـم ضمائـر هم فـي القضايـا التـي تخـص الكنيسـة.

أمـا القضايـا غيـر المباشـرة التـي تخـص الحريـة المسـيحيَّة فهـي أمـور تتعلـق بالضميـر والتـي يجـب أن يكـون أعضـاء الكنيسـة متفقيـن علـى إمكانيـة عـدم الاتفـاق عليهـا. تسـمي روميـة ١٤: ١ هـذه القضايـا «آراء» (ESV) أو «أمـور قابلـة للجـدل» (NIV). تتضمـن الأمـور القابلـة للجـدل قضايـا مثـل مـن هـم «**أبنـاء الله**» المذكوريـن فـي تكويـن ٦ أو كيـف ينبغـي أن ينظـر المسـيحيُّون إلـى السـبت. كمـا أنهـا تشـمل الغالبيـة العظمـى للأحـكام السياسـيَّة. مثلًا، هـل الحكومـة الأمريكيـة حاليًـا تفـرض عقوبـة الإعـدام بطريقـة عادلـة؟ وإن لـم تكـن، مـا هـي الخطـوات التاليـة التـي ينبغـي أن تتخذهـا الحكومـة لتحـل هـذه المشـكلة؟

ليكـن فـي بالـك أن الأحـكام غيـر المباشـرة تتأصـل بسـهولة وبعمـق فـي ضميـرك وهـذا يهيـئ الجـو للصـراع لأننـا نجـادل حتمًـا فـي الأمـور القابلـة للجـدل. لا يتفـق إنسـانان خاطئـان فـي كل شـيء بصفـة تامـة – ولا حتـى الـزوج التقـي والزوجـة التقيـة. فنحـن لدينـا وجهـات نظـر وخلفيـات وشـخصيات ومفضـلات وتوجهـات فكريـة مختلفـة ومسـتويات مـن الفهـم المختلفـة للحـق بخصـوص الله وكلمتـه وعالمـه. لـذا ليـس مـن المدهـش أن يختلـف أعضـاء الكنيسـة الرفـاق بشـأن الأحـكام غيـر المباشـرة. ينبغـي أن نتوقـع هـذا وأن نتعلـم أن نتعايـش

مع هذه الاختلافات. لسنا بحاجة دائمًا إلى محو هذه الاختلافات، ولكن ينبغي أن نسعى إلى أن نمجد الله بأن نحب بعضنا البعض وسط اختلافاتنا. وهذا هو ما كان يشغل بولس بشكل رئيسي في رومية ١٤.

سوف نسلط الضوء فقط على اثنين من مبادئ بولس من رومية ١٤:

١ – **رحبوا بمن يختلف معكم كما رحب بكم المسيح** (رومية ١٤: ١-٢؛ ١٥: ٧). عندما تتقابل مع من لديهم ضمير ضعيف حول قضية غير صحيحة لاهوتيًا ولكنها لا تحمل تعليمًا خاطئًا، فلتكن أولويتك الرئيسية ألا تعمل على تغيير وجهة نظرهم. على أي حال، القضية ليست «ذات أهمية عليا» (١ كورنثوس ١٥: ٣). فلتكن أولويتك الرئيسية هي «**ٱقْبَلُوا بَعْضُكُمْ بَعْضًا كَمَا أَنَّ ٱلْمَسِيحَ أَيْضًا قَبِلَنَا، لِمَجْدِ ٱللهِ**» (رومية ١٥: ٧).

٢ – **لا تزدر بمن هم أكثر صرامة منك حول قضية معينة، ولا تدن من يتصرفون بتحرر أكبر منك في قضية معينة** (رومية ١٤: ٣-٤). أحبب من يختلفون معك بأن تحترمهم، لا بأن تزدري بهم. لا تفترض أن أي شخص أكثر صرامة منك هو شخص متزمت أو أن أي شخص أكثر تحررًا منك هو شخص خليع. عندما تكون مقتنعًا بأن استراتيجية سياسية معينة عادلة، فقد تتعرض لإغراء أن تعاملها كمسألة ذات أهمية عليا، ولكن هذا سيكون خطأ خطيرًا لأنه يعني ضمنًا أن من يختلفون معك حول هذه المسألة لا يمكن أن يكونوا مسيحيين.

إذن، هل لا بأس من التحدث حول القضايا غير المباشرة مع رفاقي المسيحيين؟ نعم، ولكن فقط إذا فعلت هذا بالروح الصحيحة وبالنسبة الصحيحة. كن صارمًا مع نفسك وكريمًا مع الآخرين. لا تنشغل بشكل زائد بالقضايا غير المباشرة لدرجة أن تشيع الانقسام بشأنها. ينبغي ألا تكون القضايا غير المباشرة هامة بالنسبة لك لدرجة أن يصبح كل ما تريده هو الحديث عنها.

التوصية السادسة: تذكر ما هي أهم الأشياء

العمل من أجل إحلال العدل أمر هام. إنه جزء من التلمذة المسيحيَّة. يهتم شعب المسيح المبرر بالعدل. ولكن يجدر بنا أن نلاحظ ما يشدد عليه العهد الجديد بصفته أفضل وسيلة للسعي وراء عالم عادل. إنه يشدد على التلمذة.

فكر فقط في الرسائل. ليست الرسائل في الأساس عبارة عن أوراق دينية حول كيفية التصرف بعدل خارج الكنيسة. إنها في الأساس عبارة عن أوراق دينية عن العيش بعدل وبر داخل الكنيسة. ينبغي أن ينبع اشتراكنا في السياسة في الخارج من حياتنا التي تطلب العدل والبر في الداخل. كان بإمكان يسوع وبولس وباقي الرسل وقتًا كبيرًا في الحديث عن قيصر والعالم السياسي في زمنهم. لقد قالوا بالفعل أشياء قليلة وليس الكثير.

إذن ليس الأمر أنه ينبغي ألا يهتم المسيحيُّون بالعدل. الأمر هو أننا نعرف أن أي خير ستنتجه «الانتخابات التالية» في أفضل الحالات سيكون خيرًا مؤقتًا ومليئًا بالثغرات، ونحن نرغب في عدالة تامة تدوم. وهذا بالذات هو السبب في اتحاد المسيحيين معًا ككنائس. تشير الأحكام المباشرة والأمور التي تخص الكنيسة ككل والتي توحدنا إلى العدالة التامة التي سوف تدوم. كل القضايا غير المباشرة والتي تخص نطاق الحرية المسيحيَّة والتي نقضي الكثير من الوقت في الجدل بشأنها لن تدوم، على الأقل ليس بنفس الوضوح والحسم.

ليس مدهشًا أن يرى غير المسيحيُّون الانتخابات التالية **أهم شيء في العالم!!!** فهم يرهقون أنفسهم بعواطف ملتهبة، كما لو كان كل شيء على المحك. لدرجة أن يصبح هذا شكل من أشكال العبادة. ينبغي أن يعرف المسيحيُّون الأمر بصورة أفضل من هذا. فنحن لا نعيش في المدينة الفاضلة. لقد جاءت روما القديمة وذهبت. كما جاءت الإمبراطورية الرومانية المُقدَّسة وذهبت. والاتحاد السوفيتي جاء وذهب. حتى أمتك ستأتي وتذهب، بغض النظر عن أي أمة تذكرها. ومنا قيل من قبل، أحيانًا تكون أفضل طريقة لانتقاد النظام الحالي ولمقاومة العبادة الزائفة التي يتطلبها قدر كبير جدًا من السياسة هي ببساطة أن نتكلم عن شيء آخر.

سوف يفوز يسوع. فملكوته ليس على المحك. بإمكان المسيحيُّون الذين يتمتعون بهذه الثقة السعيدة أن يتجادلوا مع بعضهم البعض في وسط هذه الأمور السياسيَّة الثانوية وفي نفس الوقت يتمتعوا بالوحدة والشركة والرجاء إذ يتوقعوا معًا مجيء حكم المسيح المثالي.

العمل من أجل العدل، ومحبة المتبررين

أكثر فأكثر، يجد كلانا أنفسنا في حوارات مع إخوة وأخوات في المسيح ممن يشعرون بأنهم عالقين. فهم «لا يمكنهم أن يتخيلوا ببساطة» أنهم يصوتون لصالح **هذا** الحزب أو **ذاك** أو **أي منهما**.

لم يكن هدفنا طوال هذا الفصل أن نحل هذه التوترات أو أن نصدر تلك الأحكام نيابة عنك، بل أن نوضح ما هو على المحك في شركتنا معًا. في الواقع، كلما أنكرت الأمة الله، كلما كانت خياراتنا أقل قبولًا، على حسب توقعاتنا. مثل إخوتنا وأخواتنا في الصين الشيوعية أو إيران المسلمة، قد يكتشف المسيحيُّون في الغرب الديمقراطي بشكل متزايد كيف يبدو الحرمان من التصويت. لم يعد يشعر المسيحيُّون فقط في الميدان العام بالتحدي في معضلات أخلاقية؛ بل أصبح في المدارس وأماكن العمل أيضًا: «هل يمكننا أن نرسل أبننا إلى هذه المدرسة العامة؟» «هل أحضر طقس حفل الخطوبة الإلزامي لزوجين من المثليين؟» «هل استخدم الضمائر المفضلة لدي بخصوص النوع في سطر توقيع الإيميل عندما يصر مدير القسم على ضرورة فعل هذا؟»

بينما تضغط الثقافة بشدة ضد الكنيسة، سيكون دائمًا التنازل غير الأمين أحد التهديدات. ومع هذا لاحظ مارك ديفر أن هناك تهديد آخر ينبغي أن يحترس منه المسيحيُّون المحافظون: البلقنة، *balkanization*، أو التقسيم إلى مئة قطعة. يقول شخص مسيحي أنه «ينبغي» كذا؛ وآخر أنه «ينبغي» ذاك؛ وثالث يستنزل اللعنات على كلا الطرفين، بالإضافة إلى رابع وخامس وسادس يصرون على توجهاتهم. مثل أهل البلقان في تسعينات القرن العشرين، حيث ذهب كل جزء من الأمة إلى الحرب ضد الأجزاء الأخرى.

بعبارة أخرى، ليس الحال هو أنه بينما تصبح الثقافة معادية للمسيحيَّة أكثر، كلما أصبحت القضايا الأخلاقيَّة أوضح. بعضها كذلك. ولكن أن نعرف كيف نعيش وننخرط في هذه الثقافة قد يصبح أكثر تعقيدًا بينما تواجهنا الكثير من الأسئلة الجديدة، سواء كنا نتكلم عن مقاومة سياسات المدرسة حول الضمائر الخاصة بالنوع أو قوانين الأمان بخصوص البشر الآليون المصممون للجنس. سيصل المسيحيُّون إلى استنتاجات مختلفة وسط كل هذه التحديات الجديدة. ستستجيب ضمائرنا بشكل مختلف مع هذه المنطقة الرمادية وتلك. لم يكن هدفنا في هذا الفصل أن نقول لك كيف تستجيب مع أية معضلة أخلاقية («هل أصوت لصالحه أم لصالحها؟») وإنما، كان هدفنا هو أن نساعدك على أن تعرف كيف يكون رد فعلك تجاه من يصوتون أو يعتقدون بشكل يختلف عنك، أن تتعلم على الأقل كيف تفسح لهم بعض المجال، وأن نشجعك على المحبة والصبر.

لذا أنصت باتضاع لمن لا يشتركون معك في وجهة نظرك، خاصة عندما يأتون من خلفية مختلفة. ضع نفسك مكان الشخص الآخر. ما هو المبدأ العادل الذي يرونه والذي ربما يكون قد فاتك؟

صل من أجل من تختلف معهم. عندما تصلي من أجل ناتج إيمان شخص آخر، كثيرًا ما يعمق الله عاطفتك من نحوه. عندما يحتفي أعضاء الكنيسة بتعاليم الكتاب المُقدَّس ذات الأهمية القصوى، ينبغي ألا تطيح القضايا غير المباشرة بغنى الحقائق التي نحبها ونحيا لأجلها، بل ونموت من أجلها.

أخيرًا، تأمل في الأبدية وفي الدينونة الأخيرة. ينبغي ألا يشجع هذا على التراخي أو اللامبالاة من جهة الظلم. بل ينبغي أن يقوم وجهة نظرك السياسيَّة. قم بقياس «الآن» في ضوء «ليس بعد» الأبدية. فرجاءك ليس في منصة أو حزب أو مملكة الآن. رجاؤك هو في اليوم الذي تصبح فيه ممالك هذا العالم ملكوت مسيحنا (رؤيا ١١: ١٥).

كيف يمكن للرعاة أن يعملوا على الوَحدانية في أوقات تشجع على الانقسام السياسي؟

١- الوعظ التفسيري.

٢- توضيح الفرق باستمرار بين القضايا الكتابيَّة والقضايا التي تحتاج إلى ممارسة الحكمة.

٣- التأكيد المستمر على الحرية المسيحيَّة.

٤- تعليم الصبر من جهة الضمير الأضعف.

٥- أشر إلى إقرار إيمان كنيستك.

٦- تكلم أكثر عم يقوله الكتاب المُقدَّس وأقل حول كيف نتممه.

٧- تذكر أن سلطانك يكمن في شرح الكتاب المُقدَّس، وليس في سياساتك.

٨- مارس التأديب الكنسي.

٩- علّم بما يقوله الكتاب المُقدَّس عن العدل.

١٠- علّم الجماعة أن تنصت وتتعاطف مع الآتين من خلفيات مختلفة.

١١- صلِّ علانية من أجل القضايا التي تسبب الحزن والخوف بين الأجزاء المختلفة من الجماعة.

١٢- لا تبالغ في تقدير اتساع المشكلة عندما يقوم قلة من الناس بعمل ضجة.

١٣- كن نموذجًا يُحتذى به في الرأفة من نحو من يختلفون معك.

١٤- ليكن فكرك هادئًا ولا تشعر بالحاجة إلى تناول كل قضية تظهر في كل وقت.

١٥- عظ عن الدينونة الأخيرة ورنم عن السماء كثيرًا.

١٦- عظ بالإنجيل كل أسبوع.

مراجع مقترحة

إذا أردت أن تقرأ نقاشات أطول حول هذه المواضيع التي كتبها جوناثان ليمان وأندي نازلي، انظر القائمة الموجودة أدناه

بالنسبة للأطفال

1. Andy Naselli, *That Little Voice in Your Head: Learning about Your Conscience* (Fearn, Scotland: Christian Focus, 2018).

بالنسبة لأعضاء الكنيسة

1. Jonathan Leeman, *How the Nations Rage: Rethink- ing Faith and Politics in a Divided Age* (Nash- ville, TN: Nelson, 2018).

2. Andrew David Naselli and J. D. Crowley, *Con- science: What It Is, How to Train It, and Loving Those Who Differ* (Wheaton, IL: Crossway, 2016).

بالنسبة للأكاديميين

1. Jonathan Leeman, Political Church: The Local As- sembly as Embassy of Christ's Rule, Studies in Christian Doctrine and Scripture (Downers Grove, IL: InterVarsity, 2016).

2. Jonathan Leeman and Andrew David Naselli, «Politics, Conscience, and the Church: Why Christians Passionately Disagree with One Another over Politics, Why They Must Agree to Disagree over Jagged-Line Political Issues, and How.» Themelios 43 (May 2020).

٩

كيف يمكنني أن أخدم كنيستي؟

ماثيو إمادي

«فَلَا يَكُونُ هَكَذَا فِيكُمْ. بَلْ مَنْ أَرَادَ أَنْ يَصِيرَ فِيكُمْ عَظِيمًا، يَكُونُ لَكُمْ خَادِمًا، وَمَنْ أَرَادَ أَنْ يَصِيرَ فِيكُمْ أَوَّلًا، يَكُونُ لِلْجَمِيعِ عَبْدًا. لِأَنَّ ٱبْنَ ٱلْإِنْسَانِ أَيْضًا لَمْ يَأْتِ لِيُخْدَمَ بَلْ لِيَخْدِمَ وَلِيَبْذِلَ نَفْسَهُ فِدْيَةً عَنْ كَثِيرِينَ.»

مرقس ١٠: ٤٣–٤٥

انتهى تمرين كرة السلة للتو، وتوانى جيسون حتى لفت انتباهي.[١] وقبل أن ينبس ببنت شفة، عرفت ماذا أتوقع.

«أهلًا أيها المدرب، أعتقد أنني قد أترك الفريق. فأنتم لستم بحاجة إليَّ.»

لم يغادر جيسون مقعد الاحتياطي البتة، ولذا ظن أنه بدون مساهمة مفهومة في أيام اللعب، فليس له فائدة.

كان جيسون مخطئًا.

---

[١] القصص الشخصية التي تتضمن أشخاصًا آخرين والتي شاركت بها في هذا الكتاب مأخوذة بإذن من هؤلاء الأشخاص وغالبًا ما استُخدمت فيها أسماء غير حقيقية للمحافظة على الخصوصية.

فقد كانت لـه فائـدة فـي الفريـق – وفائـدة كبيـرة، حتـى ولـو لـم يـدرك هـذا. كان يأتـي للتمريـن كل يـوم. وجعـل زملائـه فـي الفريـق فـي مسـتوى أفضـل. بـدون حضـوره، كان الجميع سيعانون. فقد جعل لاعبي الدرجـة الممتـازة يعملون بجد أكبر. كما شجعت صداقتـه الوثيقـة زملائـه فـي الفريـق علـى المثابـرة. حتـى فـي أيام المباريات، شـجع زملائه فـي الفريـق علـى التقدم.

لقد كان أساسيًا في الفريق سواء أدرك هذا أم لا.

دعونـي أخبركـم بقصـة مشـابهة. سـاندي عضـوة فـي كنيسـتنا المحليَّـة. وقالـت لـي فـي أحـد الأيـام، «إننـي أصـارع لكـي أعـرف مـا هـو دوري فـي الكنيسـة». لـم تكـن سـاندي قائـدة فـي أي خدمـة، ولـم تكـن مسـؤولة عـن أيـة برامـج أو أحـداث. ولهـذا لـم تعـرف مـاذا تفعـل. مثـل جيسـون، ظنـت سـاندي أنهـا لـم تقـم بشـيء مهـم. ظنـت أنهـا لـم تكـن تخـدم الكنيسـة.

ومثل جيسون أيضًا، كانت مخطئة.

فسـاندي تأتـي إلـى الكنيسـة كل أحـد. تأتـي مبكـرًا وتبقـى حتـى وقـت متأخـر بحيـث يكون لديهـا وقـت وفيـر للحديـث مـع الآخريـن. كمـا أنهـا تحضـر دائمًـا اجتماعـات الأعضـاء، لـذا يمكنهـا التصويـت فـي القضايـا المصيريَّـة وطـرح أسـئلة مهمـة. إنهـا تعمل فـي الحضانة وتدعـو بانتظـام أعضـاء الكنيسـة إلـى بيتهـا. كمـا أنهـا تشـجع أعضـاء كنيسـتنا بآيـات من الكتاب المُقدَّس. وتصلي من أجلهم. وتتكلم مع الزوار.

مـن نـواح عديـدة، تخـدم سـاندي كنيسـتنا بأمانـة وبشـكل هـادف. إنهـا عضـوة حيويـة، برغـم عـدم حصولهـا علـى لقـب رسـمي أو منصـب خدمـة رسـمي.

ربمـا تقـرأ هـذا الفصـل لأنـك تشـعر بنفـس الشـعور. تريـد أن تخـدم كنيسـتك، ولكنـك لا تعـرف مـاذا ينبغـي أن تفعـل. ربمـا تكـون مؤمنًـا حديثًـا، وتظـن أنـك غيـر مجهـز للخدمـة. ربمـا تخـدم بطـرق تجعلـك مرهقًـا ومسـتنزف القـوى، ولكنـك لا تريـد الاعتـراف بهـذا. ربمـا تنتظـر دورًا رسـميًا فـي الكنيسـة أو أن يعينـك الراعـي فـي خدمـة معينـة، ولا تعـرف

مـاذا ينبغـي أن تفعـل فـي الوقـت الحالـي. ربمـا تكـون قـد تجنبـت الخدمـة لأنـك لا تعـرف دعوتـك أو كيـف تتعـرف علـى مواهبـك الروحيَّـة.

أيًـا كانـت المحطـة التـي تقـف عندهـا، إن كنـت تفكـر كيـف تبـدو الأمانـة فـي خدمـة كنيسـتك المحليَّـة، إذن هـذا الفصـل هـو لـك.

فريق عمل صغير أم مواطنين، وجنـود، وأبنـاء؟
هل الكنيسة نوع من المشاريع؟

كثيـرًا مـا تنبـع المفاهيـم الخاطئـة عـن خدمـة الكنيسـة مـن المفاهيـم الخاطئـة بشـأن تعريـف الكنيسـة. يـرى الكثيـر مـن النـاس الكنائـس المحليَّـة وكأنهـا مشـاريع تجاريـة صغيـرة حيـث الراعـي هـو المديـر التنفيـذي والشـعب هـم الزبائـن. ويظنـون أن الكنائـس موجـودة لتقـدم لهـم ولأطفالهـم قائمـة بالبرامـج والأنشـطة والأحـداث. ومـن يقـررون أن يخدمـوا يشـبهون الموظفيـن فـي الأعمـال التجاريـة، حيـث يتأكـدون مـن أن البرامـج منظمـة بشـكل جيـد، وأن القهـوة سـاخنة، وأن عمليـة التسـويق جذابـة، والأنشـطة كثيـرة ووفيـرة، والحمامـات نظيفـة تمامًـا.

لا تسـئ فهمـي – لا شـيء خطـأ فـي الحمامـات النظيفـة أو القهـوة السـاخنة. فـي الواقـع، قـد تعنـي خدمتـك للكنيسـة التطـوع لتنظيـف الحمامـات أو إعـداد القهـوة والسـاندوتشـات. ولكـن سـتؤثر طريقـة تفكيرنـا فـي الكنيسـة علـى طريقـة تفكيرنـا فـي خدمتنـا فـي الكنيسـة. إن كنـا نظـن أن الكنائـس المحليَّـة كأعمـال تجاريـة، والرعـاة كمديريـن تنفيذييـن، ومرتـادي الكنائـس كمسـتهلكين، إذن سـنفكر فـي الخدمـة كمـا لـو كنـا موظفيـن (أعضـاء الكنائـس) ينتظـرون المديـر (الراعـي) ليعطينـا تكليفًـا معينًـا (خدمـة) مصحوبـة بلقـب للوظيفـة – آمليـن سـرًا ألا يكـون «مديـر تعقيـم الحمامـات.»

ولكـي نُفكِّـر بشـكل سـليم بشـأن الخدمـة، نحتـاج أن نفكـر بشـكل كتابـي بشـأن الكنيسـة. ببسـاطة، الكنائـس المحليَّـة ليسـت أعمـالًا تجاريـة؛ إنهـا أشـبه بسـفارات مملكـة عظمـى أو عائلـة فـي نفـس البيـت.

مملكة ملكوت السماوات

في رحلة مُرسليَّة، كان لي شرف البقاء في ملجأ أيتام في هايتي يقع مقابل السفارة الأمريكية. ينبغي أن أعترف أن رؤية السفارة كان يمدني دائمًا بشعور بالراحة. أعرف أن السفارة تمثل حكومتي. ورغم إني كنت في دولة أجنبيَّة، إلا أنه بإمكاني الذهاب إلى السفارة، وسوف يتعرفون على جنسيتي ويوفرون لي الحماية والامتيازات التي تخصني كمواطن.

كمسيحيين، نحن مواطنون في ملكوت السماوات والكنائس المحليَّة على الأرض هي سفارات صغيرة لهذا الملكوت. بعبارة أخرى، إنها تمثل السماء على الأرض (متى ١٦: ١٨-١٩؛ أفسس ٢: ١٩؛ فيلبّي ٣: ٢٠). يسوع المسيح هو ملك ملكوت السماوات، وهو يحكم كنيسته بكلمته – الكتاب المُقدَّس (أفسس ١: ١٩-٢٣). من خلال عضوية الكنيسة، والتأديب، والمعمودية، وتحدد كنائس الرب المحليَّة المسيحيين على الأرض. إنها تتكلم نيابة عن السماء لتُعلن للعالم مَن مِن الناس هو من مواطني ملكوت المسيح ومن ليس كذلك (متى ١٨: ١٥-٢٠).

ما علاقة أي شيء من هذا بأسلوب تفكيرنا بشأن خدمة كنيستنا؟ له علاقة كبيرة! أولًا، ينبغي أن ندرك أن كل خدمتنا تُعمل في النهاية لمجد ملكنا العظيم، الرب يسوع المسيح. فهو لم يسلم حياته فقط ليدفع عقوبة خطايانا ويصالحنا مع الله، ولكنه كذلك يمنحنا امتياز خدمته العجيب. تخيل هذا! كل خدمة، بغض النظر كم هي صغيرة أو خفية عن عيون العالم، تصبح خدمة هامة عندما تُعمل لمجد المسيح. حتى ولو أُعطي كأس ماء بارد لشعبه فلن يمر هذا دون أن يلاحظه الملك يسوع (متى ١٠: ٤٢). يسوع يرى، يسوع يعرف، ويومًا ما سيقول لمن تعبوا من أجله دون أن يدري بهم أحد البتة، «**نِعِمَّا أَيُّهَا ٱلْعَبْدُ ٱلصَّالِحُ ٱلْأَمِينُ**» (متى ٢٥: ٢٣). يعد امتياز خدمتنا لملك الملوك بخدمة شعبه الذي يحبه أحد أعظم امتيازاتنا على الإطلاق.

ثانيًا، تذكّرنا رؤية الكنيسة كسفارة لملكوت المسيح بأننا لسنا موظفين في أحد الأعمال التجارية، نضع علامة دون اكتراث أمام كل عنصر من الواجبات التي يجب

القيام بها كل يوم. نحن مواطنون، بل وجنود، لملكوت من عالم آخر في أرض معادية (أفسس ٦: ١١؛ ٢ تيموثاوس ٢: ٣-٥). نحن ننتمي للسماء، حتى ونحن نعيش في أرض أجنبية تحت هيمنة حاكم روحي شرير اسمه إبليس (يوحنا ١٢: ٣١؛ ٢ كورنثوس ٤:٤؛ أفسس ٢:٢). لقد عشنا يومًا تحت طغيانه كأعداء لله، ولكن من خلال الإنجيل، نُقلنا خارج نطاق هيمنته إلى ملكوت ابن الله المحبوب (كولوسي ١: ١٣). وتنطبق كلمات الرسول بولس علينا كما كانت تنطبق على المسيحيين في أفسس:

فَإِنَّ مُصَارَعَتَنَا لَيْسَتْ مَعَ دَمٍ وَلَحْمٍ، بَلْ مَعَ ٱلرُّؤَسَاءِ، مَعَ ٱلسَّلَاطِينِ، مَعَ وُلَاةِ ٱلْعَالَمِ عَلَى ظُلْمَةِ هَذَا ٱلدَّهْرِ، مَعَ أَجْنَادِ ٱلشَّرِّ ٱلرُّوحِيَّةِ فِي ٱلسَّمَاوِيَّاتِ. (أفسس ٦: ١٢)

المخاطر عالية، ولدينا عمل لنقوم به. عندما نتلمذ مسيحيًّا جديدًا، فنحن لا نصنع صداقات فحسب؛ نحن نجهزه للمعركة ضد العالم والجسد والشيطان (أفسس ٣: ١٣-١٤). عندما نجتمع للعبادة الجماعيَّة في يوم الرب، فنحن لا نقوم فقط بواجبنا؛ نحن نظهر حكمة الله المتنوعة للحكام والسلاطين في السماويات (أفسس ٣: ١٠). عندما نشترك في الإرساليات والتبشير، نحن لا نبيع منتجًا بأسلوب الباعة الجائلين؛ نحن نعلن للعالم أن كل سلطان في السماء وعلى الأرض هو ملك للمسيح، وأن إبليس لم يعد بإمكانه أن يضلل الأمم (متى ٢٨: ١٨-٢٠؛ كولوسي ٢: ١٥).

أثناء الحرب العالمية الثانية، قام المواطنون الأمريكيون العاديون بترشيد استهلاك السلع، وأعادوا تدوير الخامات، وأبقوا المصانع عاملة ليل نهار. لقد ضحوا بالكثير لأنهم كانوا يعلمون المخاطر. فهل نعرفها نحن؟ هل ندرك أننا مواطنون في ملكوت المسيح؟ هل ندرك أن كنائسنا هي مواقع لهذا الملكوت على الخطوط الأمامية في المعركة الروحيَّة؟ يشبه رفض خدمة الكنيسة جنديًا يسحب كرسيًا ليرتشف مشروب كولايد بينما يشاهد رفاقه يخوضون الحرب.

المخاطر عالية، والاحتياجات ضخمة. لهذا السبب يدعو المسيح كل عضو في كنيسته ليتجند في الخدمة. لماذا؟ لأن الكنيسة المحليَّة سفارة لملكوت المسيح.

بيت الله

الكنيسة المحليَّة أيضًا عائلة. قال بولس لتيموثاوس أن «**كَنِيسَةُ ٱللهِ ٱلْحَيِّ**» **هي** «**بَيْتِ ٱللهِ**» (أفسس ٢: ١٩؛ ١ تيموثاوس ٣: ١٥). نحن لسنا تجمعًا من الغرباء، أو المعارف أو الزملاء؛ نحن إخوة وأخوات في المسيح. لقد تم تبنينا كأبناء وبنات في عائلة الله.

قبل تأسيس العالم، سبق الله الآب فعيننا في محبته للتبنّي (أفسس ١: ٥). لقد أرسل ابن الله الأزلي، الأقنوم الثاني في الثالوث، ليصبح رجلًا ويموت على الصليب كبديل عنا لغفران خطايانا (أفسس ١: ٧).

ورغم أننا كنا يومًا بلا رجاء، وفي قطيعة مع الله، ومنفصلين عن المسيح، وأموات في تعدياتنا وخطايانا، أرسل الآب والابن الروح القدس ليحيينا مع المسيح (أفسس ٢: ١-٦، ١١-١٣). والآن، يسكن روح المسيح في قلوبنا بحيث نصرخ «يا آبا الآب» (رومية ٨: ١٥). «**أُنْظُرُوا أَيَّةَ مَحَبَّةٍ أَعْطَانَا ٱلْآبُ حَتَّى نُدْعَى أَوْلَادَ ٱللهِ!**» (١ يوحنا ٣: ١).

بغض النظر عن مدى تنوع الأعضاء الأفراد في الكنيسة المحليَّة، فإن إنجيل يسوع المسيح قد جعلنا أولاد الله (يوحنا ١: ١٢؛ غلاطية ٣: ٢٦). نحن أعضاء نفس البيت، ويسكن فينا نفس الروح، ولدينا حرية الوصول إلى نفس الآب (أفسس ٢: ١٨-١٩)، ونشترك حول نفس المائدة (١ كورنثوس ١١: ٢٣-٢٦).

كيف ينبغي أن تؤثر هذه النظرة عن الكنيسة على رؤيتنا للخدمة؟

على الأقل تمامًا، ينبغي أن توجه الكثير من خدمتنا نحو العلاقات وتحررنا لنبدأ خدمة الآخرين بطرق مفيدة بدون «مناصب خدمة،» «دعوة،» أو «ألقاب» رسميَّة. فكر في عائلتك البيولوجيَّة لدقيقة.

هل تحتاج إلى تنظيم برنامج تنظيف قبل أن تغسل الصحون؟ هل تحتاج إلى لقب مثل «منسق الأنشطة» قبل أن تأخذ الأطفال إلى الحديقة؟ هل تحتاج إلى أن تشعر بأنك «مدعو» أن تعلم قبل أن تقود عائلتك في فترات عبادة روحية؟ هل تحتاج إلى تنظيم برنامج تلمذة قبل أن تتكلم مع أطفالك عن الشخصية المسيحيَّة؟

بالطبع لا.

فلأنك تحب عائلتك البيولوجيَّة، تخدمها بمئات الطرق، وتلتزم بها، وتقدر هذه العلاقات. إن كنت أبًا، فمن المحتمل أنك تعطي أولوية لوقتك مع أولادك. وإن كنت شريك حياة، فمن المحتمل أنك تستثمر في علاقتك مع شريك حياتك الآخر، أو على الأقل ينبغي أن تفعل هذا. إن كنت طالب كلية أعزب، فمن المحتمل أنك تبذل جهدًا مقصودًا لتتصل بأبويك. فبطرق كثيرة للغاية، تخدم عائلتك بشكل نشط ومقصود، بل وبديهي. ينبغي أن يكون هذا النوع من الخدمة هو السمة التي يتسم بها تعاملنا مع الآخرين في كنيستنا المحليَّة.

أرى هذا النوع من الخدمة غير الأنانية، الشبيهة بالحياة العائلية في جماعة كنيستي. عندما أنجبت ماندي طفلًا، رتبت أليسا جدول وجبات لعائلة ماندي، رغم أنها لا تشغل منصبًا رسميًّا في الكنيسة. كما أن جون ويونا يستضيفان العزاب بانتظام على العشاء ويأخذون أعضاء من مجموعة شبابنا للغداء ظهر أيام الأحد. ويستضيف مارك ونانسي مجموعة درس كتاب مقدس في حجرة معيشتهما في أمسيات يوم الخميس. ويبذل إريك مجهودًا كبيرًا كل أحد ليجعل الزوار يشعرون بالترحاب. وتهتم بربارا ببعض أعضاء الكنيسة الكبار في السن وكثيرًا توصلهم إلى عيادة الطبيب. يملأ مارك موزع المياه صباح كل أحد رغم أن أحدًا لم يطلب منه ذلك. أما بريتاني فإنسانة مضيافة، تدعو دائمًا أعضاء الكنيسة إلى بيتها.

ولا واحد من هؤلاء الأعضاء في كنيستنا يحمل ألقابًا رسمية في الخدمة، كما أن ولا نشاط من هذه الأنشطة هي جزء من برنامج الكنيسة. إنهم ببساطة يعرفون أنهم جزء من عائلة، لذا يتصرفون كأعضاء فيها.

وكجزء من كنيسة المسيح، أعطانا الله عائلة روحيَّة ستستمر طول الأبديَّة. وسمة عائلة الله المميزة هي محبة الله ومحبة بعضنا البعض. لذا، كيف تحب الله وشعبه؟ كيف تخدمهم؟ هل أنت مستعد أن تجعل هذه العلاقات أولوية لديك وأن تضحي في جدول أعمالك لتخدم إخوتك وأخواتك بطرق جادة؟ هل أنت مستعد لتخدم بجوارهم لترى ملكوت المسيح يتسع إلى ما وراء سوار كنيستك؟

أتعشم هذا.

والآن الجـزء الصعـب: كيـف يبـدو هـذا؟ أرجـو أن تكـون منشـغلًا بالتفكيـر بالفعـل فـي طـرق يمكنـك بهـا خدمـة المسـيح بخدمـة شـعبه. إن لـم تكـن كذلـك، لا بـأس. فـي القسـم التالـي، سـأصف أربعـة طـرق عمليـة باسـتطاعتنا جميعًـا أن نخـدم بهـا كنيسـتنا.

أربعة طرق مهمة تخدم بها كنيستك

أيها المسيحيون، اجتمعوا!

لـدي سـتة أطفـال، خمـس صبيـة وفتـاة واحـدة. وكمـا يمكنـك أن تتخيـل، يحـب صبيانـي الأبطـال الخارقيـن – وحسـنًا، ربمـا أحبهـم أنـا أيضًـا. ومن بين مـن نفضلهم، نحـب المنتقمين The Avengers. غالبًـا مـا يأتـي معي أكبـر اثنيـن مـن أبنائـي إلـى المكتبـة المحليَّـة ظهر أيام السـبت بحيـث يمكنهـم قـراءة كتـب عـن مغامـرات كابتـن أمريـكا، الرجـل الحديـدي، هالـك الخـارق، وثـور بينمـا أنتهـي مـن إعـداد عظتـي. لـكل منتقـم مواهـب ونقـاط قـوى فريـدة، ولكـن ولا واحـد منهـم قـوي كفايـة ليهـزم تانـوس الجبـار وجيشـه الشـرير بمفـرده. إنهـم يحتاجـون إلـى بعضهـم البعـض. إذا عملـوا منفصليـن فسـيُهزمون. ولكـن معًـا، تعـد قوتهـم مجتمعـة قـوة لا يمكـن إيقافهـا. ويعكـس نداءهـم الأيقونـي هـذا: «أيهـا المنتقمـون، اجتمعوا!»

كمسـيحيين، أكثـر عمـل خدمـة جوهـري هـو الاجتمـاع مـع شـعب الله للعبـادة الجماعيَّـة فـي يـوم الـرب. ربمـا تفكـر، «كيـف يمكـن أن يكـون المجـيء يـوم الأحـد عمـل نطـوي علـى تقديـم خدمـة؟ ألا يجعـل هـذا المعيـار متدنيًـا جـدًا؟» ليـس إذا كنـا نفكـر كتابيًّـا فيما يحدث في اجتماعات كنيستنا.

فكر فيما قاله كاتب العبرانيين:

> **وَلْنُلَاحِظْ بَعْضُنَا بَعْضًا لِلتَّحْرِيضِ عَلَى ٱلْمَحَبَّةِ وَٱلْأَعْمَالِ ٱلْحَسَنَةِ، غَيْرَ تَارِكِينَ ٱجْتِمَاعَنَا كَمَا لِقَوْمٍ عَادَةٌ، بَلْ وَاعِظِينَ بَعْضُنَا بَعْضًا، وَبِٱلْأَكْثَرِ عَلَى قَدْرِ مَا تَرَوْنَ ٱلْيَوْمَ يَقْرُبُ.** (العبرانيين ١٠: ٢٤-٢٥)

كيـف يحـرّض المسـيحيون بعضهـم البعـض علـى المحبـة والأعمـال الصالحـة؟ كيـف يشـجعون بعضهـم البعـض علـى المثابـرة فـي الإيمـان؟ بعدم إهمالهـم الاجتمـاع معًـا!

أو للتعبير عنها بالإثبات: نحن نحرض بعضنا البعض على المحبة ونشجع بعضنا بعضًا بالاجتماع معًا. مجرد حضورك في اجتماع كنيستك الجماعي في يوم الرب يخدم كنيستك.

لا نفكر عادة في حضورنا في الجماعة كعمل خدمة، ولكن فكر فيه للحظة. تمتلئ حياتنا من المحبطات والشدائد. حيث يقصفنا العالم باستمرار بأيديولوجيات شريرة تريد أن تخدعنا بعيدًا عن الحق. وإبليس مثل أسد زائر يسعى لابتلاعنا بالأكاذيب، والشكاية والتجارب. إنه يريد بشدة أن يقضي على إيماننا أو أن يجعلنا غير فعالين بالمرة لعمل الملكوت. كثيرًا جدًا ما نشعر بالوحدة والانعزال – في مدارسنا، عملنا، مجتمعاتنا. أحيانًا، إن كنا أمناء، نبدأ حتى في الشك في معتقداتنا. يبدو الأمر وكأن العالم كله ضدنا.

الله يعلم هذا، ولهذا فقد أعطانا يومًا واحدًا كل أسبوع لنجتمع مع مؤمنين آخرين للتشجيع. في حضور بعضنا البعض، نقدم ونقبل التشجيع بتذكير بعضنا البعض بأننا لسنا وحدنا. إذ نجتمع مع مسيحيين من كل مناحي الحياة المختلفة لنشهد لبعضنا البعض بأن المسيح ملك، وأن كلمة الله حقيقية، وأن كنيسته سوف تسود حتى يأتي المسيح مرة أخرى. تجمعنا هو موقفنا الجماعي ضد الحكام والسلطات والقوى الكونية على ظلمة هذا الدهر الحاضر. معًا، نظهر نحن المشتركين في نفس الروح والمتحدين في المحبة والحق حكمة الله المتنوعة للسلاطين والرياسات في السماويات (أفسس ٣: ١٠).

لا أعرف عنك شيئًا، ولكني أحتاج هذا النوع من التشجيع. أحتاج إلى الآخرين لكي يوجهوني مرة أخرى إلى الكتاب المُقدَّس. أحتاج إلى الآخرين ليمثلوا أمامي نموذج المحبة والأمانة من نحو المسيح، ولكي يذكرونني بأنني لا أتبع يسوع وحدي.

قد تقود خمس خدمات مختلفة. قد تكون أول المتطوعين لأيام العمل والبرامج المتنوعة. ولكن إن لم تعط الأولوية للاجتماع العام (أي اجتماع العبادة العام في كنيستك المحليَّة)، فأنت تُقدِّم خدمة سيئة جسيمة لكل من الكنيسة ولنفسك. إذا لم يول المسيحيون انتباههم للدعوة للاجتماع، فستصبح الفرصة للتشجيع الكبير لحظة إحباط كبير.

فكر كيف يؤثر عدم حضورك الكنيسة بانتظام على الآخرين. تخيل أنك في فريق كرة سلة يتكون من ١٢ لاعب. ولا تطيق صبرًا حتى يبدأ موسم الألعاب. فتأتي شاعرًا بالإثارة للتمرين في اليوم الأول ... وتجد فقط ثمانية لاعبين هناك. فتقول متسائلًا: أين الجميع؟

ويبدأ اليوم الثاني من التمرين. هذه المرة، هناك فقط ستة لاعبين موجودين – بعضهم من اليوم الأول وبعضهم ليسوا كذلك. اليوم الثالث، خمسة لاعبين؛ اليوم الرابع، سبعة لاعبين، بمرور الوقت، تبدأ تلاحظ نمطًا معينًا. لا يعبأ اللاعبون في الفريق حقًا بالفريق بدرجة كبيرة.

أخيرًا، يوم المباراة. ولكن حتى في هذا اليوم، يظهر خمسة لاعبين فقط. ينبغي أن يكون لفريقك خمسة لاعبين على أرض الملعب طول الوقت، لذا عليك أن تلعب طول المباراة. لا تبديلات، لا فترات راحة، ما من لاعبين يشجعون الفريق من مقاعد البدلاء. في المباراة الثانية، يأتي ثلاثة لاعبين فقط؛ فتخسرون.

إذا استمر هذا النمط، هل ستتشجع أم تُحبط؟ الإجابة سهلة تمامًا، أليس كذلك؟ ستُحبط، وتخور عزيمتك، بل وربما تشعر بالجرح. بل وقد تفكر في ترك الفريق.

الآن تخيل لو كانت لديك كنيسة مليئة بالناس الذين لا يعطون أولوية للعبادة الجماعيَّة في يوم الرب. تخيل لو أن نصف الكنيسة غائب كل يوم أحد. هل تفهم لماذا يعتبر الاجتماع مع الكنيسة خدمة عظيمة للكنيسة؟ لذا، أيها المسيحيون اجتمعوا! أعطوا أولوية لاجتماعكم في يوم الرب. فحضوركم يخدم كنيستكم. ولكن لا تتقفوا عند هذه النقطة. فلديكم فرصة عظيمة لخدمة كنيستكم في اجتماعكم بالتركيز على أشخاص آخرين. كيف يبدو هذا؟ ها هي بعض الأفكار:

- فكّر في الذهاب مبكرًا فقط لتجاذب أطراف الحديث من الناس. قدّم نفسك للغرباء.
- أخرج خارج دائرة راحتك ورحب بالزوار. قد تكون هذه هي المرة الأولى التي يذهبون فيها إلى كنيسة مسيحية.

- فكّر في الخدمة بانتظام في الحضانة أو خدمة الأطفال أثناء العبادة الجماعيَّة.
- رنّم بصوت عالٍ وبفرح لمجد الله ولصالح الكنيسة كلها. يخبرنا الرسول بولس أننا نعلم وننذر بعضنا البعض بكل حكمة عندما نرنم المزامير والتسابيح والأغاني الروحيَّة (كولوسي ٣: ١٦).
- أجلس بجوار أشخاص مختلفين، أو أدع شخصًا عازبًا ليجلس معك.
- لا تسرع بالخروج من الكنيسة بعد الخدمة! ابقَ قليلًا وتكلم مع الناس. اسألهم عن العظة. ماذا تعلّموا؟ كيف تأثروا بها؟ اسألهم عم يمكنك الصلاة من أجلهم أثناء الأسبوع.

أيها المسيحيون اجتمعوا. هذا هو ما نفعله. لا تقلل من مقدار أهمية تواجدك مع شعب الله. أعط الأولوية للعبادة الجماعيَّة في يوم الرب، وابذل كل جهدك للاجتماع مع الكنيسة لأسباب أخرى أيضًا. احضر اجتماعات الأعضاء وخدمات الصلاة. حفز رفاقك المؤمنين على المحبة والأعمال الصالحة، وشجعهم على المثابرة حتى النهاية.

كرم الضيافة من شجرة جوز الهند

لم يسبق لي أن عرفت أن كرم الضيافة قد يصبح أمرًا خطيرًا للغاية. كنت في كاب روج، هايتي، معجبًا بجمال المشهد الاستوائي عندما أشار مضيفنا إلى شاب من هايتي وتمتم بشيء ما بلغة الكريول. فشد الشاب خنجرًا بحزام وسار عاري القدمين إلى أسفل شجرة جوز هند تعلو عن الأرض تقريبًا ١٥ مترًا. ونظر إلى أعلى، ورسم الصليب على نفسه، ثم أمسك بالشجرة وبدأ يتسلقها.

وبدهشة وخوف، راقبت هذا الشاب وهو يتسلق الشجرة بسلاسة دون أن يكون هناك أي غصن ليمسك به ليسند نفسه أو يؤمن نفسه. عرفت لماذا كان يتسلق: ليجلب لنا ثمار جوز هند طازجة. وبينما كان يتسلق أعلى وأعلى، لم يمكنني المشاهدة.

زلة واحدة ويسقط ليلقى حتفه. وزاد قلقي بينما كنت أكرر الكلمات في ذهني: من فضلك لا تقع، من فضلك لا تقع، من فضلك لا تقع. لا أريد جوز الهند. توقف من فضلك! أشعر بمحبتك بالفعل! فقط عد من فضلك.

أخيرًا، وصل إلى القمة، وقطع القليل من ثمار جوز الهند، وأعطاها لنا. فتمتعت بكمية من عصير جوز الهند لم يسبق لي أن تمتعت بها.

حتى يومنا هذا، اعتبر كرم ضيافة هذا الشاب واحدًا من ألطف الأشياء التي فعلها أي شخص معي. فهو لم يذهب فحسب إلى محل البقالة ليحضر لنا بعض من عصير جوز الهند. لقد بذل جهدًا كبيرًا، بل وخاطر بحياته لأجلي، أنا الغريب. جلسنا هناك لنشرب عصير جوز الهند بينما كان يتصبب عرقًا من عمل فذ يجعل محارب النينجا الأمريكي يبدو وكأنه لعبة أطفال.

تعلّمت درسًا في ذلك اليوم. يتطلب كرم الضيافة العطاء، مما يعني أنه يتطلب التضحية والطاقة ومحبة الناس أكثر من الممتلكات.

ينبغي أن تتسم كنائسنا بهذا النوع من كرم الضيافة. بعبارة أخرى، ينبغي أن تكون كنائسنا مثل الكنيسة الأولى:

> **وَجَمِيعُ ٱلَّذِينَ آمَنُوا كَانُوا مَعًا، وَكَانَ عِنْدَهُمْ كُلُّ شَيْءٍ مُشْتَرَكًا. وَٱلْأَمْلَاكُ وَٱلْمُقْتَنَيَاتُ كَانُوا يَبِيعُونَهَا وَيَقْسِمُونَهَا بَيْنَ ٱلْجَمِيعِ، كَمَا يَكُونُ لِكُلِّ وَاحِدٍ ٱحْتِيَاجٌ. وَكَانُوا كُلَّ يَوْمٍ يُوَاظِبُونَ فِي ٱلْهَيْكَلِ بِنَفْسٍ وَاحِدَةٍ. وَإِذْ هُمْ يَكْسِرُونَ ٱلْخُبْزَ فِي ٱلْبُيُوتِ، كَانُوا يَتَنَاوَلُونَ ٱلطَّعَامَ بِٱبْتِهَاجٍ وَبَسَاطَةِ قَلْبٍ، مُسَبِّحِينَ ٱللهَ، وَلَهُمْ نِعْمَةٌ لَدَى جَمِيعِ ٱلشَّعْبِ. وَكَانَ ٱلرَّبُّ كُلَّ يَوْمٍ يَضُمُّ إِلَى ٱلْكَنِيسَةِ ٱلَّذِينَ يَخْلُصُونَ.** (أعمال ٢: ٤٤-٤٧)

لاحظ أن لوقا يقول إنهن كانوا «**معًا**» (آية ٤٤)، ويومًا فيومًا، كانوا يكسرون الخبز في بيوتهم (آية ٤٦). لقد كانوا يجتمعون معًا مثل العائلة، وكان الثابت أن يظهروا كرم الضيافة لبعضهم البعض.

من الغريب ألا تشدد الكثير من كنائسنا على كرم الضيافة كثيرًا. متى كانت آخر مرة سمعت فيها عظة أو درس مدارس أحد عن كرم الضيافة؟ متى كانت آخر مرة شجعك فيها شخص ما على خدمة كنيستك بإظهار كرم الضيافة؟ ومع هذا فالكتاب المُقدَّس يصور كرم الضيافة بشكل ثابت كنوع من العمل ينبغي على شعب الله أن يقوم به بسرور:

- كان أيوب يرحب بالغرباء ويفتح بابه لمسافر (أيوب ٣١: ٣٢).
- ذكر الله من خلال النبي إشعياء شعب إسرائيل بأن العبادة الحقيقية تعني مشاركتهم خبزهم مع الجائع وإدخالهم المشردين إلى بيوتهم (إشعياء ٥٨: ٧).
- قال يسوع، «**بَلْ إِذَا صَنَعْتَ ضِيَافَةً فَٱدْعُ: ٱلْمَسَاكِينَ، ٱلْجُدْعَ، ٱلْعُرْجَ، ٱلْعُمْيَ، فَيَكُونَ لَكَ ٱلطُّوبَى إِذْ لَيْسَ لَهُمْ حَتَّى يُكَافُوكَ، لِأَنَّكَ تُكَافَى فِي قِيَامَةِ ٱلْأَبْرَارِ**» (لوقا ١٤: ١٣-١٤).
- وجّه بولس المسيحيين «**مُشْتَرِكِينَ فِي ٱحْتِيَاجَاتِ ٱلْقِدِّيسِينَ، عَاكِفِينَ عَلَى إِضَافَةِ ٱلْغُرَبَاءِ**» (رومية ١٢: ١٣).
- أوصى كاتب العبرانيين قراءة ألا «**تَنْسَوا إِضَافَةَ ٱلْغُرَبَاءِ**» (العبرانيين ١٣: ٢).
- قال بطرس، «**كُونُوا مُضِيفِينَ بَعْضُكُمْ بَعْضًا بِلَا دَمْدَمَةٍ**» (١ بطرس ٤: ٩).
- بل وكان واحد من المؤهلات الأساسية للخدمة الرعوية هي وجوب أن يكون الرعاة مضيفين للغرباء (تيطس ١: ٨).

إذن كيف يمكنك خدمة كنيستك؟ مارس كرم الضيافة. خصص وقتًا في جدولك لدعوة أعضاء الكنيسة والجيران الضالين إلى بيتك – ربما على العشاء، تناول القهوة، أو مجرد قضاء وقت معًا. شجعهم، صلِّ من أجلهم، اخدمهم، شاركهم في أفراحهم وأعبائهم. وكذلك اقبل دعواتهم بحيث يمكن للآخرين أن يستضيفوك هم أيضًا بكرمهم.

افتح بيتك للمرسلين الزائرين. استضف عندك أطفال زوجين آخرين وأطعمهم، بحيث يمكن أن يخرج أبوهم وأمهم معًا للمواعدة. رحب بغير المؤمنين في بيتك؛ فقد يكون هو البيت المسيحي الوحيد الذي سبق لهم دخوله.

ينبغي ألا نستخدم بيوتنا كغرف محصنة تحت الأرض نختبئ فيها من الناس ومشاكلهم بل، على حد تعبير روزاريا باترفيلد، «كمستشفيات، سفارات، وكحضَّانات» نستقبل فيها الشاعرين بالوحدة، المتعبين، والمجروحين، برأفة.»[٢] ينبغي أن نكون مستعدين للخروج من دائرة راحتنا وأن نرحب بالغرباء وبالمختلفين عنا تمامًا. هل عرفت أن تقريبًا كل فقرات «**بعضكم بعضًا**» الشهيرة في العهد الجديد يمكن ممارستها من غرفة معيشتك (راجع رومية ١٢: ١٠؛ ١٤: ١٩؛ غلاطية ٦: ٢؛ أفسس ٤: ٣٢؛ كولوسي ٣: ١٣)؟

ممارسة كرم الضيافة أمر مُكلِّف. فسوف يؤثر على ميزانيتك، ويلتهم وقتك، ويستهلك طاقتك الجسدية والعاطفية. بل وقد يعني أن يصيب التلف ممتلكاتك. في أكثر من مناسبة، رحل ضيوفنا وقد أتلفوا جدران البيت، كسروا أحواض الورد، كسروا الأثاث، تبولوا على السجاجيد (فقد يصبح الأطفال أكثر إثارة للفوضى من الحيوانات الأليفة!)، بل وقد أجد رملًا على سريري. ولكن الأمر يستحق كل هذا. لماذا؟ لأن كرم الضيافة أمر يتعلق بالخدمة، والخدمة تتطلب التضحية وتقديم النفس.

من السهل جدًا تجاهل كل هذا. هذا هو السبب في أن كاتب العبرانيين يوصينا، «**لَا تَنْسُوا إِضَافَةَ ٱلْغُرَبَاءِ**» (العبرانيين ١٣: ٢؛ انظر كذلك رومية ١٢: ١٣؛ ١ بطرس ٤: ٩). أفهم أن الجميع مشغولون. لدينا أعمالاً لننجزها، وعائلات لنطعمها، ومباريات كرة قدم لنحضرها، ورسائل إلكترونية لنتجاهلها، وإجازات لنخطط لها، وأعشابًا لنجزها، وغسيلاً لنتجنبه، وفواتيرًا لندفعها، وحفاضات تستعطف شريك حياتك ليغيرها. كلنا مشغولون، ولكن ينبغي أن يدفعنا هذا نحو أن نقصد تقديم كرم الضيافة وليس إلى عدم العمل. تحتاج إلى تخصيص وقت في جدولك لممارسة كرم الضيافة. إذا لم نفعل هذا، فسوف تُهمل. أين يمكننا أن نجد دافعًا دائمًا لهذا؟ ما الذي سيدفعنا

---

[2] Rosaria Butterfield, «The Best Weapon Is an Open Door,» Desiring God, May 5, 2018, https://www.desiringgod.org/articles/the-best-weapon-is-an-open-door.

إلى التضحيـة بوقتنـا، وطاقتنـا، ومواردنـا؟ قطعًا قصـة الرجـل الـذي تسلـق الشـجرة تكفي لإلهامنـا جميعًـا. أنـا لا أشـير إلـى الشـاب الموجـود فـي هايتـي، رغـم إنـي لـن أنسـاه أبـدًا. أنـا أتكلـم عـن يسـوع. فيسـوع لـم يجـازف فحسـب بحياتـه، لقـد أسـلم حياتـه لأجلنـا بصعـوده علـى الخشـبة فـي الجلجثـة. بتضحيتـه، أدخـل الغربـاء إلـى بيتـه وأجلسـنا حـول مائدتـه (١ كورنثـوس ١١: ٢٣-٢٦؛ أفسـس ٢: ١٩). لقـد أخذنـا مجانًـا، والآن ينبغـي أن نعطـي مجانًـا – مـن أنفسـنا، طعامنـا، ممتلكاتنـا، وقتنـا، وعواطفنـا، وكل هـذا مـن أجـل الآخريـن.

الإنجيل جبل تغطت قمته بالثلج؟

سـألت قسيسًـا ذات مـرة، «مـا هـو الإنجيل؟»

أجـاب: «يـدور الإنجيـل حـول محبـة الله.» «كيـف يُظهـر الله محبتـه فـي الإنجيل؟»

فقـال «محبـة الله جبـل مغطـى بالثلـوج».

فكـدت أختنـق مـن تلـك الكلمـات «جبـل مغطـى بالثلـج؟ هـل قلـت إن الإنجيـل هـو رسـالة عـن محبـة الله المعلنـة فـي شـكل جبـل مغطـى بالثلـج؟» للأسـف، هكـذا كان هـذا القسـيس يشـرح الإنجيل.

يحتـاج النـاس أن يسـمعوا الإنجيـل الكتابـي. إنهـم بحاجـة إلـى سـماع محبـة الله المعلنـة فـي يسـوع المسـيح، الله الابـن المتجسـد. فشـاركت مـع هـذا القسـيس أن يسـوع صُلـب تحـت غضـب الله ليدفـع عقوبـة الخطيـة. لقـد وضـع نفسـه مـكان الخطـاة، حامـلًا دينونتهـم ومصالحًـا إياهـم مـع الله. ثـم قـام مـن القبـر فـي اليـوم الثالـث، قاهـرًا الخطيـة والمـوت. والآن بنعمـة الله وحدهـا، نسـتطيع أن نكـون علـى الجانـب الصحيـح مـع الله بالإيمـان وحـده بيسـوع المسـيح وحـده.

يحتـاج النـاس إلـى الإنجيـل. كمسـيحيين، نتمتـع بامتيـاز خدمـة المسـيح وكنيسـته بنشـرنا الإنجيـل. بفعـل هـذا، نقـوم بدورنـا فـي تتميـم إرسـالية الكنيسـة.

يوصينا يسوع في متى ٢٨: ١٨-٢٠:

فَتَقَدَّمَ يَسُوعُ وَكَلَّمَهُمْ قَائِلًا: دُفِعَ إِلَيَّ كُلُّ سُلْطَانٍ فِي ٱلسَّمَاءِ وَعَلَى ٱلْأَرْضِ، فَٱذْهَبُوا وَتَلْمِذُوا جَمِيعَ ٱلْأُمَمِ وَعَمِّدُوهُمْ بِٱسْمِ ٱلْآبِ وَٱلِٱبْنِ وَٱلرُّوحِ ٱلْقُدُسِ. وَعَلِّمُوهُمْ أَنْ يَحْفَظُوا جَمِيعَ مَا أَوْصَيْتُكُمْ بِهِ. وَهَا أَنَا مَعَكُمْ كُلَّ ٱلْأَيَّامِ إِلَى ٱنْقِضَاءِ ٱلدَّهْرِ.

إرساليتنا واضحة: علينا أن نتلمذ الناس. يتضمن هذا مساعدة المسيحيين على تعلّم الكتاب المُقدَّس ومعنى أن نطيع المسيح (هناك المزيد عن هذا أدناه). يشمل هذا أيضًا إخبار غير المؤمنين عن الإنجيل ودعوتهم إلى التوبة عن خطاياهم ودعوتهم إلى الثقة في المسيح.

وهذه هي الحقيقة ببساطة: لست بحاجة إلى برنامج تبشيري لنبدأ المشاركة بالإنجيل. لديك أصدقاء، وأعضاء الأسرة، والجيران، وزملاءك في العمل، ومعارفك الذين يحتاجون إلى سماعه. بإمكانك أن تسأل، «ماذا لو لم أكن موهوبًا في الكرازة؟» لا بأس. لا يشعر معظم المسيحيون بأنهم «موهوبون» في الكرازة. الخبر السار هو أن «الموهبة» ليست مطلبًا مسبقًا للاشتراك في الإرسالية. لقد كلّف يسوع كل مسيحي بالتكليف العظيم، واشتراكنا هو إحدى الطرق التي نخدم بها ربنا.

بالطبع يمكننا أن نتحسن في قدرتنا على الكرازة. ولكن أفضل طريقة للتحسن هي الممارسة. كلما شاركت بالإنجيل، كلما تحسنت. كما يمكنك التفكير في قراءة بعض الكتب عن الكرازة الفردية مثل كتاب إيزاك آدامز، Isaac Adams, *What If I'm Discouraged in My Evangelism?* أو كتاب مارك ديفر، Mark Dever's *The Gospel and Personal Evangelism*..[٣]

يجدر بنا أن نقول ثانية: نخدم كنيستنا بالاشتراك في إرسالية الكنيسة.

دعني أخبرك بقصة عن رجل يُدعى جيمس مع رحلة خدمة تبشيرية. جيمس

---

[3] Isaac Adams, *What If I'm Discouraged in My Evan- gelism?* Church Questions (Wheaton, IL: Crossway, 2020); or Mark Dever, *The Gospel and Personal Evan- gelism* (Wheaton, IL: Crossway, 2007).

عضو في كنيستنا. إنه يحب كنيستنا ويخدم كنيستنا بالمشاركة بالإنجيل مع الآخرين بانتظام. وهو لا يقود خدمة كرازية، لكن في الحقيقة لديه خدمة كرازية. ما هي؟ توصيل الأثاث.

أينما ذهب جيمس لتوصيل الأثاث، يخبر الناس عن يسوع. في الواقع، لقد كتب بحروف حمراء كبيرة على جانب سيارة التوصيل التي يمتلكها: «خدمات آمين للنقل. اسألني عن كنيستي.» نعم، كما وضع رقم تليفونه الخلوي على جانب الشاحنة كذلك. لماذا يريد من الناس أن تسأله عن كنيسته؟ لأنه يعلم أن بإمكانه أن يدعو غير المؤمنين للذهاب إلى هناك لسماع الإنجيل وقضاء بعض الوقت مع مسيحيين آخرين. يخدم جيمس كنيسته بالمشاركة بالإنجيل بانتظام. لست بحاجة إلى الانتظار لحين الاشتراك في برنامج تبشيري. في الواقع، ينبغي ألا تفعل هذا. بل، أطلب من الله أن يساعدك على رؤية الفرص المتاحة من كل جانب من حولك. ستخدم كنيستك جيدًا عندما تشترك في إرسالية كنيستك.

علّمنا أن كيف!

«أولًا اضربني بمرفقك في معدتي. ثانيًا، اقلبني من فوق ردفك واطرحني أرضًا.»

«هكذا؟!»

«نعم، ممتاز! لقد شعرت حقًا بهذا. والآن افعلها أسرع وأقوى.»

هذا هو شكل الحوارات الرهيبة التي أحب الخوض فيها مع معلمي للفنون القتالية (نسميه المعلم «سنسيه») أثناء سنة تخرجي من الكلية. لقد التحقت بفصل لتعلم رياضة الكاراتيه كمادة اختيارية، ولكنها لم تكن محاولتي الأولى لتعلم الكاراتيه. كان والدي معلم للفنون القتالية، لذا كنت أدرس الكاراتيه منذ كنت في الخامسة من عمري. عندما اكتشف معلمي في الكلية أن لدي حزام أسود في أسلوب ياباني من أساليب القتال، طلب مني أن أعلّمه. لذا كان هذا ما فعلته. كنت أذهب إلى الفصل مبكرًا كل أسبوع لأدربه. وعندما كان الطلبة يبدؤون في المجيء إلى الفصل، كنت أرتدي حزامًا أبيضًا، وآخذ مكاني بين الطلبة، وأصغي إلى تعليماته.

استفدنا أنا ومعلمي في الكلية بشكل متبادل من علاقتنا لأننا كنا كلانا مستعدين أن نعطي ونقبل التعليم. لقد كنا نتلمذ بعضنا البعض في الفنون القتالية.

والتلمذة في الكنيسة تعمل بشكل مشابه. كلا، أنا لا أقترح أن تمارس مع الأخت جين حركات فنون القتال كحركة قفل الذراع في لقاء الشركة القادم. بل أعني ببساطة أن التلمذة تحدث عندما نكون مستعدين لتقديم وقبول التوجيه من المؤمنين الآخرين. تذكر، لقد أعطانا يسوع تكليفًا وهو أن نتلمذ الآخرين (متى ٢٨: ١٨-٢٠). وهذا يعني ألا نشارك فقط بالإنجيل مع غير المؤمنين؛ بل وأن نعلم المسيحيين كذلك كيف تبدو تبعية المسيح. تتضمن التلمذة مساعدة المسيحيين الآخرين على تعلم كيف يصبحون أكثر شبهًا بالمسيح.

تلمذة الآخرين هي أهم الطرق التي يمكنك بها أن تخدم كنيستك. لماذا أقول هذا؟ لأن المسيحيين لا زالوا يخطئون. إننا نميل إلى أن نتوه ونضل. ولدينا بعض البقع العمياء. فالتعليم الخطأ متوفر ومتاح بسهولة. والجهل الكتابي موجود بنسبة عالية. والمعلمون الكذبة كثيرون. والحرب الروحيَّة حقيقة. والعالم جذاب. والتضحية صعبة. وكثيرًا ما نتعرض للتحريض في طرقنا. يحتاج المسيحيون إلى مسيحيين آخرين لمساعدتهم على اتباع يسوع بأمانة وسط الكثير جدًا من المخاطر والشدائد والفخاخ.

في عام ٢٠١٨، قامت خدمات ليجونير باستطلاع آراء الإنجيليين الأمريكيين حول العقائد المسيحيَّة الأساسية والجوهرية.[٤] وكانت النتائج مزعجة.

- ٥٢٪ من الإنجيليين الأمريكيين يعتقدون أن معظم الناس صالحون بالطبيعة.
- ٥١٪ يعتقدون أن الله يقبل عبادة كل الديانات بما فيها المسيحيَّة، واليهودية والإسلام.
- ٧٨٪ يوافقون على أن يسوع هو أول وأعظم من خلقهم الله.

---

[4] The State of Theology, accessed February 6, 2020, https://thestateoftheology.com.

أغلبيـة الإنجيليين الأمريكيين المعترفين مخطئـون بشأن العقائد المسيحيَّة الجوهريـة. مـن بين من تمت عليهم الدراسة، ٧٨٪ يصادقـون علـى وجهـة نظـر هرطوقيـة قديمـة عـن يسوع تمثـل إلـى حد كبير الفكر المورمونـي الحديث، وليس المسيحيَّة الكتابيَّـة. على الأقل، تكشف هذه الإحصائيات عن الحاجة إلى وجود تلمذة جادة وهادفة.

أوصـى الرسول بولـس أهل أفسس بـأن عليهـم أن «ينمـوا» فـي المسيح إلـى «إنسـان كامـل» (أفسس ٤: ١٣-١٥). عليهم ألا يكونـوا مثـل الأطفـال المحمولين بكل ريـح تعليم وأسـرى حيلـة النـاس ومكرهـم (أفسـس ٤: ١٤). بـل، عليهـم أن يتكلمـوا بالحـق بمحبـة حتى يبني الجسد كله نفسه في المحبة (أفسس ٤: ١٥-١٦).

التحـدث بالحـق فـي محبـة هـو الطريقـة التـي نتلمـذ بهـا بعضنـا البعـض. فـإذ يتكلـم أعضـاء الكنيسـة ويستخدموا العقيـدة السليمة مـع بعضهـم البعـض، تصبـح الكنيسـة كلهـا أشبه بيسـوع. علـى حد تعبير بولـس، ينمـون مـن كل ناحيـة إلـى قيـاس قامـة مـلء المسيح (أفســس ٤: ١٥).

كيف يبدو هذا في حياة الكنيسة؟ ها هي بعض الأفكار:

- إن كنـت امـرأة متقدمـة فـي العمـر، أقـض وقتًـا مـع النسـاء الأصغـر سـنًا. اسـتخدمي تيطـس ٢: ٣-٥ كمرشـد لـك.
- اسـأل الراعـي إن كان هنـاك مؤمـن جديـد يحتـاج إلـى التلمـذة. اقضِ أشـهر قليلـة (أو سـنوات قليلـة!) واسـتثمر فـي هـذا الشـخص. اقـرأ الكتـاب المُقـدَّس والكتـب المسيحيَّة الجيـدة معًـا.
- هـل أنـت مؤمـن جديـد؟ اطلـب مـن مؤمـن ناضـج أن يتلمـذك. أنـا متأكـد مـن أنـه سـتكون لديـه بعـض الأفـكار عـن شـكل التلمـذة وكيـف ينبغـي أن تكون.
- ابحـث عـن شـخص آخـر فـي الكنيسـة ليلتقـي بـك أسـبوعيًا أو شـهريًا للصـلاة ودراسـة الكتـاب المُقـدَّس. ربمـا تتلمـذان كلاكمـا بعضكمـا البعـض بما أن كلاكما سيستفيد من هذه العلاقة.

- اسأل راعيك إن كان يمكنك أن ترافقه في بعض من زياراته الرعوية أو مراجعة عظاته معه.
- إن كنت تقود مجموعة صغيرة أو تعلم في فصل مدارس الأحد للأطفال أو الكبار، حدد شخصًا ليحل محلك. أره كيف تعد للتعليم وأعطه بعض الإرشادات حول كيفية تعليم الآخرين.
- علم بأن تكون نموذجًا يُحتذى. أدع الآخرين إلى بيتك وكن نموذجًا في النضوج المسيحي بالنسبة لهم. أدع مثلًا إخوتك المؤمنين لملاحظة كيف تربي أولادك أو كيف تعامل شريكة حياتك.

إذا لم يتلمذ أعضاء الكنيسة بعضهم البعض، فستعاني كل الكنيسة. لا يستطيع الرعاة أن يتلمذوا الجميع بشكل فردي. هم بحاجة إلى مساهمتك في عمل الخدمة (أفسس ٤: ١١-١٢). لست بحاجة إلى قيادة درس كتاب برعاية الكنيسة أو التعليم في فصل مدارس الأحد لتتلمذ الآخرين. ابدأ بشخص واحد وساعده على اتباع يسوع معك.

وماذا عن مواهبي الروحيَّة؟

لقد اقتربت من نهاية كتاب يتكلم عن الخدمة، ولم أقل شيئًا عن المواهب الروحيَّة. ألا ينبغي أن يبدأ كتاب مثل هذا بمناقشة عن المواهب الروحيَّة؟ ليس بالضرورة. لا تفهمني خطأ – المواهب الروحيَّة مهمة. فالرب يسوع المسيح يمنح شعبه مواهب للخدمة (١ كورنثوس ١٢: ١-١١). ولكن يظن كثير من المسيحيين خطأ أنه ينبغي أن يكونوا موهوبين في مجال معين قبل أن يمكنهم الالتزام بالخدمة. هل سبق أن سمعت شخصًا يقول شيئًا مثل:

- الأطفال الصغار يرعبونني. أنا لست موهوبًا مع الأطفال فحسب».
- «كرم الضيافة أمر رائع، ولكن الله لم يدعني لهذا لأن بيتي ليس كبيرًا بشكل كاف».
- «الله لم يعطني تثقلًا بخدمة الشباب، هذا ما في الأمر».
- «إنني أؤيد الكرازة تمامًا، لكن الأمر وما فيه إنني لست موهوبًا».

ربما تقول شيئًا مشابهًا. ولكن الله لم يقصد أن تعوقنا المواهب الروحيَّة عن خدمة الجسد. فهي موجودة لأجل مصلحة الجسد (١ كورنثوس ١٢: ٧). لذا ينبغي ألا تعمل كعذر يجعلنا غير قادرين على الخدمة بشكل يجعلنا غير مرتاحين. يُعبِّر كيفين يي، Kevin Yi، عن هذا بصورة جيدة:

بدلًا من استخدام فكرة «الدعوة» و «المواهب» لاختلاق الأعذار لعدم خدمتنا لمجموعة من أعضاء الكنيسة، ينبغي أن نحث بعضنا البعض على المجازفة في محبتنا وخدمتنا للآخرين حتى عندما يخرجنا هذا خارج دائرة راحتنا.[٥]

ليست الراحة والشغف والموهبة والثقة متطلبات أساسية للخدمة. لكن الضعف والاحتياج المتضع الشديد لمعونة الله هما كذلك. لم اشعر البتة ولو لمرة واحدة إنني موهوب أو واثق من قدرتي على تسليك المراحيض. ليس هذا هو شغفي. ولكنني فعلت هذا مرات كثيرة في بيتي وفي الكنيسة. لماذا؟ لأنه كان هناك احتياج.

هناك احتياجات في كنيستك. جميع أنواع الاحتياجات. لذا توقف عن انتظار الفرصة المثالية التي «تتوافق مع مواهبك.» وبدلًا من الامتناع عن الخدمة حتى تكتشف دعوتك أو مواهبك الروحيَّة، اخدم بطرق متنوعة، وسوف تطفو مواهبك على السطح من خلال خدمتك.

«أعظمكم خادمًا لكم»

كان يسوع وتلاميذه في طريقهم إلى أورشليم. عرف يسوع ما كان ينتظره. كان ذاهبًا ليتألم ويموت على صليب روماني. ولكن التلاميذ لم يفهموا. لقد كانوا منشغلين بشيء آخر. لقد أرادوا السلطة؛ أرادوا المجد. في الطريق إلى الجلجثة، كانوا يتجادلون عمن يكون الأعظم فيما بينهم (مرقس ٩: ٣٣-٣٧). بل وكانت لدى يعقوب ويوحنا الجرأة الكافية حتى يطلبا أعلى مراكز الكرامة (مرقس ١٠: ٣٥-٣٨). لم يعرفا ماذا كانا يطلبان. ولكن هناك، في الطريق إلى الجلجثة، أخبر يسوع تلاميذه كيف يمكنهم الوصول إلى العظمة في ملكوته:

---

5 Kevin Yi, «Don't Use 'Calling' to Avoid Serving,» The Gospel Coalition, August 17, 2019, https://www.the gospelcoalition.org/article/dont-use-calling-avoid-serving/.

فَدَعَاهُمْ يَسُوعُ وَقَالَ لَهُمْ: «أَنْتُمْ تَعْلَمُونَ أَنَّ ٱلَّذِينَ يُحْسَبُونَ رُؤَسَاءَ ٱلْأُمَمِ يَسُودُونَهُمْ، وَأَنَّ عُظَمَاءَهُمْ يَتَسَلَّطُونَ عَلَيْهِمْ. فَلَا يَكُونُ هَكَذَا فِيكُمْ. بَلْ مَنْ أَرَادَ أَنْ يَصِيرَ فِيكُمْ عَظِيمًا، يَكُونُ لَكُمْ خَادِمًا، وَمَنْ أَرَادَ أَنْ يَصِيرَ فِيكُمْ أَوَّلًا، يَكُونُ لِلْجَمِيعِ عَبْدًا. لِأَنَّ ٱبْنَ ٱلْإِنْسَانِ أَيْضًا لَمْ يَأْتِ لِيُخْدَمَ بَلْ لِيَخْدِمَ وَلِيَبْذِلَ نَفْسَهُ فِدْيَةً عَنْ كَثِيرِينَ. (مرقس ١٠: ٤٢-٤٥)

ربما تقرأ هذا الفصل لأنك لا تخدم كنيستك، وتعلم أن الوقت قد حان لكي تبدأ. أصلّي أن يساعدك هذا الفصل على رؤية الفرص التي لا تُصدق التي بانتظارك. لا تدع فرحة خدمة عائلة الله تفوتك. فأنت تنتمي إلى هذه العائلة!

ومن ناحية أخرى، ربما يكون هذا الفصل قد ساعدك حتى تدرك أنك كنت تخدم كنيستك بطرق جادة ومفيدة دون أن تدرك حتى أنك تفعل هذا. وتشجيعي لك بسيط: استمر في فعل ما تفعل. لا تيأس من إظهار كرم الضيافة، أو من الالتقاء بهذا الشخص الوحيد لدراسة الكتاب المُقدَّس، أو من الذهاب إلى الكنيسة في يوم الرب كل أسبوع، أو من المشاركة بالإنجيل مع الآخرين. لا تأتي هذه الخدمات ببريق أو ضجة، ولكن هذا ينطبق أيضًا على تقديم كأس ماء بارد لواحد من تلاميذ يسوع (متى ١٠: ٤٢).

واحدة من المفارقات في الخدمة المسيحيَّة هو أننا كثيرًا ما لا ندرك أننا نقوم بها عندما نقوم بها بشكل جيد لأن الخدمة المسيحيَّة شيء عادي وطبيعي لا يتسم بالعظمة – إنها أمر يشبه خدمتك لعائلتك وهذا أمر مذهل.

وهذا ما لم تفهمه ساندي. هل تتذكرها؟ لقد أخبرتك بقصتها في البداية. ساندي فتاة من نوعية الأشخاص الذين قال عنهم يسوع أنهم سيرثون ملكوت السماوات عندما يعود:

ثُمَّ يَقُولُ ٱلْمَلِكُ لِلَّذِينَ عَنْ يَمِينِهِ: تَعَالَوْا يَا مُبَارَكِي أَبِي، رِثُوا ٱلْمَلَكُوتَ ٱلْمُعَدَّ لَكُمْ مُنْذُ تَأْسِيسِ ٱلْعَالَمِ. لِأَنِّي جُعْتُ فَأَطْعَمْتُمُونِي. عَطِشْتُ فَسَقَيْتُمُونِي.

كُنْتُ غَرِيبًا فَآوَيْتُمُونِي. عُرْيَانًا فَكَسَوْتُمُونِي. مَرِيضًا فَزُرْتُمُونِي. مَحْبُوسًا فَأَتَيْتُمْ إِلَيَّ. (متى ٢٥: ٣٤-٣٦)

إذا وجدت نفسك تتساءل مع ساندي إن كنت قد خدمت المسيح بهذا الشكل، فأنت لست وحدك. حيث تابع يسوع قائلًا،

فَيُجِيبُهُ ٱلْأَبْرَارُ حِينَئِذٍ قَائِلِينَ: يَا رَبُّ، مَتَى رَأَيْنَاكَ جَائِعًا فَأَطْعَمْنَاكَ، أَوْ عَطْشَانًا فَسَقَيْنَاكَ؟ وَمَتَى رَأَيْنَاكَ غَرِيبًا فَآوَيْنَاكَ، أَوْ عُرْيَانًا فَكَسَوْنَاكَ؟ وَمَتَى رَأَيْنَاكَ مَرِيضًا أَوْ مَحْبُوسًا فَأَتَيْنَا إِلَيْكَ؟ فَيُجِيبُ ٱلْمَلِكُ وَيَقُولُ لَهُمْ: ٱلْحَقَّ أَقُولُ لَكُمْ: بِمَا أَنَّكُمْ فَعَلْتُمُوهُ بِأَحَدِ إِخْوَتِي هَؤُلَاءِ ٱلْأَصَاغِرِ، فَبِي فَعَلْتُمْ. (متى ٢٥: ٣٧-٤٠)

عندما نخدم «إخوة» يسوع بطرق عادية – نطعمهم، نلبسهم، نظهر لهم كرم الضيافة، نصحبهم لتناول وجبة، نزورهم في مرضهم – فنحن نخدم المسيح نفسه.

ليت الله يمنحنا القوة لنتعب بحسب قدرته التي يمنحها لنا لنخدم جسد المسيح (كولوسي ١: ٢٩)، متذكرين أنه حتى سيدنا يسوع لم يأت «**لِيُخْدَمَ بَلْ لِيَخْدِمَ وَلِيَبْذِلَ نَفْسَهُ فِدْيَةً عَنْ كَثِيرِينَ**» (مرقس ١٠: ٤٥).

١٠

كيف يمكنني أن أدعم خدمات الإرساليات؟

مارك كولينز

«لِيَتَحَنَّنِ ٱللّٰهُ عَلَيْنَا وَلْيُبَارِكْنَا. لِيُنِرْ بِوَجْهِهِ عَلَيْنَا. سِلَاهْ. لِكَيْ يُعْرَفَ فِي ٱلْأَرْضِ طَرِيقُكَ، وَفِي كُلِّ ٱلْأُمَمِ خَلَاصُكَ.»

مزمور ٦٧: ١–٢

انضم بوب وماكسين إلى كنيستهما في خمسينات القرن العشرين كمسيحيين شابين. وجعلا من الكنيسة حياتهما. كانا يحضران بانتظام خدمات الأحد صباحًا وكذلك اجتماعات الصلاة، وانخرطا بثبات في مجتمع الكنيسة طول الأسبوع. وعند نقطة ما في الطريق، أخذا على عاتقيهما أن يعرفا المرسلين الذين يدعمهم كنيستهما. بعدها بسنوات، عندما بدأنا أنا وزوجتي في تلقي الدعم من كنيستهما، حرصا على الحصول على رسائلنا التي نطلب فيها صلاة الكنيسة من أجل أمور معينة. في كل إجازة لنا في الوطن، كانا يدعواننا على العشاء. وعندما نتكلم، كانا يطرحان علينا أسئلة من النوعية التي تشير إلى أنهما قرآ رسائلنا وكانا يصلِّيان من أجلنا. عندما كانت هناك احتياجات مالية، سخَّرا مجموعتهما الصغيرة للقيام بعملية جمع لأجلنا. بكل طريقة ممكنة، أظهر بوب وماكسين لنا أنهما كانا خلف عملنا وكانا معنا. ذهب بوب إلى بيته السماوي ليكون مع الرب منذ سنوات قليلة، ولكن ماكسين

مازالت موجودة، ومازالت تصلّي من أجلنا – ونحن متأكدون من هذا.[١] هدفي في هذا الفصل هو أن أقنعك بأن كل مسيحي ينبغي أن يدعم الإرساليات الدولية وأن يبين لك كيف تفعل هذا من حيث وضعك الله. أريد أن تتكون لديك عادة دعم الإرساليات لباقي حياتك. لا يحتاج كل مسيحي أن «يذهب» ليكون أمينًا، ولكننا كلنا مدعوين للاشتراك في إرسالية الكنيسة من أجل الوصول إلى الأمم معًا. هناك دور ليقوم به كل واحد. لم أدرك هذا دائمًا.

كمسيحي شاب، قرأت سير حياة مرسلين مثل ظل القدير، *Shadow of the Almighty*. فقد جيم إليوت وأربعة مرسلين آخرين حياتهم في ٨ يناير ١٩٥٦، على يد رجال من قبيلة نائية لم يسبق الوصول إليها في الإكوادور. كان لكلمات جيم إليوت التي قال فيها، «ليس أحمقًا من يقدم ما لا يستطيع أن يحتفظ به ليربح ما لا يمكنه أن يخسره،» تأثير قوي جدًا على عقلي بسبب الطريقة التي عاش بها ومات في سن الثامنة والعشرين.[٢] يعد إرث مرسلين وشهداء مثل جيم إليوت بركة كبيرة لكل المسيحيين. ولكنني أتساءل أحيانًا إذا استنتج المسيحيون خطأ من هذه القصص أن الإنجيل ينتشر فقط في العالم بهذه الطرق الدرامية. ربما فكرت في نفسك،

> «ليس في حياتي شيء درامي. أنا شبه «عالق» في نفس المكان، في نفس الكنيسة، أفعل الكثير من الأشياء التي اعتدت على فعلها منذ سنوات. في الواقع، أنا أفعل نفس الأشياء طوال السنوات العشر الأخيرة! لابد وإنني أقع ضمن صنف آخر من المسيحيين يختلف عمن لهم تأثير كبير بالنسبة للملكوت.»

هل سبق وفكرت أفكارًا تشبه هذه؟ حسنًا، إليك الخبر السار: لا تفعل. ينبغي ألا نقارن حياتنا أبدًا مع الآخرين. لقد أعطى الله لكل واحد منا دوره ومسئوليته الخاصة في الكنيسة. ينبغي ألا نقيس أمانتنا للمسيح بمقدار درامية حياتنا وخدمتنا.

---

١ القصص الشخصية التي تتضمن أشخاصًا آخرين والتي شاركت بها في هذا الكتيب مأخوذة بإذن من هؤلاء الأشخاص وغالبًا ما استُخدمت فيها أسماء غير حقيقية للمحافظة على الخصوصية.

2 Elisabeth Elliot, *Shadow of the Almighty: The Life and Testament of Jim Elliot* (New York: Harper & Brothers, 1958), 108.

لا أعرف ما يختزنه الرب لحياتك. قد يحرك الله بعض من يقرؤون هذا الفصل ليتركوا راحة البيت ويقضوا حياتهم يتعبون في مكان بعيد من أجل الإنجيل. ولكن يخبرني حدسي بأن الله يدعو معظم من يقرؤون هذا الفصل إلى شيء آخر – شيء هام وجدير بوقتك على نحو مماثل. ربما، مثل بوب وماكسين، يدعوك الله إلى إدراك المسئولية الواقعة على عاتق كل مسيحي وهي دعم الإرساليات. إنني أكتب هذا الفصل بشكل رئيسي لأجل هؤلاء الناس. لازال لدى المسيحيون الذين لن يمتهنوا العمل في الحقل المرسلي دور ليقوموا به في نشر الخبر السار الخاص بيسوع المسيح.

قبل أن نتحدث عن الطريقة التي يمكن لكل مسيحي أن يدعم بها عمل الإرساليات الدولية، سأقضي الصفحات القليلة التالية في التأكد من فهمنا للمنظور الكتابي عن الإرساليات وبالتحديد ما يريد الرب من شعبه أن يفعله.

مُكلّفين من المسيح بالذهاب إلى العالم

تتكلم فقرات كثيرة في الكتاب المُقدّس عن مهمة المرسل، ولكننا نحتاج في الأساس أن نتذكر أننا نقوم بالعمل المرسلي لأن يسوع كلف شعبه بحمل الإنجيل إلى أقصى الأرض. فقرتان من الكتاب المُقدّس تجعلان هذه النقطة واضحة بشكل لا تخطئه عين: يوحنا ٢٠: ٢١ ومتى ٢٨: ١٨-٢٠.

«**كَمَا أَرْسَلَنِي ٱلْآبُ أُرْسِلُكُمْ أَنَا**» (يوحنا ٢٠: ٢١)

لا شك أن التلاميذ شعروا بالصدمة – فالرجل الذي رأوه مصلوبًا كان يقف حيًا أمام أعينهم. يخبرنا يوحنا ٢٠ أنه بينما كانوا متحصنين في حجرة خفية، يتساءلون إذا ما طرق الباب وأدى هذا إلى القبض عليهم وإعدامهم، ظهر يسوع للتلاميذ وأراهم جراح يديه وجنبه (يوحنا ٢٠: ١٩-٢٩).

هل يمكنك تخيل كيف تسارعت أفكارهم؟ ماذا يعني كل هذا؟ قطعًا لن يعود الحال على ما كان عليه.

فكر فيما كان يمكن أن يقوله يسوع لهم في هذه اللحظة. كان بإمكانه أن يعلن قدرته السيادية على السماء والأرض. كان بإمكانه شرح كيف تحقق فيه العهد القديم.

كان بإمكانه المزيد من التعليم عن ملكوت الله. ولكن بدلًا من هذا، اختار أن يقول لهم شيئين: (١) «**سَلَامٌ لَكُمْ!**» و (٢) «**كَمَا أَرْسَلَنِي ٱلْآبُ أُرْسِلُكُمْ أَنَا**» (يوحنا ٢٠: ٢١).

أعلن يسوع السلام على الرسل لأنه بموته وقيامته، لنا سلام مع الله. من يصدقون الإنجيل يعرفون سلامًا يفوق كل فهم – سلام علاقة الصلح مع الله (فيلبّي ٤: ٧). ما من أخبار أفضل من هذه يمكن أن توجد بالنسبة للرسل أو لنا.

ولكن لاحظ، لا يتوقف يسوع عند كلمة السلام تلك. إذ أن إنجيل السلام له مضامين مباشرة بالنسبة للرسل: «**كَمَا أَرْسَلَنِي ٱلْآبُ أُرْسِلُكُمْ أَنَا**» (يوحنا ٢٠: ٢١). يأتي ما تفعله ممن تكون. يضرب يسوع على كل من الهوية والإرسالية في عبارة واحدة. هذان الأمران هما شيء واحد بالنسبة لتلميذ الرب يسوع. كما أرسل الآب يسوع في خدمة رحمة للعالم، هكذا يرسل يسوع تلاميذه كخدام للرحمة.

إن كنت تسمي نفسك مسيحيًا مؤمنًا، إذن فهذا جزء من هويتك أيضًا. فالتلاميذ يشبهون معلميهم. عندما نقول إننا تلاميذ يسوع، فنحن نعني أننا نتبعه – أي نعترف به بصفته معلّمنا، نموذجنا الذي نحتذي به، وسيدنا وربنا. عندما يرسلنا في إرسالية معينة كان هو النموذج الأساسي لنا فيها، فعلينا أن نقبل هذه الإرسالية بصفتها إرساليتنا نحن. نحتاج أن نجعل هدفنا أن نعرف ونتابع الإرسالية التي يرسلنا فيها. إنه هدف جدير بالاهتمام!

«**تَلْمِذُوا جَمِيعَ ٱلْأُمَمِ**» (متى ٢٨: ١٨-٢٠)

طوال الأناجيل، يبدو أن يسوع يعطي تلاميذه دائما أكثر مما توقعوه.

في متى ٢٨، يسجل متى أن المجموعة كانت تشعر بخليط غير مستقر من المشاعر بينما تترنح من الصدمة والرهبة بفعل قيامته: «**وَلَمَّا رَأَوْهُ سَجَدُوا لَهُ، وَلَكِنَّ بَعْضَهُمْ شَكُّوا**» (متى ٢٨: ١٧). ربما يتعامل يسوع مع الشكوك قبل أن يتابع كلامه للحديث عن إرساليتهم؟ كلا، بل يذكرهم يسوع ببساطة بكفايته ومجده وسلطانه.

إنه يلفت انتباههم إلى وصايته على الخليقة قبل تكليفهم بأخذ الإنجيل إلى كل الأمم:

فَتَقَدَّمَ يَسُوعُ وَكَلَّمَهُمْ قَائِلًا: دُفِعَ إِلَيَّ كُلُّ سُلْطَانٍ فِي ٱلسَّمَاءِ وَعَلَى ٱلْأَرْضِ، فَٱذْهَبُوا وَتَلْمِذُوا جَمِيعَ ٱلْأُمَمِ وَعَمِّدُوهُمْ بِٱسْمِ ٱلْآبِ وَٱلِٱبْنِ وَٱلرُّوحِ ٱلْقُدُسِ. وَعَلِّمُوهُمْ أَنْ يَحْفَظُوا جَمِيعَ مَا أَوْصَيْتُكُمْ بِهِ. وَهَا أَنَا مَعَكُمْ كُلَّ ٱلْأَيَّامِ إِلَى ٱنْقِضَاءِ ٱلدَّهْرِ. (متى ٢٨: ١٨-٢٠)

غالبًا ما تسمى هذه الفقرة «التكليف العظيم.» وصايا يسوع واضحة. إنه يوصي تلاميذه بما ينبغي أن يفعلونه، وأين يفعلونه، وكيف يفعلونه.

ماذا يفعلون. ينبغي أن يذهب التلاميذ، ويتلمذوا ويمدوا ويعلموا. من ناحية القواعد النحوية، «تلمذوا» (آية ١٩) هي الفعل الرئيسي. أما الأفعال الأخرى – اذهبوا، معمدين، ومعلمين – تصف كيف ينبغي أن ينجز التلاميذ هذه المهمة الأساسية المتمثلة في تلمذة التلاميذ. حيث ينبغي أن يذهبوا ليشاركوا بالخبر السار عن السلام مع الله المتاح بالإيمان بالمسيح. وإذ يتوب الناس عن خطاياهم ويصدقوا هذا الخبر السار، ينبغي أن يعمد التلاميذ المؤمنين الجدد لدى اعترافهم بالإيمان. بعد هذا يحتاج التلاميذ أن يعلموا هؤلاء التلاميذ الجدد ما علمه لهم يسوع في البداية.

أين يفعلونه. يوجه يسوع أتباعه بتلمذة «كل الأمم» (الآية ١٩). بعبارة أخرى، يمتد نطاق الإرسالية إلى كل ركن من أركان الأرض. الكلمة المترجمة الأمم باليونانية (اللغة الأصلية للعهد الجديد) هي «Ethne.» وهذه الكلمة لا تشير إلى تقسيم الأمم من الناحية السياسية مثل تركيا، الصين، أو الولايات المتحدة، بل إلى مجموعات أصغر – أو عرقيات العالم. تكشف هذه الكلمة أيضًا عن مقاصد الله في الفداء: إنه يجذب إلى نفسه عابدين من كل مجموعات شعوب الأرض المختلفة. في العهد القديم، وعد الله إبراهيم بأن كل عائلات الأرض سوف تتبارك في نسله (تكوين ١٢: ١-٣). وقد علّم أمة إسرائيل أن يصلّوا لأجل الأمم (مزمور ٦٧). والآن يطلق يسوع حملة عالمية لإحضار ملكوت الله إلى كل مجموعة من الناس، محققًا الوعد الإبراهيمي. عند نهاية التاريخ، سنشهد مشروع المسيح الانتصاري بينما يجثو كل الرجال والنساء من كل قبيلة وشعب ولسان وأمة أمام المسيا عابدين الإله الواحد الحقيقي (رؤيا ٥: ٩).

كيف يفعلونـه. لاحظ أن يسوع يطوق وصيته لتلاميذه بوعود عن سلطانه وحضوره. في الأول، المسيح هو من له كل سلطان في السماء وعلى الأرض (متى ٢٨: ١٨). بصفته ابن الله يملك السلطان ليرسلنا في إرسالية السماء. وله السلطان ليطالب بولاء الشعوب. وفي الآخر، يعد المسيح بأنه لن يتركنا لخططنا الخاصة. فسيكون معنا دائمًا، وإلى نهاية الدهر (الآية ٢٠). ينبغي أن تشكل هذه الوعود فرقًا حاسمًا بالنسبة لأشخاص يصارعون ليكونوا أمناء في تنفيذ تكليفه العظيم مثلك ومثلي. رغم أننا قد نشعر بالارتباك – إذ تنقصنا الحكمة وتعوزنا القوة – إلا أننا نحتاج فقط إلى أن نستند على يسوع الحاضر معنا الآن ودائمًا.

لقد أُعطي لهؤلاء التلاميذ مهمة تشمل العالم كله. ولكن ما هي مضامينها؟ هل ينبغي على كل مسيحي أن يصبح مرسلًا متفرغًا طول الوقت؟ وإن لم يكن كذلك، فما هو الدور الذي يلعبه غير المرسلين في التكليف العظيم؟

حسنًا، حتى هؤلاء التلاميذ الأوائل يعلموننا أن كل واحد منا له دوره المختلف ليلعبه في تنفيذ تكليف المسيح. بعضهم، مثل يعقوب، مكث بصفة أساسية في أورشليم ليساعد في بناء الكنيسة في هذه المدينة. وآخرون، مثل بطرس وفيلبس، خدما بعيدًا في مدن أخرى. وغيرهم سافروا بعيدًا. مثلًا، يخبرنا مؤرخو الكنيسة أن توما أسس مجتمعات مسيحية على طول الطريق إلى ما نسميه في أيامنا بالهند.

إذن نجد أن البعض يبقى والبعض يذهب، ولكن الإرسالية ملك للجميع وكل شخص يلعب دوره بحسب وضعه المختلف في الحياة. قد تكون مسئولياتنا مختلفة، ولكن الهدف هو نفسه. يا لها من حقيقة عميقة! أينما وضعك الله، فأنت لست مدعوًا ببساطة لتكون تلميذًا، بل وكذلك أن تتلمذ. الله يدعوك لنشر إنجيله في مجتمعك، وحتى لو لم تغادر مدينتك التي ولدت فيها أبدًا، مازال لديك دور لتلعبه في تقدم الإنجيل في كل أمة.

طبعًا، عند هذه النقطة قد تفكر في نفسك، **حقًا؟ أنا مرشح غير مرجح أن يقوم بأي شيء يتصل بالإرساليات.** ولكن دعنا نأخذ لحظة للتفكير في أنواع الأشخاص الذين يستخدمهم الله لتنفيذ التكليف العظيم.

مشاركون غير مرجحون

عندما كنت في الكلية، كانت لعبتي الإلكترونية المفضلة هي Risk (المخاطرة – أو بنك الحظ). إن لم تكن قد لعبتها، فلعبة المخاطرة هي في الأساس عبارة عن خريطة للعالم مقسمة إلى مناطق جغرافية يحاول اللاعبون أن يغزوها بواسطة إلقاء حجر النرد للحصول على أرقام أعلى من خصومهم. أحببت اللعبة لأنها كانت تسمح باستراتيجيات لا حصر لها بناء على نقاط القوة التي تلمسها في خصومك ونواياهم. ينبغي فقط أن تقوم بخطوة لتوسع منطقتك إن كانت لديك القوة لتفعل هذا. وإلا، تنهار خططك العالمية من حولك.

بحسب كل المظاهر الخارجية، ربما لم تبد خطة يسوع لتقدم ملكوت عالمي استراتيجية في أعين أتباعه الأوائل. حتى مع وجود الوعود بسلطانه وحضوره، ربما نظر تلاميذه على بعضهم البعض وفكروا، «أهذا هو كل شيء؟ ألا ينبغي أن يكون هناك من هم أكثر قدرة، أكثر تكريسًا، أو أقل ميلًا للفشل؟» عندما نبدأ في التفكير في قصد الله في أن يستخدمنا في إرساليته، نفهم كلمات الرسول بولس، «**وَمَنْ هُوَ كُفْوءٌ لِهَذِهِ ٱلْأُمُورِ؟**» (٢ كورنثوس ٢: ١٦).

يسجل سفر أعمال الرسل بالطبع تحول هؤلاء الرجال الضعفاء والشكاكون بقوة الروح القدس إلى قادة ووعاظ ومرسلين مدهشين. ربما لا تزال تعترض، «ولكنني لست بطرس أو برنابا أو بولس! هل يمكن أن يستخدم الله حقًا شخصًا مثلي؟ وماذا لدي لأقدمه على أي حال؟»

ومع هذا، بينما نقرأ عن نمو الكنيسة في سفر الأعمال، نجد أن الله لم يستخدم فقط قادة مثل بطرس وبرنابا وبولس، لكنه استخدم أيضًا أناس عاديين – مهتدين مسيحيين من كل مناحي الحياة كان كل طموحهم أن يتبعوا يسوع. مقابل كل «مرسل متفرغ» نقرأ عنه، يبدو أنه كان يوجد الكثير من المسيحيين «العاديين» المشتركين في مهمة نشر الخبر السار. راجع هذه الأمثلة:

- أدت شـركة كل كنيسـة أورشـليم إلـى أن يضيـف الله «**كُلَّ يَـوْمٍ ... إِلَى ٱلْكَنِيسَةِ ٱلَّذِينَ يَخْلُصُونَ.**» (أعمال ٢: ٤٧).
- يوصـف المسـيحيون المشـتتون (وأُجبـروا علـى تغييـر موقعهـم) بفعـل الاضطهـاد فـي أورشليم بأنهـم جميعًـا «**جَالُـوا مُبَشِّـرِينَ بِٱلْكَلِمَـةِ**» (أعمـال ٨: ٤).
- وجـه الله حنانيـا، الموصـوف ببسـاطة كتلميـذ، ليذهـب ويشـارك بالخبـر السـار مـع مـن سـيكون فـي المسـتقبل الرسـول بولـس (أعمـال ٩: ١٠-١٢).
- يسـتخدم الله «رجـال مـن قبـرص والقيـروان» والذيـن تشـتتوا بسـبب الاضطهـاد فـي زرع كنيسـة فـي مدينـة انطاكيـة والتـي تتكلـم باليونانيـة (أعمـال ١١: ١٩-٢١).
- ترسل كنيسـة أنطاكيـة بولـس وتدعمـه ماليًـا فـي رحلتـه التبشـيرية الأولـى، وتعيـده ليقـدم لهـم تقريـرًا عـن إرسـاليته فيمـا بعـد (أعمـال ١٣: ١-٣؛ ١٤: ٢٦-٢٨).
- تبـدأ كنيسـة فـي فيلبّـي بواسـطة سـيدة أعمـال قبلـت الإيمـان اسـمها ليديـة (أعمـال ١٦: ١٤-١٥).
- رجـل أعمـال وامرأة اسـمهما أكيـلا وبريسـكلا يسـاعدان بولـس فـي العمـل، ويصبحـان رفيقـا بولـس ويسـاعدانه فـي زرع الكنائـس فـي كورنثـوس وأفسـس (أعمـال ١٨: ٢-٣، ١٨، ٢٦).
- وفـر بعـض النـاس مثـل مناسـون سـكنًا للمرسـلين الرحالـة أو وفـروا مكانًـا للكنائـس للاجتمـاع (أعمـال ٢١: ١٦).

بإمكاننـا أن نضيـف إلـى هـذه القائمـة أسـماء كثيريـن مـن المذكوريـن فـي العهـد الجديـد ممـن يبـدوا أنهـم كانـوا جـزءًا مـن جهـود تبشـيرية مختلفـة لوقـت معيـن – أحيانًـا يسـافرون مـع مرسـلين وفـي أوقـات أخـرى يمكثـون للمسـاعدة فـي تأسـيس إحـدى الكنائـس. لعـب كل

هؤلاء الناس دورًا في نشر الكنيسة المبكرة. في نهاية الرسالة إلى أهل رومية، مثلًا، يذكر بولس أسماء خمسة وثلاثين شخصًا كانوا معروفين للكنيسة هناك وكانوا جزءًا من جهوده التبشيرية (رومية ١٦).

كثير من هؤلاء الناس كانوا سيُفاجئون لو قيل لهم أن أسماءهم ستظهر في الكتاب المُقدّس كجزء من سجل التوسع التبشيري. كان كل واحد منهم ببساطة مستقبلًا لنعمة الله وكان يرغب في توصيلها للآخرين فحسب. لقد كانوا مجرد أعضاء عاديين في الكنيسة، يخدمون بأمانة في بيئتهم المحلية. كان بإمكانهم أن يقولوا مثل بولس، «**وَلَكِنْ بِنِعْمَةِ ٱللهِ أَنَا مَا أَنَا، وَنِعْمَتُهُ ٱلْمُعْطَاةُ لِي لَمْ تَكُنْ بَاطِلَةً**» (١كورنثوس ١٥: ١٠). وهو نفس الشيء الذي يمكن أن يقوله أي واحد منا إن كان قد آمن بإنجيل يسوع وتم تبنيه في عائلته. بقدر ما كان فداؤنا غير مرجحًا، بل ومن غير المرجح أكثر أن يرى الله أنه من المناسب أن يستخدمنا في خطته للفداء – إلا أن هذا صحيح برغم كل هذا.

فبينما نحن لا نستحق أن نُستخدم في إرسالية الله، إلا أن هذا امتياز عظيم. لقد اختار الإله الذي لا يصنع أية أخطاء أن يستخدمنا!

ولكن كيف؟ ما الذي يمكنك عمله لدعم الإرساليات الدولية حيث أنت موجود الآن؟ دعني أقترح عليك تسعة طرق لتكون جزءًا من إرسالية الله العالمية.

تسعة طرق للاشتراك في إرسالية الله العالمية

١– اعرف الإنجيل

> **فَإِنَّنِي سَلَّمْتُ إِلَيْكُمْ فِي ٱلْأَوَّلِ مَا قَبِلْتُهُ أَنَا أَيْضًا: أَنَّ ٱلْمَسِيحَ مَاتَ مِنْ أَجْلِ خَطَايَانَا حَسَبَ ٱلْكُتُبِ.** (١ كورنثوس ١٥: ٣)

في عالم الأعمال التجارية، يتكلم القادة عن فكرة «الانحراف عن المهمة (الإرسالية)» – عندما تفقد الشركة إدراكها الواضح بالشيء الرئيسي الذي يحاولون فعله. كمؤمنين، إذا لم تكن إرساليتنا واضحة بالنسبة لنا، فسنتوه عنها على الأرجح. تتعلق الإرساليات

بالمشاركة بالإنجيل، والإنجيل هو الخبر السار الذي نقول إنه يوجد طريق للضالين والملعونين ليجدوا العفو والغفران في يسوع المسيح.

عن هذه النقطة، يسأل كثيرون: «ألا تتعلق الإرساليات بما يتخطى هذا؟ ماذا عن تشكيل الحياة، مصالحة العائلات، وتغيير الثقافات؟ ماذا عن التشكيل الاجتماعي؟» لا شك أن التلمذة تتضمن تعليم كل ما أوصى به يسوع، وهو ما يعني تشكيل وتغيير الأفراد وحتى المجتمعات. فمن يجدون الغفران في المسيح يتغيرون ويمكنهم القول بأن «**نِعْمَتَهُ ٱلْمُعْطَاةُ لِي لَمْ تَكُنْ بَاطِلَةً**» مع الرسول بولس (١ كورنثوس ١٥: ١٠). علاوة على هذا، لا شك أننا نرجو أن تلي هذا حدوث تغيرات أكبر. كثيرًا ما يصنع الله تغييرات كبيرة في العائلات والثقافات من خلال عمل الإرساليات. طول التاريخ، بنى المسيحيون مدارس وأسسوا مستشفيات وأطعموا الفقراء وزرعوا بنية مجتمعية تساعد الناس على الازدهار. ولكن هذه الخيرات الاجتماعية الكبيرة ليست هي الهدف من وراء الإرساليات المسيحية، كما لو أن معرفة يسوع هي مجرد وسيلة لتحقيق منافع اجتماعية أهم. لقد كلفنا المسيح بالوعظ بالإنجيل، ودعوة الخطاة إلى التوبة. ينبغي أن «نتلمذ.» في الواقع، أحيانًا قد يعني الوعظ الأمين توصيل الإنجيل دون وجود أي أثر مباشر يمكن تمييزه على الإطلاق.

في قلب تكليفنا بتلمذة كل الأمم هناك دعوة للمشاركة بالخبر السار عن يسوع المسيح. وبسبب هذا، من الجوهري أن نعلم ونصيغ هذه الرسالة بوضوح.

كراع، كثيرًا ما أتحاور مع أشخاص جدد يسيرون في عملية الانضمام إلى كنيستنا. أحد الأمور التي أطلبها منهم عندما تواتينا الفرصة للجلوس والحديث هي أن يشرحوا فهمهم لرسالة الإنجيل. فأسأل ببساطة، «ما هو الخبر السار المختصة بيسوع المسيح؟» يشعر الكثيرون بعصبية بسيطة عندما يسألهم الراعي هذا السؤال، لذا أتعامل معهم بنعمة كبيرة بينما يصيغون إجابتهم في صورة كلمات. ولكن في النهاية، أرجو أن يتمكنوا من سرد النقاط الأساسية في قصة الإنجيل: الله، الإنسان، المسيح، التجاوب.

الله: خلق الله العالم؛ هو ملك الخليقة. وبصفته خالقنا، فهو قدوس وعادل ومحب وصالح.

الإنسـان: خُلقـت البشـرية علـى صـورة الله. ولكـن للأسـف، اختـار أبوانـا الأولان آدم وحـواء، أن يخطئـا فـي حـق الله بعصيانـه. وبالمثـل كلنـا خطـاة فـي تصرفاتنـا وتوجهاتنـا. تتركنـا حالـة خطيتنـا تحـت دينونـة عادلـة مـن الله القـدوس. فغـذا تُركنـا فـي هـذه الحالـة، سـنذوق الدينونـة الأبديـة مـن الله فـي الجحيـم.

المسـيح: ولكـن الله، بسـبب محبتـه العظيمـة، صنـع طريقًـا للخـلاص للبشـرية الخاطئـة. فقـد أرسـل يسـوع المسـيح، ابنـه الواحـد والوحيـد، ليصبـح إنسـانًا وينقذنـا مـن غضبـه. عـاش يسـوع حيـاة بـارة وكاملـة، متممًـا وصايـا الله. لـم يخطـئ البتـة. ومـات علـى صليـب رومانـي دافعًـا ثمـن خطايـا شـعبه. علـى الصليـب، أخـذ يسـوع دينونـة الله التـي نسـتحقها أنـا وأنـت. ولكـن فـي اليـوم الثالـث، قـام مـن الأمـوات. وقيامتـه هـي البرهـان علـى أن الإنجيل حقيقـي، ورجاؤنـا الوحيـد فـي الحيـاة الأبديـة موجـود فيـه.

التجـاوب: تتـرك هـذه الأخبـار الرائعـة عـن يسـوع كل إنسـان أمـام اختيـار مـن اثنيـن. إمـا أن نسـتمر فـي خطيتنـا منتظريـن دينونـة الله، أو بإمكاننـا أن نتحـول عـن خطيتنـا ونؤمـن بمـن هـو يسـوع وبمـا فعلـه علـى الصليـب. إن التفتنـا إلـى المسـيح، لدينـا وعـده بـأن ننـال العفـو ويُغفـر لنـا ويتبنانـا الله فـي عائلتـه الأبديـة.

لقـد سـردت هـذا المخطـط العالـم لرسـالة الإنجيـل ليـس فقـط لأعطيـك شـيئًا تحفظـه – رغـم أنهـا لـن تكـون فكـرة سـيئة – بـل لكـي أشـجعك علـى النمـو فـي فهمـك لهـذا الخبـر السـار بحيـث يمكنـك أن تكـون خادمًـا فعـالًا فـي حيـاة الآخرين. عندمـا نذكـر أنفسـنا بمركزيـة رسـالة الإنجيـل فهـذا يحفظنـا مـن الانحـراف بفعـل قضايـا أقـل أهميـة. عـلاوة علـى هـذا، كلمـا عرفنـا رسـالة الإنجيـل بشـكل أفضـل كلمـا وجدنـا أنفسـنا نقولهـا بسـهولة أكبـر.[٣]

٢ – ادرس الإرساليات

ٱجْتَهِـدْ [ادرس] أَنْ تُقِيـمَ نَفْسَـكَ لِلهِ مُزَكًّـى، عَامِـلًا لَا يُخْـزَى، مُفَصِّـلًا كَلِمَـةَ ٱلْحَـقِّ بِٱلِٱسْـتِقَامَةِ. (٢ تيموثـاوس ٢: ١٥)

---

[٣] يوجد كتاب ممتاز لتعميق فهمك للخبر السار وهو:

Greg Gilbert, *What Is the Gospel?* (Wheaton, IL: Crossway, 2010).

تنطبـق وصيـة بولـس فـي ٢ تيموثـاوس ٢ بالـذات علـى الرعـاة. ولكـن يبقـى المبـدأ سـاريًا علـى كل جوانـب الخدمة. إن كنـا نريد أن نكون فعاليـن فـي دعـم عمـل الإرساليات، إذن ينبغي أن ندرس عمل الإرساليات.

ادرس الإرساليات وتمعن كيف نفذ الله قصد الفداء علـى مستوى العالم. ربما تكون أفضـل طريقـة للقيـام بهـذا هـي التأمـل فـي القصـة الكتابيـة وهي تنتقـل بنـا مـن الخلـق إلى الخليقة الجديدة، كاشفة لنا تقدم نعمة الله الخلاصية لكل أمة على الأرض.

ادرس وعـود الله لإبراهيـم فـي تكويـن ١٢ حيـث يلتـزم الله ببركـة كل أمـم الأرض. عـود نفسـك علـى أمثلـة العهد القديم حيـث استخدم الله إسـرائيل ليأتـي بالخلاص إلـى الأمـم — قصـص أشـخاص مثـل راحـاب، وملكـة سبـأ، وشـعب نينـوى. اقـرأ إنجيـل متى ولاحـظ كيف يضم يسوع الأمـم كجزء مـن ملكوتـه — نقطـة تبلـغ ذروتها فـي النهايـة فـي التكليـف العظيـم (متـى ٢٨: ١٨-٢٠). ادرس نمـو الكنيسـة المبكـرة فـي سفر الأعمـال، ولاحـظ كيـف يحقـق الله أعمـال ١: ٨ بينمـا يُعـرف الإنجيل «فِـي أُورُشَـلِيمَ وَفِي كُلِّ ٱلْيَهُودِيَّـةِ وَٱلسَّـامِرَةِ وَإِلَـى أَقْصَـى ٱلْأَرْضِ» (أعمـال ١: ٨). تأمـل فـي الـرؤى السـماوية فـي رؤيـا ٥: ٩ و٧: ٩، حيـث يوجـد جمـع غفيـر مـن كل قبيلـة وشـعب ولغـة وأمـة يقفون أمـام عرش الله يعبـدون الحمل.

عـلاوة علـى هـذا، اقـرأ عن تاريـخ الإرسـاليات. تعتبـر سـيرة حياة المرسـلين طريقـة رائعـة لإشـعال حبـك للإرسـاليات. وأود أن أخبـرك بقائمتي الشـخصية المفضلة الخاصـة «بأعلـى عشـرة» سـير حيـاة مرسـلين:

- *To the Golden Shore: The Life of Adoniram Judson* by Courtney Anderson (1956). كان جدسـون هـو أول مرسـل أمريكـي أجنبـي، وقد خدم لأكثر من أربعين سنة في بورما.

- *Faithful Witness: The Life and Mission of William Carey* by Timothy George (1991). أشـعل كاري، «أبـو الإرسـاليات الحديثـة،» شـرارة حركـة الإرسـاليات بقناعتـه بأنـه علينـا أن نسـتخدم «وسـائل» لطلب لهدايـة الضالين.

- *The Life and Diary of David Brainerd* edited by Jonathan Edwards (1749): هذا الكتـاب هـو عبـارة عـن تصويـر أمين لمحـن حيـاة المرسـل. ربمـا يكـون أكثـر سـير المرسـلين تأثيـرًا طـول الزمـان.

- *‹Shadow of the Almighty: The Life and Testament of Jim Elliot* بقلم زوجته، إليزابيث إليوت (١٩٥٨): قـال جيـم إليـوت، «خذ هذه العصي التـي لا لـزوم لهـا مـن حياتـي، ودعهـا تشـتغل لمجدك.» وقـد عـاش ومـات فـي ظـل هـذه الصـلاة وسـط قبائـل الإكـوادور.

- *A Chance to Die: The Life and Legacy of Amy Carmichael* by Elisabeth Elliot (1987): كانـت أمـي كارمايـكل نموذجًـا فـي الالتـزام الـذي لا يُنسـى بخدمـة الفقـراء فـي دونافـور، الهنـد.

- *John G. Paton: Missionary to the New Heb- rides*, an autobiography (1889): لـم يـردع صائـدو الـرؤوس مـن آكلـي لحـوم البشـر بطـل الإيمـان هـذا.

- *J. Hudson Taylor: A Man in Christ* by Roger Steer (1990): أسـس تايلـور إرسـالية الصيـن الداخليـة، وثابـر فـي مشـاركة الإنجيـل فـي الصيـن فيوجـه عوائـق لا تُصـدق.

- *The Triumph of John and Betty Stam* by Geraldine Taylor (1935). هـذه إشـادة مؤثـرة بشـخصين مسـيحيين (عمرهمـا سـبع وعشـرين سـنة وثمانيـة وعشـرون سـنة) فقـدا حياتيهمـا فـي خضـم اضطرابـات الصيـن فـي ثلاثينيات القرن العشـرين.

- *For the Glory: The Untold and Inspiring Story of Eric Liddell, Hero of* Chariots of Fire by Duncan Hamilton (2017): هـذه قصـة حيـاة رائعـة لبطـل أوليمبـي كان أعظم طموحاتـه أن يبشـر بالإنجيـل.

- *Mountain Rain: A Biography of James O. Fraser* by Eileen Crossman (1982): قـال فريـزر ذات مـرة، «لقـد كان حلمي دائمًـا أن اركب على حمار، وزوجتـي علـى حمـار آخـر، وكل متاعنـا الدنيـوي علـى حمـار ثالـث.» وقد عاش بهذه الطريقة ليصل إلى شعب الليزو في جنوب غرب الصين.

٣- شارك بالإنجيل مع عائلتك وأصدقائك وجيرانك

إِذًا نَسْـعَى كَسُـفَرَاءَ عَـنِ ٱلْمَسِـيحِ، كَأَنَّ ٱللهَ يَعِـظُ بِنَـا. نَطْلُـبُ عَـنِ ٱلْمَسِـيحِ: تَصَالَحُـوا مَـعَ ٱللهِ. (٢ كورنثـوس ٥: ٢٠)

طريقـة أخـرى لدعـم الإرسـاليات هي تبشـير الضاليـن الموجوديـن من حولك. مـن ناحية، ينبغي أن يأتـي الحديـث عـن يسـوع بشـكل طبيعـي بالنسـبة لـكل مسـيحي. يـا لهـا مـن فرحـة أن نشـارك مـع الآخريـن الخبـر السـار عـن كيـف غيـر حياتنـا! ومـن ناحية أخـرى، نصارع كلنـا مـع الخـوف مـن الإنسـان. ولا واحـد منـا أميـن كمـا ينبغـي فـي المجازفـة بالحديـث عن الإنجيل مع الضالين.

يصـف بولـس غيـر المؤمنيـن بـأن إبليـس قـد أعماهـم (٢ كورنثـوس ٤:٤). غالبًـا لـن يفهـم غيـر المؤمنيـن الإنجيـل، بـل وأحيانًا قد يكونـوا عدوانيين مـن جهته. ولكـن رجاؤنا العظيـم هـو أن يشـرق الله الـذي قـال «**أَنْ يُشْـرِقَ نُـورٌ مِـنْ ظُلْمَـةٍ**» (٢ كورنثـوس ٤: ٦) فـي قلوبهـم ليخلـق فيهـم حيـاة روحيـة وإيمـان. دعونـا نصلّـي أن يسـتخدمنا الله كأدوات لـه لمسـاعدة المحيطيـن بنـا علـى التوصـل إلـى معرفتـه!

إن كنـت تقـرأ هـذا الفصـل، إذن أفتـرض أنـك تريـد أن تدعـم الإرسـاليات الدوليـة. ولكـن لا يمكنـك أن تكـون أمينًـا فـي الأشـياء الكبيـرة حتـى تكون أمينًـا في الأشـياء الصغيرة. وإذ تسـعى إلـى العثـور علـى أسـاليب تشـترك بهـا فـي دعـم تقـدم الإنجيـل فيمـا وراء البحـار بصـورة أكبـر، اسـأل نفسـك: «إلـى أي مـدى أنـا مشـترك فـي التبشـير حيـث أنـا موجـود؟» كلمـا كنـت مهتمًـا برؤيـة الإنجيـل يتقـدم فـي مجتمعـك، كلمـا زادت قدرتـك علـى دعـم نفـس هـذا العمـل فـي مـكان آخـر فـي العالـم. كمـا قـال يسـوع، «**اَلأَمِيـنُ فِـي ٱلْقَلِيلِ أَمِيـنٌ أَيْضًـا فِـي ٱلْكَثِيـرِ**» (لوقـا ١٦: ١٠). صـلِّ وأطلـب مـن الله أن يجعلـك أجـرأ في محـاورات الإنجيل

مع المحيطين بك. صلِّ بالذات من أجل غير المسيحيين الذين تعرفهم. غالبًا ما تؤدي صلواتنا إلى حوارات، وتؤدي الحوارات إلى إثمار في الخدمة.

٤ – استثمر في خدمة كنيستك المحلية

وَكَانُوا يُوَاظِبُونَ عَلَى تَعْلِيمِ ٱلرُّسُلِ، وَٱلشَّرِكَةِ، وَكَسْرِ ٱلْخُبْزِ، وَٱلصَّلَوَاتِ. (أعمال ٢: ٤٢)

بحسب العهد الجديد، ينبغي أن تتركز الحياة المسيحية حول الكنيسة المحلية. لا يتصور العهد الجديد أبدًا فكرة أن يعيش الشخص المسيحي منعزلًا دون قيود، ودون أن ينحاز لأية علاقة جادة مع شعب الله. بل، تشدد تعاليم يسوع والرسل بصورة ثابتة على أن الحياة المسيحية ينبغي أن تتسم بالالتزام بوصايا «بعضكم بعضًا» – وصايا لا يمكننا أن نتممها إلا في مجتمع المؤمنين المحلي. ينبغي أن نحب بعضنا بعضًا (رومية ١٢: ١٠)، ونخدم بعضنا بعضًا (غلاطية ٥: ١٣)، وأن نكون لطفاء بعضنا مع بعض (أفسس ٤: ٣٢)، ونشجع بعضنا بعضًا (١ تسالونيكي ٥: ١١)، وأن نحرض بعضنا بعضًا على المحبة والأعمال الصالحة (العبرانيين ١٠: ٢٤). علاوة على هذا، يربط يسوع الإثمار في الخدمة بجودة مجتمعنا: «**بِهَذَا يَعْرِفُ ٱلْجَمِيعُ أَنَّكُمْ تَلَامِيذِي: إِنْ كَانَ لَكُمْ حُبٌّ بَعْضًا لِبَعْضٍ**» (يوحنا ١٣: ٣٥). في النهاية، المؤسسة الوحيدة التي يعد يسوع ببنائها هي الكنيسة (متى ١٦: ١٨).

طبعًا أنا لا أقصد عدم وجود خدمات رائعة موازية للكنائس لنشترك فيها أو أنه لا يمكن أن يكون لدينا مساهمة جادة في الملكوت كأفراد. ولكنني أقصد أن الكتاب المُقدّس يُعلّم بأن الطريقة الرئيسية التي ينبغي أن نفكر فيها بشأن الاشتراك في الخدمة هي في ومن خلال الكنيسة المحلية.

هناك الكثير من الطرق العلمية للخدمة في كنيستك:

- بينما تشارك برسالة الإنجيل مع الأصدقاء الجيران، أدعهم إلى كنيستك. قدمهم إلى إخوتك وأخواتك الآخرين في المسيح ممن لديهم القدرة على تكميل خدمتك لهم والزيادة عليها.

- أجعل من حضور اجتماعات الصلاة في كنيستك المحلية أولوية لديك. تضاعف الصلاة مع الآخرين بشأن الكرازة بالإنجيل من جهودك.
- اعرف الخدام والمرسلين الذين تدعمهم كنيستك. قد يكون هناك دور فريد لتقوم به في تشجيع عامل ينال الدعم في مكان ما في العالم بالتواصل معه بينما هو في حقل الإرسالية أو تباركه بصداقتك عندما يأخذ إجازة.
- تذكر أنه بالاستثمار في كنيستك المحلية، أنت تستثمر في عروس المسيح. قد تعيش في مكان ما لسنوات قليلة، ولكن بتوجيه جهودك إلى كنيستك المحلية فسيستمر تأثيرك إلى ما بعد هذا بكثير.

٥- صلِّ

وَأَنْتُمْ أَيْضًا مُسَاعِدُونَ بِٱلصَّلَاةِ لِأَجْلِنَا. (٢ كورنثوس ١: ١١)

كان بولس مقتنعًا بأن الصلاة تمد عمل الإرساليات بالطاقة اللازمة وتسانده وتجعله يزدهر. تعتبر رسائل طلبات الصلاة المرسلية منجم ذهب للفرص الروحية. صلِّ من أجل الطلبات التي يذكرونها – الأحداث الآتية، والاحتياجات الحالية، والصراعات الضاغطة. علاوة على هذا، صلِّ من أجل أن يكون المرسلون أمناء للرب في قداستهم الشخصية، وكرازتهم بالإنجيل، وفي تعبهم ومثابرتهم. تعمل الصلاة من أجل المرسلين على جعل فرص العبادة العائلية مفعمة بالحيوية. كما تدب في اجتماعات الصلاة الكنسية حياة جديدة عندما تقف في الصفوف الأمامية في معركة العمل المرسلي. يشير البدء بالصلاة إلى أننا نؤمن بأن هذا هو عمل الله وليس عملنا نحن.

٦- أعطِ

قَدِ ٱمْتَلَأْتُ إِذْ قَبِلْتُ مِنْ أَبَفْرُودِتُسَ ٱلْأَشْيَاءَ ٱلَّتِي مِنْ عِنْدِكُمْ. (فيلبي ٤: ١٨)

دائمًا ما نالت الإرساليات المسيحية الدعم عن طريق العطاء المسيحي. فقد تلقى يسوع والتلاميذ الدعم من النساء اللواتي «**كُنَّ يَخْدِمْنَهُ مِنْ أَمْوَالِهِنَّ**» (لوقا ٨: ٣). كما دعمت الكنائس والأفراد بولس وفرق المرسلين التي كونها. العطاء للإرساليات

هو أمر قوي ورائع ينبغي على المسيحيين القيام به. حيث يسمح لنا بأن نعلن استقلالنا عن محبة المال، وأن نعلن إيماننا بالأشياء ذات القيمة الأبدية. بالإضافة إلى أن الله يفرح عندما نعطي بالطريقة السليمة: لأنه يحب «**ٱلْمُعْطِيَ ٱلْمَسْرُورَ**» (٢ كورنثوس ٩: ٧).

من الناحية العملية، كيف ينبغي أن يكون هذا؟ أولًا، ينبغي أن يذهب نصيب الأسد من عطاءك إلى كنيستك.[٤] إحدى الفوائد العملية من عطاءك لكنيستك المحلية هي أن الأرجح أن يكون لدى الكنيسة ذات الشيوخ الأتقياء استراتيجية إرساليات حكيمة وكتابية وفعالة. ينبغي أن يعكس عطاؤنا للكنيسة ثقتنا في أن الله يعمل من خلال هؤلاء الرجال المفروزين لهذه المهمة.

بعد أن نعطي للكنيسة، ينبغي أن نبحث عن طرق أخرى بحيث يمكننا تقديم العطاء للمساعي المرسلية الأمينة والاستراتيجية. كل مواردنا هي موارد الرب، لذا عندما نجد لدينا فائضًا، ينبغي أن نسأله ماذا يريدنا أن نفعل به. إن وجهنا إلى عمل إرساليات نثق به، ينبغي أن نسعى إلى توجيه مواردنا في هذا الاتجاه.

دعوني أختم هذه النقطة بنصيحة هامة: بدلًا من نثر مبالغ قليلة من المال على الكثير من جهود الإرساليات، ربما يكون من الأحكم أن تستثمر عطاءك في إرسالية واحدة فقط أو في عدد قليل منها. بالتركيز على القليل من المرسلين المحددين فحسب، ستكون قادرًا على بناء المزيد من العلاقات الهادفة والجادة مع هؤلاء العاملين والخدام، وستكون قادرًا على أن تركز صلواتك عليهم كذلك. وغذ تفعل، ذكر نفسك بأن أفضل الاستثمارات هي في الأشياء ذات القيمة الأبدية.

٧ – اذهب

ٱعْبُرْ إِلَى مَكِدُونِيَّةَ وَأَعِنَّا! (أعمال ١٦: ٩)

كما قلت، ليس الجميع مدعوين لترك وطنهم وحمل الإنجيل إلى مكان أجنبي. لقد وقعت كل خدمة يسوع ضمن إطار مائة ميل من المكان الذي ولد فيه.

---

[٤] للاطلاع على المزيد حول هذه النقطة أنظر

Jamie Dunlop, *Why Should I Give to My Church?* (Wheaton, IL: Crossway, 2021).

كما ظل يعقوب، واحد من الاثني عشر رسولًا، راعيًا في كنيسة أورشليم حتى موته على ما يبدو (أعمال ١٢: ٢).

ولكن في نفس الوقت، غالبًا ما يدعو الله الناس للتحرك إلى مكان آخر لأجل خاطر الإنجيل. ينبغي ألا نخشى أن نسأل الرب، «أين تريدني أن أخدمك؟» قد يشعر بعض ممن يقرأون هذا الفصل بأن الرب يقودهم إلى التفكير في التحرك إلى مكان يحتاج عمل الإنجيل بصورة أكبر.

إن كنت تشعر بالرغبة في التحرك إلى مكان يوجد فيه احتياج لخدمة الإنجيل، فمن اللازم أن تتذكر أهمية كنيستك المحلية بينما تأخذ هذا القرار. يلعب أصدقاؤك وقادة كنيستك دورًا هامًا في الصلاة من أجلك، ونصحك، وتجهيزك من أجل الخدمة التي بانتظارك. هكذا يمكنك أن تربط «الشعور الداخلي بالدعوة بـ «التأييد الخارجي لها.»

بالنسبة لآخرين منا، ربما يدعونا الرب إلى الاشتراك في إرساليات ذات مدى قصير. قد تكون هناك رحلات إرسالية تنظمها كنيستك المحلية لدعم عمل المرسلين في حقلهم. ينبغي أن نكون حريصين بينما نقيم هذه الفرص. «فالسياحة المرسلية» ليست نافعة للجميع، والهدف ليس أن نجد رحلة ذاهبة إلى مكان أردت أن تذهب إليه كثيرًا. فالهدف من الرحلات المرسلية قصيرة المدى هو دعم عمل المرسلين المستقرين هناك لفترة طويلة. فكر كيف يمكن أن يشترك فريقك قصير الأمد في دعم المرسلين – ربما بالاشتراك في التبشير في المجتمعات المحيطة بكنيستهم، ربما بتوفير رعاية الأطفال لمؤتمر يجهز وينعش المرسلين، ربما بتوفير الخبرة الطبية أو الهندسية إلى عمل يحتاج إليهما. وهذه مجرد طرق عملية قليلة يمكن أن يشجع بها المرسلون قصيري الأمد المرسلين طويلي الأمد؛ وهناك الكثير غيرها.

هناك فئة واحدة أخيرة تحت بند «اذهب» والتي ينبغي أن نفكر فيها وهي تلك التي ترتبط بمهنتك الحالية. في ظل اقتصاد عالمي بشكل متزايد، قد تكون هناك فرص تتيح لك البقاء في نفس العمل أو عمل مشابه ومع هذا تقوم به بطريقة استراتيجية بالنسبة للإنجيل. مثلًا، إن كنت مهندسًا في نبراسكا، لم لا تفكر في البحث عن وظائف تحتاج إلى مهندسين في بيئة عالمية بالقرب من مرسلين تعرفهم وتثق بهم؟ بالانتقال

إلـى هنـاك والاتصـال بكنيسـة محليـة، قـد يكـون بإمكانـك أن تؤثـر تأثيـرًا كبيـرًا علـى عمـل الإنجيـل فـي هـذه المنطقـة.

٨ – الإعلام

ثُـمَّ نُعَرِّفُكُـمْ أَيُّهَـا ٱلْإِخْـوَةُ نِعْمَـةَ ٱللهِ ٱلْمُعْطَـاةَ فِـي كَنَائِـسِ مَكِدُونِيَّـةَ.
(٢ كورنثوس ٨: ١)

عندمـا تصلـك معلومـات عـن عمـل الإرسـاليات، خـذ وقتًـا لتخبـر آخريـن! لا شـك أن الرعـاة ينبغـي أن تصلهـم معلومـات عـن عمـل وحيـاة المرسـلين الذيـن تدعمهـم الكنيسـة، ولكـن غالبًـا مـا يكـون العلمانيـون أكثـر فعاليـة فـي نشـر المعلومـات الجيـدة مـن عضـو إلـى آخـر. لقـد كنـت صديقًـا لسنوات لأعضـاء كنيسـتي الأم والذيـن كانـوا نموذجًـا يحتـذى فـي القيـام بهـذا جيدًا. حيـث يتصلـون بنـا باسـتمرار عندمـا نكـون فـي الحقـل، ويكتبـون لنـا الرسـائل الإلكترونيـة ويتصلـون بنـا ليعرفـوا احتياجاتنـا. كمـا ذهبـوا فـي العديـد مـن الرحلات القصيـرة لدعـم عملنـا. عندمـا نكـون فـي إجـازة، يكونـون أول مـن يتصـل بنـا ويريـدون اسـتضافتنا فـي بيوتهـم.

لذلـك ليـس مـن المدهـش أن يكونـوا كذلـك بعـض مـن أفضـل «ناشـري» معلومـات الإرسـاليات بيـن الجماعـة. فـي السـنوات الأخيـرة، اسـتضافوا «ليالـي الإرسـاليات» فـي بيوتهـم للصـلاة مـن أجـل المرسـلين وليعرفـوا المزيـد عمـا يفعلـه الله حـول العالـم. وإذ يـزداد اهتمامـك وشـعورك بالإثارة بشـأن الإرسـاليات العالمية، خذ فكـرة إعلام الآخرين بالمزيـد بجدية.

٩ – قم بالحشد

فَنَحْنُ يَنْبَغِـي لَنَـا أَنْ نَقْبَـلَ أَمْثَـالَ هَـؤُلَاءِ، لِكَـيْ نَكُـونَ عَامِلِيـنَ مَعَهُـمْ بِٱلْحَـقِّ.
(٣ يوحنـا ٨)

لا يعتبـر لقـب «العامـل معنـا» منصبًـا فـي الكنيسـة مثـل الشـيخ أو الشـماس، ولكـن مـع هـذا، هـذه عبـارة سـتجدها فـي كل العهـد الجديـد. دائمًـا يحيـي بولـس العامليـن معـه، ويرسـل العامليـن معـه، ويشـجع العامليـن معـه. فـي ٣ يوحنـا ٨، يوصـي يوحنـا الكنيسـة

بأنـه ينبغـي علينـا أن ندعـم المرسلين بحيـث يمكننـا أن نكـون العامليـن معهـم مـن أجـل حـق الإنجيـل. لـم تكـن خدمـة الرسـل مجـرد خدمـة خلـق مؤمنيـن جـدد مـن خـلال التبشير بالإنجيل، بـل إقامـة المزيـد مـن القـادة الذين يمكنهـم الانضمام إليهم في العمل. كيف يمكنك تحفيـز الآخريـن علـى دعـم عمـل الإرسـاليات الدوليـة؟ فكـر فـي أن تحضـر أحـد الإخـوة مـن أعضـاء الكنيسـة لتنـاول وجبـة معك حيث تستضيف طلبة مـن دول أخرى. ادعِ شخصًا لينضـم إليك فـي رحلـة إرسالية قصيـرة. سـاعد قائدًا مـن كنيسـة أخـرى حتـى يعـرف كيف يمكنهـم أن ينضمـوا إلـى جهـود كنيستك لدعـم الإرسـاليات فـي جـزء آخر مـن العالم.

ربمـا يمكنـك أن تبـدأ بالصـلاة الآن لكـي يسـتخدمك الله لتحشـد المزيـد مـن العامليـن معـك مـن أجل مهمـة الإرسـاليات!

مجد المستحيل

أمضـى صموئيـل زويمـر ثمانيـة وثلاثيـن عامًـا يخـدم فـي العربيـة وفـي مصـر. وكتب بشكل مؤثر عن عمل الخدمة فيما أسماه «إرساليات رائدة»:

> تنتظـر حقـول العالـم التـي لـم يسـد فراغهـا أحـد المسـتعدين للشـعور بالوحـدة مـن أجـل خاطـر المسـيح. بالنسـبة للمرسـل الرائـد، تأتـي كلمـات ربنـا يسـوع المسـيح للرسـل عندمـا أراهـم يديـه وقدميـه، برنـة إلزاميـة خاصـة: «**كَمَـا أَرْسَلَنِي ٱلْآبُ أُرْسِلُكُمْ أَنَـا**» (يوحنـا ٢٠: ٢١). لقـد جـاء إلـى العالـم، وقـد كان حقـلًا إرسـاليًا لـم يشـغله أحـد. «**إِلَـى خَاصَّتِـهِ جَـاءَ، وَخَاصَّتُـهُ لَـمْ تَقْبَلْـهُ**» (يوحنـا ١: ١١). جـاء وكان الترحيـب بـه عبـارة عـن سـخرية، كانـت حياتـه عبـارة عـن معانـاة، وكان عرشـه الصليـب.
>
> وكمـا جـاء، يتوقـع منـا أن نذهـب. ينبغـي أن نتبـع إثـر خطواته. يتمتع المرسـل الرائـد، فـي تغلبـه علـى العقبـات والمصاعـب ... بامتيـاز ألا يعـرف فقـط المسـيح وقـوة قيامتـه، بـل وكذلـك أن يعـرف شـيئًا عـن شـركة آلامـه. بالنسـبة لشـعب التبـت أو الصومـال أو مونغوليـا أو أفغانسـتان أو العربيـة أو نيبـال أو السـودان أو الحبشـة، قـد يُدعـى إلـى أن يقـول مـع بولـس، «**ٱلَّـذِي ٱلْآنَ**

أَفْرَحُ فِي آلامِي لأَجْلِكُمْ، وَأُكَمِّلُ نَقَائِصَ شَدَائِدِ ٱلْمَسِيحِ فِي جِسْمِي لأَجْلِ جَسَدِهِ، ٱلَّذِي هُوَ ٱلْكَنِيسَةُ» (كولوسي ١: ٢٤).

ما هذا إلا مجد المستحيل! من يفضل بطبيعة الحال أن يترك دفء وتعزية البيت والوطن ومحبة دائرة العائلة ليذهب وراء خروف ضال، نسمع صوته خافتًا وسط هدير العاصفة؟ ولكن هذا هو مجد المهمة التي لا تقدر روابط العائلة ولا احتياجات البيت أن تحجز من التقطوا رؤية وروح الراعي العظيم. ولأن الضالين هم خرافه، وقد جعلنا خرافه وليس أجراه، ينبغي أن نعيدهم.

«رغم أن الطريق قد يكون شاقًا وشاهقًا، إلا إنني أذهب إلى البرية لأعثر على خرافي.»[٥]

قرأت هذه الكلمات وعمري اثنتين وعشرين سنة، وقد ساعدت في قيادتي إلى حقل الإرسالية حيث خدمت بسعادة لسنوات كثيرة. ولا زال صداها يتردد داخلي، ولكن نفس الحماس لمجد الله وعودة خرافه الضالة شيء يحتاج إلى أن ينتشر بصورة تتعدى فكرة «المرسل الرائد.»

أتعشم أن يكون هذا الفصل المميّز قد أقنعك بأن «حقول العالم التي لم يشغلها أحد» تدعوك إلى العمل حيثما أنت موجود. لا يبدأ «مجد المستحيل» بالأمور الموجود في كتاب فوكس عن الشهداء، *Foxe's Book of Martyrs*، أو سيرة المرسل المفضلة لديك. إنه يبدأ بالأمانة في الأمور الصغيرة في حياتك – أشياء صغيرة يسر ربنا كثيرًا بأن يستخدمها بطرق كبيرة. وإذ نقبل دعوتنا لنكون تلاميذه ولنشترك في تلمذة الآخرين من كل الأمم، نكتشف فرحة العيش بالطريقة التي عاش بها مُخلّصنا، كخادم صالح وأمين للآخرين. ليت الله يسر بأن يستخدم جهودنا للخير ولمجده في كل الأمم.

---

5 Samuel Zwemer, *The Unoccupied Mission Fields of Africa and Asia* (Marshall Brothers Ltd., London: 1911), 221–22.

١١

كيف يُمكن لكنيستنا أن تجد راعيًا أمينًا؟

مارك ديفر

«وَهُوَ أَعْطَى ٱلْبَعْضَ أَنْ يَكُونُوا رُسُلًا، وَٱلْبَعْضَ أَنْبِيَاءَ، وَٱلْبَعْضَ مُبَشِّرِينَ، وَٱلْبَعْضَ رُعَاةً وَمُعَلِّمِينَ، لِأَجْلِ تَكْمِيلِ ٱلْقِدِّيسِينَ لِعَمَلِ ٱلْخِدْمَةِ، لِبُنْيَانِ جَسَدِ ٱلْمَسِيحِ.»

أفسس ٤: ١١-١٢

نميل عادة إلى تقدير آخر كلمات يقولها أي شخص. لذا تأمل في كلمات داود الأخيرة من ٢ صموئيل ٢٣: ٣-٤:

قَالَ إِلَهُ إِسْرَائِيلَ.

إِلَيَّ تَكَلَّمَ صَخْرَةُ إِسْرَائِيلَ:

إِذَا تَسَلَّطَ عَلَى ٱلنَّاسِ بَارٌّ

يَتَسَلَّطُ بِخَوْفِ ٱللهِ،

وَكَنُورِ ٱلصَّبَاحِ إِذَا أَشْرَقَتِ ٱلشَّمْسُ.

كَعُشْبٍ مِنَ ٱلْأَرْضِ

فِي صَبَاحِ صَحْوٍ مُضِيءٍ

غِبَّ ٱلْمَطَرِ.

إذا استُخدم السلطان الروحي بطريقة تمجّد الله فهذا يجلب الحياة والازدهار. وبالعكس، إذا استُخدم السلطان الروحي بشكل لا يمجّد الله فهذا يجلب الخراب والدمار. للأسف، يعرف كثير من المسيحيين هذا بالخبرة. ما أبعد الرعاة غير الأتقياء أو غير المجهزين عن نور الصباح إذا أشرقت الشمس أو ندى الصبح الذي تحتاج إليه النباتات بشدة، لأنهم يجلبون الظلمة والخراب على كنائسهم. إنهم يجرحون الشعب. ولكن الراعي التقي، الراعي الحقيقي، هو واحدة من أعظم هبات المسيح لشعبه (أفسس ٤: ١١؛ راجع أعمال ٢٠: ٢٨).

صديقي، إن كانت كنيستك الآن تبحث عن راعٍ، صلِّ أن يرسل الله لكنيستك رجلًا يعرف كيف يستخدم سلطانه الروحي – ليس لمصلحته الشخصية، بل لأجل خير الآخرين الروحي.

تحتاج كنيستك إلى راع تقي.

في هذا الفصل المميّز، سوف أقدم بعض النصائح الكتابيَّة والعمليَّة حول كيفيَّة العثور على راعٍ تقي. سوف نمتحن من ينبغي أن يقود عملية البحث عن الراعي الجديد، ماذا ينبغي أن نبحث عنه في الراعي، ثم نتأمل في بعض الخطوات العملية حول كيفيَّة المُضي قدمًا.[١] ولكن قبل أن نبدأ، دعوني آخذ لحظة لمخاطبة الرعاة في طريق خروجهم من كنيستهم الحالية. برغم ما يظنه الكثيرون، فإن الراعي الرئيسي المتخارج يلعب دورًا شديد الأهمية في نجاح انتقال كنيستكم إلى الراعي التالي.

---

١ أُخذت أجزاء من هذا الكتاب من مقالات مارك ديفر:

Mark Dever, «What's Wrong with Search Committees? Part 1 of 2 on Finding a Pastor,» 9Marks website, December 20, 2010, https://www.9marks.org/article/whats-wrong-search-committees-part-12--finding-pastor/; and «What's Right about El- ders? Part 2 of 2 on Finding a Pastor,» 9Marks website, De- cember 20, 2010, https://www.9marks.org/article/whats-

كلمة سريعة إلى الراعي الرئيسي الحالي

إلـى أي رعـاة ممـن يقـرؤون هـذا الفصـل، دعونـي أذكركـم – نعـم، أنتـم! – بمسئولياتكم فـي مسـاعدة كنيسـتكم علـى العثـور علـى مـن يخلفكـم فـي الخدمـة.[٢] مـا لـم تكـن ترعـى كنيسـتك عندمـا يعـود الـرب، عليـك أن تعـد كنيسـتك دائمًـا للرجـل التالـي. للأسـف، يبـدو كثيـر مـن الرعـاة غيـر مباليـن البتـة بكيـف ستنجح كنيسـتهم بعدمـا يرحلـوا عنهـا.

ولكـن واحـدًا مـن أهـم الأجـزاء فـي خدمـة الراعـي هـي المسـاعدة علـى الحصـول علـى الرجـل السـليم ليليـه. ذات مـرة أخبـر روبـرت مـواري ماكيـن، Robert Murray M'Cheyne، كنيسـته: «حتمًـا سـتأتي التغيـرات. سـرعان ما سـتعتم كل عين أمامـي بالموت. وسـيطعم راع آخـر هـذه الرعيـة، وسـيقود مرنـم آخـر ترنيم المزامير، وسـتملأ رعية أخرى هذه الحظيرة.»[٣]

أخـي الراعـي، هـل تتكلـم إلـى كنيسـتك بهـذه الطريقـة؟ هـل تجعلهـم يعـون مـرور الوقـت بسـرعة والالتزامـات التـي يضعهـا هـذا علـى عاتقنـا؟ كيـف تبحـث عـن بركـة الجماعـة وفائدتهـم بعـد خدمتـك هنـاك؟ هـل تحـب الخـراف حقًـا أم تحـب شـيك المرتـب؟

دعنـي أقتـرح سـريعًا ثلاثـة أشـياء ينبغـي أن تفعلهـا الآن لتعـد كنيسـتك للانتقـال إلى الرجل التالي بصورة جيدة.

أولًا، جهـز كنيسـتك للراعـي التالـي بتعليـم الجماعـة أن الشـيوخ الأتقيـاء هـم عطيـة للكنيسـة.[٤] بعبـارة أخـرى، أقـم قـادة آخريـن. وعندمـا تعيـن الشـيوخ، ذكـر شـعبك بـأن يكونـوا شـاكرين علـى كل واحـد مـن رعاتهـم، وليـس فقـط علـى الراعـي الرئيسـي. ابـذل مجهـودًا

---

[٢] المادة الموجودة في هذا القسم معدلة بعد الاستئذان من:

Mark Dever, «Finding a Pastor,» *Tabletalk*, August 2018, https:// tabletalkmagazine.com/article/201808//finding-a-pastor/

[3] Quoted in Andrew Bonar, *Memoir and Remains of Robert Murray M'Cheyne* (Edinburgh: Banner of Truth, 1966), 185.

[٤] للاطلاع على مزيد من المعلومات عن تعليم الكتاب المُقدَّس عن الشيوخ، أنظر

Jeramie Rinne's book *Church Elders: How to Shepherd God's People Like Jesus* (Wheaton, IL: Cross- way, 2014).

استثنائيًا لضمـان أنـك تبنـي خدمتـك حـول الكتـاب المُقدَّس وليـس حـول عبادتـك للـذات. قلـل عـدد المـرات التـي تعـظ فيهـا بحيـث يتمكـن رجـال قـادرون آخـرون مـن سـد احتيـاج المنبـر. سيسـاعد هذا جماعـة الكنيسـة علـى الاعتيـاد علـى سـماع وعـظ غيـر وعظك. شجـع علـى أن يتولـد في شعبك شهيـة **للوعـظ السـليم، وليـس لوعظك أنت.**

ثانيًـا، قـم بالإعـداد للانتقـال بالحـرص علـى أن تكـون مسـتعدًا مـن الناحيـة الماليـة لأنـك سـتصبح بـلا عمـل فيمـا بعـد. لا يمكننـي أن أقـول لكـم كـم مـرة سـمعت راعيًـا يحتفـظ بعملـه بينمـا يشـعر بأنـه مرهق لأنـه لا يعـرف كيـف يكسـب رزقـه بطريقـة أخـرى. ينبغـي ألا يحـدث هذا أبـدًا.

أخيـرًا، عندمـا يحـل وقـت الرحيـل، اقتـرح شخصًـا مـا (إمـا مـن داخـل الكنيسـة أو مـن خارجهـا) تـرى أنـه سـيكون بديلًا مناسـبًا. هـذه أمانـة، وليـس تدخـلًا. سـتكون رعايـة كنيسـتك بهذا القـرار واحـدة مـن الطـرق الأخيـرة التـي تحب بهـا جماعـة الكنيسـة. طبعًـا، أحيانًـا يدعـو الـرب الرعـاة للابتعـاد بسـرعة، مثلمـا يحـدث عندمـا يمـوت الرجـل. ولكـن بصفـة عامـة، ينبغـي ألا يفتـرض الراعـي أن مسـئوليته قـد انتهـت حتـى يفعـل كل مـا بوسـعه ليؤمـن للكنيسـة مـن يسـتحق أن يخلفـه.

مـن الذي ينبغي أن يقود عملية البحث؟

دعونـا ننتقـل الآن إلـى التفكيـر فـي كيـف تجـد الكنيسـة راعيهـا التالـي. وأكثـر الأسـئلة إلحاحًـا هـو: مـن الـذي ينبغـي أن يقـود هذا البحـث؟ معظـم الكنائـس، علـى الأقـل فـي أمريـكا، تعيـن لجـان للبحـث عـن راعـي للقيـام بهذه المهمـة.

أعـرف الكثيـر مـن الأشـخاص الأعـزاء الأتقيـاء الذيـن خدمـوا فـي هـذه اللجـان حـول البـلاد بـل وحـول العالـم. هـذه مهمـة خطيـرة، والكثيـر مـن أعضـاء لجـان البحـث يعطـون وقتهـم لهـذه المهمـة مصليـن شـاعرين بأنهـم مُنحـوا امتيـازًا مُقدَّسًـا. **شـكرًا لـكل مـن اقتـرب مـن هـذه المهمـة بمحبـة وشـعور بالواجـب!**

اسـتفهام بشـأن نمـوذج لجنـة البحـث ومـع هـذا، أشـجع الكنائـس علـى ألا تشـكل لجنـة بحـث لتجـد راعيهـا التالـي. دعونـي أشـرح لمـاذا؟

لو كانت الكنائس أكثر صحة، لما احتجنا البتة أن ندعو لجمع هذه اللجنة. يدرك الراعي الأمين أنه حتى ولو ظل في كنيسته حتى يموت، فهو لا يزال مجرد شخص مؤقت. إنه يفهم مسئوليته المتمثلة في إقامة رعاة وشيوخ آخرين. مع رعاة وشيوخ أتقياء وأمناء يقودون الكنيسة، ينبغي أن يكون لدى هؤلاء الرجال المصادر والتدريب الضروري للعثور على راعٍ أمين يعكس شخصية الراعي الحقيقي الموجودة في صفحات الكتاب المُقدَّس. للأسف، فشل رعاة كثيرون جدًا في إنجاز هذه المسئولية المصيرية. لقد فشلوا في إقامة رعاة وشيوخ آخرين. ونتيجة لهذا، تُركت كنائس كثيرة دون خيار سوى أن تشكل لجنة بحث.

المشكلة الأساسية في لجان البحث هي أنها شُكِّلت عادة لفعل الشيء الخطأ. لقد شُكِّلت، مرة أخرى، بحكم العادة، وليس دائمًا – لتمثل أجزاء مختلفة من الجماعة في عملية العثور على راع. تعين الكنيسة بعض النساء في اللجنة لتمثل المنظور النسائي، والرجال ليمثلوا الرجال، والشباب والكبار لتمثيل الشباب والكبار، ورجل الأعمال، والشماس، والموسيقيين، وهكذا. بعبارة أخرى، تُبنى لجان البحث على مبدأ التمثيل.

لا شيء خطأ في دمج مصالح نوعيات مختلفة من الناس، ولكن دعونا لا نضع العربة أمام الفرس. **أهم معيار ينبغي أن يستوفيه المسؤولون عن ترشيح الراعي التالي هو القدرة على تمثيل «مصالح» الكتاب المُقدَّس، وليس مصالح أنواع الناس المختلفين**. ببساطة، تحتاج هذه المجموعة من الناس أن تفهم الكتاب المُقدَّس بصورة جيدة – كيف يفصلون «**كَلِمَةَ ٱلْحَقِّ بِٱلِٱسْتِقَامَةِ**» (٢ تيموثاوس ٢: ١٥) – بحيث يعطوا الأولوية لما يعطيه الكتاب المُقدَّس الأولوية في البحث عن راعٍ.

نعم، ينبغي أن يهتم هؤلاء الأشخاص بالعثور على شخص يعرف كيف يحب ويخدم الرجال والنساء، الصغار والكبار وكل المجموعات الأخرى في الكنيسة. على أي حال، لقد ترك بولس لتلميذه تيموثاوس الكثير من التعليمات بخصوص رعاية الأنواع المختلفة من الناس. ولكن ينبغي أن تتناول هذه المجموعة عملها متسائلة أولًا عما يقوله الكتاب المُقدَّس. عندئذ فقط سيكون لديهم الحكمة والخبرة الضروريتين للتمييز بين المرشحين المتنوعين.

إذن إن لـم تسـتخدم لجنـة بحـث، فمـن فـي كنيسـتك هـو الـذي ينبغـي أن يقـود عمليـة البحـث عـن الراعـي الجديـد؟

دع الشيوخ يقودون

إذا كان لـدى كنيسـتك رعـاة وشـيوخ آخريـن، دعهـم يقـودون. علـى أي حـال، لقـد كلّـف الله هـؤلاء النـاس بالقيـادة. كلمـة سـريعة هنـا حـول تعريـف هـذه المصطلحـات. بحسـب الكتـاب المُقـدَّس، «الراعـي» و «الشـيخ» همـا ببسـاطة مصطلحيـن يشـيران إلـى نفس المنصـب. إن لـم يكـن لـدى كنيسـتك رعـاة علمانييـن أو شـيوخ علمانييـن، فـلا زالـت هنـاك فرصـة أن تحـدد «راعيًـا» أو اثنيـن يرجـح أن يقـودا الكنيسـة. حتـى وأنتـم تبحثـون عـن راعٍ جديـد، دع هـؤلاء الرجـال يقـودون البحـث.

لا شـك أن العهـد الجديـد يُعلِّـم بـأن الجماعـة ككل تتحمـل مسـئولية عضويتهـا وانضباطهـا وعقيدتهـا (متـى ١٨: ١٥-٢٠؛ ١ كورنثـوس ٥؛ غلاطيـة ١: ٦-١٠). لـذا يبـدو أن هنـاك سـابقة كتابيَّـة كافيـة تريـنا أن الجماعـة هـي مـن لـه المسـئولية الأخيـرة فـي الاعتـراف بقادتهـا (أعمـال ٦: ٣). ولكـن حتـى داخـل هـذا الإطـار الجماعـي، يكلـف الله الشـيوخ بالتعليـم، والرعايـة والقيـادة ويكلـف الجماعـة بالخضـوع لشـيوخها (١ تيموثـاوس ٣: ١-٧؛ تيطـس ١: ٥-٩؛ العبرانييـن ١٣: ١٧؛ ١ بطـرس ٥: ١-٥).

مـع وجـود هـذا الترتيـب فـي بالنـا، دعنـي أذكـر هنـا القليـل مـن الأسـباب التـي تجعـل قيـادة الشـيوخ لهـذه العمليـة أمـرًا واجبًـا (وليـس لجنـة بحـث مكونـة مـن قطـاع ديمغرافـي مـن الجماعـة). أولًا، الشـيوخ هـم أكثـر أشـخاص مؤهليـن لتقييـم وعـظ وتعليـم الرجـل. يكلـف الكتـاب المُقـدَّس الشـيوخ بالتعليـم بالعقيـدة السـليمة والحـرص علـى عـدم نقـل تعليـم زائـف فـي الكنيسـة (تيطـس ١: ٩). وهـذا يفسـر لمـاذا ينبغـي أن يكـون الشـيوخ «صالحيـن للتعليـم» (١ تيموثـاوس ٣: ٢). علـاوة علـى هـذا، بمـا أن الراعـي هـو ببسـاطة عبـارة عـن شـيخ مفـرز ومتفـرغ للوعـظ، فأهـم وظيفـة يقـوم بهـا هـي الوعـظ بكلمـة الله بأمانـة (٢ تيموثـاوس ٢: ١٥؛ ٤: ٢). سـلامة وعـظ الرجـل هـي الأمـر الأساسـي تمامًـا لضمـان سـلامة رعايتـه، والشـيوخ هـم أكثـر أشـخاص مؤهليـن للحكـم علـى وعـظ الرجـل.

ثانيًا، الشيوخ هم أكثر الأشخاص المؤهلين لتقييم شخصية الرجل. قضية حاسمة أخرى عند التفكير في راع محتمل هي شخصية الرجل، وهنا مرة أخرى نجد الشيوخ هم المؤهلين للقيادة.

الشيوخ هم رجال تعترف الكنيسة بأنهم يمتلكون شخصيات نموذجية (١ تيموثاوس ٣: ١-٧؛ تيطس ١: ٥-٩). بهذه الشخصية التقيَّة، يعمل الشيوخ كنماذج لبقية الرعيَّة (العبرانيين ١٣: ٧؛ ١ بطرس ٥: ٣). وإذ يعلّمون ويتلمذون ويشيرون ويتتبعون الخراف الضالة، يشترك الشيوخ في الكثير من نفس أعباء الخدمة اليومية مع الراعي الرئيسي.

كما أن الشيوخ هم من قد يدخلون في حوارات سرية مع أعضاء الجماعة، بحيث يمكنهم أن يميزوا ما هي القضايا التي سيواجهها الراعي الجديد وكذلك أية أمور قد تجرد الرجل من المشيخة بأفضل صورة ممكنة. بفضل هذه الحوارات المنتظمة، ربما يكونون أكثر أشخاص مستعدين للخوض في حوارات متأنية مع أي مرشح محتمل للرعويَّة. كما ينبغي أن يكونوا متمرسين على اكتشاف أية نقاط ضعف.

بواسطة كل من المؤهلات والخبرة، نجد أن شيوخ الكنيسة هم الأقدر على تقييم شخصية الراعي المحتمل. ولكن هذا لا يعني ألا يبحث الشيوخ أيضًا عن مؤشرات الشخصية في الراعي المحتمل، خاصة إذا كان المرشح من خارج الكنيسة.

ثالثًا، يُكلَّف الشيوخ بإقامة شيوخ آخرين. في ٢ تيموثاوس ٢:٢ يكتب بولس، «**وَمَا سَمِعْتَهُ مِنِّي بِشُهُودٍ كَثِيرِينَ، أَوْدِعْهُ أُنَاسًا أُمَنَاءَ، يَكُونُونَ أَكْفَاءً أَنْ يُعَلِّمُوا آخَرِينَ أَيْضًا.**» لقد قصد الله بالنسبة لمن يعلمون الكلمة في الكنيسة أن يقيموا آخرين يقدرون هم أيضًا أن يعلموا بالكلمة. بينما لا يخبرنا الكتاب المُقدَّس ما إذا كان تيموثاوس قد تقلد منصب الشيخ في كنيسة أفسس أم لا، إلا أنه يبدو أن هذه الآية تؤكد النمط الذي ينبغي أن يتبعه الشيوخ اليوم. على أي حال، إن كان على تيموثاوس أن يعلم رجلًا يُعتمد عليهم ويقدرون أن يعلّموا آخرين، إذن فلابد وأن هؤلاء الرجال قد فهموا من نموذج حياة تيموثاوس أن عليهم أن يقيموا آخرين هم أيضًا.

وبالتالي فالأمر يعتمد على التكرار: ينبغي أن يقيم الشيوخ دائمًا شيوخًا آخرين. إذن وماذا عن وقت احتياج الكنيسة للعثور على شيخ موهوب بشكل خاص في الوعظ، والذي غالبًا ما نسميه «الراعي الرئيسي»؟ أفضل مجموعة أشخاص تجد

هذا الشخص هم شيوخ الكنيسة – رجال مؤهلون من الناحية الكتابيَّة ومعتادين بالفعل على تمييز وتشجيع الرجال الأتقياء ليكونوا شيوخًا. لذا عندما تظهر الحاجة لتعثر الكنيسة على شيخ موهوب بصفة خاصة ليفرزوه ليتفرغ للوعظ، ألا ينبغي أن تأخذ المجموعة التي خصصت نفسها بالفعل لهذه المهمة الدور القيادي في هذه المأمورية؟

يتطلب العثور على راع جديد الحكمة والتمييز والفطنة اللاهوتيَّة، بل وأكثر. إن كان لديك شيوخ، فهذا هو أكثر وقت تحتاج إليهم فيه!

ماذا لو أن كنيستنا ليس بها شيوخ؟

طبعًا، ربما لا يكون في كنيستك شيوخ حاليًا. لو كان الوضع كذلك، لا تُحبط. سأواصل تناول لجان البحث عن راعي طيلة بقية هذا الفصل. إن كنت حاليًا في لجنة البحث عن راعٍ، فكر كيف يمكنك استخدام أهم المبادئ في هذا الفصل لتعثر على راع أمين – ويُفضل أن يكون راعيًا يقيم شيوخًا آخرين بحيث لا تواجه هذه المشكلة في المستقبل.

أما حاليًا، فحاول أن تحدد من هم أكثر الأشخاص «الأشبه بالشيوخ» في جماعة كنيستك – من لديهم سجل مثبت بخصوص شخصياتهم وقناعاتهم اللاهوتيَّة السليمة. ربما يكون بإمكان شمامستك القيام بهذا الدور حيث أن الكثير من المؤهلات الشخصية المطلوبة في الشيوخ مطلوبة أيضًا في الشمامسة. اطلب من الرجال الناضجين في جماعتك أن يقودوا عملية البحث عن راعي وشجعهم على طلب مصالح الكتاب المُقدَّس وليس مصالحهم.

ما الذي ينبغي البحث عنه في الراعي

الآن وقد فكرنا في لزوم قيادتنا للكنيسة في بحثها عن الراعي، دعونا نتأمل فيما ينبغي البحث عنه في الراعي.

١- ابحث عن رجل ملتزم بالوعظ التفسيري

إذا قبل شخص ما سُلطة كلمة الله بسرور، ولكنه في الممارسة لا يعظ وعظًا تفسيريًا، فلن يعظ البتة بأكثر مما يعرفه بالفعل.

لا تُعين راعيًا يستخدم الكتاب المُقدَّس كستار لأفكاره هو. فالالتزام بسلطان الكتاب المُقدَّس يعني تقديم النقطة التي يقصدها النص وجعلها النقطة الرئيسيَّة للعظة. سيكون

منح الإشراف الروحي على الرعية لشخص لا يظهر عمليًا التزامه بسماع وتعليم كلمة الله أمرًا كارثيًا من الناحية الروحيَّة. فببطء سوف تتشكل الكنيسة بحسب أفكاره، وليس بحسب أفكار الله.

٢ – ابحث عن رجل ملتزم بالعقيدة السليمة والفهم الكتابي للإنجيل

ابحث عن رجل يؤيد سلطان الكتاب المُقدَّس ويقرأه بعناية. ابحث عن راعٍ ولاهوتي في نفس الوقت، شخص يسعى لفهم كل فقرة في سياقها الصحيح.

اِسأله ما الذي يؤمن به عن شخصية الله، والطبيعة البشرية، وعمل المسيح، وطبيعة الاهتداء. هذه موضوعات ذات أهمية هائلة، ليس فقط لتكشف إخلاصه للكتاب المُقدَّس، ولكن كذلك بالنسبة للقضايا الرعويَّة التي تظهر باستمرار في الكنيسة.

علاوة على هذا، ينبغي أن يكون الفهم الكتابي للإنجيل في قلب التزامات راعيكم المستقبلي بالعقيدة السليمة. ينبغي أن يفهم أن كل إنسان يحتاج إلى مغفرة خطاياه – وأن هذا الغفران متاح فقط من خلال موت المسيح البدلي.

٣ – ابحث عن رجل يفهم المفهوم الكتابي عن الاهتداء والكرازة

الاهتداء ليس شيئًا نفعله؛ إنه عمل يقوم به الله. قطعًا يتضمن الاهتداء اتخاذنا قرارًا مخلصًا وواعيًا باتباع المسيح، ولكنه شيء أكثر من هذا. يعلم الكتاب المُقدَّس بوضوح بأننا نلتفت إلى المسيح فقط عندما يمنحنا الله بشكل يفوق الطبيعة حياة روحيَّة، مستبدلًا قلوبنا الحجرية بقلوب لحميَّة.

عبر تشارلز سبرجن عن هذه الحقيقة بصورة مرحة في قصة حكاها عن رولاند هيل، وهو واعظ إنجليزي مشهور من القرن الثامن عشر. قال سبرجن،

جاء رجل سكران إلى رولاند هيل، ذات يوم وقال له، «أنا أحد الناس الذين هديتهم أنت، يا سيد هيل.» فأجابه الواعظ الداهية والحساس، «بالطبع أنت كذلك، ولكنك لست واحدًا ممن هداهم الرب، وإلا ما كنت ستسكر.» وهذا هو الاختبار العملي الذي ينبغي أن يصل إليه كل عملنا.[5]

---

5 Charles Spurgeon, *The Soul Winner* (Grand Rapids, MI: Eerdmans, 1963), 37.

للأسف، تمتلئ كثير من الكنائس بأشخاص قد التزموا، عند مرحلة ما من حياتهم، بأن يتبعوا المسيح ولكن من الواضح أنهم لم يختبروا التغيير الجذري الذي يصفه الكتاب المُقدَّس باسم الاهتداء.

سيتمتع الراعي الذي يفهم الاهتداء بفلسفة سليمة عن التبشير. التبشير هو ببساطة تقديم الخبر السار مجانًا والثقة في أن يأتي الله بالمهتدين. إن كان راعيك المستقبلي يرى الاهتداء بصفته التزام مخلص في أي لحظة من الحياة، فعلى الأرجح أنه سيضغط على الناس باستخدام وسائل متسرعة وغير كتابيَّة.

الإيمان الحقيقي هو عطية خارقة للطبيعة من الله، عطية تنتج أعمالًا صالحة (يعقوب ٢: ١٤-٢٦) ويصمد في القداسة (متى ٢٤: ١٣). نعم، ينبغي أن يهتم راعيك المستقبلي بالخطاة ويناشدهم ويقنعهم. ولكنه ينبغي أن يفعل هذا من موقع الشعور بالسلام والثقة في سيادة الله، وليس من باب الشعور المحموم بأن الاهتداء يعتمد على عبقريته البلاغية أو استخدامه للبرنامج الصحيح.

إن كان راعيك المستقبلي يأتي من كنيسة فيها فارق كبير بين سجل عضويتها ومعدل الحضور، فافحص بعناية مفهومه عن الاهتداء والتبشير. سله ما هي الممارسات التي خلقت مثل هذا العدد الكبير من الناس الذين يدعون أنهم «أعضاء،» ومع هذا غير منخرطين بالمرة في حياة الكنيسة.

ابحث عن راع يفهم أن القرار باتباع المسيح هو قرار ملح ومكلف ولكنه يستحق.

٤ – ابحث عن رجل ملتزم بالمفهوم الكتابي عن عضوية الكنيسة والتأديب الكنسي

تميز عضوية الكنيسة والتأديب الكنسي شعب الله عن العالم. إذ يحددان هوية كنيسة محلية معينة. يدرك الراعي الملتزم بعضوية الكنيسة أنه هو ورفاقه من الشيوخ مسئولون عن نفوس من التزموا بعهد مع كنيستهم المحلية (العبرانيين ١٣: ١٧).

للأسف، يرى رعاة كثيرون قوائم عضوية الكنيسة وسيلة لقياس نجاحهم في الخدمة – كلما زاد العدد، كلما كانت علامة أكبر على بركة الله. ولكن هذا مؤشر مضلل وغير كتابي إلى حد كبير. لن يهتم الراعي الحقيقي بحجم عضوية الكنيسة،

بل بأن كل فرد من الأعضاء يفهم الإنجيل ومزدهر من الناحية الروحية. لن يهتم بالعدد المتزايد من الناس، بل بعدد الأشخاص الذين ينمون. سيدرك أن قائمة عضوية الكنيسة تحدد من هو مسئول عن رعايتهم، والصلاة من أجلهم، وتعليمهم وإنذارهم وتهذيبهم ومحبتهم.

بالمثل، ينبغي أن يكون راعيك المستقبلي ملتزمًا بالتأديب الكنسي. التأديب الكنسي أمر يُعلِّم به الكتاب المُقدَّس بوضوح. إنه أسلوب الكنيسة في المحافظة على نقاوة شهادتها وحمايتها للإنجيل وتحذيرها للمهتدين المزيفين من مخاطر خداع النفس. لا شك أن التأديب الكنسي هو أمر مضاد للثقافة وكثيرًا ما يكون شاقًا من الناحية العاطفية. لهذا السبب، أبحث عن راع يتحلى بالشفقة والشجاعة الكافيتين لاتباع الكتاب المُقدَّس.

٥ - ابحث عن رجل ملتزم بتلمذة الآخرين.

هناك التزام على الرعاة بأن يساعدوا الآخرين على اتباع يسوع. وعندما يكونون أكثر التزامًا بسلامة الآخرين الروحية من التزامهم بمقاييس النجاح الدنيوية، فعندئذ ينجحون في هذه المهمة. سيقدر أي راع يهتم بكنيسة جيدًا علاقات التأديب الصحية ويكون نموذجًا يُحتذى فيها.

٦ - ابحث عن رجل يفهم عادة العهد الجديد المتمثلة في وجود عدد من الشيوخ في الكنيسة ومقتنع بها

لا يريد الراعي الجيد الإمساك بزمام الأمور وحده؛ بل يريد أن يعطيه للآخرين. إنه يريد أن يقيم رجالاً أتقياء آخرين ليشتركوا معه في حمل عبء الرعاية بحيث تتم خدمة شعب الله بصورة أفضل. يكمل فريق من الشيوخ المؤهلين مواهب الراعي، ويدعمونه في عمل الخدمة ويحفظونه من الاندفاع أو التصرفات الحمقاء، ويتيحون الفرصة لخلق ثقافة الرعاية. إن بدا الرجل لا يميل لإقامة شيوخ آخرين، فعلى الأرجح ليس لديه إدراك واضح لما يعلم به الكتاب المُقدَّس عن الكنيسة - أو، الأسوأ، قد لا يزال متعلقًا بشيء من مركزية الذات غير المُقدَّسة والتي تقدر السلطان الشخصي أكثر من خير الآخرين.

المُضي قدمًا: أفضل الممارسات للعثور على راعيك التالي

في ضوء كل ما غطينا، دعني أقدم لك الخطوات التالية.[٦]

١- قم بالإعداد

مرة أخرى، من المستحيل أن نفي أهمية إعداد الشيوخ والراعي الحالي للجماعة من أجل العملية الانتقالية حق قدره. في كل من تعليمك وفلسفة خدمتك، ازرع النضوج في الجماعة من أجل تسهيل عملية الانتقال من راع رئيسي إلى التالي. شجع على الولاء للكتاب المُقدَّس، وليس لأي راع بالذات.

٢- اتفق

ينبغي أن يتفق الراعي الرئيسي والشيوخ الآخرين على خطة انتقالية. ينبغي أن يناقشوا التاريخ الذي سيكف فيه الراعي الحالي عن أن يكون مسئولًا عن خدمة الوعظ في الكنيسة. ينبغي أن يتكلموا عن التاريخ الذي بحلوله يبدأوا في البحث عن واعظهم التالي. من الواضح أن الاتفاق على هذه المعايير يسمح لعملية انتقالية أكثر سلاسة.

طبعًا تتنوع الظروف من مكان لآخر. ربما ينتقل الخادم الحالي إلى كنيسة أخرى، أو ربما هو أو الشيوخ الآخرين يشعرون بأنه قد أُرهق. لو أن هذا هو الوضع هنا، فعليه أن يبدأ في التفكير في تغيير دوره. **دائمًا** ما يكون الحوار الأمين والحساس والمنفتح بين الشيوخ بشأن هذا أمرًا مفيدًا. ما أن يتم استبداله، فربما يحتاج الراعي السابق إلى أن ينتقل من مكانه أو ربما يكون بإمكانه أن يبقى بشكل بناء بعد أن يبدأ الرجل الجديد في القيام بمهام الوعظ. لقد سمعت ورأيت الكثير من الأمثلة التي سارت في كلا الاتجاهين.

يعيش بعض الرعاة بحسب القاعدة الجوهرية التي تقول إنه إن كانت لديك خدمة جيدة، ينبغي أن يكون بإمكانك أن تبقى في كنيستك تحت قيادة الرجل التالي. بينما يعتقد آخرون أنه ما أن تنتهي خدمتك في المكان، فعليك الخروج من هناك. لا أعتقد أن قاعدة واحدة تسري في كل المواقف.

---

[٦] هذه الخطوات مقتبسة من Dever, «Finding a Pastor».

٣- ابحث

أحيانًا يكون في بال الشيوخ بالفعل الرجل الذي سيصبح الراعي التالي – غالبًا ما يكون مرشحًا من أعضاء الكنيسة أو شيخ فيها. غالبًا ما يكون المرشح الداخلي أنسب اختيار، خاصة بما أنه معروف ومحبوب بالفعل من جانب الجماعة والكنيسة بالفعل تثق بشخصيته.

في مواقف أخرى، سيحتاج الشيوخ أو لجنة البحث إلى جمع أسماء المرشحين المحتملين والتداول بشأنهم.

وبينما تفكرون في المرشحين المحتملين، احرصوا على تجنب المزالق التالية:

تجنبوا التأثير السلبي من قادة الطائفة المهتمين بأنفسهم. إن كانت كنيستك تنتمي إلى طائفة تقع فيها سلطة الكتاب المُقدَّس تحت الهجوم، تمعنوا بحرص في المصالح التي يفكر فيها قادة الطائفة وحرصهم على حصولكم على راع مقبول لديهم. قد يكون لديهم أسباب لاهوتية أو سياسية تافهة لرغبتهم في تنصيب شخص معين في كنيستكم، وقد يكون بإمكانهم ممارسة بعض النفوذ المفرط على لجنة مكونة من علمانيين يريدون باتضاع الإذعان لرأي «المحترفين.»

تجنبوا عقليَّة مسابقة ملكة الجمال. ماذا يعني هذا؟ الأمر بسيط. في كثير من الأحيان، ستنظر لجنة البحث على عدد من المرشحين المختلفين، وتصنفهم، وتقيم نسختها الخاصة من دورة مباريات الراعي الفائز. أدرك أن كل شخص يريد الأفضل لكنيسته. ولكن كنيستك لا تحتاج إلى أفضل واعظ في البلد. أنتم تحتاجون ببساطة إلى رجل أمين يحب كلمة الله ويمكنه رعاية شعب الله. لا تحول عملية البحث إلى مسابقة ملك جمال الرعاة.

كذلك، أنت لا تريد أن تقع فريسة لنفس التفكير الدنيوي الذي أدانه الله بشكل متكرر في العهد القديم. أراد الإسرائيليون شاول ليكون ملكهم لأنه كان طويلًا وبدا مثل ملوك الأمم. بينما تبحث عن راع، تجنب إغراء تقدير علامات النجاح الدنيوية كما فعلت إسرائيل. تذكر كلمات الله لصموئيل، «**لَا تَنْظُرْ إِلَى مَنْظَرِهِ وَطُولِ قَامَتِهِ لأَنِّي قَدْ رَفَضْتُهُ.**

لِأَنَّـهُ لَيْـسَ كَمَـا يَنْظُـرُ ٱلْإِنْسَـانُ. لِأَنَّ ٱلْإِنْسَـانَ يَنْظُـرُ إِلَـى ٱلْعَيْنَيْـنِ، وَأَمَّـا ٱلـرَّبُّ فَإِنَّـهُ يَنْظُـرُ إِلَـى ٱلْقَلْـبِ» (١ صموئيل ١٦: ٧).

تجنب إعطاء الأولوية للخبرة والسن على حساب الشخصية والموهبة. تميل لجان البحث إلى أن تلعب على المضمون. مرة أخرى، طبيعة لجان البحث هي تمثيل الجماعة مما يعني أنها مصممة للبحث عن مرشح يسر الجميع. والطريقة الوحيدة لإرضاء الجميع – غالبًا – هي العثور على مرشح الحل الوسط.

تفضل اللجان في أغلب الأحوال الخبرة على الشخصية والموهبة. صحيح قد يصعب اتخاذ قرار بشأن الرعاة الشباب حيث يملكون في العادة حدة شديدة، ولكن ينقصهم عمق الإدراك. يرون الحق بحدة وبدقة في كثير من الأحيان، ولكن ليست لديهم الخبرة لمعرفة كيف يستخدمون الأشياء جيدًا. ولكن هذا لا ينطبق على كل راع شاب. إن كان متضعًا بحق، فسيطلب الحكمة من رجال أتقياء أكبر منه سنًا. وهذه علامة القائد الجيد.

يقيم الله شبانًا يراقبون حياتهم وعقيدتهم بشكل وثيق وموهوبين في تعليم كلمته علانية. أيد بولس نفسه راعيًا شابًا اسمه تيموثاوس، مشجعًا إياه: «**لَا يَسْتَهِنْ أَحَدٌ بِحَدَاثَتِكَ، بَلْ كُنْ قُدْوَةً لِلْمُؤْمِنِينَ: فِي ٱلْكَلَامِ، فِي ٱلتَّصَرُّفِ، فِي ٱلْمَحَبَّةِ، فِي ٱلرُّوحِ، فِي ٱلْإِيمَانِ، فِي ٱلطَّهَارَةِ**» (١ تيموثاوس ٤: ١٢).

لا تتغاضى عن الرعاة الأصغر سنًا. عينهم عندما يكونون أشبالًا. دعهم يستكشفون الظروف جيدًا وينمون في وسطكم، وسيكون لديك أسد يحبك طول الحياة. الرعاة الشباب يخطئون. ولكن الرعاة الشباب – إذا كانوا مدعوين ومجهزين من الله – يمكنهم أن يمكثوا لوقت طويل ويتمتعوا بعشرات السنين من الخدمة المثمرة. اعتنق هذا المنظور الطويل الأمد.

قد تحتاج كنيستك راعيًا أكبر سنًا يمكنه قضاء خمس سنوات من حياته قبل أن يتقاعد. وقد تحتاج كنيستك إلى راع أصغر يمكنه أن يخدمكم خمسين سنة. ولكن اتخذ هذا القرار بحسب الشخصية والموهبة – وليس الخبرة. بصراحة، لا تتبع ما تقوم به مئات الكنائس وتضع «خمس سنوات من الخبرة الرعوية» شرطًا أساسيًا.

تجنب الجوع المفرط للمئات من السير الذاتية. بدلًا من جمع المئات من السير الذاتية، ألن يكون من الأسهل والأنفع على المستوى المباشر أن تحصل على توصية واحدة من راع مؤتمن؟ إن لم يكن هناك شخص واحد مناسب في كنيستك ليكون معلّمًا ثابتًا لكلمة الله، إذن ابحث عن كنيسة تحبها، بها خدمة رعوية تحبها، واذهب إلى هذا الراعي وسله عن مرشح مناسب. ابحث عن هذا الشخص، وستوفر على نفسك وقتًا وطاقة كبيرتين.

تجنب «**عملية صيد الرعاة.**» سمعت عن لجان البحث التي سافرت سرًا إلى كنائس أخرى، على أمل أن تلاحظ راعيًا في مسكنه الطبيعي حتى ترى كيف يعمل – كل هذا دون علم الجماعة التي يعبدون معها حاليًا. هذه اللجان تعمل بطريقة «اصطياد الرعاة.»

في أحد أيام الأحد صباحًا، جاءت لجنة لاصطيادي. عرفت بوجودهم، لذا طلبت منهم أن يقفوا حتى تصلي كنيستنا من أجلهم في بحثهم عن راع جديد. لا تقلقوا؛ لقد أخبرتهم إني سأفعل هذا، مع أنهم لم يصدقوني!

أتذكر أيضًا أني تحدثت مع لجنة بحث عن العديد من الأشخاص الذين كانوا يفكرون فيهم – وكل واحد منهم كان مزدهرًا في كنيسته الحالية. فطلبت منهم التفكير بتأن لماذا أرادوا أن يترك هؤلاء الرجال هذه الخدمات المزدهرة. على أي حال، لماذا نفكر أن الله يحب كنيستنا أكثر من تلك الكنيسة التي نريد أن نأخذ راعيها؟

تجنب التركيز على أوراق الاعتماد وغيرها من المعايير غير الكتابيَّة. ترى الكثير من لجان البحث الدرجات بصفتها العملة الشائعة لتقييم البراعة الرعوية. ولكن هذا المعيار المصطنع يمكن أن يخفي خدامًا مختارين من الله. في حين أشجع بصفة عامة الشباب على التدرب في كلية اللاهوت، إلا أن بعضًا من أفضل الرعاة الذين رأيتهم ليس لديهم ماجستير رعوي ولا حتى بكالوريوس في اللاهوت. بصراحة، لا تتبع ما تقوم به المئات من الكنائس وتجعل الماجستير الرعوي شرطًا أساسيًا لتعيين راعيك التالي. بالمثل، لا تخلق معايير أخرى غير كتابيَّة لتقييم الراعي. مثلًا، لن تفكر الكثير من لجان البحث في أي رجل غير متزوج. ولكن كثير من أفضل الرعاة في تاريخ

الكنيسة كانوا رجالًا عُزاب – ريتشارد سيبس، وتشارلز سيمون، وجون ستوت، وبالطبع الرسول بولس.

أخيرًا، تجنب تفضيل الشخصية التي تستطيع تكوين علاقات بسهولة على رجل ذا شخصية تقية. ابحث عن رجل يخبرك بالحق، وليس من يتملقك. ابحث عن رجل متضع وشفاف. ابحث عن شخص يفيد من يقضون الوقت معه. ابحث عن شخص يفهم السلطان والتلمذة والرحمة وفرحة التبشير – من بين أمور أخرى كثيرة. ابحث عن رجل لديه قناعة ويتحلى بالرأفة.

٤ – الاستقصاء

ما أن تستقر على مرشح محتمل، اطرح أسئلة تجس بها النبض حول شخصية الرجل ولاهوته وفلسفته في الخدمة. لو كان المرشح آتيًا من الخارج، ينبغي أن ينصت الشيوخ لعظاته شخصيًا أو المسجلة على الإنترنت. إن أمكن، باستطاعة الشيوخ أن يستمعوا معًا لعظة على الإنترنت ويناقشونها بدون حضوره.

ببساطة، حاولوا التعرف على مرشحكم وفلسفته في الخدمة بأفضل قدر ممكن.

وها هي بعض الأسئلة التي ينبغي أن تطرحونها على المرشح المحتمل:

- هل تتفق مع كل ما هو موجود في إقرار إيمان هذه الكنيسة؟
- هل تظن أن هناك أي شيء ينقص إقرار الإيمان ويحتاج أن نضيفه؟
- ما هو الإنجيل؟
- كيف تفهم ما يعلم به الكتاب المُقدَّس عن دور النساء في الكنيسة؟
- هل تعظ بأسلوب الموضوعات أم عظات تفسيرية؟
- في رأيك بمَ يعلّم الكتاب المُقدَّس عن مسئولية الراعي الرئيسية؟
- كيف ومتى ينبغي أن تمارس الكنيسة التأديب الكنسي؟
- ما هو التبشير وكيف ستشجع التبشير في الكنيسة؟

- ما هو تقديرك لصحتك الروحية وصحة عائلتك الروحية؟
- ما هي أكثر الخطايا التي تصارع معها؟[٧]

٥ – قرر

ينبغي أن يقرر الشيوخ أو لجنة البحث بشأن المرشح المحتمل لكي تمضي قدمًا بشكل مؤقت مع أحد الأسماء. كن مستعدًا لإسقاطه من التفكير إذا اتضح أنه لن يكون راعيًا جيدًا لكنيستك. عند هذه النقطة، اقترح فقط اسمًا آخر وكرر هذه العملية حتى يظهر مرشح أخير.

٦ – عظ، صلّ، وتكلم

عند هذه النقطة ينبغي أن يسعى الشيوخ أو لجنة البحث للتوصل إلى فهم أعمق لشخصية المرشح. ينبغي أن ينصتوا إلى المزيد من وعظه، ويناقشوا التزاماته اللاهوتيَّة أكثر، ويستمرا في الصلاة طالبين إرشاد الله.

لو كان الرجل يخدم حاليًا كراع، ينبغي أن يسأل الشيوخ لماذا يفكر راعي كنيسة أخرى حتى في ترك كنيسته الحالية. ينبغي أن يسألوا إن كانت كنيسته تعرف أنه يفكر في مسئولية أخرى. ينبغي أن يناقش الراعي المحتمل لاهوته وفلسفته في الخدمة مع الشيوخ بالذات.

٧ – قم بالتزكيَّة

عند هذه النقطة، يُعيّن اسم المرشح. بإمكان الشيوخ أو لجنة البحث دعوة المرشح للوعظ. ينبغي كذلك أن يلتقي بأعضاء الكنيسة في العديد من الأحوال وأن يكون مستعدًا للإجابة على أسئلة الجماعة. بعد هذه اللقاءات، يستطيع الشيوخ أن يوصوا بشكل رسمي بأن تدعو الكنيسة هذا الشخص ليكون راعيها.

---

٧ للاطلاع على مزيد من الأسئلة بالإضافة إلى تلك الموجودة في المتن، أنظر مقالات
«What Kind of Questions Should a Church Ask a Pas- toral Candidate,» and Paul Alexander, «Questions for Pastoral Candidates.» Both are available at 9Marks.org.

دعني أكرر: تابع مراحل الترشيح مع مرشح واحد في كل مرة. لا تجعل بحثك عن راع يتحول إلى دوري كرة السلة للجامعات، حيث يوجد العديد من المرشحين للوعظ للجماعة ومحاولة التميز في المنافسة.

٨ – فَكِّر

ينبغي أن يكون لدى الجماعة الوقت للتفكير في الرجل الذي أُحضر إليهم. وسيتنوع مقدار الوقت. قد يكون أسبوعان، شهران، أو فترة أخرى مناسبة من الوقت. حتى ولو سمعته الجماعة يعظ أثناء في الأشهر التي سبقت الإعلان، فسيكون من غير المعقول ألا تعطي لجماعتك الوقت للتفكير والصلاة والتمعن في اختيار هذا الرجل ليكون راعيهم التالي (راجع أمثال ١٥: ٢٨؛ ١٨: ١٣؛ ١٧؛ ١ تيموثاوس ٥: ٢٢؛ رؤيا ٢:٢).

٩ – قم بعملية التصويت

ينبغي أن تقوم الجماعة بعملية التصويت لقبول المرشح ليكون راعيهم. وأنا أعتبر أن هذا يشير إلى المسؤولية الملقاة بوضوح على عاتق الكنيسة في العهد الجديد بالنسبة للوعاظ الأردياء. مثلًا، في غلاطية ١: ٨-٩، يقول بولس ما معناه، «لا تصغوا إليَّ إذا أتيت ووعظت لكم بإنجيل آخر.» ينبغي أن تكون الجماعة قادرة على قبول رعاتها وشيوخها.

١٠ – رَحِّب

بالطبع تريد أن ينتهي الأمر براعٍ مستقر وسعيد وقد تم الاعتناء به جيدًا. كثيرًا جدًا ما سمعت قادة كنائس يقولون عن راعيهم: «سنبقيه فقيرًا، وسيبقيه الله متضعًا.» هذه رؤية قصيرة المدى للخدمة، وطريقة ممتازة لتحويل أطفال الراعي ضد المسيحية. أن يكون لديك هذا التوجه الشرير من جهة راعيك الجديد فهذا أمر مروع. اهتم به كما تفعل مع أي من أعضاء عائلتك (١ تيموثاوس ٥: ٨، ١٧-١٩).

عندما يصل، رحب به بمستوى جيد من الدعم المالي، وكذلك بصبر. تذكر أن الراعي الجديد يشبه الموز الذي تشتريه من السوق بالضبط – يحتاج إلى وقت

لينضج ويثبت وجوده. عندما تحصل عليه في البداية، يكون أخضر بعض الشيء. أعطه بعض الوقت. بمرور الأسابيع والشهور والسنين، سيتحسن وعظه. سينمو كراع، وستعتاد أكثر على وعظه. سيتمتع بفرص ليخدم ويتقرب منكم من خلال مناسبات المعمودية وحفلات الزفاف والجنازات.

١١- شَجِّع

سيبدأ الراعي الجديد في النهاية بالبحث عمن يخلفه، بالطبع (٢ تيموثاوس ٢:٢). ولكن هناك شيء واحد سيساعده على القيام بهذا بفرح وهو التشجيع الذي تشجعه به بالمشاركة ببعض أشكال الفائدة التي رجعت على حياتك من خدمته. تصف غلاطية ٦:٦ و١ تيموثاوس ٥: ١٧ نوعية التشجيع التي ينبغي أن تمنحها له: صل من أجله وعضده ماديًا. كن كريمًا معه بحيث يمكنه أن يكون نموذجًا للكرم أمام الآخرين. إن كنت لا تثق في شخصيته بدرجة كافية لتكون كريمًا معه، ينبغي ألا تعينه في المقام الأول. شجّعه واقبله كعطية من المسيح لكنيستك.

قرار لن تندم عليه

دعوة راع أمين وتقي هو قرار لن تندم عليه البتة.[٨]

كان إدوارد جريفين، Edward Griffin، راعيًا مشيخيًا أمينًا لإحدى الكنائس لسنوات كثيرة. أثناء رسالته الأخيرة لكنيسته، عندما كانوا ينصبون خليفته، قال جريفين:

> من أجل خاطركم، وخاطر أولادكم، اعتزوا ووقروا من اخترتموه ليكون راعيكم. إنه يحبكم بالفعل؛ وسرعان ما سيحبكم بصفتكم «عظم من عظامه ولحم من لحمه.» وسيتوجب عليكم بالمثل أن تهتموا بجعل تعبه مسرًا له بقدر الإمكان. لا تطالبوه بما يفوق قدرته. لا تطالبوه بزيارات أكثر من اللازم. إذا أمضى، بهذه الطريقة، نصف الوقت الذي يطلبه البعض، فسيتحتم عليه أن يهمل دراساته بالكامل، هذا إذا لم يغرق قريبًا تحت حمله. لا تبلغوه بكل الأشياء غير اللطيفة التي قد تقال عليه؛

[٨] المادة الموجودة في هذا القسم معدلة من Dever, «Finding a Pastor».

ولا تشيروا في حضوره كثيرًا إلى المعارضة، هذا إذا ظهر اعتراض.
رغم أنه خادم المسيح، فليكن في اعتباركم أنه إنسان له مشاعر.[٩]

أيها الإخوة والأخوات، السلطان الرعوي هو عطية صالحة ومجيدة من الله. في عالم ساقط، نميل إلى اعتبار أن السلطان هو شيء سيء طول الوقت. قطعًا، تقع انتهاكات للسلطة بين أسوأ صور التجديف على الله. ولكننا نعرف بالبديهة أيضًا أن كل طفل يريد أن يكون في الفريق صاحب المدرب الجيد. يريد الجميع أن يكونوا بصحبة المدير الجيد. يريد الجميع أن يكونوا في عائلة الأبوين الصالحين. لماذا؟ لأن السلطان الصالح يبارك من هم تحته. لقد صممنا الله لنزدهر ونكون مثمرين تحت السلطان التقي. ليس السلطان الصالح في الأساس لأولئك الذين يمارسون السلطة. إنه لمباركة من هم تحت ذلك السلطان.

هذه هي النقطة المقصودة في كلمات داود الأخيرة – وهذا هو السبب في أن اختيار راعي كنيستك التالي أمر هام بشكل حيوي. ليت الله يمنحك الحكمة.

---

9 Edward Griffin, «A Tearful Farewell from a Faithful Pastor» (sermon, 1809).

١٢

كيف يُمكن أن تزدهر خدمة المرأة في الكنيسة المحليَّة؟

كيري فولمار

«فَإِنَّ ٱلْجَسَدَ أَيْضًا لَيْسَ عُضْوًا وَاحِدًا بَلْ أَعْضَاءٌ كَثِيرَةٌ.
إِنْ قَالَتِ ٱلرِّجْلُ: «لِأَنِّي لَسْتُ يَدًا، لَسْتُ مِنَ ٱلْجَسَدِ».
أَفَلَمْ تَكُنْ لِذَلِكَ مِنَ ٱلْجَسَدِ؟ وَإِنْ قَالَتِ ٱلْأُذُنُ:
«لِأَنِّي لَسْتُ عَيْنًا، لَسْتُ مِنَ ٱلْجَسَدِ». أَفَلَمْ تَكُنْ لِذَلِكَ
مِنَ ٱلْجَسَدِ؟ لَوْ كَانَ كُلُّ ٱلْجَسَدِ عَيْنًا، فَأَيْنَ ٱلسَّمْعُ؟
لَوْ كَانَ ٱلْكُلُّ سَمْعًا، فَأَيْنَ ٱلشَّمُّ؟ وَأَمَّا ٱلْآنَ فَقَدْ وَضَعَ ٱللهُ
ٱلْأَعْضَاءَ، كُلَّ وَاحِدٍ مِنْهَا فِي ٱلْجَسَدِ، كَمَا أَرَادَ.
وَلَكِنْ لَوْ كَانَ جَمِيعُهَا عُضْوًا وَاحِدًا،
أَيْنَ ٱلْجَسَدُ؟ فَٱلْآنَ أَعْضَاءٌ كَثِيرَةٌ، وَلَكِنْ جَسَدٌ وَاحِدٌ.»

١ كورنثوس ١٢: ١٤–٢٠

هل أنت مزدهرة في كنيستك؟ بعد سنوات من التلمذة وتقديم المشورة للأخوات في الكنيسة، رأيت عددًا من النساء يصارعن ليجدن مكانهن ويزدهرن روحيًا. حضرت صديقتي يوان بسعادة درس كتاب السيدات ولكنها كانت منشغلة جدًا في العطلات

الأسبوعية مما منعها من حضور الكنيسة.[١] كما وجدت أشلي صعوبة في الالتقاء بأشخاص جدد وشعرت كما لو كانت غريبة في وسط الجماعة. وقد شعرت ناتاشا بجرح لأنها كانت تظن أن مواهبها لم تُستخدم بشكل مناسب وتساءلت كيف يمكنها أن تشترك في خدمة الكنيسة.

هل تجدين نفسك في أي من هذه الأحوال؟ هل تصارعين لكي تزدهري في كنيستك؟

كسيدات لدينا طرق فريدة نظهر بها مجد الله. أن تكوني امرأة فهذه عطية، ووكالة من الله. نحن أساسيات ولا غنى عنا في ملكوت الله. ولكن كونك امرأة فهذا يجلب عليك تحديات فريدة. مع مشغوليات الحياة، وإذ تتجاذبك المسئوليات يمنة ويسرة في المدرسة أو العمل أو البيت، كيف يمكننا أن نزدهر روحيًا؟

إذا كانت أصداء الفقرة السابقة تتردد في ذهنك، فهذا الفصل هو لكِ. هدفي هو تشجيعك على التمتع بملء نعمة الله المتاحة لك في الإنجيل واختبار هذا الفرح في علاقات جادة ومحبية مع شعب الله في الكنيسة المحلية. أريدك أن تزدهري. في الواقع، كما سأشرح أدناه، لا يمكنك الفصل بين هذين الأمرين. لا يمكننا أن نزدهر روحيًا ببساطة بعيدًا عن الكنيسة.

إنني متأكدة من أن كنيستك ليست كاملة – فهي تتكون من خطاة خلصوا بالنعمة وحدها. فكري فقط في إخوتك وأخواتك في الكنيسة. فكري في هذا الأخ الذي خلّصه الله من حياة عبادة العمل العقيمة. فكري في هذه الأخت التي خلصت من مطاردة وهم الحب في العلاقات الدنيوية. في قصة تلو الأخرى من أمثال هذه القصص، الدرس واضح: «**لِكَيْ يُعَرَّفَ ٱلْآنَ عِنْدَ ٱلرُّؤَسَاءِ وَٱلسَّلَاطِينِ فِي ٱلسَّمَاوِيَّاتِ، بِوَاسِطَةِ ٱلْكَنِيسَةِ، بِحِكْمَةِ ٱللهِ ٱلْمُتَنَوِّعَةِ**» (أفسس ٣: ١٠). بخلاص أشخاص من خلفيات متنوعة بإنجيل ابنه، يبين الله حكمته ليس فقط للعالم ليراها، بل ولكل أجناد السماء ليتعجبوا منها.

الكنيسة هي مركبة الله لإعلان مجده، وهي وجهتنا إن أردنا أن نزدهر روحيًا.

أيتها الأخوات، ها هي ثماني أساسيات للازدهار في الكنيسة.

---

[١] غالبًا ما تحمل القصص الشخصية التي تتضمن أشخاصًا آخرين والتي تم المشاركة بها في هذا الكتاب بإذن من هؤلاء الأشخاص أسماء غير حقيقية للحفاظ على الخصوصية.

١ – ينبغي أن تكوني حية في المسيح

نشأت جوليا في الكنيسة، ومثل الأطفال الآخرين الذين يتمتعون بوالدين أتقياء، كانت تحضر الكنيسة بأمانة، وكانت جزءًا من مجموعة الشباب، بل وحضرت معسكر الكنيسة كل صيف. وعندما ذهبت إلى الجامعة، وجدت كنيسة ذكرتها بكنيستها الأصلية، ولكن سرعان ما أصبح حضورها متقطعًا. وكطالبة حاصلة على مرتبة الشرف لم تؤجل أية مواد دراسية، بدأت تمضي عطلات نهاية الأسبوع وهي تنفث عن نفسها في الحفلات. لم تعد الكنيسة مثيرة مثل كل الخبرات الجديدة التي قدمتها لها الكلية – بالإضافة إلى أنه بعد أيام قليلة من حضور الحفلات، كانت تحتاج إلى صباح يوم الأحد لتنال قسطًا من الراحة والنوم.

لاحظ صديق مسيحي التناقض بين ادعاء جوليا بأنها مسيحية والطريقة التي تعيش بها حياتها. دعاها هذا الصديق إلى كنيسة تعلم الكتاب المقدّس وتبشر بالإنجيل بوضوح. في البداية، كانت جوليا تشعر بالملل من العظات، ولكن عندئذ بدأت كلمة الله تبكتها وتشكل الطريقة التي تفكر بها في حياتها. بمرور الوقت، أدركت أنه بينما كانت تسمي نفسها مسيحية، إلا أنها لم تكن تعرف حقًا إله الكتاب المقدّس. وبعد حوارات مع أصدقائها والراعي، تابت ووضعت ثقتها في يسوع.

من هذه اللحظة، تغيرت حياة الكنيسة بالنسبة لجوليا. لم تعد ناديًا اجتماعيًا يمكنها أن تلتقي فيه مع أصدقائها وتتسلى. لقد كانت ضرورة. كانت تحتاج إلى الوعظ بكلمة الله كما كانت تحتاج إلى الطعام. كانت تتوق إلى الشركة كما كانت تعطش للماء. نالت جوليا المعمودية وأصبحت عضوة وانتقلت إلى بيت آخر تعيش فيه أخت عازبة من الكنيسة. بدأت حياتها تدور حول الكنيسة – بدأت تزدهر.

قال يسوع، «**أَنَا ٱلْكَرْمَةُ وَأَنْتُمُ ٱلْأَغْصَانُ**» (يوحنا ١٥: ٥). كما قال لتلاميذه، «**إِنْ كَانَ أَحَدٌ لَا يَثْبُتُ فِيَّ يُطْرَحُ خَارِجًا كَٱلْغُصْنِ، فَيَجِفُّ وَيَجْمَعُونَهُ وَيَطْرَحُونَهُ فِي ٱلنَّارِ، فَيَحْتَرِقُ**» (الآية ٦). يسوع هو الكرمة التي تنمو منها الكنيسة. إننا ننال غذاءنا منه. إن لم تكوني ثابتة في الكرمة، فأنت لا تتلقين أية تغذية روحية. بعبارة أخرى،

أنـت لسـت حيـة. وفـي النهايـة سـتذبلين وتخربيـن. ولكـن إن كنـت ثابتـة فـي الكرمـة، فستزدهرين مـع الأغصـان الأخـرى. يعد يسـوع، «**ٱلَّـذِي يَثْبُتُ فِـيَّ وَأَنَـا فِيـهِ هَـذَا يَأْتِـي بِثَمَـرٍ كَثِيـرٍ، لِأَنَّكُمْ بِدُونِـي لَا تَقْـدِرُونَ أَنْ تَفْعَلُـوا شَـيْئًا**» (الآيـة ٥).

مـات يسـوع حتـى يمكننـا أن نعيـش فيـه. خلـق الله الرجـال والنسـاء ليمجدوه ويتمتعـوا بـه إلـى الأبـد. ولكـن بدايـة مـن آدم وحـواء، وطـوال التاريـخ البشـري كلـه رفضـت البشـرية الله، كاسـرة العلاقـة معـه وبالتالـي جلبـت علـى نفسـها الخـراب. رغـم أننـا خُلقنـا لمجـد الله، إلا أن «**ٱلْجَمِيعُ أَخْطَـأُوا وَأَعْوَزَهُـمْ مَجْـدُ ٱللهِ**» هـذا (روميـة ٣: ٢٣). يخبرنـا الكتـاب المقدّس أن «**أُجْرَةَ ٱلْخَطِيَّـةِ هِـيَ مَـوْتٌ**» (روميـة ٦: ٢٣)، ولكـن الله أرسـل ابنـه الحبيـب ليدفـع هـذه الأجـرة عنـا. ذهـب يسـوع إلـى الصليـب ومـات لأجـل خطايـا أي شـخص يتـوب ويؤمـن. وأقامـه الله مـن الأمـوات منتصـرًا علـى الخطيـة والمـوت. يسـوع المسـيح «**ٱلَّـذِي بَذَلَ نَفْسَـهُ لِأَجْلِنَـا، لِكَـيْ يَفْدِيَنَـا مِـنْ كُلِّ إِثْـمٍ، وَيُطَهِّرَ لِنَفْسِـهِ شَـعْبًا خَاصًّا**» (تيطس ٢: ١٤). هـذا الشـعب هـو الكنيسـة. إذا ثبتنـا فـي يسـوع، الكرمـة، فنحـن ثابتـون فـي الكنيسـة.

هـل تجديـن صعوبـة فـي النهـوض مـن فراشـك صبـاح يـوم الأحد؟ هـل تملين مـن العظات وتشـعرين بالفتـور مـن الشـركة مـع القديسـين؟ هـل أنـت متخاذلـة فـي كنيسـتك المحليـة؟ «**جَرِّبُـوا أَنْفُسَـكُمْ، هَـلْ أَنْتُـمْ فِـي ٱلْإِيمَـانِ؟**» (٢ كورنثـوس ١٣: ٥). ينبغـي أن تكونـي حيـة لتزدهـري. ربمـا أنـت غيـر مزدهـرة لأنـك لسـت حيـة حقًـا.

٢ – انضمي إلى كنيسة محلية

لقـد نشـأت وأنـا أحضـر العديـد مـن الكنائـس فـي طوائـف مختلفـة. لـم يكـن أبـي رجـلًا مؤمنًـا، ولكـن أمـي تربـت علـى الذهـاب إلـى الكنيسـة، لـذا كانـت تختـار أيـة كنيسـة فـي موقـع مناسـب، وتحضرهـا بشـكل غيـر منتظـم.

بعدمـا أصبحـت مسـيحية، اتبعـت نفـس النمـط. كنـت أحضـر أكثـر كنيسـة تناسـبني فـي الوقـت الحالـي. غالبًـا مـا وفـرت لـي العظـات التحسـن الروحـي، ووفـرت البرامـج فرصًـا للصداقـة مـع أشـخاص آخريـن فـي نفـس مرحلتـي العمريـة. كنـت موجـودة بشـكل منتظـم فـي الكنيسـة، ولكننـي لـم أفكـر البتـة فـي الالتـزام بواحـدة. لقـد كنـت مسـتهلِكة.

في النهاية، بدأت أحضر إحدى الكنائس حيث يعظ الراعي بشكل ممنهج بترتيب أسفار الكتاب المقدّس. لم يستخدم الكتاب المقدّس فحسب ليتكلم عن أفكاره أو يحاول أن يلهمني روحيًا. كانت النقطة التي يقصدها النص الكتابي هي النقطة التي تدور حولها عظته. كما لاحظت شيئًا مثير للاهتمام في ثقافة هذه الكنيسة. كان الناس ملتزمون بشكل غير معتاد في الاجتماع معًا وفي محبتهم بعضهم لبعض. بدأت أحضر صباح أيام الأحد، ومساءه وليالي الأربعاء وبصفة ثابتة كان يحييني نفس الأشخاص.

وفي إحدى أمسيات الأحد، بينما كنت أودع الراعي عند باب الكنيسة، قال لي، «كيري، لقد واظبت على المجيء إلى هذه الكنيسة مدة ثلاثة أشهر. لم لا تصبحين عضوة فيها؟» لم تكن لدي مشكلة مع العضوية. ولكن لم يخطر ببالي قط أنه ينبغي أن أنضم إلى أية كنيسة. فحضرت فصل انضمام إلى العضوية، وقمت بعمل مقابلة شخصية مع الراعي، وانضممت. كوني أصبحت عضوة في الكنيسة غير حياتي. لم أعد مجرد مترددة على الكنيسة؛ لقد أصبحت جزءًا منها. لقد كانت كنيستي. أصبح هؤلاء الناس ملتزمون بي، وأنا ملتزمة بهم. لقد كانوا إخوتي وأخواتي. والأكثر، إنني كنت أنمي علاقتي مع الجميع في الكنيسة، وليس فقط مع مجموعة صغيرة منهم ممن كانوا في نفس عمري ومن نفس المرحلة في حياتي. وسرعان ما امتلأ جدول مواعيدي بالاجتماعات مع قديسين كبار السن، متزوجين، آباء لأطفال صغار، عزاب، وأرامل.

لقد كانوا عائلتي – بل وأصبح أحدهم زوجي!

لا يوجد في الكتاب المقدّس تصنيف للمسيحيين الذين يقومون بدور المغني المنفرد: «**فَلَسْتُمْ إِذًا بَعْدُ غُرَبَاءَ وَنُزُلًا، بَلْ رَعِيَّةٌ مَعَ ٱلْقِدِّيسِينَ وَأَهْلِ بَيْتِ ٱللهِ، مَبْنِيِّينَ عَلَى أَسَاسِ ٱلرُّسُلِ وَٱلْأَنْبِيَاءِ، وَيَسُوعُ ٱلْمَسِيحُ نَفْسُهُ حَجَرُ ٱلزَّاوِيَةِ، ٱلَّذِي فِيهِ كُلُّ ٱلْبِنَاءِ مُرَكَّبًا مَعًا، يَنْمُو هَيْكَلًا مُقَدَّسًا فِي ٱلرَّبِّ**» (أفسس ٢: ١٩-٢١). يسوع هو الحجر الذي يمسك الكل معًا. الرسل والأنبياء (الكتاب المقدّس) هم الأساس. ولكن البناء مكون من أحجار «مرتبطة معًا،» «أعضاء في عائلة واحدة.» تتكون الكنيسة من أشخاص مثل الحجارة الملتصقة بالأسمنت ببعضها البعض. أنت ورفاقك من أعضاء الكنيسة

«**مَبْنِيُّونَ مَعًا، مَسْكَنًا لِلهِ فِي ٱلرُّوحِ**» (آية ٢٢). ألا تريدين أن تكوني جزءًا من هذا البيت؟

طبعًا، لا تنضمي إلى أية كنيسة والسلام. انضمي إلى كنيسة صحية، كنيسة تعظ بالإنجيل بحق وتقدر عضوية الكنيسة. انضمي إلى كنيسة مثل تلك التي نراها في سفر الأعمال: «**فَقَبِلُوا كَلَامَهُ بِفَرَحٍ، وَٱعْتَمَدُوا، .... وَكَانُوا يُوَاظِبُونَ عَلَى تَعْلِيمِ ٱلرُّسُلِ، وَٱلشَّرِكَةِ، وَكَسْرِ ٱلْخُبْزِ، وَٱلصَّلَوَاتِ**» (أعمال ٢: ٤١-٤٢). هذه الفقرة هي نمط العهد الجديد للكنيسة.

المعمودية، لدى الاعتراف بالإيمان، هي بوابة الدخول إلى الكنيسة. تتسم الكنيسة بالمواظبة على الكتاب المقدّس والشركة والصلاة. وعشاء الرب («كسر الخبز») هو الطريقة التي تعترف بها الكنيسة بشكل جماعي بإيمانها بالمسيح وتعلن التزامها ببعضهم البعض. هذه العناصر هي ما ينبغي أن تبحثي عنه في الكنيسة المحلية.

إن كنت عضوة في كنيسة كتابية، فستكونين في موضع يتيح لك الازدهار روحيًا. يسلط العهد الجديد الضوء على هذه النقطة بوصفه المسيحيين دائمًا بأنهم أعضاء في جسد – الكنيسة المحلية. لن تزدهر الذراع أو الرجل إذا كانت منفصلة عن الجسد. هكذا أنت لا يمكنك أن تزدهري روحيًا كامرأة مسيحية إن لم تكوني عضوة ملتزمة في كنيسة محلية. كما كتب بولس، جسد المسيح «يبني نفسه في المحبة» عندما «يعمل كل عضو بصورة صحيحة» (أفسس ٤: ١٦). هل تريدين أن تزدهري روحيًا؟ أنت بحاجة إلى أن يبنيك جسد المسيح.

بإمكاني النظر إلى الوراء على حياتي المسيحية وتحديد أوقات رائعة من النمو الروحي: حضور معسكر بينما كنت مراهقة، قطع الروابط الدنيوية بعد الكلية، التعامل مع الألم الجسدي عند مرحلة البلوغ، والتمتع بالشركة مع أصدقا مسيحيين مقربين. كانت هذه أوقات مثمرة. ولكن لا شيء منحني شحنة فائقة من النمو كمسيحية مثل الانضمام إلى كنيسة محلية. وكعضوة في الكنيسة، تعلمت كلمة الله على يد أعضاء آخرين اهتموا بحصتي الروحية، وشجعوني على أن أحب الرب في حياتي الشخصية والسلوكية، وحثوني على الخدمة بأشكال لم تكن دائمًا مريحة، وتحدوني على المشاركة بالإنجيل على نطاق واسع.

لم أعد عضوة في الكنيسة التي انضممت إليها في البداية لأنني انتقلت إلى منطقة بعيدة عنها. ولكنني عضوة في كنيسة في كل مكان عشت فيها منذ ذلك الوقت، وإذ أنظر إلى الوراء، أستطيع أن أرى لطف الله في كل كنيسة انضممت إليها. حول الالتزام بكنيستي المحلية حياتي التي امتلأت بتقلبات عنيفة إلى حياة ذات نمو ثابت في الاتجاه الصحيح. لقد بناني إخوتي وأخواتي يوميًا في المحبة بينما كنا نتبع المسيح معًا ونعتني بسلامة بعضنا البعض الروحية.

إن كنت تريدين أن تزدهري روحيًا، انضمي إلى كنيسة.

٣ – أعطي الأولوية للاجتماع الأسبوعي

على مدار الخمس عشرة سنة الماضية، كان لدي امتياز متابعة والاعتناء بأعضاء كنيستي. من منظور زوجة راعيَّ الشامل، شهدت كل أنواع الصعوبات والصراعات التي تبقي النساء على أطراف حياة الكنيسة: أزواج غير مؤمنين، ومراهقين متمردين، وأنشطة الأطفال أو رياضاتهم، والعزوبية، والترمل، وغير ما لا يُحصى. ولكن الكنيسة ليست مجرد مكانًا لنحاول التحسن فيه؛ نحتاج إلى مزيد من التعمق. ولنقوم بهذا، ينبغي أن نعطي الأولوية للاجتماع الأسبوعي.

في الواقع، تعني كلمة كنيسة: «جماعة.» إنها جماعة مكونة من رجال ونساء اجتمعوا معًا للترنيم مع بعضهم البعض، وللصلاة معًا، وللجلوس معًا تحت كلمة الله، ومراعاة فريضتي المعمودية عشاء الرب. كما رأينا في سفر الأعمال، فقد قامت كنيسة يسوع بهذه الأمور منذ البداية تمامًا. عندما نجتمع، يكون الرب في وسطنا بطريقة خاصة وفريدة (متى ١٨: ٢٠). إنه يستخدم هذا الوقت ليرينا فضائله ويشكلنا معًا لنصبح شعبًا يشبهه.

كيف يحدث هذا التشكيل؟

وَلْنُلَاحِظْ بَعْضُنَا بَعْضًا لِلتَّحْرِيضِ عَلَى ٱلْمَحَبَّةِ وَٱلْأَعْمَالِ ٱلْحَسَنَةِ، غَيْرَ تَارِكِينَ ٱجْتِمَاعَنَا كَمَا لِقَوْمٍ عَادَةٌ، بَلْ وَاعِظِينَ بَعْضُنَا بَعْضًا، وَبِٱلْأَكْثَرِ عَلَى قَدْرِ مَا تَرَوْنَ ٱلْيَوْمَ يَقْرُبُ. (العبرانيين ١٠: ٢٤-٢٥)

في أيـام الأحـد، نحـرض بعضنـا البعـض علـى المحبـة والأعمـال الحسـنة عـن طريـق: «لِتَسْكُنْ فِيكُمْ كَلِمَةُ ٱلْمَسِيحِ بِغِنًى، وَأَنْتُمْ بِكُلِّ حِكْمَةٍ مُعَلِّمُونَ وَمُنْذِرُونَ بَعْضُكُمْ بَعْضًا، بِمَزَامِيرَ وَتَسَابِيحَ وَأَغَانِيَّ رُوحِيَّةٍ، بِنِعْمَةٍ، مُتَرَنِّمِينَ فِي قُلُوبِكُمْ لِلرَّبِّ» (كولوسي ٣: ١٦). هل تشعرين بفكرة لـزوم اجتماعنـا الأسـبوعي التـي يعبـر عنهـا العهـد الجديـد؟ إننـا نسـاعد بعضنـا البعـض علـى المثابـرة فـي طريـق الطاعـة الطويـل بالاجتمـاع معًـا بصـورة ثابتـة. نحـن نرنـم، ليـس فقـط لأجـل أنفسـنا، بـل وحتـى ننعـش إيمـان الآخريـن. وإذ نجلـس تحـت كلمـة الله، نلتـزم بمسـاعدة بعضنـا البعـض علـى اتبـاع هـذه الكلمـة معًـا. عندمـا نجتمـع، نكـون صـورة للسـماء، صـورة تشـجعنا علـى البقـاء أمنـاء بينمـا ننتظـر عـودة المسـيح.

ربمـا يكـون لديـك بعـض الوعـاظ المفضليـن الذيـن تسـتمتع بمشـاهدتهم علـى اليوتيـوب أو الاسـتماع إليهـم علـى الإنترنـت. أنـا لـدي وعاظـي المفضليـن، والذيـن أسـتمع إلـى عظاتهـم بانتظـام. وكثيـرًا مـا يسـندون قلبـي ويسـاعدونني علـى العـودة بعقلـي للتركيـز علـى أمـور الله. ولكننـي لا أسـتطيع أن أعيـش علـى سـماع الوعـظ مـن علـى الإنترنـت. وإذا بقيـت بالمنـزل وأهملـت الاجتمـاع مـع الكنيسـة، لا يمكننـي البحـث والانضمـام إلـى إتيـن، Etienne، الـذي يقـود الترانيـم بشـكل مبهـج. لا أسـتطيع أن أرفـع عينـي وأتشـجع بأنّـا وهـي ترفـع رأسـها وترنـم بجـذل. لـن يختلـج قلبـي بالشـكر بينمـا أرى نارمـادا، التـي لـم تكـن تعـرف الـرب منـذ عـام، وهـي تشـبك ذراعهـا مـع أخـت أخـرى بينمـا تعبـدان إلهنـا الصالـح.

بالمثـل، إذا لـم أجلـس تحـت نفـس الوعـظ مـع إخوتـي وأخواتـي فـي كنيسـتي المحليـة، لـن أحظـى ببهجـة مناقشـة العظـة معهـم. سـتفوتني المسـائلة بشـأن تطبيقهـا علـى حياتنـا معًـا. نحـن مجتمـع، نقطـة أماميـة للسـماء، تشـكلنا كلمـة الله التـي نسـمعها سـويًا. تشـكل تجربتنـا المشـتركة صبـاح يـوم الأحـد حياتنـا معًـا. إنهـا تمنحنـا اللغـة التـي نشـجع بهـا بعضنـا البعـض وتسـاعدنا كلنـا علـى السـير فـي نفـس المسـار. نحـن ملتزمـون ببعضنـا البعـض. يشـجعنا سـماع كلمـة الوعـظ جماعيًـا، ويزيـد محبتنـا لبعضنـا البعـض، ويحفـز قلوبنـا علـى فعـل الخيـر.

عندما نعطي الأولوية للاجتماع الأسبوعي فهذا لا يبني الكنيسة فحسب، بل ويؤثر أيضًا على من يراقبوننا من الخارج. فكري في الرسالة التي ترسلينها إلى غير المؤمنين إن كنت لا تعطين الأولوية للاجتماع مع شعب الله. هل لديك زوج غير مؤمن أو أطفال متمردين وتريدينهم أن يأتوا ليعرفوا الرب؟ هل تمنعك مباريات الأطفال لكرة القدم أو حفلات المدارس عن الاجتماع بشعب الله؟ إن بقيت بالمنزل ولم تذهبي إلى الكنيسة بسبب العائلة غير المؤمنة، فأنت تقولين لعائلتك أنهم أهم من الله.

تتعلق العبادة بالقيمة – نحن نعبد أكبر شيء نقدره. إن كانت قيمة عائلتك أعلى من إلهك، إذن فأنت تعبدينهم. فلم قد يريدون أن يعبدوا إلهًا أدنى منهم في القيمة؟ وبالعكس، إن كنت تعطين الأولوية للاجتماع في أول أيام الأسبوع، فأنت تقدمين إقرارًا ملزمًا بأن الله جدير بأن يُعبد، وأنه أعلى قيمة لديك، وأنك تحتاجين وتتمتعين به وبشعبه. هذا إله بإمكان عائلتك أن تعبده!

لذلك، وبكل ما أوتيت من قوة، خذي معك هؤلاء الأطفال المتمردين إلى الكنيسة، حتى ولو كانوا في سن المراهقة. اجعلي الأمر غير قابل للنقاش. ينبغي ألا تتفوق الرياضة أو حفلات عيد الميلاد على الله وشعبه. أريهم بالتزامك وحماسك أن الحياة الحقيقية تتمركز حول الله الواحد الحقيقي. لا تقللي من تأثير نماذج التقوى على حياة أولادك من المراهقين. نحن مدينون لطلبة الكليات والشباب في سن العشرينات والذين يجلسون مستقيمين في المقاعد الأمامية في كنيستنا، مبينين لأطفالنا ماذا يعني أن يتبع الشباب الرب.

ربما لا تكون العائلة هي ما يمنعك عن الكنيسة، بل عزوبيتك. إن كنت امرأة عازبة أو أرملة، فقد يكون من الصعب عليك الذهاب إلى الكنيسة وحدك. ولكن فكري في طابيثا في أعمال ٩: ٣٦-٤١. أقام بطرس هذه الأرملة الثمينة من الأموات لأنها كانت محبوبة جدًا لدى الكنيسة. تأملي في تقدير بولس للعزوبية. حيث كتب، «وَلَكِنْ أَقُولُ لِغَيْرِ ٱلْمُتَزَوِّجِينَ وَلِلْأَرَامِلِ، إِنَّهُ حَسَنٌ لَهُمْ إِذَا لَبِثُوا كَمَا أَنَا» (١ كورنثوس ٧: ٨). لماذا؟ لأن «غَيْرُ ٱلْمُتَزَوِّجَةِ تَهْتَمُّ فِي مَا لِلرَّبِّ لِتَكُونَ مُقَدَّسَةً جَسَدًا وَرُوحًا.

وَأَمَّا ٱلْمُتَزَوِّجَةُ فَتَهْتَمُّ فِـي مَـا لِلْعَالَـمِ كَيْـفَ تُرْضِـي رَجُلَهَـا» (١ كورنثوس ٧: ٣٤). إن إخلاص النساء العازبات والأرامل التام لهو بركة ضخمة للكنيسة.

كانـت صديقتنـا إليزابيـث امـرأة عازبـة فـي أواخـر العشـرينات مـن عمرهـا وكانـت على علاقـة وثيقـة مـع المثيـر مـن النسـاء والعائـلات الأخـرى فـي كنيسـتنا. كمـا كانـت مهتمـة أيضًـا بالإرسـاليات. لـذا عندمـا أعلنـا أننـا سـننتقل إلـى دبـي، تطوعـت بتـرك عملهـا والذهـاب معنـا لتعتنـي بأطفالنـا ونحـن فـي مرحلـة الاسـتقرار هنـاك. تحـول الشـهر إلـى سـنة انضمت فيهـا إليزابيـث إلـى كنيسـتنا الجديـدة، وعملـت مـع الشـباب، وشـاركت بالإنجيـل مـع الكثيـر مـن المسـلمين، وشـجعت نسـاءً كثيـرات. حفـزت ابتسـامتها الدافئـة وتحيتهـا الحماسـية الكثيـر علـى المحبـة والأعمـال الحسـنة. لقـد اسـتخدمت عزوبيتهـا لبنـاء الكنيسـة.

تأتـي كل مـن العزوبيـة والـزواج بتحديـات فريـدة. ولكـن لا تدعـي ظـروف حياتـك تمنعـك عـن شـعب الله. هـل تجتمعيـن بانتظـام مـع كنيسـتك المحليـة، وتعطيـن الفرصـة «لكلمـة المسـيح لتسـكن فيكـي بغنـى» (كولوسـي ٣: ١٦)؟ لا تدعـي المواقـف الصعبـة تعوقـك. اعطـي الأولويـة للاجتمـاع الأسـبوعي وازدهـري.

٤ – اجلسي أكثر مما تخدمي

بعـض النسـاء لديهـن قلـب الخـادم بالطبيعـة. فيقمـن بإعـداد الوجبـات، والاعتنـاء بالأطفـال، والمسـاعدة فـي المكتـب، تحيـة النـاس عنـد البـاب الأمامـي. مـاذا تفعـل الكنيسـة بـدون أولئـك النسـوة الأعـزاء؟ ولكـن أحيانًـا نعلـق نحـن النسـاء كثيـرًا فـي الخدمـة لدرجـة ألا يكـون لدينـا وقـت للجلـوس. الخدمـة جـزء مـن النمـو الروحـي، ولكنهـا ليسـت الوسـيلة الرئيسـية للنمـو كإنسـانة مسـيحية. كلمـة الله هـي الوسـيلة الرئيسـية للنمـو (لوقـا ١٠: ٣٨-٤٢).

تعمـل كلمـة الله فـي المؤمنيـن بقـوة الـروح القـدس، إذ تمنحهـم أن يعرفـوا الله كمـا تشـكلنا لنشـبه ابنـه، ربنـا يسـوع المسـيح، أكثـر وأكثـر. يغـرس الله كلمتـه فينـا (يعقـوب ١: ٢١) ويسـتخدم الوعـظ ليحرضنـا. يشـكر الرسـول بولـس الله مـن أجـل التسـالونيكيين الذيـن قبلـوا الكلمـة التـي سـمعوها، «لَا كَكَلِمَةِ أُنَـاسٍ، بَـلْ كَمَـا هِـيَ بِٱلْحَقِيقَـةِ كَكَلِمَـةِ ٱللهِ، ٱلَّتِي تَعْمَـلُ أَيْضًـا فِيكُـمْ أَنْتُـمُ ٱلْمُؤْمِنِيـنَ» (١ تسـالونيكي ٢: ١٣). إن كان راعـي كنيسـتك يعـظ

من الكتاب المقدّس، لا لمن لهم آذان مستحكة مسامعها، بل ليعلن رسالة الفقرة التي يقرؤها بأمانة، إذن فهو يتكلم بنفس كلمات الله لك، وستعمل هذه الكلمات فيك. إن كنت تريدين أن تزدهري، احرصي على الجلوس بانتظام تحت الوعظ بكلمة الله.

انتهزي كل فرصة من فرص خدمة الوعظ والتعليم في كنيستك. كان لدى صديقتي العزيزة كارين عملًا عالية التأثير في الإدارة الرئاسية وكانت أيضًا عضوة سعيدة في كنيستها المحلية. كانت تذهب إلى الكنيسة بأمانة صباح كل أحد، وتقضي الوقت مع رفاقها من أعضاء الكنيسة، ثم ترتاح في بيتها باقي اليوم. غالبًا ما كانت تخرج من بيتها لتتمشى حول الحي وترى الآخرين راجعين إلى الكنيسة لحضور خدمة المساء. لم تفكر في هذا حتى حثها صديق على الذهاب. ورغم أنها كانت متعبة، إلا أنها رجعت إلى الكنيسة في هذا المساء. وفي الخدمة شعرت بخليط من الفزع والتشجيع. بإهمال خدمة المساء طوال الجزء الأكبر من السنة، فاتها وقت حلو وثري مع عائلة كنيستها. كان الترنيم مفرحًا وقويًا. وصلوا من أجل الخدمة الدائرة في الحي وأماكن عمل الأعضاء. كما تلقت الكنيسة عظة أخرى قصيرة عرضت قلبها لنور الحق الكتابي. ففكرت، أنها لن تريح جسدها ثانية أبدًا على حساب إهمال رد نفسها. وأصبحت منتظمة في حضور خدمات الأحد مساء أيضًا.

هل توجد خدمة مساء الأحد في كنيستك؟ افسحي الوقت للذهاب. هل يوجد بها دراسة كتاب مقدس على مستوى الكنيسة؟ اشتركي فيها. هل يتم تقديم مؤتمرات في عطلات نهاية الأسبوع أو مؤتمرات للنساء؟ انتهزي هذه الأوقات في الجلوس تحت التعليم وتعميق معرفتك بكلمة الله.

في الواقع، انتهزي كل فرصة لنوال التعليم من كلمة الله. تفاعلي مع رعاتك بعدما يعظون. سليهم أسئلة متابعة. أخبريهم إن كان هناك شيء لا تفهمينه أو لا تتفقي معهم فيه. صارعي مع كلمة الوعظ وطبقيها على حياتك. كوني مثل أهل بيرية الذين «**قَبِلُوا ٱلْكَلِمَةَ بِكُلِّ نَشَاطٍ فَاحِصِينَ ٱلْكُتُبَ كُلَّ يَوْمٍ**» ليروا ما إذا كان ما علمهم به بولس صحيحًا (أعمال ١٧: ١١).

طبعًا لن يمكنك أن تكوني مثل أهل بيرية إن كنت تلتقطين كتابك المقدّس يوم الأحد فحسب. لتزدهري في كنيستك المحلية، التزمي بوقت شخصي يومي تجلسين فيه تحت ظل الكتاب المقدّس. ٢ تيموثاوس ٣: ١٦-١٧ إقرار شامل عن الكتاب المقدّس:

كُلُّ ٱلْكِتَابِ هُوَ مُوحًى بِهِ مِنَ ٱللهِ، وَنَافِعٌ لِلتَّعْلِيمِ وَٱلتَّوْبِيخِ، لِلتَّقْوِيمِ وَٱلتَّأْدِيبِ ٱلَّذِي فِي ٱلْبِرِّ، لِكَيْ يَكُونَ إِنْسَانُ ٱللهِ كَامِلًا، مُتَأَهِّبًا لِكُلِّ عَمَلٍ صَالِحٍ.

تخبرنا كلمة «موحى به» بأن كل الكتاب هو عبارة عن كلام الله لنا. وكل كلماته «نافعة.» إذ أنها تعلمنا وتدربنا وتوبخنا وتقومنا بغية جعلنا كاملين ومتأهبين «**لِكُلِّ عَمَلٍ صَالِحٍ**.» وهذا يعني أن الكتاب المقدّس يجهزنا بالكامل لفعل كل ما لدى الرب لنا.

هل تريدين أن تكوني أكمل وأكثر تجهيزًا؟ هل تريدين أن تتفوقي في الأعمال الصالحة؟ اذهبي إلى الكتاب المقدّس. وتعمقي فيه كل يوم. وتأملي فيه. دعيه يعلمك العقيدة الصحيحة ويدربك في حياة البر. دعيه يوبخ معتقداتك الخاطئة ويقوّمك عندما تخطئين. لا مجال للصوم المتقطع عندما يتعلق الأمر بالكتاب المقدّس. شبعي نفسك بكلمة الله.

ثم، ما أن تستوعبي كلمة الله، لتكن لك شركة مع المؤمنين الآخرين وأخبريهم ماذا كنت تتعلمين. سليهم ماذا كان الرب يعلمهم من الكتاب المقدّس. في الكنيسة المحلية، نتعلم كلمة الله ليس فقط من الرعاة، ولكن من الإخوة والأخوات الآخرين الذين يحبون يسوع وكلمته. افتحي حياتك على الإخوة والأخوات وتعلمي مما يعلمهم الرب إياه.

الكنيسة مكان ينبغي أن نخدم فيه بأشكال متنوعة. ولكن ينبغي أن نعطي الأولوية للجلوس تحت الوعظ بكلمة الله والجلوس عند قدمي يسوع في أوقات عبادتنا الخاصة للحصول على القوة التي نحتاجها للخدمة. تطعم كلمة الله قلوبنا بحيث يمكننا أن نزدهر.

٥ - اعتنقي الكنيسة كعائلة وكوني أمًا وأختًا

انتقلنا زوجي وأنا من أمريكا إلى دبي مع أطفالنا الثلاثة الصغار حتى يرعى زوجي كنيسة مكونة من أشخاص من كل بقاع العالم - ستون دولة مختلفة. معظمهم لا يشبهوننا، ولا يتكلمون مثلنا، أو يأكلون مثلنا. لقد أتينا من ثقافات مختلفة جدًا وقطعًا لا نبدو وكأن هناك صلة قرابة فيما بيننا. ولكن لنا نفس المخلص، وقد ذُهلنا مرارًا وتكرارًا من الروابط التي تربطنا ببعضنا البعض والتي تشبه الروابط العائلية.

تعلن هذه الرابطة العائلية عن نفسها بطرق لا تُحصى. فمثلًا نورا تخبز وتزين الكعك لأعضاء الكنيسة الذين يتزوجون وقد فعلت نفس الشيء في حفل تخرج كل واحد من أولادنا الثلاثة من المدرسة الثانوية. كما عاش معنا ويسلي بعدما تخرج من الكلية. وقد علقت تيس وإيوالد الستائر في بيتنا. وكانت دارلين وجوي مثل جدتان لأولادنا، حيث أحبتاهم وصليتا من أجلهم. كما أن شيوخ الكنيسة هم إخوة حقيقيون لزوجي جون. ولدي أخوات من كل الأعمار أتشارك معهن عن حياتي.

ينبغي ألا يفاجئنا هذا. على أي حال، وعد يسوع أتباعه بأن تكون لديهم عائلة:

ٱلْحَقَّ أَقُولُ لَكُمْ: لَيْسَ أَحَدٌ تَرَكَ بَيْتًا أَوْ إِخْوَةً أَوْ أَخَوَاتٍ أَوْ أَبًا أَوْ أُمًّا أَوِ ٱمْرَأَةً أَوْ أَوْلَادًا أَوْ حُقُولًا، لِأَجْلِي وَلِأَجْلِ ٱلْإِنْجِيلِ، إِلَّا وَيَأْخُذُ مِئَةَ ضِعْفٍ ٱلْآنَ فِي هَذَا ٱلزَّمَانِ، بُيُوتًا وَإِخْوَةً وَأَخَوَاتٍ وَأُمَّهَاتٍ وَأَوْلَادًا وَحُقُولًا، مَعَ ٱضْطِهَادَاتٍ، وَفِي ٱلدَّهْرِ ٱلْآتِي ٱلْحَيَاةَ ٱلْأَبَدِيَّةَ. (مرقس ١٠: ٢٩-٣٠)

تتكون الكنيسة من إخوة وأخوات وأمهات وأولاد وعد بهم يسوع. لقد تم تبنينا في عائلته باتحادنا بالمسيح. أصبح الله أبونا ومن يؤمنون «إخوة وأخوات وأهات» لنا بالمسيح. صلات الدم عبارة عن أنماط توجهنا إلى عائلتنا الأبدية والحقيقية، الكنيسة.

واحدة من الأمور الرائعة في العائلات هي أننا لسنا جميعًا متماثلين، حيث توجد للأمهات، والإباء، والأخوات والإخوة أدوار مختلفة يقومون بها ويفيدون بعضهم البعض بطرق مختلفة. فالآباء يقودون العائلة، والأمهات يأتين بجوار الآباء ليعلمن ويدربن الأطفال. لا يوجد في الكتاب المقدّس وصايا محددة للإخوة والأخوات بحسب الجسد،

ولكننا نعرف بالغريزة أن الأخوات يقدمن شيئًا يختلف عما يفعله الإخوة للعائلة. لدي بنتان وولد. وجميعهم يثقون في بعضهم البعض، ولكن بنتي تتحاوران معًا حوارات طويلة أكثر بكثير وتستطيعان التواصل مع بعضهما البعض بطرق لا يقدر أن يقوم بها ابني. كما أنهما يعتنيان به وينصحانه نصائح الأخوات لأخيهما. بعبارة أخرى، جميعنا نحتاج إلى كل من الإخوة والأخوات ليساعدونا على النمو والوصول إلى النضج. بالنسبة لك إذن، فإن الازدهار في الكنيسة المحلية يعني قبول كونك ابنة للبعض، وأختًا لآخرين، وأمًا لآخرين أيضًا.

في عائلة الكنيسة، يُدعى القادة بالشيوخ أو الرعاة. والمصطلحان يشيران إلى نفس الشيء. يعمل الرعاة كنماذج يُقتدى بنا بالنسبة لنا ويمارسون السلطان علينا من خلال خدمة الكلمة. وهم نموذج في الحياة المسيحية من خلال كون المرء فيهم «**مُضِيفًا لِلْغُرَبَاءِ، مُحِبًّا لِلْخَيْرِ، مُتَعَقِّلًا، بَارًّا، وَرِعًا، ضَابِطًا لِنَفْسِهِ**» (تيطس ١: ٨). وكل واحد منهم مسئول عن أن يكون «**مُلَازِمًا لِلْكَلِمَةِ ٱلصَّادِقَةِ ٱلَّتِي بِحَسَبِ ٱلتَّعْلِيمِ، لِكَيْ يَكُونَ قَادِرًا أَنْ يَعِظَ بِٱلتَّعْلِيمِ ٱلصَّحِيحِ وَيُوَبِّخَ ٱلْمُنَاقِضِينَ.**» (تيطس ١: ٩). لاحظيهم. أطرحي عليهم أسئلتك. تقربي منهم لتعريفهم هم وعائلاتهم. صل من أجلهم كما يصلون من أجلك. واقبلي سلطانهم عليكِ.

ما هو وقع هذا السطر الأخير عليكِ؟ في هذه الحقبة من «أنا أيضًا،» تميل بعض النساء إلى الانكماش من فكرة الرجل صاحب السلطة. ولكن سلطان الراعي ليس سلطانًا تعسفيًا أو سلطان شخص جائع للسلطة. في الواقع، لو كان رعاتك متعسفين أو جائعين للسلطة، إذن ينبغي أن تطلبي العون، وتتركي كنيستك على الفور، وتبحثي عن كنيسة مختلفة. الرعاة الحقيقيون يرعون «**كَنِيسَةَ ٱللهِ**» (أعمال ٢٠: ٢٨) من خلال التعليم الكتابي الأمين ومثال حياتهم. يبدأ سلطان الراعي وينتهي بالكتاب المقدّس. وعمله هو أن يطعم الرعية بكلمة الله وأن يحمي الكنيسة بتعليم الحق. ينبغي أن نفحص كل تعليم بالكتاب المقدّس، ولكن ينبغي ألا نتعامل مع رعاتنا بشك وروح منتقدة. في الواقع، تقول العبرانيين ١٣: ١٧ العكس تمامًا:

أَطِيعُوا مُرْشِدِيكُمْ وَٱخْضَعُوا، لِأَنَّهُمْ يَسْهَرُونَ لِأَجْلِ نُفُوسِكُمْ كَأَنَّهُمْ سَوْفَ يُعْطُونَ حِسَابًا، لِكَيْ يَفْعَلُوا ذَلِكَ بِفَرَحٍ، لَا آنِّينَ، لِأَنَّ هَذَا غَيْرُ نَافِعٍ لَكُمْ.

من مصلحتك أن تخضعي بسعادة لسلطان الشيوخ. ستزدهرين، وسيخدمك شيوخك أنت وجسد الكنيسة بفرح.

كما ستفيدك العلاقات المقصودة مع النساء الأخريات في الكنيسة. بخلاف علاقتي مع زوجي، فإن أثمن علاقاتي مع عائلة الكنيسة هي تلك التي أحظى بها مع النساء من بناتي وأخواتي وأمهاتي. زوجي هو راع رائع بالنسبة لي، ولكن أخواتي في المسيح يشجعنني بطرق الأزواج غير مُصَمَّمين ليقوموا بها. عندما أصيبت بناتي بالقمل، نصحتني ثلاثة أخوات أمهات في الكنيسة وأعددن لي الطعام وصلّين من أجلي بينما أمضيت ساعات في تمشيط شعر بناتي. لدي بعض الأخوات اللواتي يشاركن بأعباء خطيتهن بشفافية معي كما أشارك بعبء خطيتي، بحيث يمكننا مسائلة بعضنا البعض. ويا لها من فرحة أن أساعد بناتي في الكنيسة من الأخوات على المثابرة طول التجارب والخروج منها واثقات في الله أكثر. (أيتها النساء المتزوجات، بالذات، لا تهملن أصدقائكن من النساء!)

يحتفظ بولس بمسئولية خاصة للنساء الأكبر سنًا – الأمهات الروحيات في كنائسكن. حيث يحث تيطس على تعليمهن «**فِي سِيرَةٍ تَلِيقُ بِٱلْقَدَاسَةِ، غَيْرَ ثَالِبَاتٍ، غَيْرَ مُسْتَعْبَدَاتٍ لِلْخَمْرِ ٱلْكَثِيرِ**» (تيطس ٢: ٣). بعبارة أخرى، لا تكن فضوليات دنيويات مهووسات بالمتعة. بل، على النساء الأكبر سنًا أن يكن «**مُعَلِّمَاتِ ٱلصَّلَاحِ، لِكَيْ يَنْصَحْنَ ٱلْحَدَثَاتِ أَنْ يَكُنَّ مُحِبَّاتٍ لِرِجَالِهِنَّ وَيُحْبِبْنَ أَوْلَادَهُنَّ، مُتَعَقِّلَاتٍ، عَفِيفَاتٍ، مُلَازِمَاتٍ بُيُوتَهُنَّ، صَالِحَاتٍ، خَاضِعَاتٍ لِرِجَالِهِنَّ، لِكَيْ لَا يُجَدَّفَ عَلَى كَلِمَةِ ٱللهِ**» (الآيات ٣-٥). لا تدور هذه الآيات حول صداقة النساء كبيرات السن بالنساء الشابات في الكنيسة فحسب. ولا تتحدث في الأساس عن تعليم الشابات كيف تطهين وجبات صحية أو تهذبن طفلًا صعب المراس، رغم أن هذه الأمور يمكن أن تشتمل عليها الوصية. لكن تيطس ٢: ٣-٥ تدور حول المشاركة بحياتنا مع بعضنا البعض: تقضي النساء الأكبر سنًا الوقت مع الشابات، متلمذات إياهن عن قصد ليعشن لمجد الله.

عندما أفكر في النساء في كنيستي من اللواتي كن يمثلن نموذجًا في العلاقات الجادة المفيدة مع النساء الأخريات، غالبًا ما ترد على بالي صديقتي كاري. أصبحت كاري مسيحية مؤمنة بينما كانت تمر بظروف الطلاق. كان لديها طفلان صغيران ولم تتقابل البتة مع مسيحيين حقيقيين حتى تقابلت مع برونوين، أخت أخرى في كنيستي، والتي فتحت حياتها لكاري. أظهرت برونوين لكاري ما معنى الزوجة والأم المسيحية. فكانت تدعو كاري بانتظام إلى بيتها وتوجهها إلى الإله الذي يهتم بمنكسري القلوب.

وبعد هذا دخلت كيم إلى حياة كاري أيضًا. سددت كيم الكثير من احتياجات كاري العملية - إذ اهتمت بأطفالها وساعدتها في تخطي التزاماتها المالية - وساعدتها على تعلم كيف تقرأ الكتاب المقدّس وتستودع نفسها لله وسط آلامها. تعلمت كاري أن تعيش الحياة المسيحية من خلال الأخوات الموجودات في كنيستها واللواتي عشنها معها. بعد هذا بسنوات، قدمت كاري نفس هذه المحبة ونفس هذه الدروس الروحية لامرأتين آخرتين في كنيستي: جنيا وكرينا.

وبالمثل، صديقتي رانجينا البالغة من العمر بضع وخمسين سنة والتي آمنت بالمسيح منذ فترة طويلة، اشتركت في الخدمة بالإضافة إلى أنها مبشرة متحمسة. وإذ انغمست دائمًا في العمل المسيحي، توصلت رانجينا إلى فهم مركزية الكنيسة المحلية في الحياة المسيحية. والآن تعلم وتدرب بانتظام النساء على الخدمة في جماعتنا. كما تواصل الكرازة بالإنجيل لغير المؤمنين، وتلتقي بانتظام مع نساء أخريات في كنيستنا لقراءة الكتاب المقدّس أو كتاب عن الحياة المسيحية معًا. وبالإضافة إلى اجتماعات التلمذة المجدولة، فإنها امرأة تقصدها النساء للحصول منها على النصح والإرشاد بداية من العلاقات وحتى تفسير فقرة من الكتاب المقدّس. هناك الكثير من الشابات اللواتي تعتبرنها مرشدتهن بحسب تيطس ٢.

لا يذكر بولس حدود عمرية محددة بالنسبة للنساء الأكبر أو الأصغر سنًا. إن أردت أن تزدهري في كنيستك المحلية، جاهدي لتكوني الاثنين. كوني شبكة من العلاقات التي تقومين فيها بالتلمذة وتنالين فيها التلمذة. سلي النساء اللواتي يشبهن رانجينا

في كنيستك كيف تكونين راضية كامرأة عازبة، أو لو كنت متزوجة، كيف تحبين زوجك بصورة جيدة. تواصلي مع الشبيهات بكاري في كنيستك وعلميهن كف تجددن أذهانهن بالكتاب المقدّس. وبالتركيز على تيطس ٢، ستجدين علاقات تجلب لك الفرح الغني وتعدك للأبدية مع عروس المسيح.[٢]

في الكنيسة، ينبغي أن نحب بعضنا البعض بالمحبة الأخوية من القلب (١ بطرس ١: ٢٢)، وأن نشترك في نفس الروح، «بِنَفْسٍ وَاحِدَةٍ، مُفْتَكِرِينَ شَيْئًا وَاحِدًا» - فكر المسيح (فيلبي ٢:٢). الكنيسة عبارة عن عائلة متحدة في المسيح سوع مع الشيوخ والأمهات والإخوة والأخوات. هل تعاملين كنيستك مثل النادي الذي تذهبين إليه في عطلات نهاية الأسبوع، أم أنك أم وأخت وابنة، وقد مددت جذورك في علاقات العائلة؟ ستساعدك هذه العائلة على الازدهار.

٦ - لا تدعي الصراع أو المرارة تتقيح

تنشأ الصراعات في كل عائلة. في الكنيسة، إن كنا نقضي الوقت الكافي مع بعضنا، فعلى الأرجح سنحتك ببعضنا البعض بشكل خطأ في بعض الأحيان. ولكن لن نقدر أن نزدهر إن كنا نسمح للصراع أن يتقيح.

لو أن هناك شخص يعرف ما هو الصراع بحق، فهو داود، ملك إسرائيل. يخبرنا سفر صموئيل الثاني أن عائلة داود قد تمزقت بفعل المرارة والصراع. فقد اغتصب أحد أبناء داود أخته غير الشقيقة (ابنة داود من زوجة أخرى). ثم انتقم أخ آخر لأخته وقتل الأخ المغتصب. ثم حاول ذلك الابن المنتقم نفسه أن يغتصب العرش ولفترة من الزمن أجبر داود على ترك أورشليم. وهذه مجرد بعض من المشاكل التي وقعت في عائلة داود.

---

[٢] للاطلاع على المزيد من المعلومات حول كيفية البدء في علاقات التلمذة، راجعي
Garrett Kell's booklet *How Can I Find Someone to Disciple Me?*, Church Questions (Wheaton, IL: Crossway, 2021).

عرف داود فرحة وحدة العائلة والحزن الناتج عن الصراع والانقسام. لا شك أن صراعه الأسري هو ما يكمن خلف صرخته في مزمور ١٣٣:

هُوَذَا مَا أَحْسَنَ وَمَا أَجْمَلَ

أَنْ يَسْكُنَ ٱلْإِخْوَةُ مَعًا!

مِثْلُ ٱلدُّهْنِ ٱلطَّيِّبِ عَلَى ٱلرَّأْسِ، ...

مِثْلُ نَدَى حَرْمُونَ

ٱلنَّازِلِ عَلَى جَبَلِ صِهْيَوْنَ.

لِأَنَّهُ هُنَاكَ أَمَرَ ٱلرَّبُّ بِٱلْبَرَكَةِ،

حَيَاةٍ إِلَى ٱلْأَبَدِ.

في مزمور يتكون من ثلاث آيات يمتدح داود الوحدة بين الإخوة ويشبهها بمياه تؤدي إلى بركة الحياة الأبدية. وهذا هو الازدهار!

بركة الوحدة هي السبب في أن بولس يوصي الكنائس باستمرار بتجنب التنافس والخلافات والانقسامات. ويسمي مدمرات الوحدة تلك بأعمال الجسد ويذكرها جنبًا إلى جنب مع خطايا مثل الفسوق الجنسي والسحر والعربدة (غلاطية ٥: ١٩-٢١). ويقول محذرًا، «**فَإِذَا كُنْتُمْ تَنْهَشُونَ وَتَأْكُلُونَ بَعْضُكُمْ بَعْضًا، فَٱنْظُرُوا لِئَلَّا تُفْنُوا بَعْضُكُمْ بَعْضًا**» (غلاطية ٥: ١٥).

في موضع آخر، يحثنا بولس قائلًا، «**لَا شَيْئًا بِتَحَزُّبٍ أَوْ بِعُجْبٍ، بَلْ بِتَوَاضُعٍ، حَاسِبِينَ بَعْضُكُمُ ٱلْبَعْضَ أَفْضَلَ مِنْ أَنْفُسِهِمْ. لَا تَنْظُرُوا كُلُّ وَاحِدٍ إِلَى مَا هُوَ لِنَفْسِهِ، بَلْ كُلُّ وَاحِدٍ إِلَى مَا هُوَ لِآخَرِينَ أَيْضًا**» (فيلبي ٢: ٣-٤). التنافس والغيرة والخلافات والانقسامات أمور لا تتوافق مع الكنيسة. وبإمكانها أن تنتشر وتنمو. ولكننا جسد واحد ويسوع رأسنا. ينبغي أن نحتفي بمواهبنا المختلفة ونفرح عندما يزدهر الآخرون. ينبغي أن ننصت ونقول الحق ونبني بعضنا البعض بمحبة. ينبغي أن نقلد يسوع، والذي من أجل مصلحتنا سار كل الطريق حتى الصليب.

هل هناك امرأة في كنيستك تتعامل معك بطريقة خطأ؟ ربما تتكلم بشكل مباشر بصورة زائدة وتتركك شاعرة بعدم الأمان قليلًا. ربما تكون غير مباشرة بشكل زائد، ولا تدرين ماذا تعني تعليقاتها. هل هناك امرأة تقارنين نفسك بها دائمًا؟ هل تحسدينها على أسلوبها، قدراتها، موهبها، عائلتها، أولادها، أو حسابها على الانستجرام؟ عندما تنظرين على حياتها، هل تعتقدين أنك لا تبلغين إلى مستواها؟ هل هناك شيخ في كنيستك ترين أنه قاس بشكل زائد؟ هل جرحت من أشياء قيلت أو لم تُقل؟ أيتها الأخوات، لا تدعن المرارة تتقيح. نحتاج أن نعترف بخطايانا للرب ولبعضنا البعض. نحتاج أن نسعى إلى المصالحة مع الإخوة والأخوات، حتى ولو لم يدروا كيف جرحونا.

يسلط الكتاب المقدّس الضوء على إيمان الكثير من النساء المتضعات والتقيات اللواتي استخدمهن الله بقوة في تاريخ الفداء. ولكن الكتاب المقدّس يذكر بالاسم أيضًا امرأتين لم تُعرفا بسبب إيمانهما، بل بسبب انقسامهما. وقد خاطب بولس هاتين المرأتين في فيلبي ٤: ٢: «**أَطْلُبُ إِلَى أَفُودِيَةَ وَأَطْلُبُ إِلَى سِنْتِيخِي أَنْ تَفْتَكِرَا فِكْرًا وَاحِدًا فِي ٱلرَّبِّ.**» هل يمكنك أن تتخيلي أن ينادي عليك الرسول بولس بنفسه علانية؟ على أي حال، كانت هذه الرسالة موجهة إلى الكنيسة كلها (فيلبي ١:١)!

أيتها الأخوات، إن كان هناك خلاف أو علاقة غير مريحة، افعلن ما بوسعكن لتصحيح الأمر. ربما لا يمكنكن إصلاح قلب شخص آخر، ولكن بإمكانكن بقوة الروح القدس العمل على قلوبكن.

> **لِيُرْفَعْ مِنْ بَيْنِكُمْ كُلُّ مَرَارَةٍ وَسَخَطٍ وَغَضَبٍ وَصِيَاحٍ وَتَجْدِيفٍ مَعَ كُلِّ خُبْثٍ. وَكُونُوا لُطَفَاءَ بَعْضُكُمْ نَحْوَ بَعْضٍ، شَفُوقِينَ، مُتَسَامِحِينَ كَمَا سَامَحَكُمُ ٱللهُ أَيْضًا فِي ٱلْمَسِيحِ.** (أفسس ٤: ٣١-٣٢)

إن طرحتي عنك الغضب وغفرت للآخرين فسيساعدك هذا على الازدهار.

٧ – ابحثي عن الاحتياجات وسدديها

إذا سألت أحد المدربين المهنيين كيف تزدهرين في عملك، فعلى الأرجح أنها ستنصحك باللعب على نقاط قوتك، والتقليل من نقاط ضعفك، وفوق كل شيء، اتباع شغفك. يفكر الكثير من المسيحيين في المواهب الروحية في الكنيسة بنفس الطريقة إلى حد كبير.

قوائم المواهب الروحية متاحة بسهولة على الإنترنت. وتبدو إلى حد كبير مثل امتحانات لتحديد الشخصية، ولكن بدلًا من اكتشاف أنك ٢ أو ٥ على الإنياجرام، ستكتشفين إذا كان ينبغي أن تقومي بأعمال رحمة أم ضيافة أم تمارسين واحدة من العشر مواهب الروحية الأخرى الموصوفة في الكتاب المقدّس. والافتراض القائم وراء هذه القوائم هو أنه بإمكانك العثور على أفضل خدمة تناسب شغفك واهتماماتك، الموهبة التي ستؤدي إلى أعظم إشباع روحي لك. في الواقع، رأيت إعلان على أحد المواقع الإلكترونية يقول، «يسمح لك اكتشاف وممارسة مواهبك الروحية المعطاة لك من الله اختبار أقصى شبع بأقل شعور بالإحباط في حياتك وخدمتك المسيحية.»[3] واو! «أقصى شبع وأقل شعور بالإحباط.» من لا يريد هذا؟ المشكلة في هذا النوع من النصائح هو أنها تجعل الأمر يتعلق بنا فحسب! إنها تحول الحياة والخدمة المسيحية إلى وسائل لتحقيق الذات وإشباعها. ولكن هذا النوع من التركيز على الذات يجعلنا، ويجعل كل من حولنا، بؤساء. لو كان هدفي هو أنا، فليكن الله في عون من يقعون في طريقي.

الحقيقة هي أن إنكار ذواتنا والتركيز على قضية المسيح يؤديان في النهاية إلى تحقيق الشبع والشعور بالاكتمال. يعطينا الروح القدس المواهب ليس لأنفسنا، بل لتمجيد الله بخدمة الآخرين في الكنيسة.

> **لِيَكُنْ كُلُّ وَاحِدٍ بِحَسَبِ مَا أَخَذَ مَوْهِبَةً، يَخْدِمُ بِهَا بَعْضُكُمْ بَعْضًا، كَوُكَلَاءَ صَالِحِينَ عَلَى نِعْمَةِ ٱللهِ ٱلْمُتَنَوِّعَةِ ... لِكَيْ يَتَمَجَّدَ ٱللهُ فِي كُلِّ شَيْءٍ بِيَسُوعَ ٱلْمَسِيحِ.** (١ بطرس ٤: ١٠-١١)

[3] «Welcome to the Spiritual Gifts Survey,» Team Ministry website, accessed January 27, 2020, https://gifts.churchgrowth.org/spiritual-gifts-survey/.

كما يتكلم بولس بنفس المعنى، «**وَلَكِنَّهُ لِكُلِّ وَاحِدٍ يُعْطَى إِظْهَارُ ٱلرُّوحِ لِلْمَنْفَعَةِ**» (١ كورنثوس ١٢: ٧). ينبغي ألا يكون تركيزنا في الكنيسة على تحديد مواهبنا الخاصة، بل تحديد احتياجات الجسد. كيف يمكنني أن أخدم إخوتي وأخواتي في المسيح؟ ما الذي يمكنني القيام به من أجل المنفعة؟ ينبغي ألا نسأل كيف يمكن أن تكون الكنيسة المنصة التي نعرض من عليها مواهبنا. ينبغي أن نسأل كيف يمكننا أن نستخدم مواهبنا بحسب احتياجات الكنيسة.[٤]

عندما كنت امرأة عازبة في أواخر العشرينات، طُلب مني أن أخدم في حضانة الكنيسة. وكشخص يقضي أيامه في العمل لصالح أحد لجان الكونجرس في كابيتول هيل، لم تكن خدمة الأطفال الصغار الأمر الذي أبرع فيه بالضبط. لم أكن غير موهوبة فيه فحسب، بل لم أكن أعرف حتى كيف أغير الحفاضة. ولكني عرفت أنه ليس لدي عذر مشروع لرفض الخدمة، لذا وافقت أن أوضع على جدول الخدمة. تبين أن الأمر ليس بهذه الصعوبة التي تخيلتها، والآن لدي ذكريات حلوة عن تجميع البازل مع الأطفال الصغار ومشاهدة صبي صغير يستمتع بركوب بطة صفراء كبيرة! في هذه اللحظات، لم أكن أهتم فقط بالقليل من الأطفال الصغار؛ لقد كنت أتيح الفرصة لأمهات وآباء أن يتمتعوا باجتماع الكنيسة دون تشتيت. وكم أنا شاكرة لمن ساعدوني بطرق مشابهة عندما كنت أربي أطفالي الثلاثة في وقت لاحق من حياتي. ساعة ونصف من العبادة الجماعية دون مقاطعة هي أمر لا يُقدر بثمن لأم طفل رضيع أو طفل صغير.

شيء آخر: ينبغي ألا نقارن أنفسنا بالنساء الأخريات في الكنيسة. فلكل منا مواهب وقدرات مختلفة. ولكل منا مستويات متنوعة من الحدود في حياته. بعضنا ببساطة لديه سعة أقل من الآخرين. لا تقارن مواهبك أو خدمتك بخدمة أو مواهب الآخرين، خاصة مع من هم في مرحلة عمرية مختلفة. وبدلًا من ذلك، ركز على ما دعاك الرب للقيام به في هذا الوقت من حياتك بالذات.

---

[٤] للاطلاع على المزيد حول كيف تخدمي كنيستك بأمانة وكيف تفكرين في المواهب والخدمة، أنظري Matthew Emadi's booklet *How Can I Serve My Church?*, Church Questions (Wheaton, IL: Crossway, 2021).

ليست خدمة الآخرين من أجل المنفعة مريحة دائمًا. ولكن في النهاية، سنجد الحياة في إنكار ذواتنا وتسديد احتياجات الآخرين. نحن نزدهر عندما نجد الاحتياجات ونسددها.

٨ - تعالي بالكنيسة إلى البيت

في أعمال ٢، لم تجتمع الكنيسة فقط صباح أيام الأحد. لقد كانوا مكرسين للشركة وكسر الخبز معًا «**كُلَّ يَوْمٍ**» (أعمال ٢: ٤٦). لقد كانوا يعيشون الحياة معًا. نرى هذا النمط فيكل سفر أعمال الرسل بينما كانت الكنيسة تنمو وتنتشر. لقد تشابكت حياة المؤمنين مع بعضهم البعض: «**وَكَانَ لِجُمْهُورِ ٱلَّذِينَ آمَنُوا قَلْبٌ وَاحِدٌ وَنَفْسٌ وَاحِدَةٌ ... كَانَ عِنْدَهُمْ كُلُّ شَيْءٍ مُشْتَرَكًا**» (أعمال ٤: ٣٢). لقد مارس أعضاء الكنيسة الأولى تلك كرم الضيافة، وشجعوا بعضهم البعض بالكلمة، واعتنوا بالفقير، ودعموا المرسلين، ونشروا الإنجيل. لقد كانوا مزدهرين!

هناك علامة مميزة لتلاميذ يسوع وهي أن نحب بعضنا بعضًا كما أحبنا هو (يوحنا ١٣: ٣٤-٣٥). يتطلب هذا النوع من المحبة أكثر من مجرد رؤية بعضنا البعض يومًا واحدًا في الأسبوع. الطريق إلى الازدهار في كنيستك المحلية هو أن تتشابك حياتك مع حياة الآخرين في الكنيسة. طبعًا، هذا يبدأ بحضور يوم الأحد بثبات. ولكننا نواصل الشركة طول الأسبوع بإفساح المجال في قلوبنا وبيوتنا للآخرين.

كاتي أم تقوم بتعليم أولادها الثلاثة الصغار في البيت، وهي حبلى بطفل رابع. وتستضيف مجموعات الكبار الصغيرة في بيتها، وتقود مجموعة صغيرة من المراهقات البنات في ليلة أخرى، وتدعو النساء إلى المجيء أثناء الأسبوع بينما تؤدي واجباتها المنزلية.

تستضيف نعومي بصفة ثابتة النساء من الكنيسة، وهي متزوجة برجل غير مؤمن، وتعلم الكتاب المقدّس في درس كتاب السيدات، وتقضي الكثير من وقتها في تلمذة الشابات.

تـالا طالبـة مصريـة مـن خلفيـة مسـلمة. رغـم أن عائلتهـا قـد هجرتهـا، إلا أنهـا وجـدت عائلـة جديـدة فـي الكنيسـة. إنهـا تعيـش مـع أفـراد الكنيسـة، وتشـجع الآخريـن بحمـاس، ومحاطـة بإخـوة وأخـوات يسـندونها.

أديـام أرملـة لديهـا ثلاثـة أولاد ناضجيـن يعيشـون فـي أجـزاء مختلفـة مـن العالـم. تقل النـاس إلـى الكنيسـة، وتفتـح بيتهـا للضيافـة وتشـترك مـع آخريـن في الكنيسـة للمشـاركة بالإنجيـل مـع أصدقائهـا وجيرانها.

مـاري فـي أربعينـات مـن عمرهـا، وهـي امـرأة عازبـة تعمـل مديـرة إدارة. تعرضـت وهـي طفلـة إلـى اعتـداء شـديد، لـذا أدمنـت المخـدرات وكانـت تعيـش فـي كابينـة شـاحنة. الآن هـي تبـارك الآخريـن بفنهـا وطهيهـا المبدعيـن، وتصلـي مـن أجـل المرسـلين الذيـن تدعمهـم كنيسـتها، وتقـدم المشـورة للمراهقـات والنسـاء مـن كل الأعمـار.

تأتـي هـذه الخمـس سـيدات بالكنيسـة إلـى بيتهـن إذ تـدور حياتهـن حـول شـعب الله. وكلهـن فـي مراحـل عمريـة مختلفـة. ولديهـن قـدرات مختلفـة وصراعـات مختلفـة. تجاربهن حقيقيـة. ولكـن يسـوع قـد دعـا هـذه النسـوة إلأى نفسـه، وقـد دعاهـن إلـى كنيسـته، لـذا حتـى فـي صراعاتهـن يزدهـرن. أحضـري الكنيسـة معـك، وأحبـي الآخريـن كمـا أحبـك المسـيح، وسـوف تزدهريـن.

الازدهار كمشروع مجتمع

تمتلـئ مكتبـات الكتـب بكتـب مصممـة لمسـاعدة النسـاء. سـتجدين أدلـة تشـرح تمكيـن الـذات، «عشـر قواعـد» للعلاقـات الجيدة، أو «اثنتي عشـرة» خطـوة للحياة الجيـدة. التمارين الرياضيـة، الطعـام الصحـي، شـرب الشـاي الأخضـر، قومـي بشـيء تسـتمتعين بـه كل يـوم، اغسـلي وجهـك: يُفتـرض بـكل واحـدة مـن هـذه التوصيـات أن تزيـد مـن الشـعور العـام بالسـلامة. ولكـن يـا أخواتـي، الطريـق إلـى الازدهـار الحقيقـي هـو بنـاء حياتنـا حـول يسـوع الكنيسـة المحليـة.

إن كنت قد أمنت بالإنجيل، فأنت جزء من عروس المسيح الجميلة. ويومًا ما ستُقدم هذه العروس إلى عريسها مزينة بالبهاء، ومتلألئة «**وَلَمَعَانُهَا شِبْهُ أَكْرَمِ حَجَرٍ كَحَجَرِ يَشْبٍ بَلُّورِيٍّ**» (رؤيا ٢١: ١١). يسوع يعتبر عروسه مثل الكنز لدرجة أنه أسلم نفسه لأجلها. لذلك دعونا نحن أيضًا نعتبر الكنيسة كنزنا ونعد أنفسنا بينما ننتظر «**اَلرَّجَاءَ الْمُبَارَكَ وَظُهُورَ مَجْدِ اللهِ الْعَظِيمِ وَمُخَلِّصِنَا يَسُوعَ الْمَسِيحِ**» (تيطس ٢: ١٣).

مصادر مقترحة

Erin Wheeler, The Good Portion: The Doctrine of the Church for Every Woman (Ross-Shire, Scotland: Christian Focus, 2021).

١٣

هل الجحيم حقيقة؟

دان أورتلاند

«لأَنَّ اللّهَ لَمْ يَجْعَلْنَا لِلْغَضَبِ، بَلْ لاقْتِنَاءِ الْخَلاَصِ بِرَبِّنَا يَسُوعَ الْمَسِيحِ»

١ تسالونيكي ٥: ٩

تُسبب التعاليم المسيحيَّة عن الجحيم الضيق لغير المؤمنين، ويحاول الكثير من المؤمنين تجُنب التفكير بها. وهذا أمرٌ مؤسف، لأن العقيدة الكتابية عن الجحيم لها دورًا هامًا في جعلنا نعيش بشكلٍ أفضل في وسط مآسي هذا العالم. من المؤلم أن تخبر المريض بأنه مُصاب بسرطان سريع الانتشار، لكن هذا الخبر السيء، يجعله يُسرع في تلقي العلاج اللأَّزم، وترتيب أموره لكي يستفيد من الوقت المتبقي في حياته. الجحيم ليس موضوعًا للتسلية، نحن في حاجة لنعرف عنه أكثر، ونفكر به باستمرار، بل ونحذر الآخرين أيضًا.

في هذا الفصل سنتحدث عما يخبرنا به الكتاب المقدّس عن الجحيم، لنستخلص منه بعض الحقائق، مثل: الجحيم مُخيف، ولا عودة منه، وعقاب مستحق على الجميع، لكن.. يوجد طريق يمكننا أن نخلُص به!

لقد كتبت هذا الفصل لأوضح كم أن الجحيم حقيقة مرعبة. لكن، إذا كنا حقًا نخشى حقيقة الجحيم، إذًا مازال هناك رجاء في النجاة منه. أيضًا الوعي بحقيقة الجحيم يساعدنا لأن نعيش حياة أفضل من تلك التي نعيشها. وبالأخير، يجب أن تُلهب هذه الحقيقة فينا الحماس لمعرفة الكتاب المقدّس، الذي يُعلن لنا الخبر السار وهو، أن يسوع احتمل كل أهوال الجحيم بدلًا عن كل من يرتمي في أحضانه ويُعلن إيمانه وثقته به.

هذا الفصل لن يقدم آراء أو افتراضات خاصة، بل تعاليم الكتاب المقدّس التي تعلَّمها وعاشها المؤمنون المسيحيون على مدار ألفي عام. أقول ذلك، لأنه في أيامنا هذه أصبح هناك تفسير جديد لعقيدة الكتاب عن الجحيم، وهذا التفسير يفترض أن «فكرة العقاب الأبدي لغير التائب عن الخطية، تتعارض مع طبيعتنا وغرائزنا الإنسانية، تلك الغرائز التي تتحصن بمفاهيم أوسع تؤكد وجود الخير في طبيعة الإنسان، بالإضافة لفهمنا الخاطئ عن طبيعة الله». لكن كل هذا الرفض لفكرة الجحيم التي نراه حولنا، هو في الحقيقة أمرٌ جديد علينا؛ لأن الأجيال السابقة لنا كانت تعرف تعاليم الكتاب المقدّس عن الجحيم جيدًا. وفي هذا الفصل، ستعرف أن الجحيم موجود، وأنه العقاب المستحق للجميع!

هل الجحيم حقيقة؟ نعم، لكنه ربما ليس تمامًا كما تتصوره. والحقيقة التي تُحرِج العالم بأكمله، ليس أن الجحيم حقيقة، وأنه العقاب المُستحق للجميع، بل أن هناك سماء مُتاحة للجميع (وهم يرفضونها)!

يوجد ضرورة لوجود الجحيم!

ما هو أول شيء يأتي على رأسك عندما تسمع كلمة الجحيم؟ هل منظر ألسنة اللهيب؟ أم منظر هؤلاء الأشخاص الذين يصرخون في عذاب أبدي يفوق ما يستحقون؟ ربما تستحوذ عليك فكرة أن الجحيم عقوبة مبالغ فيها من الله! أو ربما تبدو لك كل التعاليم المسيحيَّة مقبولة ماعدا التعاليم الخاصة بالجحيم.

أول شيء ستفهمه من العقيدة الكتابية عن الجحيم، من بين التعاليم المسيحية السليمة هو، أنه يوجد ضرورة لوجود الجحيم. إنه أمر مفيد، بل ومعزي بشكل لا يوصف، أن تعرف بوجود الجحيم!

عندما أتكلم عن «عقيدة الجحيم»، أقصِد التعاليم التي تقول بأن هؤلاء الذين لا يتوبون عن خطاياهم ويثقون في المسيح، يقضون الأبدية بضمير مُعذب لأنهم لا يرضون الله. سنتكلم بتفصيل أكثر عن معنى ذلك في الجزء التالي. لكن في البداية، أود أن تضعوا ذلك في أذهانكم، أن الجحيم لا يمثل مشكلة، بل العكس تمامًا، عدم وجود جحيم هو الذي يمثل مشكلة حقيقية؛ لأن وجود الجحيم يؤكد عدل الله وإنصافه وتعامله مع الإنسان بالطريقة الصحيحة.

وهذا يفسر أنه برغم الانحلال الأخلاقي عبر التاريخ البشري، وكل الفظائع التي يرتكبها بعض البشر ضد بشر آخرين، كان أكثر الناس الذين حافظوا على نُبل أخلاقهم، هم من يؤمنون بوجود الجحيم. فإذا لم نكن نؤمن بوجود الجحيم، وبأن العقاب والثواب غير موجودان إلاَّ في هذه الحياة فقط، فسوف نلجأ للانتقام بأنفسنا من المسيئين، لأنه لو لم يكن هناك جحيم، سنطبق العدالة عنوةً بأيدينا، أو قد لا تُطبق العدالة على الإطلاق. إن كنا نتمنى أن نؤمن فقط بوجود الله، وأنه يحب الإنسان، لكن لا نريد أن نؤمن بوجود هذا المكان المخيف الذي يدعى الجحيم، ستكون الحياة غيرة مستقرة وفوضوية. أي أنسان منا قد يُخطئ في أي وقت، ولحسن الحظ، أننا قد لا نستطيع تنفيذ العدالة رغم محاولاتنا الوحشية. فعلى سبيل المثال: إذا حُرم رجل متقاعد من معاشه بسبب تعنت الشركة أو أي جهة حكومية، في حين أنه لا يمتلك أي مصدر للدخل، فماذا يفعل؟ أو عندما يتم التضييق على شاب والإساءة له وليس بيديه أن يلجأ للقانون، أو أن يضمن معاملة منصفة وعادلة، فماذا يفعل؟

الغفران نفسه، هو الصفة المسيحيَّة التي يبجلها العالم أجمع، يصبح صعب التحقيق بدون وجود الجحيم! فعندما يضطهد العالم المؤمنين ويزدري بهم، كيف يحتملون إن لم يكن لديهم يقين في أن كل واحد سينال جزاءه في الحياة الأبدية؟ أنا كمؤمن كيف أسامح المسيء إليَّ، إذا لم أكن على علم بأن الله سوف يعالج كل خطأ حدث هنا في الحياة الأبدية؟ فكرة الغفران ذاتها مبنية على أن ما أتغاضى أنا عنه من ظلم، لن يتغاضى عنه الله. «**لاَ تَنْتَقِمُوا لأَنْفُسِكُمْ أَيُّهَا الأَحِبَّاءُ، بَلْ أَعْطُوا مَكَانًا لِلْغَضَبِ، لأَنَّهُ مَكْتُوبٌ: «لِيَ النَّقْمَةُ أَنَا أُجَازِي يَقُولُ الرَّبُّ»**» (رومية ١٢: ١٩).

لذلك، عندما نجد صعوبة في قبول وجود الجحيم، دعونا نفكر فيما قد نخسره وما نتنازل عنه في مقابل عدم وجوده.

ماذا لو علمنا أنه بعد انتهاء هذه الحياة، لا يوجد مكان ينال فيه هؤلاء الأشخاص الذين لا يتوبون عن أخطائهم جزاءهم؟ ماذا لو كل الأخطاء التي حدثت لم يتم تصحيحها، وظلت للأبد معلقة في جو من الظلم وعدم التبرير ولم تُكشف أو تظهر للنور؟ ماذا لو كان عليك تصحيح كل الأخطاء التي ارتُكِبت ضدك أثناء حياتك، بدلاً من أن يقوم الله بذلك بعد موتك؟ كم هذا محبط حقًا! لأن هذا هو الحال الذي يميل إليه غالبية العالم، وهذا للأسف ما يريده بعض المؤمنين، أن العدالة لابد وأن تنفذ بأيديهم الآن، في الحاضر، وليس بيد الله في المستقبل!

لكن هذا التوجه لا يُهزم إلاَّ بالهدوء والسلام اللذان نختبرهما عندما نؤمن بوجود جحيم، عندما نضع في قلوبنا هذه الحقيقة المعزية، أن الله نفسه سوف يصحح كل هذه الأخطاء يومًا ما، وبطريقة عادلة أكثر جدًا مما نظن أو نفتكر. هذه الحقيقة التي لا يتوقف الكتاب المقدّس عن تكرارها، أن الله لن يدع الأشرار يغلبون في النهاية. في مزمور ٧٣ وإرميا ١٢ نقرأ أن المؤمن قد يرتبك من ازدهار الأشرار، لكن في آخر الأمر، يأتي المؤمن لحقيقة أن الأشرار في النهاية يهلكون، «**حَقًّا فِي مَزَالِقَ جَعَلْتَهُمْ. أَسْقَطْتَهُمْ إِلَى الْبَوَارِ، كَيْفَ صَارُوا لِلْخَرَابِ بَغْتَةً!**» (مزمور ٧٣: ١٨-١٩). مثل هذه الآيات، ربما لا تُظهر لنا تمامًا ما هو الجحيم، لكنها توضح لنا من هو الله؛ هو الإله الذي في وقته يحقق القضاء والعدل.

يمكننا أن نشعر بالسلام، لأن الله الذي نعرفه يجعلنا نسير وسط هذا العالم البائس بطمأنينة ونحن مرفوعين الرأس. لا يهُم ما نلاقيه في العالم، لأن الله يومًا ما سيظهر الحق ويعلن القصاص في وقته وبطريقته، «**لأَنَّهُ أَقَامَ يَوْمًا هُوَ فِيهِ مُزْمِعٌ أَنْ يَدِينَ الْمَسْكُونَةَ بِالْعَدْلِ**» (أعمال ١٧: ١٣). الله لا يقف بعيدًا، هو يرى كل شيء يحدث في الظلام، كبيرًا كان أو صغيرًا، ليس شيءٌ مخفي أمامه، لنعِش في سلام وننتظر الرب!

الجحيم مُخيف!

لكن ما المقصود تحديدًا عندما نتكلم عن الجحيم؟ نحن طوال الوقت نسمع الناس يستخدمون عبارة «فلتذهب للجحيم»! لكن ماذا نجد إذا توقفنا قليلاً وفكرنا في مضمون كلمة الجحيم، تلك الكلمة التي نستخدمها باستخفاف ودون تفكير؟ في هذا الجزء، سنتأمل في تعاليم الكتاب المقدّس عن الجحيم.

يعلّمنا الكتاب المقدّس ست حقائق عن الجحيم:

١- عذاب الجحيم يشمل الإنسان نفسًا وجسدًا.

هناك اعتقاد خاطئ منتشر بين الناس، أن الذي سيعاني في الجحيم هي نفس الإنسان أو روحه أو عقله، لأن الجسد يفنى بعد الموت. لكن الكتاب المقدّس يعلمنا، أنه بالفعل يُعذب الخطاة الآن في الجحيم بدون جسد، لكن بعد مجيء الرب يسوع، سيدين الجميع، وغير التائبين سوف يذهبون للعذاب الأبدي (النفس والجسد) كليهما.

يقول يسوع مرتين في (متى ٥: ٢٩-٣٠) أن الإنسان بأكمله (النفس والجسد) يذهب للجحيم. ثم يحذرنا في (متى ١٠: ٢٨) قائلاً: «**لاَ تَخَافُوا مِنَ الَّذِينَ يَقْتُلُونَ الْجَسَدَ وَلكِنَّ النَّفْسَ لاَ يَقْدِرُونَ أَنْ يَقْتُلُوهَا، بَلْ خَافُوا بِالْحَرِيِّ مِنَ الَّذِي يَقْدِرُ أَنْ يُهْلِكَ النَّفْسَ وَالْجَسَدَ كِلَيْهِمَا فِي جَهَنَّمَ**». يخطئ الإنسان إلى الله بالنفس والجسد، لذلك عندما يُدان، سوف يُعذب في النفس والجسد أيضًا.

يظن بعض المؤمنين، أنهم سوف يقومون من الموت، بينما يظل الخطاة على نفس حالتهم بدون جسد. لكن الكتاب المقدّس يعلنها صراحةً «**وَلِي رَجَاءٌ بِاللهِ فِي مَا هُمْ أَيْضًا يَنْتَظِرُونَهُ: أَنَّهُ سَوْفَ تَكُونُ قِيَامَةٌ لِلأَمْوَاتِ، الأَبْرَارِ وَالأَثَمَةِ**» (أعمال ٢٤: ١٥؛ انظر أيضًا دانيال ١٢: ٢).

٢- الجحيم مؤلم

كثيرًا ما نسمع في فصل الصيف عبارة «الجو حار كجهنم»! هذه التشبيهات السطحية التي نسمعها كل يوم، لا يجب أن تؤثر على وعي المؤمنين بمدى عذاب

جهنم. الجحيم هو المكان الذي لا مجال فيه لغفران الخطايا، هو المكان الذي لا يظهر فيه سوى الندم، المكان الذي تستقر فيه غباوتنا وحماقتنا للأبد في عقولنا، هو المكان الذي يعاقبنا فيه الله نفسه بالعذاب الذي نستحقه.

البعض يصف الجحيم بأنه المكان الذي لا يوجد به الله، لكن على العكس تمامًا، الجحيم هو المكان الذي يوجد به الله (لكن في غضبه). العهد الجديد يصف جهنم بأنه «**سَلاَسِلِ الظَّلاَمِ**» (٢ بطرس ٢: ٤)، مكان العذاب (لوقا ١٦: ٢٣)، مكان الكرب والضيق (لوقا ١٦: ٢٥). في جهنم نواجه دينونة الله، ونحن مُمسكين من خطايانا وحماقاتنا. أما في السماء، فكل خطايانا وعيوبنا تتبدل بجمال أكثر مما كنا عليه (رومية ٨: ١٧-١٨). في جهنم نتعذب من جراء خطايانا وعيوبنا، أما في السماء، لن يكون هناك وجود للحزن أمام الفرح الأبدي. في الجحيم، سوف يبدد الحزن أي فرح.

هناك شيء واحد علينا أن نعلنه في هذا العالم، أن الله موجود في الجحيم في غضبه، لكن يسوع غير موجود في الجحيم؛ لأن الله المتجسد - يسوع المسيح - موجود في السماء، كما يعلمنا قانون الإيمان أن «المسيح صعد إلى السماء».[1] بالفعل من جعل السماء سماءً هو يسوع المسيح، وليس هناك كلمة بدون المسيح سوى (الجحيم).

يرفض البعض التعاليم المسيحيَّة عن الجحيم بقولهم، كيف يمكن أن يبتهج المؤمنون في السماء، وهم يعرفون أن أحباءهم يعانون في جهنم؟! بالطبع نتفهم قوة العاطفة والمحبة الإنسانية بين الزوج والزوجة والأب وابناءه والابن أبيه.. إلى آخره. لكن يجب أن ندرك، أننا في السماء، سنكون ممتلئين بالسرور لوجودنا في محضر الله والمسيح، ولن يكون هناك مكان للحزن. وهذا ليس لأن محبتنا لذوينا نقُصت أو اختفت، لكن لأن كل الأمور الأرضية انتهت، ولن يبقى سوى فيض من المحبة من المسيح لنا ومِنا للمسيح. أنت لن تنوح على فقدان مليمًا بينما تمتلك ثروة هائلة! علاوةً على ذلك، كل ما نفتقده في أحبائنا سوف نجده في المسيح ولكن في تمام الكمال.

---

[1] إقرار إيمان الرسل.

لقد تحدث جوناثان إدواردز «Jonathan Edwards» عن هذه الحقيقة قبل ثلاث مائة عام:

«عند موت المؤمن، لا يجب أن يحزن لأنه سيترك أحباءه الذين يحبهم بشدة، لأنه لا يتركهم تمامًا، لكنه مازال يبتهج بهم في المسيح؛ لأن كل شيء يحبه فيهم، أو يحبهم بسببه، سيجده بدرجة تفوق التصور في المسيح»![٢]

أنت لن تحزن وأنت تترك بعض التلال الرملية خلفك وأنت ذاهب في طريقك إلى الشاطئ. بينما يتحمل الخطاة الجحيم للأبد، سيبتهج المؤمنون بكمال وجمال المسيح الذي لا ينتهي أيضًا للأبد، وكل ما يحبون ويرغبون، سيجدونه به.

إذًا، نعم الله يوجد في الجحيم، في غضبه العادل، لأن غير المؤمنين، سوف يعانون من عذاب خطاياهم المهلكة للأبد.

الصورة العامة التي يعطيها لنا الكتاب المقدّس عن الجحيم هي النار (متى ٥: ٢٢، ١٨: ٩؛ مرقس ٩: ٤٨؛ لوقا ١٦: ٢٤؛ ٢ تسالونيكي ١: ٨؛ يعقوب ٣: ٦). قد تكون هذه الصورة حقيقيَّة أو مجازيَّة، لكن ما يهُم هو، أنها تعبر عن مدى قسوة ولهيب ودمار وخوف النار، الذي سيعاني منه من يقضون الأبدية في جهنم. نعم الأبدية!

٣- الجحيم أبدي

عندما يتحدث العهد الجديد عن الجحيم كمكان (الهلاك)، هذا لا يعني أن الذين في الجحيم سيخرجون منه بعد وقت معين، بل هو مكان للعذاب والفوضى والانفصال الدائم، ولهذا يقول بولس أن «الهلاك أبدي» (٢ تسالونيكي ١: ٩)، ويعلن الكتاب المقدّس أنه «نار لا تُطفأ» (مرقس ٩: ٤٨)، ويقتبس يسوع من العهد القديم، ليوضح مدى الرعب الذي لا ينتهي في الجحيم «**حَيْثُ دُودُهُمْ لاَ يَمُوتُ وَالنَّارُ لاَ تُطْفَأُ**» (مرقس ٩: ٤٨ مقتبس عن إشعياء ٦٦: ٢٤). إنها حقًا صورة يصعُب تخيلها، دود يأكل في كل الجسد دون أن ينتهي منه، حيث يستمر الدود يقضم ويقضم بلا نهاية بصورة

---

[2] Jonathan Edwards, The Works of Jonathan Edwards: The «Miscellanies,» a–500, ed. Thomas A. Schafer, vol. 13 (New Haven, CT: Yale University Press, 1994), 167.

بشعة، تمامًا كما يصف سفر الرؤيا أعداء الرب **«وَيَصْعَدُ دُخَانُ عَذَابِهِمْ إِلَى أَبَدِ الآبِدِينَ. وَلاَ تَكُونُ رَاحَةٌ نَهَارًا وَلَيْلاً»** (رؤيا ١٤: ١١).

٤- نحن الذين نختار الجحيم!

هذه المسألة تبدو خادعة بعض الشيء، ما أقصده هو، من ناحية، كل الذين يذهبون إلى الجحيم، ليس من حقهم لوم أحد إلاَّ أنفسهم؛ لقد اختاروا ذلك بأنفسهم بقساوة قلوبهم ورفضهم السجود ليسوع، بإصرارهم المتغطرس على خلاص أنفسهم بأنفسهم، واعتبار أنفسهم آلهة لأنفسهم. لقد رفضوا بكامل إرادتهم ذلك الغفران المقدم لكل هؤلاء الذين يعرفون بخطاياهم ويلقونها على المسيح لكي يخلصوا.

هذا يبدو واضحًا في تعليم المسيح، عن الغني وأليعازر، وهو ينهي القصة بقوله، **«إِنْ كَانُوا لاَ يَسْمَعُونَ مِنْ مُوسَى وَالأَنْبِيَاءِ، وَلاَ إِنْ قَامَ وَاحِدٌ مِنَ الأَمْوَاتِ يُصَدِّقُونَ»** (لوقا ١٦: ٢٧-٣١). عدم التوبة يُعمي ويُقسّي القلب، ولا يقبل حكمة؛ بداخل القلب ميلٌ لأن يحب قسوته. لقد صور سي. إس. لويس «C. S. Lewis» هذه الحقيقة في تصوريه للجحيم في رواية (الطلاق العظيم) على لسان إحدى شخصيات:

«في النهاية يوجد نوعين فقط من الناس؛ هؤلاء الذين يقولون لله «لتكن مشيئتك»، وأولئك الذين يقول لهم الله في النهاية «لتكن مشيئتكم» لأنهم هم الذين اختاروا الجحيم. بدون هذا الاختيار الذاتي، لن يكون هناك جحيم، لكن لا توجد نفس تطلب الفرح الأبدي وتسعى إليه لن تناله؛ لأن الذين يطلبون يجدون»![3]

لكن من ناحية أخرى، رغم أن الكتاب المقدّس يوضح أن غير التائبين هم الذين اختاروا لأنفسهم الجحيم، لكن الله هو الذي يرسلهم هناك؛ لأنه ضابط الكل، ولا يقف مكتوف الأيدي أو ضعيف وعاجز، منتظرًا أن يختار الجحيم عدد أقل من الناس! يتكلم الكتاب المقدّس عن سلطان الله في أن «يلقي الناس في جهنم» (لوقا ١٢: ٥)، حتى الملائكة الساقطين الله هو الذي أرسلهم إلى جهنم (٢ بطرس ٢: ٤). ونحن كذلك، ما لم نتوب، سوف نُلقى في جهنم (متى ٥: ٢٩). الله له السلطان بالفعل في إرسال الإنسان لجهنم.

---

[3] C. S. Lewis, The Great Divorce (New York: Touchstone, 1974), 72.

ربما هنا نشعر بالارتباك لأن اللاَّهوتيين ينادون «بمسؤولية الإنسان» و«السلطان الإلهي» في ذات الوقت! فمن جهة يقولون إن الإنسان مسؤول عن اختياره للجحيم، وليس لديه عذرًا ليلوم غير نفسه، ومع ذلك، يقولون بأن سلطان الله فوق كل ما يحدث، وهو الذي له السلطان أن يُلقي بالإنسان في جهنم! الأمران صحيحان، لكن عقلنا المحدود قد لا يستوعب ذلك تمامًا، وبالرغم من هذا، نحن نثق في كلمة الله، ونصدق أن الحقيقتان تسيران جنبًا إلى جنب دون أن تلغي أحدهما الأخرى.

٥- الجميع يستحق الجحيم.

هذا تعليم كتابي واضح، لكن نظرًا لصعوبة تفسيره، سنتحدث عنه في الجزء التالي.

٦- الجحيم لغير التائبين.

لقد تكلمنا بإيجاز عن هذه النقطة على مدار هذا الفصل، لكن دعونا نتكلم عنها الآن بوضوح وصراحة، الجحيم ليس للأشخاص الأسوأ بين الجميع! الجحيم للأشخاص (غير التائبين). والمقصود هنا بغير التائب، أنه الشخص الذي لا يعرف أنه خاطي آثم ويستحق دينونة الله. بينما «التائب» هو الشخص الذي يعرف بأنه خاطي، ويتوب بصدق عن خطاياه. الجوهر هنا هو، أن القاتل التائب يذهب للسماء، بينما مؤسس ملجأ لليتامى غير تائب يذهب للجحيم. ربما تستاء من ذلك، لكن أي شيء آخر بخلاف ذلك هو في الحقيقة مجرد أعمال صالحة. لأن المسيحيون يؤمنون بكلمة الإنجيل، أي بالخبر السار الذي يقول بأن يسوع مات ثم قام من بين الأموات، لكي ينال كل من يؤمن باسمه خلاصًا مجانيًا. مهما كانت خطايانا عظيمة لن يجعل ذلك خلاصنا أصعب، ومهما كانت أعمالنا الصالحة عظيمة، لن يجعل ذلك خلاصنا أسهل. ما يخلصنا هو المسيح فقط، وكل ما نحتاجه هو، أن نعترف بصدق بخطايانا ونلقيها عليها ليغفرها لنا.

العالم يريد أن يجعل السماء للصالحين والجحيم للأشرار، السماء لهؤلاء الذين يؤسسون المؤسسات الخيرية ويطعمون الفقراء ويدفعون الضرائب ويلتزمون بالقانون، والجحيم لهؤلاء المساجين المغتصبون وتجار المخدرات والقوادين. هذا ليس تعليم

الكتاب المقدّس. لا يعلمنا الكتاب المقدّس أن الجحيم للأشرار والسماء للصالحين، بل أن الجحيم لغير التائبين، والسماء للتائبين، بغض النظر عن حالة الإنسان ومدى شره أو صلاحه.

سوف نعود للحديث عن كيف نتجنب الجحيم في آخر جزء من هذا الفصل، لكن الآن، علينا أن نضع في أذهاننا، أن الجحيم مخيف. في (رؤيا ٦) كل عظماء وملوك الأرض الذين لم ينحنوا للحمل (يسوع)، يختبئون في الجبال والمغاير، يفكرون في الغضب الإلهي العظيم، ويترجون الجبال والصخور لتسقط عليهم وتسحقهم لأنهم لا يحتملون غضب الحمل (رؤيا ٦: ١٥-١٦). **كم هو مخيف الجحيم، وكم هي مخيفة دينونة الله لغير التائبين!**

ربما تفكر من هو يسوع؟ أو يكون لديك مشكلة في أنه يقبل بفكرة الجحيم! لكن في الحقيقة، ليس هناك شخص تكلم عن الجحيم أكثر من يسوع! وقد رأينا بعض تعاليمه عن الجحيم في هذا الفصل، لقد كان يتكلم عن الجحيم من آن لآخر على مدار سني خدمته، لم يتردد في تحذير الجموع من عذاب الجحيم؛ لأنه يعرف كم هي مرعبة حقيقة الجحيم!

نحن لا نُبالغ في حقيقة الجحيم، فقط نؤكد حقائق أن الشخص يتعذب في الجحيم بكامله (نفس وجسد)، وأن الجحيم مؤلم حقًا، وأنه أبدي، وأن الإنسان هو الذي يذهب إليه باختياره، لكن الله هو الذي يُلقي به في جهنم (أي تحت سلطان الله)، وأنه لغير التائبين، وأن الجميع ينسحق الجحيم. لذا دعونا الآن نفكر في النقطة الخامسة بعمق:

الجميع يستحق الجحيم

الجحيم هو المكان الذي يُلقي فيه الله الذين يستحقونه. ربما تفكر في الجحيم على أنه مكان لعقوبة مبالغ فيها وغير منطقية، فهل من المنطقي أن تكون الخطية بهكذا درجة من السوء حتى يرسل الله الناس لمكان يقضون به عقابًا أبديًا؟! كيف يعيش إنسان سبعين أو ثمانين عام ثم يموت ليقضي بلايين ثم بلايين من السنين التي لا تنتهي في العذاب؟! هناك بعض الأشياء يجب أن نتذكرها هنا:

أولاً: السؤال الجوهري عن الإساءة هو، من هو الشخص المُستاء؟ لو دهست خنفساء صغيرة عن عمد وقصد، أظن أن هذه إساءة إلى أحد مخلوقات الله. لكن هذه مجرد حشرة! ربما أشعر بالاستياء قليلاً إذا صدمت حيوان السنجاب مثلاً بسيارتي. إذًا، ماذا لو حاولت الاصطدام بدولفين تحت قاربي في المحيط الهادي، ألن يسبب هذا استياءً أكبر؟ وماذا لو أهلكت إنسانًا مخلوق على صورة الله، ألن يسبب ذلك استياءً لا يمكن استيعابه؟!

الآن، لنذهب لمستوٍ أعلى، ماذا لو كرهت ورفضت وحاولت تدمير الخالق نفسه؟! ألا يسبب هذا استياءً يتخطى بكثير الفرق بين الاستياء من قتل حشرة وقتل إنسان؟ الله الكامل القدوس، الذي خلقنا! ربما تعترض وتقول: «أنا لم أحاول قط أن أدمر الله». لكن ألا يؤكد ذلك كل ما نفعله حتى ونحن مازلنا برحم أمهاتنا؟ لقد جعلتنا الخطية نتمحور حول أنفسنا كي نجري خلف حياتنا نحن، ونخلق مجد أنفسنا، بعبارة أخرى، جعلتنا الخطية نريد أن يموت الله!

ثانيًا: لا يوجد أي إنسان على الأرض، عبر كل التاريخ البشري، تلقى معاملة غير عادلة من الله. بل أن البعض ينال الرحمة، والبعض الآخر ينال القصاص العادل، لكن ليس هناك من شخص، عامله الله بغير إنصاف. دعوني أصيغ هذه الحقيقة الثانية بطريقة مختلفة، اسأل نفسك، في قرارة نفسك، ماذا تستحق؟ هل تجد أنه من السهل عليك أن تظن بأنك تستحق السماء؟ ربما تفكر هكذا، قد لا أكون صالحًا تمامًا، لكن بالتأكيد أستحق أن أذهب للسماء وليس الجحيم! أليس من الظلم أن أذهب للجحيم! ألا تميل لأن تقارن حالك بالآخرين؟ قد تقول، أنا لم أُعَاقب بالسجن مطلقًا، وألتزم بدفع الضرائب وألتزم باتباع حتى أصغر القوانين، وأذهب إلى الكنيسة في أيام الآحاد، على عكس جيراني، على الأقل أقول «شكرًا»، و «من فضلك» لمن يقدمون لي الخدمات المختلفة، أنا لا أسكر أو أدمن المخدرات، بل وأحقق درجات جيدة في الدراسة.

في الحقيقة، من السهل جدًا أننا عندما ننظر من حولنا أن نشعر بأننا نستحق السماء مقارنة بالآخرين. وهذه هي المشكلة، أننا طالما نثبت أنظارنا على الناس، لن نستطيع أن ننظر إلى أعلى نحو الله. والنظر إلى أعلى، هو الذي يعرفنا حقيقة أنفسنا بالفعل.

يقول يسوع في أحد الأمثال عن الفريسي والعشار ليوضح لنا ذلك:

«وَقَالَ لِقَوْمٍ وَاثِقِينَ بِأَنْفُسِهِمْ أَنَّهُمْ أَبْرَارٌ، وَيَحْتَقِرُونَ الآخَرِينَ هذَا الْمَثَلَ: «إِنْسَانَانِ صَعِدَا إِلَى الْهَيْكَلِ لِيُصَلِّيَا، وَاحِدٌ فَرِّيسِيٌّ وَالآخَرُ عَشَّارٌ. أَمَّا الْفَرِّيسِيُّ فَوَقَفَ يُصَلِّي فِي نَفْسِهِ هكَذَا: اَللّهُمَّ أَنَا أَشْكُرُكَ أَنِّي لَسْتُ مِثْلَ بَاقِي النَّاسِ الْخَاطِفِينَ الظَّالِمِينَ الزُّنَاةِ، وَلاَ مِثْلَ هذَا الْعَشَّارِ. أَصُومُ مَرَّتَيْنِ فِي الأُسْبُوعِ، وَأُعَشِّرُ كُلَّ مَا أَقْتَنِيهِ. وَأَمَّا الْعَشَّارُ فَوَقَفَ مِنْ بَعِيدٍ، لاَ يَشَاءُ أَنْ يَرْفَعَ عَيْنَيْهِ نَحْوَ السَّمَاءِ، بَلْ قَرَعَ عَلَى صَدْرِهِ قَائِلاً: اللّهُمَّ ارْحَمْنِي، أَنَا الْخَاطِئَ. أَقُولُ لَكُمْ: إِنَّ هذَا نَزَلَ إِلَى بَيْتِهِ مُبَرَّرًا دُونَ ذَاكَ» (لوقا ١٨: ٩-١٤).

الفريسي الذي يُجلّه الناس ويحترمونه، عندما قارن نفسه بالآخرين، لم يستطع أن يرى حقيقة نفسه. أما العشار الذي يحتقره وينبذه اليهود، عندما نظر إلى أعلى عرف حقيقة نفسه، ونال الغفران الإلهي. الله كامل القداسة والجمال والطُهر، لا شيء فيه ملتوي أو قبيح. عندما كشف عن نفسه لإشعياء، صرخت ملائكة السيرافيم: «**قُدُّوسٌ، قُدُّوسٌ، قُدُّوسٌ رَبُّ الْجُنُودِ. مَجْدُهُ مِلْءُ كُلِّ الأَرْضِ**» (إشعياء ٦: ٣). لا يوجد في كل الكتاب المقدّس مثل هذا التسبيح بتكرار كلمة قدوس ثلاث مرات متتالية. لم نقرأ مثلاً: «عطوف عطوف عطوف هو الرب»! قداسته هي جوهر ألوهيته الذي يميزه عن مخلوقاته الساقطة. وعندما نقارن أنفسنا بالله، سنعرف أننا نستحق الجحيم بالفعل. هل فكرت من قبل أن تمسح زجاج نافذتك بالمنظف لترى الزاوية التي تنشر من خلالها الشمس أشعتها لغرفتك بعد ساعات قليلة؟ الأشياء التي تراها نظيفة وجميلة في غرفة نومك، كيف تراها إذا أضئت المصباح؟ سترى مدى الأوساخ المنتشرة في الغرفة! هذا ما اختبره إشعياء، فجأةً وجد نفسه في محضر الله القدوس فصرخ قائلاً: «**وَيْلٌ لِي! إِنِّي هَلَكْتُ، لأَنِّي إِنْسَانٌ نَجِسُ الشَّفَتَيْنِ**» (إشعياء ٦: ٥). عندما ننظر لأعلى ونرى من يكون الله ومدى قداسته، سندرك في الحال ليس فقط من هو، بل أيضًا ماذا نكون نحن.. نحن مجرد خطاة!

هذا ما اختبره بطرس أيضًا في العهد الجديد، عندما طلب منه يسوع أن يلقي الشبكة في العمق، بعد ليلة كاملة بدون صيد، عندها بدأت الشبكة تتخرّق من كثرة السمك، لكن ردة فعل بطرس، لم يكن التهليل والتصفيق ليسوع، بل جثا على ركبتيه في الحال وقال: «**اخْرُجْ مِنْ سَفِينَتِي يَا رَبُّ، لأَنِّي رَجُلٌ خَاطِئٌ!**» (لوقا ٥: ٨). نحن نميل لفكرة أن المصير المفترض لجميع الناس هو السماء، ولا يستحق الجحيم سوى الأشرار فقط. لكن الحقيقة هي أن المصير المفترض لجميع الناس هو الجحيم، وأن السماء لا يستحقها سوى هؤلاء الذين ينظرون ليسوع، ويعترفون بالصدق أنهم خطاة. فكر في الفرق بين المرآة والزجاج، الاثنان مصنوعان من نفس المادة، لكن الزجاج ننظر من خلاله للآخرين، بينما المرآة ننظر إليها فتعكس لنا صورة أنفسنا فقط. ونحن بالطبيعة نميل لأن ننظر من خلف الزجاج على الآخرين، لكن النظر إلى الله يشبه النظر إلى المرآة، عندما ننظر إليها، نرى حقيقة أنفسنا ونتوقف عن مقارنة أنفسنا بالآخرين.

عندما نتأمل في أمانة الله الكاملة في الكتاب المقدّس، نجد أنفسنا في مواجهة مع حقيقتنا الخفية التي لا يلاحظها بنا الآخرون، نحن غالبًا ما نلوي الحقائق، أو نتكلم بطريقة تجعلنا نبدو أفضل مما نحن عليه في الحقيقة. عندما نفكر في أمانة الله الكاملة، وجهًا لوجه مع عدم أمانتنا في الحفاظ على وعودنا. وعندما نفكر في فرح الرب العجيب، نشعر بالتوبيخ على حزننا وبؤسنا الذي تُخفيه ابتساماتنا المصطنعة. ربما يبدو الشعاع الذي يعكس مدى تقوانا أكثر توهجًا من أصدقائنا أو جيراننا، لكن عندما نراه في ضوء شمس قداسة الله، سنكتشف أنه كلا شيء. الكتاب المقدّس يعلن ذلك بوضوح، «**قَلْبُ بَنِي الْبَشَرِ مَلآنُ مِنَ الشَّرِّ، وَالْحَمَاقَةُ فِي قَلْبِهِمْ وَهُمْ أَحْيَاءٌ**» (جامعة ٩: ٣). لقد خالفنا شريعة الرب، كل وصية من وصاياه في الكتاب المقدّس نحن تعدينا عليها بالفعل أو حتى بالفكر في قلوبنا (متى ٥: ٢١-٤٨). نحن لم نكسر وصايا الرب فقط، بل أحزنا قلبه عندما وضعنا ثقتنا وأماننا ومسرتنا في المخلوقات دون الخالق، مثل الطعام والشراب وحتى العلاقة الحميمة. بعبارة أخرى، نحن عابدي أوثان؛ من جهة كسرنا للوصية، ومن جهة تعلقنا بأمور أخرى غير الله. نحن نعلم في أعماقنا، أننا عندما ننظر للخالق القدوس ونفكر فيما نحن عليه، سنجد أننا مستحقون لجهنم.

الجحيم يقترب من الجميع

الجحيم يقترب لأن الحياة قصيرة، لا يجب أن نفكر بهذه الطريقة، نحن نعيش في عالم يبث من حولنا طوال الوقت رسائل تجذب قلوبنا بعيدًا عن السماء وتجعلنا نتعلق بالكثير من الأشياء في هذا العالم. بلايين الدولارات تنفق على صناعة الإعلانات كي تبقينا نحملق في كل ما يجعلنا نستمتع بالحياة أكثر، دون أن نفكر فيما بعد هذه الحياة. إنهم يضعون أمامنا الكثير من الوعود الفارغة، الواحد تلو الآخر، فهذا أفضل كريم للوجه، وهذا أفضل خبير مالي، وهكذا وهكذا.. اختر أي شيء تريد ليصلك حتى باب منزلك. حتى بعض الوعاظ المسيحيين يعززون رسالة مفادها، أنه إذا كان لنا إيمانًا أفضل، سوف نعيش حياة أفضل في هذا العالم. وحتى هؤلاء الخدام الذين يقدمون تعليمًا سليمًا، ربما يخونون هذا التعليم بطريقة معيشتهم التي تظهر أين قلوبهم في الحقيقة. لكن حمدًا لله! لأنه بالرغم من كل هذا الضجيج من حولنا، يؤكد الكتاب المقدّس حقيقة أننا جميعًا سوف نموت عاجلاً أم آجلاً. «**مَا هِيَ حَيَاتُكُمْ؟ إِنَّهَا بُخَارٌ، يَظْهَرُ قَلِيلاً ثُمَّ يَضْمَحِلُّ**» (يعقوب ٤: ١٤). الكتاب المقدّس ينظر للبشر بحكمة واقعية، لأن حياة الإنسان قصيرة (الجامعة ٥: ١٨)، فقط الحمقى هم من يتجاهلون التفكير في الموت «**الأَحْيَاءَ يَعْلَمُونَ أَنَّهُمْ سَيَمُوتُونَ**» (الجامعة ٩: ٥). الكتاب المقدّس له نظرة واقعية في إدراك حتمية الموت والحزن الذي يصاحب الموت «**اَلذَّهَابُ إِلَى بَيْتِ النَّوْحِ خَيْرٌ مِنَ الذَّهَابِ إِلَى بَيْتِ الْوَلِيمَةِ، لأَنَّ ذَاكَ نِهَايَةُ كُلِّ إِنْسَانٍ، وَالْحَيُّ يَضَعُهُ فِي قَلْبِهِ**» (الجامعة ٧: ٢).

والآن، ماذا عنك؟ هل تؤمن بحقيقة أن الجحيم والسماء أبديان؟ هل تفكر أنك اليوم قد تكون أقرب إلى أحدهما دون الآخر أكثر من الأمس؟ وأنك غدًا تقترب من الأبدية خطوة لن تستردها مرة أخرى؟ نحن على عكس الفانتازيا التي تقدمها الأفلام وألعاب الفيديو، لا يمكننا توقيف الزمن. لقد حدد الله يوم مولدنا ويوم مماتنا (مزمور ١٣٩: ١٦؛ جامعة ٧: ١٧؛ متى ٦: ٢٧). السؤال الهام هو، هل نحن مستعدون للأبدية؟ أم نجح العالم في جعلنا نصدق أننا سوف نعيش للأبد، رغم أننا نعلم جيدًا أن هذا غير حقيقي؟

كل هؤلاء الذين يعيشون حياة طويلة، يعرفون أنه في نهاية المطاف سيواجهون واحد من اثنين، إما السماء أو الجحيم، في أبدية حتمية تسرع نحونا، في يوم لا نعرفه! لكن المزعج في الأمر، أنه يوجد أناس لن يعيشون حياة طويلة، وقد يأتي الموت للبعض بغتةً دون سابق إنذار، وهذا هو المغزى من مثل الغني الغبي الذي هدم مخازنه وبنى مخازنًا أكبر وهو يفكر في نفسه قائلاً: «**يا نَفْسُ لَكِ خَيْرَاتٌ كَثِيرَةٌ، مَوْضُوعَةٌ لِسِنِينَ كَثِيرَةٍ. اِسْتَرِيحِي وَكُلِي وَاشْرَبِي وَافْرَحِي! فَقَالَ لَهُ اللهُ: يَا غَبِيُّ! هذِهِ اللَّيْلَةَ تُطْلَبُ نَفْسُكَ مِنْكَ، فَهذِهِ الَّتِي أَعْدَدْتَهَا لِمَنْ تَكُونُ؟**» (لوقا ١٢: ١٩-٢٠).

قدم جوناثان إدواردز «Jonathan Edwards» ذات يوم، عظة بعنوان «الجسد يذبُل مثل زهرة»، كان يريد بهذه العظة أن يضع في ذهن رعية الكنيسة، أن يكون لديهم وعي تام بوجود احتمالية لموت أي عضو وهو في سن الشباب. ربما كان خطر الموت يبدو أكبر بكثير من يومنا هذا، لكن رغم أننا نعيش في عصر الطب الحديث. أصبح من السهل جدًا أن يفقد الكثيرون حياتهم، بسبب جرعة مخدرات زائدة أو حادث تزحلق أو تحطم سيارة بسبب التشتت في الهاتف النقال أثناء القيادة، كل هذه الحوادث تحصد أرواح الشباب في كل يوم. وهناك الكثيرون بيننا من هؤلاء الذين يعيشون آخر أيامهم على الأرض ويقتربون من الموت. سواء كنا من الشباب أو العجائز، فإن الله يحبنا بما يكفي لكي يحذرنا مرارًا وتكرارًا في الكتاب المقدّس بصراحة ورأفة أن الموت قد يأتي في أي وقت ولأي شخص، «**بَادَ الصِّدِّيقُ وَلَيْسَ أَحَدٌ يَضَعُ ذلِكَ فِي قَلْبِهِ. وَرِجَالُ الإِحْسَانِ يُضَمُّونَ، وَلَيْسَ مَنْ يَفْطَنُ**» (إشعياء ٥٧: ١).

الأمر ليس هوسًا، بل هو أمر صحي جدًا أن نفكر في مسألة الموت. ربما تكون مؤمنًا ولا تضع قلبك سوى على السماء وليس الجحيم، لكن من المفيد أن تفكر كل يوم في أمر الجحيم. فكر بهذه الطريقة، أن كل من يقرأون هذا الفصل قد يكونون على بعد خطوات من الموت. في طريقك للعمل كل يوم، قد ترى مستشفى أو سيارة إسعاف في محاولة لإنقاذ شخص من الموت. الجميع، رجالاً ونساء، ربما ينامون ليستيقظوا في جهنم! اليوم وأكثر من أي وقت مضى، قد يكون على بعد أيام قليلة أو أميال قليلة منك شخص يموت ويذهب للجحيم. والمأساة الكبرى، أن هذا الأمر

لا يمكن معالجته! «**وَفَوْقَ هذَا كُلِّهِ، بَيْنَنَا وَبَيْنَكُمْ هُوَّةٌ عَظِيمَةٌ قَدْ أُثْبِتَتْ، حَتَّى إِنَّ الَّذِينَ يُرِيدُونَ الْعُبُورَ مِنْ ههُنَا إِلَيْكُمْ لاَ يَقْدِرُونَ، وَلاَ الَّذِينَ مِنْ هُنَاكَ يَجْتَازُونَ إِلَيْنَا**» (لوقا ١٦: ٢٦). وحتى لو نجونا من مصير مظلم في الجحيم الذي نستحقه، فنحن مازلنا نعيش في عالم يقترب فيه الجميع من حافة الجحيم كل يوم. الجحيم يقترب من الجميع!

الجحيم يمكن النجاة منه!

المفاجأة العظمى في هذا العالم هي، ليس أن الناس يذهبون إلى الجحيم، بل يمكنهم الذهاب إلى السماء! حتى في هذا الفصل، بعد أن راجعنا تعاليم الكتاب المقدّس، وتأملنا الضرورة الصحية لوجود عقيدة الجحيم، ربما تظل حقيقة الجحيم غير عادلة بشكل مخيف بالنسبة لك. كل هذا الشعور وما يحمله من رعب يمكن تفهمه. لكن أهم شيء هو، أن تضع في ذهنك أنه يوجد مخرج، وهذا ليس مستحيلاً، ويمكن أن تصل للسماء. بغض النظر عن كل الخطايا التي ارتكبناها، يمكننا تجنب الذهاب إلى الجحيم، لكننا لن نكون بمنأى عنه إذا اتكلنا على أعمالنا الصالحة، ولن نقترب منه إذا كانت أعمالنا شريرة. لأنه على العكس من كل الأديان، لا يقدم الإيمان المسيحي خريطة تقودنا خطوة بخطوة لتجنب الجحيم، بل تقدم لنا الخبر السار، بإن هناك مخلص تحمل أهوال الجحيم بدلاً عنا. وفقط إذا تواضعنا واعترفنا أمامه بخطايانا ننجو من الجحيم. الكتاب المقدّس لا يقدم لنا خطوات ننفذها أو واجبات نقوم بها وكأن تجنب الجحيم أمر يمكننا أن نحققه بأنفسنا. الكتاب المقدّس يقدم لنا المنقذ كما يقول الرسول بولس لجماعة المؤمنين في تسالونيكي «**لأَنَّ اللهَ لَمْ يَجْعَلْنَا لِلْغَضَبِ، بَلْ لاقْتِنَاءِ الْخَلاَصِ بِرَبِّنَا يَسُوعَ الْمَسِيحِ، الَّذِي مَاتَ لأَجْلِنَا، حَتَّى إِذَا سَهِرْنَا أَوْ نِمْنَا نَحْيَا جَمِيعًا مَعَهُ**» (١ تسالونيكي ٥: ٩-١٠). نحن فقط بحاجة لأن نرتمي في أحضانه.

حقيقة أن الجحيم يمكن تجنبه، لا يمكن أن تؤثر في عدل الله بأي حال من الأحوال. الله لا يسمح للبعض بأن يذهبوا للجحيم لأنه ببساطة يتغاضى خطاياهم، الله لا يغض الطرف عن الخطية، هو الله، ولا يمكن أن يتعامل بظلم، هو لا يتعامل إلاَّ بإنصاف وعدل، لكن السبب في أن الجحيم يمكن تجنبه والنجاة منه هو، أن يسوع احتمل أهوال الجحيم بدلاً من هؤلاء الذين سيكونون حوله في السماء. لنقولها بشكل مختلف للتوضيح،

خطية كل شخص تم القصاص منها في الجحيم، مؤمنون وغير مؤمنين على حدٍ سواء. في الجحيم تم القصاص من خطية غير المؤمنين في أنفسهم، أما المؤمنون فقد تم القصاص من خطيتهم في المسيح بدلاً عنهم. على الصليب تحمل يسوع ثقل الخطية بدلاً من كل شعبه. وأسر في نفسه كل الرعب الذي لا يمكننا تخيله، عندما احتمل ترك الله الذي نستحقه نحن وصرخ قائلاً: «**إِيلِي، إِيلِي، لِمَا شَبَقْتَنِي؟ أَيْ: إِلهِي، إِلهِي، لِمَاذَا تَرَكْتَنِي**» (متى ٢٧: ٤٦). ولهذا نقول إن يسوع مات «بدلاً عنا».

الآن بدأنا نرى بوضوح أكثر، أن هناك سبب آخر ليكون الجحيم أبديًا، وهو أن الخطية، وجموح وكبرياء النفس، في مواجهة الخالق (الأبدي) نفسه. وهكذا، لا يمكن عقابها إلى التمام. عندما نخطئ إلى الله (الأبدي) كلّي الجمال، هذه الخطية لا يمكننا التكفير التام عنها. من جهة أخرى، لو قام ابن الله الوحيد – ابن الإنسان – بحمل كل وزر الخطية عنا، إذًا يمكنه – هو وحده فقط – أن يحمل عقابها إلى التمام (إلى الأبد). ربما تبدو هذه الفكرة صعبة الاستيعاب، لكن دعني أسألك، إذا كنت مازلت تصارع في فهم الطريقة التي يتم بها العقاب الأبدي في جهنم، وقد أرسل الله ابنه الوحيد إلى العالم ليتألم ويموت، ليهب السماء مجانًا لكل الذين يتوبون ويثقون به، ألا يُعد هذا دليل كافي لأن نثق في الله حتى لو لم نفهم طُرقه تمامًا؟ هذا ما قاله إبراهيم لله «**أَدَيَّانُ كُلِّ الأَرْضِ لاَ يَصْنَعُ عَدْلاً؟**» (تكوين ١٨: ٢٥). وكان جواب الله على هذا السؤال البلاغي (بلى). حتى عندما لا نفهم طرق الله، سواء بالنظر لتعاليم الكتاب المقدّس عن الجحيم، أو الظروف المؤلمة التي تحيط بنا في هذا العالم.. أو أية ظروف أخرى، يمكننا أن نثق في الرب. لقد أثبت بموت ابنه أي إله هو. لقد أنهى أي شك أو تساؤل حول عدالته، لذا يمكننا أن نحيا في سلام ويقين عندما ننظر للصليب.

ما تكلمنا عنه بإيجاز في هذا الجزء الأخير، هي الأخبار السارة، أفضل أخبار على الإطلاق، أكثر إعلان مدهش في كل ماضي وحاضر ومستقبل التاريخ البشري كله. **يمكنك النجاة من الجحيم**، وكل إنسان يمكنه النجاة من الجحيم، السماء ليست للمستحقين بل للتائبين. والجحيم ليس لغير المستحقين، بل لغير التائبين. كنت أسمع والدي يقول: «**أصبح الجحيم ممتلئا بهؤلاء الذين يظنون أنفسهم ذاهبون إلى السماء،**

والسماء ممتلئـة بهـؤلاء الذيـن يعرفـون أنهـم كانـوا يسـتحقون الذهـاب إلـى الجحيـم». السماء ليس لمن يطيعون الوصايا، بل لمن يعترفون بخطاياهم بصدق. الجحيـم ليس لغير الطائعين، بل للذين لا يواجهون أنفسهم، لهؤلاء الذين رفضوا الاعتراف بتمردهم علـى الخالـق. ربمـا يومًـا مـا كانـوا مواطنيـن شـرفاء، يتعاملـون بلطف مـع جيرانهم، يقدمون أموالهم للأعمال الخيرية، من الجيد أنهم فعلوا هذه الأشياء، لكن الحكم النهائي علـى حياتهـم يتوقـف فقط علـى موقفهم مـن يسوع. هل كانـوا علـى علـم بأنهم بحاجـة لمـوت يسـوع ليحمـل عنهـم العقـاب المسـتحق علـى خطاياهـم؟ أم رأوا أنهـم ليسـوا بهـذا السـوء كالذيـن حولهـم؟

يعتـرض البعـض علـى تعاليـم الكتـاب المقـدّس عـن الجحيـم، لأنهـا تحصـر الخـلاص علـى المؤمنيـن بالمسـيح، ويفترضـون بمـا أن الجحيـم بهـذا السـوء، فبـكل تأكيـد لـن يعطي الله للنـاس طريقًـا واحـدًا للخـلاص وهـو (يسـوع). فهـل مـن المنصـف أن يذهب أتبـاع الديانـات الأخـرى (المخلِصين) حيـث يذهب القتلـة والمجرميـن؟! دعونـي أجيـب عـن هذا السـؤال بتشـبيه لشـيءٍ مـا:

إذا كنـت فـي طريقـك للمـوت بسـبب ارتـكاب سلسـلة مـن الجرائـم، وقُدم إليـك عـرض بالإعفاء التـام فقـط فـي مقابـل الاعتـراف بأنك مذنـب بالفعـل، فهل سـتعترض بأنـه ليـس هنـاك طريقـة أخـرى للنجـاة مـن هـذا الحكـم؟ كم نكون متغطرسـين إذا طلبنـا طريقًـا آخر ونرفـض هـذا الـذي يقدمـه لنـا الله!

أكثـر أعجوبـة مدهشـة فـي كل البشـرية هـي، ليسـت أنـه يوجـد طريقًـا واحـدًا للنجـاة من الجحيم، بل أنه يوجد طريقًا لخلاص كل البشر من خلال إلهنا.

الجحيم يمكن النجاة منه.

مجدًا للرب!

١٤

هل ممارسة التأديب الكنسي تُعبِّر عن المحبة؟

چوناثان ليمان

«كُلَّ تَأْدِيبٍ فِي الْحَاضِرِ لاَ يُرَى أَنَّهُ لِلْفَرَحِ بَلْ لِلْحَزَنِ. وَأَمَّا أَخِيرًا فَيُعْطِي الَّذِينَ يَتَدَرَّبُونَ بِهِ ثَمَرَ بِرّ لِلسَّلاَمِ»

العبرانيين ١٢: ١١

هل تتذكر أول مرة سمعت بها تعبير (تأديب كنسي)؟ ربما شعرت حينها ببعض التنافر في هذا المصطلح؛ لأنك لم تتوقع أن تتفق الكلمتان معًا. تمامًا مثل تعبير (صداقة سامة)، أو (نعمة مشروطة)! ففي النهاية، يجب أن تقدم الكنيسة المحبة والرحمة، وليس الإدانة والتأديب، أليس كذلك؟! لكن كم سيبدو الأمر غريبًا بالفعل، أن آتي بعد ذلك وأخبرك بأن التأديب الكنسي يُعبِّر بالفعل عن المحبة! ألا يُلقي ذلك بك في دائرة مُفرغة من الحيرة؟ لكن بالرغم من ذلك، فهذا هو موضوع هذا الكُتيب. أريد من خلال هذا الكُتيب أن تعرف ما هو التأديب الكنسي؟ وكيف يتم؟ بل أكثر من ذلك، أريدك أن تعرف أن التأديب الكنسي يعبر عن محبة الكنيسة بالفعل، بل ويُظهر لنا شيئًا من محبة الله. هل مازلت ترى الأمر غريبًا؟ لا بأس، نحن بالفعل بحاجة لفهمٍ أفضل للتأديب الكنسي، وفهمٍ أفضل للمحبة.

التأديب الكنسي لا يُعبر عن المحبة في بعض الأحيان

لنكن صريحين، التأديب الكنسي لا يُعبر عن المحبة دائمًا. سأضرب لك مثالاً: ربما تكون مثلي، قد درست رواية (الحرف القُرمزي) للكاتب/ نثانيل هورثون Nathaniel Hawthorne في المرحلة الثانوية، تقع أحداث هذه الرواية في القرن السابع عشر، في إنجلترا، وتحكي عن امرأة جميلة وقوية، تحبل بطفل خارج إطار الزواج، وترفض أن تصرِّح باسم الرجل الذي حملت منه، مما يثير حنق أهل البلدة جميعًا، فتتفق السلطات والكنيسة اللذان كانا تقريبًا جهة واحدة. في بادئ الأمر، طالبتها السلطات بوضع (حرف قرمزي) مُطرز على ملابسها، كعلامة على ارتكابها خطية الزنا، ثم لاحقًا، طالبتها بالخروج من البلدة، والعيش بعيدًا في القفر، في كوخ فقير، تمامًا كما كان يُعزل (النجس) في إسرائيل عن بقية الشعب في العهد القديم.

بعد أن تواصل قراءة الرواية، ستعرف بأن شريكها في الجريمة، أبو الطفل، هو نفسه كاهن البلدة! الأسوأ من حكم السلطات والكنيسة، هو رياء الكاهن الذي ترك المرأة غير المتزوجة لتتحمل وحدها كل العقاب. لا يظهر الحب في هذه الرواية سوى في علاقة تلك المرأة المنبوذة بابنتها التي تقوم هي وحدها برعايتها. في أيامنا هذه، قد تبدو هذه القصة هزلية وغير منطقية. لكن في ذات الوقت، يجب أن نواجه أنفسنا بهذه الحقيقة، بأن هناك الكثير من الكنائس التي لا تتبِّع المحبة والحكمة في ممارسة التأديب الكنسي؛ إذ في بعض الأحيان، تبني هذه الكنائس حكمها على ما في ضمائر الناس، رغم أن الكتاب المقدس لا يطلب ذلك، وأحيانًا يوجهون اللَّوم للشخص الخطأ، بل وحتى قد يحابون قائدًا في الكنيسة ويتحاملون ضد عضو متألم.

نحن بحاجة لأن نعرف الفرق بين التأديب الكنسي الذي يُعبر عن المحبة، والذي لا يعرف المحبة؛ لأن التأديب الكنسي الظالم يشبه تمامًا التأديب الظالم من بعض الآباء أو رجال الشرطة، يسبب تحطيمًا عظيمًا للشخص. مثل هذا التأديب مكروه، والله يكرهه.

التأديب الكنسي يُنمِي الكنيسة في البر والسلام

لا يمكننا بسبب بعض الممارسات الخاطئة، أن نرفض فكرة التأديب الكنسي بجملتها، كمن يرفض الزواج كله بسبب أن رأى نموذجًا سيئًا. يسوع نفسه هو الذي أسس التأديب الكنسي، فكما سنرى بعد قليل، أن التأديب الكنسي المبني على المحبة، يعطي قداسة ونموًا في حياة روحية سليمة. إنه يساعد الكنيسة لتبقى صحيحة روحيًا وشاهدة لرسالة الإنجيل. يعلمنا الكتاب المقدَّس أن التأديب والمحبة مترابطتان كوجهين لعملة واحدة، «**لأَنَّ الَّذِي يُحِبُّهُ الرَّبُّ يُؤَدِّبُهُ، وَيَجْلِدُ كُلَّ ابْنٍ يَقْبَلُهُ**» (العبرانيين ١٢: ٦). لا ينظر الله للمحبة والتأديب على أنهما أمران متناقضان، بل يعلمنا أن المحبة هي الدافع الحقيقي وراء التأديب. يُكمل كاتب العبرانيين فيقول: «**لأَنَّ أُولئِكَ أَدَّبُونَا أَيَّامًا قَلِيلَةً حَسَبَ اسْتِحْسَانِهِمْ، وَأَمَّا هذَا فَلأَجْلِ الْمَنْفَعَةِ، لِكَيْ نَشْتَرِكَ فِي قَدَاسَتِهِ. وَلكِنَّ كُلَّ تَأْدِيبٍ فِي الْحَاضِرِ لاَ يُرَى أَنَّهُ لِلْفَرَحِ بَلْ لِلْحَزَنِ. وَأَمَّا أَخِيرًا فَيُعْطِي الَّذِينَ يَتَدَرَّبُونَ بِهِ ثَمَرَ بِرّ لِلسَّلاَمِ**» (العبرانيين ٦: ١٠-١١).

تُذكرني عبارة (**ثَمَرَ بِرّ لِلسَّلاَمِ**) بحقول القمح الذهبية، أشعر عندما أراها أنها كثمار البر والسلام في الكنيسة. ألا تبدو صورةً رائعة؟! بنفس الطريقة التي يُثمر فيها تصحيح أخطاء الطالب في الرياضيات بمستوىً أفضل، هكذا يُثمر التأديب المُحب بنمو الكنيسة. إنه يؤدي لنمو الأشخاص الذين يؤدَبون، وبالمثل الأشخاص الذين يمارسون التأديب. أتذكر ذات مرة، عندما واجهتني أخت في الكنيسة بأسلوب صريح ومباشر قائلةً: «چوناثان، أنت بالفعل أناني»، هذه العبارة العفوية البسيطة، بمثابة تأديب غير رسمي ساعدني كثيرًا فيما بعد. في الحقيقة، لم أكن أدرك كم كنت أنانيًا كما قالت، لقد ساعدتني أن أرى مشكلتي وأنمو للأفضل. أتذكر مناسبة أخرى، حين وقف شيوخ كنيستنا أمام الكنيسة، وأخبرونا أن عضو من أعضاء الكنيسة ترك زوجته وأبناءه، لقد طلبوا منا التدخل لدعوة هذا العضو لأن يرجع عن خطيته، وذكرونا بإمكانية فرز هذا العضو من بين شعب الكنيسة. كنت أتناول العشاء بعد ذلك بيومين، مع «ديفيد»، عضو شاب بالكنيسة، التفت إليَّ أمام باب منزله وهو يودعني وقال: «چوناثان، لقد ظللت طوال اليومين الماضيين أفكر في هذا التأديب بلا توقف، أنا أكره الخطية»!

لقد كرر كلمة (أكره) ليؤكد الأمر، أجبته: «نعم، إنها خادعة ومُهلكة»! لقد انشغلت كل الكنيسة في أمر هذا التأديب الكنسي، فالشيوخ لم يكونوا يقدمون حالة للدراسة في مدرسة، لم يكونوا يقدمون برنامجًا تلفزيونيًا للحياة اليومية، بل كانوا يجلسون معنا لنتشاور كأسرة واحدة، كان حديثهم: «لقد ترك أخ من إخوة الكنيسة بيته، فماذا نفعل»؟ كل عضو من أعضاء الكنيسة اهتم بالأمر، كان علينا أن نحزن، وأن ننمو أيضًا في الإيمان، وأن نُظهر المحبة لزوجته وأطفاله، بل وحتى لذاك الرجل الذي هجر أسرته. والدرس المستفاد من كل هذا الأمر، هو ما سمعته من (ديفيد) بعدها بيومين وهو يقول أنه تعلَّم أن يكره الخطية أكثر فأكثر. وأثق أنني إذا سألت كل أعضاء الكنيسة عضوًا فعضو، سيرددون نفس الشيء.

في نهاية الأمر، صوتت كل الكنيسة على فرز هذا الأخ من عضوية الكنيسة لأنه لا يتوب عن خطيته. فهل هذا التصرف يعبِّر عن محبة الكنيسة؟ نعم، لقد أظهرت الكنيسة محبتها لهذا الرجل لأنه كان يعيش في خداع النفس، واتضح في سلوكه كل العلامات التي تؤكد أنه يسير في طريق الهلاك الأبدي. لقد أظهرت المحبة لزوجته وأبنائه لأن ذلك يؤكد محبة ودعم الله لهم. لقد أظهرت المحبة من خلال تحذير الأعضاء الضعفاء في القطيع، الذين ربما يُجّربون بالسير في نفس طريق الخطية. لقد أظهرت المحبة لأي شخص غير مسيحي، عندما عرف أن يسوع لا يرضى بالهجر أو الزنا. لقد أظهرت الكنيسة المحبة لشيوخها الذين علموا الرعية أن يثقوا في توصياتهم وقيادتهم للكنيسة. وقد أظهرت المحبة في الأساس للمسيح؛ لأن محبته الحقيقية هي حفظ وصاياه (يوحنا ١٤: ٢١).

التأديب الكنسي ينمي الكنيسة في البر والسلام والمحبة. هذه حقيقة سواء تاب ورجع الخاطئ للكنيسة أم لا. لكنني رأيت بالفعل، كيف تعمل النعمة من خلال التأديب الكنسي، حين يتم إصلاح زواجًا مدمرًا، وحين يتم الاعتراف بالخطية، وحين يتخلَّى المدمن (لأي شيء) عن إدمانه، وحين يعود الشخص للعيش بحسب الإنجيل. كل القصص بعد التوبة رائعة وعظيمة.

هل التأديب أمر كتابي بالفعل؟

قبل أن نتعمق أكثر، يجب أن نجُيب عن أهم سؤال: **هل يوجد تأديب كنسي بالفعل في الإنجيل؟**

الإجابة هي، نعم! ويظهر ذلك في الكثير من آيات العهد الجديد، على سبيل المثال:

(٢ كورنثوس ٢: ٦؛ غلاطية ٦: ١؛ أفسس ٥: ١١؛ ١ تسالونيكي ٥: ١٤؛ ٢ تسالونيكي ٣: ٦-١٥؛ ١ تيموثاوس ٥: ١٩-٢٠؛ ٢ تيموثاوس ٣: ٢-٥؛ تيطس ٣: ١٠). لكن أشهر جزئين في العهد الجديد، تناولا التأديب الكنسي هما (متى ١٨: ١٥-١٧؛ ١ كورنثوس ٥).

متى الأصحاح ١٨

تطرق يسوع للتأديب بينما كان يعلم عن الراعي الصالح، الذي يترك التسعة والتسعين خروف، ليفتش عن الخروف الضال (متى ١٨: ١٠-١٤). إذًا، كيف نفتش عن خروف واحد ضال؟ يجيب يسوع كالتالي:

> **«إِنْ أَخْطَأَ إِلَيْكَ أَخُوكَ فَاذْهَبْ وَعَاتِبْهُ بَيْنَكَ وَبَيْنَهُ وَحْدَكُمَا. إِنْ سَمِعَ مِنْكَ فَقَدْ رَبِحْتَ أَخَاكَ. وَإِنْ لَمْ يَسْمَعْ، فَخُذْ مَعَكَ أَيْضًا وَاحِدًا أَوِ اثْنَيْنِ، لِكَيْ تَقُومَ كُلُّ كَلِمَةٍ عَلَى فَمِ شَاهِدَيْنِ أَوْ ثَلاَثَةٍ. وَإِنْ لَمْ يَسْمَعْ مِنْهُمْ فَقُلْ لِلْكَنِيسَةِ. وَإِنْ لَمْ يَسْمَعْ مِنَ الْكَنِيسَةِ فَلْيَكُنْ عِنْدَكَ كَالْوَثَنِيِّ وَالْعَشَّارِ»** (متى ١٨: ١٥-١٧).

إذًا، عندما يُخطئ شخص، يتم مواجهته على انفراد، وعندما لا يستجيب يتم مواجهته مرة ثانية، وعندما لا يستجيب، في هذه الحالة يتم مواجهته من قِبل الكنيسة، وفي حال عدم استجابته، في هذه الحالة يقول يسوع بأنه يجب أن يُعامل كشخص خارج رعية الكنيسة. إما بالفرز أو الحرمان من الانضمام لجماعة المؤمنين. لاحظ كيف يريد يسوع إبقاء الأمر في أضيق الحدود الممكنة، لكن في ذات الوقت أن تأخذ الكنيسة دورها؛ لأنه في نهاية الأمر، كل الكنيسة كانت شاهدة على اعتراف الشخص بالإيمان عندما وافقت على انضمامه لعضوية الكنيسة. نحن جميعًا نشارك في الشهادة على اعتراف

بعضنا البعض بالإيمان، لأننا في الكنيسة نحمل اسم عائلة واحد، نحن مسؤولون عن بعضنا البعض كأعضاء في جسد واحد. لاحظ أيضًا أن يسوع يؤكد على أهمية أن تتم هذه العملية بحسب الشريعة، أي أن يكون هناك أكثر من شاهدين أو ثلاثة، كما كانت تتم المحاكمة أمام القضاة في (تثنية ١٩: ١٥). يسوع لا يريد أن تكون هناك اتهامات باطلة أو تغاضي عن تطبيق العدل، فقط لأجل أن تمارس الكنيسة دورها. هو لا يريد أن يقف الرعاة ليقدموا تحليلاتهم الخاصة لشخصية الشخص، بل أن تُمارس الكنيسة دورها حين تكون هناك حقائق مؤكدة ومُتفق عليها من الجميع.

دائمًا ما تدهشنا تعاليم المسيح، ألم يُقل قبل هذا بأصحاحات قليلة «**لاَ تَدِينُوا لِكَيْ لاَ تُدَانُوا**» (متى ٧: ١)؟! لقد قال يسوع لتلاميذه ألاَّ يطرحوا دُررهم للخنازير، وقال أيضًا تعرفون الشجرة من ثمارها، والأمران يعبران عن إدانة الآخرين (متى ٧: ٦، ٢٠)! فكيف نفهم هذه الأمور معًا؟ من الواضح أن يسوع لا يريد منا أن نصل للمرحلة التي نضطر فيها لإدانة الشخص وتأديبه علانية، بل أن نتعلم كيف نكتشف حقيقة إيمانه قبل انضمامه لعضوية الكنيسة.

١ كورنثوس الأصحاح ٥

يعلمنا بولس نفس الشيء في ١ كورنثوس ٥، عندما واجه كنيسة كورنثوس في بداية الأصحاح، بسبب موقفهم من عضو يُعاشر زوجة أبيه مُعاشرة الأزواج. لقد كانت الكنيسة على علم بموقف هذا العضو، ولسبب غير معروف كانوا يتفاخرون بذلك! ربما كانوا يظنون أنهم محبون ومتسامحون! أيًا كان موقفهم، فإن بولس وبخهم لأجل ذلك، وأخبرهم أنهم بدل التفاخر بهذا التصرف، يجب أن يفرزوا هذا العضو من الكنيسة «**أَفَأَنْتُمْ مُنْتَفِخُونَ، وَبِالْحَرِيِّ لَمْ تَنُوحُوا حَتَّى يُرْفَعَ مِنْ وَسْطِكُمُ الَّذِي فَعَلَ هذَا الْفِعْلَ؟**» (١ كورنثوس ٥: ٢).

لاحظ هنا أن عملية التأديب التي قام بها بولس، تبدو مختلفة قليلاً عمَّا فعله يسوع، لقد قدم يسوع أربع خطوات لعملية التأديب؛ الخطوة الاولى المواجهة على انفراد، ثم الثانية المواجهة من قِبل شاهدين أو ثلاثة، ثم مواجهة الكنيسة، ثم الفرز. أما بولس هنا، فيطلب من الكنيسة أن تفرز الرجل على الفور! تُرى، ما سبب الفرق هنا بين

بولس ويسوع؟ هناك سببان؛ الأول: أن التأديب بحسب ما قدمه يسوع، يسير خطوة بخطوة حتى يكون هناك تأكيد على توبة أو عدم توبة الشخص، بينما بولس قرر في الحال أن هذا الرجل غير تائب (١ كورنثوس ٥: ٣، ١١). أما الثاني: أن النموذج الذي قدمه يسوع، كان يخص حالة شخص خطيته شخصية وغير معروفة، بينما يخبرنا بولس أن كل كنيسة كورنثوس كانت على علم بالأمر. بعبارة أخرى، يبدأ التأديب الذي قدمه بولس، من حيث ينتهي يسوع.

ما الذي نفهمه من الفرق بين الموقفين؟ أنه لا يوجد طريقة موحدة في التأديب الكنسي تناسب جميع الحالات. كل حالة يجب أن يتم التعامل معها بحكمة وحرص، بناءً على الحقائق المتعلقة بالحالة، وأي تفاصيل بخلفيتها. على سبيل المثال: هل هذا الشخص مؤمن حديث أم قديم؟ هل هو على علم بمبادىء وتعاليم الكتاب أم مازال مستجدًا على هذه الأمور؟ أهو شخص متمرد أم شخص ضعيف الإيمان؟ هل هي إنسانة أُمسكت في فعل الخطية، أم بادرت بالاعتراف بخطيتها؟ هل هو شخص يتحمل كل وزر الخطية على عاتقه، أم هناك شخص آخر متورط معه؟ هل هي إنسانة تُريد تحمُّل عاقبة خطيتها والتوبة عنها، أم تريد أن تفعل كل شيء بحسب ما يحلو لها؟ هل هو شخص يلتزم بعهوده أم لا؟ هل كلمات الاعتذار تعبر عن توبة حقيقية أم مجرد كلام اعتذار يصدر من أي شخص؟ (٢ كورنثوس ٧: ١٠)، ما هو دور الطرف الآخر المشارك في الخطية؟ هل هي إنسانة ضلَّت الإيمان؟

كل حالة تطلب اهتمامًا رعويًا خاصًا، وحكمةً وحرصًا محبة. لا يجب أن تكون الكنيسة مُحبة فقط، بل يجب أن تكون حكيمة أيضًا، ولا يجب أن تكون حكمية فقط، بل مُحبة أيضًا. يساعدنا العدد الأول من الأصحاح الخامس برسالة كورنثوس الأولى على فهم الغرض من التأديب الكنسي.

أولاً: التأديب يفضح الخطية، التي تُشبه السرطان الذي يحب التخَّفي، التأديب يكشف سرطان الخطية حتى يتم استئصاله (١ كورنثوس ٥: ٢).

ثانيًا: التأديب يُحذِّر، الكنيسة لا يجب أن تأخذ مكان الله في وضع قوانين خاصة من خلال التأديب، لكنها فقط تؤدي دورًا بسيطًا لتعطي صورة مصغرة لما سيكون عليه يوم الدينونة العظيم (١ كورنثوس ٥: ٥).

ثالثًا: التأديب يخلِّص، هذا ما تفعله الكنيسة عندما ترى عضوًا يسير في طريق الموت والهلاك دون أن يكون هناك ما ينبهه، هنا يكون دور الكنيسة هو استرداده مرة أخرى.

رابعًا: التأديب يحمي، لأن الخطية تُشبه السرطان الذي ينتشر سريعًا من شخص لآخر (١ كورنثوس ٥: ٦).

خامسًا: التأديب يحفظ الكنيسة كشاهد لرسالة الإنجيل، وربما يبدو الأمر غريبًا، لكن حفظ الكنيسة كشاهد، يحفظ حتى غير المؤمنين عندما يرون الفرق الواضح بين الكنيسة والعالم (انظر ١ كورنثوس ٥: ١). ففي النهاية، يجب أن تكون الكنيسة ملح الأرض ونور العالم، ولذلك يقول يسوع: «**إِنْ فَسَدَ الْمِلْحُ فَبِمَاذَا يُمَلَّحُ؟ لاَ يَصْلُحُ بَعْدُ لِشَيْءٍ، إِلاَّ لأَنْ يُطْرَحَ خَارِجًا وَيُدَاسَ مِنَ النَّاسِ**» (متى ٥: ١٣).[١]

ما هو التأديب الكنسي؟

أعتقد أننا رأينا العديد من الأدلة التي تؤكد وجود التأديب الكنسي في الإنجيل، لكننا لم نحصل بعد على جواب السؤال: **ما هو التأديب الكنسي؟ هو:**

تعليم وتقويم

ربما ترى علاقة وتقاربًا بين كلمتي (تلمذة) و(تأديب)؛ التأديب الكنسي في معناه الأوسع، يُعتبر جزءًا من التلمذة المسيحية.[٢] فهي تشمل كلا الأمرين، التعليم والتقويم، فلا غرابة إذًا في أن ممارسة التأديب عبر القرون تشير لوجود نوعين من التأديب، (التأديب التأسيسي) و(التأديب التقويمي)، فنحن نتأسس في الإيمان بالتعليم، ونُقوَّم بالكشف عن الأخطاء.

---

١ هذه النقاط الخمس، التي تم مناقشتها في ١ كورنثوس ٥، مأخوذة عن مقال "التأديب الكنسي ومحبة الله" لجوناثان ليمان، من موقع كنيسة كابيتول هيل بابتيست، بتاريخ ١ يناير عام ٢٠١٢، وتم توزيعه على الحضور في فصل العضوية.

https://www.capitolhillbaptist .org/sermon/church-discipline-and-the-love-of-god/.

٢ بعض النقاط في هذا الجزء (التعليم والتقويم)، عن (التمهيد للتأديب الكنسي) من موقع خدمة العلامات التسع، بتاريخ ١مارس عام ٢٠١٠.

https://www.9marks.org/article/church-discipline-primer/.

إذًا التأديب مثل باقي الأمور الأخرى، يشمل التعليم والتقويم، فأنت حين تتعلم الرياضيات، أو العلوم، يكون هناك تعليم لمبادئ وتقويم لأخطاء. فماذا تتوقع مثلاً من مدرسة تُعلم طُلابها وتشرح لهم الدروس، دون أن تُصحح أخطاءهم؟! أو طبيب يتحدث عن الصحة ويتجاهل السرطان؟ على هذا النحو، يجب أن يشمل التأديب الكنسي (التعليم والتقويم). لكن في الحقيقة، من السهل أن نُمارس الجانب التعليمي، مقارنةً بصعوبة ممارسة الجانب التقويمي. فأنا على سبيل المثال، لا أحبذ أن يقوّمني أحد، هل تحب أنت ذلك؟ لكن تلمذة المؤمن بدون تقويمه عند الوقوع في الخطية، يشبه الطبيب الذي يتجاهل وجود الأورام.

التأديب الكنسي بمعناه المحدود يعني تقويم الخاطئ. وتبدأ هذه العملية بتحذير الشخص على انفراد، وتنتهي عند الضرورة بفرزه من عضوية الكنيسة، وحرمانه من المشاركة في فريضة العشاء الرباني، بسبب عدم التوبة وترك الخطية. وغالبًا، يستخدم الناس تعبير (التأديب الكنسي) فيشيرون لهذه المرحلة الأخيرة تحديدًا. فيقولون على سبيل المثال: «تم تأديب يوسف كنسيًا» أي أنه رُفض من عضوية الكنيسة والمشاركة في مائدة العشاء الرباني. ويستخدمون أيضًا تعبير (حرمان كنسي) فيشيرون لنفس الأمر.

أي شخص يؤدب كنسيًا، يجب أن يكون لديه الحرية في أن يحضر اجتماعات الكنيسة العامة، لكنه لم يعُد عضوًا فيها، وليس من حقه أن يُشارك في مائدة الرب فيما بعد. ولا تعود الكنيسة شاهدة على إيمان هذا الشخص. التأديب الكنسي ليس الغرض منه القصاص أو وضع قوانين لتطبيق العدالة، بل خلاص المؤمنين ومساعدة كل الكنيسة على النمو في القداسة، على صورة الله كما يقول بولس: «**أَنْ يُسَلَّمَ مِثْلُ هذَا لِلشَّيْطَانِ لِهَلاَكِ الْجَسَدِ، لِكَيْ تَخْلُصَ الرُّوحُ فِي يَوْمِ الرَّبِّ يَسُوعَ**» (١ كورنثوس ٥: ٥).

نعم، يُعتبر الحرمان الكنسي (الخطوة الأخيرة من التأديب الكنسي)، صورة مُصغرة من يوم الدينونة (انظر ١كورنثوس ٥: ١٢)، لكنها تحذير رحيم من دينونة أعظم في المستقبل (كما في ١ كورنثوس ٥: ٥). يا له من إله رحيم، ذاك الذي يُحذر شعبه من أهوال يوم الدينونة العظيم بطرق بسيطة نستطيع أن نفهمها الآن!

لكن ماذا يكشف لنا الفرز من الكنيسة عن موقف الشخص؟

عندما تقرر الكنيسة فرز عضو من أعضاءها، ماذا تُعلن تحديدًا بهذا التصرف؟ هل يعني هذا أن الكنيسة تُرسل هذا الشخص إلى الجحيم؟ بالتأكيد لا، هذا تعليم كاثوليكي قديم. هل يعني أن الكنيسة تُعلن بكل يقين أن هذا الشخص لم يعُد مؤمنًا؟ مرة أخرى، لا. يسوع لم يعطِ للكنيسة عين إلهية تفحص ما بالقلوب. لكن فرز العضو من الكنيسة، وحرمانه من المشاركة في مائدة العشاء الرباني يعني، أن الكنيسة لم تعد تريد أن تكون شاهدة على إيمان هذا الشخص أمام الجميع.

فكر لحظات في إعلان الكنيسة الذي تتلوه عند انضمام شخص لعضويتها، عندما تؤكد علانيةً إعتراف الإيمان لشخصٍ ما أمام شعب الكنيسة، تقول كالتالي: «لقد اعترف يوسف بأنه أصبح تابعًا للمسيح، ومن ثَمَّ، نحن نشهد علانيةً أنه بالفعل كذلك، نحن نصدق أن يوسف أصبح ابنًا في ملكوت المسيح». تتلو الكنيسة هذا الإعلان أثناء فريضتي المعمودية والعشاء الرباني.

ولهذا، طالما تطلبت عضوية الكنيسة إعلان التأكيد على اعتراف الشخص بإيمانه، فإن الفرز علانيةً من هذه العضوية يعني أن الكنيسة لم تعد تعترف أو تؤكد إيمان هذا الشخص. ربما يظل الشخص يُقر ويعترف بإنه مؤمن، لكن الكنيسة لم تعُد تستطيع تأكيد هذا الإيمان. دعني أوضح لك بطريقة أخرى، إذا أتى يوسف إليك، وأخبرك أنه لم يعُد مؤمنًا، ثم أتى شخص آخر وسألك: هل يوسف مؤمن؟ بالطبع ستقول: لا. أليس كذلك؟! لكن افترض أن يوسف أخبرك أنه مؤمن، ثم رأيت منه تصرفًا لا يليق بإنسان مؤمن ولم يعتذر عنه، مثل أن يترك زوجته لأجل امرأة أخرى، حينها ماذا ستقول إن سألك شخص آخر: هل يوسف مؤمن؟ أظن في هذه الحالة، أنك لن تكون مستريحًا لأجابتك بنعم أو لا. هنا يحدث بالمثل في مسألة فرز شخص من عضوية الكنيسة، لن يمكنك أن تُجيب بثقة وتأكيد حول إيمان الشخص، ما لم تُعلن الكنيسة قائلة: «نعم، نحن لن نشهد ونؤكد إيمان هذا الشخص»، لقد وصلت الكنيسة لهذه النتيجة بعد محاولات عديدة في حثّه على التوبة دون استجابة، لذلك أصبحت الكنيسة تشعر بعدم الأمانة إذا استمرت في إعلان تأكيدها وثقتها في إيمان هذا الشخص.

على سبيل المثال: عندما فرزت كنيستنا هذا الأخ الأعزب، الذي لا يتوب عن ممارسة خطية الزنا، ظل يدعو نفسه مؤمنًا رغم أنه لا يتوقف عن ممارسة هذه الخطية. عندما خيَّرناه بين يسوع والخطية، أصرَّ على احتفاظه بالإثنين معًا، لأنه يُحب الخطية أكثر من يسوع. ومن ثمّ، بعد شهور عديدة، تخللها الكثير من المناقشات، والكثير من الصلاة، صوتت الكنيسة لفرز هذا الأخ؛ لأنه لم يعُد بإمكاننا التأكيد على إيمانه.

هناك أمران يمكن أن نطبقهما بناءً على كل هذا:

أولاً: إذا توقف الشخص عن إعلان إيمانه من تلقاء نفسه، ففي رأيي، لا يجب أن تُطبق عليه الكنيسة الحرمان الكنسي، عوضًا عن ذلك، تطلب من الشخص أن يتخلى عن عضويته. ليس لدينا قائمة علنية يُسجل بها الأشخاص الذين تم حرمانهم من الكنيسة، بل إن الشخص يحرم نفسه بنفسه من الكنيسة. ولهذا يقول بولس للكنيسة أنها يجب ألاَّ تُخالط «أي شخص يحمل لقب أخ» ومازال يعيش في الخطية بدون توبة (١ كورنثوس ٥: ١١).

ثانيًا: التأديب الكنسي يعتبر كسر لشركة المؤمنين والعلاقة بأعضاء الكنيسة الآخرين. لكنه ليس كسرًا للعلاقة العائلية، فالزوجة التي يُطبق على زوجها الحرمان الكنسي، يجب أن تظل تراعي واجبتها الزوجية، والأبناء الذين يُطبق على أمهاتهم الحرمان الكنسي، يجب أن يبقوا على رعاية وإكرام أمهاتهم.

هل التأديب الكنسي يعبِّر عن المحبة؟

إذا كانت مسألة التأديب الكنسي مازالت جديدة على مسامعك، ربما يكون لديك بعض الأسئلة العملية، مثل: ما هي الخطية التي تتطلب التأديب الكنسي؟ كيف تتم علمية التأديب الكنسي؟

سوف أجيب عن هذه الأسئلة بعد لحظات قليلة لأنها هامة جدًا في فهمنا للتأديب الكنسي، وماذا يكون. لكن قبل الخوض في هذه الأسئلة، سوف أجيب على السؤال الهام والرئيس في هذا الكُتيب: **هل التأديب الكنسي يعبر عن المحبة؟**

الإجابـة المختصـرة هـي: تتوقـف إجابـة هـذا السـؤال علـى طبيعـة المجتمـع الـذي تعيش بـه.

المحبة مع الاستمرار في الخطأ

إذا كنـت تعيـش فـي مجتمـع يركـز علـى الإنسـان، والإنسـان فيـه المعيـار الوحيـد لـكل الأشـياء، إذًا، سـيكون التأديـب الكنسـي بالنسـبة لـك لا يعبـر عـن المحبـة. لأن المحبـة أو (الحـب) فـي هـذا العالـم الـذي تعيـش بـه ويركـز فقـط علـى الإنسـان، دوره أن يسـاعد الإنسـان علـى اكتشـاف نفسـه، ومعرفـة نفسـه، بـل وخلـق نفسـه وأن يُعبـر عـن نفسـه. الحـب فـي هـذا العالـم لا يضـع أي قيـود أخلاقيـة علـى الإنسـان سـوى عـدم جـرح الآخـر؛ لأن الآخـر إلـه نفسـه ولـه عالمـه أيضًـا. هـذا الحـب يدعـو لعدم مراجعـة (تقويـم) الآخريـن أو إدانتهـم، أو أن تفـرض عليهـم حقيقـة معينـة، الحقيقـة الوحيـدة التـي يجـب أن يقتنـع بهـا الإنسـان هـي أن يكـون حقيقيًـا مـع نفسـه.

لقـد تعلمـت بناتـي هـذا النـوع مـن الحـب من خـلال مشـاهدتهن لكارتـون أميـرات ديزني؛ الأميـرة آريـل فـي (عـروس البحـر الصغيـرة) أرادت أن تُحـب الشـخص الـذي تختـاره هـي وليـس الـذي يختـاره لهـا أبوهـا. بيـلا فـي (الجميلـة والوحـش) أرادت أن تكتـب قصـة حياتهـا هـي وليـس القصـة التـي أراد أهـل قريتهـا أن يفرضوهـا عليهـا. وطبعًـا إليسـا فـي (المجمَّـد)، التـي غنَّـت بـكل جـرأة «ليـس هنـاك صـواب وخطـأ، ليـس هنـاك قوانيـن تقيدنـي، أنـا حـرة».[٣] هـذا النـوع مـن الحـب نـراه تقريبًـا فـي كل فيلـم وكل أغنيـة حُـب وحتـى فـي البرامـج، أيضًـا فيلـم مثـل (مجتمـع الشـاعر الميـت)، ومـا تـلاه، تبنـي شـعار (إذا كنـت تُحـب شـخصًا، أطلقـه حـرًا). إن ثـورة المثلييـن والمتحوليـن جنسـيًا فـي بدايـة الألفيـات، لـم تكـن لتحـدث مالـم يكـن العالـم قـد أعـاد قبـلاً تعريـف الحـب بأنـه: (أن يختـار الإنسـان لنفسـه أي جنـس يريـد أن يكـون، وأن ويعبـر عـن رغبتـه هـذه بـكل حريـة بعيدًا عـن التقيُّـد بـأي التزامـات أخلاقيـة. كمـا يقـول أحـد ملصقـات السـيارات (قلـب + قلـب = زواج).

---

[3] Frozen, directed by Chris Buck and Jennifer Lee (Bur- bank, CA: Walt Disney Animation Studios, 2013).

لقد تحدثت عن هذه الأمور، ليس لأصور لك كيف يعرِّف العالم الحُب، لكن لأن الكثير من المؤمنين أصبح لديهم نفس المفاهيم. والمأساة الحقيقية هي، أن البعض يرى أننا يجب أن نعرف أفضل كيف نضع أنفسنا مركز هذا العالم، كما لو كان الإنجيل يعلمنا « لأنه منا وبنا ولنا كل الأشياء، لنا المجد من الآن وإلى الأبد آمين»!

لكن بالرغم من أن ذلك الحب الذي يتمحور حول الإنسان، يرفض التقويم والإدانة وفرض الأفكار، لاحظ كيف يُراجع ويدين ويفرض أفكاره! لكن كل التقويم والإدانة وحتى أفكاره التي يفرضها، تخدم غرض واحد هو، إطلاق العنان للناس ليفعلوا ما يحلوا لهم، مثل: **أُحب كما أريد رغم حرمان الكنيسة، إذا لم تسمح لي بأن أكون كما أرى نفسي (ذكر أو أنثى)، وأن أحب ما أريد، فأنت متعصب وغير متسامح وحاقد وأنا لن يمكنني التعامل معك.**

ما هو الحب؟

الآن، إذا استبدلنا هذا العالم الذي يتمحور حول الإنسان، بعالم يتمحور حول الله، عندها سنرى أن التأديب الكنسي يُعبر عن المحبة بالفعل. التأديب الكنسي مبني بالأساس على المحبة؛ لأن الذي يحبه الرب يؤدبه، ونحن أيضًا في الحقيقة يجب أن نكون على مثاله (العبرانيين ١٢: ٦). ما هي المحبة في الإنجيل؟ إن وصف المحبة بحسب الإنجيل هو أمرٌ في غاية البساطة، «**الْمَحَبَّةُ تَتَأَنَّى وَتَرْفُقُ. الْمَحَبَّةُ لاَ تَحْسِدُ. الْمَحَبَّةُ لاَ تَتَفَاخَرُ، وَلاَ تَنْتَفِخُ، وَلاَ تُقَبِّحُ، وَلاَ تَطْلُبُ مَا لِنَفْسِهَا، وَلاَ تَحْتَدُّ، وَلاَ تَظُنُّ السُّوءَ**» (١ كورنثوس ١٣: ٤-٥). ومن السهل أيضًا أن تصف أفعال المحبة؛ هي «**لاَ تَطْلُبُ مَا لِنَفْسِهَا، وَلاَ تَفْرَحُ بِالإِثْمِ بَلْ تَفْرَحُ بِالْحَقِّ**» (١ كورنثوس ١٣: ٥-٦). هي تعمل من خلال الحق (٢ يوحنا ١-٣)، «**تَحْتَمِلُ كُلَّ شَيْءٍ، وَتُصَدِّقُ كُلَّ شَيْءٍ، وَتَرْجُو كُلَّ شَيْءٍ، وَتَصْبِرُ عَلَى كُلِّ شَيْءٍ**» (١ كورنثوس ١٣: ٧)، تبذل الحياة لأجل الآخرين (يوحنا ١٥: ١٣)، المحبة تسير بحسب وصايا الإنجيل (٢ يوحنا أصحاح ٦). قال يسوع عن نفسه: «**وَلكِنْ لِيَفْهَمَ الْعَالَمُ أَنِّي أُحِبُّ الآبَ، وَكَمَا أَوْصَانِي الآبُ هكَذَا أَفْعَلُ**» (يوحنا ١٤: ٣١)، وقال نفس الشيء عنا: «**اَلَّذِي عِنْدَهُ وَصَايَايَ وَيَحْفَظُهَا فَهُوَ**

الَّذِي يُحِبُّنِي» (يوحنا ١٤: ٢١)، بل وحتى يخبرنا أننا إن حفظنا وصاياه، سوف نثبت في محبته (يوحنا ١٥: ١٠)، يقول يوحنا، إننا إن حفظنا كلمة الرب، تتكمل محبة الله فينا (١ يوحنا ٢: ٥).

الغالبية العظمى منا بحاجة لتغيير جذري في فهمنا للمحبة، المحبة في الإنجيل تقود للطاعة، والطاعة دليل المحبة. لكن مازال السؤال: ما هي المحبة بحسب الإنجيل؟ كيف نعرِّفها؟ بالنسبة لي، يمكنني أن أقول لك «**أن المحبة هي أن تريد للآخر ما هو في مصلحته (أي الله)**».

تذكر أن الله محبة (١ يوحنا ٤: ٨، ١٦)، أي أن كل المحبة من الله، وأي شيء آخر يدعوه الناس محبة وهو ليس من الله، فهو ليس محبة؛ لأن الله محبة. نحن نحب الآخرين أكثر حين نشاور لهم على إله المحبة. عندما يضل الناس الذين يقولون إنهم يحبون الله ويذهبون بعيدًا عن محبة الله، أفضل دليل على محبتنا لهم هو، أن نقوِّمهم ونقول لهم: «لا، الله محبة. لذلك، إن كنت تريد المحبة، فلابد أن تعود إلى الله». كل الذين يقاومون الله ولا يطيعون الله يهربون بعيدًا عن المحبة. إنهم يختارون شيئًا آخر بجانب المحبة، حتى ولو كانوا يدعونه محبة. إن كنا نريد السعي في إثر المحبة، يجب أن نسعى في إثر الله. يجب أن نتبع الله ونُشبه الله ونمشي في طُرقه، نسمع له ونفعل كل ما يقول. تذكر أن الله محبة، وتأكد تمامًا أن يسوع هو مثال هذه المحبة؛ فهو يخبرنا بأنه ثابت في محبة الله لأنه يطيع وصاياه إلى التمام (يوحنا ١٥: ١٠).

يعلمنا الإنجيل أن المحبة مقدَّسة. لا يمكننا عزل المحبة عن القداسة، والقداسة لا تصدر إلاَّ عن المحبة الحقيقية. العلاقة بين المحبة والقداسة تساعدنا على فهم الصورة كاملة فيما يخص الفرز والإقصاء من شركة المؤمنين، الفقرات في (متى ١١؛ ١ كورنثوس ٥) لا تقدم لنا صورة مختلفة أو جديدة عمَّا يفعله الله، فقط تعطينا لمحة سريعة عمَّا فعله الله وما يفعله دائمًا. هو دائمًا ينزع الخطية من محضره، وهو دائمًا ما يعيد تشكيل شعبه على صورته المُحبة البارة. لقد طرد آدم وحواء من جنة عدن، وطرد العالم الساقط من فلك نوح، ونزع الكنعانيين من أرض الموعد، وفي النهاية طرد شعبه من أرض الموعد. وبحسب الشريعة، كان أي شيء غير طاهر

أو غير مقدس يُنزع من خيمة الاجتماع. وبحسب وعود الله ففي اليوم الأخير، سوف ينزع كل هؤلاء الذين لم يضعوا إيمانهم في عمل المسيح المتجسد، في حياته وموته الكفاري، وغلبته للموت بقيامته من بين الأموات.

إذا كنت لا تؤمن أن الحرمان من شركة المؤمنين يعبر عن المحبة، فأنت لن تُحب إله الكتاب المقدَّس. الله وحده محور هذا الكون، وحده هو إله المحبة. ومن ثمّ، ينزع من جسده أي إنسان وأي شيء ينكره، لأنهم ينكرون المحبة. وإن كان الله محبة، فمحبتنا للآخرين هي أن نُشارك معهم الإنجيل لكي يعرفوا الله. إن كان الله محبة، فمحبتنا للآخرين تجعلنا نعلمهم وصايا الله ليكونوا على صورته. وإن كان الله محبة، فمحبتنا للآخرين هي تقويمهم عندما يبتعدون عن طريق الرب. وإن كان الله محبة، فمحبتنا للآخرين قد تتطلب أن نفرزهم من عضوية الكنيسة عندما يصرون على الجري وراء أهوائهم، لأن ذلك أصبح هو الأمل الوحيد الذي يستردهم لمحبة الله والحياة معه هو، حين يروا حالهم بعد أن قطعوا أنفسهم من جسد الرب، ونحن بذلك نقدم لهم التحذير الأخير هنا على الأرض قبل أن يُقطعوا في اليوم الأخير. في نهاية الأمر، يجب على الكنائس أن تُمارس التأديب الكنسي لأجل خاطر المحبة؛ لأجل خاطر محبة الخطاة، ولأجل خاطر محبة أعضاء الكنيسة، ولأجل خاطر غير المؤمنين، ولأجل خاطر المسيح نفسه.

الجواب على بعض الأسئلة المتعلقة بالتأديب الكنسي

بعد أن وضحنا أن التأديب الكنسي يعبر عن المحبة، تذكر أنني قلت سابقًا، أنه يجب أن يكون حكيمًا. ولهذا السبب، يستحق الأمر أن نقضي بعض الدقائق القليلة في لمجاوبة بعض الأسئلة التي ربما تأتي على ذهنك.[٤]

ما هي الخطية التي تتطلب التأديب العلني؟

واحد من أهم وأول الأسئلة التي يسألها لي الكثيرون عن التأديب الكنسي هو: ما هي الخطية التي تتطلب تأديب رسمي وعلني من الكنيسة، طالما في نهاية الأمر،

[٤] بعض النقاط في هذا الجزء (توضيح بعض الأسئلة المتعلقة بالأمر)، عن كتاب (التمهيد للتأديب الكنسي) لجوناثان ليمان.

أي خطيـة يمكـن مواجهتهـا بهـدوء وعلـى انفـراد؟ سـأفترض علـى سـبيل المثـال، أن زوجتي ربمـا تشـعر بحاجـة لتوبيخـي لأننـي كنـت أنانيًـا وأكلـت كل الآيـس كريـم، ورغـم أنهـا علـى حـق، وأننـي أتصـرف بأنانيـة، واسـتمر هـذا الوضـع لسـنوات دون أتـوب عنـه، فهـذا الأمـر لا يرقـى لمسـتوى أن تعلـم بـه كل الكنيسـة. إذًا مـا هـي الخطيـة التـي ترقـى لمسـتوى أن تأخـذ الكنيسـة ضدهـا موقفًـا؟

فـي رأي، يعلمنـا الكتـاب المقـدَّس أن التأديـب الكنسـي الرسـمي العلنـي يكـون مطلوبًـا فـي حـال وجـود خطيـة **خارجيـة، وخطيـرة، ولا يتـوب صاحبهـا عنهـا.** علـى أن يتوفـر فيهـا هـذه العناصـر الثلاثـة.

أولاً: خارجيـة، يجـب أن تكـون الخطيـة خارجيـة ويمكـن لمسـها فـي الشـخص، أي يجـب أن تكـون خطيـة رأيتهـا بعينـك أو سـمعتها بأذنـك، لذلـك فكـر مـرة أخـرى فيمـا قالـه يسـوع عـن ضـرورة وجـود شـاهدين أو ثلاثـة. فـلا يجـب أن تتسـرع الكنيسـة فـي رفـع الكـارت الأحمـر بالطـرد فـي كل مـرة تشـتبه فيهـا بوجـود جشـع أو كبريـاء فـي قلـب الشـخص.

ثانيًـا: خطيـرة، فأنانيـة رجـل فـي عـدم تـرك آيـس كريـم لزوجتـه مثـلاً، هـي بالفعـل خطيـة، لكنهـا ليسـت بالخطـورة التـي لأجلهـا تجتمـع الكنيسـة لتتسـاءل حـول حقيقـة إيمـان هـذا الـزوج. نعـم هـذا هـو معيـار الخطـورة، يجـب أن نسـأل: هـل هـذا النـوع مـن الخطايـا، هـو الـذي بسـببه لا تسـتمر سُـكنة الـروح القـدس فـي المؤمـن إلـى الأبـد؟ هـل هـذه الخطيـة تتركنـا فـي حيـرة بحيـث لا نسـتطيع تأكيـد نزاهـة وإيمـان الشـخص بالمسـيح؟

ثالثًـا: خطيـة بـلا توبـة، إن المسـار السـليم فـي التعامـل مـع هـذه الخطيـة هـو التأديـب الكنسـي بشـكل رسـمي. الشـخص الـذي يرتكـب خطيـة خطيـرة، يُوبَّـخ سـرًا مـن كلمـة الكتـاب المقـدَّس، لكنـه يرفـض تـرك الخطيـة، لذلـك فهـذا الشـخص يبـدو مـن كل النواحـي أنـه يفضـل الخطيـة علـى يسـوع.

كـم تسـتغرق عملية التأديب الكنسي؟

فـي الحقيقـة، عمليـة التأكـد مـن توفـر هـذه الشـروط الثلاثـة تتطلـب وقتًـا طويـلاً، لكـن كـم مـن الوقـت؟ هـذا علـى حسـب. لأن الخطـوة الأخيـرة بالحرمـان الكنسـي تتـم بمجـرد

أن تتأكد الكنيسة وكل قادتها من إصرار الشخص على عدم التوبة. ونتيجة لذلك، تتحرك هذه العملية ببطء، خاصة لو أظهر الخاطئ بعض الاهتمام بالجهاد ضد الخطية. اسمع ما يقوله بولس: «**وَنَطْلُبُ إِلَيْكُمْ أَيُّهَا الإِخْوَةُ: أَنْذِرُوا الَّذِينَ بِلاَ تَرْتِيبٍ. شَجِّعُوا صِغَارَ النُّفُوسِ. أَسْنِدُوا الضُّعَفَاءَ. تَأَنَّوْا عَلَى الْجَمِيعِ**» (١ تسالونيكي ٥: ١٤). لكن على الرغم من ذلك، في بعض الأحيان يجب الإسراع في تنفيذ عملية التأديب، وهذا يحدث بالفعل عندما يقرر الشخص بوضوح الاستمرار في الخطية، أو عندما يظهر في تصرفاته الخداع، أو لا يبدو الصدق في كلامه، نماذج مثل هذه، يجب إقصائها على الفور، كما يصف بولس في (١ كورنثوس ٥).

متى يمكن عودة الشخص المُفرز من الكنيسة؟

تتم العودة عندما يكون هناك علامات قوية تؤكد توبة الشخص توبة حقيقية. لكن ما هو شكل التوبة الحقيقية؟ هذا يتوقف على طبيعة الخطية، فأحيانًا يبدو أمر التوبة واضحًا كالفرق بين الأبيض والأسود، مثل الرجل الذي هجر زوجته، هنا تكون التوبة ببساطة هي عودته لزوجته مرة أخرى. وأحيانًا لا تعني التوبة هزيمة الخطية تمامًا، باتباع خُطة جهاد جديدة في الحرب على الخطية، مثل شخص أُثبت عليه غرقه في دائرة من الإدمان.

في الحقيقة، اكتشاف التوبة الحقيقية أمر صعب يتطلب الكثير من الحكمة، يجب أن يكون هناك توازن بين الحذر والتعاطف. أحيانًا يتطلب الأمر بعض الوقت لكي تظهر التوبة من خلال الثمار (ليس الكثير من الوقت) انظر (٢ كورنثوس ٢: ٥-٨). وطالما قررت الكنيسة عودة الشخص لعضويتها، لا يجب أن يكون هناك فترة توقيف أو إعادة إجبارية لدراسة تعاليم الكنيسة، بل على العكس، يجب أن تُعلن الكنيسة غفرانها وقبولها للعضو التائب (يوحنا ٢٠: ٢٣)، وأن تعلن محبتها له (٢ كورنثوس ٢: ٨)، بل وتحتفل به (لوقا ١٥: ٢٤). لقد رأيت كيف عملت نعمة الرب على استرداد العديد من الأشخاص الذين طُبق عليهم التأديب الكنسي، سواء بعد شهور أو حتى سنين. أتذكر حالة من هذه الحالات، كان فيها عضو من أعضاء الكنيسة يسرق باقي الأعضاء ليُنفق على إدمانه، وعندما أُثبت عليه هذا الفعل، رفض

الاعتراف والتوبة عن خطيته، فقررت الكنيسة فصله من عضويتها، تحول بعد ذلك بقليل لرجل مشرد، حتى وجده بعد سنين، عضو شاب في الكنيسة، وبدأ يقرأ معه الإنجيل مرة تلو الأخرى حتى لان قلب هذا الرجل وتاب عن خطيته. ثم في أحد اجتماعات يوم الأحد، قام أمام كل الكنيسة، وقدم اعتذارًا، وطلب غفران الله وغفران الكنيسة.. في الحال قبِلت الكنيسة توبته وابتهجت بعودته، ومجّدت الله!

كيف تُطبّق الكنيسة التأديب؟

يجب أن يعكس الالتزام بالمسؤولية العلنية طبيعة ما يجري في الحياة الخاصة لأعضاء الكنيسة. لذلك يُطبق التأديب الكنسي الرسمي بأفضل ما يكون، عندما يكون الأعضاء يعرفون جيدًا كيف يقوِّمون بعضهم البعض في الإيمان بمحبة. هم معتادون على ذلك في بيوتهم، بلطف ومحبة وحرص، واهتمام بما فيه خير الآخر. هم لا يتعاملون مع التقويم الروحي بشكل أناني، أو فقط للشماتة عندما يسقط أخ في الخطية.

هناك بعض المبادئ الأخرى الهامة، التي يجب ممارستها عند تطبيق التأديب الكنسي:

١- **يجب أن تضم عملية التأديب أقل قدر ممكن من الأعضاء**، وهذا المبدأ مبني على (متى ١٨: ١٥-١٧)، بحيث إذا تاب الشخص بعد التحذير من شخص واحد، كان ذلك حسنًا، وإذا لم يتُب، فإثنين أو ثلاثة، وإذا لم يتُب، عندئذ تتدخل الكنيسة، بعد أن تكون كل الطرق الأخرى قد استنفدت.

٢- **يجب أن يُوظف الشك لأجل الفائدة**، كما لاحظنا منذ قليل، أن يسوع أسس مبدأً هامًا في إتمام عملية التأديب بحرص «**تَقُومَ كُلُّ كَلِمَةٍ عَلَى فَمِ شَاهِدَيْنِ أَوْ ثَلاَثَةٍ**» (متى ١٨: ١٦). يجب أن يكون الاتهام مُثبتًا، ويكون الدليل مؤكدًا، يجب أن يكون هناك شهود، يجب أن يكون المؤمنون حريصين وغير متسرعين في إصدار الأحكام، ويجب أن تُعامل الكنيسة الخاطئ كما تُعامل المحكمة المتهم بمبدأ (بريء حتى تثبُت إدانته)! هذا المبدأ لا يجب أن يُطبق

في مسألة التأديب الكنسي الرسمي وحسب، بل حتى في مواجهة وتقويم المؤمنين لبعضهم البعض على انفراد. يجب أن نوظف الشك من أجل الفائدة، فنسأل قبل أن نُكيل الاتهامات، ونتحقق من الأمر قبل أن نُعلن أننا متأكدون. يجب أن نطبق في مجال التأديب الكنسي وكل المجالات الأخرى في الحياة، هذا المبدأ الكتابي «لِيَكُنْ كُلُّ إِنْسَانٍ مُسْرِعًا فِي الاسْتِمَاعِ، مُبْطِئًا فِي التَّكَلُّمِ، مُبْطِئًا فِي الْغَضَبِ» (يعقوب ١: ١٩).

٣- **يجب أن يقود قادة الكنيسة عملية التأديب**، الخطية خادعـة ومعقدة، لذلـك يكتب يهوذا «وَارْحَمُوا الْبَعْضَ مُمَيِّزِينَ، وَخَلِّصُوا الْبَعْضَ بِالْخَوْفِ، مُخْتَطِفِينَ مِنَ النَّارِ، مُبْغِضِينَ حَتَّى الثَّوْبَ الْمُدَنَّسَ مِنَ الْجَسَدِ» (يهوذا ٢٢-٢٣). عندما نتكلم عن التأديب العلني، طالما تخطى الأمر شخص أو اثنين، يجب أن يقود عملية التأديب قادة الكنيسة؛ لأن الروح القدس هو الـذي أعطاهـم أن يكونـوا مراقبين لكل رعية الكنيسة (أعمال ٢٠: ٢٨). ومـن ثم، بحسب ترتيب سلطة الكنيسة، هم الأشخاص الذين يقررون أن يُعلن الأمـر لكل الكنيسة أم لا.

٤- **يجب أن تشـترك كل الكنيسة فـي عمليـة التأديب**، تختلـف تقاليـد كل طائفـة فـي طريقـة ضم رعية الكنيسة فـي علميـة التأديـب الرسمية، لكن لا يهُم مـا هـي الطريقـة التـي (سـيُعلن بهـا القـادة الأمـر لكـل الكنيسة) (متـى ١٨: ١٧). التأديب الكنسي، وبخاصـة فـي مرحلتـه الأخيرة، يعتبـر أمـرًا هامًـا في حيـاة كل الكنيسـة، الذيـن يتشـاركون في جسد واحد، كل عضو يجب أن يأخذ دوره، مـن راعي الكنيسة لأصغر عضو فيها. الـكل سـوف يتعلم والـكل يُحذَّر، كل واحـد ربمـا يكـون لديـه مـا يسـاهم بـه.

التأديب الكنسي قاسيًا لكنه للمنفعة

في تحليلي الأخير للأمر، يمكنني أن أقول، التأديب الكنسي قد يكون قاسيًا، لكنه للمنفعة. ذات مرة، واجهت أنا وزوجتي إحدى صديقاتنا بسبب قرارًا ظالمًا اتخذته في مكان عملها، رفضت تحذيرنا لها، فأشركنا اثنين آخرين من أصدقائنا، ثم اثنين آخرين.. في كل مرة كانت ترفض محبتنا لها، وفي الكثير من المرات التي استمرت فيها هذه العملية لأسابيع قليلة، كثيرًا ما شعرت بالضيق والألم في معدتي، والأرق الذي حرمني النوم لأيام متتالية، ومع ذلك ضغطنا أنفسنا لنستمر في مواصلة الأمر، لأننا كنا نثق أن الله أكثر محبة وحكمة منا، ويمكننا أن نثق ونصدق كلمته. في نهاية الأمر، أتت هذه الأخت وأخبرتنا أنها تراجعت عن قرارها الظالم، مجدًا للرب!

لقد كان الأمر قاسيًا، لكنه يستحق. لماذا يجب على الكنيسة أن تُطبق التأديب الكنسي؟ نحن نطبق التأديب الكنسي لأجل خاطر رسالة الإنجيل والشهادة لها. فإذا كانت الكنيسة تشبه العالم، لماذا يرغب الذين في العالم أن ينضموا إليها؟ إذا كان الرجال محبون للنساء، والعواجز بخلاء رغم ثرواتهم، والنساء يتبعن أهوائهن، والعجائز مدمنات الخمر، فكيف ستشهد الكنيسة عن الله؟ كيف سينجحون في الكرازة بالإنجيل؟ يُعلمنا بطرس أن نعيش في سيرة حسنة بين العالم، لكي يوبِّخوا عندما يفترون علينا و«**يُمَجِّدُونَ اللهَ فِي يَوْمِ الافْتِقَادِ، مِنْ أَجْلِ أَعْمَالِكُمُ الْحَسَنَةِ الَّتِي يُلاَحِظُونَهَا**» (١ بطرس ٢: ١٢). يجب أن نكون مميزين بقداستنا ومميزين بمحبتنا.

مرة أخرى، لماذا يجب أن تُطبق الكنيسة التأديب الكنسي؟ لكي نحب الآخرين كما يحبنا يسوع، اسمع ما يقول: «**وَصِيَّةً جَدِيدَةً أَنَا أُعْطِيكُمْ: أَنْ تُحِبُّوا بَعْضُكُمْ بَعْضًا. كَمَا أَحْبَبْتُكُمْ أَنَا تُحِبُّونَ أَنْتُمْ أَيْضًا بَعْضُكُمْ بَعْضًا.بِهذَا يَعْرِفُ الْجَمِيعُ أَنَّكُمْ تَلاَمِيذِي: إِنْ كَانَ لَكُمْ حُبٌّ بَعْضًا لِبَعْضٍ**» (يوحنا ١٣: ٣٤-٣٥). كيف أحبنا يسوع؟ بأنه فتش عنا ونحن في خطايانا، بأنه وضع حياته ليغفر لنا خطايانا، ودعانا لأن نتبعه. كيف إذًا يجب أن نُحب بعضنا البعض؟ بنفس الطريقة، بأن نفتش عن بعضنا البعض ونحن واقعون في الخطية، ونشير لتكفيره لأجل غفران خطايانا، ونساعد بعضنا البعض لأن نتبعه. إن فعلنا ذلك، ماذا ستكون النتيجة؟ سيعرف الناس أننا تلاميذه. الشهادة ليسوع، والمحبة والتقويم جميعها مرتبطة ببعضها البعض.

دعني أسألك بشكل شخصي، مَن مِن إخوة الكنيسة تفتح قلبك له وتخبره عن خطاياك؟ مَن يمكنك أن تثق به لتطلب منه المساعدة في حربك ضد الخطية؟ وأنت، مَن تُساعد في حربه ضد الخطية؟ هل لديك الإرادة والرغبة أن تخبر أخًا أو أختًا بحقيقة خطيته القاسية؟ إذا كان جوابك لا، فهل أنت متأكد من محبتك له/ لها؟

عشر خطوات للرعاة قبل أن يطبقوا التأديب الكنسي:

لا يجب أن يتسرع الرعاة في تطبيق التأديب الكنسي، بل أن يقودوا الرعية في هذه العملية بحرص وبدون تعجُّل، كيف. إليكم عشر خطوات:

١- عِظ برسالة الإنجيل عن التوبة والإيمان، عن يسوع المخلّص والرب الراعي أيضًا.

٢- عِظ عن الحياة بعد الإيمان بيسوع، وكيف أن يسوع يغير حياتك، وهذا يجب أن يجعل حياتك مختلفة بالفعل.

٣- علّم العقيدة السليمة عن عضوية الكنيسة، أنت لا يمكنك أن تفرز أخ من العضوية، وهو لا يعرف مدى أهمية عضويته.

٤- علّم عن التأديب الكنسي، علم أكثر من مرة وبأكثر من طريقة، وتأكد من الآخرين في الكنيسة يعلمون أيضًا عن الأمر، ولست وحدك. وزع كتبًا ومقالات عن الموضوع لقادة الكنيسة.

٥- علّم عن التأديب الكنسي لمن يريدون الانضمام لعضوية الكنيسة.

٦- ازرع ثقافة التقويم والتأديب، حين يكون الأمر متاحًا، كن مثالاً للانفتاح والرغبة في ممارسة التقويم الروحي في حياتك الخاصة.

٧- اكتب ما يشبه اللوائح في كنيستك، يجب أن يعرف الناس ما هو المتوقع أو المطلوب منهم أن يؤمنوا به كأعضاء في كنيستك، ويجب أن يروا في دستور كنيستك كيف يتم التأديب الكنسي، ومن الذي يقوم به.

٨- تأكد من الأعضاء الآخرين متفقون معك، ويؤمنون أن التأديب الكنسي أمر كتابي.

٩- ابذل ما بوسعك لتتأكد أن قوائم العضوية تضم الذين يواظبون على حضور الكنيسة بانتظام.

١٠- في المرة الأولى التي تُمارس فيها التأديب الكنسي، تأكد أنها خطية واضحة وأن كل المؤمنين يتفقون أنها خطأ.

مراجع مُقترحة للرعاة

Jonathan Leeman. Church Discipline: How the Church Protects the Name of Jesus. Wheaton, IL: Crossway, 2012.

مراجع مُقترحة للرعاة والأعضاء

Jonathan Leeman. The Rule of Love: How the Local Church Should Reflect God's Love and Author- ity. Wheaton, IL: Crossway, 2018. Jonathan Leeman. Understand-ing Church Disci- pline. Nashville, TN: B&H, 2016.

١٥

ما هو دور الشمامسة في الكنيسة؟

خوان سانشيز

«فَانْتَخِبُوا أَيُّهَا الإِخْوَةُ سَبْعَةَ رِجَالٍ مِنْكُمْ، مَشْهُودًا لَهُمْ وَمَمْلُوئِينَ مِنَ الرُّوحِ الْقُدُسِ وَحِكْمَةٍ، فَنُقِيمَهُمْ عَلَى هذِهِ الْحَاجَةِ»

أعمال الرسل: ٦: ٣

خدمتي كراعٍ لكنيسة، تجعلني أُقابل الكثير من الطِلبات الغريبة التي قد يطلبها بعض أعضاء الكنيسة، لكن بالرغم من ذلك، لم يكن بين هذه الطِلبات، ما هو أغرب من طِلبة يعقوب ويوحنا ابنا زبدي، التي طلباها من الرب يسوع في إنجيل مرقس «**يَا مُعَلِّمُ، نُرِيدُ أَنْ تَفْعَلَ لَنَا كُلَّ مَا طَلَبْنَا**» (مرقس ١٠: ٣٥). يا لها من جرأة غير متوقعة! في الحقيقة، لست متأكدًا من ردّة فعلي إذا ما طلب مني أحد أعضاء الكنيسة مثل هذا الطلب، ربما أقوله له أُغرُب عني بعيدًا!

لكن يسوع أجابهما بحكمة، لقد تعمَّق معهما في الحديث أكثر، سألهما: «**مَاذَا تُرِيدَانِ أَنْ أَفْعَلَ لَكُمَا؟**»، فكان جوابهما أكثر استفزازًا: «**أَعْطِنَا أَنْ نَجْلِسَ وَاحِدٌ عَنْ يَمِينِكَ**

وَالآخَرُ عَنْ يَسَارِكَ فِي مَجْدِكَ» (مرقس ١٠: ٣٧)! ربما تتخيلون الآن ما هو موقف باقي الرُسل من غطرسة هذين الأخوين، في الحقيقة، لقد كانوا ساخطين عليهما جدًا. لكن قبل أن ينفجر الجميع في الغضب، أعطاهم يسوع درسًا عن العظمة الحقيقية.

«فَدَعَاهُمْ يَسُوعُ وَقَالَ لَهُمْ: «**أَنْتُمْ تَعْلَمُونَ أَنَّ الَّذِينَ يُحْسَبُونَ رُؤَسَاءَ الأُمَمِ يَسُودُونَهُمْ، وَأَنَّ عُظَمَاءَهُمْ يَتَسَلَّطُونَ عَلَيْهِمْ. فَلاَ يَكُونُ هكَذَا فِيكُمْ. بَلْ مَنْ أَرَادَ أَنْ يَصِيرَ فِيكُمْ عَظِيمًا، يَكُونُ لَكُمْ خَادِمًا، وَمَنْ أَرَادَ أَنْ يَصِيرَ فِيكُمْ أَوَّلاً، يَكُونُ لِلْجَمِيعِ عَبْدًا**» (مرقس ١٠: ٤٢-٤٤).

الأعظم في ملكوت الله، هو الخادم. العالم يرى العظمة في القوة، أم في نظر الله، العظمة هي الخدمة، وبخاصة خدمة شعب الله. يؤكد الإنجيل مرارًا وتكرارًا أن (الخدمة) مسألة محورية في الحياة المسيحية. فعلى سبيل المثال، يوصي بولس المؤمنين الأوائل أن يستخدموا حريتهم «لأجل خدمة بعضهم بعضًا» (غلاطية ٥: ١٣). وبالمثل، يوصي بطرس في رسالته الأولي: «**لِيَكُنْ كُلُّ وَاحِدٍ بِحَسَبِ مَا أَخَذَ مَوْهِبَةً، يَخْدِمُ بِهَا بَعْضُكُمْ بَعْضًا، كَوُكَلاَءَ صَالِحِينَ عَلَى نِعْمَةِ اللهِ الْمُتَنَوِّعَةِ**» (١ بطرس ٤: ١٠). لكن بالرغم من ذلك، مازلنا حتى الآن نكتشف بالتجربة الواقعية كل يوم، مدى صعوبة الخدمة، بل وأحيانًا تكون عملًا شاقًا بالفعل، والأصعب من ذلك، أن تعرف كيف تخدُم الآخرين بطريقة مفيدة لهم!

لكن هل تعلم، أن يسوع فعل ما هو أكثر من مجرد الحديث عن الخدمة؟ لقد اهتم بأن يترك للكنيسة مثالاً حيًا عن كيفية الخدمة الصحيحة. وهو أن الخدام العِظام يقودون الآخرين ليخدموا غيرهم بطريقة فعالة ومثمرة. وهؤلاء الأشخاص يدعون «شمامسة». كلمة «شماس» تحمل عدة معاني مختلفة، لكل شخص بحسب الخبرات الخاصة التي يكتسبها من الفئة والكنيسة التي ينتمي إليها. فعلى سبيل المثال، لأنني نشأت في كنيسة كاثوليكية، كنت أظن أن «الشمامسة» هم طلبة إكليريكيين، يدرسون لكي يتأهلوا لخدمة الكهنوت. وفي نهاية دراستي الثانوية، قبلت الإيمان بالمسيح من خلال أصدقائي المعمدانيين الذين يقيمون معي في نفس الغرفة، وهذا ما جعلني أعتقد أن «الشمامسة» هم قادة روحيين وإداريين في الكنيسة، ومهمتهم هي مساعدة

راعي الكنيسة في اتخاذ القرارات الهامة الخاصة بالخدمة. أما في سنوات دراستي الجامعية، خدمت في العديد من الكنائس كطالب لاهوت يعمل بدوام جزئي. وقد امتازت هذه السنوات بانعقاد ما يُسمى «اجتماعات مجلس الشمامسة»، التي أكدت على وجهة نظري بأن الشمامسة هم القادة الروحيين والإداريين للكنيسة.

لكن مع استمراري في الخدمة، إلى جانب مواظبتي على قراءة الكتاب المقدَّس، اكتشفت أن كل خبراتي وآرائي عن دور الشمامسة في الكنيسة لا يتفق مع ما يقوله الكتاب المقدَّس. أدركت أن الصورة التي يرسُمها الكتاب المقدَّس عن الشماس – بالرغم من قلة الحديث عنها – إلاَّ إنها أروع وأجمل جدًا من كل ما عرفته من قبل! بدأت أن أرى كيف أسس يسوع الكنيسة، والدور الحيوي والهام الذي يلعبه الشمامسة في حياة هذه الكنيسة، وعظمة المهمة الموكلة لهم.

ربما يكون لديك بعض الأسئلة عن خدمة الشمامسة، مثلما كان لديَّ من قبل، ولهذا أنت تقرأ هذا الفصل الآن. أأمل في الصفحات القليلة القادمة، أن أُجيب على بعض هذه الأسئلة، من خلال تحليل النصوص الكتابية حول هذا الموضوع. وهدفي بسيط: ألاَّ تتبنى سوى وجهة نظر الكتاب المقدَّس عن هذه المسألة، لأنها في النهاية كلمة الله، وهذا هو المهم بالفعل. أتمنى أن يكون دوري في ذلك كدليل لا أكثر!

لكن الأهم من ذلك، أريد أن تُشكِّل هذه الحقائق الكتابية طريقة عبادتك للمسيح. وإذا لم تكن شماسًا، أرجو أن يُعلمك هذا الفصل أن تحترم وتُقدر نظام قيادة الكنيسة الذي أسسه يسوع، وأرجو أن ترى كيف يمكنك أن تدعم شهادة الكنيسة للإنجيل، من خلال دعم عمل الشمامسة بكنيستك، بل والأكثر من ذلك، أأمل أن يُشجعك هذا الفصل، من خلال الصورة الرائعة التي يرسمها الكتاب المقدَّس عن خدمة الشمامسة، لتطلب أنت أيضًا أن تكون شماسًا! أما إذا كنت تخدم كشماس بكنيستك، أأمل أن يُذكرك هذا الفصل المميّز بسمو الدعوة التي دُعيت إليها، ويشجعك على الاستمرار في الخدمة باجتهاد وأمانة. وربما يُقدم لك أيضًا بعض الأمور لتقوّم خدمتك حتى تكون في المسار الصحيح.

غالبًا، كل الكنائس بها خدمة شمامسة، لذا، الغرض من هذا الفصل، هو مساعدة كل عضو في الكنيسة لكي يعرف كيف يخدُم الشمامسة الكنيسة؟ ولماذا لا يمكن الاستغناء عن خدمتهم؟ وكيف يمكن لكل أعضاء الكنيسة أن يقدروا ويدعموا خدمتهم؟

مَن هو الشماس؟

لقد بدأت خدمتي الرعوية بصراع حول خدمة الشمامسة. لأن الكنيسة حددت وظيفة الشمامسة كقادة روحيين، لأنهم كانوا أكبر سنًا وأكثر حكمةً وناجحين في حياتهم وأعمالهم. لكن بالنسبة لي، بناءً على ما قرأته في الكتاب المقدَّس، فقد أصبح لديَّ قناعة، بأن الكتاب لم يقصد أن يكون الشمامسة قادة روحيين في الكنيسة، وأن خدمة القيادة الروحية خاصة بالشيوخ. أما الشمامسة، فيتوّلون مسؤولية أنواع أخرى من الخدمة، فهم الذين يجب أن يقوموا بالأمور الإدارية وتسديد الاحتياجات المادية لرعية الكنيسة، ويقدموا من خلال خدمتهم مثالاً عمليًا وملموسًا للطريقة التي يمكن أن يخدُم بها أعضاء الكنيسة بعضهم بعضًا.[١]

لقد علمتني الخبرة ألاَّ أُقدم على القيام بتغييرات هامة، قبل أن تكون الكنيسة مستعدة لذلك. قمت باصطحاب الشمامسة في خلوة روحية، ودرسنا معًا الرسائل الرعوية (رسالة تيطس، ورسالتي تيموثاوس الأولى والثانية). قرأنا هذه الرسائل، وسجلنا ملاحظاتنا حول المسؤوليات المتنوعة والمتعددة التي أعطاها بولس للشيوخ والشمامسة. أردت ببساطة أن نتعلم معًا من كلمة الرب، ما هو الدور الذي دعا الله كل واحد منا للقيام به؛ أنا كراعٍ وهم كشمامسة، لقد بدت فكرة رائعة.. لكن للأسف، لم تسر الأمور على ما يُرام! على الأقل، مع رئيس الشمامسة، لقد دخل بهدوء أثناء درس الكتاب يوم الاثنين التالي، وقدم استقالته. بالطبع، هذه بداية ليست طيبة لي كراعٍ جديد!

لكن كيف أثرت استياء هذا الأخ للدرجة التي جعلته يُقدِم على الاستقالة؟! حسنًا، أثرت استياءه عندما أوضحت أن الكتاب المقدَّس قد عيَّن القسوس (ويدعون أيضًا

---

[١] القصص الشخصية الواردة في هذا الكُتيب وتتضمن أسماء لأشخاص آخرين، كُتبت بإذن منهم، وفي أغلب المرات بأسماء مستعارة حفاظًا على الخصوصية.

الشيوخ) لخدمة الكنيسة بالتعليم والقيادة، بينما عيَّن الشمامسة لنوع آخر من الخدمة، يُلبي الاحتياجات المادية (الملموسة) لرعية الكنيسة. لقد كانت لدى هذا الأخ قناعة بأنني أحاول تهميش دور الشمامسة، لكي أُنصِّب نفسي كسلطة وحيدة منفردة فوق كل الكنيسة! هذا الأخ كان مُصيبًا ومخطئًا بذات الوقت. فهو على صواب في أن قيادة الكنيسة تكون بالمشاركة، لكنه على خطأ في ظنه بأن هذه القيادة المشتركة تتم بين جهتين، أو فريقين، الشيوخ من جهة والشمامسة من جهة. لأن القيادة مشتركة بالتساوي فقط بين الشيوخ. وهذا هو السبب في أن كل كنيسة يجب أن يكون بها عدد من الرعاة أو الشيوخ (تيطس ١: ٥). باختصار، لقد اختلط الأمر على هذا الأخ بين دور الشماس ودور الراعي.

وكما سنرى لاحقًا، أن الخلط بين الوظيفتين، قد يُسبب آثار خطيرة على الكنيسة. يُظهر لنا الكتاب المقدَّس أن الشمامسة لديهم دعوة خاصة في الحياة، وبالمثل الرعاة لديهم دعوة أخرى. لكن ليس أحدهما أفضل من الأخرى، بل إن كل واحدة تعكس شيئًا من شخص المسيح. لذا دعونا نعرف ماذا يكون الشماس؟ فَهمُنا الجيد لماذا يكون الشماس، يساعدنا أن نفهم بشكل أفضل ماذا يفعل الشماس. تعني كلمة «شماس» في العموم (الشخص الذي يخدُم). في الحقيقة، تأتي كلمة (Deacon) الإنجليزية من الأصل اليوناني (Διακονία) وتعني خدمة. لذا، فمن جهة، يُعد كل المؤمنين شمامسة (متى ٢٠: ٢٦؛ ٢٣: ١١). بل وحتى يُشير الإنجيل لأشكال مختلفة من الخدمة على أنها خدمة شموسية (Διακονία). وعلى سبيل المثال، سنرى أن القسوس مدعوون لأجل «**تَكْمِيلِ الْقِدِّيسِينَ لِعَمَلِ الْخِدْمَةِ** (Διακονίασ)» (أفسس ٤: ١٢). لكن من جهة أخرى، فإن بعض المؤمنين قد أُعطوا موهبة أن يكونوا خدامًا شمامسة (Διακονίαν)، ولذلك هم مدعوون لخدمة الشموسية (Διακονία) (رومية ١٢: ٧).

سوف يكون تركيزنا في هذا الفصل على استخدامات مصطلح (شماس)، وبصفة خاصة (شماس) التي تعني وظيفة أو دور محدد في خدمة الكنيسة. وقد ورد لقب شماس (كوظيفة) مرتين فقط في كل الكتاب المقدَّس. مرة عندما أرسل بولس تحيته لكنيسة فيلبي «**إِلَى جَمِيعِ الْقِدِّيسِينَ فِي الْمَسِيحِ يَسُوعَ، الَّذِينَ فِي فِيلِبِّي،**

مَـعَ أَسَـاقِفَةٍ وَشَمَامِسَـةٍ» (فيلبـي ١: ١). بالإضافـة إلـى مـرة أخـرى عندما كتـب لتيموثـاوس عـن مؤهـلات الشـماس (١ تيموثـاوس ٣: ٨-١٢). لقـد تضمـن حديثه وصـف هـذه المؤهلات مـن خـلال تذكيـر تيموثـاوس وكنيسـته «**أَنَّ الَّذِيـنَ تَشَمَّسُـوا حَسَـنًا، يَقْتَنُـونَ لأَنْفُسِـهِمْ دَرَجَةً حَسَـنَةً وَثِقَـةً كَثِيـرَةً فِـي الإِيمَـانِ الَّذِي بِالْمَسِـيحِ يَسُـوعَ**» (١ تيموثـاوس ٣: ١٣).

دعونـا نُلخـص مـا سـبق كالتالـي: كل المؤمنـون خـدام، لكـن بعـض المؤمنيـن، قـد أُعطـوا موهبـة الخدمـة كشمامسـة، وبنـاءً علـى ذلـك، فـإن دور الشـماس هـو وظيفـة رسـمية فـي خدمـة الكنيسـة. لكـن هنا يأتـي السـؤال، طالمـا أن كل المؤمنين خدام (شمامسـة)، فلمـاذا تكـون هنـاك ضـرورة لتعييـن شمامسـة كوظيفـة رسـمية فـي خدمـة الكنيسـة؟

لماذا تحتاج الكنيسة لوجود شمامسة؟

قبـل أن نُجيـب هـذا السـؤال، دعونـا أولاً، نأخـذ فكـرة سـريعة لكـن مُركـزة، عمـا هـي الكنيسـة، ومـا هـو الـدور الـذي مـن المفتـرض أن تفعلـه. عندمـا سـأل يسـوع بطـرس والتلاميـذ: «**مَـنْ تَقُولُـونَ إِنِّـي أَنَـا؟**» **أجـاب بطـرس وقـال:** «**أَنْـتَ هُـوَ الْمَسِـيحُ ابْـنُ اللهِ الْحَـيِّ!**» (متـى ١٦: ١٥-١٦).

لـم يـأتِ بطـرس بهـذه الحقيقـة مـن تلقـاء نفسـه، بـل لأن الآب السـماوي كشـف لـه ولباقـي الرسـل، أن يسـوع هـو الملـك الموعـود الـذي يخلـص شـعبه مـن خطاياهـم (متـى ١٦: ١٧). وعلـى أسـاس هـذا الخبـر السـار الـذي نطـق بـه بطـرس، أسـس يسـوع كنيسـته (متـى ١٦: ١٨). ومـن هنـا انطلقت الإرسـالية العظمى «**اذْهَبُوا وَتَلْمِـذُوا جَمِيعَ الأُمَمِ وَعَمِّدُوهُـمْ بِاسْـمِ الآبِ وَالابْـنِ وَالـرُّوحِ الْقُدُسِ. وَعَلِّمُوهُـمْ أَنْ يَحْفَظُـوا جَمِيعَ مَـا أَوْصَيْتُكُمْ بِـهِ. وَهَا أَنَا مَعَكُمْ كُلَّ الأَيَّامِ إِلَى انْقِضَاءِ الدَّهْرِ**» (متى ٢٨: ١٩-٢٠).

لأن يسـوع هـو الملـك، فنحـن نذهـب إلـى العالـم لنكـرز بالإنجيـل تحـت سـلطانه ومعيتـه، وكل مـن يتـوب ويؤمـن بالخبـر السـار عـن يسـوع، يُعمَّـد وينضـم إلـى الكنيسـة. وفـي الكنائـس المحليـة، كل المؤمنيـن يعلِّمـون بعضهـم بعضًـا كيـف يتبعـون يسـوع ويحفظـون وصايـاه. لقـد أسـس يسـوع نظـام قيـادة الكنيسـة بنفسـه ليضمـن اسـتمراريتها فـي البقاءعلـى هـذه المهمـة. وبحسـب (أفسـس ٤: ١١) بعـد أن صعد يسـوع، أعطـى لكنيسـته

رُسلاً وأنبياء (ليؤسسوا الكنيسة)، ومبشرين (ليكرزوا بالمسيح للشعوب الأخرى) ورعاة ومعلمين (ليكونوا مسؤولين عن تعليم الإنجيل لرعية الكنيسة). والغرض من وجود معلمين ورعاة هو «**لأَجْلِ تَكْمِيلِ الْقِدِّيسِينَ لِعَمَلِ الْخِدْمَةِ، لِبُنْيَانِ جَسَدِ الْمَسِيحِ**» (أفسس ٤: ١٢). بعبارة أخرى، دور الرعاة هو تعليم أعضاء الكنيسة كيف يكونوا مؤمنين أمناء، وبدورهم، يقوم أعضاء الكنيسة بتشجيع بعضهم بعضًا بكلمة الإنجيل ويفتشون على الخاطئ الضال. إذًا، يعيش الرعاة بحسب وصايا يسوع ويعلمونها للأعضاء، والأعضاء يطيعون كل هذه الوصايا، وبهذه الطريقة، يأتي الناس إلى الإيمان وتُبنى الكنيسة لتشبه المسيح أكثر. وهكذا، فإن بنيان الكنيسة، يدعم إرسالية الكنيسة.

ونأتي الآن للسؤال: ما هو دور الشمامسة في كل ذلك؟ حسنًا، إن الحفاظ على أولوية الوعظ بالإنجيل ليس سهلاً؛ لأن الرعاة معرضون دائمًا لمواجهة المشاكل التي تهدد باستنفاد وقتهم وتشتيت تركيزهم بعيدًا عن تعليم الكلمة. هنا يأتي الدور الهام للشمامسة، وهو ضمان استمرارية التركيز على تعليم رسالة الإنجيل. وقد رأينا ذلك بوضوح في (أعمال ٦)، فبعد أن وعظ بطرس بكلمة الإنجيل في أورشليم، آمن ثلاثة آلاف نفس وانضموا للكنيسة، وكان يسوع يبني كنيسته كل يوم من خلال الوعظ برسالة الإنجيل (أعمال ٢: ٤٧). ونعرف من (أعمال ٦) أن كنيسة أورشليم مع الوقت، قد صار بها حوالي خمسة آلاف مؤمن. وبالطبع، من المتوقع مع نمو الكنيسة، أن يصاحب هذا النمو بعض الألم والصراعات. فقد واجه الأرامل اليونانيات بعض الإهمال في توفير حاجتهن من الطعام (أعمال ٦: ١). حتى هذه المرحلة، استطاع الرسل إدارة الكثير من هذه الأمور بأنفسهم (أعمال ٥). لكن أصبح واضحًا لديهم، أنهم إذا انخرطوا في حل مثل هذه المشاكل، سوف يُشتتون بعيدًا عن خدمة الكلمة (أعمال ٦: ٢). ولأجل حماية خدمة الوعظ والتعليم، اقترحوا حلاً عمليًا وهو، «**انْتَخِبُوا أَيُّهَا الإِخْوَةُ سَبْعَةَ رِجَالٍ مِنْكُمْ، مَشْهُودًا لَهُمْ وَمَمْلُوئِينَ مِنَ الرُّوحِ الْقُدُسِ وَحِكْمَةٍ، فَنُقِيمَهُمْ عَلَى هذِهِ الْحَاجَةِ**» (أعمال ٦: ٣). لقد أراح هذا الحل كل الرعية (أعمال ٦: ٥). وسمحوا للرسل بأن يعطوا الأولوية للوعظ والصلاة (أعمال ٦: ٤). ويخبرنا لوقا أن نتيجة هذا القرار هي، «**كَانَتْ كَلِمَةُ اللهِ تَنْمُو، وَعَدَدُ التَّلاَمِيذِ يَتَكَاثَرُ جِدًّا فِي أُورُشَلِيمَ، وَجُمْهُورٌ كَثِيرٌ مِنَ الْكَهَنَةِ يُطِيعُونَ الإِيمَانَ**» (أعمال ٦: ٧). ورغم أن هؤلاء السبعة

رجال لم يدعوّ شمامسة، إلاّ أنهم قاموا بدور الشمامسة. لقد كانوا نموذجًا للخدام الذين اختارتهم رعية الكنيسة للقيام بمهمة محددة، وهذا بالضبط دور الشمامسة اليوم.

يقدم لنا (أعمال ٦) صورة من التوازن الجميل بين أنواع الخدمات المختلفة في الكنيسة الصحيحة روحيًا، حيث؛ الرسل (يخدمون) في خدمة الكلمة والصلاة، والشمامسة (يخدمون) في خدمة تسديد الاحتياجات والأمور الإدارية. يعطينا (أعمال ٦) أيضًا صورة مُقنعة لضرورة وجود الشمامسة في الكنيسة. عندما طفت المشكلة على السطح وهددت أولوية التركيز على خدمة الكلمة، وبذات الوقت هددت وحدة الكنيسة، كيف تعاملت الكنيسة مع المشكلة؟ بتعيين شمامسة.

لقد حمى الشمامسة خدمة الوعظ والتعليم، وحافظوا على أن تكون لها الأولوية دائمًا. عندما تحولت الاحتياجات المادية لرعاية الكنيسة لخطر يهدد بإهدار وقت الرسل، هنا أتى دور الشمامسة لكي يعتنوا بتسديد هذه الاحتياجات، وعندما بدأت الانقسامات في الزحف داخل الكنيسة، هنا أتى دور الشمامسة ليصنعوا سلامًا بين الفصائل المختلفة. الآن دعونا نقول بإيجاز، كما فهمنا حتى الآن، أن (الشماس)، هو خادم عينته الكنيسة بشكل رسمي، بغرض مساعدة الرعاة في (حماية خدمة الوعظ والتعليم وإعطاء الأولوية لها)، من خلال تسديد الاحتياجات المادية للرعية، وهم أيضًا لهم دور في (حماية وتقوية) وحدة الكنيسة.

يا لها من صورة رائعة، أليس كذلك؟! إنها الصورة التي أعطاني الله امتياز الشهادة لها في حياتي وخدمتي. عندما أسسنا خدمة الشمامسة في كنيسة هاي بوينت المعمدانية، التي أخدُم بها كراعٍ رئيس، كان كارلوس واحد من أكثر أعضاء الكنيسة أمانة، وقد قضى وقتًا طويلاً في الخدمة، ولذلك أوكلنا إليه خدمة العناية بالأرامل والعجزة. وبالفعل كان محل ثقة من كل رعية الكنيسة، لقد جعل الناس يبتسمون، وكان سبب فرحة في حياة الكثيرين. وبمساعدة زوجته چوسي، عين اثنين آخرين، ليكون فريقًا في الخدمة. لقد كانت خدمة كارلوس وباقي الفريق خدمة فعالة، وأصبح من المعتاد أن يذهب أحد الشيوخ لزيارة مريض، حتى يكتشف أن كارلوس وچوسي قد سبقاه! وأصبح أمرًا عاديًا أنه عندما يسمع أي شيخ عن احتياج بعض العجزة، يكتشف أن فريق كارلوس قام بحل المشكلة! وبسبب الطمأنينة من جهة تسديد احتياج الأرامل

والعجزة، تمكن كارلوس وفريقه من إتاحة الفرصة للشيوخ لكي يتفرغوا لخدمة الكلمة والصلاة. لقد أدوا مسؤولياتهم بفرح، وقاموا بدورهم بجدية، عالمين أنهم يعملون في عمل الرب وأنهم سينالون المكافأة من الرب. لم يتمكن كارلوس وفريقه من إتاحة الفرصة للشيوخ للتركيز على خدمتهم وحسب، بل حفظوا ودعموا وحدة الكنيسة أيضًا. عندما قام واحد من الشيوخ بزيارة رعوية لأحد النساء من العجزة، فاجئه ما روته عن كارلوس والفريق الذي معه، كيف حافظوا على زيارتها باستمرار، وكيف اعتنوا بها جيدًا! ولكنها في ذات الوقت، تشكَّت من عدم زيارة الراعي لها كما يفعل كارلوس! لكن هذا الشيخ (الراعي) ذكَّرها بأعباء الخدمة، وأن الراعي بحاجة لأن يركِّز على خدمة الوعظ ويعطيها الأولوية، وذكرها بلطف أن (الراعي) لا يستطيع أن يفعل كل شيء لأعضاء الكنيسة، ولهذا يوجد الشمامسة، لكي نطمئن أنهم يعتنون بكِ ويسددون احتياجاتكِ. وبهذا التعليم البسيط، تفهمت هذه الأخت، أن الشيوخ أيضًا يهتمون بها، من خلال تعيين الشمامسة ليقوموا بهذا الدور، وبالفعل أدى كارلوس دوره بأمانة وبامتياز. وهكذا، مع زيارتها وزيارة باقي الأخوات الأرامل باستمرار، فهم أعضاء الكنيسة أن خدمة الشمامسة هي امتداد لخدمة الشيوخ لكي يعتنوا برعية الكنيسة.

كيف يقوم الشمامسة بوظيفتهم؟

في بداية خدمتي بكنيسة هاي بوينت المعمدانية في عام ٢٠٠٥، كنت أجتمع بالشيوخ كل يوم اثنين من السابعة مساءً وحتى منتصف الليل! لماذا؟ لأن الكنيسة كانت تواجه العديد من المشاكل، وتسبب ذلك في أن ينقص أعضاء الكنيسة الذين يحضرون خدمة الأحد لثلاثة مئة عضو، بعد أن كانت ألف وخمسمئة عضو. وكانت الكنيسة مديون بمبلغ أربعة ملايين ونصف، ولهذا كان يأتي رئيس الشيوخ كل يوم أحد إلى مكتب الكنيسة ليقرر أي فاتورة لها أولوية الدفع. أضِف إلى ذلك عبء الاهتمام برعية الكنيسة، بجانب أولوية التركيز على خدمة الكلمة. لقد كان الشيوخ يفعلون كل شيء حرفيًا؛ من الخدمة الرعوية، للأمور المالية، للاهتمام بترميم وتصليح المباني.. إلى آخره، كان الأمر صعبًا أن يتم التعامل معه على يد عدد قليل من الشيوخ. بمعنى آخر، كنا بحاجة لوجود شمامسة.

لقد رأينا كيف قامت الكنيسة الأولى، بتعيين شمامسة لكي تحافظ على وحدة الكنيسة، ولكي تساعد الشيوخ في إعطاء الأولوية لخدمة الوعظ والتعليم. لكن كيف كانوا يفعلون ذلك بالضبط؟

١- يقوم الشمامسة بخدمة الكنيسة

كما ذكرت سابقًا، الخدمة هي صميم عمل الشماس، وهذا هو التوصيف الوظيفي الشامل؛ لذا يجب أن تنبع خدمة الشماس من قلب ممتلئ بالروح القدُس، يحب يسوع وشعبه في الكنيسة.

٢- يجب أن يُبادِر الشمامسة بحل المشاكل

لا يجب أن ينتظر الشمامسة حتى تقع مشكلة ما ثم يبحثون لها عن حل، بل أن يشتموا رائحة المشاكل مُحتملة الحدوث ويبادرون بإيجاد الحلول، يجب أن يفتشوا عن الاحتياجات ويسعون لتسديدها.

٣- يقوم الشمامسة باختيار أشخاصًا آخرين لتنظيم العمل

هناك نوع من المشاكل أو الأمور يمكن حلها بسهولة؛ فمثلاً، إذا وجدت قمامة في الجراج وأنت تغادر الكنيسة يوم الأحد، ستقوم بالتقاطها وإلقائها في سلة المهملات بكل بساطة. لكن هناك مشاكل مهمة، يتطلب حلها الكثير من الوقت والتخطيط والأشخاص. لذلك يستطيع الشمامسة بتأييد من الحكمة الإلهية، أن يقوموا بتوظيف أشخاص آخرين معهم في الخدمة للقيام بمثل هذه الأمور. غالبية المشاكل، يقوم الشمامسة بحلها دون الحاجة لمساعدة من الآخرين، لكن فكر مثلاً إذا كان الشماس هو المسؤول عن صيانة المباني والأرضيات، وفي كل مرة تحدث مشكلة في الحمام، أو يكون الشجر بحاجة للقص والتجميل، أو أن تكون هناك قاعة بحاجة للطلاء، ستجد أنه هو الشخص الذي يقوم بكل هذه الأعمال، بالطبع لن تكون خدماته هذه غير فعالة وحية، بل قد ينتهي به الأمر بأن يخدع الآخرين بأنه ليس هناك ما قد يقدمونه للخدمة. ولهذا، فإن الشمامسة الذين يتمتعون بسمعة طيبة بين رعية الكنيسة، يقومون بتوظيف أشخاص آخرين وتنظيم عملهم ليقوموا بحل مثل هذه المشاكل.

٤- الشمامسة يحافظون على وحدة الكنيسة ويقوّنها

إن وحدة الكنيسة متأصلة وثابتة بقوة عمل الله المخلِّصة. لقد أتى بنا يسوع إلى عائلته بسفك دمه لأجلنا (أفسس ٢: ١١-٢٢)، الوحدة هي عطية ننالها بعمل الروح القدُّس (أفسس ٤: ١-٣)، وهي شهادة نقدمها للآخرين عندما نعكس صورة الله الثالوث (أفسس ٤: ٤-٦)، ويجب أن نحافظ على هذه الوحدة بكل اجتهاد لأنها تعكس خطة الله الحكيمة من أجل اتحاد إنسانيتنا الهشة الضعيفة بيسوع (أفسس ٣: ٨-١٠). ويلعب الشمامسة دورًا هامًا في الحفاظ على وحدة الكنيسة وتقويتها من خلال تسليط الضوء على الأمور التي تهدد هذه الوحدة، ومحاولة إيجاد حلول للحافظ على سلام الكنيسة. ويحافظون على هذه الوحدة أيضًا من خلال تنظيم العمل بين الإخوة والأخوات لكي يخدُم بعضهم بعضًا.

٥- الشمامسة يساعدون الشيوخ

كما رأينا في (أعمال ٦)، أن الشمامسة بينما يخدمون الكنيسة، يكون لهم دور محدد في حماية الكنيسة وإعطاء الأولوية لرسالتها. وهم يفعلون ذلك من خلال مساعدة الشيوخ لكي يعطوا الأولوية لخدمة الكلمة والصلاة.[٢] ربما لاحظت أنني أقدم نموذج قيادة الكنيسة الذي يعتمد تعدد الشيوخ. وبالرغم من أن هذا الفصل لا يناقش دور الشيوخ، لكن لكي نفهم دور الشمامسة وكيف يخدمون الكنيسة من خلال مساعدة الشيوخ، سنأخذ دقائق قليلة لشرح الفرق بين هاتين الوظيفتين الكتابيتين.[٣] يُشير العهد الجديد إلى أن الكنائس المحلية يجب أن يقوم برعايتها مجموعة من الرجال الذين (يرعون) رعية الكنيسة، ويُشار لهؤلاء الرجال في كل الكتاب بلقب (رعاة) أو (شيوخ)، الكلمتان تُشيران لنفس الوظيفة القيادية (أعمال ١٥: ٢؛ ٢٠: ١٧؛ ٢١: ١٨؛ ١ تيموثاوس

---

[٢] للمزيد حول كيف يعمل الشمامسة كمساعدين للشيوخ انظر

Alexander Strauch, Paul's Vision for the Deacons: Assisting the Elders with the Care of God's Church (Littleton, CO: Lewis and Roth Publishers, 2017).

[٣] لفهم دور الشيوخ في الكنيسة المحلية بشكل مفيد، انظر

Jeramie Rinne, Church Elders: How to Shepherd God's People Like Jesus (Wheaton, IL: Crossway, 2014).

٤: ١٤؛ ٥: ١٧؛ تيطس ١: ٥؛ يعقوب ٥: ١٤؛ ١ بطرس ٥: ١). لقد أعطى الكتاب المقدَّس مسؤولية خدمة تعليم الكنيسة للرعاة والشيوخ.[٤] وظيفة الراعي ليست (للقيام ببعض الأمور على أكمل وجه) كما يحلُم بولس، بل أن يسوع الجالس في السماوات، هو الذي أسس كنيسته على هذا المثال، وأعطى لها الشيوخ كهدية (أفسس ٤: ١١). وأراد بهذا الأساس حماية إرسالية الكنيسة والحافظ عليها. وعندما يحافظ الشمامسة على وقت الشيوخ ويعطون الأولوية لإرسالية الكنيسة، تستمر الكلمة في النمو والانتشار (أعمال ٦: ٧).

فكِّر في الأمر، طالما نهتم بالفعل بنشر الكلمة، إذًا يجب أن نهتم بأن يفعل الشمامسة ما يطلبه منهم الإنجيل؛ لأنه عندما يخدم الشمامسة، ينتشر الإنجيل.

عندما يكون في الكنيسة خلط بين خدمة الشيخ وخدمة الشماس، تظهر المشاكل، فمثلاً، لو كانت هناك كنيسة، يقوم فيها الشمامسة بدور القادة الروحيين، إذًا من المسؤول عن خدمة الوعظ؟ الشمامسة أم الراعي؟ فإذا كان الشمامسة هم المسؤولون عن خدمة الوعظ، إذًا من المسؤول عن تلبية الاحتياجات المادية لرعية الكنيسة؟ ومن جهة أخرى، فكر ماذا سيحدث لو هناك كنيسة بها شيوخ فقط بدون شمامسة؟ من سوف يقوم بتنظيم العمل بين الإخوة لأجل تلبية احتياجات الكنيسة المادية حتى لا تُهمل خدمة الكلمة والصلاة؟

بناءً على خبرتي في الخدمة لأكثر من عقدين كاملين، هناك طريقة ثورية للتفكير في مسألة الشمامسة في الكثير من الكنائس، وهي، بدلاً من عقد اجتماعات (مجلس الشمامسة) لاتخاذ قرارات روحية وإدارية جنبًا إلى جنب مع الراعي، تقوم الكنيسة بتعيين شمامسة في كموظفين في الخدمة للقيام بمهام محددة. وهذه المهام قد تكون دائمة. على سبيل المثال؛ (الشماس المسؤول عن المراسم) قد يكون مسؤولاً عن فريق كامل من الأشخاص الذين يعدون مراسم العشاء الرباني والمعمودية في أيام الآحاد. وقد يكون مسؤول لفترة مؤقتة عن مهمة محددة، على سبيل المثال، عندما يقوم بتنسيق عمل مشروع معين أو مناسبة معينة.

---

[٤] تُستخدم ألقاب (راعي) و(شيخ) و(أسقف) بالتبادل في العهد الجديد، لتُشير لنفس الوظيفة الكنسية (أعمال ٢٠: ١٧، ٢٨؛ ١ تيموثاوس ٣: ١؛ تيطس ١: ٥، ٧).

من الهام جدًا أن نتذكر ذلك، أن وجود الشماسة في الكنيسة لا يجب أن يكون صوريًا، فالمسيح أسس كنيسته على أساس يستطيع أن يخدم إرساليتها. ربما يحدث في كنيسة جديدة أن يقوم الشيوخ بكل الأمور بأنفسهم؛ يبادرون لحل المشاكل، ويقومون بتعيين آخرين للخدمة، ويلبون احتياجات المحتاجين، وهذا كما فعل الرسل في بداية خدمتهم (أعمال ٥). لكن ما أن يشعر هؤلاء الشيوخ أن أولوية خدمة الكلمة بدأت تتأثر بذلك، عليهم أن يتوقفوا ويختاروا أشخاص أمناء لتعيينهم كشمامسة، لكن من هو الذي يجب أن يبحثوا عنه تحديدًا؟ حمدًا لله، فقد أجاب الكتاب المقدَّس على هذا السؤال.

من يمكنه أن يكون شماسًا؟

في (أعمال ٦) لم يجذب الرسل أعضاء الكنيسة ليتطوعوا في الخدمة وحسب، بل انتخبوا «**سَبْعَةَ رِجَالٍ مَشْهُودًا لَهُمْ وَمَمْلُوئِينَ مِنَ الرُّوحِ الْقُدُسِ وَحِكْمَةٍ**» (أعمال ٦: ٣). ورغم أن كل المؤمنين كانوا خدامًا بالمعنى الشامل، إلاَّ أن هؤلاء السبعة المنتخبون لابد وأن يكونوا مؤهلين. كان هذا واضحًا في (أعمال ٦)، وأصبح أكثر وضوحًا في (١ تيموثاوس وتيطس).

يشرح بولس الرسول، لصديقه تيموثاوس، الراعي الشاب، ما هي مواصفات الشخص المؤهل ليكون شماسًا، وكما كتب عن مواصفات الشيخ والراعي؛ الشماس أيضًا يجب أن يكون مؤمنًا، وبلا لوم، ويتمسك بكلمة الإنجيل، ويرعى الكنيسة بمحبة (١ تيموثاوس ٣: ٨-١٣). أي شخص باستطاعته أن ينظم موضع الكراسي داخل القاعة، والكثير من الأعضاء يمكنهم الخدمة في علاج المرضى، ويمكننا جميعًا أثناء وقت الراحة بيوم العمل أن نقوم بتجميل الحديقة، لكن هؤلاء الذين يخدمون في وظيفة رسمية، يجب أن تراهم كل الكنيسة كرجال أتقياء، يتمسكون بتعاليم الكتاب، ويؤدون دورهم بمحبة.[٥] ولهذا السبب، قدم لنا الإنجيل مؤهلات الشماس في (١ تيموثاوس ٣: ٨-١٣)، وهذه المؤهلات تركز على الشخصية وليس الكفاءة. دعونا نأخذ فكرة عن الأمر.

---

[٥] لدراسة مستفيضة حول مؤهلات الشماس، انظر

Matt Smethurst, Deacons: How They Serve and Strengthen the Church (Wheaton, IL: Crossway, 2021), 53–65.

الشماس يجب أن يكون جديرًا بالثقة

«**كَذلِكَ يَجِبُ أَنْ يَكُونَ الشَّمَامِسَةُ ذَوِي وَقَارٍ، لاَ ذَوِي لِسَانَيْنِ، غَيْرَ مُولَعِينَ بِالْخَمْرِ الْكَثِيرِ، وَلاَ طَامِعِينَ بِالرِّبْحِ الْقَبِيحِ**». (١ تيموثاوس ٣: ٨-١٣)

إذا استطاع الشمامسة القيام بحل المشكلات التي من المتوقع أن تهدد إرسالية الكنيسة ووحدتها، سوف يكونون جديرين بثقة رعية الكنيسة. الناس الأتقياء، ينالون سُمعة طيبة مع الوقت، لكن لو كان الشخص ذو لسانين، أي يُغير كلامه مع كل طرف، فمثل هذا الشخص لن يكون محل ثقة أو يؤتمن على الأمور الخاصة لأعضاء الكنيسة. وإذا كان الشخص مدمنًا للخمر، فلن يكون محل ثقة، في أنه سوف يخدم الكنيسة بحكمة. وإذا كان الشخص طامع في الربح القبيح، لن يؤتمن على الأمور المالية للكنيسة. باختصار، يجب أن نثق في مَن يساعدون في خدمة الكنيسة.

الشماس يجب أن يتمسك بتعاليم الكتاب

«**وَلَهُمْ سِرُّ الإِيمَانِ بِضَمِيرٍ طَاهِرٍ**». (١ تيموثاوس ٣: ٩)

في أي وقت يحتاج فيه أعضاء الكنيسة للمساعدة، سيكونون بحاجة أيضًا لمشورة كتابية؛ فسواء كانت احتياجاتهم مادية أو جسدية أو مالية، كل هذه الاحتياجات ستكون مصحوبة دائمًا بالحاجة لتعاليم الكتاب. فعندما يعاني المؤمن، غالبًا ما يتساءل عن سلطان الله وصلاحه. ولهذا السبب، لا يجب أن يكون الشماس مؤهلاً لتقديم المساعدة المادية وحسب، بل مؤهلاً لتعليم كلمة الله أيضًا. ولا أعني بذلك أن يكون مؤهلاً لتقديم عظة مدتها ثلاثون دقيقة، بل أن يكون قادرًا على المشاركة بصلاة مبنية على كلمة الله. ومؤهل لاتخاذ قرارات مبنية على أساس كلمة الله. ولكي يفعل ذلك يجب أن يكون لَهُ سِرُّ الإِيمَانِ (أي الإنجيل المُعلن في شخص المسيح) بِضَمِيرٍ طَاهِرٍ (أي بدون نفاق).

الشماس يجب يُختَبر مع الوقت للتأكد من أنه بلا لوم

«**وَإِنَّمَا هؤُلاَءِ أَيْضًا لِيُخْتَبَرُوا أَوَّلاً، ثُمَّ يَتَشَمَّسُوا إِنْ كَانُوا بِلاَ لَوْمٍ**». (١ تيموثاوس ٣: ١٠)

من الصعب أن تضع ثقتك بشخص وأنت تتعرَّف عليه لأول مرة، لقد أوصى بولس بأنه يجب التروي قبل تعيين الشيوخ. لماذا؟ لأن بعض الأشخاص لديهم القدرة على إخفاء خطاياهم لبعض الوقت، لكنهم بالنهاية يُكتشَفون مع الوقت. ومن جهة أخرى، هناك بعض الأشخاص لهم أعمال صالحة، ولا تظهر أيضًا للنور إلاَّ بمرور الوقت (١ تيموثاوس ٥: ٢٢؛ ٢٤-٢٥). هذه النصيحة من بولس رائعة جدًا بخصوص اختيار الشيوخ، ويمكن تطبيقها مع الشمامسة أيضًا. فكيف تعرف بأن هذا الشخص تقي أم لا؟ كيف تعرف إذا كان يتمسك بتعليم الكتاب أم يتسبب في ألم بعض أعضاء الكنيسة؟ لن تعرف الجواب إلاَّ بمرور الوقت.

يجب أن يخدُم الشماس بمحبة

«لِيَكُنِ الشَّمَامِسَةُ كُلٌّ بَعْلَ امْرَأَةٍ وَاحِدَةٍ، مُدَبِّرِينَ أَوْلاَدَهُمْ وَبُيُوتَهُمْ حَسَنًا».
(١ تيموثاوس ٣: ١٢)

يجب أن يهتم الشماس بخدمة الرعية، لكن كيف نعرف إذا كان هذا الشخص يعرف أن يعتني جيدًا بالآخرين، ويمكنه أن يخدم كشماس؟ فقط ننظر كيف يتعامل مع أسرته. لأن طريقة عنايته بأسرته، سوف تُظهر للكنيسة كيف سيعتني بالآخرين. العناية بالأسرة، تتطلب حُسن تدبير ونظام (وهي مؤهلات أساسية) في الشماس. لقد رأيت كيف ساعد الشمامسة المؤهلين الأتقياء الكنيسة، وفي المقابل، رأيت كيف تسبب الشمامسة غير المؤهلين في أذية الكنيسة!

السبب في نجاح كنيستنا هو خليط الخدام المؤهلين. عندما أردنا إعادة تأسيس خدمة الشمامسة، أخبرونا عن بعض الرجال الذين عملوا في وظيفة الشماس من قبل، وافترضنا بحماقة، أن أحد هؤلاء الرجل، الذين خدموا من قبل، قد يكون مؤهلاً لهذه الخدمة، وقمنا بتعيينه مرة أخرى، لكن بالنهاية انكشفت خطية هذا الرجل. لقد كان يعمل شماسًا من قبل في كنيسة لا تُحدد مهام ومسؤوليات الشماس بدقة، وافترضنا أنه سيخدم بشكل جيد في كنيستنا وفق المبادئ والمعايير المحددة. لقد أخطئنا في تصورنا!

لقد ظل هذا الرجل على قناعاته القديمة من جهة عمل ومسؤوليات الشماس، فظن أن لديه بعض السلطة داخل الكنيسة، وبدلاً من مشاركتنا في الصلاة يوم الأحد، راح يأخذ مكانًا كراعي للكنيسة ووقف يحي الحضور ويتحدث إلى المتطوعين في الخدمة. لم يكتفِ فقط بعدم تقدير الصلاة مع شعب الكنيسة، لكن بدأت تظهر في حياته بعض الخطايا الخطرة، وللأسف اِضطُررنا في نهاية الأمر لعزله من هذه الوظيفة وأصرينا على ضرورة حضوره لاجتماعات الكنيسة. استمر واحد من شيوخ الكنيسة في التواصل معه فيما بعد، لكننا حتى هذه اللحظة لا نعلم كيف سينتهي معه الأمر. لقد عرفنا الآن الطريقة التي بها نتأكد من مدى تقوى الشماس، من خلال الوقت. التروي عند الاختيار يحمي الكنيسة، لأنه يعطي الفرصة لفضح الخطية، وفي المقابل يُظهر العمل الصالح للنور (١ تيموثاوس ٥: ٢٢-٢٥).

سؤال شائع: هل يمكن أن تكون المرأة شماسة؟

قبل أن نواصل حديثنا عن خدمة الشمامسة، دعونا نتوقف قليلاً لنُجيب على السؤال الشائع: هل يمكن أن تكون المرأة شماسة؟ ربما لاحظت في حديثي عن مؤهلات الشمامسة أنني لم أتوقف عند (١ تيموثاوس ٣: ١١). لأن هناك اختلاف في وجهات نظر المؤمنين الأمناء الأتقياء حول تفسير هذه الآية، هل تسمح أم تمنع شموسية المرأة؟![٦] بالنسبة لي، كنت لوقت طويل على قناعة بأن خدمة الشمامسة قاصرة على الرجال فقط، لكن مع دراستي المستمرة لكلمة الله، تغيرت لدي هذه القناعة، وأصبحت أرى أنه من حق النساء أيضًا أن يخدمن في وظيفة الشماس. لكن دعوني أقول بعض النصائح لخدمة رعوية حكيمة، إذا كانت كنيستك تعين النساء في وظيفة الشماس، فلابد أن تسأل، هل يتصرفن بحسب المثال الذي يقدمه لنا الكتاب عن الشماس؟ هل يخدمن كقادة أم خادمات؟[٧] أيضًا من الضروري جدًا للكنيسة التي

---

[٦] لقد قدم "مات سميثورست" عملاً رائعًا، بتحليل رؤية كل جانب في كتابه الممتاز عن الشمامسة، انظر

Matt Smethurst, Deacons: How They Serve and Strengthen the Church (Wheaton, IL: Crossway, 2021), 129–46.

[7] Alex Duke, «On Apple Stores and the DMV: Two Kinds of Churches that Create Complementarian

تقرر تعيين نساء في وظيفة الشماس، أن يكون لديها فهم واضح لدور الرجل والمرأة بحسب الكتاب. فرغم أن الرجل والمرأة كلاهما خُلقا على صورة الله، إلاَّ أن لكل منهما دور مختلف (تكوين ١: ٢). الرجل التقي يرعى أسرته بمحبة، أم المرأة المتقية تتبع رجُلها طوعًا بخضوع وتشجيع (أفسس ٥: ٢٢-٢٣). وهذا المثال الذي أسسه الله قبل سقوط الإنسان، يجب أن يعود ويُطبق في الكنيسة (١ تيموثاوس ٢: ١١-١٥). ولهذا السبب، تُعلمنا كلمة الله، أنه فقط الرجال المؤهلون، هم الذين يجب تعيينهم في وظيفة الراعي، لأن يسوع رئيس الرعاة هو الذي أوكل لهم سلطة تعليم وقيادة الكنيسة.[٨] وبناءً على ذلك، فإذا كان الشماس يخدم في كنيسته كقائد روحي، لا يجب أن تكون المرأة شماسة.

إنها دعوة سامية ومقدَّسة، فكيف تعكس لنا خدمة الشماس شخص يسوع؟

قد يكون ذلك صادمًا لك، لكن خدمة الشماس تعكس لنا شيئًا من صفات يسوع. لقد بدأت هذا الفصل بالقصة الواردة في (مرقس ١٠)، حيث علَّم يسوع تلاميذه «**مَنْ أَرَادَ أَنْ يَصِيرَ فِيكُمْ عَظِيمًا، يَكُونُ لَكُمْ خَادِمًا**» (مرقس ١٠: ٤٣)، لكنني لم أقتبس كل ما قاله، اقرأ ماذا يقول بعد ذلك «**مَنْ أَرَادَ أَنْ يَصِيرَ فِيكُمْ عَظِيمًا، يَكُونُ لَكُمْ (خَادِمًا)، وَمَنْ أَرَادَ أَنْ يَصِيرَ فِيكُمْ أَوَّلاً، يَكُونُ لِلْجَمِيعِ عَبْدًا. لأَنَّ ابْنَ الإِنْسَانِ أَيْضًا لَمْ يَأْتِ (لِيُخْدَمَ) بَلْ (لِيَخْدِمَ) وَلِيَبْذِلَ نَفْسَهُ فِدْيَةً عَنْ كَثِيرِينَ**» (مرقس ١٠: ٤٣-٤٥).

الرب يسوع المسيح هو المثال لخدمة (الشماس)، ولا يجب أن نندهش من هذا، لأن النبي إشعياء، كان يُشير باستمرار للمسيا القادم بأنه (خادم) الرب (إشعياء ٤٢:١؛ ٥٢: ١٣-٥٣: ١٢). كما يقول صديقي مات سميثورست Matt Smethurst: «يسوع

Chaos» 9Marks, December 11, 2019, https://www.9marks.org/article/on-apples-stores-and-the-dmv-two-kinds-of-churches-that-create-complementarian-chaos/.

[٨] لا يركز هذا الكتاب على وظيفة الشيوخ، ولمناقشة مثمرة حول حصر وظيفة الراعي على الرجال الأمناء، انظر

Andreas J. Köstenberger and Thomas R. Schreiner, eds., Women in the Church: An Interpretation and Application of 1 Timothy 2:9–15, 3rd ed. (Wheaton, IL: Crossway, 2016).

هو ملك الملوك وخادم الخدام»![9] إذا لم تكن شماسًا وشهدت عن حياة شماس يخدم في كنيستك، تذكر أنك ترى فيه انعكاس لقلب يسوع الخادم المتواضع. هذه الفكرة لن تُثير بقلبك الحب للمسيح وحسب، بل يجب عليك أيضًا أن تقضي وقتًا في تشجيع الشمامسة، وتتخذهم قدوة في حياتك الروحية. اقتدى بهم كما يقتدون هم بيسوع، اتخذ قلبهم الخادم قدوة لك وتعلم من قيادتهم إذا كنت تريد أن تخدم الكنيسة. يقول مات سميثورست Matt Smethurst:

«هناك الكثير من الأديان عبر التاريخ، عظَّمت قيمة التواضع، لكن لم يجرؤ أي دين أن يصف الله بالمتواضع! لأن فكرة التواضع يصعُب استيعابها إذا أردنا تطبيقها على الله. لذلك، فإننا عندما نقول إن إله الكتاب المقدَّس ليس مجرد إله ضمن مجموعة الآلهة، وهو ليس مجرد اختيار ضمن قائمة، بل هو الإله الواحد خالق الكل، الذي ينحني ليخدم مخلوقاته بكل الطرق، حتى لدرجة احتمال تعذيب الصلب. قد لا يبدو ذلك شيئًا مثيرًا للإعجاب، بل مخزيًا! لكن ارفع عيناك من على الأمور الدنيوية وثبتهما على المسيا، ستراه يلمس الأيادي النجسة، ويغسل الأرجل المتسخة، ويخدم الخطاة الجاحدين، وفي النهاية يبذل حياته لأجل أحبائه. إن الشكل الكامل لخدمة الشماس، يجد قدوته ورسالته في حياة المخلّص».[10]

إذا كنت شماسًا، أرجو أن تدرك مدى سمو وقداسة الدعوة التي لديك. خدمتك هي مثال لخدمة يسوع. عمل الشماس مُرهق، وغير مُقدر أغلب الوقت. أعرف أن خدمة الحفاظ على أرضية الكنيسة، وتنظيف المطبخ، وتصليح أجهزة الصوت، وترتيب خدمة الطعام، قد لا تبدو خدمة لها بريق، لكنك من خلال الخدمة في هذه الأمور، أنت تعكس شيئًا من محبة مخلّصك. أنت تعكس رعاية وتكريس سيدك وخادمك الأعظم يسوع. خدمة الشموسية ليست محتقرة أو صغيرة، لكنها سامية ومقدسة.

9 Smethurst, Deacons, 121.

10 Smethurst, Deacons, 127.

ما هو دوري الآن؟

دعوني أختم ببعض الأمور المشجعة للفئات المختلفة – التي ربما تقرأ هذا الفصل –،

أولاً: إذا لم تكن شماسًا، أشجعك أن تأخذ ملاحظات عن الشمامسة في كنيستك، هل هم ممتلئين من الروح القدس والحكمة (أعمال ٦: ٣)؟ هل يخدمون بتواضع وأمانة من خلال تسديد الاحتياجات والحفاظ على وحدة الكنيسة؟ لماذا لا تخبرهم بما تراه؟ شجعهم، عرِّفهم كم أنت مُقدرٌ لما يفعلونه! عرِّفهم أنهم يشبهون المسيح في خدمتهم النابعة من القلب. لكن لا تكتفي بذلك، بل شمِّر عن ساعدك، وساعدهم في الخدمة. أسألهم كيف يمكنك مساعدتهم، اسألهم عن الطريقة التي تساعد بها لكي تخفف العبء عن كاهلهم.

ربما بعضكم يفكِّر أن ينضم لخدمة الشموسية بعد أن يقرأ هذا الفصل، ابدأ بدراسة (١ تيموثاوس ٣) وطبقه على نفسك لتكون قدوة في خدمة كنيستك، صلِّ لأجل كل صفة أن تكون بك.

ثانيًا: أريد أن أتحدث إلى الذين يخدمون كشمامسة بالفعل، لكنهم اكتشفوا أنهم لا يخدمون بحسب النموذج الكتابي تمامًا. ربما لم تكن تفهم دورك بهذه الطريقة من قبل، وإذا كان هذا هو الحال معك، فقد حان وقت تصحيح المسار. أعد ترتيب مسؤولياتك في الكنيسة في ضوء ما درسناه، وفكر كيف تكون حياتك أقرب للنموذج الذي يقدمه الكتاب؟ اطلب من الشيوخ وراعي الكنيسة أن يساعدونك في ذلك، ادعوهم أن يرشدوك أثناء القيام بهذا التغيير.

ثالثًا: ربما بنهاية هذا الفصل، أدركت أنك تريد أن تصبح شيخًا رغم أنك حاليًا شمّاسًا، وأنك لا تحب دراسة الكلمة وحسب، بل تعليمها أيضًا، وتجد سعادة في مساعدة الناس على تطبيقها في حياتهم. يذكِّر بولس تيموثاوس قائلاً: «**إِنِ ابْتَغَى أَحَدٌ الأُسْقُفِيَّةَ، فَيَشْتَهِي عَمَلاً صَالِحًا**» (١ تيموثاوس ٣: ١). لذا، اخبِر راعي كنيستك بتواضع أنك تريد أن تكون راعيًا، واستمر في خدمتك كشماس بهدوء. أحبب الرعية، واخدم الكنيسة، وتلمذ آخرين، وبشر غير المؤمنين، وبالتأكيد علِّم بكلمة الرب متى

أُتيحت الفرصة لذلك. مرة أخرى أؤكد، أفعل ذلك بمشورة الشيوخ والراعي، ادعوهم لرعايتك ومتابعتك وأنت تفكر في هذا الأمر.

رابعًا: إذا كنت شمّاسًا بالفعل، وتخدم بحسب الطريقة التي شرحتها في هذا الفصل، إذًا اسمح لي أن أقول لك: شكرًا! أريدك أن تفهم قيمتك الكبيرة بالنسبة للكنيسة. تذكر أن يسوع أسس كنيسته على أساس يخدم إرساليتها. خدمة الشموسية يسوع هو الذي أسسها. أنت تلعب دورًا هامًا في حماية الكنيسة وإعطاء الأولوية لرسالتها، من خلال محافظتك ودعمك لوحدتها.

إخوتي وأخواتي الشمامسة، أشكركم على خدمتكم الأمينة! لكم أُعطيَّ الوعد «**الَّذِينَ تَشَمَّسُوا حَسَنًا، يَقْتَنُونَ لأَنْفُسِهِمْ دَرَجَةً حَسَنَةً وَثِقَةً كَثِيرَةً فِي الإِيمَانِ الَّذِي بِالْمَسِيحِ يَسُوعَ**» (١ تيموثاوس ٣: ١٣).

مراجع مُقترحة

1. Thabiti Anyabwile, Finding Faithful Elders and Deacons (Wheaton, IL: Crossway, 2012).

2. Benjamin L. Merkle, 40 Questions about Elders and Deacons. (Grand Rapids, MI: Kregel, 2008).

3. Matt Smethurst, Deacons: How They Serve and Strengthen the Church (Wheaton, IL: Crossway, 2021).

4. Alexander Strauch, Paul's Vision for Deacons: Assisting the Elders with the Care of God's Church (Littleton, CO: Lewis & Roth Publishers, 2017).

١٦

ماذا أفعل عندما أشعر بعدم الرغبة في الصلاة؟

چون أونوتشيكوا

«وَكَانُوا يُواظِبُونَ عَلَى تَعْلِيمِ الرُّسُلِ، وَالشَّرِكَةِ، وَكَسْرِ الْخُبْزِ، وَالصَّلَوَاتِ.»

أعمال الرسل ٢: ٤٢

الصلاة هي مِثل الأوكسجين للمؤمن. إنها الطريقة التي نَتنّفس بها.

لكن الصلاة صعبة. كثيرًا ما تبدو مِثل الواجب، لا كبَهجة. مِثل أكْل الخُضروات، نحن نَعلَم أنها مُفيدة لنا. نشعر بالذنب عندما لا نأكلها، لكن مع ذلك نَدفع الصَحْن جانبًا. كذلك مع الصلاة. لا يتجذّر عدم الصلاة في غياب للقُدرة لكن في غياب للرغبة. نَعلم كيف نُصلّي. يُمكنك أن تتوقّف عن القراءة الآن، وتُغمِض عينيك، وتُحني رأسك، وتُصلّي. لكن بدلًا من ذلك، لقد أمسكتَ هذا الفصل لأنك تُدرِك أن مُشكلتك لَيست في أنك لا تعرِف كيف تُصلّي. لكن أنك ببساطة لا تَرغب في أن تُصلّى.

ماذا نَفعل عندما لا نَرغب في شيء ينبغي أن نَرغب فيه؟ لا يُجدى كتاب للإرشادات نفعًا. مرة أخرى، تَكمُن المُشكلة في القلب لا الرأس. فَكيف نُدرّب قلوبنا على أن ترغب في المزيد من شيء ما؟ هل هذا مُمكن؟

باختصـار، نعـم، يُمكننـا النمـو فـي رغبتنـا فـي أن نُصلّـي. إذا كان يسـوع يسـتطيع أن يُغيّـر قلوبنـا الحجريَّـة إلـى قلـوب لَحميَّـة (حزقيـال ٣٦: ٢٦)، فإنـه يسـتطيع بالتأكيـد أن يُعيد تشكيل أشواقنا ويُعطينا الرغبة في أن نُصلّي.

لا تيأس! أنتَ تُريد أن تَرغب في أن تُصلّي

إذا كُنتَ تُصـارع لأن تُصلّـي، لا تستسلم. كوْنـك تقـرأ هـذا الفصـل يُظهـر أنـك تَتحـرّك فـي الاتجـاه الصحيـح. إنـه يُظهـر أنـك تُريـد أن تَرغـب فـي أن تُصلّـى. ينبغـي أن يُحتفـى بهـذا الدافـع.

دعني أُشجعك باستخدام بضعة أفكار حوْل هذا الصراع.

١. أنتَ لستَ الوحيد

إن كُنـتُ قـد تعلّمـتُ أي شـيء مـن سـنوات اسـتخدامي لجوجـل كالحـلال الفعلي للمشـاكل، فهـو هـذا الأمـر: أنـا لسـت وحـدي مـن يُعانـي مـن هـذه المُشـكلة. لقـد كتبـتُ فقـط «صـراع مـن أجـل الصـلاة» فـي جوجـل ووَجـدتُ ٣١ مليـون نتيجـة للبحـث. مـن الواضـح أنـي أنـا وأنـت لسـنا بمُفردنـا فـي هـذا الصـراع.

أَخبَرنـا الكتـاب المُقدس بنفس الأمـر. انُظُـر فَحسْـب إلـى التلاميـذ الاثنـا عشـر. قضـى هـؤلاء الرجـال أكثـر مـن ثلاثـة سـنوات مـع يسـوع. وأصبحـوا فـي النهايـة أعمـدة الكنيسـة (متـى ١٩: ٢٨؛ أفسـس ٢: ٢٠). مـع ذلـك، وجـدوا أنفسـهم يُصارعـون لأن يُصلّـوا فـي أكثـر مـن مُناسَـبة. فـي الواقع، يُسجل لنا مرقس ١٤ أنه عندما أَمَرَهم يسوع بـأن يُصلّوا فـي عشـيَّة صَلْبِـه، أغمضـوا أعينهـم وأَحنَـوا رؤوسـهم – ونامـوا (مرقـس ١٤: ٣٧-٤١)! إذا كُنتَ قد غفوتَ من قَبل في أثناء الصلاة، تذكّر أن الرُسل فعلوا نفس الأمر.

بالإضافـة إلـى أنـي معـك فـي هـذا الصـراع مـن أجـل الصـلاة. فإننـي لسـتُ أكتُـب هـذا الفصـل بسـبب حياتـي الناجحـة فـي الصـلاة لكـن بسـبب صراعـي الشـخصي. أنتَ لستَ الوحيد.

٢. هذه لن تكون المرة الأخيرة

إذا كُنت تُصارع لأن تُصلّي، فإن هذه لن تكون المرة الأخيرة. ستأتي إلى هنا مرة أخرى. أن تكون غير راغب في أن تُصلّي ليس مثل جُدري الماء – تَختبره مرة واحدة، وبعدها تُصبح لديك مناعة ضده. يتجذّر عدم الصلاة في الكبرياء، وتُشبه الكبرياء الإنفلونزا – أنواع جديدة تتحوّر، ولا توجد مناعة ضدها على هذا الجانب من الأبديَّة.

يُمكن لأشياء عديدة أن تُوقظ الكبرياء. يُمكن للمآسي أن تَجعلنا نَنسى أن وعود الله وتضع ألَمنا في مركز حياتنا. عندما نزرع بذار المرارة، تَنبُت محاصيل عدم الصلاة. يُمكن للرخاء أيضًا أن يَجعلنا نَنسى الله، مما يقودنا إلى عدم الصلاة (تثنية ٨: ١٠-١٨).

من المؤسِف أنه لا يوجد لُقاح نهائي للكبرياء. إنها تجد طريقةً ما لكي تَطِلَ برأسها مرارًا وتكرارًا. لا يُمكننا استئصالها بشكل كامل، لكن يُمكننا أن نَعلم ماذا نَفعل عندما تَعود. أرجو أن يُقدّم هذا الفصل مجموعة من الإرشادات لتَتبَعها عندما تظهر كبرياء عدم الصلاة.

٣. لقد تغيّر أشخاص في أوضاع أسوا نحو الأفضل

أخيرًا، لقد تغيّر أشخاص في أوضاع أسوا نحو الأفضل. يُمكنك البدء في أن تَرغب في الصلاة. سأُخاطر بأن أتحدّث بطريقة تُشبه الإعلانات، يُمكنك أن تَتغير – رُبما حتى قبل أن تصِل إلى نهاية هذا الفصل.

هل تَتذكّر أولئك التلاميذ الذين غفوا في أثناء الصلاة؟ لقد تحوّلوا من النوم في اجتماعات يسوع للصلاة إلى قيادة حركة تُغذّيها الصلاة (أعمال الرسل ٢: ٤٢؛ ٤: ٢٣-٣١؛ ٦: ١-٦؛ ٨: ١٤، ١٥؛ ١٢: ١-٥؛ ١٣: ١-٣؛ ٢٠: ٣٦).

ما الذي غيّر هؤلاء الرُسل النائمين إلى رجال الصلاة الذين لا يَكلّوا؟ وكيف يُمكن لقلوبنا أن تَتغيّر وترغب في المزيد من الصلاة؟ هذا هو ما سنُناقشه.

قيامة المسيح: مَصْدر الرغبة

لا تُعد المسيحية في الأساس مجموعة من القواعد بخصوص كيف ينبغي أن نحيا. تتمحور المسيحية بشكل أساسي حوْل حَدث: صَلْب وقيامة المسيح. انظُر كيف يَصِف بولس رسالة الإنجيل وستكون لديك رؤية لما سيُغيّر حياتك في الصلاة.

> **وَأُعَرِّفُكُمْ أَيُّهَا الإِخْوَةُ بِالإِنْجِيلِ الَّذِي بَشَّرْتُكُمْ بِهِ، وَقَبِلْتُمُوهُ، وَتَقُومُونَ فِيهِ، وَبِهِ أَيْضًا تَخْلُصُونَ، إِنْ كُنْتُمْ تَذْكُرُونَ أَيُّ كَلاَمٍ بَشَّرْتُكُمْ بِهِ. إِلاَّ إِذَا كُنْتُمْ قَدْ آمَنْتُمْ عَبَثًا!**
>
> **فَإِنَّنِي سَلَّمْتُ إِلَيْكُمْ فِي الأَوَّلِ مَا قَبِلْتُهُ أَنَا أَيْضًا: أَنَّ الْمَسِيحَ مَاتَ مِنْ أَجْلِ خَطَايَانَا حَسَبَ الْكُتُبِ، وَأَنَّهُ دُفِنَ، وَأَنَّهُ قَامَ فِي الْيَوْمِ الثَّالِثِ حَسَبَ الْكُتُبِ، وَأَنَّهُ ظَهَرَ لِصَفَا ثُمَّ لِلاثْنَيْ عَشَرَ. وَبَعْدَ ذلِكَ ظَهَرَ دَفْعَةً وَاحِدَةً لأَكْثَرَ مِنْ خَمْسِمِئَةِ أَخٍ، أَكْثَرُهُمْ بَاق إِلَى الآنَ. وَلكِنَّ بَعْضَهُمْ قَدْ رَقَدُوا. وَبَعْدَ ذلِكَ ظَهَرَ لِيَعْقُوبَ، ثُمَّ لِلرُّسُلِ أَجْمَعِينَ. وَآخِرَ الْكُلِّ كَأَنَّهُ لِلسِّقْطِ ظَهَرَ لِي أَنَا.** ١ كورنثوس ١٥: ١-٨

تدور رسالة الإنجيل في الأساس حوْل ما تمّمه يسوع لشعبه بِمَوْته وقيامته. هزم يسوع الموت بِمَوْته. لقد امْتَصَّ غضب الله تجاه خطايا شعبه ثُم قام من الأموات، هازمًا الموت نفسه. أعلن انتصاره لتلاميذه بواسطة ما هو أكثر من مُجرد كلمات. أَعلنه عن طريق ظهوره لهم في كل مجد قيامته. كان يسوع حيًا وبِصحّة جيدة. حرّكت هذه الحقيقة خدمة الرُسل وغيّرتهم من قديسين نائمين إلى قادة يُصلّون بلا هَوادة.

كثيرًا ما نَفترض أن تجاوبنا مع حياة صلاة يُرثى لها ينبغي أن يكون بأن نُضاعف مجهوداتنا، أو بأن نَضَع نظام جديد للصلاة، أو نُعيد ترتيب جَدْولنا. بالتأكيد، من المُمكن أن نحتاج إلى جرعة جديدة من العَزم أو تغيير في الجَدْول، لكن هذه الأشياء لا تستطيع أن تَدعَم حياة الصلاة. بدلًا من ذلك، تحتاج قلوبنا الباردة التي لا تُصلّي إلى أن تتوقف عن التركيز بِشدة على الصلاة وأن تبدأ في التركيز على شخص وعمل المسيح. تُغيّر قيامة يسوع كل شيء، بما في ذلك، رغبتنا

في أن نُصلّي. تنبُع الكيفية التي بها نُصلّى من إيماننا بالقيامة وتؤكد عليه. ينبغي أن تُغيّر قيامة المسيح حياتنا في الصلاة، لا نِظامنا في الصلاة فقط.

رُبما تُلقي قصة من زواجي بعض الضوء على كيف تُشعِل رؤية قيامة المسيح الصلاةَ في قلوبنا. إن زوجتي شوندرا (Shawndra) مُنظَّمة جدًا. يوجد لكل شيء في بَيتي مكانه المُخصَّص. ومع ذلك، بعد مرور اثنا عشر عامًا على زواجنا، ما زلتُ لا أستطيع أن أجد أكواب القياس. ينبغي أن أَعرِف مكانهم، لكني لا أَعرِف، لقد نسيتُ... مرارًا.

عندما أحتاج إلى أكواب القياس أسأل شوندرا. لا يعجبها هذا الأمر على الإطلاق. أحيانًا تُجيب قائلةً: «ينبغي أن تعرف أين توجد هذه الأشياء بعد كل هذا الوقت.» أحيانًا تقتبس كلمات يسوع: «أَنَا مَعَك... زَمَانًا هذِهِ مُدَّتُهُ وَلَمْ تَعْرِفْ؟» (يوحنا ١٤: ٩) يُعتبَر رَدَّها المُفضل لديّ هو: «ماذا كُنتَ لِتَفعل لو لم أكُن هنا؟» بالطبع، هذا سؤال بَلاغي، لكني أحيانًا أُجيب قائلًا: «لكن يا حبيبتي، أنتِ هنا.» لماذا أذهب بحثًا عن الإجابات بنفسي في حين أنه يُمكنني ببساطة أن أسأل زوجتي وأحُل مُشكلتي؟

بالتأكيد، شعر التلاميذ بنفس الأمر بعدما رأوا يسوع مُقامًا من الأموات. لماذا ينبغي عليهم أن يُحاولوا حلّ المُشكلات بنفسهم في حين أن يسوع حي وبصحة جيدة؟ في الواقع، اقرأ أول ستة أصحاحات من أعمال الرسل وستجد أن الرُسل اتّجهوا عند كل فُرصة نحو الرب المُقام ليُساعدهم. عند كل نُقطة – بدايةً من الاحتياج إلى الإرشاد عندما صَعد يسوع إلى السماء (أعمال الرسل ١: ٩-١٤)، إلى تجميع الحُطام بعد خيانة صديق مُقرّب (أعمال الرسل ١: ١٥-٢٦)، إلى الصراع مع احتياجات كنيسة نامية (أعمال الرسل ٢: ٣٧-٤٢)، إلى الشعور بالضعف والخوف عندما واجهوا عداوة ضد يسوع (أعمال الرسل ٤: ١٣-٣١)، إلى الصراع مع قضايا تَتعلّق بالتوتّر العِرْقي الذي هَدّد وحدة الكنيسة (أعمال الرسل ٦: ١-٦) – صَلّى التلاميذ. اتّجهوا نحو يسوع لأنهم عَلِموا أنه يستطيع أن يُساعدهم.

قبل القيامة، كثيرًا ما تجاوب التلاميذ تجاه التحديّات في جُبن وخوْف (مرقس ١٤: ٥٠، ٦٦-٧٢). لكن بعد القيامة، اختاروا أن يَجتمعوا ويُصلّوا. لم يَحتفظوا بمُشكلاتهم لأنفسهم أو حاولوا أن يَجدوا حلولًا بأنفسهم. لقد صَلّوا. لقد صَلّوا دائمًا.

تمت مواجهة كل مُشكلة قابلت الكنيسة المُبكّرة باجتماعات صلاة عاجلة، وغالبًا لم يكُن مُخطط لها. لم يَذهبوا بحثًا عن الإجابات بأنفسهم. لماذا؟ لأنهم رأوا يسوع يَخرُج من القبر. كان يسوع حيًا. لم يستطيعوا أن يَتجاهلوا ذلك ببساطة.

رُبما كانوا مُجَرَّبون بأن يُفكّروا هكذا: «ماذا ينبغي أن نَفعل تِجاه هذه المشكلات بما أن يسوع ليس موجودًا هُنا؟» لكن بعدها مُباشرةً سيُفكّرون هكذا: «لكنك هُنا، يا يسوع.» مثلما أقول لزوجتي عندما أبحث عن أكواب القياس.

إن يسوع حي. هذه هي الرؤية التي تقود الصلاة. تُغذّي رؤية قيامة المسيح بواسطة الإيمان رغبتنا في الصلاة. لذلك، إذا كنتَ تفتقد إلى الرغبة في الصلاة، فكّر كيف يُمكنك أن تتأمّل في شخص المسيح وما حَقّقه من خلال الصليب والقيامة.

- فكّر في قراءة أجزاء كبيرة من الأناجيل أو حِفظ مقاطع هامة في الكتاب المُقدس والتي تَكشف عن أمجاد موت وقيامة المسيح (مثل رومية ٣: ٢١-٢٨، أو ١ كورنثوس ١٥: ١-٨).
- فكّر في أن تقرأ مُصليًا تأملات كتابية في شخص وعمل المسيح مثل كتاب مارك جونز Knowing Christ أو كتاب مارك ديفر وچي آي پاكر .In My Place Condemned He Stood

إذا كُنا نُريد أن تَتغيّر قلوبنا، فإننا نحتاج إذن إلى أن نَتأمّل في شخص وعمل المسيح. نحتاج إلى أن نراه في مجد قيامته.

توضيح رسالة الإنجيل وتَغذية الصلاة: مُكونان أساسيان آخران

إن القيامة هي أهم شيء يُمكن رؤيته في كلمة الله لتغذية رغبتنا في أن نُصلّى. لكن في الحقيقة، نحن نَحتاج إلى كل كلمة الله. نَحتاج أيضًا إلى شعب الله. فكّر في كيف يُعد كلٌ من كلمة الله وشعبه مُهمّين في أثناء سعْينا إلى تدريب قلوبنا على الرغبة في الصلاة.

كلمة الله

عندما خَلقَ اللهُ العالمَ خلقه بِكَلمته (تكوين ١). على عكسنا، لا توجد مسافة بين كلمات الله وأفعاله. إن كلماته هي أفعاله – مما يَعني أنها تستحق كل الثقة. إنها تُتمّم دائمًا كل ما تقول إنها ستُحققه.

يُتمّم الله مشيئته بواسطة كلمته، لكنه يتواصل أيضًا معنا بواسطة كلمته. بعدما خَلق اللهُ العالمَ بأوامره، صَنعَ آدم من تُراب الأرض ثُم تَكلّم إلى آدم – بدأ مَعه مُحادثةً. خَلَقَنا اللهُ لنَفعلَ أكثر بكثير من الامتثال لوصاياه. خَلَقَنا لأجل مُحادثة. خَلَقَنا اللهُ على صورته لكي نَتمكّنَ من معرفته، ونُحبَّه، ونَحيا في شَرِكة معه.

لقد كَلّمنا اللهُ عن نَفسه في الكتاب المُقدّس، ويستمر في الحديث إلينا من خلال كلمته (تثنية ٢٩: ٢٩؛ يوحنا ٥: ٣٩؛ ١ تيموثاوس ٣: ١٦). يُعطينا اللهُ في الكتاب المُقدّس أكثر من مُجرد قواعد لنَحيا بها؛ يَرسم الله لوحةً عن نَفْسه (خصوصًا في شخص وعمل يسوع المسيح) لكي يُنشئ علاقةً معنا. ليس عَلينا أن نَتخيل ماذا يُحب اللهُ أو من هو الله. يُمكننا أن نَفحصَ ما قاله بالفعل. لقد كلّمنا بوضوح في كلمته.

إذا كان الله يُعلن عن نَفسه لكي نَتمكّنَ من مَعرفته، فإن أحد الطُرق الأساسيَّة لتَغذية الصلاة هي عن طريق غَمْر أنفُسنا في الكتاب المُقدّس. بينما نَتأمّل في طبيعة الله، وعمل المسيح، والوعود المُتضمّنة في رسالة الإنجيل، سيُزيد الله من رغبتنا في مَعرفته أكثر وبالتالي نَطلبه أكثر من خلال الصلاة.

في الواقع، تُعطينا كلمة الله صلوات نموذجيَّة يُمكننا أن نُرددها أمام الله عندما تَخور كلماتنا ورغباتنا. تُعطينا المزامير على سبيل المثال، نماذج للصلاة عندما نشعر بأننا مُحبطون ومَنسيّون (مزمور ٣)، أو مَتروكون (مزمور ٢٢)، أو مَغمورون بالشعور بالامتنان (مزمور ٣٠؛ ٦٥؛ ٧٦)، أو تائبون (مزمور ٥١)، أو في حاجة إلى تذكير بخيْر الله ورحمته (مزمور ٢٣؛ ٣٢؛ ٥٧). بينما نَتنصّت على الصلوات الكتابية ونَأتي بأنفُسنا إليها، تقود تلك النصوص الكتابية صلواتنا. لا نحتاج إلى ابتكار صلوات بَقدْر ما نَحتاج إلى مُحاكاة الصلوات التي وَفّرها اللهُ لنا بالفعل. لا تَتعلّق الصلاة بإضاءة مسارات جديدة؛ إنها تَتعلّق بالسَيْر على طُرق قديمة.

شعب اللّه

لم يَخلقنا اللهُ فقط لأجل مُحادثة معه. إنه يُريدنا أيضًا أن نكون في مُحادثة مع بعضنا البعض. تُخفِق عند هذه النقطة الكثير من مُحاولاتنا في إصلاح حياتنا في الصلاة. نَحيا كما لو أن الأمر الوحيد الذي يَهُم هو علاقتنا الفرديَّة مع الله. نَحيا كما لو أنه من المُمكن أن يكون لدينا علاقة مع الله نابضة بالحياة ولا تَتضمّن أي شخص آخر. لكن ذلك غير مُمكن.

فكّر معي مرة أخرى في قصة الخَلْق. في تكوين ١، يَصِف اللهُ ما خَلقه بأنها «حَسن» سبع مرات. لكن في تكوين ٢، وقبل حتى أن تَدخُل الخطية إلى العالم، قال الله إن شيء ما «لَيْسَ جَيِّدًا»؛ كان آدم بِمُفرده. قَبل أن تُهدَّد علاقة آدم مع الله بواسطة الخطية، كانت مُهدَّدة بواسطة العُزلة. لم يكُن القصد من وجودنا أن نكون في شَرِكة مع الخالق وَحده.

لقد قَصَدَ اللهُ لنا أن نَعرفه وأن نُتمّم عملنا في الخليقة، لا عن طريق كَلمته فقط، بل عن طريق علاقتنا بأولاده الآخرين أيضًا. سَنَعرِف اللهَ بشكل أعمق بينما نراه يَعمل في حياة أبنائه وبناته الآخرين.

كيف يُمكننا إذن بناء علاقات مع القديسين الآخرين؟

شُكرًا لله أنه صَمّم مكانًا خاصًا حيث يَجتمع شَعبه حوْل كلمته لكي يَنموا في مَحبتهم له ولبعضهم البعض. هذا المكان هو الكنيسة المَحلّيَّة.

الكنيسة المَحلّيَّة: الصلاة مع شعب اللّه

إن الكنيسة المَحلّيَّة ليست شيئًا كماليًا اختياريًا في الحياة المسيحية. إنها السياق الأساسي حيث نَتعلّم أن نَتبَعَ المسيح، نَتبَعه حتى في الصلاة. يَستخدم اللهُ التغذية والرعاية التي تُقدّمها الكنيسة المَحلّيَّة والسُلطان الذي تَتمتّع به لكي يُنمّي حياتنا في الصلاة.

كيف يَحدُث هذا؟ لنتأمل في بِضعة طُرق تُساعدنا بها الكنيسة المَحلّيَّة عندما لا نَرغب في أن نُصلّى.

الصلاة مع الآخرين تُساعدني على مَعرفة ما أشعر به

هل استمعتَ من قَبل إلى شخص يُشارك خبرةً ما وفكّرت داخلك قائلًا: «إنه يُعبر عن شيء كُنتُ أحاول أن أقوله لكني لم أستطع أن أجد الكلمات المُناسبة»؟ يُمكن للصلاة مع الآخرين أن تقوم بنفس الأمر.

أحيانًا، لا نستطيع التعبير عن مشاعرنا إلى أن نَسمع شخص آخر يُعبر عما بداخلنا. إن الشعور بشيء ما بعُمق لا يَعني أنك تَعرِف كيف تُعبّر عنه. لكن يا لَها من بركة أن تَجِد شَخص آخر يقول ما أردت أن تقوله، ثُم تَنضم إليه.

نَجِد في الكنيسة المَحلّيَّة أننا لَسنا فقط مَن نُصارع مع الخطية، أو الشَّك، أو الإحباط. إننا لسنا فقط مَن نَتوب أو نَفرح. بل نَجِد في الكنيسة المَحلّيَّة إخوة وأخوات يَسلكون نفس طريق الطاعة ويُصلّون معًا. إذا كُنتَ تُصارع لأن تُصلّي، فيُمكنك ببساطة أن تُصلّي مع الآخرين في كنيستك المَحلّيَّة. انضم إلى صلواتهم وقُل: «آمين، وأنا أيضًا!»

نَتعلّم أن نُصلّى مثلما نتعلّم لُغةً ما. عندما كُنا أطفالًا، تَعلّمنا كيف نَتحدّث لا عن طريق قراءة المَعاجم بل عن طريق الاستماع إلى الآخرين وَهُم يتحدّثون. بنفس الطريقة، نَتعلّم أن نُصلّى عن طريق الاستماع إلى الآخرين والتمثُّل بهم. يُمكنهم التعبير عن مشاعرنا، وتَوْبتنا، وتسبيحنا، ورغباتنا. نَتعلّم في الكنيسة المَحلّيَّة كيف نُعبّر عن علاقتنا مع الله.

لا نَتعلّم فقط الكلمات بتلك الطريقة، بل نَتعلّم أيضًا المشاعر بتلك الطريقة. إن الاستماع إلى شخص آخر وهو يُصلي يُساعدني على التعرُّف على ما يَحدُث بداخلي، ويُعطيني الكلمات التي أحتاج إلى تَقديمها إلى الله، وأَتمتَّع بالسلام الذي يَنتُج عن الصلاة.

الصلاة مع الآخرين تُساعدني على مَعرفة ما لا أُصلّيه – لكن ينبغي أن أُصلّيه

في أوقات أخرى، يُعبّر الإخوة والأخوات في كنيستنا عن أفكار ومشاعر في الصلاة والتي أجدها غريبة تمامًا، مِثل الحُزن بسبب خطية مُعيّنة كُنتُ قد تَجاهلتُها، أو الفرح بسبب أدلة على نعمة الله قُمت بإغفالها. تُذكّرني بعض الصلوات بأن أُقدّر الأشياء التي أهملْتها. أتعلّمُ عن طريق الصلاة مع كنيستي أن أُصلّي لأجل الأشياء التي يَنبغي أن أرغب فيها.

باختصار، تأتي بنا الصلاة مع الآخرين إلى علاقة أعمق مع الله. نَتعلّم طُرق جديدة للتوْبة، والابتهاج، والتضرع، والتسبيح. أدركتُ عن طريق الصلاة مع الآخرين مرارًا وتكرارًا، أن هناك عُمق للعلاقة مع الله لم أختبره بَعد. إنها ليست مُحبِطة أبدًا، بل تُذكّرني هذه اللحظات للصلاة الجماعيَّة بأن هناك الكثير الذي يُمكنني أن أعرفه عن الله.

الصلاة مع الآخرين تَمنحني الإذن بالشعور بما أُريد أن أُنكره

نُريد أحيانًا، بسبب كبريائنا، أن نُنكر أننا نُصارع مع خَطيتنا أو ظروفنا. لا نُريد أن نَعترف بأننا ضُعفاء. يُسعدنا أن نُظهر فَرحنا للآخرين لا حُزننا. نَميل إلى ما نَعتبره مشاعر إيجابية ونُحاول أن نُخفي المشاعر «السيئة».

لكن فَكّر في مِثال يسوع في بُستان جَثْسَيْمَانِي. كان الألم قد غَلبه لدرجة أنه «**صَارَ عَرَقُهُ كَقَطَرَاتِ دَمٍ**» (لوقا ٢٢: ٤٤). لو لم يكُن التلاميذ نائمين لَعَلِموا أن يسوع يُظهر لنا أن تَقبُّل الضعف أَمرٌ مقبولٌ. نَجِد القوة الحقيقيَّة فقط عن طريق تَقبُّل ضعفنا، وغالبًا ما نكون صادقين إلى أقصى حد عندما نُصلّي معًا.

نحن لا نُفيد أي شخص عندما نَتظاهر بأننا أكثر صلابة مما نحن في الحقيقة. ما يُساعد الآخرين هو أن نُريهم مُحادثاتنا الصادقة مع الله.

مثل حَبقوق، يَنبغي أن نُحوّل شكوكنا وإحباطاتنا إلى حوار مع الله (حبقوق ١: ٢-٤، ١٢-١٧). نَتمكّن في اجتماع الكنيسة من الاستماع إلى حقيقة أن الآخرين يُصارعون نفس صراعاتنا. نَتمكّن من الاستماع بينما يُجاهد الآخرون جهاد الإيمان. نَتمكّن من الاستماع إلى الآخرين وَهُم يقولون: «يا الله، أنا حائر، ولا يَبدو كما لو أنك تُساعدني. ساعدني أن أَفْهمك،» وحينها نُجيب من قلوبنا: «آمين، وأنا أيضًا!»

إن عدم الصلاة يُشبه الإنفلونزا، لكن كذلك الالتزام بالصلاة. إنه مُعدِي. غالبًا ما يتم التقاط الشغف للصلاة أكثر من أن يتم تَعلُّمه. لقد وَجدتُ في خبرتي الشخصية أنه لا يوجد ما يُزيد من رغبتي في الصلاة أكثر من رؤية أشخاص يُصلّون والتواجد حَوْلهم. لذلك، إذا لم تَكُن جزءًا من كنيسة حتى الآن، فابحث عن كنيسة فيها يُقدّر شعبُ الله كلمةَ الله وصَلِّ معهم. إذا كُنتَ بالفعل جزءًا من كنيسة، فاجتمع مع شعب الله، وانضم إليهم في صلواتهم، وقُل ببساطة: «آمين، وأنا أيضًا.»

أربع خطوات للصلاة مع كنيستك المَحلّيَّة

قال تشارلز سپرچن في أحد المرات: «بالتأكيد، تُسمَع الصلوات الصامتة. ولكن الرجال الصالحين غالبًا ما يجدون أنهم حتى في الخفاء، عندما يُصلّون بصوتٍ عالٍ فإنهم يُصلّون بشكل أفضل مما يفعلون عندما لا يَنطقون بأي أصوات.» نُصلّي بشكل أفضل عندما نُصلّي بصوتٍ عالٍ، وغالبًا ما نُصلّي بصوتٍ عالٍ عندما نُصلّي مع الآخرين. لا تُعتبر الصلاة مع الآخرين غِشًّا؛ لا تُعتبر طريقًا مُختصرًا. إن الذين يُصلّون بِمُفردهم لا يَتمتّعون بقيمة أكبر مِمَن يُصلون بشكل جَماعي. إن الصلاة الجماعية ليست طريقًا مُختصرًا على الإطلاق، بل هي الأداة التي يُعطينا إياها الله لمُساعدتنا على مَعرفته أكثر.

إذن كيف يُمكننا البدء في الصلاة بشكل أكثر استمراريَّة مع شعب الله؟

١. لا تعتبر اجتماع كنيستك يوم الأحد أو اجتماعها للصلاة أمرًا اختياريًا – ثَبّته في جدولك

ثَبّتْ اجتماعات كنيستك المَحلّيَّة في جدولك. ستكون هذه الاجتماعات هي السياق الأساسي الذي ستُصلّي فيه مع كنيستك. رَتّبْ أسبوعك حوْ هذه الاجتماعات، حتى لو كان ذلك يَعني التّخلّي عن البرامج الرياضية للأطفال أو هوايات أخرى.

إذا قامت كنيستك بتخصيص اجتماع للصلاة، تَعهّد بشكل مُحدَّد بأن تَحضر هذا الاجتماع. يُعتبر حضور اجتماعات كنيستك بانتظام واحدة من أقوى الوسائل التي سيَستَخدمها الله ليُشكّل حياتك في الصلاة. ضَعْ نفسك في المكان الذي فيه تستطيع أن تَقول: «آمين، وأنا أيضًا» لصلوات القديسين الآخرين، وتُشاهد حياتك الشخصية في الصلاة تَتغيّر بينما تقوم بهذا. لا تَعتبِر العبادة الجماعية أمرًا اختياريًا – ثَبّتها في جدولك. إن الاستمرارية تُوصّل رسالة حوْل الأهمية.

٢. رَكّز، لا تَنَمْ

إن حضور اجتماعات الصلاة والعبادة الجماعية ليسا كافيَيْن. يجب علينا أن نَتفاعل بينما نحن هناك. لنُواجه الأمر، كُلُنا مثل التلاميذ الذين ناموا (مرقس ١٤: ٣٧، ٤٠، ٤١). لقد نِمنا كُلُنا من قَبل في أثناء اجتماعات الصلاة.

لذلك، لا تُفوّت اجتماعات كنيستك للصلاة، وكذلك لا تَنَمْ بينما أنتَ هناك. رَكّزْ في الصلاة. افترضْ أن أعضاء الكنيسة الآخرين يقولون شيئًا تَحتاج إلى سَمَاعه ويُصلّون لأجل أشياء تَحتاج إلى أن تُصلّي لأجلها. أنتَ تُصلّي معهم، لستَ تَستمه إلى صلواتهم فقط. عندما تَنضمّ إلى كنيسة مَحلّيَّة، فإنك تُخضِع سلامتك الروحيَّة لتلك الكنيسة. نَتعلّم في الكنيسة المَحلّيَّة كيف نَتْبَع المسيح في كل نواحي الحياة. وبخصوص الصلاة، لا تُعلّم الكنيسة عن الصلاة فقط، بل تُجسّدها أيضًا.

يَنبغي أيضًا أن تكون قائمة كنيستك لطِلبات الصلاة العَلنية هي قائمتك الخاصّة لطِلبات الصلاة. نَقوم عن طريق الانتباه لما تُصلّي لأجله الكنيسة بتوسيع نطاق اهتماماتنا في الصلاة ونَتعلّم أن نُصلّي لأجل أمور أبعد من الأشياء التي تُؤثّر علينا مُباشرةً.

فمثلًا، نُصلّي في كنيستي، من ضِمن أمور أخرى، لأجل الخمسة أمور ذاتها في كل اجتماع:

- أن يَستمّر الله في تَدعيم الوعظ الأمين لكلمته في جَماعتنا.
- أن يُقيم الله رُعاة ومُرسَلين من كنيستنا.
- أن يُسدد الله احتياجاتنا المالية والماديَّة.
- أن يَجعلنا الله كُرماء، ومُضيفين، وحُكماء بخصوص التفاعُل مع جيراننا الضائعين.
- أن يُعطينا الرب جُرأة وثَمَر في كرازتنا.

نُصلّي لأجل هذه الأشياء كل أسبوع، لأننا نُريد أن نُذكّر شعبنا بأولويات كنيستنا. نُصلّي أيضًا لأجل هذه الأشياء كل أسبوع كمِثال لكل أعضاء كنيستنا. نُريدهم أن يُصلّوا أيضًا لأجل هذه الأشياء في حياتهم الشخصية في الصلاة.

٣. كُن مؤرخًا

إن إحدى الطرق التي يُمكننا أن نُنمّي بها رغبتنا في أن نُصلّي هي بتَسجيل الطُرق التي استجاب الله بها لطلباتنا السابقة. كثيرًا ما يَستجيب الله الصلاة، لكننا نَفشل في تَمييز ذلك. إننا قلقون جدًا بخصوص الاهتمامات الحالية، لا نُلاحظ كَم مرة استجاب الله طلباتنا السابقة. عندما يَجوع إيماننا، فإن سِجلّ للطلبات المُجابة سيكون مثل مَسار من فُتات الخُبز يأخذنا رجوعًا إلى أمانة الله.

علاوة على ذلك، لا تُركّز فقط على كيف استجاب الله لصلواتك، بل سجّل أيضًا كيف استجاب لصلوات أعضاء كنيستك الآخرين. إن إحدى الفوائد الكبيرة لاجتماعات الصلاة الجماعية هي رؤية الله يَستجيب بشكل واضح صلوات شعبه العَلنية. نَتمكّن من رؤيته يَنسج خيوط قصة ما في حياة القديسين ويُظهر نعمته، لا في حياتنا نحن فقط لكن في حياة الكثيرين من أولاده. مثلما كتب چيمي دَنلوپ (Jamie Dunlop):

يُخبر بولس كنيسة كورنثوس قائلًا: «**وَأَنْتُمْ أَيْضًا مُسَاعِدُونَ بِالصَّلاَةِ لأَجْلِنَا، لِكَيْ يُؤَدَّى شُكْرٌ لأَجْلِنَا مِنْ أَشْخَاصٍ كَثِيرِينَ، عَلَى مَا وُهِبَ لَنَا بِوَاسِطَةِ كَثِيرِينَ**» (٢ كورنثوس ١: ١١). تُنتج الصلاة الجماعية تسبيحًا جماعيًا عندما يَستجيب الله. إن الاهتمام الأساسي لله عَبْر التاريخ هو أن يُعرف مجده علانية. «**لأَنَّ الأَرْضَ تَمْتَلِئُ مِنْ مَعْرِفَةِ مَجْدِ الرَّبِّ كَمَا تُغَطِّي الْمِيَاهُ الْبَحْرَ**» (حبقوق ٢: ١٤). يُحب الله أن يُدافع عن سُمعته. عندما نُصلّي معًا، تُصبح احتياجاتنا علانية. عندما يَستجيب، يظهر مَجده علانيةً.٢

احتفظ بِسِجلّ لكَيف استجاب الله صلواتك وصلوات كنيستك. سيقوم التأمل المُنظّم في تسديد الله للاحتياجات بزيادة رغبتك في الصلاة.

٤. ابدأ الأمر

رُبما لا تَعقد كنيستك اجتماعًا للصلاة، أو لا تَقضي الكثير من الوقت في الصلاة في أثناء العبادة الجماعية. إذا كان هذا هو الوضع، كُن مُحفِّزًا على الصلاة. لا تنتظر أن يُنظم شخص آخر اجتماعًا أو أن يدعوك للصلاة. ببساطة ابدأ من مكانك. إذا كُنت تَهتم بأثقال أعضاء كنيستك الآخرين، فاجتمع إذن مع بعض الإخوة والأخوات الذين يُحبون الرب، وسيكون لديك كل المكوّنات الضرورية للبدء في الصلاة مع آخرين.

سواء كنت تبدأ اجتماعًا رسميًا للصلاة أما لا، ابدأ في الاجتماع مع مجموعة صغيرة حوْل الغذاء أو اسأل فقط إذا كان بإمكانك الصلاة بإيجاز مع أحدهم في نهاية مُحادثتكم، سيُوفّر الله لك فُرصًا لتُصلّي مع آخرين في كنيستك. رُبما يبدو الأمر مُضحكًا أو غريبًا في البداية، خصوصًا لو كُنتَ غير مُعتاد على الصلاة مع آخرين أو لم يكُن لدى كنيستك ثقافة للصلاة. لكن لا تَتوتّر. إن الأمر يَتطلّب أكثر من بضعة دقائق ليُصبح جزءً من طبيعتك.

لقد تَعلّمتُ هذا الدرس غالبًا عن طريق مُشاهدة آخرين في كنيستي المَحلّيَّة يُجسّدون نموذج الصلاة مع آخرين. في ليلة ما، قامت أخت في كنيستنا، اسمها أليسيا (Alysia) بالاتصال بزوجتي وسألت ما إذا كان بوسعها المجيء للصلاة، لا لأجلها هي،

لكن لأجل صديق مُشترك والذي كان يختبر صراعًا. عندما وَصلتْ أليسيا، تحدّثنا، وصلّينا، وبَكيْنا، وأظهرنا أثقالنا أمام الله. بينما قُمنا بذلك، حدث أمر قوي. لم يتغير في تلك اللحظة أي شيء بالنسبة للشخص الذي كُنّا نُصلّي من أجله (أي شيء يُمكننا رؤيته بأي حال)، لكن حدث شيء ما لنا. لقد كان كلٌ منا يحمل ثقلًا هائلًا بخصوص صديقنا. في أثناء الصلاة والبُكاء معًا، ومع أن الأحمال التي أمام أعيُننا تحوّلت من الوزن المُمكن حَمْله إلى الوزن الزائد، لكن قلوبنا لم تكُن أبدًا بمِثل هذه الخفة.

بعدما غادرتْ أليسيا، سألتُ زوجتي قائلًا: «لماذا لا نَفعل ذلك بشكل مُتكرر؟» وحينها صَعقتني الأمر. أنا أرغب في السلام، وأرغب في الثبات الروحي والشَرِكة مع الله. وَجدتُ هذه الأشياء عن طريق الصلاة. لقد ساعدتني الصلاة عندما لم أكُن أرغب في أن أُصلّي على إدراك أنه في أعماقي كُنت فعلًا أرغب في أن أُصلّي لأني أرغب في السلام والشَرِكة مع الله واللذيْن تُنمّيهما الصلاة.

إذا كُنتَ تَرغب في السلام، فأنتَ تَرغب في الصلاة

أنتَ تَرغب في الصلاة لكنك لم تَكُن تَعرف ذلك حتى الآن

رُبما بدأنا هذا الفصل بالسؤال الخاطئ. دَعني أسأل سؤالًا مُختلفًا. هل تَرغب في السلام؟ هل تَرغب في الشَرِكة مع الله؟ لا أعرف أي مَسيحي يُمكن أن يُجيب بِلا على هذه الأسئلة. يَنبغي أن يُنتِج اشتياقنا للسلام والشَرِكة اشتياقًا للصلاة.

> **«لاَ تَهْتَمُّوا بِشَيْءٍ، بَلْ فِي كُلِّ شَيْءٍ بِالصَّلاَةِ وَالدُّعَاءِ مَعَ الشُّكْرِ، لِتُعْلَمْ طِلْبَاتُكُمْ لَدَى اللهِ. وَسَلاَمُ اللهِ الَّذِي يَفُوقُ كُلَّ عَقْل، يَحْفَظُ قُلُوبَكُمْ وَأَفْكَارَكُمْ فِي الْمَسِيحِ يَسُوعَ»** (فيلبّي ٤: ٦، ٧).

لماذا يَنبغي أن نَرغب في أن نُصلّي؟ لأننا نُريد السلام – ويَكمُن السلام في نهاية طريق الصلاة.

إن كان هذا صحيحًا، فإن عدم الرغبة في الصلاة تُعتبر مُشكلة ثانوية. إن الصلاة ليست هي الوِجهة، إنها الطريق. إنها المسار، لا خط النهاية. إن الصلاة ليست

هـي المـاء الحـي الـذي يُنعـش النفـس اليابسـة، إنهـا القنـاة التـي تُوصّـل المـاء. عندمـا لا نُصلّـي فإننـا لا نُهمـل فقـط إحـدى الواجبـات التـي حَدّدهـا الله لنـا؛ إننـا بذلـك نَتنـازل عـن السـلام الـذي نَرغـب فيـه جميعنـا.

السلام: تَرْك مُشكلاتك عند يسوع

تَبدو ظُروفنـا أحيانًـا أكبـر مـن وعـود الله. كلمـا ركّزنـا فـي ظروفنـا كلمـا بَـدت سـاحِقة أكثـر. لكـن عندمـا نُحـول أنظارنـا نحـو الله، ونحـو رسـالة الإنجيـل، ونحـو وعـود الله، يُمكننـا أن نَتجـاوَب مـع تلـك الظـروف فـي إيمـان وسـلام.

لا يوجَـد سـلام أعظـم مـن الحصـول علـى إذن بتـرك الأشـخاص والمُشـكلات «غيـر مَحسـومة». إليكَ مـا أعنـي. أنـا أحـب خَبْـز البسـكويت، لكنـي سـيء فيـه. (أنـا لا أسـتطيع حتـى أن أجـد أكـواب القيـاس، هـل تتذكّـر ذلـك؟) لقـد كان لـدي مؤخَـرًا مجموعـة مـن البسـكويت فـي الفُـرن، وأدركـتُ حينهـا أنـي أقـوم بمُهمـة حساسـة للوقـت. عَلِمـتُ أنـي إذا حَوّلـتُ انتباهـي عـن البسـكويت وغـادرتُ، فإنـي سـأُتلفها.

كان لـديَّ اختيـاران: (١) إهمـال الأشـياء الأخـرى التـي كان علـيَّ القيـام بهـا وتركيـز كل وقتـي علـى البسـكويت، أو (٢) أن أطلُـب مـن زوجتـي أن تُراقـب البسـكويت لأجلـي. بالطبـع، طلبـتُ مـن شُـوندرا (Shawndra) المُسـاعدة. إنهـا أفضـل منـي فـي الخَبْـز علـى كل حـال. عـادة مـا يبـدو البسـكويت الـذي أَصْنعـه مثـل الهريسـة الدافئـة أو الطـوب المُتفحّم. لكـن توقيـت زوجتـي مُمتـاز، والبسـكويت الـذي تَصّنعـه دائمًـا مـا يكـون بُنـي ذَهبـي بشـكل مُمتـاز. يَسـمح لـي وجودهـا فـي حياتـي بـأن أتـرُك البسـكويت غيـر مُنتهـي، لأنـي أثـق فـي قدرتهـا علـى مُراقبتـه. يَصِـحُّ نفـس الأمـر علـى علاقتنـا مـع الله. لا يجـب علينـا أن نُركّـز علـى مُشـكلاتنا؛ يُمكننـا أن نسـتودعها لـدى الله. مثلمـا قـال المُرسَـل هَدسـون تايلـور (Hudson Taylor): «عندمـا يعمـل الإنسـان، فإنـه هـو مَـن يُعمـل. لكـن عندمـا يُصلّـي الإنسـان، فـإن الله هـو مَـن يُعمـل.» تُعطينـا الصـلاة الإذن بتَـرْك ظروفنـا غيـر مَحسـومة. يُمكننـا أن نسـتودعها لـدى الله الـذي يُراقبهـا ولا يُغمِـض للحظـة. إن توقيتـه مثالـي. يَعـرف كيـف يَتعامـل مـع ظروفنـا – وحتـى تجارُبنـا – بشـكل مِثالـي. يَعـرف إلـى متـى يُبقـي شـعبه فـي فُـرن المِحَـن، والوقـت المِثالـي لإخراجهـم منـه.

في أثناء رحلاته التبشيرية، قضى الرسول بولس ثلاث سنوات مع كنيسة أفسس. شاهدهم يَكبرون منذ طفولتهم الروحيَّة. لكن في نهاية السنوات الثلاث، دعاه الله ليَخدمَ في مكان آخر. مثل أبٍ مُحب، كان بولس حزينًا لمُغادرته إياهم. بينما كان يُغادر، حذّر أهل أفسس حتى من التجارُب الكثيرة التي كانوا سيُواجِهونها في غيابه. لكن لاحظ تجاوب بولس مع هذه التُجارب الآتية:

وَلَمَّا قَالَ هذَا جَثَا عَلَى رُكْبَتَيْهِ مَعَ جَمِيعِهِمْ وَصَلَّى. وَكَانَ بُكَاءٌ عَظِيمٌ مِنَ الْجَمِيعِ، وَوَقَعُوا عَلَى عُنُقِ بُولُسَ يُقَبِّلُونَهُ مُتَوَجِّعِينَ، وَلاَ سِيَّمَا مِنَ الْكَلِمَةِ الَّتِي قَالَهَا: إِنَّهُمْ لَنْ يَرَوْا وَجْهَهُ أَيْضًا. ثُمَّ شَيَّعُوهُ إِلَى السَّفِينَةِ.
(أعمال الرسل ٢٠: ٣٦-٣٨)

في وجه التَجارُب المُستقبلية، استودعَ بولس أهل أفسس في يَدي الرب في الصلاة. عَلِم أنه يستطيع أن يَترُكهم لأن يَدي الرب كانت تَهتم بهم. قال بولس بشكل أساسي: «ستأتي الذئاب، لكني لستُ الحل لمُشكلاتكم. لديكم كلمة الله، وشعب الله، وروح الله، وصلواتي. دعونا نُصلّي

... أنا ذاهب.»

يُقدّم داود نُقطة مُشابهة في مزمور ٣: ٣-٦:

أَمَّا أَنْتَ يَا رَبُّ فَتُرْسٌ لِي.

مَجْدِي وَرَافِعُ رَأْسِي.

بِصَوْتِي إِلَى الرَّبِّ أَصْرُخُ،

فَيُجِيبُنِي مِنْ جَبَلِ قُدْسِهِ. سِلاَهْ.

أَنَا اضْطَجَعْتُ وَنِمْتُ.

اسْتَيْقَظْتُ لأَنَّ الرَّبَّ يَعْضُدُنِي.

لاَ أَخَافُ مِنْ رِبْوَاتِ الشُّعُوبِ

الْمُصْطَفِّينَ عَلَيَّ مِنْ حَوْلِي.

باختصـار، إذا وَصلـت صلواتـك إلـى أُذنـي الله، فإنـه يُمكنـك أن تنـام بيـن ذراعَيـه. مثـل طِفلـةٍ تُريـد أن تَعـرف أن والديهـا معهـا فـي الغُرفـة، نُصلّـي ونَصـرُخ لأجـل حضـور الله. لاحـظ أن فـي مزمـور ٣، لا ينـام داود لأن الـرب أزال مُشـكلاته. حتـى بعـد أن يَسـتَيْقظ، مـا زال هنـاك «رِبْـوَاتِ الشُّـعُوب» الذيـن يُقاومونـه ويَطلبـون حياتـه. لكـن لأن داود «صَرَخَ إِلَـى الـرَّبِّ بِصَوْتِـهِ،» لـم تَعُـد مُشـكلاته تَخُصّـه هـو وَحـده. إن الـرب الـذي يَشـترك معنـا فـي مُشـكلاتنا، لا يَنزعـج بسـببها.

أيهـا الأصدقـاء، اتركـوا مُشـكلاتكم عنـد الله ثُـم اتركوهـا وشـأنها. إن الإيمـان بـالله الـذي لا ينـام يَعنـي أنـه بإمكانكـم ذلـك.

علاقة، لا نظام غذائي

فـي لوقـا ١٨، يَحكـي يسـوع قصـة الأرملـة المُثابِـرة – وهـو مَثَـل للأشـخاص الذيـن يُصارعـون لأن يُصلّـوا، أشـخاص مِثلـك ومِثلـي. لقـد كُنـتُ مُسـتاءً مـن هـذا المَقطـع لمـدة طويلـة، لأنـي ظَننـتُ أنـه يَصـف نظـام للصـلاة مثـل النظـام الغذائـي. لقـد ظَننـتُ أن يسـوع يقـول بشـكل أساسـي: «أتُريـد أن تُصلّـي أكثـر؟ فقـط تَحلّـى بالمزيـد مـن ضَبـط النَفـس!» لكـن، مـع الوقـت، رأيـتُ أن يسـوع فـي الواقـع يُشـجّعنا علـى ألا نُركّـز علـى نظـام مُعيـن ولكـن علـى علاقتنـا مـع الله.

يُقدّم يسـوع فـي هـذه القصـة شـخصيتين، همـا قاضـي غيـر مُبـالٍ ومُتمركـز حـول ذاتـه، وأرملـة مُثابـرة. إن الأرملـة مُعدمـة فـي الأسـاس. ليـس لديهـا عائلـة أو نظـام رعايـة. يَجـب عليهـا أن تُقدّم دعواهـا إلـى القاضـي. فـي النهايـة، تَتغلّـب مُثَابَرتهـا علـى اللامُبـالاة القاسـية للقاضـي، فيُقدّم لهـا الدعـم الـذي تحتاجـه.

لقـد افتَرضـتُ دائمًـا أن الهـدف مـن هـذه القصـة هـو أنـه يَنبغـي أن يكـون لدينـا أيضًـا نظـام مُسـتمر للصـلاة، مثلمـا كان للأرملـة. بالطبـع، تُعتبـر الصـلاة المُنضبطـة، والمُنظّمـة، والمُسـتمرة هامـة، لكنّـي لا أعتقـد أن هـذه هـو الهـدف مـن هـذه القصـة. إن الله ليـس هـو القاضـي فـي هـذه القصـة، وأنـت لسـتَ الأرملـة. كيـف نَعـرف ذلـك؟ لأن الله ليـس غيـر مُبـالٍ باحتياجاتنـا – لا تُوجـد ذرة لا مُبـالاة عنـده. إن اهتمامـه بمُشـكلاتنا يَسـبق حتـى إدراكنـا بوجودهـا.

علاوة على ذلك، يُقارن يسوع نَفسه بين شخصية القاضي والله عندما يقول: «**اسْمَعُوا مَا يَقُولُ قَاضِي الظُّلْمِ. أَفَلاَ يُنْصِفُ اللهُ مُخْتَارِيهِ، الصَّارِخِينَ إِلَيْهِ نَهَارًا وَلَيْلاً، وَهُوَ مُتَمَهِّلٌ عَلَيْهِمْ؟**» (لوقا ١٨: ٦، ٧). لم يكُن يَعرف القاضي الأرملةَ ولا كان مُهتمًا لأمرها، لكنه تَجاوب مع طِلباتها. كَم بالحري سيستجيب الله لصرخات أولاده «المُختارين» الذي أَحَبّهم من قبل تأسيس العالم!

أيضًا كان على الأرملة أن تَبحث عن القاضي، لكن الله هو مَن يَبحث عنا. كانت الأرملة تُزعج القاضي، أمّا صَرخاتنا طلبًا للعون فتُفرِح الله. غالبًا كان بإمكانها أن تَقترب من القاضي في أوقات مُحددة فقط، أما الله فيَدعونا إلى الاقتراب إليه «**نَهَارًا وَلَيْلاً**» (لوقا ١٨: ٧).

لا تَهدف قصة الأرملة المُثابِرة إلى جَعلنا نُفكّر أكثر في نظامنا في الصلاة، بل في طبيعة الله. إن كُنا بالفعل أولاده، فلماذا لا نُصلّي؟ لماذا لا يكون أبونا هو أول اختيار لدينا؟

تَتركنا الأنظمة والاستراتيجيّات نُعاني من شعور بالذنب عندما نَفشَل، أمّا الصلاة التي تَنبُع من علاقة مع الله فتُذكّرنا بِنعمته التي يُقدّمها لنا حتى عندما نَفشَل. يأتي التقدّم الحقيقي في الصلاة فقط بينما نَتمسّك بالعلاقة التي لنا مع الآب المُحب.

هل تُصارع في حياتك في الصلاة؟ لا تَكمُن الإجابة بشكل أساسي في تَغيير نظامك في الصلاة أو شَحذ همّتك والتّحلّي بالمزيد من ضَبط النفس. بدلًا من ذلك، يُمكننا أن نكون مُثابرين وصبورين بينما نُركّز على قيامة المسيح، وطبيعة الله، والعلاقة التي لنا مع الله من خلال الوعود الموجودة في رسالة الإنجيل، والتَلمذة التي نَختبرها في الكنيسة المَحليَّة. منذ أعوام، قَضيت عُطلتي الرعوية مع كنيسة اجتمعت كل أحد مساءً، طوال العشرون عامًا الماضية للصلاة. كان يطلبون من الله باستمرار – ضمن أشياء أخرى كثيرة – أن يَجعل لكنيستهم شهادة قوية أمام جيرانهم.

في أثناء ذلك الوقت، تَوفّت إحدى أرامل الكنيسة والتي كانت ذات عُمر طويل. كانت هذه الكنيسة تَعتني على مدار عقود بهذه السيدة، روحيًا وماديًا. حَضر جَنازتها

عشرات من غير المؤمنين من المُجتمع المُحيط بالكنيسة، ومَدحوا الكنيسة على الطريقة التي اعتنوا فيها جيدًا بهذه السيدة. قامت الشهادة المُرتبطة بحياة الكنيسة معًا بِمَدح رسالة محبة الله التي وَعظت بها الكنيسة كل يوم أَحد. كما عَلّم يسوع: «**بِهذَا يَعْرِفُ الْجَمِيعُ أَنَّكُمْ تَلاَمِيذِي: إِنْ كَانَ لَكُمْ حُبٌّ بَعْضًا لِبَعْضٍ**» (يوحنا ١٣: ٣٥).

في أثناء الجَنازة، استجاب الله الصلوات غير المَعدودة التي قَدّمَتها هذه الكنيسة على مدار عقدين من الزمان. لم يَكُن المُجتمع الضائع فقط يَسمع رسالة الإنجيل من شِفاه أعضاء الكنيسة هؤلاء، بل كان يرى أيضًا محبة المسيح ظاهرة بشكل ملموس بينما اعتنى هؤلاء المؤمنون ببعضهم البعض. استجاب الله صلواتهم المُثابِرة والصبورة. أنا على يَقين أنه كان بإمكان كل عضو في الكنيسة أن يَشهد أن تلك الصلوات كانت صعبة، لكنها كانت تَستحق العناء.

رَجعتُ من عُطلتي مُشتاقًا لخبرة مِثل هذه – خبرة تَتعلّق بأن تُستجاب الصلاة الطويلة والمُستمرة. لقد كانت رؤية نعمة الله في ذلك اليوم واحدة من أعظم المُحفزات في حياتي لأن أستمر في رحلة الصلاة المُثابرة والصبورة.

أتعلم؟ إن الآن هو وقت جيد لتأخذ راحة من أي شيء يَحتكر وقتك، وتتأمّل في حقيقة أن الله يَدعوك لتَتحدّث معه، وتُصلّى.

المراجع

1. Charles H. Spurgeon, Psalms, vol. 1, The Crossway Classic Commentaries (Wheaton, IL: Crossway, 10 ,(1993.

2. Mark Dever and Jamie Dunlop, The Compelling Com- munity: Where God's Power Makes a Church Attractive (Wheaton, IL: Crossway, 7–106 ,(2015.

١٧

ماذا أفعل عندما أشعر بعدم الرغبة في الذهاب إلى الكنيسة؟

جانر جندرسِن

«وَجَمِيعُ الَّذِينَ آمَنُوا كَانُوا مَعًا»

أعمال الرسل ٢: ٤٤

أهم وقت يجب أن تذهب فيه إلى الكنيسة هو، الوقت الذي تشعر فيه بعدم الرغبة في الذهاب إلى الكنيسة!

تحدثت ذات مرة مع ثلاثة مؤمنين، جميعهم مروا بفترة اكتئاب لمدة أُسبوعين، وفي الأسبوع الثالث انتهى الأمر بانفصال مؤلم جعلهم يتوقفون عن شركة المؤمنين. لقد توقفوا عن الذهاب إلى الكنيسة لأسابيع وربما لأشهر. قال أحدهم، إنه لن يستفيد شيئًا من الذهاب إلى الكنيسة، لأنه يشعر بأنه مشتت أثناء الخدمة. وقال الآخر

إنـه لا يريـد الذهـاب إلـى الكنيسـة حتـى لا يشـعر بالحـرج أو عـدم الارتيـاح عنـد رؤيـة خطيبتـه السـابقة. أمـا الأخيـرة فقالت، إن الذهـاب إلـى الكنيسـة لـن يفيدهـا فـي شـيء، لأنها تشعر بعدم الرغبة في حضور الكنيسة مطلقًا فيما بعد![1]

أنـا لا أذكـر مواقـف هـؤلاء الأشـخاص بغـرض التقليـل مـن مشـاكلهم، أو للحكـم علـى مشـاعرهم تجـاه الذهـاب إلـى الكنيسـة، أنـا لا أكتـب لهـم أو عنهـم، لكنني بـكل بسـاطة أكتـب لـكل مؤمـن لديـه نفـس الموقـف أو نفـس الشـعور، أكتـب لهـؤلاء الذيـن يشـعرون (كمـا شـعرت أنـا مـن قبـل)، أن الشـركة مـع شـعب الكنيسـة لـن تكون مفيدة، أو مريحـة، أو علـى الأقـل سـتكون مجـرد حضـور روتينـي. سـأكتب عمّـا قلتـه مـن قبـل لأصدقائـي الثلاثـة: أهـم وقـت يجـب أن تذهـب فيـه إلـى الكنيسـة هـو، الوقـت الـذي تشـعر فيـه بعـدم الرغبـة فـي الذهـاب إلـى الكنيسـة! أريـد مـن خـلال هـذا الفصـل أمـر بسـيط هـو، أن أحـث المؤمنيـن علـى الشـركة معًـا فـي أجـواء يسـودها الفـرح والتناغـم والاتحـاد حـول نفـس الهـدف. أكتـب لهـؤلاء المؤمنيـن الذيـن يحبـون يسـوع ويريـدون أن يتبعـوه بقلوبهـم، لكن لديهم مشكلة مع فهم وتقدير أهمية الذهاب إلى الكنيسة، أو حتى إيجاد الوقت لذلك.

ماذا عن المشاعر؟

المشاعر ربمـا تكون معقـدة، جميعًـا نُدرك أننـا لا يجـب أن نتبـع مشـاعرنا كالعميـان، لكنهـا بـذات الوقـت تكشـف لنـا حقيقـة أنفسـنا، وبمـاذا نُفكر ومـاذا نريـد. وطالمـا أن موضـوع هـذا الفصـل يتنـاول تأثيـر (مشـاعرنا) علـى ذهابنـا إلـى الكنيسـة، فهنـاك ثلاثـة أمـور يجـب أن نتذكرهـا جيـدًا عـن المشـاعر:

أولًا، لا يجـب أن نسـمح لمشـاعرنا أن تُملـي علينـا اختياراتنـا؛ إذا اتبعنـا مشـاعرنا، فلن ينجـح زواجنـا، وسـيكتفي أطفالنـا بـأكل الحلـوى دون ممارسـة الرياضـة! الراعـي الذي تنتابـه مشـاعر سـيئة يـوم السـبت، لـن يخـدم الكنيسـة يـوم الأحـد، والمؤمنـون الذيـن يعيشـون

───────────────

[1] بعض أجزاء هذا الكتاب مأخوذة عن مدونة:

David «Gunner» Gundersen, «The Most Important Time to Go to Church,» The Gospel Coalition (blog), March 1, 2018, https://www.thegospelcoalition.org/article/most-important-time-to-go-to-church/.

تحت الاضطهاد سوف يلزمون منازلهم، وكل مؤمن يشعر بعدم الارتياح لشخصٍ آخر في الكنيسة، سيمتلئ قلبه بالضغينة بدلاً من غلق الباب أمام الكراهية. نحن نعلم أننا لا يجب أن نتبع مشاعرنا في فعل أي شيء، أو في تجنب أي أمر لا يُشعرنا بالارتياح. لذلك يذكرنا الكتاب المُقدَّس «**تُوجَدُ طَرِيقٌ تَظْهَرُ لِلإِنْسَانِ مُسْتَقِيمَةً، وَعَاقِبَتُهَا طُرُقُ الْمَوْتِ**» (أمثال ١٤: ١٢).

ثانيًا: يجب أن ندرك أن ما يقف خلف رغباتنا، أعمق بكثير من مشاعرنا، على سبيل المثال، قد تشعر الأم المُنهكة برغبة شديدة في غفوة قصيرة لتستريح بعض الشيء، لكنها عوضًا عن ذلك، تستمر في السهر على رعاية أطفالها الثلاثة، والسبب هو، أنها ترغب في حمايتهم ورعايتهم، أكثر من رغبتها في راحتها الجسدية. نفس الشيء يحدث مع المؤمن الحقيقي، حين يكون له قلب جديد يجعله يحب الله والمؤمنين، ويسعى دائمًا لخيرهم حتى ولو كان متعبًا (العبرانيين ٨: ١٠-١١). رغباتنا متداخلة وكثيرة، وأعمق رغباتنا غالبًا ما تتعارض مع مشاعرنا العابرة.

ثالثًا: في أغلب الأوقات، تكون مشاعرنا مجرد أعراض لأمور خفية. فعندما نشعر بعدم الرغبة في الذهاب إلى الكنيسة، يكون هناك سبب – ليس دائمًا بل غالبًا – خلف ذلك، كما يقول الكتاب «**اَلْمَشُورَةُ فِي قَلْبِ الرَّجُلِ مِيَاهٌ عَمِيقَةٌ**» (أمثال ٢٠: ٥). لذلك، فأن نضع نفوسنا أمام الرب، ونترك روحه القدس يفتح أذهاننا من خلال كلمته، هو أأمن علاج لنفوسنا «**لأَنَّ كَلِمَةَ اللهِ حَيَّةٌ وَفَعَّالَةٌ وَأَمْضَى مِنْ كُلِّ سَيْفٍ ذِي حَدَّيْنِ، وَخَارِقَةٌ إِلَى مَفْرَقِ النَّفْسِ وَالرُّوحِ وَالْمَفَاصِلِ وَالْمِخَاخِ، وَمُمَيِّزَةٌ أَفْكَارَ الْقَلْبِ وَنِيَّاتِهِ**» (العبرانيين ٤: ١٢).

اِفحص قلبك

هناك الكثير من الأسباب التي تجعل المؤمنين لا يرغبون في الذهاب إلى الكنيسة، لكن لو استطعت معرفة سبب عزوفك، فهذا سيجعل الطريق أمامك واضحًا. الفحص السليم يساوي نصف العلاج، حتى ولو كان الدواء مُرًا كالعلقم. إذًا، ما هي الأسباب التي قد نُصارع معها لأجل حضور الكنيسة؟

أسباب جسدية

قد يصارع الكثير من المؤمنين لأجل الذهاب إلى الكنيسة بسبب ظروفهم الصحية، مثل: الإرهاق، والتعب، والأمراض المختلفة، والآلام المُبرحة، وقد تكون هذه الآلام واضحة أو غير ملحوظة بالمرة، وقد تكون مؤقتة أو مزمنة، معروفة أو مجهولة السبب. وبغض النظر عن سبب آلامك الجسدية، فإن العالم يزيد العبء علينا، وأنت في النهاية لست مجرد آلة، ففي الكثير من الأحيان يكون الروح حارًا أما الجسد فضعيف (متى ٢٦: ٤١).

أسباب روحيَّة

قد يكون السبب روحيًا، ربما تعيش في الظلام، أو فقدت زهوة وفرحة الإيمان، أو تعيش في خطية خفية. ربما أفقدتك مباهج العالم اشتهاءك للأمور الروحية، أو تمر الآن بفترة فتور روحي، ربما تُردد مع كاتب المزامير «**لِمَاذَا أَنْتِ مُنْحَنِيَةٌ يَا نَفْسِي؟ وَلِمَاذَا تَئِنِّينَ فِيَّ؟**» (مزمور ٤٢: ٥).

أسباب خاصة بالعلاقات

قد يكون السبب خاصًا بالمشاكل الزوجية، أو انتهاء علاقة صداقة، أو بسبب كونك شخصية غير اجتماعية، أو أعزب أو أرمل وتشعر أنك غريب عند التواجد وسط العائلات في داخل الكنيسة. ربما تكون في خلاف مع أحد قادة الكنيسة وفي مشاحنة دائمة معه. ربما تعرضت للإدانة أو التوبيخ من أحدهم، وتشعر بالغضب والحرج كلما رأيته. ربما يتبرأ منك البعض إذا عرفوا أنك تؤمن بالمسيح. أيًا كانت هذه المواقف والتجارب الشخصية، فهي تختلف عمَّا اختبره كاتب المزامير «**هُوَذَا مَا أَحْسَنَ وَمَا أَجْمَلَ أَنْ يَسْكُنَ الإِخْوَةُ مَعًا**» (مزمور ١٣٣: ١).

أسباب تتعلق بالمكان أو التوقيت

ربما تكون مشكلتك في الأساس، لها علاقة بالمكان، فقد يكون منزلك في مكان بعيد عن الكنيسة، أو ساعات العمل تتغير من أسبوع لآخر، أو تسافر كثيرًا،

أو تخصص وقت العُطلة الأسبوعيَّة للقيام ببعض المهام المطلوبة منك، أو تنفيذ بعض الأعمال المنزلية. أما بالنسبة لبعض الأمهات، قد يسبب اصطحاب الأطفال الصغار إلى الكنيسة الكثير من الفوضى والإرهاق، هذا بخلاف محاولة إقناع الأطفال الأكبر سنًا، قد تشعر كما لو كنت تتفاوض بشأن إطلاق صراح رهينة! أيًا كان السبب، قد يشكل الذهاب والعودة من الكنيسة في مثل هذه الظروف تحديًا كبيرًا!

أسباب تتعلّق بما نفضّله

قد تشعر بالاستياء لأنك لا تحب موسيقى الترانيم، أو بعض الطقوس الخاصة بالعبادة، أو طريقة الناس في اختيار ملبسهم، أو أسلوب قيادة الكنيسة، وربما تتمنى لو تكون مدة العظة أقصر، أو أن يكون الناس أكثر لطفًا، أو أن تقدم الكنيسة مشروبات ألذ. في النهاية، ما تفضل وتُحب أن تراه قد يعكس مبادئ كتابية، أو يكون مجرد تصيُّد للأخطاء. لكن سواء كنت على خطأ أو صواب، فإن الشكوى والاستياء الدائم مؤشران لأمور غير جيدة.

أسباب خاصة بخلفيتنا الثقافيّة

تؤثر الخلفية التي نأتي منها على تفضلينا لأمر ما على الآخر، فربما تكون رجل من طبقة كادحة، يصلّي في كنيسة أغلبها من الأثرياء، أو ربما تنتمي لأقلية ومن الصعب أن تجد بين شعب الكنيسة من يفهم خلفيتك ووضعك، ربما تكون مهاجرًا، أو موظفًا من بلد أجنبي، أو ربما تكون نشأت في بلد وعائلتك تنتمي لبلد وثقافة أخرى، وربما تشعر بسبب حاجز اللغة والثقافة أنك غريب عن المجتمع المحيط بك، وهذه الصعوبات تجعل اندماجك داخل الكنيسة صعبًا.

أسباب متعلقة بالرغبة في الترفيه

ربما يصارع البعض في الذهاب إلى الكنيسة بسبب الرغبة في الترفيه؛ لأن عطلة نهاية الأسبوع هي وقت مثالي لممارسة الهوايات، والقيام بالمغامرات، والرحلات والسفر، أو ممارسة الأطفال لأنشطة رياضية. فعندما تنتهي من أسبوع مرهق

ومزدحم بالأعمال، وأمامك فرصة للترفيه، قد يكون من الصعب أن تعطي الأولوية للكنيسة!

أسباب تتعلق بالخدمة

بعض المؤمنين يجتازون في وقت صعب بسبب قلّة (التوجيه) من قادة الكنيسة، نحن نريد أن نشارك، وأن نساهم في الإرسالية التي لأجلها أرسل المسيح تلاميذه (متى ٢٨: ١٨-٢٠). لكن نقص القيادة يشعرك بأن كنيستك على الهامش، عوض أن تكون في المقدمة.

أسباب عقائديّة

في بعض الأحيان، يجد بعض المؤمنين صعوبة في إيجاد كنيسة تتوافق مع عقيدتهم. ربما تشعر أن الكنيسة التي تنتمي إليها مجرد كنيسة بديلة، لكنها ليست الكنيسة التي ترغب في أن تكون كنيستك بالفعل، وهذا يجعلك تشعر كأنك لا تنتمي لأي كنيسة تتفق معك عقائديًا. قد تتمنى لو تتفق الكنيسة مع قناعاتك، ومع ذلك ترضى بالأمر الواقع لأنك لا تريد حدوث انقسامات. لكن اختلافك هذا قد يعوقك عن التواصل مع الآخرين أو الاندماج في الخدمة، وربما تجد نفسك في نهاية الأمر مهمشًا، أو على وشك أن تترك الكنيسة تمامًا.

أسباب فكريّة

البعض قد يجد صعوبة في الذهاب إلى الكنيسة بسبب تفكيرهم العقلاني، وحين يرون أن الرسالة التي تقدم في الكنيسة هزيلة وتقليدية، قد يتركون حضور اجتماعات الأحد حتى دون أن يجدوا جوابًا مقنعًا لتساؤلاتهم! ربما تتسبب دراستك العليا، أو مهنتك التي تعتمد على التفكير العقلاني، أو صداقات لأشخاص لهم انتماءات وعقائد مختلفة، أو خلفيتك العلمية والفكرية العميقة بالديانات الأخرى، في بحثك الدائم عن الأمور العميقة. أو ربما تحب فقط أن تأخذ دور المعارض، وتعلب دور الشرير في تبني وجهة النظر المعارضة. وقد تكون مؤمنًا بالمسيح، لكن كنيستك ليست المكان المناسب الذي يمكنك أن تدعو صديقك غير المؤمن إليه!

أسباب تعود لفترة انتقاليَّة

وهذه أيضًا من الأسباب التي تشكل تحديًا في الذهاب إلى الكنيسة، وقد تكون هذه الفترة الانتقالية شخصية؛ مثل الخروج من الخدمة، أو الانتقال لمدينة أخرى، أو البحث عن كنيسة جديدة. وفي بعض الأحيان تكون الكنيسة نفسها في مرحلة انتقالية بالنسبة لك، مثلما يحدث عندما يتولى قيادة الكنيسة راعي شاب، أو يترك الكنيسة صديق عزيز عليك، أو تغير الكنيسة بعض الأماكن، وحتى ولو كان هناك فترة يحدث بها تغيير مطلوب، فقد تطول هذه المرحلة لأجل غير مسمًّى.

أسباب شخصيَّة

وأخيرًا، هناك أشخاص لديهم مشاكل شخصية مع الكنيسة، فربما تعرضت للمضايقة من قِبل (القادة الروحيين)، أو شاهدت فضيحة تمس الراعي، أو احتملت انقسامات الكنيسة. في بعض المواقف، ربما كان عليك بعض المسؤولية، لكن حتى وإن كنت بريئًا من أي ذنب، يبقى الألم، وسواء تسبب الآخرين في جراحك، أو كان لك دورًا بها، فإن تاريخك الشخصي مع الكنيسة، قد يجعل من الصعب عليك أن تحبها، أو تثق بها، أو حتى تهتم بحضور اجتماعاتها.

نحن جميعًا لنا شخصياتنا المختلفة، ومواقفنا المختلفة، وتحدياتنا المختلفة، لكن أرجو أن تحثّك الأسباب التي تناولتها في أن تحدد موقفك وتعرف سبب عزوفك عن الذهاب إلى الكنيسة. قد يساعدك الجدول التالي على اكتشاف ذلك، من خلال كتابة تفسير، وضع علامة على أكثر الأسباب التي تصف حالتك.

لماذا أشعر بعدم الرغبة في الذهاب إلى الكنيسة؟		
السبب	**التفسير**	**نعم/ لا**
أسباب جسديَّة		
أسباب روحيَّة		

		أسباب خاصة بالعلاقات
		أسباب تتعلق بالمكان أو التوقيت
		أسباب تتعلّق ما نفضّله
		أسباب خاصة بخلفيتنا الثقافيّة
		أسباب متعلقة بالرغبة في الترفيه
		أسباب تتعلق بالخدمة
		أسباب عقائديّة
		أسباب فكريّة
		أسباب تعود لفترة انتقاليّة
		أسباب شخصيّة
		أسباب أخرى

طلب المساعدة

أنـا لـن اطّلـع علـى هـذه الورقـة، ولـن أسـتطيع فحـص السـبب الـذي يعوقـك عـن الذهـاب إلـى الكنيسـة، أو يمكننـي تقديـم حـل سـهل لـك. وفـي أغلـب الأحـوال، ليـس هنـاك حـل سـحري للتحديـات التـي نواجههـا فـي كنائسـنا، لكـن الله وعـد بـأن يعطينـا الحكمـة إذا طلبنـا ذلـك «إِنْ كَانَ أَحَدُكُمْ تُعْوِزُهُ حِكْمَةٌ، فَلْيَطْلُبْ مِنَ اللهِ الَّذِي يُعْطِي الْجَمِيعَ بِسَخَاءٍ وَلاَ يُعَيِّرُ، فَسَيُعْطَى لَهُ» (يعقوب ١: ٥). إذًا، أين نجد هذه الحكمة لكي نسعى للأمام؟

كلمة الله

أول مكان تذهب إليه لطلب الحكمة هو كلمة الله، لقد قال عنها كاتب المزامير «**سِرَاجٌ لِرِجْلِي كَلاَمُكَ وَنُورٌ لِسَبِيلِي**» (مزمور ١١٩: ١٠٥). كلمة الله تنبع من فكر الله الكامل، لذلك هي تعلمنا وتقوِّمنا وتدربنا لنكون «**مُتَأَهِّبِينَ لِكُلِّ عَمَلٍ صَالِحٍ**» (٢ تيموثاوس ٣: ١٦-١٧). وعندما يبدو الطريق أمامنا وعرًا أو غير واضح، يجب أن نتذكر كلمة الرب «**تَوَكَّلْ عَلَى الرَّبِّ بِكُلِّ قَلْبِكَ، وَعَلَى فَهْمِكَ لاَ تَعْتَمِدْ. فِي كُلِّ طُرُقِكَ اعْرِفْهُ، وَهُوَ يُقَوِّمُ سُبُلَكَ**» (أمثال ٣: ٥-٦). كما تُذيب مياه البحر الصخر الصلب، تُذيب كلمة الله قلبك وتشكّل وتغيِّر عاداتك مع الوقت.

فتش عن أصدقاء حكماء

تقول كلمة الرب «**اَلْمُعْتَزِلُ يَطْلُبُ شَهْوَتَهُ. بِكُلِّ مَشُورَةٍ يَغْتَاظُ**» (أمثال ١٨: ١)، عندما نصارع في الكنيسة التي ننتمي إليها، غالبًا نفضّل الغضب في صمت بدلاً من التواصل الصحي المفيد. لكن الطيران وحيدًا خطر مُهلك، لأن الخطية خادعة وتُقسِّي القلب (أفسس ٤: ١٤؛ العبرانيين ٣: ١٣). لذلك يعلمنا الجامعة الحكمة من مشاركة مشاكلنا مع أصدقاء آخرين «**اِثْنَانِ خَيْرٌ مِنْ وَاحِدٍ، لأَنَّ لَهُمَا أُجْرَةً لِتَعَبِهِمَا صَالِحَةً. لأَنَّهُ إِنْ وَقَعَ أَحَدُهُمَا يُقِيمُهُ رَفِيقُهُ. وَوَيْلٌ لِمَنْ هُوَ وَحْدَهُ إِنْ وَقَعَ، إِذْ لَيْسَ ثَانٍ لِيُقِيمَهُ**» (الجامعة ٤: ٩-١٠). يوجد أصدقاء غير ناضجين، كل ما يفعلونه هو أن يتركونك تثرثر وتنفِّس عن غضبك، لكن يوجد أصدقاء ناضجين يصغون لك جيدًا ثم يقدمون لك نصيحة حكيمة مبنية على كلمة الرب. فتش عن مثل هؤلاء الأصدقاء الحكماء، وشاركهم بما تجتاز فيه من صراعات، «**اَلْمَشُورَةُ فِي قَلْبِ الرَّجُلِ مِيَاهٌ عَمِيقَةٌ، وَذُو الْفِطْنَةِ يَسْتَقِيهَا**» (أمثال ٢٠: ٥).

قادة مختارين

قد يبدو الأمر غريبًا أن أتكلم في مسألة القادة وأنت تصارع مع بعضهم في كنيستك! لكن في النهاية القادة هم أيضًا بشر، وفي الكثير من المواقف يثبتون أنهم غير جديرين بالثقة، ولا يمكن أن نتبع ما يقولون (حزقيال ٣٤: ١-٢٤؛ تيطس ١: ١٠-١٦).

لكن بالرغم من ذلك، فإن كلمة الله تصور لنا رؤيتها لحياة الكنيسة الصحية، حيث الخدام/ القادة يرعون جماعة المؤمنين، الذين بدورهم يقدمون الاحترام للقادة ويثقون بهم ويتبعونهم كرعاة مختارين ومُعينين من الله (أعمال ٢٠: ٢٨؛ العبرانيين ١٣: ٧؛ ١ بطرس ٥: ١-٥). وتوصينا كلمة الله «**أَطِيعُوا مُرْشِدِيكُمْ وَاخْضَعُوا، لأَنَّهُمْ يَسْهَرُونَ لأَجْلِ نُفُوسِكُمْ كَأَنَّهُمْ سَوْفَ يُعْطُونَ حِسَابًا، لِكَيْ يَفْعَلُوا ذلِكَ بِفَرَحٍ، لاَ آنِّينَ، لأَنَّ هذَا غَيْرُ نَافِعٍ لَكُمْ**» (العبرانيين ١٣: ١٧). لذلك دع القادة الروحيين في كنيستك يرشدونك عن الخطوات التالية في طريق عودتك إلى الكنيسة.

في صراعنا مع غياب الرغبة في الذهاب إلى الكنيسة، يوجد ثلاث طرق يمكننا من خلالهم طلب المساعدة:

١- دراسة كلمة الله

٢- الحديث مع أصدقاء حكماء

٣- طلب الإرشاد من القادة الروحيين

لقد تعمَّقنا حتى هذه اللحظة في اكتشاف نوايا قلوبنا، وتكلمنا عن ضرورة طلب المساعدة، والآن جاء الوقت لنتكلم عن الكنيسة.

ما هي الكنيسة؟

يستخدم العهد الجديد ثلاث صور عن الكنيسة ليؤكد ضرورة شركة المؤمنين؛ فهي إخوة في عائلة واحدة، وأعضاء في جسد واحد، وحجارة هيكل واحد، الكنيسة هي عائلة الله، وجسد المسيح، و«**مَسْكَنًا للهِ فِي الرُّوحِ**» مبني بحجارة حية (١ كورنثوس ١٢: ١٢-٢٧؛ أفسس ٢: ٢١-٢٢، ٤: ١٥-١٦؛ ١تيموثاوس ٣: ١٥؛ ١ بطرس ٢: ٥). وهذه الصور جميعها واضحة ومفهومة على أرض الواقع؛ فجميع أفرد العائلة يعيشون معًا، وجميع أعضاء الجسد تعمل معًا، والهيكل لا يكتمل بناءه إلا بالتصاق جميع الحجارة معًا. لكن للأسف، قد يستخدم البعض هذه الحقائق للتقليل من أهمية حضور اجتماعات الكنيسة، فيقولون: «الكنيسة هي الناس وليس المبنى»! أيضًا هذه الصور

الكتابية «تصف ما هي الكنيسة وليس الذهاب إلى الكنيسة». يجب علينا عوضًا عن التقليل من شأن هذه الحقائق الكتابية، أن نرى كيف تصور لنا جمال الشركة مع إخوة مؤمنين ومدى الاستفادة الروحية من ذلك. لقد تميز شعب الله دائمًا باجتماعهم بصفة دائمة ومنتظمة (العبرانيين ١٠: ٢٤-٢٥). لكن اجتماع أعضاء جسد صناعية وغير حقيقية لا يبني جسدًا سليمًا، وعائلة يسودها النزاعات والخلافات، عوضًا عن التقارب ولم الشمل وتناول الطعام معًا، لن يكون اجتماع يمثل عائلة سعيدة لها علاقات صحية. ولا يمكن للهيكل أن ينتصب وهناك بعض الأحجار ترفض الالتصاق بالحجارة المجاورة لها. فهل اجتماعنا معًا بهذه الأهمية؟

بكل تأكيد يمكنك أن تستمع إلى الترانيم، أو العظات عبر الإنترنت مرة في الأسبوع، لكنك بكل تأكيد لن تكون في شركة مباشرة وجهًا لوجه مع المؤمنين، ولن تحصل على رعاية روحية خاصة، ولن تشارك في فريضة العشاء الرباني، التي تذكّرنا بجسد الرب ودمه. يمكنك أن تقرأ الكتاب المُقدَّس وتصلّي بمفردك، لكنك لن تستمع لعظة راعي الكنيسة، وذلك الصوت الذي يعلِّمك ويوبخك ويقومك من خلال العِظة. وربما تحضر في كنيسة أخرى لأن كنيستك أصبحت لا تتناغم أو تتفق مع أفكارك، لكن أي كنيسة أخرى لن يمكنها أن تكون بديلاً جيدًا عن كنيستك المحلية، التي تتشارك فيها مع جماعة العهد.

عائلة العهد

يوجد خلطة سرية للعائلة السعيدة، والجسد الصحي، والهيكل السليم، هذه الخلطة هي العهد والالتزام بين جميع الأجزاء، العائلة السعيدة تكون متقاربة ومتعاونة دائمًا، وأعضاء الجسد الصحي تكون قوية وتناغم في حركتها معًا، وحجارة الهيكل السليم، تكون متجاورة ومتلاصقة معًا. تُقطع العهود دائمًا في الأوقات العصيبة وليست السهلة. في الأوقات الجيدة، قد لا يبدو أننا بحاجة لقطع عهود مع آخرين، لأننا ببساطة يمكننا الإلتصاق بأي مجموعة حين نشعر بالوحدة. لكن وجودنا وسط جماعة يربطنا بها عهد، يُمسك بنا حين نتعثَّر، ويرفعنا إذا سقطنا، ويشجعنا عندما نشعر بالإحباط، ويوقظنا حين نتكاسل في الروح، ويجعلنا نخرج من دائرة التركيز على نفوسنا، لنركز

علـى الدعـوة التـي نحـن مدعـوون لهـا والمسـؤوليات الموضوعـة علينـا، ويدعونـا للعـودة لواحـة جماعـة المؤمنيـن لننمـو بينهـا.

يمتلـئ الكتـاب المُقدَّس بالكثيـر مـن العهـود، والتـزام الله بعهـوده تجاهنـا يجعلنـا نلتـزم بعهدنـا معـه. سـبب وجـود الكنيسـة هـو مـوت المسـيح علـى الصليـب لأجل فدائنـا وتطهيرنـا مـن خطايانـا، الـذي بدمـه ختـم «العهـد الجديـد» (العبرانييـن ٨: ١-١٠: ٢٤). كل مؤمـن حقيقـي مشـارك فـي هـذا العهـد، بمعنـى أن خطايـاه قـد غُفـرت بمـوت المسـيح الكفّـاري بـدلاً عنـا، ونـال قلبًـا روحيًـا يحـب الله ويخـدم الآخريـن، وأصبـح عضـوًا فـي عائلـة الله الروحيـة ولـه امتيازاتهـا وحقوقهـا، وأيضًـا كل مسـؤولياتها. عندمـا وصلـت للسـنة الثانية في دراسـتي الثانويـة، كنـت منسـق الألعـاب الرياضيـة فـي مدرسـتي المسـيحية التـي أدرس بهـا، قمـت بتنظيـم الفِـرق، وقوائـم لاعبـي المارثـون، ووضـع جـداول للألعـاب المختلفـة، والتحكيـم فـي كل لُعبـة، وحـل كل المشـكلات التـي كنـا نواجههـا فـي المـكان، وكشـاب مراهـق، توليت مسـؤولية توصيـل الصحـف، وجـز حشـائش ملعـب المدرسـة. كانـت هـذه أول تجربـة لـي فـي التعامـل مـع مئـات الأشـخاص، وعشـرات العلاقـات، والعديـد مـن التحديـات فـي تنفيذ هـذه المهـام. لـم أكـن أشـعر بالارتيـاح فـي الكثيـر مـن الأوقـات، لكننـي نضجـت كثيـرًا مـن خـلال خدمـة الآخريـن، والسـبب هـو، لأننـي كنـت أتحمـل المسـؤولية. بـدون وضـع أسـاس صلـب لـلأدوار والالتزامـات لـكل شـخص، تتحـول رغباتنـا لمجـرد نوايـا طيبـة. فهنـاك سـبب أو غـرض وراء انضمـام الجنود للتجنيد، وانضمام الطلاب لصفوف الدراسـة، وانضمـام حبيبيـن فـي علاقـة خطوبـة. الالتـزام يقوينـا فـي مشـاركة الأعبـاء مـع الآخريـن – خاصـة عندمـا لا نشـعر برغبـة فـي ذلـك –![٢]

فـي العهـد القديـم، كان شـعب إسـرائيل يقيم احتفـالات مقدسـة لتجديد التزامهم بعهودهـم مـع الـرب. والكنيسـة أيضًـا لهـا طقوسـها الخاصـة بتجديـد التزامهـا بالعهـد، وهـو فريضـة العشـاء الربانـي، هـذه الفريضـة تذكرنـا فـي كل مـرة بـأن لنـا سـلام مـع الله بالمسـيح، وأن مجيئـه الثانـي قريـب (١ كورنثـوس ١١: ٢٣-٢٦). لكـن العهـد الجديـد لا يذكرنـا

[٢] هـذه الفقـرة، والفقـرة السـابقة مأخوذتـان عـن منشـور بعنـوان "سِـت خطـوات أساسـية للنمـو نحـو النضـوج الكامـل"، فـي المدونـة الخاصـة بالكاتـب

(DavidAGundersen.com), May 1, 2017.

أننـا تصالحنـا مـع الله والآخريـن وحسـب، لكـن أيضًـا يدعونـا لنتحمـل مسـؤوليتنا. مـن السـهل أن نفكـر أن هـذه الخدمـات (لـي)، لكنهـا فـي الحقيقـة اجتماعـات مقدسـة، يشـبعنا الله فيهـا بنعمتـه ويجـدد تكريسـنا لـه وللآخريـن أيضًـا. كمـا رأيـت، أنـت مشـترك فـي العهـد، لكنه ليس بالكامل عنك وحدك، بل عنا جميعًا.

الأمر لا يخصّك وحدك

لقـد اسـتوعبت أنـا هـذا الأمـر، وقـد يكـون صعبًـا! لكـن فـي الحقيقـة، فريـق الترنيـم فـي الخدمـة، لـن يختـار الترانيـم مـن قائمـة ترانيمـك المفضلـة، وراعـي الكنيسـة ليـس لديـه الوقـت والمصـادر ليجلـس مـع فريـق مـن الكتـاب المُتمرسـين ليصيـغ العظـة لكـي تنـال أعجابـك التـام، وقـد لا تمثـل مجموعـة أعضـاء الكنيسـة خليطًـا مثاليًـا مـن المؤمنيـن القدامـى القادريـن علـى رعايتـك روحيًـا، أو المؤمنيـن الشـباب ليلهمـوك بالحمـاس، أو المؤمنيـن الناضجيـن القادريـن علـى تقديـم المشـورة لـك، أو مؤمنيـن كُرمـاء ليسـتضيفوك، أو آخريـن يشـاركونك فـي بعـض الترفيـه والرحـلات. لكـن أذا كـان أعضـاء كنيسـتك يؤمنـون بكلمـة الله، ويعظـون برسـالة الإنجيـل، ويمارسـون الفرائـض الروحيـة، ويخدمـون بعضهـم بعضًـا، إذًا فهـم قديسـون، وهـؤلاء المؤمنـون القديسـون هـم إخوتـك وأخواتـك، هـم آبـاءك وأمهاتـك، هـم بشـر ضعفـاء مثلـك ويسـيرون فـي نفـس البريـة التـي تسـير أنـت أيضًـا فيهـا، فقط بإرشـاد الله، وتثبيت أعينهـم علـى الأرض الموعـودة (خـروج ١٣: ٢١-٢٢؛ العبرانييـن ١٢: ١-٢). وهـذه رحلـة لا يسـير فيهـا شـخص بمفـرده، بـل جماعـة بأكملهـا، وهـذه الجماعـة التـي تتمنـى أن يفتشـوا عنـك، ويهتمـوا لأمـرك، ويفهمـون احتياجاتـك، ينتظـرون منـك أن تفعـل ذلـك لهـم فـي المقابل (غلاطيـة ٦: ٩-١٠).

هـذا الراعـي الـذي تتمنـى أنـت لـو كان أفضـل فـي الوعـظ، ربمـا يصلـي لأن تكـون أنـت سـامع جيـد لكلمـة الله (مرقـس ٤: ٣-٨، ١٤-٢٠؛ يعقـوب ١: ٢٢-٢٥). هـؤلاء الأشـخاص الموهوبيـن فـي الترنيـم، الذيـن تحتـاج أنـت محبتهـم هـم أيضًـا بحاجـة لأن تُعلـن محبتـك لهـم (أفسـس ٤: ١٥-١٦). حتـى هـؤلاء الأشـخاص الذيـن تشـعر أن رفقتهـم غيـر مفيـدة وغيـر مريحـة لـك، هـم ليسـوا بحاجـة لنقـدك بـل مشـاركتك معهـم بالإنجيـل (فيلبّـي ٤: ٢-٣). ولن يمكنك أن تفعل أي شيء من كل هذا، مالم تحضر اجتماعات الكنيسة!

قوة التواجد في الكنيسة

في الكنيسة التي أخدم الآن كراعي لها، خدم الراعي الذي كان قبلي بكل أمانة لأكثر من ثلاثين عامًا. أخبرني الكثير من أعضاء الكنيسة عن تأثيره الرائع على حياتهم، وكان هناك شيء خاص اتفق حوله الجميع تقريبًا. وبناءً على كل القصص التي أخبروني بها، وهذا الشيء الخاص عنه، كتبت عنوانًا لسيرته الذاتيه «كنت متواجدًا دائمًا»

- كنت متواجدًا عندما وُلِدت ابنتنا
- كنت متواجدًا لتُصلّي في جنازة جدي
- كنت متواجدًا لتؤازرنا بعد انتحار ابننا
- كنت متواجدًا لتعميد زوجتي وابنتي
- كنت متواجدًا لتقدم رسالة الإنجيل لأبي
- كنت متواجدًا لتقوم بمراسم زواجي
- كنت متواجدًا لتشاركنا في حزننا عندما عاد السرطان لجسدي

إنها أروع ثلاث كلمات قد تسمعها على الإطلاق «كنت متواجدًا دائمًا»، لقد أتيت، وساعدت، وساندت.. «كنت متواجدًا دائمًا». يقول سليمان الحكيم: «**الْجَارُ الْقَرِيبُ خَيْرٌ مِنَ الأَخِ الْبَعِيدِ**» (أمثال ٢٧: ١٠). يسوع لم يشفِ البُرص فقط، بل (لمسهم) (متى ٨: ٣). بولس كان يشتاق ويبكي ليرى شعب الكنائس وجهًا لوجه (١ تسالونيكي ٢: ١٧، ٣: ١٠). ويوحنا اشتهى نفس الشركة مع المؤمنين «**إِذْ كَانَ لِي كَثِيرٌ لأَكْتُبَ إِلَيْكُمْ، لَمْ أُرِدْ أَنْ يَكُونَ بِوَرَق وَحِبْرٍ، لأَنِّي أَرْجُو أَنْ آتِيَ إِلَيْكُمْ وَأَتَكَلَّمَ فَمًا لِفَمٍ، لِكَيْ يَكُونَ فَرَحُنَا كَامِلاً**» (٢ يوحنا ١٢، وانظر أيضًا ٣ يوحنا ١٣-١٤). نحن بحاجة لاسترداد قوة التواجد والمشاركة في هذا المجتمع الذي أصبح فيه كل شيء عبر الإنترنت وأصبح التواصل مهمشًا.

ما هو شكل حضورنا في الكنيسة؟

نحن جميعًا نعرف جيدًا، أنه يمكنك الحضور بجسدك، لكن قلبك وذهنك غائبان، تمامًا كما يكون الأب متواجدًا في المنزل لكنه في الحقيقة غائب، أو صديق يستمع لكلامك لكن دون أن يشعر بك. لكن في المقابل يوجد أشخاص لا نحب أن نراهم في اجتماع، أو حفلة، أو اجتماع عائلي، بسبب أن تواجدهم يكون غير مريح. إذًا ما هو الشكل الذي يجب أن يكون عليه حضورنا في الكنيسة، أكثر من مجرد الحضور بالجسد؟

الحضور بمواظبة

البذرة لا تصبح شجرة وارفة بين ليلة وضحاها، بل تحتاج للبقاء في التربة لكي تنمو، تحتاج إلى التعرض لحرارة الشمس وغمر المطر باستمرار، وهكذا أيضًا المؤمنون؛ نحن بحاجة لأن نبقى في شركة المؤمنين حتى ننمو روحيًا، نتغذى على كلمة الله، ونتجدد دائمًا بعمل الروح القدس فينا. اجتماعنا معًا حول كلمة الله في اجتماعات الأحد أو أي اجتماع آخر، هو الطريقة التي ينمينا الله من خلالها. اجتماع المؤمنين ليس مجرد قاعة تمتلئ بالمؤمنين كل عطلة أسبوعية، بل كالبستان الملىء بالمؤمنين الناضجين، يحتاجون الحرث والبَذر والري ونزع الحشائش الضارة، ومع التكرار الحكيم لمثل هذه الأمور، ينمو ويتشكل المؤمنين! التكرار أمر في غاية الأهمية في الحياة المسيحية، وهذا يتضمن المواظبة على حضور الاجتماعات، والمواظبة على الشركة، والمواظبة على التعليم والمواظبة على الاستماع والمواظبة على الصلاة والمواظبة على التسبيح والمواظبة على الخدمة.. إلى آخره! وهذه جميعها هي أسلحتنا السرية في حربنا ضد الخطية. هي الخلطة السرية وراء فرح المؤمنين، والغذاء الصحي الذي يغذي صحتنا الروحية. المواظبة هي أقل الأسلحة التي نوليها اهتمامنا في طريقنا مع الله، مع أنها مثل البذرة التي تظل مخفية دون أن يظهر لها أي تأثير، إلى أن يأتي اليوم الذي يظهر فيه كل التأثير!

الحضور بدون زيف

المواظبة تعني الاستمرار في الحضور بغض النظر عمَّا نشعر به، لكن هناك الكثير من الأشخاص يصارعون مع الذهاب إلى الكنيسة؛ لأنهم يشعرون بعدم الأمانة بسبب ما يجري من أمور في حياتهم خارج الكنيسة، بل وفي بعض الأحيان يشعرون بأن الآخرين أيضًا غير أمناء أو صادقين مثلهم! أحيانًا يقول البعض: انسَ كل ما يشغلك لتستطيع التركيز أثناء حضور الكنيسة، لكن في الحقيقة يطلب منا الله عكس ذلك، إذ يقول يسوع: «**تَعَالَوْا إِلَيَّ يَا جَمِيعَ الْمُتْعَبِينَ وَالثَّقِيلِي الأَحْمَالِ، وَأَنَا أُرِيحُكُمْ**» (متى ١١: ٢٨). ويدعونا قائلاً: «**مُلْقِينَ كُلَّ هَمِّكُمْ عَلَيْهِ، لأَنَّهُ هُوَ يَعْتَنِي بِكُمْ**» (١ بطرس ٥: ٧). ويسأل داود الله: «**اجْعَلْ أَنْتَ دُمُوعِي فِي زِقِّكَ. أَمَا هِيَ فِي سِفْرِكَ؟**» (مزمور ٥٦: ٨). المزامير مليئة بالكثير من مواقف المؤمنين المُتعبين، الذين يصرخون للرب في العلن من أجل تسديد العوز وطلب الحماية وإظهار حق المظلوم وطلب المغفرة للخاطئ وطلب المعونة والأمل والراحة. وبكل تأكيد يحدث ذلك في اجتماعات الكنيسة أيضًا. أفضل طريقة لتقوي أمانة المؤمنين في الكنيسة، هي أن تسلك أنت نفسك بالأمانة، وليس بإدانة الآخر على عدم أمانته. الشخص الذي يفتح قلبه ويشارك إخوته ضعفاته، غالبًا يفتح الأبواب للآخرين ليشاركوا مثله، فلماذا لا تكون أنت هذا الشخص في كنيستك؟ بالطبع هذا لا يعني أن نُغالي في الشفقة على الذات، أو التمادي في الغضب. أن نكون منفتحين، لا يعني أن ننفِّس عن غضبنا بالصراخ والنواح، أو استفزاز الناس بكلام غير حكيم، أو إظهار توجهات غير جيدة، بل أن نأتي إلى الكنيسة بصدق وبشخصيتنا الحقيقية، وندع نعمة الله الشافية تُغسِّل حياتنا من داء الخطية.

لن يتعامل الآخرين مع الأمور دائمًا كما نريد أو نتعامل معها نحن؛ فربما يقولون شيئًا تافهًا، أو يصمتوا صمتًا محرجًا أو حتى يتكلمون عنا فيما بعد. لكن نعمة الإنجيل تحررنا لكي نترك هذا النفاق ونتحلى بلُباس البر في المسيح (٢ كورنثوس ٥: ٢١). فعندما نجتمع في الكنيسة، من الأفضل أن يظهر على وجوهنا الحزن، من أن نرتدي قناع السعادة الزائفة، من الأفضل أن نذهب بقلب مكسور، من أن ننافق ونُظهر عكس

ذلك. أفضل صلاة علانية في الإنجيل، أتت من قلب شخص صرخ لطلب المعونة الروحية قائلاً: «**اللّهُمَّ ارْحَمْنِي، أَنَا الْخَاطِئَ**» (لوقا ١٨: ١٣).

الحضور بتواضع

أحد الأمور التي تجعلنا نصارع مع الذهاب إلى الكنيسة هو، التركيز على الذات. فيتحول الحزن إلى إشفاق على النفس، والتهوين يتحول إلى استخفاف، والتصور الخاطئ لفهم «الحضور بدون زيف» قد يجعلنا نُسيء التصرف. الهدم أسهل من البناء، لكن السؤال هنا، ماذا تريد أن تترك خلفك؟ كومة من القش أم بستان رائع؟ يمكنك أن تقضي وقتك في محاولة اقتناص الفرص لنفسك، أو في خدمة الآخرين، ويمكنك أن تتذمر وتحتج على الآخرين أو أن تبذل نفسك لأجلهم، لكن لن يمكنك فعل الأمرين معًا! لقد ظن النبي إيليا يومًا أنه لم يبقِ أحد مؤمن غيره، لكن الله ذكره بأنه مازال هناك مؤمنون آخرون أكثر مما يظن (١ ملوك ١٩: ٩-١٨). وقضى بولس الرسول معظم حياته يحل المشكلات الخطِرة في الكنائس التي أحبها كثيرًا، لكنه كان يشتاق ويسعى دائمًا للبناء بدلاً من الهدم (٢ كورنثوس ١٣: ١٠). وكثيرًا ما وبخ يسوع التلاميذ، لكنه ظل معهم وخدمهم حتى النهاية، وفعل ذلك حتى التلميذ الذي خانه أيضًا (يوحنا ١٣: ١-١٥).

بالطبع يوجد أسباب مشروعة تجعلك تترك الكنيسة؛ منها على سبيل المثال: عندما تتخلى عن رسالة الإنجيل، أو ترفض توبيخ الخطية، أو تساند القادة في أمور غير أخلاقية. لكننا أيضًا غالبًا ما نحول آراءنا إلى قناعات، والأمور التي نستهويها إلى مبادئ، ونرى كل شيء إما أبيض أو أسود، دون إعطاء فرصة لوجود اعتبارات أخرى (رومية ١٤: ١-١٥: ٧)، فتتحول النقاشات التي تحدث بين المجموعة الصغيرة داخل الكنيسة، إلى خلافات ومعارك نُظهرها أمام الكون بأكمله! ونبدأ في تضخيم أبسط الأمور (متى ٢٣: ٢٣-٢٤). من السهل أن ننتقد كنائسنا، لكن أفضل شكل يعبر عن تواجدنا في الكنيسة ليس بانتقادها أو بإدانة الآخرين، بل الحضور بتواضع واشتياق لسماع الكلمة ومحبة الآخرين وبناءهم «**لاَ يَئِنَّ بَعْضُكُمْ عَلَى بَعْضٍ أَيُّهَا الإِخْوَةُ لِئَلاَّ تُدَانُوا**» (يعقوب ٥: ٩).

الحضور بالاتحاد مع الآخرين

تحكي قصة من «أساطير أسوب» الإغريقية، عن أربعة ثيران كانوا يعيشون في نفس الحقل، وكان هناك أسد يطوف حولهم، لكن كلما هاجمهم هذا الأسد، كانوا يقفون في ظهر بعضهم بعضًا ووجههم نحوه، فيرى قرونهم ويتراجع.. ثم ذات مرة تنازع الثيران معًا، فذهب كل واحد منهم في ركن بعيد في الحقل.. في تلك اللحظة، هاجمهم الأسد واحد تلو الآخر وقضى عليهم جميعًا!

لم يخفِ الكتاب المُقدَّس حقيقة ما حدث من نزاعات بين أشخاص كثيرين؛ عيسو ويعقوب تنازعا معًا (تكوين ٢٥: ٢٣)، مريم وهارون حسدا موسى (العدد ١٢)، تلاميذ المسيح تشاجروا (مرقس ٩: ٣٤)، بولس وبرنابا انقسما (أعمال ١٥: ٣٩)، أفودية وسنتيخي توقفا عن العمل معًا وذهب كلٌ منهما في طريقه (فيلبّي ٤: ٢-٣). الكبرياء يجعلنا نقلل من الأمور التي نتشابه بها ونضخم من الأمور التي نختلف فيها، متغافلين أننا نتشابه أكثر مما نختلف، وأن ما يجمعنا أكثر مما يُفرقنا. ولذلك يحث بولس المؤمنين «**أَنْ تَفْتَكِرَا فِكْرًا وَاحِدًا فِي الرَّبِّ**» (فيلبي ٤: ٢). لقد كسر قلبه خلافات المؤمنين في الكنائس، ولم يكن شيء ليُسعد قلبه غير اتحادهم «**فَتَمِّمُوا فَرَحِي حَتَّى تَفْتَكِرُوا فِكْرًا وَاحِدًا وَلَكُمْ مَحَبَّةٌ وَاحِدَةٌ بِنَفْسٍ وَاحِدَةٍ، مُفْتَكِرِينَ شَيْئًا وَاحِدًا**» (فيلبّي ٢: ٢). يجب أن نصلي ونجتهد ونضحي لأجل وحدة المؤمنين «**طُوبَى لِصَانِعِي السَّلاَمِ، لأَنَّهُمْ أَبْنَاءَ اللهِ يُدْعَوْنَ**» (متى ٥: ٩). نحن مدعوون للعمل في حقل الخدمة.

«**فَالْبَسُوا كَمُخْتَارِي اللهِ الْقِدِّيسِينَ الْمَحْبُوبِينَ أَحْشَاءَ رَأْفَاتٍ، وَلُطْفًا، وَتَوَاضُعًا، وَوَدَاعَةً، وَطُولَ أَنَاةٍ، مُحْتَمِلِينَ بَعْضُكُمْ بَعْضًا، وَمُسَامِحِينَ بَعْضُكُمْ بَعْضًا إِنْ كَانَ لأَحَدٍ عَلَى أَحَدٍ شَكْوَى. كَمَا غَفَرَ لَكُمُ الْمَسِيحُ هكَذَا أَنْتُمْ أَيْضًا. وَعَلَى جَمِيعِ هذِهِ الْبَسُوا الْمَحَبَّةَ الَّتِي هِيَ رِبَاطُ الْكَمَالِ**» (كولوسي ٣: ١٢-١٤). في نموك كمؤمن، سترى الكثير من الخلافات كما رآها بولس الرسول «**فَلْيَفْتَكِرْ هذَا جَمِيعُ الْكَامِلِينَ مِنَّا، وَإِنِ افْتَكَرْتُمْ شَيْئًا بِخِلاَفِهِ فَاللهُ سَيُعْلِنُ لَكُمْ هذَا أَيْضًا**» (فيلبّي ٣: ١٥).

الحضور بروح الحكمة

الحضور بروح التواضع والوحدة لا يعنيان أن نفحص ما برأسنا على باب الكنيسة «**اَلْغَبِيُّ يُصَدِّقُ كُلَّ كَلِمَةٍ، وَالذَّكِيُّ يَنْتَبِهُ إِلَى خَطَوَاتِهِ**» (أمثال ١٤: ١٥). نعم لا يجب أن ننتقد الآخرين طوال الوقت (أمثال ٢٧: ١٥)، لكن لا يجب أيضًا أن نكون ساذجين لا نعرف التمييز بين الجيد والسيء أو الطيب والشرير (أعمال ٢٠: ٢٨-٣٠)، النعمة لا تجعل منا ساذجين!

اليهود الذين في بيريه «**قَبِلُوا الْكَلِمَةَ بِكُلِّ نَشَاطٍ فَاحِصِينَ الْكُتُبَ كُلَّ يَوْمٍ: هَلْ هذِهِ الأُمُورُ هكَذَا؟**» (أعمال ١٧: ١١). المؤمنين الناضجين «**لهمُ الْحَوَاسُّ مُدَرَّبَةً عَلَى التَّمْيِيزِ بَيْنَ الْخَيْرِ وَالشَّرِّ**» بسبب المواظبة على حضور الكنيسة (العبرانيين ٥: ١٤). والمؤمنون الحقيقيون لا يسكتون عن الشر، بل يوبخون الإثم ويقوموا بعضهم بعضًا حتى يعودوا للطريق الصحيح (أمثال ٢٧: ٦). لقد وبخ بولس الرسول بطرس عندما قلل من عمل النعمة في محاولة تطبيق الشريعة على المؤمنين من الأمم (غلاطية ٢: ١١-٢١). وطلب من تيموثاوس أن يواجه مشاكل تتعلق بالغضب وعدم التواضع ومواضيع أخرى تتعلق بالفرق بين أدوار الرجال والنساء في الكنيسة (١ تيموثاوس ٢: ٨-١٥). كما حذر يعقوب الكنائس من التفرقة في المعاملة بين الأغنياء والفقراء (يعقوب ٢: ١-٧). بل وحذر بولس أهل كنيسة غلاطية من نفسه هو، وطلب بأن يرفضوه إذا ما أتى يومًا ليعلمهم إنجيل مختلف (غلاطية ١: ٨)! كل مؤمن يجب أن يكون مستعدًا للتمييز بين الصواب والخطأ وبين الحكمة والغباء، وبين ما هو كتابي وما هو غير كتابي. إذا كنت تصارع مع كنيستك بخصوص أمرٍ ما، فوظيفتك ليس أن تهوّل أو تهوّن من المشكلة، بل أن تفكر في الخطوات التالية:

١- ادرس كلمة الله (مزمور ٢:١).

٢- اطلب من الرب أن يعطيك الحكمة (يعقوب ١: ٥).

٣- فكر في الأمر من كل الجوانب (أمثال ١٨: ١٧).

٤- وازن الأمور (أمثال ١٧: ١٣).

٥- افحص نفسك (متى ٧: ٣-٥).

٦- اطلب مشورة الحكمة (أمثال ١١: ١٤).

٧- صلِّ لأجل كل الأطراف في المشكلة (رومية ١٢: ١٢).

٨- حدد مسؤوليتك (أمثال ٢٦: ١٧).

٩- تأهب لتكن صبورًا (١ تسالونيكي ٥: ١٤).

١٠- اسلك بالإيمان (أمثال ٣: ٥-٦).

١١- وبخ الإثم، لكن بلطف (٢ تيموثاوس ٢: ٢٥).

١٢- خذ وقتًا كافيًا في حل المشكلة (١ كورنثوس ١٣: ٤).

١٣- تمنَّى الأفضل (١ كورنثوس ١٣: ٧).

تذكر دائمًا أن كل الكنائس بها مشاكل لأن كل الكنائس لديها أعضاء، وأن يسوع لم يأتِ لأجل القديسين بل الخطاة. لقد مات لأجل الخطاة، ولذلك أرسل الروح القدس ليُقدِّس هؤلاء الخطاة مع الوقت. فيجب علينا في أغلب المواقف، عندما نحدد ونعرف وجود مشكلة في جسد الكنيسة، أن نفكر في علاج هذه المشكلة قبل أن تؤثر على كل الكنيسة. والفحص الجيد والعلاج الدقيق، يجعل المريض يتلقى التعامل المناسب، ويصبح من النادر أن نلجأ للحل الأول وهو البتر واستخدام الأطراف الصناعية!

الحضور بالمشاركة

قد يُعبر حضورك في الكنيسة عن التواجد النشط الفعَّال، وقد يكون سلبيًا، تمامًا مثلما يختلف المشارك في مسيرة موكب مهيب، عن المشاهد المتفرج من بعيد. يمكن أن تكون مستفيدًا فقط، أو عضوًا عاملاً. يمكنك أن ترى ما يقوم به غيرك وتكتفي بالمشاهدة أو تكون خادمًا فعّالاً. لكن إذا كنت تريد أن تكون سعيدًا في كنيستك، إذًا يجب أن تكون مشاركًا وتكتشف سر الفرح في المسيح «**مَغْبُوطٌ هُوَ الْعَطَاءُ أَكْثَرُ مِنَ الأَخْذِ**» (أعمال ٢٠: ٣٥). الإنجيل هو الخبار السار لأن يسوع هو العطية العظيمة

(رومية ٨: ٣٢)، لكن الله لم يجعلنا مستقبلين فقط لهذه العطية العظيمة، بل أيضًا مانحين محبته للآخرين من خلال حياتنا «**مَحَبَّةَ اللهِ قَدِ انْسَكَبَتْ فِي قُلُوبِنَا بِالرُّوحِ الْقُدُسِ الْمُعْطَى لَنَا**» (رومية ٥: ٥). لقد أصبحت محبة المسيح لنا هي محبة المسيح بداخلنا وهي محبة المسيح التي من خلالنا تصل للآخرين «**كَمَا أَحْبَبْتُكُمْ أَنَا تُحِبُّونَ أَنْتُمْ أَيْضًا بَعْضُكُمْ بَعْضًا**» (يوحنا ١٣: ٣٤). لكن ما هو شكل هذه المحبة الفعالة؟ هي في كلمة واحدة التشجيع!

المراقبون، أو المتفرجون، لديهم ثلاث توجهات؛ يستمتعون، ويقيِّمون، وينتقدون. بينما في رسالة العبرانيين، عندما أراد الله أن يحث المؤمنين المضطهدين على مواظبة الاجتماعات، أعطاهم مهمة واحدة ليقوموا بها، هي تشجيع بعضهم البعض «**وَلْنُلاَحِظْ بَعْضُنَا بَعْضًا لِلتَّحْرِيضِ عَلَى الْمَحَبَّةِ وَالأَعْمَالِ الْحَسَنَةِ، غَيْرَ تَارِكِينَ اجْتِمَاعَنَا كَمَا لِقَوْمٍ عَادَةٌ، بَلْ وَاعِظِينَ بَعْضُنَا بَعْضًا، وَبِالأَكْثَرِ عَلَى قَدْرِ مَا تَرَوْنَ الْيَوْمَ يَقْرُبُ**» (العبرانيين ١٠: ٢٤-٢٥). لاحظ هنا أن كاتب العبرانيين لا يقول اذهبوا للكنيسة بدلاً من الجلوس في المنزل، بل يوصينا أن نحث بعضنا البعض على حضور الكنيسة. التشجيع الذي يجب أن يقوم به المؤمنون هنا هو الذهاب إلى الكنيسة.

المكان المفترض لتواجد الجندي هو مكان المعركة، وللرياضي هو ملعب الرياضات، وللطاهي هو المطبخ، وكذلك فإن المكان المفترض لتواجد المؤمن هو الكنيسة. لكن الغرض النهائي من هذا التواجد ليس مجرد الحضور، بل أن كلٌ منهم لديه مهمة، فالجندي يجب أن يحارب، والرياضي يجب أن ينافس، الطاهي أن يطبخ، أما المؤمن فدوره هو تشجيع إخوته في العائلة الروحية. وشكل هذا التشجيع يتوقف على الشخص، فنحن جميعًا مدعوون «لنتكلم عن الحق في محبة»، ولهذا، فإن للتواصل أهمية كبيرة (أفسس ٤: ١٥-١٦). لكن كل مؤمن لديه مميزات خاصة تسمى «مواهب» لتساعد في بنيان المؤمنين بعضهم بعضًا (رومية ١٢: ٣-٨).

من المؤسف أن هناك بعض المؤمنين يسلكون بكبرياء، ظانين أن لديهم مواهب أهم وأفضل من غيرهم، وفي المقابل هناك بعض المؤمنين يشعرون بالصِغر، ويظنون أن ما لديهم من مواهب ليس له أهمية كبيرة. لكن بولس الرسول يحثنا ألاَّ نُعظم

أو نقلل من شأن أي عضو في جسد المسيح، فالقدم واليد والأذن والعين.. إلخ كلها تلعب دورًا هامًا (١ كورنثوس ١٢: ١٢-٢٦). ومن الخير لنا جميعًا، أننا لا نملك نفس الدور (رومية ١٢: ٤). لكن كيف تكتشف موهبتك، حتى تستخدمها في خدمة كنيستك؟ ابحث عن الشيء الذي تحتاجه الكنيسة، ابدأ في الخدمة، اكتشف ما الذي يمكنك أن تفعله بفرح، استمع لرأي الآخرين عن خدمتك، وركز دائمًا على المحبة. وجّه قوتك لخدمة الآخرين من خلال محبة الله المنسكبة في قلبك، وسوف يوجّهك الروح القدس نحو الاتجاه السليم.

الحضور بروح تدرك أننا غير كاملين

قد تجعلك مواظبة الحضور في الكنيسة لوقت طويل، تشعر بالإحباط وتُحبط الآخرين أيضًا! لأنك مع مرور الوقت سترى الصراعات والانقسامات والنميمة والمرارة والغضب واللامبالاة وكل أشكال الفساد الإنساني. سوف ترى ذلك في الصغير والكبير، في القائد والأعضاء، في المؤمنين القدامى والمؤمنين الجدد، لو كنت متواضعًا سترى نقائصك أيضًا، فكما يقول الجامعة «**لأَنَّهُ لاَ إِنْسَانٌ صِدِّيقٌ فِي الأَرْضِ يَعْمَلُ صَلاَحًا وَلاَ يُخْطِئُ**» (الجامعة ٧: ٢٠). وهذا الفساد في البشر ليس أمرًا جديدًا، لقد اعترف داود بأنه زنى وقتل (٢ صموئيل ١١)، يعقوب ويوحنا ابنا زبدي أرادا لأنفسهما مكانًا أفضل من باقي التلاميذ (مرقس ١٠: ٣٧)، بطرس أنكر معرفته بالمسيح (متى ٢٦: ٦٩-٧٥)، وحتى برنابا عُرف عنه موقفه ضد المؤمنين من الأمم بسبب نفاقه لليهود (غلاطية ٢: ١١-١٤).

الكنيسة ليست مخزن لمجموعة من التماثيل رائعة الجمال، بل ورشة عمل لخطاة مخلَّصين، لكنهم مازالوا قيد التشكيل والبناء. ومع هذا، فإن عيوبنا – التي نتشارك جميعًا فيها – ليست سببًا للقطيعة بيننا وبين الشركة مع المؤمنين. يجب علينا عوضًا عن القطيعة، يجب أن نحث المتكاسلين روحيًا، ونشجع ضعاف النفوس، ونساعد الضعفاء، ونصبر على الجميع (١ تسالونيكي ٥: ١٤). لا تتوقف عن الذهاب إلى الكنيسة بسبب عيوب في كنيستك أو حتى عيوب بك أنت، بل واظب على الحضور وتدرب بصبر في طاعة الحق، لأن وعد الله لكل مؤمن وكل كنيسة هو «**الَّذِي ابْتَدَأَ فِيكُمْ عَمَلاً صَالِحًا يُكَمِّلُ إِلَى يَوْمِ يَسُوعَ الْمَسِيحِ**» (فيلبّي ١: ٦).

الحضور بروح المغفرة

بعد أن صرت راعيًا بفترة وجيزة، اجتمعت بعضو قديم في الكنيسة، أراد هذا الأخ أن يخبرني بكل شيء عن الكنيسة، لكن ما قاله كان مجرد شلال من الأمور التي تغضبه! في تلك الليلة، جلست وحاولت كتابة كل الشكاوى المحددة التي استطعت تذكرها من لقاء امتد لأكثر من ساعتين. كانت لهذا الأخ حوالي ثلاثة وثلاثون شكوى طوال سني تواجده لعقود في الكنيسة. لم يعد هذا الأخ يحتمل الاستمرار في الكنيسة بعد عقود من الضغينة بدل الغفران. الطريق للاستياء كان ممهدًا بفعل عدم الغفران، لكن يسوع علمنا طريقًا أفضل؛ أننا ننمو في الإيمان عندما نغفر لبعضنا بعضًا، ولا عجب أنه علمنا أن نصلّي قائلين «وَاغْفِرْ لَنَا ذُنُوبَنَا كَمَا نَغْفِرُ نَحْنُ أَيْضًا لِلْمُذْنِبِينَ إِلَيْنَا» (متى ٦: ١٢). ويقول بولس «لِيُرْفَعْ مِنْ بَيْنِكُمْ كُلُّ مَرَارَةٍ وَسَخَطٍ وَغَضَبٍ وَصِيَاحٍ وَتَجْدِيفٍ مَعَ كُلِّ خُبْثٍ. وَكُونُوا لُطَفَاءَ بَعْضُكُمْ نَحْوَ بَعْضٍ، شَفُوقِينَ مُتَسَامِحِينَ كَمَا سَامَحَكُمُ اللهُ أَيْضًا فِي الْمَسِيحِ» (أفسس ٤: ٣١-٣٢). لا شيء يمكنه أن يبعدك عن الكنيسة سوى قلب أناني غير متسامح، ولا شيء يمكن أن يقربك من عائلة الكنيسة سوى العلاقات القوية السعيدة المسالمة المتصالحة، التي تقوي وتشجع النفس.

الحضور بروح الاستعداد

عندما كان أبنائي أطفالاً، كنت مدربًا لبعض الفرق التي يشاركون بها، لم يكن الأولاد يرغبون في الإحماء قبل التدريب أو اللعب، هم يريدون اللعب فقط. وهذا على عكس اللعب مع البالغين، الذين يجب أن يبدأوا بالإحماء دائمًا؛ هم يفعلون ذلك لأنهم يدركون أهميته للجسم. وفي حياتنا الروحية، هناك بعض الأوقات التي يجب أن نمارس فيه بعض التدريب. عندما نشعر بالضعف الروحي، يجب أن نتحدث، ونعطي ونشارك ونخدم ونستضيف الآخرين. وعندما تكون نفوسنا مرنة ونشيطة ومتأهبة. لا يجب أن نكون مثل الأطفال، نُسرع للعب دون إحماء.

الحياة المسيحية، رغم أنها تتميز بوجود الفرح كعنصر أساسي، إلا أنها ليست أرض ملعب رياضي، بل أرض معركة. وعلى أرض المعركة يمكن أن تفتر نفوسنا، وتنقسم قلوبنا، وتتشتت أذهاننا. بعض العلاقات تكون ثرية ومشبعة، لكن بعضها يكون

سيئًا ومحبطًا، هناك أوقات نشعر فيها بحماس شديد، وأوقات أخرى نشعر بلامبالاة طوال اليوم، ومع كل المطبات والحُفر، والارتفاع والسقوط الذي نقابله في حياتنا، قد ننسى مذاق نعمة الله، وننسى النظر إلى حكمته وغرضه من الأمور. وفي مثل هذه الأوقات، قد تصبح الكنيسة حملاً عوض أن تكون بركة، ولكن بإرشاد كلمة الله لنا، ومعونة الروح القدس، وتشجيع إخوتنا المؤمنين، يمكننا أن نكتشف دفء وقوة النعمة الكامنة في اجتماعات الكنيسة.

وحتى قبل الذهاب إلى الكنيسة، هناك بعض الخطوات التي من الممكن أن تجعلنا مشاركين فرحين في عمل الرب، مثل:

- النوم الجيد (مزمور ١٢٧: ٢).
- التأمل في كلمة الرب (مزامير ١: ٢).
- طلب النعمة (العبرانيين ٤: ١٦).
- الصلاة لأجل الكنيسة (فيلبّي ١: ٩).
- الاستعداد لتشجيع الآخرين (العبرانيين ١٠: ٢٤).

فيض النعمة

في كل مكان وزمان يشبه اجتماع المؤمنين، مطر يرسله الله ليقوي شعبه. يجتمع المؤمنون للعبادة ليس لأن الأمر قد يكون مفيدًا في حال اتفاق الجميع، أو لأن قادة الكنيسة يخططون جيدًا للخدمة، أو لأن الجميع يبتسمون في وجوهنا بكل محبة صادقة، أو يتعاملون مع الأمور الصغيرة بسلاسة، ولا يشركوننا إلاَّ في الأمور الهامة فقط. نحن لا نجتمع لنكون ظرفاء، لأننا لسنا كذلك! نحن لا نجتمع لأنه يوجد في الكنيسة أصدقاء في نفس أعمارنا، هذه ليست القضية. نحن لا نجتمع في الكنيسة لأنها مكان آمن، المخاطر موجودة حولنا في كل مكان في العالم. نحن لا نجتمع لأن الأمر سهل ويروق لنا؛ لأننا نتبع مخلص حمل صليب العار وليس وسادة مريحة. نحن نجتمع في الكنيسة لأننا مخلَّصون. نجتمع لأن الله غفر خطايانا، نجتمع لأننا واحد، نجتمع

لأننا مفديون، ومولدين ثانية، وعلينا مسؤولية أن نحمل رسالة الإنجيل لأقاصي الأرض. نحن نجتمع لأن الله الذي نعبده، هو الذي أسس الكنيسة لتكون هي الطريق الذي من خلاله ننمو ونتدرب ونتعزى. وأهمية حضور الكنيسة لا تقف عندما تلمس قلوبنا العظة أو الترنيم أو الصلاة، بل لأن الله يبني شعبه من خلال اجتماعنا في كل مكان وكل وقت دون كلل، بغض النظر عمَّا نشعر به. اجتماعنا معًا يشبه المطر الذي يروي الحقول.

كل واحد يعطي حسابًا عن نفسه

لقد اختبرت الآلام المزمنة، والصعوبات المادية، والإجهاد البدني، وأعباء الخدمة، وأعباء تربية الأبناء، وصراعات في بعض العلاقات، وأوقات طويلة من الإحباط، وانقسامات في الكنيسة. في كل هذه المواقف، كثيرًا ما كنت أشعر بالرغبة في البقاء في المنزل وعدم الذهاب إلى الكنيسة، ذات مرة، لم أكن أرغب في الذهاب إلى الكنيسة يوم الأحد، لكنني تحاملت على نفسي حتى أصل للمرأب، كنت أود السير بمفردي، وقفت على باب الكنيسة وأخذت نفسًا عميقًا قبل أن أدخل، ثم جلست في الاجتماع وأنا بائس ومثقل بالهموم. كنت أرغب في عدم الذهاب إلى الكنيسة والانتظار حتى الاسبوع التالي، فقط لأكون وحيدًا في عالمي الخاص، عوضًا عن الانضمام إلى جماعة المؤمنين. لكن تقريبًا، تجددت روحي بالتسبيح والصلاة وكلمة الله. والمشاركة في كسر الخبز، والمسؤولية الموضوعة عليَّ جعلوني أخرج عن ذاتي لأهتم بشخص آخر.

لاحظت وجود بعض الضيوف في الكنيسة، واضطررت للترحيب بهم، بغض النظر عن أموري الشخصية. وما أن بدأت فترة التسبيح (بترنيمة لم أكن أفضلها كثيرًا)، حتى وجدت واحدة من هؤلاء الأصدقاء تأثرت بشدة، وسمعت شهادتها، ثم انهالت البركات الروحية في قلبي، من خلال عمل الله في حياة شخص آخر! بدأ القس في العظة، ورغم أنه لم يكن خطيبًا مفوهًا. إلاَّ إنه كان يعرفنا، وكان يصلّي لأجلنا، بل وأعد عظة ذلك اليوم ليوصل لنا رسالة الإنجيل. نحن رعيته، لقد رتب الله لنكون ضمن هذه الرعية، في هذا المكان وفي هذا التوقيت! بدأت استمع للحق، وتملكني شعور بالتشجيع والمحبة لم اختبره من قبل. وعندما جاء وقت فريضة

العشاء الرباني، وأدركت أنني أثقل نفسي بخطاياي عوض أن أضعها بين يدي المسيح المصلوب، تقدمت عبر الممر، وفي طريقي لاحظت أخًا كنت في مشاكل معه منذ سنين، تملكني شعور بالمرارة، وفجأة، تشتت وتضايقت، لكن لم أكن لأستطيع مواصلة الترنيم، دون أن أتذكر المسؤولية التي عليَّ وهي التوبة عن الجزء الذي يخصني، ومسامحته على الجزء الذي يخصه! اقتربنا من وقت الصلاة الختامية، ورغم شعوري بالإرهاق، شعرت بأن روحي متجددة. كنت لا أعرف من الذي سوف أتحدث معه بعد انتهاء الخدمة بخصوص هذا الشخص، لكن الله أرشدني، فصافحت شخصًا، وحضنت آخر وقلت مرحبًا لشخص ثالث.. هكذا يستخدمنا الله للم شمل عائلة الكنيسة.

هؤلاء شعبي لأنهم شعب الله، لقد حصلت «كاميرون» على وظيفة بعد أن صلينا لأجل ذلك طيلة الشهر الماضي، وتنتظر «چاكي» الخضوع لعملية جراحية، لذلك نحن نصلي لأجل شفائها، و«چامس» سعيد بالعظة، وهكذا أنا أيضًا! و«عنبر» أحضرت صديقتها لحضور الكنيسة وقررت أن تعود مرة أخرى، هذه خبرة رائعة لن أنساها أبدًا. كل ما اختبره في الحياة يأخذني من التركيز على نفسي، ليُعيدني للتركيز على رسالة الإنجيل. نعم مازلت أعيش في العالم، لكن عقلي وقلبي موجهان نحو السماء، حيث أجلس آمنا بجوار المسيح (أفسس ٢: ٦). لقد بذل حياته لأجلي، لذا سأحيا أخبر عنه الآخرين. وهذه العطية ليست لي وحدي، بل لنا جميعًا.

اطلب نعمة الرب وسر في طريقك!

أعلم أنك ربما لا تشعر برغبة في الذهاب إلى الكنيسة هذا الأسبوع، وربما لا تجد رغبة لذلك منذ فترة، قد يكون سبب عدم رغبتك في الذهاب إلى الكنيسة مبررًا أو زائفًا، لكن بصفتك أحد رعية الله أدعوك لأن تثق به وتطلب نعمته، وتواصل طريقك! اذهب إلى الكنيسة لأننا نجتمع كل أحد لنتذكر موت يسوع لأجل خطايانا وقيامة المسيح من بين الأموات، وهذا بالتحديد ما نحتاج لتذكره دائمًا ونحتفل به بغض النظر عن أي شيء آخر يحدث في حياتنا.

اذهب لأنك اجتهدت طوال الأسبوع مثل مرثا، وبحاجة لأن تجلس عند قدمي يسوع وتسمع كلمته مثل مريم (لوقا ١٠: ٣٨-٤٢).

اذهب لتسبّح، لأن الترانيم هي صوت القديسين يسبحون بكلام الإنجيل، ونفسك بحاجة لسماع صوت التسبيح والمشاركة في التسبيح أكثر مما تظن.

اذهب لسماع كلام الإنجيل الذي سيخبرك بقصة الخليقة كلها، ولأن اجتماع القديسين هنا على الأرض ما هو إلا صورة مصغرة من اجتماع القديسين في السماء.

اذهب لأن المواهب التي اعطاها لك يسوع لم تتعب أنت في شرائها، وعليك مسؤولية في أن تستخدم هذه المواهب السماوية التي اعطاها لك الله في بناء ملكوته.

اذهب حتى ولو كان في كنيستك الكثير من المشاكل، لأن الكنيسة لها مخلص وشافي وراعي ومعين.

اذهب لأنه في كنيستك، أو في أي كنيسة في أي مكان آخر، هناك أخت أو أخ جائع، أو متألم، أو مضطهد أو مسجون، ومع ذلك يعبدون الله، وطالما أن كنيستك تتعبد لله، فهكذا يجب أن تفعل أنت أيضًا.

اذهب لأنك تتعرض لمغريات العالم طوال الأسبوع، أنت بحاجة لأن تسمع وترى وتتذوق كلمة الرب، وتلمس مياه المعمودية، وتتناول من جسد الرب ودمه.

اذهب لأن أهم ما تحتاجه في الحياة ليس مجرد النوم في المنزل، أو الخروج في نزهة، بل إعادة اكتشاف وعود الرب لتعرف بأن خطاياك مغفورة، وأنك مولود ثانية، وأنك حر في المسيح.

اذهب لأن الحجر الذي أغلق عليك في قبر الغضب أو المرارة أو اليأس أو الشك أو الوحدة أو الخوف، قد يزيحه المسيح ذات يوم، ولن يستطيع جنود الرومان ولا كهنة اليهود أغلاقه مرة أخرى.

اذهب لأن الخبر السار في الإنجيل ليس أنك صُولحت مع الله وحسب، بل نحن أيضًا تصالحنا جميعًا مع بعضنا بعضًا. اذهب ليس لأن محاولاتك التوقف عن الخطية كانت غير حقيقية، بل لأن جسد الرب ودمه قادران على تخليصك من أبشع الخطايا التي ارتكبتها في حياتك، وأبشع الأمور التي تُجرب بها في المستقبل.

«أذهب. وفي ذهابي أنمو، وأخدم، وأترك الله يلملم أشلاء قلبي المكسور، ويضعني بين جماعة المؤمنين مثل قطعة فنية واحدة، نبني أحدنا الآخر عندما نتكلم بالحق بمحبة» (أفسس ٤: ١٥-١٦).

أهم وقت يجب أن تذهب فيه إلى الكنيسة هو، ذاك الوقت الذي تشعر فيه أنك لا ترغب في الذهاب إلى الكنيسة!

إخوتي وأخواتي، أرجوكم اذهبوا!

١٨

ماذا أفعل عندما أشعُر بالإحباط من كرازتي؟

إسحاق آدامز

«وَمَنْ هُوَ كُفْوءٌ لِهذِهِ الأُمُورِ؟»

٢ كورنثوس ٢: ١٦

«وَلكِنْ لَنَا ثِقَةٌ مِثْلُ هذِهِ بِالْمَسِيحِ لَدَى اللّهِ. لَيْسَ أَنَّنَا كُفَاةٌ مِنْ أَنْفُسِنَا أَنْ نَفْتَكِرَ شَيْئًا كَأَنَّهُ مِنْ أَنْفُسِنَا، بَلْ كِفَايَتُنَا مِنَ اللّهِ»

٢ كورنثوس ٣: ٤-٥

كان أمامي كأسد!

على مدار سنوات وحتى الآن، كل يوم أحد أرى راعي كنيستي «مارك ديفر» يُعلن رسالة الإنجيل بكل شجاعة وجرأة، وأتأكد من سيرته الحسنة كمُبشّر أمين. نعم، هذا الرجل كان كارزًا بالإنجيل، كان أسدًا في الحق وسيبقى هكذا حتى نهاية الأمر. ذات يوم، شاركنا في الكنيسة كيف أنه كثيرًا ما يشعر أنه لا يَكرز بالحق كالأسد، بل كرجل كسول! على الأقل في الكرازة الفردية. وحكى موقفًا ليُدلل على ذلك؛ في أحد سفراته بالطائرة، كان يريد أن يكرز للرجل الذي يجلس على المقعد المجاور

لـه، لكنـه لـم يجد فرصـة مناسـبة لذلـك؛ لأن الرجـل وضـع سـماعات الأذن سـريعًا بعـد أن جلـس علـى مقعـده. وبعـد انتهـاء الرحلـة، وقـف الرجـل أمـام مـكان اسـتلام الأمتعـة وجـرى حديـث بينـه وبيـن «مـارك». لكـن فجـأة تحـول مثـار الحديـث، عندمـا صعقـه قائـلاً: «أنـا سـعيد لأنـك لسـت كهـؤلاء المبشـرين المتعصبيـن ليسـوع! هـل جلسـت بجـوار أحدهـم مـن قبـل علـى متـن نفـس الطائـرة؟ أسـوأ مـا فـي الأمـر، أنـك لا تسـتطيع الإفـلات منهـم، يظلـوا يتكلمـون ويتكلمـون دون انقطـاع»! ظـل «مـارك» يفكـر مـا عسـاه أن يقـول، لكنـه لـم يقُـل شـيئًا! أخـذ كل منهمـا حقائبـه وافترقـا كل واحـد فـي طريقـه.

بالطبـع لـم يكـن مـن الحكمـة أن يصمـت «مـارك»، لكنـه اعتـرف أن الحكمـة التـي تقـول «**لاَ تُجَـاوِبِ الْجَاهِلَ حَسَبَ حَمَاقَتِـهِ لِئَـلاَّ تَعْدِلَـهُ**[1] **أَنْـتَ**» (أمثـال ٢٦: ٤). هـي التـي كانـت وراء صمتـه، بـل خوفـه مـن ردة فعـل ذاك الرجـل! لقـد أدهشـني تواضـع القـس «مـارك»، عـادة يتطلـب الأمـر منـك الكثيـر حتـى تقـول شـيئًا سـلبيًا عـن نفسـك أمـام الآخريـن! لكنه فعلها، رغم كونه «مارك ديڤر» مؤلف كتاب (الإنجيل والكرازة الفردية)!

لقـد تأثـرت بشـدة بقصـة «مـارك»، لـم أفتـرض بعد سـماعها (أنـه طالما تصـرف «مارك ديڤـر» هكـذا، فهـذا يعنـي أنـه لا أمـل لـي فـي أن أكـرز الآخريـن)، بـل علـى العكـس، وجـدت أنـه طالمـا راعـي كنيسـتي يضعُـف ويتـردد فـي الكـرازة مـن آنٍ لآخـر، فهـذا يجـب أن يشـجعني لأننـي فـي النهايـة إنسـان مثلـه!

ما الذي نتشارك به جميعًا؟

غالبًـا، كنـت سـأتصرف بنفـس طريقـة «مـارك» فـي المطـار. وإذا اختـرت أنـت هـذا الفصـل لتقـرأه، أظـن أنـك غالبًـا كنـت سـتفعل بالمثـل! ربمـا فـي وقـتٍ مـا فـي حياتـك شـاركت رسـالة الإنجيـل مـع شـخص ظننـت أنـه ربمـا يسـتمع منـك، لكنـك كنـت تشـعر أن حماسـتك للكرازة بالإنجيل فاترة، أو ربما تحمسـت لمشـاركة الإنجيل مع سـائق التاكسـي، أو مـع آخريـن لـن تراهـم ثانيـةً. لكـن الأمـر لـم يكـن بنفـس الحمـاس مـع أنـاس أنـت تراهـم بصفـة مسـتمرة. أيًـا كان موقفـك، دع موقـف «مـارك» كمثـال، يذكّرنـا بكلمـات بولـس «**لَمْ تُصِبْكُمْ تَجْرِبَةٌ إِلاَّ بَشَرِيَّةٌ**» (١ كورنثوس ١٠: ١٣). بمعنى آخر: أنت لست وحدك!

---

[1] تَعْدِلَهُ (أي تصير مثله).

لكن ما هو الشيء الآخر الذي نتشارك به كمؤمنين؟ إنها مسؤولية الكرازة للضالين. و«الكرازة» تعني مشاركة رسالة الإنجيل مع شخص، على أمل أن يتوب عن خطاياه ويؤمن بالمسيح ليخلُص. كل مؤمن عليه أن يكرز الآخرين بالإنجيل، هذا ما يتحدث عنه الإنجيل مرارًا وتكرارًا:

- متى ٢٨: ١٨-٢٠.
- مرقس ١٢: ٣١.
- أعمال ١: ٨؛ ٨: ٤؛ ١١: ١٩.
- رومية ١٠: ١٢-١٥.
- ٢ كورنثوس ٥: ١١-٢١.
- أفسس ٤: ١٥.
- ١ بطرس ٣: ١٥.

في كل هذه الفقرات السابقة من الكتاب المُقدَّس، نقرأ أمثلة ووصايا عن الكرازة بالإنجيل. لكن دعونا في البداية نفهم ما المقصود بكلمة الإنجيل، الإنجيل هو رسالة نفهم منها أن الله قدوس وأن الإنسان ساقط، لكن يسوع عاش حياة كاملة القداسة، ومات على الصليب، وقام من بين الأموات في اليوم الثالث لأجل هؤلاء الذين تابوا عن خطاياهم وآمنوا به. وبإيمانهم هذا ينالون الحياة الأبدية.[٢]

هذا الفصل لهؤلاء الأشخاص الذين يرغبون في مشاركة رسالة الإنجيل مع الآخرين، لكنهم لسبب أو آخر يصارعون في القيام بذلك بأمانة. ربما تصمت أو تشعر باستحياء عندما تشعر داخلك بإلحاح لمشاركة رسالة الإنجيل، أو ربما تشعر أنك لا تعيش حياة صالحة حتى تشهد عن إله صالح، وربما لا تريد أن تخسر وظيفتك، أو صديقك، لكن اِتّباع يسوع تعني محبة هؤلاء الذين لا يتبعون يسوع، وهذه المحبة تتضمن مشاركتهم برسالة الإنجيل أيضًا.

---

[٢] لقراءة الملخص الكامل عن الإنجيل، انظر ملخص رسالة الإنجيل لكنيسة كبيتول هيل المعمدانية، صفحات ٤٧، ٤٨.

لكن ما هي بعض الأسباب الأخرى التي قد تمنعك من مشاركة رسالة الإنجيل؟ هل تتوقع أن يقوم بذلك فريق عمل الكنيسة، أو الأشخاص المنفتحين فقط؟ هل لديك الكثير من المهام والخُطط التي تشغلك عن الاهتمام بالمصير الأبدي لشخص آخر؟ هل أنت مسيحي بالاسم، لكن تصرفاتك وأعمالك تتفق مع العالم، وترى ببساطة أن الله في النهاية سوف يُخلّص الجميع؟ هل تخجل من عدل وصلاح الله الذي يدين أعمال الخطاة؟ إذا كان أحد هذه الأسباب يصف حالتك، وترددك في مشاركة الإنجيل، اسمح لي أن أقول لك أمرين بكل رفق ومودة:

أولاً: أنت بحاجة لأن تتوب عن ذلك.

ثانيًا: مازال هناك رجاء.

إذا كنت كارزًا مُحبطًا، أو تشعر أحيانًا بالإحباط من عدم كرازتك بالإنجيل، فهذا الفصل لك. الأخبار السارة للكارزين السيئين هي، أن الإنجيل الذي نود أن نُبشر به الآخرين، هو نفسه الإنجيل الذي يعطينا القوة، لكي نطيع وصية المسيح بالكرازة للآخرين.

كيف نفهم دورنا في الكرازة بالإنجيل؟

ما هو تعريفك للكرازة الناجحة؟ ما الذي يجعل هذا الكارز أو ذاك (كارزًا جيدًا)؟ يفترض غالبية المؤمنين أن الكارز الجيد هو، الذي يرى ثمر مجهوداته في الكرازة باستمرار، بينما الكارز السيء ليس كذلك. لكن بحسب الإنجيل، الكارز السيء هو الشخص المؤمن الذي لا يُشارك الآخرين برسالة الإنجيل بصفة مستمرة، بغض النظر عن النتائج. والآن، عندما أقول كلمة «باستمرار»، ربما تفكر في عدد الأشخاص الذين يجب عليك مشاركتهم برسالة الإنجيل، لتنفذ مهمتك تجاه كلمة (باستمرار)، لكن الإنجيل لا يحدد رقمًا معينًا، وربما يكشف بحثك عن معرفة عدد الأشخاص الذين يجب عليك الكرازة لهم، موقفك أو فهمك الخاطئ للكرازة بأنها واجب ضمن قائمة الأعمال الروحية التي يجب عليك القيام بها، عوض أن تراه امتيازًا خاصًا تستمتع بأدائه.

الكرازة بالإنجيل ليس مجرد أمر (يجب علينا) القيام به، بل (امتياز) نفرح بالقيام به. ربما تكون الكرازة هي الوظيفة التي نعمل بها، لكنها في الأساس يجب أن تكون سر فرحنا. فقط فكر في أن الله «**أَعْطَانَا خِدْمَةَ الْمُصَالَحَةِ**» (٢ كورنثوس ٥: ١٨)، لقد اختارنا ملك الملوك لنكون رُسُله! لذا، عوضًا أن تفكر كم عدد الأشخاص الذين يجب عليك أن تكرز لهم بالإنجيل كل أسبوع، اسأل نفسك: هل أنا ذاك الشخص الذي يمكن وصفه بأنه يشارك رسالة الإنجيل بدافع محبة الله والآخرين؟ من الجائز أن تكون أقل أو أكثر أمانة في الكرازة من آخرين، لكن المهم أن تفكر كيف تقدم كرازتك؟

فهم دورنا في الكرازة أمر ضروري جدًا، لأننا قد نُحبط سريعًا بسبب (**أسباب خاطئة**). الإحباط هو أحد سهام إبليس المفضلة، وهو يحب أن يُربك ويُثبط عزيمة الكارز حتى يصمت. ربما تشارك برسالة الإنجيل بكل أمانة واجتهاد، لكنك لا ترى ثمرًا لذلك، هذا مُحبط جدًا! لكن دورنا هو أن نركز للآخرين بالخلاص، لا أن نمنحه لهم، نحن مدعوون لتوصيل لرسالة للناس، أما الله فهو الذي يخلّص هؤلاء الناس من خطاياهم.

تخيل كم سيكون غريبًا، لو أن ساعي البريد أُصيب بالإحباط، لأنه في كل مرة يقوم بتوصيل الرسائل لشخصٍ ما، يرى هذا الشخص غير راضٍ عمّا في الرسالة! ليس وظيفة ساعي البريد أن يجعل هذا الشخص يُحب الرسالة، بل أن يوصل الرسالة. وبالمثل، دورنا هو توصيل رسالة الإنجيل للناس، ودور الله هو أن يجعلهم يؤمنون بالإنجيل. نحن نُشارك إيماننا، أما الله فهو الذي يعطي الإيمان، تمامًا كما يقول يسوع: «**لاَ يَقْدِرُ أَحَدٌ أَنْ يَأْتِيَ إِلَيَّ إِنْ لَمْ يُعْطَ مِنْ أَبِ**» (يوحنا ٦: ٦٥).

دورنا وسبب مسرتنا	دور الله ومسرته
مشاركة الآخرين برسالة الإنجيل	ضمان الإيمان برسالة الإنجيل

غالبًا ما يُصاب المؤمنون بالإحباط لأجل رسالة الإنجيل، مثل (**رجل البريد**)، فهل أنت واحد من هؤلاء؟ إذا كنت كذلك، فأنا أشجعك أن تحول نظرك من التركيز على الكرازة، إلى التركيز على شخص الله. الكارز المُحبط يجب أن يجد رجائه

في الرب، لماذا؟ لأسباب عديدة، لكننا سنتحدث عن تسعة فقط منها، هذه الأسباب شجعتني أنا شخصيًا، وأصلّي أن تُشجعك أنت أيضًا.

ما هو رجاءُنا؟

١- رجاءُنا في الله الذي يحسبنا أبرارًا في المسيح.

هكذا يسير معك الأمر عند الكرازة:

- تصمُت.
- تخشى ردة فعل الإنسان.
- فلا تشاركه برسالة الإنجيل.
- تشعر بحزن شديد يؤرقك.

هذا يحدث للكثير من المبشرين، ولي أيضًا. لكن لا تتجاهل الفكرة سريعًا، الحزن مفيد أحيانًا، الحزن الذي بحسب مشيئة الله يقود للتوبة (٢ كورنثوس ٧: ٨-١٠). أهم شيء يجب أن نتوب عنه هو، أننا نفقد رؤية الله. فلا نرى نعمة الله التي لنا في ابنه يسوع، يسوع هو رجاءُنا أمام الله. حتى لو كنت قد أخطأت بصمتك عن الكرازة، تعزي بالكلمات التالية: «**يَا أَوْلاَدِي، أَكْتُبُ إِلَيْكُمْ هذَا لِكَيْ لاَ تُخْطِئُوا. وَإِنْ أَخْطَأَ أَحَدٌ فَلَنَا شَفِيعٌ عِنْدَ الآبِ، يَسُوعُ الْمَسِيحُ الْبَارُّ**» (١ يوحنا ٢: ١).

إذا كنت كارزًا محبطًا، تذكر أن (**يسوع ليس سجل إنجازاتك في الكرازة، يسوع هو بِرُك أمام الله**). بالطبع لا يعني ذلك أننا نستخدم هذا الأمر كعذر للامتناع عن الكرازة، فنحن لا نخطئ لكي تزداد النعمة (رومية ٦: ١). بل إن هؤلاء الذين تحرروا من الخطية يريدون أن يطيعوا الله. نحن نريد أن نحب يسوع، ومحبتنا ليسوع ومحبته لنا، هي الدافع لكرازتنا (٢ كورنثوس ٥: ١٤). شعورك بالذنب قد يحثك على الكرازة، ولكن هذا الدافع لا يدوم طويلاً، في حين أن معرفتك بيسوع، ونعمة الله المعطاة لك من خلال يسوع يسرّ قلب الله، أكثر من عملك نفسه، وهذا ما يجعل منك كارزًا أمينًا. تركيزك على نعمة الله يجعلك تهتم كيف يراك الله، أكثر من اهتمامك

برأي الآخرين عنك. كرازة الآخرين عن يسوع ينبُع من خلال فيض محبة يسوع بداخلك. ربما يصدمك ما سأقوله في كتاب يتكلم عن الكرازة، لكن **(الكرازة ليست كل شيء، بل يسوع هو كل شيء).** نعم هو ربُنا، لكنه أيضًا أخًا لنا، يرثي لضعفاتنا (رومية ٨: ٢٩؛ العبرانيين ٤: ١٥). لذا،

- اهدأ
- تمتع بنعمة الله
- التمتُّع بالرب، اتضح أنه يمثُل الجزء الأكبر من طاعتك للرب. غالبًا ما يُفكر المبشرون المحبطون، بأنهم يستطيعون أن يكونوا كارزين مطيعين ولكن غير فرحين، لكن لا يجب أن نفصل بين الأمرين. إن كنت لا تريد أن تكون كارزًا محبطًا، ثبِّت أنظارك على يسوع. جِدّ في أن تتمتع بشخصه أكثر. لا يوجد بين الأجداد من يشعر بالاضطرار عند الحديث عن أحفاده، بل إن مسرته بهم تجعلهم موضع اهتمامه الدائم. لكن الناس لا يستاؤون من الحديث عن الأحفاد كما يفعلون عند الحديث عن يسوع. هنا بيت القصيد، بالقدر الذي نبتهج فيه بيسوع، يمكننا مشاركة الآخرين بإيماننا به. كما قال أحد الكُتاب: «إن قوتنا في جذب الآخرين ليسوع، تنبع في الأساس من مسرتنا الكاملة به على المستوى الشخصي، ومن تشابهنا به من خلال اتحادنا معه».[3]

ما هي الطُرق الأخرى التي يمكن أن تجعلنا نفكر بشكل أعمق في رسالة الإنجيل ونعمة المسيح؟

- اقضِ وقتًا في التأمل في كلمة الله.
- صلِّ بعد كل جزء تقرأه في الكتاب، أن تؤثر كلمة الله في قلبك، وأن يخلق به محبة أكبر للإنجيل.

---

[3] Horatius Bonar, Words to Winners of Souls (Phillipsburg, PA: P&R, 1995), 13.

- واظب على حضور الكنيسة، واحرص على التلمذة مع مؤمنين آخرين خارج الكنيسة.

– اقرأ كُتبًا تتبع مبادئ الكتاب، لتعرف أكثر عن شخص الله ووعوده بالإنجيل (أقترح عليك أن تبدأ بكتاب: التمتُّع بالرب، للكاتب تيم تشيستر «Tim Chester»).[4] هذه مجرد مقترحات قليلة. في النهاية، إذا كنت ترغب في النمو في الكرازة، افعل ما بوسعك لتركز فقط على ابن الله، ربنا وأخينا يسوع.

٢– رجاؤنا في اللّه الذي يباركنا مع أولاده.

العائلة عطية رائعة، يذكّرنا الكتاب المُقدّس باستمرار بأن الزوجة والأولاد عطية من الرب (مزمور ١٢٧: ٣؛ أمثال ١٩: ١٤). وماذا أيضًا؟ كل المؤمنين يمكنهم التمتع بعطية العائلة داخل الكنيسة المحلية، إخوة وأخوات، آباء وأمهات في الإيمان (١ تيموثاوس ٥: ١-٢). وكما أن العائلة للجميع، هكذا الكنيسة أيضًا. حين يكتب بولس لابنه في الإيمان تيموثاوس، يوصي عائلة تيموثاوس بالمشاركة الأمينة لكلمة الإنجيل مع تيموثاوس.

«إِذْ أَتَذَكَّرُ الإِيمَانَ الْعَدِيمَ الرِّيَاءِ الَّذِي فِيكَ، الَّذِي سَكَنَ أَوَّلاً فِي جَدَّتِكَ لَوْئِيسَ وَأُمِّكَ أَفْنِيكِي، وَلكِنِّي مُوقِنٌ أَنَّهُ فِيكَ أَيْضًا، وَأَمَّا أَنْتَ فَاثْبُتْ عَلَى مَا تَعَلَّمْتَ وَأَيْقَنْتَ، عَارِفًا مِمَّنْ تَعَلَّمْتَ. وَأَنَّكَ مُنْذُ الطُّفُولِيَّةِ تَعْرِفُ الْكُتُبَ الْمُقَدَّسَةَ، الْقَادِرَةَ أَنْ تُحَكِّمَكَ لِلْخَلاَصِ، بِالإِيمَانِ الَّذِي فِي الْمَسِيحِ يَسُوعَ» (٢ تيموثاوس ١: ٥؛ ٣: ١٤-١٥). لا تنسَ هذه الحقيقة عن تيموثاوس، أن جدته وأمه كان لهما تأثيرًا روحيًا على حياته. لا تُقلل أبدًا من أهمية تربية أولادك في خوف الرب! **أيها الآباء والأمهات، واظبوا على مشاركة رسالة الإنجيل مع أولادكم، هم أول من يجب أن تفعلوا معهم ذلك!**

مازال هناك الكثير من الآباء المؤمنين الذين يشعرون بالذنب، لأنهم بينما كانوا يحرصون على مشاركة الإنجيل مع الآخرين، ويهتمون بتلمذة مؤمنين آخرين، كان كل

---

[4] Tim Chester, Enjoying God: Experience the Power and Love of God in Everyday Life (Charlotte, NC: The Good Book Company, 2018).

ما يفعلونه لأولادهم هو (**تلبية احتياجاتهم فقط**)! الكثير من المؤمنين بعد أن يصيروا آباء، يشعرون كما لو أنهم انتقلوا لمرحلة أخرى في الخدمة (الحقيقية). لكن أيها الآباء، أنتم بالفعل تقدمون الآن خدمة حقيقية. الآباء المؤمنون، هم الوسيلة الطبيعية لتقدم الإيمان المسيحي، من خلال تنشئة الأبناء في خوف الرب. العائلة المؤمنة بمثابة مدرسة لتعلُّم الإيمان، هذا ما يقول الله في العهد القديم: «**وَعَلِّمُوهَا (أي كلمة الله) أَوْلاَدَكُمْ، مُتَكَلِّمِينَ بِهَا حِينَ تَجْلِسُونَ فِي بُيُوتِكُمْ، وَحِينَ تَمْشُونَ فِي الطَّرِيقِ، وَحِينَ تَنَامُونَ، وَحِينَ تَقُومُونَ**» (تثنية ١١: ١٩). وكما يقول في العهد الجديد: «**وَأَنْتُمْ أَيُّهَا الآبَاءُ، لاَ تُغِيظُوا أَوْلاَدَكُمْ، بَلْ رَبُّوهُمْ بِتَأْدِيبِ الرَّبِّ وَإِنْذَارِهِ**» (أفسس ٦: ٤).[٥]

يُعلّمنا الكتاب المُقدَّس أن وجود أولاد مؤمنين يُعد أمر ضروري في نمو الإيمان، وأن الإيمان ضروري للأولاد. أتذكر هذه الحقيقة في كل مرة تستمع فيها كنيستي لشهادات الأعضاء الجدد. في آخر احتفال بانضمام أعضاء جُدد، كان ستة وعشرون عضوًا من بين اثنان وثلاثون، قبلوا الإيمان وهم أطفال! هذه النسبة غير عادية، وتعكس توجهًا عامًا في كنيستي والكنائس الأخرى.

إذا لم يكن لديك أطفال، ابتهج بأنك الآن في الخطوط الأمامية وعلى أتم الاستعداد للخدمة مع الآباء الآخرين؛ لأن الله لم يهب هؤلاء الأطفال لأباءهم فقط، بل لكل الكنيسة. من يدري، ربما يستخدمك الله في توصيل رسالة الإنجيل للأطفال، من خلال شرح الدرس على اللوح القماشي، أثناء تطوعك للخدمة مع أطفال مدارس الأحد؟!

أيها الأصدقاء، مشاركة رسالة الإنجيل مع الأطفال ليست مسؤولية الآباء فقط، بل إن كل الكنيسة يجب أن تبتهج وتتحمل مسؤولية تربية هؤلاء الأطفال في خوف

---

٥ بالرغم من أن الله في (أفسس ٦: ٤) يدعو الأباء بوضوح لقيادة الأسرة روحيًا، لكن يجب أن نتذكر أن الله يدعو الأمهات أيضًا لتربية الأولاد في خوف الرب. تأملوا لوئيس وأفنيكي اللتان بدأنا هذه الفقرة بالحديث عنهما، يعجبني مثالهما كثيرًا، لأنه يُظهر كيف يمكن أن يعوض الرب الأبناء في حال غياب الأب المؤمن! نعرف من (أعمال ١٦: ١) أن أبو تيموثاوس لم يكن مؤمنًا، ومع ذلك وهبه الله الإيمان، ومع أن بولس كان أبًا روحيًا له (٢ تيموثاوس ١: ٢)، إلاَّ أن أمه علمته الإنجيل بأمانة منذ حداثته (٢ تيموثاوس ٣: ١٥). مجدًا للرب لأجل أولئك الأمهات اللاَّتي يتكلمن بالحكمة، وينطق لسانهن بكلمات الرأفة (أمثال ٣١: ٢٦).

الـرب وإنـذاره. لـذا، فـي المـرة القادمـة التـي تسـمع فيهـا بـكاء طفـل، عـوض أن تشـعر بالضيق، اشـكر الـرب علـى وجـود حيـاة فـي الكنيسـة، ووجود فرصـة لكرازة طفل صغير.

٣- رجاءُنا في الرب الذي له سلطان الخلاص.

أيهـا الآبـاء، إن كان لديكـم أبنـاء بالغيـن غيـر مؤمنيـن، أنتـم تعلمـون جيدًا مـن خبرتكـم الشـخصية، أن تنشـئة طفـل فـي بيـن مسـيحي مؤمـن، لا يضمـن أنـه سـيحب الله عندمـا يكبُـر. اسـمعوا ذلـك جيـدًا، كـون أن أبناءكـم لا يحبـون الـرب، لا يعنـي أنكـم فشـلتم فـي تربيتهـم. حـزن الآبـاء علـى عـدم إيمـان أبنائهـم، هـو صـدى للإرتبـاك الـذي نشـعر بـه جميعًـا عندمـا لا نـرى ثمـر لكرازتنا، لذلك فإن الكارز الأمين هـو كارز مُحبط، أليس كذلك؟! لكننـا لسـنا الوحيديـن، هنـاك عـدد كبيـر مـن الإخـوة الذيـن يتشـاركون معنـا فـي نفـس الأمـر الـذي يؤرقهـم، عـدد أكبـر كثيـرًا ممـا نظـن. وبولـس الرسـول نفسـه كان واحـدًا منهـم.

لـم يكـن هنـاك كارزًا مُحبطًـا أكثـر منـه، لقـد رفضـه النـاس، وربمـا كان يرغـب فـي تـرك مهمتـه فـي بعـض الأوقـات، وبالرغـم مـن ذلـك، انظـر مـاذا يقـول لـه الله فـي منتصـف رحلاتـه الكرازيـة: «**فَقَـالَ الـرَّبُّ لِبُولُـسَ بِرُؤْيَـا فِـي اللَّيْـلِ: «لاَ تَخَـفْ، بَـلْ تَكَلَّـمْ وَلاَ تَسْـكُتْ، لأَنِّـي أَنَـا مَعَـكَ، وَلاَ يَقَـعُ بِـكَ أَحَـدٌ لِيُؤْذِيَـكَ، لأَنَّ لِـي شَـعْبًا كَثِيـرًا فِـي هـذِهِ الْمَدِينَـةِ**»» (أعمـال ١٨: ٩-١٠). بعبـارة أخـرى، أمـر الله بولـس أن يواصـل الكـرازة؛ لأن الله قـد عيـن هـؤلاء الذيـن سيسـمعون ويؤمنـون بسـبب تعليـم بولـس.

لا تنـسَ أن يسـوع قـال للذيـن تبعـوه «**هَـا أَنَـا مَعَكُـمْ كُلَّ الأَيَّـامِ إِلَـى انْقِضَـاءِ الدَّهْـرِ**» (متـى ٢٨: ٢٠) وهـذا الوعـد كان لـه صـداه فـي الإرسـالية العظمـى فـي (أعمـال ١٨: ٩-١٠). وقـد أكـد الله لبولـس أنـه سيكون معـه (أعمـال ١٨: ١٠)، فمـاذا فعل بولس؟ يقـول الكتـاب: «**فَأَقَـامَ سَـنَةً وَسِـتَّةَ أَشْـهُرٍ يُعَلِّـمُ بَيْنَهُـمْ بِكَلِمَـةِ اللهِ**» (أعمـال ١٨: ١١). تأكيـد الله لمعيتـه وسـلطانه، جعـل بولـس يتحـدى كل الصعـاب، إيمانـه بسـلطان الله ولَّـد بداخلـه احتمـال لآلام الكـرازة. يجـب أن نتشـجع بإيماننـا بسـلطان الله كمـا تشـجع بـه بولس، ونسـتمر فـي الكـرازة. تذكّرنـا لسـيادة الله وسـلطانه علـى الخـلاص، أمـر جوهـري لنمونـا

في الكرازة؛ لأن الكثير من المؤمنين يُصابون بالإحباط في كرازتهم، بسبب تصورهم أنهم إذا استخدموا الطريقة الصحيحة في الكرازة، سوف يتوب الناس ويؤمنون.

بالطبع يوصينا الكتاب المُقدَّس باستخدام خطة كرازيَّة وتقديم الرسالة بشكل جذاب وحكيم (انظر مثال بولس في ١ كورنثوس ٩). أن نتعلَّم كيف نتعامل مع غير المؤمنين، هذا أمر في غاية الأهمية (٢ تيموثاوس ٢: ٢٦؛ تيطس ٣: ٢؛ ١ بطرس ٣: ١٥). لكن بالأخير، رجاءنا ليس في الطريقة التي نتبعها، رجاءنا في إلهنا، وأن خلاص الإنسان عمله هو وحده.

ما هي الأشياء التي لا تضمن الخلاص؟	من الذي ليس بيده الخلاص؟
التأثير على العقول المؤثرات البصرية والصوتية الكلام المنَّمق المُرتب البهرجة والموسيقى	أنت
ما الذي يخلص الخطاة؟	من الذي يُخلّص؟
كلمة الإنجيل (رومية ١: ١٦؛ ١ كورنثوس ٢: ١-٢)	الله

الإيمان بسلطان الله على الخلاص، هو الدافع الذي شجع بولس ليحتمل صعوبات التبشير بالخلاص، كان بولس يعرف ما الذي يُخلّص ومَن الذي يخلّص. هو لم يضع ثقته في لغته الفصيحة ولا في مهاراته، أو في خطاباته البليغة، أو في حكمته، هو ببساطة بشر بالمسيح المصلوب (١ كورنثوس ٢: ١-٢). كان بولس يثق في الإنجيل وحده، «**لأَنَّهُ قُوَّةُ اللهِ لِلْخَلاَصِ لِكُلِّ مَنْ يُؤْمِنُ**» (رومية ١: ١٦).

ونحن أيضًا مثل بولس، لا نعرف من هم هؤلاء الأشخاص الذين اختارهم وعيّنهم الله للخلاص بسلطانه في البلاد والمدن التي نعيش بها، وهذا هو بيت القصيد!

دورنا هو أن نمتد بالكرازة لأوسع نطاق ممكن. يخبرنا يسوع بمثال عن ملكوت الله فيقول: «**هكَذَا مَلَكُوتُ اللهِ: كَأَنَّ إِنْسَانًا يُلْقِي الْبِذَارَ عَلَى الأَرْضِ، وَيَنَامُ وَيَقُومُ لَيْلاً وَنَهَارًا، وَالْبِذَارُ يَطْلُعُ وَيَنْمُو، وَهُوَ لاَ يَعْلَمُ كَيْفَ**»! (مرقس ٦: ٢٦-٢٩)، انظر أيضًا (الجامعة ١١: ٥). تعزَّى وتمتع بالحرية بناءً على هذه الحقيقة: أن الله هو صاحب السلطان في مملكته، وهؤلاء المخلَّصين بها، نحن لسنا بحاجة لنعرف كيف يتعامل الله معهم، نحن فقط بحاجة لمعرفة أن الله هو الذي يفعل ذلك، ويومًا ما سنرى ونفهم حكمة الله ومقاصده، وحينها سنعرف أنها كانت سليمة دائمًا.

٤- رجاءُنا في الرب الذي يُبرر عدله.

مشاركة الآخرين برسالة الإنجيل أمر مخيف؛ لأننا نخشى الرفض. وإذا تأملنا عبر كل الكتاب، سنكتشف أن الرسل كانوا يواجهون الرفض باستمرار. على سبيل المثال، في (أعمال ١٨)، نرى كيف كان اليهود يقاومون بولس، وهذا ما جعله يتركهم ويوجه كرازته للأمم (أعمال ١٨: ٦). وأتساءل، لو كنا في نفس موقفه، ماذا سنقول لأنفسنا؟ سنقول ببساطة، **مشاركة هؤلاء الناس برسالة الإنجيل مضيعة للوقت!**

لقد شاركت أحد الأصدقاء ذات مرة برسالة الإنجيل، لكنه رفض! بعد أن افترقنا وذهب كل واحد في طريقه، شعرت أنني فاشل، وأنني لم أمجّد الرب. لكنني الآن، عندما أتذكَّر هذا الموقف، أدرك أن هذا الإحباط الذي أصابني، كان نابعًا من فهمي الخاطئ للأمر؛ لقد كرزت بالإنجيل كأنني رجل مبيعات، تصرفت كما لو كنت أسعى لبيع الإنجيل لصديقي، ولأنني فشلت في ذلك، توقعت أن يُلقي عليَّ رئيسي في العمل (أي الله) اللوم، وبالتالي، قمت أنا بذلك بدلًا منه!

لكن مهلاً يا إخوتي، أن يرفضك أحد بسبب مشاركتك له برسالة الإنجيل أمر طبيعي جدًا، ألم يخبرنا المسيح بذلك؟ «**إِنْ كَانَ الْعَالَمُ يُبْغِضُكُمْ فَاعْلَمُوا أَنَّهُ قَدْ أَبْغَضَنِي قَبْلَكُمْ**» (يوحنا ١٥: ١٨). لذا، يجب أن نفرح بهذا الرفض، بدلاً من الشعور بالإحباط. لقد فرِح الرسل لأنهم عانوا بسبب اسم يسوع (أعمال ٥: ٤١). لكنهم لم يتمتعوا بالجرأة طوال الوقت. لم يستطيعوا ذلك قبل أن يختبروا فرح الألم بسبب اسم المسيح. تلاميذ يسوع تخلّوا عنه (مرقس ١٤: ٥٠)، ونحن غالبًا مثل التلاميذ، نخاف الإنسان،

ونستحي بالمسيح. وبالرغم من كل هذا التخلي الـذي عاشـه المسيح، واصـل الطريـق إلـى الصليب، وإلـى القبر، وإلـى السماء بالرغـم مـن كل شرورنا، يا لـه من مخلِّص!

إخوتي، إن المُفارقـة في خوفنـا مـن الإنسان هـو، أن يسوع هـو الـذي مـن المفترض أن يستحي بنا، وليس العكس. لكنه بالرغـم من ذلك، لا يتردد أن يكون معنـا، لقد أعطى نعمـةً للتلاميـذ الذيـن تعثروا في الخـوف (يوحنـا ٢١: ١٥-١٩). تشـجعوا بهذه الحقيقـة، «لاَ تَخْجَلْ بِشَهَادَةِ رَبِّنَـا» (٢ تيموثـاوس ١: ٨) لا تُحبـط حيـن يرفضونك، بـل بالأحـرى ابتهـج!

كلنا بالطبع مثل بولس، يجب أن نحزن لأجل هؤلاء الذين لا يعرفون المسيح (رومية ٩: ٢)، لكن يسوع يعلّمنا فـي إنجيل لوقـا، أننا لا ينبغي أن نُحزن أنفسنـا؛ لأن هـؤلاء النـاس مـن الـوارد جـدًا أن يرفضوننـا، طالمـا رفضـوا يسـوع والأنبيـاء مـن قبلنـا (لوقـا ٦: ٢٢-٢٣)، لـذا يجب أن نفرح بالمجـازاة التي فـي انتظارنـا.

ما الذي يحدث عادةً؟

نتعرض للرفض

↓

ننسى وعود الله

↓

نُصاب بالإحباط

ما الذي يجب أن يحدث؟

نتعـرض للرفض

↓

نتذكر وعود الله

↓

نفرح

طالما أن الناس لم يؤمنوا بيسوع الأنبياء، إذًا من الطبيعي ألاَّ يؤمنوا بنا. وطالما أنهم استهزأوا بيسوع والأنبياء، إذًا من الطبيعي أن يستهزئوا بنا. بل وربما يضايقوننا كما فعلوا مع يسوع والأنبياء أيضًا. فكر في تلك المأساة التي حدثت في عام ٢٠١٥، عندما قام مجموعة من الإرهابيين والمنتمين لداعش بقطع رؤوس واحد وعشرين مسيحيًا مصريًا في ليبيا. وفي نفس العام، قام رجل أبيض عنصري بقتل تسعة أشخاص سود في كنيسة عمانوئيل في جنوب كارولينا بالولايات المتحدة.

بكل تأكيد الاضطهاد واقع يجب أن نضعه في الاعتبار. الاضطهاد الجسدي حقيقة مرعبة، وحتى الاضطهاد اللفظي والافتراء هو أيضًا مخيف، كما تكلم عنه بطرس (١ بطرس ٢: ١٢). لكن يجب أن ننتبه لئلاَّ يقودُنا هذا الخوف لعدم الطاعة! يجب ألاَّ نكون مثل هؤلاء الجواسيس الإسرائيليين الذين عندما رأوا العماليق الكنعانيين ارتعبوا وأشاعوا المذمة (العدد ١٣: ٣٢). يجب أن نفعل العكس، نقدم الأحبار المشجِّعة عن الكرازة بالإنجيل. يجب أن نثبت في ثقتنا بكلمة الرب ولا نخشى إنسان، كما قال يسوع: «**وَلاَ تَخَافُوا مِنَ الَّذِينَ يَقْتُلُونَ الْجَسَدَ وَلكِنَّ النَّفْسَ لاَ يَقْدِرُونَ أَنْ يَقْتُلُوهَا، بَلْ خَافُوا بِالْحَرِيِّ مِنَ الَّذِي يَقْدِرُ أَنْ يُهْلِكَ النَّفْسَ وَالْجَسَدَ كِلَيْهِمَا فِي جَهَنَّمَ**» (متى ١٠: ٢٨).

إذا لم تترك خلفك الكثير من النفوس المخلَّصة، تشجع؛ لأن الناس رفضوا الأنبياء ورفضوا الرب ورفضوا الرسل، لكن الأنبياء والرب والرسل، ظلوا يمجدون الله في خدمتهم، ونحن أيضًا يمكننا فعل ذلك. يجب ألاَّ ننسى على الإطلاق، أن إله الإنجيل المُمجد يظل يعمل بغض النظر عن النتائج، وحتى رفض رسالته، هو حجة لتبرير قصاصه العادل في اليوم الأخير؛ لأن هؤلاء الذين سمعوا رسالة الإنجيل، لن يمكنهم أن يقولوا: (لم يخبرنا أحد بذلك)! سير الأحداث في كل الكتاب المُقدَّس يؤكد أن الله يخلص شعبه بقدرته، ويدين أعداءه بعدله. هذه الحقيقة يجب أن تُعزي المؤمنين، وتجعلنا نمجد الرب.

المرة الوحيدة التي نرى بها كلمة هلّلويا (أي مجدًا للرب) هي في العهد الجديد في سفر الرؤيا، وكانت في مناسبة يوم الدينونة، «**وَبَعْدَ هذَا سَمِعْتُ صَوْتًا عَظِيمًا مِنْ جَمْعٍ كَثِيرٍ فِي السَّمَاءِ قَائِلاً:** «**هَلِّلُويَا! الْخَلاَصُ وَالْمَجْدُ وَالْكَرَامَةُ وَالْقُدْرَةُ لِلرَّبِّ**

إلهنَا، لأَنَّ أَحْكَامَهُ حَقٌّ وَعَادِلَةٌ، إِذْ قَدْ دَانَ الزَّانِيَةَ الْعَظِيمَةَ الَّتِي أَفْسَدَتِ الأَرْضَ بِزِنَاهَا، وَانْتَقَمَ لِدَمِ عَبِيدِهِ مِنْ يَدِهَا»» (رؤيا ١٩: ١-٢). نحن نُمجد الله، ونخبر الآخرين عنه لأنه عادل.

ماذا يمكننا أن نقول أيضًا؟ حتى لو رُفضت كرازتك بالإنجيل، مازلت تحمل رسالة مفادها أن الله صالح، ويُمكننا أن نثق به. وحتى لو لم يحدث أي تغيير ظاهر في حياة الشخص الذي تمت كرازته، يظل الشخص الكارز يبني إيمانه وثقته بالرب، لكي يشهد عنه أكثر. الكارز الأمين يثق بالرب، بينما الكارز غير الأمين لا يستطيع ذلك، كما يقول أحد الكُتاب: «إن الله يهتم كثيرًا، إن لم يكن أكثر، بالعمل داخلنا، من العمل من خلالنا».[6] إن الله يظل يعمل في داخلك، حتى وإن بدا أنه لا يعمل من خلالك، وكل كارز مُحبط يجب أن يتذكر ذلك.

٥- رجاؤنا في الله الذي يعطينا فرص جديدة.

لقد حدثتكم من قبل أنه لم يكن هناك كارز محبط أكثر من بولس، والآن سأحدثكم عن أكثر الكارزين تكاسل، وهو يونان، الذي أوكل الله له مهمة الكرازة لأهل نينوى، «**وَصَارَ قَوْلُ الرَّبِّ إِلَى يُونَانَ بْنِ أَمِتَّايَ قَائِلاً: «قُمِ اذْهَبْ إِلَى نِينَوَى الْمَدِينَةِ الْعَظِيمَةِ وَنَادِ عَلَيْهَا، لأَنَّهُ قَدْ صَعِدَ شَرُّهُمْ أَمَامِي»»** (يونان ١: ١-٢). ربما تعرف تفاصيل القصة، أن يونان لم يُطِع الله، وقامت الرياح فألقى به البحارة في المياه، فابتلعه حوت، وفي النهاية صرخ من جوف الحوت قائلاً: «**لِلرَّبِّ الْخَلاَصُ**» (يونان ٢: ٩). لفظ الحوت يونان، فماذا فعل الرب معه؟ هل فقد الرجاء منه؟ هل وبَّخهُ؟ كلا، بل انظر ما الذي حدث؟ «**ثُمَّ صَارَ قَوْلُ الرَّبِّ إِلَى يُونَانَ ثَانِيَةً قَائِلاً: «قُمِ اذْهَبْ إِلَى نِينَوَى الْمَدِينَةِ الْعَظِيمَةِ، وَنَادِ لَهَا الْمُنَادَاةَ الَّتِي أَنَا مُكَلِّمُكَ بِهَا»»** (يونان ٣: ١-٢). لقد أوكل له الله نفس المهمة، أي أعطى له فرصة ثانية. بكل تأكيد أنا لست الكارز الوحيد في العالم، الذي يتمنى لو كانت لديه فرصة ثانية لمشاركة الإنجيل مع أحد أفراد العائلة، أو أحد الجيران أو أحد زملاء العمل.

---

6 Mike Ayers, foreword to The Pastor’s Justification: Applying the Work of Christ in Your Life and Ministry by Jared Wilson (Wheaton, IL: Crossway, 2013), 11.

من محبة الله أنه كثيرًا ما يتيح لنا هذه الفرصة الثانية، ربما يمضي بعض الوقت قبل أن تتوفر تلك الفرصة الثانية، لكن أثناء ذلك، يجب أن نستثمر في علاقاتنا، نخدم لأجل فرصة أخرى من قبل الرب، يجب أن نبحث عن فرصة ثانية للكرازة من خلال الحديث معهم والصلاة لأجلهم. لا تدع إخفاقك في المرات السابقة يمنعك من مواصلة الكرازة.

أخشى كثيرًا أن يتوقف بعض المؤمنين عن الكرازة، ظننًا منهم أنها عمل خارق، إما في إمكانهم القيام به أو لا! التفكير بهذه العقلية أمر في غاية الخطورة؛ لأن هؤلاء الذين يظنون أنهم يمتلكون «موهبة» الكرازة، سريعًا ما يحبطون عندما لا يرون ثمرًا لكرازتهم في الحال، وهؤلاء الذين يظنون أنهم لا يمتلكون «موهبة» الكرازة، لا يهتمون بتطوير خدمتهم الكرازية، ولا ينضمون مطلقًا في خدمة العمل الكرازي. هم يتعاملون مع الكرازة كما يتعامل الطفل الموجود في الصورة في الصفحة التالية. الكرازة تشبه أي عمل آخر، يجب أن نُمارسها لننمو بها. إن اعتقدنا أنه بإمكاننا الكرازة بكل قوة وطلاقة دون ممارسة الكرازة بالفعل، سيشبه الأمر من يظن نفسه سيتحدث الإسبانية بطلاقة بعد أن تعلم بعض الدروس القليلة.

نفهم كيف تسير الأمور عندما يأتي الموضوع لمجالات روحية أخرى. فمثلاً، لن يستطيع أحد أن يفهم الكتاب المُقدَّس جيدًا من قراءته لأول مرة، يجب أن نقرأه مرات ومرات حتى ننمو في فهمنا لكلمة الله

(أمثال ٢: ١-٥؛ ٢ تيموثاوس ٢: ٧). وبالمثل يجب أن نشارك رسالة الإنجيل مرات ومرات حتى تنمو قدراتنا على الكرازة.[٧]

---

٧ يتحدث البعض عن "موهبة" التبشير أو الكرازة، وقد يقترحون أن مسؤولية الكرازة ليست للجميع، بل لبعض الأشخاص الذين لديهم هذه الموهبة. لكن ذلك ليس استنتاجًا كتابيًا. لم تُدرج "موهبة" الكرازة في الإنجيل ضمن مواهب الروح القدس (بالرغم من أن هذه القائمة ليست حصرية). ومع ذلك، أقرب دليل على "موهبة" الكرازة هو، وجود هؤلاء الكارزين الذين أعطاهم الله للكنيسة (أفسس ٤: ١١)، وبالرغم من أنها تبدو كوظيفة كنسية، فإن هؤلاء الكارزون مدعوون لتكميل (تأهيل) القديسين (أي المؤمنين) لعمل الخدمة (أي الكرازة) (أفسس ٤: ١٢).

مازال هناك رجاء، ما دمت حيًا، مازال أمامك فرصة ثانية لتشارك رسالة الإنجيل، لذا اجعل الرب أمامك، لأنك لا تعرف ماذا سيفعل من خلالك!

٦- رجاءُنا في الرب الذي يُسر بالعمل من خلال ضعفاتنا.

كان يونان كارزًا كسولاً وغضوبًا، وبالرغم من ذلك، أتى به الرب إلى نينوى، في فرصة ثانية للكرازة، وكيف تعامل يونان مع الأمر؟ قدم واحدة من أكثر طرق الكرازة إثارة للشفقة في كل الكتاب المُقدَّس، «**فَابْتَدَأَ يُونَانُ يَدْخُلُ الْمَدِينَةَ مَسِيرَةَ يَوْمٍ وَاحِدٍ، وَنَادَى وَقَالَ:** «**بَعْدَ أَرْبَعِينَ يَوْمًا تَنْقَلِبُ نِينَوَى**»» (يونان ٣: ٤).

هذا كل ما فعله! لم يستخدم مؤثرات صوتية أو ضوئية، ولم يستخدم أساليب توضيحية، فقط مجرد عبارة واحدة! لكن انظر ما الذي حدث بعد ذلك؟ يقول الكتاب:

«فَآمَنَ أَهْلُ نِينَوَى بِاللهِ وَنَادَوْا بِصَوْمٍ وَلَبِسُوا مُسُوحًا مِنْ كَبِيرِهِمْ إِلَى صَغِيرِهِمْ» (يونان ٣: ٥).

لقد فعلتها عبارته الهزيلة! بالطبع قد تكون هذه العبارة هي تلخيص لكل ما قاله بالفعل، لكنها تساعدنا في فهم أن ما قاله يونان لم يكن هو أساس الموضوع، لأنه بالأخير بماذا آمن الناس؟ لم يؤمنوا بيونان، بل آمنوا بالله، يونان بكل بساطة، ما هو إلاَّ بوق يعلن رسالة الله.[٨]

إذا شعرت في بعض المرات أنك تراخيت في الكرازة، بسبب اعتقادك بأن طريقة توصيلك للرسالة لم تكن الأفضل، تشجع! الله يسهر على عمله ليجريه من خلالنا (٢ كورنثوس ٥: ٢٠). لذا لا عجب أن يقول بولس: «**لَيْسَ أَنَّنَا كُفَاةٌ مِنْ أَنْفُسِنَا أَنْ نَفْتَكِرَ شَيْئًا كَأَنَّهُ مِنْ أَنْفُسِنَا، بَلْ كِفَايَتُنَا مِنَ اللهِ**» (٢ كورنثوس ٣: ٥).

كان يعرف بولس بضعفه (٢ كورنثوس ١٢: ١-١٠)، بل إن الكتاب المُقدَّس يخبرنا عن ضعف الكثيرين؛ يونان غضب وتذمر، موسى تلعثم، أستير خافت وجبُنت، وحتى الحمار الذي تكلم الله من خلال، بكل تأكيد لم يكن تقيًا وواسع الاطلاع! يمكن أن نستمر في سرد الكثير من الأمثلة، لكن المسألة ببساطة هي، أن الله يستخدم ضعفاتنا، فكيف يمكن أن يستخدمك؟

أحيانًا لا نُكرز بالله لأننا ببساطة لا نؤمن أنه قادر أن يخلِّص، لا نؤمن أن كلمته لها سلطان. لكن إن كان الله قادرًا على أن يتكلم من خلال نبي متكاسل مثل يونان، ونبي متلعثم مثل موسى في مصر، وإن كان قادرًا على الكلام من خلال حمار، فهو قادر على توصيل كلمته من خلالك.

هذه هي الطريقة التي يستخدم بها الله الضعفاء ليظهر قدرته (٢ كورنثوس ٤: ٧).

---

٨ أنا مدين في بعض هذه الملاحظات لصديقي ماك ستايلز "Mack Stiles".

مجموعة من الضعفاء كما نعرف عنهم من الكتاب المُقدَّس		
الشخص	النص الكتابي	هل استخدمهم اللّه؟
– موسى	خروج ٤: ١١–١٢	نعم
– الحمار	عدد ٢٢: ٢١–٣٩	نعم
– أستير	أستير ٤: ١٤	نعم
– يونان	يونان ١–٤	نعم
– بولس	٢ كورنثوس ١٢: ١–١٠	نعم
– أنت وأنا	٢ تيموثاوس ٣: ١٦–١٧	؟

عندما كنت أصارع في تصديق أن قوة الله قادرة على الخلاص، شيء واحد هو الذي كان يساعدني، قراءة شهادات أناس غير متوقعين. اقرأ شهادة بولس الرسول، الذي كان يضطهد الكنيسة (أعمال ٢٢: ١-٢١؛ فيلبي ٣: ١-١٤)، إقرأ عن شهادة روزاريا بَترفيلد «Rosaria Butterfield» الإنجليزية المختصَّة في دراسات المرأة، التي لن تصدق يومًا أنها تؤمن بالمسيح. اقرأ عن شهادة توماس تارانتس «Thomas Tarrants» الذي كان منضمًا لأحد الجماعات المتطرفة ذات يوم، لتتعجب من قوة الله المُخلِّصة.

٧– رجاءُنا في الرب الذي يسمع طلباتنا.

يطلب الرسول بولس في (أفسس ٦: ١٩-٢٠) الصلاة لأجله كي يعطيه الله الكلمة لمشاركة الإنجيل، والجرأة للقيام بذلك. وفي (كولوسي ٤: ٣-٤) يطلب الصلاة لأجل أن يتكلم بالإنجيل بوضوح. لا أظن أن هناك أهم من الجرأة والوضوح ليحتاج إليهما الكارز، وقد طلب بولس الصلاة لأجل هذين الأمرين، لأنه يثق أن الله يستجيب. فماذا عنك؟

هل تطلب معونة الله لك في كرازتك؟ هل تطلب من الآخرين أن يشاركوك الصلاة لنفس الأمر؟ ربما لا نملك الجرأة والوضوح، لأننا ببساطة لم نطلبهما! الكارز المُحبط هو الكارز الذي لا يُصلي، بمعنى آخر، الأشخاص الذين يصلون لأجل أن يأتي الناس للمسيح، هم غالبًا الأشخاص الذين يشاركون برسالة الإنجيل، أما الأشخاص الذين لا يصلون لأجل هذا الأمر، هم نادرًا ما يشاركون رسالة الإنجيل. يقول أحد الرعاة: «يحقق إبليس انتصارًا عظيمًا، حين يتزعزع إيمان أحد المؤمنين الأمناء بأن الصلاة ضرورية ولها قوة».

وحتى في أوقات إهمالنا للصلاة، يظل يسوع يشفع لأجلنا، ولهذا يحثنا كاتب العبرانيين أن نقترب لعرش النعمة بثقة حتى ننال نعمة ومعونة عند الحاجة (العبرانيين ٤: ١٦). إذا كنت تظن أن الله هو هذا الكائن العجوز الذي خلق العالم، سوف ينحني ليسمع صلاتك، لن تنال تعزية، أما إذا أدركت قوة الصلاة، واعتبرتها امتيازًا، ستتعزى نفسك. الكارز الأمين هو الذي يُدرك حاجته لمعونة الرب.

والآن، طبق ذلك بطريقة عملية، فكر في شخص يمكنك مشاركته برسالة الإنجيل هذا الأسبوع، اكتب اسمه هنا: ---------------------

ربما تحتاج لفرصة ثانية لمشاركة هذا الشخص بالإنجيل، كما تحدثنا من قبل، ربما تكون أنت بحاجة لتوضيح الرسالة أو لجرأة أكبر في مشاركتها، أيًا كان ما تحتاجه في كرازتك بالإنجيل، ضعه أمام الرب في الصلاة. إذا كنت تتساءل ما الذي يجب أن تصلّي لأجله؟ أو كيف تصلّي؟ إليك بعض الطلبات المقترحة:

- اشكر الرب لأنه أب صالح ويعلم ما أنت بحاجة إليه (متى ٦: ٨).
- اطلب من الرب أن يثبت بداخلك حقيقة وجود السماء والجحيم، حتى تتشجع نفسك أكثر فأكثر في الكرازة.
- صلّ لأجل أن تستمتع أكثر بالرب! كما صلَّ القس فرانسيس جريميكه «Francis Grimké»: «اجعلني في حالة حب دائمة لك يا رب، حتى أجد مسرتي في الحديث عنك للآخرين».

أخـي الحبيـب، مهمـا كان مـا تحتاجـه فـي كرازتـك، صـلِّ لأجلـه، ثـم تكلـم عنـه مع شخص آخر في الكنيسة.

٨- رجاؤنا في الرب الذي يساعدنا من خلال الكنيسة.

هل لاحظت لمن كتب بولس لكي يصلي لأجله في أفسس ٦ وكولوسي ٤؟ لقد كتب للكنيسة المحلية، ما هي أهمية ذلك؟ لكي يعلمنا أننا في كرازتنا، لا يجب أن نكون بمفردنا. نحن لدينا كنيسة، الكنيسة المحلية التي تستطيع أن تدعمنا في كرازتنا.

لديَّ صديق آمن بالرب حديثًا، أخبرني أن إحدى أخوات الكنيسة قد دعته لحضور اجتماع درس الكتاب، وهناك سمع تعليم أحد الرعاة، وفي أثناء ذلك، تابع معه أحد الإخوة بعد الكنيسة ودرس معه أكثر. الكرازة ليست عمل فردي بل جماعي، لقد استخدم الرب عمل كل الكنيسة لأجل أن يقبل هذا الشخص الإيمان، لقد قام بهذا العمل مجموعة وليس فرد. هذا ما يسميه راعي كنيستي «سرب الكرازة».

إخوتي وأخواتي، الكرازة تشبه فريق رياضي؛ لأن قبول الشخص للإيمان عادةً ما يسبقه سماع رسالة الإنجيل لأكثر من مرة وفي أكثر من مكان. يسير الأمر على النحو التالي: نحن نشارك برسالة الإنجيل مع شخصٍ ما (حدث الكرازة)، ثم يظل هذا الشخص يستمع لرسالة الإنجيل من أكثر من شخص (عملية الكرازة)، وقد شرحها بولس على النحو التالي: «**أَنَا غَرَسْتُ وَأَبُلُّوسُ سَقَى، لكِنَّ اللهَ كَانَ يُنْمِي**» (١ كورنثوس ٣: ٦).

لا يوجد شخص لديه عين الله التي تحرس العمل. فقط عضو منا يزرع، وآخر يسقي، لكن الله هو الذي يُنمّي. لذلك، ربما لا تستطيع مشاركة رسالة الإنجيل بالكامل مع زميلك بالعمل، لكنك على الأقل وضعت في طريقه إشارة للطريق. وربما يكون زميلك هذا منفتح أكثر لسماع رسالة الإنجيل قبل أن يتحدث معك، هذا عظيم! وقد يأتي شخص آخر يسقي هذه البذرة.

أيًا كان دورك أو موقفك، لا تفقد الرجاء في البذرة التي غرستها، لأنه يوجد إخوة وأخوات كثيرين، قد يصلون مع الشخص لمرحلة الحصاد. يصف أحد الرعاة

هذا الأمر هكذا، «ربما تظل البذرة التي نغرسها مدفونة تحت التراب، وتنمو بعد أن نرقد نحن تحت التراب»!

ربما تُحبط لأنك لا ترى ثمر لمجهوداتك في الكرازة، أو ربما لأنك تحاول أن تقيس الأمر بعملية حسابية. أخوتي، نحن لا يمكننا أن نحسب الثمر بناءً على مجهوداتنا في الكرازة، لأن هذا بالفعل عمل الرب. لكن رجاءنا هو، أنه بينما نحن نعمل ونخدم ونصلي ونكرز، يحصد الرب الثمر بطريقة تعجز حكمتنا عن استيعابها وتُظهر مجده.

الله يستخدم كل الكنيسة ليجذب الناس إليه، وذلك لا يتم بمجهوداتنا الفردية فقط. ليكُن لك رجاء بأن الله يستخدم مجهوداتك جنبًا إلى جنب مع مجهودات الآخرين. كل المطلوب منا هو الأمانة فقط. هذا ما يتحدث عنه يسوع في (متى ٢٥)، ويختم بالدعوة الرائعة لعبيده الأمناء: «**اُدْخُلْ إِلَى فَرَحِ سَيِّدِكَ**» (متى ٢٥: ٢١). سنتحدث عن هذا الفرح في الجزء الأخير.

٩- رجاؤنا في الرب الذي يُسر بكرازتنا في السماوات.

يكلمنا يسوع في (لوقا ١٥) بثلاثة أمثال عن أشياء كانت ضائعة، والفرحة العارمة التي تبعت العثور عليها. قال هذه الأمثال ليوضح لنا مدى فرحة السماء بتوبة خاطي واحد (لوقا ١٥: ٧). إخوتي وأخواتي، ستكون السماء أكثر الأماكن بهجة عند عودة كل أولاد الله (يوحنا ٦: ٣٧). ونحن نتذوق القليل من طعم هذه المسرة في هذه الحياة، عندما نرى الرب يبارك مجهوداتنا في الكرازة، وعندما نرى معمودية أحد التائبين، وعندما يثبتنا الله في الإيمان رغم الرفض الذي نتعرض له، وقد تختبر الفرح عندما تقود شخصًا للإيمان، وتكون أنت الشخص الذي يولد على يديك توبة خاطي! كل هذه الأحداث ما هي إلاَّ عربون للفرح الذي سنختبره في السماء.

وعند مجيء يسوع، سنفرح بالعُرس، ونتناول من عشاء الحمل (رؤية ١٩: ٦-٩). في السماء، سيعم فرح الرب على ثمر تلك البذور التي غرسناها في تربة جيدة (متى ١٣: ١-٢٣). ربما نواجه صعوبات في كرازتنا الآن، لكن هناك فرح ينتظرنا، ثبت أنظارك عليه. الله مُمسك بك بقوة، وهو يُسر بك، تمامًا منذ ذاك اليوم الذي كنت

فيه ضالاً ووُجدت. في معيته أنت تستطيع أن تُكرز ببشارة الإنجيل، وهو يأتي بالثمر «**هذَا عِنْدَ النَّاسِ غَيْرُ مُسْتَطَاعٍ، وَلكِنْ عِنْدَ اللهِ كُلُّ شَيْءٍ مُسْتَطَاعٌ**» (متى ١٩: ٢٦).

اكرز بالإنجيل، خبِّر الآخرين أن يسوع قام من بين الأموات، لا تتواني عن الكرازة سواء كنت متراخيًا مثل يونان أو أمينًا مثل بولس، وبينما تكرز، ضع رجاءك في الرب. لقد صلى بولس لأجل كنيسة رومية أن يتمموا خدمتهم كما يضعون رجاءهم في الرب: «**وَلْيَمْلأْكُمْ إِلهُ الرَّجَاءِ كُلَّ سُرُورٍ وَسَلاَمٍ فِي الإِيمَانِ، لِتَزْدَادُوا فِي الرَّجَاءِ بِقُوَّةِ الرُّوحِ الْقُدُسِ**» (رومية ١٥: ١٣). وأُصلي أن يفعل الرب معك ذلك أيضًا.

ملخص اعتراف الإيمان بالإنجيل

(بكنيسة كابيتول هيل المعمدانية)

الإنجيل هو الخبر السار بإن الله يفتدي كل العالم من خلال المسيح، ويأمر كل الناس في مكان أن يرجعوا عن خطاياهم، ويؤمنوا بيسوع المسيح للخلاص.

جميعنـا أخطأنـا أمـام الله بكسـر وصايـاه، والتمـرد علـى شـريعته، وعقوبـة خطايانـا هو الموت والجحيم.

لكن لأجل محبته، أرسل الله ابنه يسوع؛ ليعيش لأجل شـعبه حيـاةً الكمـال والطاعـة التـي تـرضـي الله، ومـات علـى الصليـب بـدلًا منـا لأننـا نستحق المـوت علـى خطايانـا.

وفي اليوم الثالث، قـام يسـوع بجسـده من القبر، ولـه السـلطان في السـماوات، ليُعطي الغفـران والبـر والقيامـة والبركـة الأبديـة لـكل مـن يتـوب، ويؤمـن أن الخلاص بـه هو وحده.

مراجع مقترحة

1. Mark Dever, The Gospel and Personal Evangelism (Wheaton, IL: Crossway, 2017).

2. Gregory Koukl, A Game Plan for Discussing Your Christian Convictions (Grand Rapids, MI: Zondervan, 2009).

3. Mack Stiles, Evangelism: How the Whole Church Speaks of Jesus (Wheaton, IL: Crossway, 2014). Mack Stiles, Marks of a Messenger: Knowing, Liv- ing, and Speaking the Gospel (Downers Grove, IL: InterVarsity Press, 2010).

١٩

ما هي إرسالية الكنيسة؟

جوناثان ليمان

«فَتَقَدَّمَ يَسُوعُ وَكَلَّمَهُمْ قَائِلًا: «دُفِعَ إِلَيَّ كُلُّ سُلْطَانٍ فِي ٱلسَّمَاءِ وَعَلَى ٱلْأَرْضِ، فَٱذْهَبُوا وَتَلْمِذُوا جَمِيعَ ٱلْأُمَمِ وَعَمِّدُوهُمْ بِٱسْمِ ٱلْآبِ وَٱلِٱبْنِ وَٱلرُّوحِ ٱلْقُدُسِ. وَعَلِّمُوهُمْ أَنْ يَحْفَظُوا جَمِيعَ مَا أَوْصَيْتُكُمْ بِهِ. وَهَا أَنَا مَعَكُمْ كُلَّ ٱلْأَيَّامِ إِلَى ٱنْقِضَاءِ ٱلدَّهْرِ.»

متى ٢٨: ١٨-٢٠

هل يبدو كتابا عن إرسالية الكنيسة فكرة مجردة أو أكاديمية قليلًا؟ ألا يبدو لا صلة له بحياتك المسيحيَّة اليوميَّة؟

أود أن أقول إنه وثيق الصلة، خاصة في أوقات اضطراب سياسي وثقافي متنامي. عندما يشعر الناس بضغوط الانقسام السياسي أو التراجع الثقافي، يكون هذا هو كل ما يريدون الحديث عنه. فينشرون على وسائل التواصل الاجتماعيَّة، «حان الوقت لأخذ موقف وإعلان الحرب.» بينما أكتب هذا، يعلن المسيحيون في اليمين السياسي هذا ردًا على ثوار مجتمع الميم وتهديداتهم للحريَّة الدينيَّة. ويقول المسيحيون في اليسار السياسي نفس الشيء عن التمييز العنصري والظلم الهيكلي. وكم عدد المسيحيين الذين قرروا أن يكون لهم موقف ضد الحجر الصحي لفيروس كورونا والكمامات واللقاحات؟

ولكن هذا الشعور بالعجلة يستحق أن نوليه انتباهنا بغض النظر أين أنت أو متى تعيش وأنت تفكر في موضوع إرسالية الكنيسة. إرسالية الكنيسة هي ما يدعو يسوع الكنيسة للقيام به، ولكن قناعاتنا بشأن ما يدعونا للقيام به غالبًا ما تتشكل ليس فقط بحسب فكره، وإنما بحسب التحديات السياسيَّة والاقتصاديَّة التي نشعر بها. تبدو هذه الوقائع ملحة جدًا. لذا، إن كنت كمسيحي قادر على أن تفتح كتابك المُقدَّس وتجد أي شيء يتعلق ولو من بعيد بهذه التحديات من الأصل، فستتعرض لإغراء تشكيل إرسالية الكنيسة حولها.

> هل تشعر بالظلم؟ الكتاب المُقدَّس يقاوم الظلم. لذا فقد تقول إن الكنيسة موجودة لتقاوم الظلم.
>
> هل تشعر بالقلق حيال الانهيار الأخلاقي في أمتك؟ يقاوم الكتاب المُقدَّس الانهيار الأخلاقي في الأمة. لذا فقد تقول أن الكنيسة موجودة لتحارب لصالح أخلاقيات الأمة.
>
> هل تهتم بوجود حكومة جيدة؟ بالفقراء؟ البركات الماديَّة؟ أن تجد هدفًا لحياتك؟ العائلات الصحيَّة؟ يتناول الكتاب المُقدَّس كل هذه الأمور. لذا قد تقول إن الكنيسة موجودة في الأساس من أجل هذه الأمور. على الأقل ستتعرض لإغراء أن تفعل هذا.

أعرف رعاة قالوا منذ عشرين سنة أن توصيفهم الوظيفي لا يشمل توجيه الشعب كيف يصوتون أو أن يقودوا المسيرات. وقد تغير هذا الموقف في السنوات الأخيرة. ويقولون أن الأوقات غير المسبوقة تتطلب إجراءات غير مسبوقة. لقد غيرت الظروف إحساسهم بما هو ملح.

لا شك أن هناك أوقات تتطلب أن يأخذ المرء موقفًا أو أن يفعل شيئًا غير معتاد. ولكن في هذه اللحظات بالذات نحتاج أن نكون حريصين بصفة خاصة، لئلا تنحرف كنائسنا عن مسارها الصحيح. يزداد الإغراء بالانحراف عندما يزداد النزاع. لذا تتطلب أيام الاضطراب الثقافي والفتنة السياسيَّة أن نضاعف جهودنا في دراسة الكتاب المُقدَّس أكثر من أي شيء آخر.

كيف تقضي أيام الأسبوع وعطلات نهاية الأسبوع؟

على نطاق أوسع، تؤدي وجهات النظر المختلفة عن إرسالية الكنيسة إلى طرق مختلفة للتفكير في الحياة المسيحيَّة. ابدأ بأيام الأسبوع. هل من الأفضل الخروج في خدمة مهنية؟ وإن أجبت بلا، كيف ينبغي أن ترى عملك في ضوء علاقته بحياتك المسيحيَّة؟

فكر في أمسياتك وأيام السبت. هل ينبغي أن تعطي الأولويَّة للتعرف على جيرانك؟ المشاركة بالإنجيل؟ التطوع في ملجأ للمشردين؟ الاشتراك في الأمور السياسيَّة بصورة أكبر؟

وبالنسبة لأيام الأحد، ما الذي ينبغي أن تفعله الكنيسة عندما تجتمع – تعلم المسيحيين أن يشاركوا بالإنجيل أم تحارب مظاهر الظلم الهيكلي؟ وما هي نوعية العمل الذي ينبغي أن نعمله معًا – نرعى الرحلات التبشيرية أم مطاعم الفقراء؟

قد تثقل هذه الأنواع من الأسئلة ضمائر المسيحيين، وقد نشعر بالذنب لشعورنا بأننا لا نفعل ما يكفي. لا شك أن يسوع يدعو الناس إلى التخلي عن كل شيء واتباعه. ولكن ماذا يعني هذا عمليًا؟

أتدري أن الحديث عن إرسالية الكنيسة أكبر من مجرد أن تقرر كيف ستقضي وقتك الأسبوع القادم؟ إنه يشمل الحياة والكون كلهما، الأمور الحاضرة والمستقبلة، بل والسماء والجحيم. إن كان الجحيم موجود حقًا، وإن كان غير التائبين سيذهبون إلى هناك حقًا، وإن كان عمل كنيستك حقًا أن تحذرهم، إذن فأنا وأنت بحاجة إلى أن نأخذ هذه الحقيقة في حساباتنا بسرعة شديدة.

حقًا أنت بحاجة إلى الاهتمام بشأن إرسالية الكنيسة لأنك كمسيحي لا تريد أن تقلق بشأن الأمور الخطأ، بل أن تكرس حياتك للأمور السليمة، الأمور التي لها وزنها.

ما هي نوعية الكنيسة التي ستنضم إليها؟

يؤثر الحوار عن إرسالية الكنيسة أيضًا على نوعية الكنيسة التي ستنضم إليها. تشكل الكنائس المختلفة ضميرك، وحياتك الروحيَّة، وعبادتك بأشكال مختلفة. سرعان ما ستحسب ما تعده كنيستك «مسيحيَّة طبيعيَّة وأمينة،» «مسيحيَّة طبيعيَّة وأمينة.» أقضِ سنوات قليلة في كنيسة يشدد فيها الراعي والأعضاء على الموضوع (س)، وعلى الأرجح سرعان ما ستشدد لأنت أيضًا عليه. إذا تكلموا عن (ص)، فستتكلم عنه أنت أيضًا.

بالتالي، ينبغي أن يكون أحد من أهم أهدافك الروحيَّة في الحياة أن تضع نفسك وعائلتك في كنيسة تعكس إرساليتها تعليم وأعباء الكتاب المُقدَّس.

ولكن انظر عن كثب. فبإمكاني أن أوجهك إلى أربع كنائس تنشر نفس إقرارات الإيمان على مواقعها الإلكترونيَّة. ولكن إذا دخلت هذه الكنائس الأربع صباح يوم الأحد، أو نظرت على ميزانيتها، أو شاهدت منشورات رعاتها على وسائط التواصل الاجتماعي، ستكتشف أن هذه الكنائس تتبع قواعد مختلفة.

تشدد الكنيسة الأولى على التكليف العظيم ووصية يسوع بالتلمذة. ولكن عندما يقولون «تلمذوا» فإنهم يقصدون «اهدوا الناس.» وهكذا توجه الكنيسة الأولى كل شيء فيها نحو غير المسيحيين، كما لو أن الكنائس المحليَّة موجودة في الأساس من أجل التبشير. صحيح أنهم يتكلمون عن النمو المسيحي بعض الشيء، ولكن برامجهم تركز على الأفراد، وليس على جسد الجماعة أو العائلة. وهم لا يرون رابطًا بين تبشيرهم وبين أن يكونوا عائلة متحدة نابضة بالحياة من عالم آخر. بناء على قواعد إرسالية الكنيسة الأولى، دعونا نسميها **كنيسة الباحثين الساعين**.

تشبه الكنيسة الثانية الكنيسة الأولى (كنيسة الباحثين)، ولكنها لا تستميل اشتياقات الطبقة الوسطى لأشياء مثل الهدف بل تستميل بالأكثر رغبات الإنسان الأساسية المتمثلة في الصحة والثروة. انضم إلى خدمتهم يوم الأحد، وستسمع عن رغبة الله في أن يباركنا، لو كان لدينا فقط الإيمان الكافي. بناء على قواعدها، دعونا نسمي الكنيسة الثانية **كنيسة الرخاء**.

بينما تشدد الكنيستين الأولى والثانية على كم أن يسوع موجود من أجلنا، تشدد الكنيستان الثالثة والرابعة على كيف أننا موجودون من أجل يسوع. يمكننا أن نسمي الكنيسة الثالثة **كنيسة العدل**. انضم إليهم يوم الأحد، وستسمع الواعظ يقول إنه ينبغي أن نهتم بالمطحونين، وأن نصحو لنواحي الظلم الهيكلي الموجود في الأمة، وأن نهتم بالبيئة، وأن نفعل الصلاح بصفة عامة في العالم.

الكنيسة الرابعة هي نسخة أخرى من الكنيسة الثالثة، ولكنها تركز على المظالم الهيكليَّة التي تهم المحافظين السياسيين، مثل الإجهاض، وزواج المثليين، والحريَّة الدينيَّة. سمها **كنيسة الأمة البارة**. إنها كنيسة تريد أن تخلّص الأمة من الانحلال الأخلاقي وجعلها آمنة بالنسبة للمسيحيَّة.

في أفضل الأحوال، تركز كنيسة العدل وكنيسة الأمة البارة على التلمذة، الشكل الأخلاقي للمسيحيين، ووصية محبة القريب. في أسوأ الصور، هم في خطر الانزلاق ولو بأقل قدر في الفريسيَّة، أي أنهما تقران قوانين ويقينيات سياسيَّة لا يرسيها الكتاب المُقدَّس. يترك الأعضاء الكنيسة يوم الأحد غير شاكرين الله على نعمته في حياتهم بقدر ما يشعرون بالتفوق على غيرهم من الناس بسبب قناعاتهم الأخلاقيَّة والسياسيَّة.

لا شك أن الكثير من الكنائس تظهر فيها سمات متنوعة من هذه الأمثلة. أنا فقط أصف الأنواع الرئيسيَّة، ولا أحاول أن أرسم صورة ساخرة لكنيستك، بحيث يمكننا أن نكون جميعًا أكثر حرصًا.

علاوة على هذا، أؤمن أن شيئًا من التنوع بين الكنائس هو عطيَّة من الله. فكما سيكون لشخص مسيحي يعمل في وول ستريت وآخر يعلم في مدرسة متهالكة خدمتين يوميتين مختلفتين، هكذا قد تكون لكنيسة في الضواحي خدمة مشورة قويَّة بينما قد تتفوق كنيسة تقع بجوار معسكر لاجئين في خدمة الفقراء. مجدًا لله!

ومع هذا، هناك فرق بين أن تكون الكنيسة **حساسة** للموجات الاقتصاديَّة والرياح السياسيَّة المحيطة بنا وبين أن **تنساق** بهذه الأمواج والرياح. عندما تنساق الكنائس، تستسلم قواعدها – معنى الإرسالية لديها – بسهولة لمظاهر عدم الاتزان غير الكتابيَّة

والأجندات الدنيويَّة. تظهر كنائس الطالبين الباحثين علامات الاستسلام للنزعة الاستهلاكيَّة، أما كنائس الرخاء فقد استسلمت للنزعة الماديَّة، وكنائس العدل للتقدميَّة السياسيَّة وكنائس الأمة البارة للنزعة القوميَّة، حتى ولو كان لها كلها إقرارات إيمان مستقيمة.

لو كنت من زمن أو مكان آخر يختلف عني، ربما تكون لديك أنواع رئيسيَّة أخرى تصفها. لا بأس. صف ما تراه. ولكنك ستفهم ماذا أقصد: عندما نتكلم عن إرسالية الكنيسة، من السهل أن نترك مشاغلنا الزمنيَّة التي أحيانًا ما تكون جيدة وأحيانًا تكون سيئة تكتب قواعد الكنيسة. ونجازف بمنح هذه الأمور أهمية تفوق حجمها الحقيقي، أو إعطاءها الوظيفة الخطأ، أو حتى جعلها وثنًا. قد يبدو هذا غريبًا، ولكن يمكن للكنيسة في الواقع أن تعزز أشياء يؤيدها الكتاب المُقدَّس ومع هذا تكون منساقة بأجندة دنيويَّة.

والآن دعونا نعود إلى النقطة السابقة، وهي أن تقرر الكنيسة التي ستنضم إليها والذي يعتبر من أهم القرارات الروحيَّة التي ستأخذها لأن كنيستك ستشكلك، بدرجات متنوعة، سواء بأجندة دنيويَّة أو كتابيَّة. وبدورك ستصرف أمسياتك وعطلاتك وستقضي وقت عملك ووقتك مع عائلتك في أهداف أفضل أو أسوأ.

التلمذة والتتلمذ

دعني أصف لك كنيسة خامسة، كنيسة تقدم قواعد الكنيسة الذي يوصي به هذا الفصل. سأسميها **كنيسة التلاميذ**. مثل كنيسة الطالبين الباحثين، تقول كنيسة التلاميذ أن أصل إرساليتنا هو التكليف العظيم – «تلمذوا.» ولكن سيبتهج أصدقاؤنا في كنيستي العدل والأمة البارة لسماع أن ما يلي مباشرة، مثل عربة القطار المربوطة بالقاطرة، هي الوصية العظمى – «أحبوا الله والقريب.» على أي حال، يوصينا التكليف العظيم بأن «نتلمذ،» ولكنه يوصينا كذلك بأن «نراعي كل ما يوصي به يسوع.»

انضم إلى اجتماع كنيسة التلاميذ الأسبوعي، وستسمع الأخبار السيئة المتعلقة بخطيتنا ودينونة الله، ولكن بعد هذا ستسمع الخبر السار المختصة بموت يسوع المسيح وقيامته مرة أخرى تسديدًا لثمن خطيتنا ولتحريرنا منها. ومع هذه الأخبار في بالنا، تعمل هذه الكنيسة عندئذ على «تلمذة» الآخرين. التلميذ هو تابع ليسوع.

لا تشمل «التلمذة» الكرازة أو مساعدة الناس ليصبحوا مسيحيين فحسب. بل تشمل كذلك مساعدة الناس لينموا كمسيحيين. فكر في الأمر. «عمل» بيت على الشجرة أو كعكة أو أي شيء يتضمن كل من بدء المهمة وإكمالها. فأنت لا تقول إنك «صنعت» كعكة وتشير إلى وعاء من عجين غير مخبوز. بالمثل، تشمل وصية يسوع بتلمذة الآخرين كل من تعميد الناس إلى الإيمان وتعليمهم أن يطيعوا كل شيء أوصى به. إنها تتضمن الحياة المسيحيَّة كلها – من الطفولة إلى النضوج.

بالتالي، تجتمع كنيسة التلاميذ كل أسبوع لمساعدة الناس على اتباع يسوع، كما يقول بولس، «إِلَى أَنْ نَنْتَهِيَ جَمِيعُنَا إِلَى وَحْدَانِيَّةِ ٱلْإِيمَانِ وَمَعْرِفَةِ ٱبْنِ ٱللهِ. إِلَى إِنْسَانٍ كَامِلٍ. إِلَى قِيَاسِ قَامَةِ مِلْءِ ٱلْمَسِيحِ» (أفسس ٤: ١٣).

لكن كنيسة التلاميذ تصور وتشدد كذلك على شيء كثيرًا ما يفوت على الأربع كنائس الأخرى: حقيقة أن الحياة المسيحيَّة حياة جماعيَّة. عندما نولد ثانية، نولد ثانية إلى عائلة (انظر ١ بطرس ٢: ١٠). يُعرف النضوج «بوحدانية الإيمان،» كما رأينا للتو. يقول بولس أن هذا يعني من الناحية العمليَّة «ٱلَّذِي مِنْهُ كُلُّ ٱلْجَسَدِ مُرَكَّبًا مَعًا، وَمُقْتَرِنًا بِمُؤَازَرَةِ كُلِّ مَفْصِلٍ، حَسَبَ عَمَلٍ، عَلَى قِيَاسِ كُلِّ جُزْءٍ، يُحَصِّلُ نُمُوَّ ٱلْجَسَدِ لِبُنْيَانِهِ فِي ٱلْمَحَبَّةِ» (أفسس ٤: ١٦). إنها عبارة يصعب تتبعها، ولكن جوهرها هو، أن النضوج يتضمن أن يبني الجسد كله نفسه بالمحبة.

وهذا شيء حاسم بالنسبة للحوار عن إرسالية الكنيسة لأنه يعني أن لدينا الآن وظيفتان لنفكر فيهما: وظيفة العائلة كلها ووظيفة كل عضو في العائلة – «وظيفتنا» و «وظيفتك.» كلف يسوع العائلة كلها بواجبات معينة بالنسبة للوقت الذي نعمل فيه معًا كعائلة، وكلف كل واحد منا بواجبات أخرى كأعضاء أفراد يعملون على حدة. فمثلًا عمل العائلة كلها أن تبني العائلة، ولكن وظيفتك هي أن تحب أولادك وتذهب إلى العمل وتحيي جيرانك.

يؤدي الفشل في تمييز الفرق إلى سوء فهم كبير لموضوع إرسالية الكنيسة. إذا سألت صديقًا مسيحيًا، «ما هي إرسالية الكنيسة؟» فقد يجيبك وكل الكنيسة في باله ثم يعطيك إجابة تغطي جانب «عملنا.» وإذا سألت شخصًا آخر فقد يجيبك والأعضاء الأفراد

في بالـه ويقدم لـك إجابـة تغطي جانـب «عملك.» ولكننا نحتـاج إلى كلتـا الإجابتين، حيث تـؤدي كـل منهمـا دورهـا.

ما هي إرسالية الكنيسة بحسب كنيسة التلاميذ؟

- إذا عملنـا كلنـا معًـا ككنيسـة، فإرسـاليتنا هـي **أن نتلمـذ**. هـذه وظيفـة العائلة كلها.

- وإن عشـنا كأعضـاء كنيسـة منفرديـن طـول الأسبـوع، فإرسـاليتنا هي **أن نكون تلاميذ**.

هذه هي وظيفة كل فرد من أعضاء العائلة طول الأسبوع.

أو تخيـل دائرتيـن: دائـرة أكبـر تسـمى «أن نكـون تلاميـذ،» وداخلهـا دائـرة أصغـر اسـمها «أن نتلمـذ.» حياتـك كمرسـل كعضـو فـي الكنيسـة هـي كل شـيء تحويـه هـذه الدائـرة الأكبـر التـي تمثـل كونـك تلميذًا. ولكن عندمـا تجتمـع مـع إخوتـك لتعملـوا ككنيسـة مكتملـة، فإن إرساليتكم المميزة معًا هي أن تتلمذوا.

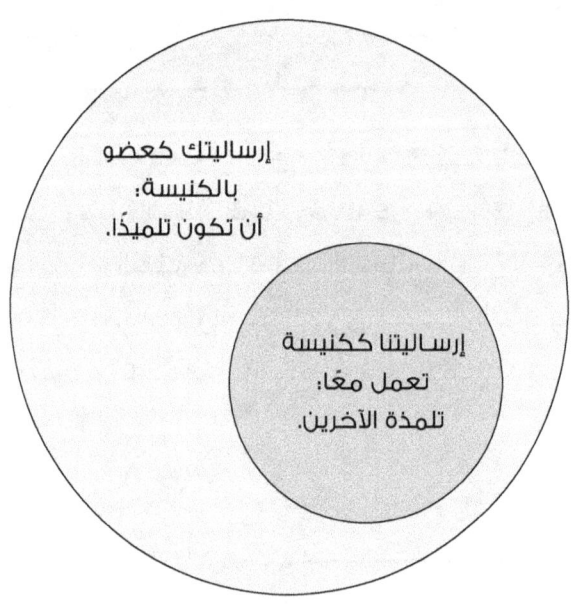

قد تفكر في العلاقة بين كليَّة الحقوق والمحامي، أو كليَّة الطب والطبيب. لدائرة كليَّة الحقوق وكليَّة الطب وظيفة واحدة (تخريج محامين وأطباء)، في حين أن للمحامين والأطباء عمل آخر (أن يكونوا محامين وأطباء).

مثل توضيحي أفضل، والذي سوف أشرحه بالتفصيل لاحقًا، هو العلاقة بين السفارة والسفير. كنائسنا هي السفارات، وكل واحد منا هو سفير.

بعد تلمذة الآخرين في كون المرء تلميذًا

دعني أقدم لك صلة أخرى بين هاتين الطريقتين من الحديث عن إرسالية الكنيسة قبل أن أدخل في صلب الحجة نفسها. تلعب **تلمذة الآخرين** دورًا أساسيًا في أن **نكون تلاميذ**. الأمر ليس كما لو أن عضو الكنيسة يمكنه أن يقول، «لست مضطرًا أن أقلق بشأن تلمذة الآخرين. فهذه مجرد وظيفة تقوم بها الكنيسة كلها أو قادة الكنيسة.» كلا. إنها جزء أساسي من أن نكون تلاميذ.

انظر مرة أخرى على المثل التوضيحي السابق الخاص بالدائرتين، ولكن تصورها الآن كنظام شمسي. تشبه هذه الدائرة الأوسع، والتي تمثل التلمذة المسيحيَّة ككل، مدار الكوكب. أما الدائرة الأصغر، والتي تمثل اجتماعاتنا ككنائس محليَّة والعمل الذي نقوم به كلنا معًا، فتشبه الشمس. أولًا، أنها تنير، مسلطة نورها على حياتنا بحيث يمكننا أن نراها بوضوح أكبر («كنت أظن إنني زوج ممتاز، ولكن إذ أصغيت للعظة أدركت أن هناك مجال جاد للتحسين!»). ثانيًا، أنها تخلق قوة جذب على حياتنا كلها، مما يعطي لكل الحياة بُعد «تلمذة الآخرين.»

أعد الفطور لأطفالي؟ لماذا؟ لأنني أريدهم أن يأكلوا، نعم، ولكن كذلك لأنني أريدهم أن يختبروا محبة الآب السماوي لهم. أريدهم أن يكونوا تلاميذ.

أقوم بحضور اجتماع فريق العمل وأصغي لتقارير لا تهمني بالطبيعة، ولكني أجتهد لكي أنصت. لماذا؟ لأنني بهذا سأقوم بعملي بشكل أفضل، نعم، ولكن كذلك لأني أريد أن أكون نموذجًا لمحبة المسيح لكل الناس. أريدهم أن ينموا كتلاميذ.

أريد تركيب دشًا بجوار غرفة النوم الاحتياطية في قبو منزلي. لماذا؟ بحيث يمكن للضيوف في بيتنا أن يستحموا بشكل مريح دون أن يصعدوا إلى الطابق الأعلى، نعم، ولكن كذلك لأني أريد أن يكون منزلنا مكانًا مريحًا للضيافة، ويشير إلى اعتناء المسيح بنا. أريد أن يصبح كل ضيوفنا تلاميذًا أو أن ينموا في التلمذة.

بإمكانك أن تمد هذه الأمثلة التوضيحية إلى جميع جوانب حياتك: تربية الأطفال، والرسم، وزراعة الحديقة، ولعب الرياضة، والانخراط في السياسة، والقيام بإجازة. كإنسان مسيحي، أنت متحد بالمسيح، وكل ما تفعله يمثل المسيح. بالتالي، فكل ما تفعله له بعد يتعلق بتلمذة الآخرين. طبعًا أفضل وأعلى طريقة تحب بها قريبك هي أن توجهه إلى الله. قال أوغسطينوس أن محبة الأم أو الأخ، الصديق أو زميل العمل، الزوج أو الغريب، ليست محبة على الإطلاق إن لم تُعط والمسيح في البال.[11]

علاوة على ذلك، فإن العمل الأسبوعي للكنيسة بأكملها هو الذي يخلق هذه الجاذبية بقية الأسبوع. يتيح لنا الاجتماع بالإضافة إلى عمل الكنيسة ويجهزنا لدخول باقي الأسابيع ونحن **نتتلمذ** وبعقلية **صناع** التلاميذ. لا شك أننا لن نقضي كل لحظة من كل يوم منشغلين بتلمذة الآخرين. إننا نفكر في تربية أطفالنا (هل قالت زوجتي أن ألتقطهم من المدرسة اليوم.»)، وفي الذهاب إلى العمل («أرجو أن أقوم بعمل جيد في اقتراح العمل هذا»)، وإصلاح السيارة («لماذا تنحرف عجلة القيادة يسارًا باستمرار؟»). ومع هذا نتابع كل هذه الأنشطة، إلى حد ما، **وتلمذة الآخرين** في بالنا. نريد أن يعرف أولادنا، زملاءنا، فني تصليح السيارات، بل وحتى أعدائنا المسيح. ونريد أن يعرف رفاقنا من أعضاء الكنيسة المسيح أكثر.

على أي حال، لا شيء في الحياة أفضل ومفرح أكثر من معرفة المسيح، ومعرفة المسيح في كل ما نفعله وأينما نذهب.

ولكن حتى الآن كنت أؤكد فقط على استنتاجاتي. ولكن علي بعد هذا أن أثبت حجتي. هل هذا هو ما يعلم به الكتاب المُقدَّس ويعطيه الأولويَّة حقًّا؟ لكي أساعدك على فهم

---

[11] Augustine, *On Christian Doctrine*, trans. D. W. Rob- ertson (Indianapolis: The Bobbs-Merrill Company, 1958), 3.10.16; 1.23.

السبب الذي يجعل كنيسة التلاميذ تعطي الأولويَّة لتلمذة الآخرين في قواعدها، وكذلك السبب في تقسيمي إرسالية الكنيسة إلى **تلمذة الآخرين وأن نكون نحن أنفسنا تلاميذ**، نحتاج أن نسأل ثلاثة أسئلة.

السؤال الأول: ما هي أكبر مشاكل الإنسانيَّة؟

السؤال الأول هو سؤال تعلمت أن أسأله في مناقشات مثل هذه من صديقي سباستيان، مقاول أعمال وشيخ زميل سابق. أثناء حوارات اجتماع الشيوخ المعقدة، كان يعيد التركيز أثناء مناقشاتنا التي تحيد يمنة ويسرة بطرحه للسؤال، «ما هي المشكلة التي نحاول أن نحلها هنا؟»[٢]

بالمثل، عندما تفكر الكنيسة في إرساليتها، تحتاج أن تسأل نفسها، ما هي أكبر مشكلة نحاول أن نحلها هنا؟

تستخدم كنيسة الطالبين الباحثين لغة الخطيَّة، ولكنها تؤطر فكرة الخطيَّة بطريقة **استهلاكيَّة وعلاجيَّة**. كما لو كنت تجلس على أريكة المعالج النفسي، هكذا يحتكم الواعظ إلى **مشاعرك وماذا تريد**. خطيتك هي هذا القدر القليل من الأنانية التي تمنعك من أن تكون الأب أو الأم، الصديق أو القريب، الذي تريد أن تكونه حقًا. إنه عدم إيمانك بمحبة الله لك. تقول كنيسة الباحثين أن يسوع سوف يساعدك على حل هذه المشاكل.

كذلك تستخدم كنيسة الرخاء لهجة الخطيَّة، ولكنها تشدد على الجانب **المادي**. خطيتك هي عدم الإيمان، والتي تعمل مثل كعائق في الأنبوب الذي تنساب عبره بركات الله الماديَّة. آثار لعنة الله – الاحتياج والموت – هي المشاكل التي ينبغي حلها، أكثر من التعدي والذنب اللذين أديا إلى اللعنة، على الأقل بناء على وقت التأثير المعطى لكل منهم.

كنيسة العدل وكنيسة الأمة البارة كذلك تستخدمان لهجة الخطيَّة، ولكنهما تشددان على **الأخلاقيات**. مثل الأب أو القاضي، يحتكم وعاظهما إلى الأسلوب الذي **تعيش** به.

---

[٢] القصص الشخصيَّة التي تتضمن أشخاصًا آخرين والتي تمت المشاركة بها في هذا الكتيب، تمت بإذن منهم وقد تم تغيير الأسماء حفاظًا على الخصوصية.

تتكلم كنيسة العدل الأكثر تقدمية عن المظالم التي نراها في أمور مثل الفقر، الإسكان غير الملائم، المدارس الفاشلة، البيئة المعتلة، العنصرية، وما تسميه الظلم الهيكلي. في الوقت الراهن، تتحدث كنيسة الأمة البارة الأكثر تحفظًا عن مظالم هيكليَّة مختلفة، حتى ولو لم تسمهم هكذا: قانون الطلاق، وزواج المثليين، وعوائق الحريَّة الدينيَّة، والتحيز الإعلامي، والإجهاض، وأجندة مجتمع الميم في المدارس العامة، وغيرها.

أخيرًا، لا تنكر كنيسة التلاميذ الجوانب العلاجيَّة أو الماديَّة أو الأخلاقيَّة في حياتنا. لكنها تريدك أن تكتشف قصد الله لحياتك، وأن تتمتع بعطاياه الماديَّة الصالحة، وأن تعيش بعدل وبر. إنها تعرف هذا ببساطة، عندما تصبح هذه المشاغل في المركز، نكون قد استسلمنا لنزعات الاستهلاكيَّة، الماديَّة، أو نوعًا ما من الأخلاقيَّة، على الترتيب.

عندما تتكلم كنيسة التلاميذ عن الخطيَّة، يكون ما تشدد عليه أمر **لاهوتي**. الخطيَّة أولًا وقبل أي شيء إهانة بحق الله. قال الله، «أنا خالقكم وملككم.» ولكن من آدم فصاعدًا عشنا كما لو كنا نحن خالقي وملوك ذواتنا. لقد كسرنا شريعته وطلبنا مجدنا الخاص بدلًا من مجده (رومية ٣: ٢٣). بالتالي، أعلن أننا مذنبون وهدد بالموت الأبدي (رومية ٦: ٢٣؛ رؤيا ٢٠: ١١-١٥). ليست أكبر مشاكلنا هي محدلة مجتمع الميم السياسيَّة (كما يقول أصدقاؤنا في اليمين السياسي) أو العنصرية (كما سيقول أصدقاؤنا في اليسار)، رغم أن كلا منهما مشكلة كبيرة. لكن ذنبنا أمام الله وغضبه عليه، هو أكبر المشاكل التي ينبغي أن نحلها وأهمها بكثير.

تمييز المشاكل الأساسية والمشاكل الناتجة عنها

بقولي هذا، أعني أن كنيسة التلاميذ لا تتجاهل كل الخطايا الشخصيَّة والمظالم الهيكليَّة التي تقاومها كنيسة العدل وكنيسة الأمة البارة. يشير الكتاب المُقدَّس بأصبع حزين ومقشعر إلى كل من عصيان آدم الهادئ وكذلك شر فرعون المعلن. ويعلن الويل على الفاسق جنسيًا وكذلك «**الْكَتَبَةِ ٱلَّذِينَ يُسَجِّلُونَ جَوْرًا**» (إشعياء ١٠: ١؛ أستير ٣: ٧-١٤)، الخطايا العمد وغير المتعمدة (انظر لاويين ٤)، التعديات الفردية والقومية (انظر إشعياء ١٣-١٩). ويجرم التحيز الشخصي ضد الفقراء (يعقوب ٢: ١-٧) ويعمل على إصلاح عدم المساواة التي تقسم بين الأعراق المختلفة (أعمال ٦: ١).

ولكن كنيسة التلاميذ تميز بين المشاكل الجذرية والمشاكل الناتجة عنها، الأسباب والأعراض. خطيتنا في حق الله (بالمفرد «خطيَّة») هي جذر المشكلة. أما خطايانا بحق الآخرين (بالجمع «خطايا»)، سواء كانت شخصيَّة أم هيكليَّة، فهي الثمار التي تلي المشكلة الأصليَّة. في الواقع، تتمتع كنيسة التلاميذ بأثبت أساس لتصف كل شيء من العنصرية إلى الإجهاض إلى أيديولوجيات هذا العالم بالظالمة بالتحديد بإصرارها على أن هذه الممارسات والهياكل تقاوم الله في الأساس (مزمور ٥١: ٤). عندما يُضرب إنسان ما ويُسرق بالإكراه، ينبغي أن يعتني به السامري الصالح لأنه مخلوق على صورة الله (انظر لوقا ١٠: ٢٥-٣٧). عندما تكون ملابس أحد الإخوة أو الأخوات رديئة وينقصهما الطعام اليومي، ينبغي ألا يقول الإنسان المسيحي، «ٱمْضِيَا بِسَلَامٍ، ٱسْتَدْفِئَا وَٱشْبَعَا،» لأنه هو أو هي مخلوقين على صورة الله (انظر يعقوب ٢: ١٦). بدون الله، لا يوجد معيار للشر.

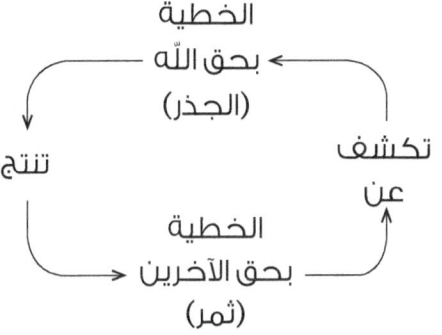

لا شيء يفوق تحدينا لشريعة الله وتشويهنا لمجده. الله هو من له الثقل الحقيقي، ومن يترتب عليه كل شيء، هو الأزلي، المشرع، العدل، ومن يُقاس به كل الواقع وكل البر.

خطورة الجحيم

من الطرق التي ندرك بها ثقل وخطورة خطيتنا بحق الله ومجده التأمل في رعب وأبدية الجحيم. لا شك أن فكرة الجحيم فكرة صعبة. إنها فكرة مقلقة من الناحية العاطفيَّة إلى أقصى حد. ولكني أريدك أن تفكر فيها للحظة لا أن تتمنى أن تزول. إن كان الجحيم موجودًا، فلن نفيد أحدًا بتمنينا ألا يكون موجودًا.

سؤال ينبغي أن نفكر فيه، لماذا يقدم يسوع مرارًا وتكرارًا هذه الصور المثيرة للانتباه عن الجحيم، كما نجد عندما يتحدث عن «الدود الذي لا يموت» و«النار التي لا تُطفأ» (مثلًا مرقس ٩: ٤٨)؟ هذه لهجة نابضة جدًا بالحياة يا يسوع.

والأسباب هي (١) لأن الجحيم حقًا سيء إلى هذه الدرجة، سواء كانت هذه اللغة استعارية أم لا، و(٢) لأن رعب هذه الصور يعبر عن مقدار هول الخطيَّة – وبتناسب عكسي – كم أن الله مجيد وله وزنه.[٣] على أي حال، غضبه يعلن مقدار استحقاقه.

اكتشفت أنا وإخوتي في سن مبكرة، على سبيل المثال، أن الكذب على أبوينا ينتج عقوبة أشد من الخصام على لعبة معينة. لماذا؟ لأن الحق له قيمة أكبر من اللعب. كلما كانت الحقيقة أثمن، كلما كانت التبعات أكثر رهبة. وسيخبرك أصحاب متاجر المجوهرات نفس هذه الحقيقة.

بعبارة أخرى، أبدية وبشاعة الجحيم ذاتها هي ما يرينا مقدار سوء الخطيَّة وبالتالي، كم أن الله صالح ومستحق حقًا. تصيب الخطيَّة حواسنا بالبلادة، وتجعل أفاقنا ضيقة، وتغيبنا عن الواقع. تخبرنا الخطيَّة بأننا مركز الكون وأن الله **مديون لنا**. لكن أوصاف الكتاب المُقدَّس عن الجحيم توقظنا وتفتح عيوننا على كون أكبر وأعظم بكثير، مثل الانتقال من عالم الرسوم الذي يصور الأشخاص بعيدان الكبريت على الورق إلى العالم الحقيقي. الحياة أثمن، والمخاطر عالية، ومجد الله أعظم مما تتخيل على الإطلاق.

دعونا نلخص الإجابة على السؤال الأول. ما هي أكبر مشاكل البشرية؟ إنها خطيتنا بحق هذا الإله القدوس والعادل والمجيد، والذي يمتلك طبيعة غير محدودة وكيانًا إلهيًا أثمن من كل الكون، كما أن الفخاري أثمن بكثير من الإناء الذي يشكله. ومن خطيتنا بحق الله تنشأ خطيتنا بحق الآخرين. بالتالي، ينبغي أن تبقى الكنيسة عينيها مفتوحتين على كل من المشكلة الأصليَّة والمشكلة الناتجة وتحرص دائمًا على تزن كل منهما بشكل صحيح.

---

[٣] تم تحديث هذه الفقرة والفقرتين اللتين تليها وتعديلهم من مساهمتي في
Ed Sexton (ed.), *Four Views of the Church's Mission* (Grand Rapids: Zondervan, 2017).

السؤال الثاني: ما هو حل أكبر مشاكلنا؟

تتكلم كل الكنائس من النوع الأول وحتى الخامس عن أمور كتابيَّة مثل الغفران، الأعمال الصالحة، وبركات الله. ولكن من الممكن أن تعطي لخيرات كتابيَّة حقيقيَّة أهمية زائدة أو وظيفة خاطئة. نريد الأعمال الصالحة، ولكن أن نعطي للأعمال الصالحة وظيفة خلاص الحي أو الأمة فهذا أمر يجلب اللعنة. نريد بركات الصحة والثروة، ولكن أن نتعامل معهما كوعود مضمونة لأن هذا العالم يخلق توقعات كاذبة ويجعلنا نخاطر بجعل هذه البركات أوثانًا نعبدها.

إن كنا نريد أن نعطي الأشياء الكتابيَّة الوظيفة الصحيحة والنبرة الصحيحة، علينا أن نتأكد من أننا نقرأ كل خط القصة الكتابيَّة. إذ يساعدنا فهم خط القصة الكتابيَّة بشكل صحيح على فهم أخبار الكتاب المُقدَّس المختصة بالحل بشكل صحيح. هذا أمر مفروغ منه عندما تقرأ الأخبار. حيث تعرف أنه إذا فهم المراسل قصة الأخبار خطأ، فسيكتب عنوان الأخبار خطأ.

بالتالي، تبذل كنيسة التلاميذ ما بوسعها لتقرأ كل جزء من الكتاب المُقدَّس بشكل صحيح. دعني أقدم ملخصًا لكل جزء:

خلقنا لنكون صورة لله	تكوين ١-٢: الله يخلق الناس على صورته ويعطيهم عالمًا يملؤونه ويخضعونه إلى الأبد، طالمًا نفعل هذا طاعة له، فإننا نظهر بهذا "صورة" محبته وقداسته ومجده.
وضعنا أنفسنا مكان الله	تكوين ٣-١١: لقد تركنا الله وبركات الله بطرحنا عنا سيادته وعملنا لأجل مجدنا الخاص، مما جعلنا نفوز بلعنة الموت.

تكرار الدروس: إظهار صورة اللّه، ولكنهم لم يفعلوا	تكوين ١٢ وحتى نهاية تاريخ إسرائيل: اللّه يستخدم شعبًا، إسرائيل، لكي يعلّم الإنسان دروس تكوين ١–٣ على مدار ألف سنة وعلى منصة عالمية. إنه يكلفهم بوظيفة آدم الأصليّة: إظهار صورة قداسة اللّه ومحبته ومجده من أجل بركة الأمم. بل إنه يعطيهم شريعته ومحضره ليساعدهم. ومع هذا تكرر إسرائيل خطأ آدم، وهكذا يطرحهم اللّه خارجًا مثلما فعل مع آدم.
ينبغي أن يفعلها اللّه بنفسه	الأنبياء: يقدم الأنبياء درس العهد القديم الأساسي: ينبغي أن يدبر اللّه بنفسه الحل. ينبغي أن يأتي ويدفع عقوبة الخطيّة ويغير قلوبنا. ينبغي أن يشكلنا لنطابق صورته ويمكننا من أن نطيع شريعته بحيث يمكننا أن نظهر قداسته ومحبته ومجده ونال كل بركاته.
يسوع يُخلّص	الأناجيل: يسوع المسيح هو اللّه الذي أتى. لقد جاء بصفته اللّه لكي يربح شعبًا لنفسه بحل مشكلة إثمنا بموته وقيامته ثانية. وقد جاء كإنسان ليفعل ما لم يفعله آدم وإسرائيل: يظهر صورة قداسة ومحبة اللّه وينال كل بركات اللّه الموعودة.

الروح القدس يوحدنا مع المسيح ويجمعنا بصفتنا عائلة اللّه وسفراء السماء	من سفر الأعمال وحتى الرؤيا: يوحدنا روح المسيح معه، بحيث نكون ما يكونه المسيح: مغفور لنا وأبرار ومكلفين بإظهار قداسة اللّه ومحبته. كما أنه يجمعنا معًا بصفتنا عائلة اللّه وسفراء سمائه. ونحن نتوقع معًا اليوم الذي يأتي فيه المسيح مرة أخرى ويصنع كل شيء من جديد بالكامل.

هذا ملخص سريع لخط القصة. ما هو العنوان الرئيسي الذي يصف كل هذا؟ العنوان الرئيسي للأخبار هو ما يسميه الكتاب المُقدَّس «الإنجيل،» وهي كلمة تعني ببساطة **الخبر السار**.

ما هو الإنجيل؟ فكر في خط القصة هذا مرة أخرى. بإمكاننا أن نميز ثلاثة بنود ذات أهمية إخباريَّة تشكل الإنجيل، وتشمل تغيير الحالة، عائلة جديدة، والوعد بمجيء المزيد. أولًا، يشمل الإنجيل مكانة عهديَّة جديدة، تمامًا كما يفوز الشخص بوضع جديد عندما يتزوج (انظر هوشع ٢: ١٦-٢٣؛ ١ بطرس ٢: ١٠). فكون المرء متحدًا بالمسيح فهذا يعني أن الله أعلن أنه قد غُفرت خطاياه وأنه بار بسبب ما فعله المسيح في حياته وموته وقيامته. فقد جعل الله من لم يعرف خطيَّة خطيَّة، لكي ما نكون نحن بر الله (٢ كورنثوس ٥: ٢١). لقد دفع المسيح العقوبة التي نستحقها بموته على الصليب، وقام من الأموات مما يشير إلى أنه هزم الخطيَّة والموت، وفاز بكل وعود الله التي وعد بها آدم وإسرائيل وداود (انظر كذلك رومية ٥: ٨-٩؛ غلاطية ٤: ١-٧؛ ١ كورنثوس ١٥: ١-٥؛ ٢ كورنثوس ٢: ٣).

ثانيًا، يشمل الإنجيل عائلة عهديَّة جديدة (أفسس ٢؛ ١ بطرس ٢: ١٠). إن اهتداءنا اهتداء جماعي. فكون الآب السماوي يتبنانا في عائلته فهذا يعني الحصول على زمرة كاملة من الإخوة والأخوات كغنيمة.

ثالثًا، يشمل الإنجيل وعد العهد الجديد بتقديسنا وتكميلنا وكذلك بإعادة خلق الكون بأسره (مثل، رومية ٨: ٢١، ٣٠؛ ١ يوحنا ٣: ٢؛ رؤيا ٢١). لقد استبدل المسيح قلوبنا الحجرية بقلوب لحمية بحيث نريد أن نطيع شريعة الله (أرميا ٣١: ٣١-٣٤؛ حزقيال ٣٦: ٢٤-٢٧). ويومًا ما سنطيعه بصورة كاملة، يوم سيعاد فيه خلق السماء والأرض نفسيهما ويتم فيه تصحيح كل شيء. كل هذا هو الخبر السار، البشارة المفرحة. إنه يشير إلى شيء فعله الله ويعد بأن يفعله، وليس إلى شيء ينبغي علينا نحن أن نفعله. إذ لا يمكننا أن نحل مشكلة خطيتنا. ولا يمكننا أن نعيد خلق قلوبنا، أو المدينة، أو الثقافة، أو الكون. يمكننا فقط أن نشير إلى من يفعل هذه الأمور: الله الآب، الله الابن، والله الروح القدس.

افرح أيها المسيحي! لقد غفر الله خطيتك وأعلن أنك بار. لقد دمجك في عائلة جديدة. والآن هو يشكلك على صورته، مع الوعد بأنه يومًا ما سيكملك بالتمام، بينما يخلق الكون من جديد.

التغيير يحدث

ومع هذا هناك جزء بشري مقابل لما يفعله الله في مدننا بحل الإنجيل: **ما يدعونا ويمكننا من فعله**. ينتج عن إنجيل الله المعطى لنا طاعتنا له. نحن لا نقدر أن نكرر عمل المسيح الفريد في كونه كفارة عن الخطيَّة، وذبيحة بدلية، والذي نتبرر به. ولكنه بعد هذا يدعونا لفعل ما فعله. يقول يسوع «**كَمَا أَرْسَلَنِي ٱلْآبُ أُرْسِلُكُمْ أَنَا**» (يوحنا ٢٠: ٢١).

تذكر ما رأيناه في خط القصة أعلاه. لقد كان الهدف طول الوقت بالنسبة لآدم وحواء أن يملئا ويخضعا الأرض وأن يفعلا هذا بطريقة تظهر قداسة ومحبة ومجد الله. بالتالي، لا يكفي أن نقول، «لقد فعلها يسوع.» ينبغي علينا أن نقول أيضًا، «الآن نفعل بالمثل.» فعلنا هذا لا يخلصنا أو يبررنا، بل هو ما خلص الله وبرر الله الشعب ليفعله.

من الجدير بالملاحظة أن المسيح يمنحنا روحه لهذه الأغراض. عندما يلد روح الله الشخص من جديد، يحدث التغيير. دائمًا. لا يملك الطفل المولود حديثًا إلا أن يتنفس

ويصرخ ويأكل ويتصرف بحسب طبيعته. بالمثل، لا يملك المسيحي المولود من جديد، شخص خُلق من جديد بروح الله، إلا أن يحب الله وشريعته وشعبه. ربما تتذكر هذا من لحظة أن أصبحت مسيحيًا مؤمنًا. قبل أن تصبح مسيحيًا، كنت تريد أن تنغمس في خطايا معينة. ولكن بعد هذا، لم تعد تريد هذا. ربما كنت تحب أن تسكر. ولكن لم تعد كذلك. ربما كنت تستمتع باستغلال الناس. ثم لم تعد كذلك. ربما كنت تحتقر المسيحيين. ثم وجدت نفسك تحبهم بعد هذا. ربما لم تكن تهتم بكتاب الله. ثم وجدت نفسك مغرمًا به. لا أقول أن الرغبة في كل الخطايا قد اختفت، ولكني أقول أن هناك تغيير قد بدأ. وأنه بإمكانك أن تشعر بهذا التغيير. فالمولودون ثانية يحبون البر. المتبررون يتبعون العدل. الذين غُفرت لهم الخطايا يحاربون الخطيَّة، الشخصيَّة والعامة. وأعضاء جسد المسيح السماوي يربطون أنفسهم بجسد أرضي، حيث «نلبس» معًا و«نكسو» أنفسنا بحقائق الخليقة الجديدة والولادة الثانية المعطاة لنا من الله لنعيش السماء على الأرض (كولوسي ٣: ١-١٧).

بإمكاننا أن نرسم الحل المكون من جزئين مثل مخطط: يخلق عمل إنجيل الله طاعة شعب الإنجيل للإنجيل، وطاعتنا للإنجيل بصفتنا شعب الإنجيل تظهر بدورها وتعلن وتثبت عمل إنجيل الله، هكذا:

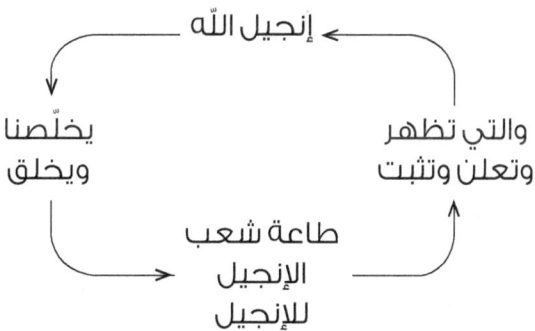

ونحن لا نفعل أي شيء من هذا بصورة مثالية. نحن أبعد ما يكون عن هذا. نحن نشبه الرضع حديثي الولادة الذين يتعلمون أن يزحفوا، ثم يسيروا، ثم يجروا بالتدريج. بالإضافة إلى أن طبائعنا القديمة تظل مختلطة بطبائعنا الجديدة في الوقت

الحالـي (روميــة ٧). ولكــن شــيئًا فشــيئًا، وبشــكل متقطــع، ومــن درجــة إلــى أخــرى، تتكمـل محبـة الله فينـا. يكتـب الرسـول يوحنـا، «**وَبِهَـذَا نَعْـرِفُ أَنَّنَـا قَـدْ عَرَفْنَـاهُ: إِنْ حَفِظْنَـا وَصَايَـاهُ. مَـنْ قَـالَ: «قَـدْ عَرَفْتُـهُ» وَهُـوَ لَا يَحْفَـظُ وَصَايَـاهُ، فَهُـوَ كَاذِبٌ وَلَيْـسَ ٱلْحَـقُّ فِيـهِ. وَأَمَّا مَنْ حَفِظَ كَلِمَتَهُ، فَحَقًّا فِي هَذَا قَدْ تَكَمَّلَتْ مَحَبَّةُ ٱللهِ**» (١ يوحنا ٢: ٣-٥).

أتذكـر كيـف تغيـر أحـد أصدقائـي عندمـا أصبـح مسـيحيًا مؤمنًـا. قَبْـل المسـيح، كان يتسـم بالكسـل والأنانيـة، والسـعي وراء الملـذات الرخيصـة. بعـد أن أصبـح مؤمنًـا، أصبـح شـخصًا مختلفًـا – شـخص يتسـم بالاهتمـام الرقيـق بالآخريـن والسـيطرة علـى النفـس. بـدأ يـدرس الكتـاب المُقـدَّس يوميًـا ويسـتثمر المزيـد والمزيـد فـي كنيسـته. بعـد عـدة سـنوات مـن هـذا، أصبـح شـيخًا فـي الكنيسـة. وكل مـن يعرفـه اليـوم يصفـه بأنـه شـخص عطـوف ومجتهـد ومُقـدَّس.

لا يمكـن أن يأخـذ المسـيحيون الفضـل بالنسـبة لهـذه الرغبـات الجديـدة والتـي أحيانًـا تظهـر ببـطء واحيانًـا تظهـر بسـرعة. فـروح الله هـو الـذي يعطيهـا، وخاصـة بينمـا نعـرض أنفسـنا لكلمتـه ونعيـش وسـط شـعبه.

لا نستطيع أن نأتي بالسماء إلى الأرض

فـي ضـوء هـذا نفهـم أن الـروح القـدس يحد عملـه، على الأقل فـي هذه اللحظـة بين مجيء المسـيح الأول ومجيئـه الثانـي. فهـو يجـدد قلوبنـا وأذهاننـا وطموحاتنـا ورغباتنـا ومحبتنـا. ولكنـه لا يجـدد أيدينـا أو عمـل أيدينـا. لا زالـت الأجسـاد تمـوت. ولا زالـت البيـوت تنهـدم. ولا زالـت الأسـاس تغـرق. والحكومـات الجيـدة تتحـول إلـى حكومـات سـيئة. والأغنيـات الجميلـة تُنسـى. بـل وحتـى أفضـل الوعـاظ قـد يقـول أشـياء غيـر صحيحـة. باختصـار، لا زالـت اللعنـة لهـا تأثيرهـا الكامـل، وسـتظل حتـى يأتـي المسـيح ثانيـة. قـد يسـود المسـيح علـى كل بوصـة فـي الخليقـة، ولكـن كذلـك اللعنـة. اقـرأ سـفر الجامعـة. كل شـيء «تحـت الشـمس» مـا زال عقيمًـا و«لا معنـى لـه،» يقـول الكاتـب بالوحـي (١: ١-٧). فالحكيـم يمـوت بالضبـط مثـل الأحمـق (جامعـة ٢: ١٦). وبـدل العـدل يوجـد ظلـم (٣: ١٦). كمـا قـد يقتلـك عملـك الأميـن فـي أحـد الأيـام (١٠: ٨-٩).

بسبب هذا، يجب أن تكون حذرًا من أي شخص يقول إن إرسالية الكنيسة هي «افتداء الثقافة» أو «تغيير المدينة.» نعم، ينبغي أن يعمل كل واحد منا كمسيحيين على ترك الجزء الخاص به من الحديقة أفضل مما وجده. فنحاول أن نحدث تأثيرًا. نسعى لفعل الخير. نعم، لقد أُمرنا بفعل الخير (غلاطية ٦: ١). ولكننا نفعل هذا بهدف الأمانة، التي تنسجم مع طبيعتنا الجديدة. لا نفعل هذا لأنه يمكننا أن «نفدي» أو «نغير» أي شيء. تخلط هذه اللهجة عمل من لمن. عمل الروح القدس هو أن يفدي ويغير، وليس نحن، ولن يذهب ملكوت السماوات أبعد من روح الله المعطي الحياة.

بعبارة أخرى، لن نقدر أن نأتي بالسماء إلى الأرض، سواء في سياساتنا، عملنا الاجتماعي، مشاريعنا البنائية، أو أي من أعمالنا الصالحة.

ومع هذا ... الله يستطيع.

ولكن الله يستطيع

يفتدي الإنجيل الثقافة ويغير المدينة. ليست المدينة المكتوبة في رخصة قيادتك. إنها مدينة الله السماوية. حيث تصبح كنيستك المحليَّة نقطة أمامية أو سفارة لها. لا نقدر أن نجلب السماء إلى الأرض الآن. ولكن الله يقدر. أحيانًا يجعل الله مسكنه معنا الآن. فتأتي السماء إلى الأرض. هكذا سار الله مع آدم وحواء في الجنة، وهو ما يعني أن السماء والأرض تشابكتا هناك. كما سكن مع إسرائيل في الهيكل، وهو ما يعني أن السماء مست الأرض هناك أيضًا (انظر خروج ٣٤ والعبرانيين ٩: ٢٣).

وقد سكن الله على الأرض من خلال يسوع المسيح بأكمل وأبرز صورة. كان يسوع، في شخصه، ملكوت السماوات على الأرض (انظر متى ٤: ١٧).

ولكن هناك مكان آخر تمس عنده السماء الأرض الآن، وهو الكنيسة المحليَّة. تظهر السماء بأبرز صورة في اجتماعاتنا (انظر العبرانيين ١٢: ٢٢). هناك نربط ونحل «على الأرض» ما هو مربوط ومحلول «في السماء» (متى ١٨:١٨). هناك يسكن صاحب كل سلطان في السماء وعلى الأرض (متى ١٨: ٢٠؛ ٢٨: ١٨). بالتالي يسمي بولس الكنيسة هيكل الروح (١ كورنثوس ٣: ١٧؛ ٢ كورنثوس ٦: ١٦).

بعبارة أخرى، أن إظهار كيف تبدو السماء للعالم هو من صميم عمل الكنيسة. نحن نمثل السماء، مثل السفارات. في اجتماع كنيستك وكنيستي، ينبغي أن يواجه العالم باكورة الثقافة والمدينة، بل واللغة السماوية. هناك نتعلم أن نعيش بوداعة ورحمة، نقاوة ومسكنة القلب، صنع سلام وجوع للبر (متى ٥: ٣-١٠). هناك نمارس الحديث بمحبة، وفرح وسلام وصبر ولطف وصلاح وأمانة ولطف وتعفف (غلاطية ٥: ٢٢-٢٣). هناك نبرهن على قوة وروح السماء الساكن في قلوبنا (١ كورنثوس ١٢: ٤-١٠). هناك ينبغي أن يدخل غير المؤمن ويقول، «**أَنَّ ٱللهَ بِٱلْحَقِيقَةِ فِيكُمْ!**» (١ كورنثوس ١٤: ٢٥).

كنيستك المحليَّة عبارة عن نقطة أمامية أو سفارة لملكوت السماوات. وأنت سفير له (انظر ١ كورنثوس ١٠: ٣١؛ ٢ كورنثوس ٥: ٢٠). أتذكر ما قلته عن فشل كنيسة الباحثين في إدراك الصلة بين التبشير ونمو الجسد؟ إن قصد الله هو أن يرفع شعبه كإعلان عن مجده أمام الأمم. بالتالي ينبغي أن تأخذ الكنائس مسألة عضويتها بجدية. عليهم أن يضعوا حدًا واضحًا ولامعًا بين الكنيسة والعالم، بقدر وضوح الحد الفاصل بين الطاهر والنجس أو المُقدَّس وغير المُقدَّس وسط شعب الله في العهد القديم. نفعل هذا من خلال تناول فريضتي المعمودية وعشاء الرب بحرص وبشكل منضبط.

ما هو حل الإنجيل لأكبر مشكلة في الإنسانيَّة؟ يمكننا أن نلخص كل ما ناقشناه حتى الآن قائلين إن الإجابة هي: الله. الله هو الحل. ليس الحل ببساطة هو الإفلات من الجحيم. حول عينيك عن جهنم إلى السماء وانظر الله! الله أروع وأثقل من هول وأبدية الجحيم. إنه القدير، غير المحدود، الموجود في كل مكان، الكامل، والصالح. وهو مكتف بذاته وخالق كل شيء له وجود، حتى الزمان والمكان. وهو قدوس. ومحبة. وهو الخير الأعظم، وأعظم فرح، ومصدر كل محبة، والشبع الوحيد الحقيقي لأرواحنا. كما لاحظ أوغسطينوس في مقولته الشهيرة، «لن تجد قلوبنا السلام حتى ترتاح فيك.»[4]

بالتالي، توجيه قلوب الناس وأذهانهم إلى الله هو أهم شيء يمكن للكنيسة أن تفعله والنشاط الوحيد الذي يدور حوله كل شيء آخر. ونحن نفعل هذا بكلماتنا وتصرفاتنا.

---

[4] Augustine, *Confessions*, trans. R. S. Pine-Coffin (New York: Penguin, 1961), 21.

ولكن الإشارة إلى الله تعني كذلك الإشارة إلى شعب الله، تجمعات شعب الله، والدعوة إلى الطاعة بين شعب الله. داخل الجماعات المحليَّة نمارس ونعيش حالتنا الجديدة كمجتمع جديد، ثقافة جديدة، أمة مُقدَّسة، بل نعيش السماء على الأرض. فنري الأمم كيف يبدو السكن مع الله.

السؤال الثالث: ما هي إرسالية الكنيسة؟

لقد عدنا من حيث بدأنا. ماذا تعني الإجابة على السؤالين الأول والثاني بالنسبة لإرسالية الكنيسة؟

إن كانت مشكلة الإنسانيَّة تأتي في صورة جزئين (جذر أساسي وثمار أو نتائج)، كما هو الحال مع الحل (إنجيل الله وإنجيل الطاعة)، هكذا الإرسالية: ينبغي أن تعطي كل الكنائس معًا الأولويَّة لتلمذة الآخرين؛ وينبغي أن يركز الأعضاء الأفراد على أن يكونوا تلاميذ (وهو ما يشمل تلمذة الآخرين).

الأولويَّة الأولى: اذهبوا وتلمذوا ...

كانت كلمات يسوع الأخيرة لتلاميذه قبل أن يصعد إلى السماء، «**فَٱذْهَبُوا وَتَلْمِذُوا جَمِيعَ ٱلْأُمَمِ ...**» (متى ٢٨: ١٩).

علام تنطوي تلمذة الآخرين؟ أولًا، ينبغي أن «نذهب.» ينبغي أن تهتم كل كنيسة وكل عضو في الكنيسة بنشر الإنجيل عبر الحدود السياسيَّة والعرقية – إلى «كل الأمم» – إما بالذهاب أو بدعم من يذهبون.

بشكل أشمل، يعني الذهاب لتلمذة الآخرين التفكير في التبشير والاهتداء. وهذا هو المدخل لكل شيء آخر. تفهم كنيسة الباحثين هذا بشكل صحيح ودقيق. يتناول الاهتداء المشكلة الجذرية ويضعنا على الطريق لتناول مشاكل الثمار الناتجة. عند الاهتداء، تتغير قلوب الناس. يتغير أساس ثقتهم واتكالهم وعبادتهم. حتى هدف أعمالهم الصالحة يتغير – من تمجيد الذات إلى تمجيد الله.

بعيدًا عن الاهتداء، لا قيمة لأي شيء آخر. قد تحل مشكلة التلوث والاحترار العالمي، وتوقف الإجهاض، وتحل كل مشاكل عدم المساواة بين الأعراق، وتقضي على مشكلة الجوع العالمي، وتوفر الملجأ لكل ضحية اعتداء وإتجار بالبشر، وتتفاوض لتحقيق معاهدات سلام، بل وتربح العالم كله. ولكن كل الأشياء متساوية، فإن المعدة الممتلئة أفضل من الفارغة (ولكن انظر هوشع ١٣: ٦). ومع هذا فقد يظل يسوع يرد، «لِأَنَّهُ مَاذَا يَنْتَفِعُ ٱلْإِنْسَانُ لَوْ رَبِحَ ٱلْعَالَمَ كُلَّهُ وَخَسِرَ نَفْسَهُ؟» (متى ١٦: ٢٦).

لقد عرض إبليس على يسوع نفس هذه الصفقة. فقد أخذ يسوع «إِلَى جَبَلٍ عَالٍ جِدًّا، وَأَرَاهُ جَمِيعَ مَمَالِكِ ٱلْعَالَمِ وَمَجْدَهَا، وَقَالَ لَهُ: أُعْطِيكَ هَذِهِ جَمِيعَهَا إِنْ خَرَرْتَ وَسَجَدْتَ لِي» (متى ٤: ٨-٩). كان بإمكان يسوع أن يحظى بكل شيء وقتها وفي ذلك المكان: أن يسود على كل ممالك العالم. كان بإمكانه أن يمرر أي قوانين يريدها حول القضايا السياسيَّة المتنازع عليها في أيامه أو أيامنا. كان بإمكانه حظر كل أشكال الإجهاض، ويحسن كل نظام عدل جنائي بشكل دراماتيكي، ويؤسس مدارس لا يتخلف عنها أي طفل في جميع أرجاء الإمبراطورية. ولكن إلى أي مدى ستكون كل هذه التغيرات الهيكليَّة صحيحة ونقيَّة ودائمة لو كان في قلبها عبادة منقوصة ومخترقة؟

لا يدور الأمر هنا حول وضع الروح قبل الجسد. بل حول وضع الأبدي قبل الزمني وعبادة من يقدر أن يلقي النفس والجسد كلاهما في جهنم (متى ١٠: ٢٨). سنهتم بأمر الأمور الثانويَّة بشكل صحيح فقط إذا أبقيناها أمورًا ثانويَّة. قد ينتقد الناس المسيحيين الذين يعطون الأولويَّة للتبشير والاهتداء بأنهم «ذوي فكر سماوي مبالغ فيه لدرجة أنه لا منفعة تُرجى منهم فيما يتعلق بالأمور الأرضية.» ولكن في الواقع، أكثر شخص صاحب فكر سماوي هو الذي سيفعل أكثر خير أرضي. لأنه يعرف أن كنوزه مختزنة في السماء، مما يجعله حرًا في التضحية بكنوزه هنا لصالح الآخرين. أو كما يشرح جون بايبر، «يهتم المسيحيون بأمر كل أشكال العذاب، وبالذات العذاب الأبدي.»[٥]

---

٥   استخدم جون بايبر هذه العبارة في الكثير من عظاته ومقالاته. بإمكانك العثور عليها مستخدمة في كل مصادرة المتاحة على موقع DesiringGod.org.

... بالمعمودية والتعليم

لكن الاهتداء ينطوي على شيء يتخطى مجرد حدث يقع مرة واحدة – العبور من الموت إلى الحياة. أنصت إلى باقي وصية يسوع حيث يخبرنا كيف نتلمذ الآخرين: «**فَٱذْهَبُوا وَتَلْمِذُوا جَمِيعَ ٱلْأُمَمِ وَعَمِّدُوهُمْ بِٱسْمِ ٱلْآبِ وَٱلِٱبْنِ وَٱلرُّوحِ ٱلْقُدُسِ. وَعَلِّمُوهُمْ أَنْ يَحْفَظُوا جَمِيعَ مَا أَوْصَيْتُكُمْ بِهِ**» (متى ٢٨: ١٩-٢٠).

نتلمذ بالتعميد والتعليم. بصورة محددة تعمد الكنائس الناس «باسم» الآب والابن والروح القدس. تعطي المعمودية للناس «شارة اسم» يسوع أو «قميص الفريق.» إنها تقرن الناس بالمسيح وبشعب المسيح. تعمد الكنائس، على الأقل جزئيًا، بحيث يمكن للمسيحيين أن يبدأوا في «الاجتماع باسم» المسيح مع المؤمنين الآخرين (متى ١٨: ٢٠). وعلى هذا النحو، تعمد الكنائس المهتدين الجدد عادة إلى عضوية الكنائس (انظر أعمال ٢: ٤١). بالطبع توجد استثناءات، كما يحدث عندما يذهب المرسلون إلى أماكن لا توجد بها كنائس (انظر أعمال ٨: ٣٨). ولكن المعمودية المعتادة تجعل الكنيسة مسؤولة عن تلمذة الشخص، إذ تقول، «إنه مع ربنا ومعنا،» بينما يقول المؤمن الجديد، «أنا مع الرب ومعهم.»

إن كانت المعمودية هي البوابة الأمامية للدخول إلى عضوية الكنيسة، فعشاء الرب هو وجبة العائلة المستمرة. ليس العشاء أمرًا خاصًا. إنه يعلن ويظهر من هم أعضاء جسد المسيح على الأرض (١ كورنثوس ١٠: ١٧).

أتذكر ما قلته سابقًا عما هي الكنائس المحليَّة؟ سفارات لملكوت السماوات. والسفارة مثل توضيحي مفيد لأنه يلفت الانتباه إلى كل من طريقة تمثيل الكنائس لملكوت آخر وكذلك كيف تملك سلطانًا رسميًا لا يمتلكه أعضاء الكنيسة منفردين: مفاتيح الملكوت (متى ١٨:١٨-٢٠؛ راجع ١٦: ١٩). تسمح المفاتيح للكنائس بأن تعلن من ينتمي لملكوت السماوات ومن لا ينتمي إليه، وهو ما يفعلونه من خلال المعمودية وعشاء الرب (أو منع العشاء في حالة التأديب الكنسي). قد تفكر في سفارة بلدك في جزء آخر من العالم. إن كنت تعيش في هذا الجزء من العالم، فالسفارة ليس لديها السلطان لجعلك مواطنًا، ولكن بإمكانها أن تتعرف على هويتك بصفتك مواطنًا بتجديد جواز سفرك.

وبالمثل، أن تنضم إلى أحد الكنائس فهذا يعني الاعتراف الرسمي من جانب مسيحيين آخرين بأنك مواطن رفيق لهم وسفير للملكوت السماوي.

ما أن تعترف الكنيسة بتلميذ جديد، حتى يخضع التلميذ نفسه لعمل التدريب. ينبغي أن نتعلم كيف نكون مواطنين وسفرا لهذا الملكوت. وبغرض تحقيق هذا الهدف، تعلم الكنيسة أعضاءها أن يراعوا كل ما أوصى به يسوع. تعلم الكنائس من خلال الوعظ والترنيم والصلاة وقراءة الكتاب المُقدَّس. يعلم الشيوخ بالكلام والأفعال (أعمال ٢٠: ٢٦-٣٠؛ ١ تيموثاوس ٤: ١٦؛ العبرانيين ١٣: ٧، ١٧). ولكن كل عضو أيضًا يتعلم بأن يكون نموذجًا في التشبه بالمسيح أمام بقي إخوته بحيث يبني الجسد نفسه (١ كورنثوس ١١: ١؛ أفسس ٤: ١٥-١٦، ٢٩؛ انظر كذلك، ١ تسالونيكي ١: ٦-٧؛ ٢ تسالونيكي ٣: ٧؛ العبرانيين ١٣: ٧). التعليم بالنسبة للحياة التي تغيرت هو ما تشدد عليه كنيسة العدل وكنيسة الأمة البارة ومعهما حق في هذا. من المفيد أن ندرك في كل هذا أن أي مجموعة من المسيحيين تنمو معًا في البر والمحبة تخدم بدورها أغراض التبشير – الفكرة الرئيسيَّة لدى كنيسة الباحثين. يعد يسوع بأنه بينما نتعلم أن نحب بعضنا لبعض داخل الكنيسة بمحبته الغافرة الصبورة، سيعرف العالم كيف يبدو (يوحنا ١٣: ٣٤-٣٥). ويقول في موضع آخر أن أعمالنا الصالحة ستجعل الناس يسبحون الله (متى ٥: ١٦؛ أيضًا ١ بطرس ٢: ١٢). باختصار، يخلق التبشير شعبًا مقدسًا وملحوظًا ومحددًا، وهذا الشعب المُقدَّس والمحدد بدوره يخدم مقاصد التبشير بتقديم شهادة جذابة.

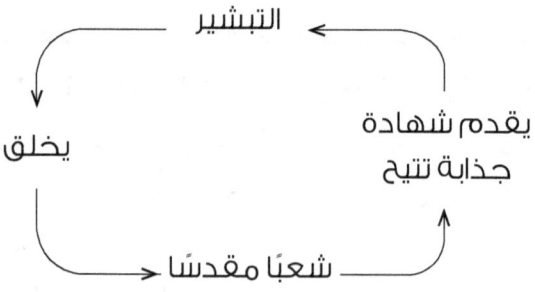

بعبارة أخرى، الكنائس المحليَّة هي وسيلة وغاية التكليف العظيم. فهي توجد لتلمذة الناس.

الأولويَّة الثانية: أن نكون تلاميذ بمراعاة كل ما أوصى به يسوع

ولكن لا يمكن أن تتوقف مناقشتنا عن إرسالية الكنيسة هنا. على أي حال، لا يدعونا المسيح فقط لنتلمذ الآخرين، بل، لمراعاة «**جَمِيعَ مَا أَوْصَيْتُكُمْ بِهِ**» (متى ٢٨: ٢٠).

إذا استخدمت نفسي مثال توضيحي، فسأقول أن يسوع يقصد لي أن أراعي كل شيء أوصى به كعضو في الكنيسة وشيخ فيها، نعم، ولكن كأب لبناتي أيضًا، وكزوج لزوجتي، وابن لأبوي، ومواطن وكاتب وأستاذ جامعي وجار وصديق وسائق سيارة ومالك بيت وزبون في البقالة وزبون في المطعم وفي الخدمات وهكذا وهكذا.

دعونا ننتقي واحدًا من هذه الأمثلة: زبون في المطعم. لا تذهب الكنيسة كلها معي إلى المطعم. كما أنه ليس من شأنها أن تعطي البقشيش للخادم في المطعم. تذكر: عمل الكنيسة كلها هو أن تربطني بيسوع من خلال المعمودية وعشاء الرب. لقد أعلنت أني سفير ليسوع. ولكني الآن أجلس في كابينة المطعم محاولًا أن أقرر كم أعطي للخادم على سبيل البقشيش. وسيمثل قراري الفردي بشأن البقشيش يسوع بصورة جيدة أو رديئة. وهكذا الأمر في كل دائرة أخرى من دوائر حياتي لأن الكنيسة أعلنت رسميًا أني سفير ليسوع. لاحظ إذن أننا بحاجة إلى الحديث عن وظيفتين مختلفتين: وظيفة السفارة لكل الكنيسة ووظيفة السفير التي يقوم بها كل عضو. وهذا هو السبب في أننا نحتاج أن نتكلم عن إرسالية الكنيسة من ناحيتين مختلفتين – كل إرسالية الكنيسة وإرسالية العضو الفرد. ترتبط إرسالية السفارة والسفير وتتداخلان مع بعضهما البعض بدرجة عالية، ومع هذا تظلان متميزتين كما تتميز كليَّة الحقوق عن المحامي.

أحيانًا يختلف الناس بشأن إرسالية الكنيسة لأن لديهم إجابات مختلفة على السؤالين ١ و٢ بشأن أعظم مشاكل الإنسانيَّة والحل لهذه المشكلة. على سبيل المثال، غالبًا ما ترى المسيحيَّة الليبرالية أن أعظم مشاكلنا هو الجهل والحل هو التعليم. ضع هاتين الإجابتين معًا وستستنتج أن إرسالية الكنيسة هي أن تعلم. بين الناس الذين يشتركون في نفس اللاهوت الإنجيلي، قد تنشأ اختلافات أيضًا عن استخدام كلمة «الكنيسة» بشكل مختلف. أحيانًا يقصد الناس الكنيسة المحليَّة المنظمة أو المجتمعة عندما يتكلمون

عن إرسالية الكنيسة. وهذا يشمل أشياء مثل قرارات بشأن العضوية والتأديب الكنسي، ميزانية الكنيسة، توصيف وظيفة الراعي، الأمور التي نوقشت في اجتماع أعمال الكنيسة، وبالتأكيد ماذا تفعل الكنيسة أثناء اجتماعات عبادتها الأسبوعيَّة. وأحيانًا يكون في بال الناس كنيسة كل يوم المشتتة – أعضاء الكنيسة بينما يتدبرون حالهم طول الأسبوع.

لذا إذا بدأ شخص في الحديث معك عن إرسالية الكنيسة، ينبغي أن تسأله، هل تتكلم عما يطلب الله من كل الجماعة أن تفعله **كلها معًا**؟ أم أنك تتكلم عما يطلب من كل عضو أن يفعله بشكل فردي؟ جزء من المشكلة هنا هو أن مسيحيين كثيرين لم يتعلموا أن يفكروا في إيمانهم من الناحية الجماعيَّة أو العائلية. فيفكرون من ناحية «أنا،» وليس «نحن،» حتى وهم يتكلمون عن الكنيسة.

كما قلت سابقًا، إرساليتنا ككنيسة محليَّة تعمل معًا هو أن **نتلمذ الآخرين**، في حين أن إرساليتك كعضو كنيسة منفرد هو أن **تكون تلميذًا**.

إرساليتنا: لو كنت أقف أمام جماعة كنيستنا كلها، وأوجه حديثي إلى عملهم الجماعي معًا، سأقول، «إرساليتنا ككنيسة تعمل كلها معًا هو تلمذة الآخرين. علينا أن نرتب اجتماعاتنا، ونقوم بتنصيب الرعاة، ونفكر في أية برامج إضافية، ونستخدم ميزانيتنا، ونرسل بعضنا البعض إلى الخارج في نهاية كل خدمة من خدمات الكنيسة سعيًا وراء تلمذة الآخرين. تشبه الكنيسة المحليَّة المنظمة المجتمعة السفارة. مهمتنا هي تقديم إعلانات رسميَّة نيابة عن ملكوت السماوات: «هذا هو الإنجيل» و «هؤلاء الناس هم مواطنو الإنجيل.»»

إرساليتك: ولكني بعد هذا سأحثهم أيضًا كأفراد وأشرح لهم ماذا سيكون عملهم طول الأسبوع: «إرساليتك كممثل ووكيل لها الجسد هي أن تكون **تلميذًا**.» وهذا يعني: أن تعيش حياتك وتحب عائلتك وتذهب إلى العمل وتكون جارًا، وتجتمع مع الكنيسة، وتنتشر لتعتني بالعالم المحيط بك من أجل كل من تلمذة الآخرين وإظهار كيف تبدو السماء للعالم في كل ما تفعله. تمثل كلماتك وأفعالك معًا الملك يسوع.

	إرساليتنا **ونحن نعمل كلنا معًا**	إرساليتك **في كل مكان**
ملخص	تلمذة الآخرين	أن تكون تلميذًا
النص الكتابي	"وَعَمِّدُوهُمْ ... وَعَلِّمُوهُمْ"	"أَنْ يَحْفَظُوا جَمِيعَ مَا أَوْصَيْتُكُمْ بِهِ" (متى ٢٨: ١٩)
مثل توضيحي	السفارة	السفير

كلا القبعتين مطلوب

نحتاج إلى كنائس تقوم بعمل الكنائس وأعضاء كنائس يقومون بعمل أعضاء الكنائس، وكل مسيحي يرتدي كلا القبعتين في أوقات مختلفة.

على الصعيد الشخصي سيكون لك قدر مختلف من السلطان الرسمي أو «الكلمة» في كنيستك، بناء على ما إذا كان لكنيستك هيكل حكم جماعي، مشيخي، أو أسقفي. وقطعًا سيكون للواعظ الصوت الأعلى. ولكنك تساهم كعضو في هذه الخدمة بحضورك، عطاءك، وأية خدمة أخرى تقوم بها في حياة الجماعة. فكلكم تتحركون في نفس الاتجاه، بحيث «**كُلُّ ٱلْجَسَدِ مُرَكَّبًا مَعًا، وَمُقْتَرِنًا بِمُؤَازَرَةِ كُلِّ مَفْصِلٍ، حَسَبَ عَمَلٍ، عَلَى قِيَاسِ كُلِّ جُزْءٍ، يُحَصِّلُ نُمُوَّ ٱلْجَسَدِ لِبُنْيَانِهِ فِي ٱلْمَحَبَّةِ**» (أفسس ٤: ١٦).

تخلق الأولويَّة التي تضعها على تلمذة الآخرين بدورها قوة جذب على باقي جوانب حياتك، بحيث تعيش كتلميذ وتكون دائمًا تلمذة الآخرين في بالك.

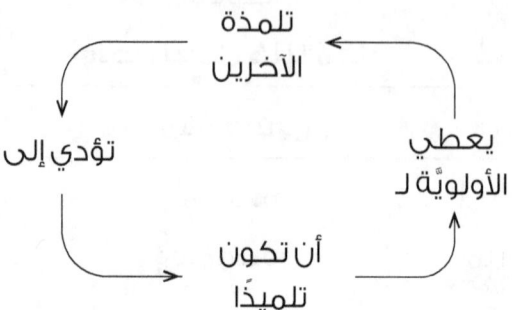

مثـال توضيحـي أخيـر: أتذكـر عندمـا كان أطفالـي الأربعة صغـارًا. أؤكد لكم أن زوجتي، التـي كانـت معهـم طـول اليـوم، لـم تكـن تعطـي الأولويَّـة لتبشـير جيراننـا بالمعنـى اليـوم، رغـم أنهـا حاولـت بقـدر اسـتطاعتها. لقـد كانـت أولويتهـا أن يمـر اليـوم كلـه علـى الأولاد وهـن آمنـات وشـبعانين – وفـي نفس الوقـت تحافـظ علـى قدراتهـا العقليـة! ولكـن بالمعنـى الأوسـع، نعـم، أراهـا تريـد أكثـر مـن أي شـيء آخـر أن تعـرف بناتنـا الأربعـة المسـيح، وأن تكـون أمومتهـا بدورهـا شـهادة أمـام جيراننـا. يقـوم كلانـا بـدوره الأبـوي فـي النهايـة مـن أجل هـذا الغـرض. نحـن نحـب بناتنـا بالاعتنـاء بأشـخاصهن. طبعًـا، ولكـن محبتنـا لهـن تظهـر بأوضـح صورهـا فـي توجيهنـا إياهـن إلـى المسيح. ويسـاعدنا انتماؤنـا إلـى الكنيسـة علـى القيـام بـكلا نوعـي العمـل، ليقـوم كلاهمـا بـدوره المنـوط بـه.

مـا هـي إرسـالية الكنيسـة كلهـا؟ التلمـذة. مـا هـي إرسـالية كل عضـو؟ أن يكونـوا تلاميذ يعطـون الأولويَّـة لتلمـذة الآخريـن، بحيـث تكتشـف الأمـم لـذة معرفـة الله، وأن يصبحـوا مثلـه، ويظهـروا مجده (متـى ٥: ١٦؛ أفسس ٣: ١٠؛ ٢ بطـرس ١: ٣-٤؛ رؤيـا ٧: ٩-١٢).

٢٠

ماذا أفعل بعد أن صرت مؤمنًا بالمسيح؟

سام إيمادي

«وَأَمَّا أَنْتُمْ فَجِنْسٌ مُخْتَارٌ، وَكَهَنُوتٌ مُلُوكِيٌّ، أُمَّةٌ مُقَدَّسَةٌ، شَعْبُ اقْتِنَاءٍ، لِكَيْ تُخْبِرُوا بِفَضَائِلِ الَّذِي دَعَاكُمْ مِنَ الظُّلْمَةِ إِلَى نُورِهِ الْعَجِيبِ. الَّذِينَ قَبْلاً لَمْ تَكُونُوا شَعْبًا، وَأَمَّا الآنَ فَأَنْتُمْ شَعْبُ اللهِ. الَّذِينَ كُنْتُمْ غَيْرَ مَرْحُومِينَ، وَأَمَّا الآنَ فَمَرْحُومُونَ»

١بطرس ٢: ٩–١٠

لقد قضى صديقي ديريك « Derek» معظم طفولته في معاناة دائمة، بسبب إعاقته المزمنة، التي تجعله بالكاد يتمكن من السير. وفي سنوات مراهقته، اتجه لتعاطي المخدرات ليستطيع التغلُّب على مشكلة إعاقته، وينال استحسان أصدقائه. لم يكن ديريك مدمنًا وحسب، بل عمل أيضًا في الاتجار بالمخدرات لسنين عديدة، وكل ما حققه من مكسب من بيع المخدرات كان ينفقه على التعاطي، وفي النهاية اضطر لسرقة عائلته ليؤمِّن احتياجه منها. ومع ذلك، كان ديريك يرى نفسه إنسانًا صالحًا، لإنه في النهاية وفيٌ لأصدقائه، وأسوأ شيء فعله هو مجرد «الإدمان»!

لكن حياة ديريك تغيرت تمامًا، منذ بدأ الذهاب إلى الكنيسة برفقة أحد الأصدقاء. لقد سمع رسالة الإنجيل لأول مرة في حياته، وأدرك أنه خاطي يستحق دينونة الله العادلة، وبعد مواظبة على حضور الكنيسة والاستماع للعظة تلو الأخرى، اكتشف أن الله قد أرسل ابنه ليُنقذ الخطاة من غضبه، وعرف أنه بحاجة لغفران الله، وأن هذا الغفران لا يمكن أن يناله سوى بصليب يسوع وقيامته، وفي النهاية أعلن توبته عن الخطية، وآمن بيسوع، وقرر اتباعه ربًا وسيدًا طول الحياة.

تمتلئ كنيستي بالكثير من قصص التوبة مثل قصة ديريك؛ فهذا چيمس «James» ظل مستعبدًا للمواد الإباحية لحوالي عشرة سنوات، حتى دعاه أحد الأصدقاء لحضور الكنيسة وهناك آمن برسالة الإنجيل. وهذا باركر «Parker» الذي نشأ في بيت مؤمن، وآمن بالمسيح بعد أن درس الكتاب المُقدَّس مع والده، وهو في الثانية عشر من عمره. وهذه آنا «Ann» التي كانت تظن أن الله يحبها لكونها فتاة صالحة، حتى أدركت بعد حضورها مؤتمرًا روحيًا، أن كل تقواها كلا شيء أمام قداسة الله (إشعياء ٦٤: ٦). وهذه بريتني «Brittany» التي كانت تشعر بالضياع وعدم وجود هدف من حياتها، حتى آمنت بالمسيح بعد حضورها درس الكتاب في مكان العمل.

إذا كنت تقرأ هذا الفصل الآن، أظن أنك تفهم عمل النعمة في هذه القصص جميعها! وربما تكون في مرحلة ما من مراحل حياتك، أو حتى مؤخرًا، أدركت احتياجك الشديد لمغفرة خطاياك والتحرر من عبوديتك لها، ووجهت قلبك للمسيح المصلوب الذي قام من بين الأموات ليُخلصك، وتريد من كل قلبك أن تتبعه. لكنك تتساءل الآن: وماذا بعد؟!

ماذا يعني أن تكون تابعًا للمسيح؟ ما الذي يجب أن تعرفه حتى تستطيع أن تتبع يسوع كل الباقي من حياتك؟

لا يوجد مؤمن يشبه الآخر تمامًا، نحن نختلف عن بعضنا البعض بأشكال عديدة، سواء في العمر، أو المجتمع أو المستوى المادي، أو الحالة الاجتماعية، أو حتى وسائل الترفيه! لكن حمدًا لله، بغض النظر عن أين تعيش وماذا تفعل الآن، فإن الكتاب المُقدَّس

يمنحك ويمنحني ويمنح كل مؤمن في كل مكان، خارطة الطريق التي يمكننا من خلالها كيف نسعى جاهدين لنكون تلاميذ للمسيح.

حدِّد توقعاتك!

واحد من أهم العناصر في أي خطة هو، تحديد توقعات سليمة. ذات مرة، توقعت أنني سأقوم برحلة تستغرق ثلاث ساعات، لكنني انفجرت غضبًا، بعد أن استغرق الطريق ست ساعات كاملة! رغم أنني في الماضي كنت لا أشعر بالضجر حتى ولو استغرق الطريق أكثر من ست ساعات، لكن المشكلة هذه المرة هي، أنني لم (**أتوقع**) أن يستغرق الطريق كل هذا الوقت. عندما تكون (**توقعاتنا**) صحيحة، نعرف كيف نتعامل مع الأمور بشكلٍ أفضل.

وعندما نفكر في الحياة المسيحيَّة، من المهم أن تكون توقعاتنا صحيحة. يقول أحد أصدقائي «اِتباع المسيح له ثمن، لكنه تستحق»! وحتى يسوع نفسه حذرنا لكي نفكر في الثمن الذي سندفعه عندما نكون تلاميذه (لوقا ١٤: ٢٥-٣٣). عندما تؤمن بالمسيح، ستنكر نفسك، وتحمل صليبك، وتتبع يسوع أينما يقودك (لوقا ٩: ٢٣). وأيضًا حذرنا بولس: «**وَجَمِيعُ الَّذِينَ يُرِيدُونَ أَنْ يَعِيشُوا بِالتَّقْوَى فِي الْمَسِيحِ يَسُوعَ يُضْطَهَدُونَ**» (٢ تيموثاوس ٣: ١٢). وعلمنا بطرس «**لاَ تَسْتَغْرِبُوا الْبَلْوَى الْمُحْرِقَةَ الَّتِي بَيْنَكُمْ حَادِثَةٌ، لأَجْلِ امْتِحَانِكُمْ**» (١ بطرس ٤: ١٢). لقد وعدنا الإنجيل بالخلاص من غضب الله الآتي على البشر، ومن عبودية الخطية، لكنه لم يعدنا مطلقًا بأن حياة الإيمان ستكون سهلة.

طالما نعيش في هذه الحياة، سوف نخطئ، ونتعثر، ونسقط في الخطية، بل وربما نجرح هؤلاء الذين نحبهم. حتى ونحن نرى أنفسنا ننتصر على الخطية وننمو في القداسة، سنظل نتوب عن الخطية التي نسقط فيها ونحتمي بالنعمة التي لنا من الله في المسيح يسوع. اتباع المسيح له ثمن، لكنه يستحق!

نعم، اِتِّباع المسيح له ثمن غالي، لكنه لا يُقارن بالفرح الذي نناله بمعرفة الله ومغفرة خطايانا. يقول بولس: «**لأَنَّ خِفَّةَ ضِيقَتِنَا الْوَقْتِيَّةَ تُنْشِئُ لَنَا أَكْثَرَ فَأَكْثَرَ ثِقَلَ مَجْدٍ أَبَدِيًّا**» (٢ كورنثوس ٤: ١٧)، ونحن نتبع يسوع، يجب أن نتوقع نمونا في القداسة،

ونتوقع أن تجعلنا النعمة أكثر تشبهًا بالمسيح (رومية ٨: ٢٨-٢٩؛ غلاطية ٥: ١٦-١٧). سوف نواجه التجارب والخطية وكل المُغريات، لكننا سنتعلم أن نعترف أمام الله، ونقول مع كاتب المزمور: «**تُعَرِّفُنِي سَبِيلَ الْحَيَاةِ. أَمَامَكَ شِبَعُ سُرُورٍ. فِي يَمِينِكَ نِعَمٌ إِلَى الأَبَدِ**» (مزمور ١٦: ١١).

ماذا ينبغي أن أفعل بعد أن صرت مؤمنًا بالمسيح؟

بناءً على إيمانك بالمسيح، دعني الآن أخبرك ببعض الأمور المُحددة، التي يجب أن تفعلها كمؤمن. وبغض النظر عن ظروفك أيًا كانت، ستقودك خارطة الطريق هذه نحو المسار الذي يجعلك تلميذًا للمسيح. لكن تذكر، هذه الممارسات الروحيَّة السليمة، ليست هي التي تجعلك مؤمنًا أو (تضمن إيمانك)، ولكنها ممارسات يوصينا الرب بتطبيقها، لكي نتبعه بفرح.

١- المعمودية

إذا قبلت الإيمان بالمسيح حديثًا، فأول شيء يجب أن تفعله هو، أن تتعمَّد. لماذا؟ لأن المعمودية هي الطريقة التي أوصى بها يسوع المؤمنين، لكي يعترفوا بإيمانهم به أمام الجميع. وعندما أوصى يسوع الكنيسة بتلمذة المؤمنين، أوصاهم أن يعمدوهم لأن المعمودية هي التي تؤكد إيمان الشخص أمام الكنيسة (متى ٢٨: ١٩)، تعليمات المسيح واضحة؛ آمن بالإنجيل، وتعمَّد. ويمتلئ سفر الأعمال بالكثير من الأمثلة لأشخاص آمنوا بيسوع، ثم أعلنوا إيمانهم به من خلال المعمودية. لنأخذ مثالاً مما حدث في (أعمال ٢)، بعد أن انتهى بطرس من عظة خلاصية لجمع من غير المؤمنين:

> «**فَلَمَّا سَمِعُوا** (الجموع) **نُخِسُوا فِي قُلُوبِهِمْ، وَقَالُوا لِبُطْرُسَ وَلِسَائِرِ الرُّسُلِ: «مَاذَا نَصْنَعُ أَيُّهَا الرِّجَالُ الإِخْوَةُ؟» فَقَالَ لَهُمْ بُطْرُسُ: «تُوبُوا وَلْيَعْتَمِدْ كُلُّ وَاحِدٍ مِنْكُمْ عَلَى اسْمِ يَسُوعَ الْمَسِيحِ لِغُفْرَانِ الْخَطَايَا، فَتَقْبَلُوا عَطِيَّةَ الرُّوحِ الْقُدُسِ..». فَقَبِلُوا كَلاَمَهُ بِفَرَحٍ، وَاعْتَمَدُوا، وَانْضَمَّ فِي ذلِكَ الْيَوْمِ نَحْوُ ثَلاَثَةِ آلاَفِ نَفْسٍ**» (أعمال ٢: ٣٧-٣٨؛ ٤١).

في الإنجيل تأتي الوصية على النحو التالي: «**تُوبُوا وَلْيَعْتَمِدْ كُلُّ وَاحِدٍ**»، أي أن المعمودية دائمًا تتبع التوبة. عندما نتوب عن خطايانا، نعود للمسيح ونجعله السيد على حياتنا، هو الذي له القرار وهو الذي يحدد الطريق، أما نحن فنخضع لمشيئته ونتبعه، والمعمودية هي الإثبات العملي لذلك. عندما نعتمد نحن نعترف أمام الجميع بإيماننا بالمسيح، نقول أمام العالم «أنا للمسيح»! كما يشبه الأمر أحد الأصدقاء «عندما نعتمد نصير <أعضاء في فريق المسيح>».[1]

علاوةً على ذلك، المعمودية هي رمز للحياة الجديدة في المسيح؛ دخولك تحت الماء يرمز لموتك مع المسيح، وخروجك من الماء يرمز لقيامتك من الموت الروحي إلى الحياة الجديدة في المسيح (رومية ٦: ٣-٤؛ كولوسي ٢: ١١-١٢).

وأخيرًا، المعمودية هي الوسيلة التي بها تؤكد الكنيسة على إيمانك بالمسيح، ومن ثم تقبلك في عضويتها. سنتحدث أكثر عن أهمية الكنيسة المحلية لاحقًا. أما الآن، فلنلاحظ أن يسوع أعطى للكنيسة سلطة القيام بمراسم المعمودية (متى ٢٨: ١٨-٢٠). وقد سجل لنا الإنجيل أن الكنيسة الأولى كانت تُعلن انضمام الأشخاص لعضويتها من خلال تعميدهم، بعد أن أظهروا إيمانهم الذي يؤكد التوبة الحقيقية (أعمال ٢: ٤١). عندما نُعلن إيماننا المسيح في المعمودية، نحن نعلن ولائنا ليسوع، وبذات الوقت تؤكد الكنيسة أن هذا الولاء حقيقي وأننا نفهم رسالة الإنجيل.

إذًا، ماذا ينبغي أن تفعل بعد أن صرت مؤمنًا بالمسيح؟ ابحث عن كنيسة تلتزم بتعليم الكتاب، وتحب الإنجيل، وتعمَّد بها!

٢- انضم لكنيسة محلية

لقد غفر لنا الله خطايانا في المسيح، وقبلنا كأولاد لله. هو لم يبرأنا من ثقل خطايانا وحسب، بل دعانا للعشاء كعائلته، من خلال المسيح نعرف الله كأبٍ لنا وتكون لنا علاقة شخصية معه. لكن يجب ألاَّ نخلط بين العلاقة الشخصية والعلاقة الخاصة؛

[1] Jamieson, Going Public: Why Baptism Is Required for Church Membership (Nashville, TN: B&H Academic, 2015), 99, 227.

نعم نحن نتمتع بعلاقة شخصية مع الله من خلال المسيح، لكن مشيئته لم تخطط لنا أن نعيش كل مؤمن بحسب ما يحلو له! لقد خلصنا الله وضمنا لعائلته، وصمم أن يكون شكل علاقتنا به ضمن إخوة وأخوات يسيرون معنا نفس طريق الطاعة. أن تكون مُصالحًا مع الله، يعني بالضرورة أن تكون مُتصالحًا مع شعبه (أفسس ٢: ١١-١٢؛ ١ بطرس ٢: ١٠). يمتلىء العهد الجديد بعبارة «بعضكم بعضًا»، وهذا لأن الله قصد لنا أن نكون ضمن جماعة الإيمان. تأمل كم مرة يوصينا الكتاب المُقدَّس أن نحب ونخدم المؤمنين الآخرين:

- «**وَصِيَّةً جَدِيدَةً أَنَا أُعْطِيكُمْ: أَنْ تُحِبُّوا بَعْضُكُمْ بَعْضًا. كَمَا أَحْبَبْتُكُمْ أَنَا تُحِبُّونَ أَنْتُمْ أَيْضًا بَعْضُكُمْ بَعْضًا. بِهذَا يَعْرِفُ الْجَمِيعُ أَنَّكُمْ تَلاَمِيذِي: إِنْ كَانَ لَكُمْ حُبٌّ بَعْضًا لِبَعْضٍ**»» (يوحنا ١٣: ٣٤-٣٥).
- «**وَادِّينَ بَعْضُكُمْ بَعْضًا بِالْمَحَبَّةِ الأَخَوِيَّةِ، مُقَدِّمِينَ بَعْضُكُمْ بَعْضًا فِي الْكَرَامَةِ، مُهْتَمِّينَ بَعْضُكُمْ لِبَعْضٍ اهْتِمَامًا وَاحِدًا**» (رومية ١٢: ١٠، ١٦).
- «**فَإِنَّكُمْ إِنَّمَا دُعِيتُمْ لِلْحُرِّيَّةِ أَيُّهَا الإِخْوَةُ. غَيْرَ أَنَّهُ لاَ تُصَيِّرُوا الْحُرِّيَّةَ فُرْصَةً لِلْجَسَدِ، بَلْ بِالْمَحَبَّةِ اخْدِمُوا بَعْضُكُمْ بَعْضًا**» (غلاطية ٥: ١٣).
- «**كُونُوا لُطَفَاءَ بَعْضُكُمْ نَحْوَ بَعْضٍ، شَفُوقِينَ مُتَسَامِحِينَ كَمَا سَامَحَكُمُ اللهُ أَيْضًا فِي الْمَسِيحِ**» (أفسس ٤: ٣٢).
- «**فَالْبَسُوا كَمُخْتَارِي اللهِ الْقِدِّيسِينَ الْمَحْبُوبِينَ أَحْشَاءَ رَأْفَاتٍ، وَلُطْفًا، وَتَوَاضُعًا، وَوَدَاعَةً، وَطُولَ أَنَاةٍ، مُحْتَمِلِينَ بَعْضُكُمْ بَعْضًا، وَمُسَامِحِينَ بَعْضُكُمْ بَعْضًا إِنْ كَانَ لأَحَدٍ عَلَى أَحَدٍ شَكْوَى. كَمَا غَفَرَ لَكُمُ الْمَسِيحُ هكَذَا أَنْتُمْ أَيْضًا.. لِتَسْكُنْ فِيكُمْ كَلِمَةُ الْمَسِيحِ بِغِنًى، وَأَنْتُمْ بِكُلِّ حِكْمَةٍ مُعَلِّمُونَ وَمُنْذِرُونَ بَعْضُكُمْ بَعْضًا، بِمَزَامِيرَ وَتَسَابِيحَ وَأَغَانِيَّ رُوحِيَّةٍ، بِنِعْمَةٍ، مُتَرَنِّمِينَ فِي قُلُوبِكُمْ لِلرَّبِّ**» (كولوسي ٣: ١٢-١٣؛ ١٦).

- **«لِذلِكَ عَزُّوا بَعْضُكُمْ بَعْضًا وَابْنُوا أَحَدُكُمُ الآخَرَ، كَمَا تَفْعَلُونَ أَيْضًا»** (١ تسالونيكي ٥: ١١).
- **«وَلْنُلاَحِظْ بَعْضُنَا بَعْضًا لِلتَّحْرِيضِ عَلَى الْمَحَبَّةِ وَالأَعْمَالِ الْحَسَنَةِ»** (العبرانيين ١٠: ٢٤).

هذه مجرد جزء من الآيات الكثيرة التي تركز على عبارة (بعضكم البعض). الحياة المسيحيَّة ليست دعوة للانعزال كراهب يحيا في مغارة، لأن صميم حياة الطاعة المسيحيَّة هو، أن نحب المؤمنين الآخرين داخل كنيستنا المحلية، بسبب محبتنا الدائمة للمسيح، أو كما يقول بولس: «**الإِيمَانُ الْعَامِلُ بِالْمَحَبَّةِ**» (غلاطية ٥: ٦).

بانضمامك للكنيسة، أنت تُلزم نفسك بطاعة مثال (بعضكم البعض)، الذي يقدمه لنا الكتاب، بانضمامك للكنيسة أنت تقول «أريد أن أتبع وصايا يسوع، وألتزم بأن أفعل ذلك مع «هؤلاء الناس». من السهل أن تُعجب بفكرة محبة وخدمة الآخرين، لكن المحبة الفعلية شيٌّ مختلف كليًا، بل هي تحدي كبير! ففي النهاية أخوك وأختك في المسيح هم خُطاه مثلك ومثلي؛ وربما يسببون لنا ضيقًا، وربما يجرحوننا عن قصد أو غير قصد، قد يُسيء أحد أعضاء الكنيسة التصرف معنا، ومن الوارد جدًا أن نفعل نحن معهم بالمثل.

وبالرغم من ذلك، لا يقول الإنجيل «حب قريبك.. عندما تكون الحياة بسيطة»، بل إن الكتاب المُقدَّس يوجه أنظارنا دائمًا لكي نحرص على التواجد في الكنيسة، لكي ننمو على شبه صورة المسيح. في الكنيسة نحن نتعلم أن نسامح الآخرين (أفسس ٤: ٣٢)، وأن نحمل أثقال بعضنا البعض (غلاطية ٦: ٢)، وأن نحتمل بعضنا البعض في المحبة (أفسس ٤: ٢)، وأن نطيع وصية المسيح بأن نحب بعضنا البعض كما أحبنا، في الكنيسة نُظهر للعالم محبة المسيح ومجد الإنجيل (يوحنا ١٣: ٣٤-٣٥).

دعني أقولها لك في عبارة أكثر عمقًا: «الانضمام للكنيسة ليس مجرد وجه من أوجه الحياة المسيحيَّة، بل **هو المكان الوحيد الذي يتجسد فيه تلمذتك وطاعتك للمسيح»**. هل ذهبت من قبل إلى مكتبة مسيحيَّة، ورأيت قسمًا لكتب عن «الكنيسة» وقسمًا آخر عن كتب حول «الحياة المسيحيَّة»؟ في الحقيقة، يجب أن يكون الاثنان قسمًا

واحدًا، يجب أن يكونا نفس الشيء؛ لأن الحياة المسيحيَّة تدور حول الكنيسة بالأساس. نحن نعبد الله، ونحب الآخرين، ونخدم الإخوة والأخوات، ونتألم للمتألمين، وندرس الكتاب، ونصلّي، ونشارك الحزانى في حزنهم، ونكرز بالمسيح... إلى آخره، كل هذا في داخل الكنيسة.

تذكر أن قبولك الإيمان بالمسيح جعلك عضوًا في عائلة المسيح، ويجب أن تعيش كما يعيش كل أعضاء هذه العائلة؛ أي أن قبولك لله كأب يعني قبولك للخطاة المفديين كإخوة وأخوات. في الحقيقة، كل نقطة في هذا الفصل، هي مجرد شرح لكيف تعيش الحياة المسيحيَّة بأمانة داخل كنيستك المحلية.

إذًا، ما الذي يجب عليك أن تفعله بعد أن صرت مؤمنًا بالمسيح؟ انضم لكنيسة وتعلم كيف تتبع المسيح بين شعبها!

٣- واظب على حضور الكنيسة

يمثل وقت العشاء في عائلتي أهم وقت في اليوم؛ في الصباح نتفرق جميعًا، تقوم زوجتي بالكثير من المهام، ويذهب الأولاد إلى المدرسة أو ممارسة الرياضة، وأنا أيضًا أتوجه إلى عملي متأخرًا كالمعتاد. لكننا نجتمع في آخر اليوم حول المائدة لنتناول العشاء، يخبرني أولادي عن أنشطتهم المختلفة، وتخبرني زوجتي كيف كان يومها، نتشارك القصص، نضحك، نعرف بعضنا البعض ونعرف أنفسنا أكثر كعائلة. اجتماعنا معًا كل ليلة، يقوي محبتنا وانتمائنا بعضنا لبعض، يقوي علاقتنا كعائلة وليس كغرباء نتشارك وجبة معًا، ونفس الشيء يجب أن ينطبق على الكنيسة.

بالمواظبة على حضور الكنيسة، نُخضع نفوسنا لكلمة الله التي نسمعها كل أسبوع، ونظهر التزامنا بمحبة هذه المجموعة من الناس، وباجتماعنا معنا بصفة مستمرة، نعرف إخوتنا في الكنيسة أكثر ونصير نحن معروفين لديهم. وأكثر من ذلك، أن الإنجيل يأمرنا صراحةً بالمواظبة على حضور الكنيسة: «**وَلْنُلاَحِظْ بَعْضُنَا بَعْضًا لِلتَّحْرِيضِ عَلَى الْمَحَبَّةِ وَالأَعْمَالِ الْحَسَنَةِ، غَيْرَ تَارِكِينَ اجْتِمَاعَنَا كَمَا لِقَوْمٍ عَادَةٌ، بَلْ وَاعِظِينَ بَعْضُنَا بَعْضًا، وَبِالأَكْثَرِ عَلَى قَدْرِ مَا تَرَوْنَ الْيَوْمَ يَقْرُبُ**» (العبرانيين ١٠: ٢٤-٢٥).

لاحظ في هذا النص شيئين:

أولاً: أن كاتب العبرانيين يُدين «إهمال حضور الكنيسة»، إذن، المواظبة على حضور الكنيسة يعد جزءًا مهمًا من حياة الطاعة المسيحيَّة؛ لأننا لا يمكننا أن نقول أننا نحب الله، طالما نكتفي بحضور الكنيسة بين الحين والآخر لنعبد الرب وسط شعبه ونسمع كلمته!

ثانيًا: لم يستعيض عن «إهمال حضور الكنيسة» بالقول «واظبوا على حضور الكنيسة»، بل يقول: «**وَلْنُلاَحِظْ بَعْضُنَا بَعْضًا لِلتَّحْرِيضِ** (التشجيع) **عَلَى الْمَحَبَّةِ**». عندما نفشل في الحفاظ على اجتماعنا بشعب الكنيسة، نحن نسلب إخوتنا فرصة التشجيع، فرصة «**التَّحْرِيضِ عَلَى الْمَحَبَّةِ وَالأَعْمَالِ الْحَسَنَةِ**»، لذا، احرص على التواجد بينهم.

ربما تشعر أنك لا تفعل أي شيء في يوم الأحد سوى حضور الكنيسة. لكن حتى وإن كان هذا كل ما تفعله، فإن المؤمنين الآخرين سيتشجعون من مواظبتك على الحضور، ويتشجعون حين يرونك تشاركهم الترنيم، والاعتراف بقانون الإيمان، وتخضع لكلمة الكتاب، وتثق بالمُخلّص.. المؤمنون لا يجب أن يقللوا من قيمة التأثير الكبير الذي تحدثه مواظبتهم على حضور الكنيسة في المنفعة الروحيَّة للمؤمنين الآخرين.

بمواظبتك على حضور الاجتماعات بكنيستك، أنت تشارك المؤمنين في تنفيذ وصية يسوع بالتناول من العشاء الرباني (لوقا ٢٢: ١٩).[٢] عندما نتناول عشاء الرب نحن نبتهج بذكرى موت الرب، ونُجدد رجاءنا بمجيئه الثاني (١ كورنثوس ١١: ٢٦). وبالمشاركة في تناول عشاء الرب نحن نؤكد انتماءنا والتزامنا نحو أعضاء الكنيسة ونُظهر وحدتنا معهم في الإنجيل (١ كورنثوس ١٠: ١٧). العشاء الرباني هو الوجبة العائلية لشعب الله، حيث نعلن على هذه المائدة رجاءنا في المسيح ومحبتنا لبعضنا البعض.

---

[٢] العشاء الرباني يُسمّى أحيانًا "الشَرِكة" أو "المائدة" أو "سر التناول".

إذًا، مـا الـذي يجب أن تفعلـه الآن بعد أن صرت مؤمنًا بالمسيح؟ واظب على حضور الكنيسـة بـلا انقطاع!

٤ - ادرس الإنجيل

لقد عانت ابنتي لأشهر طويلة من حساسية جلدية مؤلمة، وبالرغم من كل جهودنا أنا وزوجتي، لم نتمكن من إيقاف هذا الألم. وبعد الزيارات المتكررة للطبيب، واستخدام الكثير من المراهم والكريمات والأدوية، أصبحنا لا نعرف مـاذا نفعل! ثم ذات يوم، طرأت علينا فكرة، مـاذا لـو كانت هذه الحساسية بسبب نوع معين من الطعام؟! ومن خلال التجريب والفحص لكل مـا تتناولـه ابنتي من أطعمة مختلفة، استطعنا تحديد الأنـواع التـي تسبب لهـا هـذه المشـاكل الجلدية، ومـا أن توقفت عن تناول هذه الأطعمة، عادت سليمة ومعافاة.

هكذا أيضًا صحتنـا الروحيَّـة، يجب أن نتنـاول الطعام السليم. تزهو وتنمو نفوسنا روحيًا، عندما ننضج فـي «استيعابنا للكتـاب المُقدَّس» أب سماع كلمة الرب، والتأمل بها، ودراستها. لـذا، إذا أشبعنا عقولنا بالأكاذيب والخطية وحكمة العالم، ستتأثر بالضرورة حياتنـا الروحيَّـة وعلاقتنـا بـالله. كان يسوع والرسل يصفون الكتب المُقدَّسـة دائمًا بأنها «الطعام الروحي»، على سبيل المثال، يقول يسوع: «لَيْسَ بِالْخُبْزِ وَحْدَهُ يَحْيَا الإِنْسَانُ، بَلْ بِكُلِّ كَلِمَةٍ تَخْرُجُ مِنْ فَمِ اللهِ» (متى ٤: ٤). ويشجعنا بطرس أن: «اشْتَهُوا اللَّبَنَ الْعَقْلِيَّ الْعَدِيمَ الْغِشِّ لِكَيْ تَنْمُوا بِهِ» (١ بطرس ٢: ٢).

بكل بساطة، الكتـاب المُقدَّس هـو غذاؤنـا الروحي. وإذا لـم ننهل منـه باستمرار، ستضعف صحتنـا الروحيَّـة ونكون عرضة للسقوط أسرع في الخطية. والسبب الـذي لأجله يجب أن نحرص على دراسة الكلمة بصفة مستمرة هو، أن الكتـاب المُقدَّس ليس لـه مثيـل آخر بين جميـع الكتب؛ الكتـاب المُقدَّس هو كلمـة الله، وعندما يتكلم الكتاب المُقدَّس فالمُتكلم هو الله. ويقول بولس أن الكتـاب المُقدَّس ليس فقط مُوحىً بـه من الله، بل قـادرٌ على تأهيلنا «لكل عملٍ صالح» (٢ تيموثاوس ٣: ١٦-١٧). هل تريد أن تعرف كيف تتبع المسيح في كل ركن في حياتك؟ افتح كتابك المُقدَّس!

أكثر الطرق التي يلجأ لها المؤمنون لفهم الكتاب المُقدَّس هي، القراءة الشخصية لكلمة الله. من خلال قرائتنا للكتاب المُقدَّس كل يوم نحن نُذكر أنفسنا برسالة الإنجيل، ونملىء عقولنا بالحق الذي في الكتاب المُقدَّس. يقول أحد الرعاة: «لا تتعامل مع الكتاب المُقدَّس كمضاد حيوي تضطر لتناوله عندما يمرض جسدك، بل كفيتامينات يومية لتمدك بالغذاء الروحي اللأزم لحياتك اليومية».

أحد الطرق التي قد تساعدك في القراءة اليومية من كلمة الله، هو التزامك بخطة لقراءة الكتاب المُقدَّس، (وقد أرفقت بعضًا منها في نهاية هذا الفصل). هناك حكمة قديمة تقول: «الناس لا يُخططون للفشل، بل يفشلون حتى يخططون». التزامك بخطة قراءة، يساعدك في أن تعرف ماذا ستقرأ كل يوم، ويضمن لك قراءة متنوعة في كل الكتاب المُقدَّس، بدون تكرار لجزء معين في كل مرة.

لكن انتبه! تظل القراءة المنتظمة للكتاب المُقدَّس تمثل تحديًا حتى مع وجود خطة للقراءة؛ فربما تمر عليك بعض الأيام، أو حتى الأسابيع لا تستطيع مواصلة القراءة بسبب الكثير من الأمور الطارئة التي تبعدك عن الكتاب المُقدَّس، والخطية والشيطان سيواصلان محاولة إبعادك عن كلمة الله. لكن تذكر أن أي شيء يجب عليك القيام به، افعله حتى ولو لن تفعله كما يجب! لذا، لا تسمح للأيام أو حتى الأسابيع أو الأشهر التي لم تتمكن فيها من قراءة الكتاب المُقدَّس، أن تثنيك عن العودة مرة أخرى للارتباط بكلمة الله.

اشبع من كلمة الله، لكن تذكر أن الوجبة المشبعة من قراءة كلمة الله لن تستمتع بها كما يجب وأنت بمفردك! أنا أكره تناول الطعام بمفردي، وبخاصة عندما أكون في مطعم، لأن الأفكار تعصف برأسي وأنا وحيد؛ ما الذي يجب أن أنظر إليه؟ هل من الإحراج أن أحملق في طعامي؟ هل أبدو وكأنني أبكي في طبقي؟ لا أستطيع النظر حولي، سيظن الناس أنني أحملق بهم! هل يظن الناس هنا أن ليس لي أصدقاء؟ ربما يظنون أنني أتجسس عليهم! لا، لن يظنوا بي ذلك! قد يظنون أن ليس لي أصدقاء وحسب. هل أدعوا النادل ليجلس بجواري؟ لماذا لم أحضر كتابًا لأقرأه؟!

أعتقد أنهم في ثقافات كل شعوب الأرض، يركزون على تقديم الطعام كدليل على حُسن الضيافة والصحبة الطيبة. لكن لماذا؟ لأن الغرض من تقديم وجبة الطعام هو الاستمتاع بها مع الآخرين، فأثناء تناول الطعام نحن نتبادل الحديث، ونفتح شهية بعضنا البعض حين نثني على الطعم الجيد.

وهذا ينطبق على وقت درس الكتاب؛ فنحن الخطاة المفديون نحتفل بكلمة الله مع خطاة مفديين مثلنا. تذكر ما ذكر سابقًا عن أهمية حضور الكنيسة كمبدأ أساسي في الحياة المسيحيَّة. لذلك حتى في درس كلمة الله، ليس من مشيئة الله أن نفهم ونستوعب الكتاب المُقدَّس بمفردنا، بل إننا في الكنيسة نسمع كلمة الله ونرى التطبيق الفعلي لها، هذا ما تفعله الكنيسة بشكل عام من خلال الوعظ والتعليم، وبشكل شخصي من خلال علاقة المؤمنين بعضهم ببعض وبناء بعضهم بعضًا.

كان المؤمنون في الكنيسة المحلية يخضعون لتعليم الرسل (أعمال ٢: ٤٢). الرجال الشيوخ والرعاة متدربون على تعليم الكتاب (١ تيموثاوس ٣: ٢). يبذلون حياتهم لأجل مساعدة الرعية على الفهم الصحيح للكتب المُقدَّسة وتطبيقها (٢ تيموثاوس ٤: ٢). الإخوة الأعضاء في الكنيسة «يقولون الحق بمحبة» لبعضهم البعض لكي ينموا روحيًا ويصيرون شبه المسيح (أفسس ٤: ١٥). كلما اندمجنا أكثر في الكنيسة، كلما كانت الفرصة أفضل في استيعابنا لكلمة الله. فعوض أن نقرأ الكتاب المُقدَّس بمفردنا، نسمع كلمة الله من بعضنا البعض ونتكلم بها بعضنا لبعض.

تأمل ما حدث مع صديقيَّ جوناثان «Jonathan» وستيفاني «Stephanie»، لقد كان اهتمامهما وافهمهما للكتاب المُقدَّس أقل بكثير قبل أن ينضما إلى الكنيسة. كان «جوناثان» يُجاهد كي يقرأ الكتاب المُقدَّس لمدة حوالي ١٥ دقيقة وذلك لأربع مرات فقط في الأسبوع. أما «ستيفاني»، التي كانت مثقلة بأعباء تربية أطفالها الصغار في المنزل، كانت نادرًا ما تقرأ الكتاب وكثيرًا ما تشعر بالذنب من جراء ذلك. لكنهما انضما مؤخرًا للكنيسة، ووجدا أن معرفتهما بالكتاب المُقدَّس بدأت في النمو، بعد البدء في حضور اجتماع درس الكتاب وعظات الأحد، لقد زادت المواظبة على الحضور من معرفتهما لكلمة الله بشكل كبير جدًا. علاوةً

علـى ذلـك، سـاعدهما حضـور درس الكتـاب يـوم الأحـد علـى فهـم الكتـاب المُقـدَّس بصـورة أكبـر، وعلمهمـا كيفيـة درس الكتـاب بطريقـة فعالـة أكثـر لأنفسـهما.

لقـد أصبحـت عظـة الأحـد بالنسـبة لهمـا كوجبـة رئيسـيَّة تسـاعدهما علـى قـراءة وفهـم الكتـاب المُقدَّس طـوال الأسـبوع. فصـار «چوناثـان» و«سـتيفاني» يقضيان مـن ٤-٥ دقائق يوميًـا قبـل النـوم فـي قـراءة الجـزء الـذي سـيتحدث عنـه راعـي الكنيسـة فـي عظـة الأحـد القـادم، ويعـدان قلبهمـا لفهـم رسـالة الله. هـذا بالإضافـة إلـى انضمامهمـا لمجموعـة صغيـرة خـارج الكنيسـة، يتناولـون فيهـا كيفيـة تطبيـق كلمـة العظـة علـى حياتهـم.

وعندمـا بـدأ الاثنـان فـي تكويـن صداقـات أكثـر فـي الكنيسـة، اكتشـف «چوناثـان» أن عضـو آخـر فـي الكنيسـة يعمـل معـه فـي نفـس الشـركة التـي يعمـل بهـا، وبـدأ فـي تنـاول الغـداء معـه كل أربعـاء، ودرس رسـالة أفسـس والصـلاة معًـا. وبالمثـل انضمـت «سـتيفاني» لمجموعـة مـن الأمهـات يدرسـن الكتـاب صبـاح كل ثلاثـاء. والأكثـر مـن ذلـك، أن «چوناثـان» و«سـتيفاني» أصبحـا يمارسـان تعاليـم الكتـاب المُقدَّس أكثـر وأكثر من خلال تعاملهمـا مـع أصدقـاء الكنيسـة. علـى سبيل المثـال، تقـول إحـدى الصديقـات أثنـاء المشـاركة مـع «استيفاني» فـي الطهـي: «لقـد استفدت كثيـرًا فـي تربيـة أطفالـي عندمـا قـرأت رسـالة فيلبـي هـذا الأسـبوع...». وتشـاركها صديقـة أخـرى باختبـار عـن حياتهـا مـع زوجهـا: «لقـد عانيـت كثيـرًا فـي زواجـي، لكـن الـرب سـاعدني أن أرى كيـف لـم أكـن أتبـع وصيـة الكتـاب فـي رسـالة كورنثـوس الأولـى..». ويشـارك زوجـان آخـران أثنـاء تنـاول العشـاء معًـا فـي آخـر الأسـبوع: «لقـد تشـجعنا كثيـرًا عندمـا رأينـا كيـف تطبـق الكنيسـة وصيـة الكتـاب فـي رسـالة تيموثـاوس الأولـى..».

لقـد لاحـظ «چوناثـان» و«سـتيفاني» أنـه حتـى عنـد الحديـث فـي العديـد مـن المواضيـع الحياتيـة، يتعلمـون الكثيـر مـن الكتـاب المُقـدَّس. لقـد أصبحـا مُحاطيـن بالكتـاب المُقـدَّس، صـداهُ يتـردد فـي كل ركـن فـي حياتهمـا وعلاقتهمـا، لقـد كانـت الكنيسـة بمثابـة غرفـة يتردد بهـا صـدى الكتـاب المُقـدَّس. الامتـلاء والشـبع بالكتـاب المُقـدَّس، سـواء فـي القـراءة الفرديـة أو المشـاركة مـع إخـوة الكنيسـة، يزيـد إيماننـا فـي الإنجيـل ويمنحنـا القـوة لنتبـع يسـوع ونجاهـد ضـد الخطيـة.

إذًا، ماذا تفعل الآن بعد أن صرت مؤمنًا بالمسيح؟ ادرس الكتاب المُقدَّس بمفردك، ومع الآخرين في كنيستك المحلية.

٥- واظب على الصلاة

كم يُدهشني الكتاب المُقدَّس! وكم تُدهشني حقيقة أن الله يعلن لنا عن نفسه ويكلمنا من خلال الكتاب المُقدَّس! لكن ما يدهشني أيضًا، حقيقة أن الله يسمح لنا بأن نتكلم إليه! لأننا مفديون بالمسيح، يدعونا الله أن نُقبل إليه، نسبحه ونحمده ونشكره، وأيضًا نسكب أمامه شكوانا وهمومنا وضيقنا ودموعنا. المسيح هو برُنا وشفيعنا أمام الله الآب، لذا «فَلْنَتَقَدَّمْ بِثِقَةٍ إِلَى عَرْشِ النِّعْمَةِ لِكَيْ نَنَالَ رَحْمَةً وَنَجِدَ نِعْمَةً عَوْنًا فِي حِينِهِ» (العبرانيين ٤: ١٦). أيها المؤمنون.. صلوا!

العهد الجديد يدعونا باستمرار للصلاة، إذ ينتظر يسوع من شعبه أن يصلوا، بل وقد أعطاهم نموذجًا للصلاة (متى ٦: ٥-١٣). وبولس يشجع المؤمنين قائلاً: «**مُصَلِّينَ بِكُلِّ صَلاَةٍ وَطِلْبَةٍ كُلَّ وَقْتٍ**» (أفسس ٦: ١٨)، بل ويحثنا أن «نصلي بلا انقطاع» (١ تسالونيكي ٥: ١٧)، بالطبع لا يدعو بولس المؤمنين أن يتحدوا في صلاة تستمر بلا نهاية، بل أن يكون توجه قلب كل مؤمن هو الصلاة، فنلجأ بالصلاة إلى الله في كل تفاصيل حياتنا. كما يقول أحد الرعاة: «يجب أن تكون الصلاة بالنسبة للمؤمن كالهواء الذي يتنفسه.»[٣]

لكن الصلاة هي أيضًا تتطلب الجهاد، تمامًا مثل المواظبة على قراءة الإنجيل. إذًا، كيف نجعل الصلاة جزءًا مهمًا في حياتنا الروحيَّة؟

أولاً: انتظم في صلاتك الفردية. مع المواظبة على قراءة الكتاب المُقدَّس، اقضِ بعض الوقت في الصلاة. لكن كيف تحدد ما تصلي لأجله كل يوم؟ بالطبع تنصب صلاتنا على اهتماماتنا، مثل؛ عائلاتنا، صحتنا، وظروفنا الصعبة. لكن كيف يجب أن نصلّي لأجل أولادنا؟ كيف يجب أن أصلّي لشريك حياتي؟ كيف أصلّي لأجل ظروفي؟ أفضل

---

[3] John Onwuchekwa, Prayer: How Praying Together Shapes the Church (Wheaton, IL: Crossway, 2018), 17.

طريقة لمعرفة الصلاة الصحيحة هي، أن تترك الإنجيل يُعلمك ذلك، على سبيل المثال، بعد أن تقرأ الكتاب المُقدَّس، ركز على الحقيقة التي تتعلمها في كلمة الله وصلِّ لأجلها:

- عندما تقرأ فقرة تتحدث عن شخص الله، احمد الرب على عظمة شخصه، وصلِّ لأجل الآخرين لكي يحمدوه لأجل نفس السبب.

- عندما تقرأ عن أعمال الله، اشكر الرب على تسديد احتياجاتك الجسدية والروحيَّة، وصلِّ لأجل الآخرين لكي يروا تسديد الله لاحتياجاتهم ويشكروه لأجل إحساناته.

- عندما تقرأ عن المسيح، احمد الرب لأجل الإحسانات الكثيرة التي يهبها لنا الخلاص، اسأله أن يمنحك ثقة كاملة في الإنجيل، واطلب أن يمنح المؤمنين الآخرين نفس الشيء. صلِّ لكي ينال الأشخاص الضالين الذين تعرفهم الخلاص، وأن يمنحك الرب فرصةً مناسبة لكي تشارك رسالة الإنجيل معهم.

- عندما تقرأ عن وعود الله، اسأل الرب أن يساعدك لكي تثق في هذه المواعيد، ويشجعك لكي تسير في نورها، واسأل الرب أن يفعل بالمثل مع الآخرين.

- عندما تقرأ عن شريعة الرب ووصايا، اعترف أمام الرب بفشلك في اتباع وصاياه، واطلب منه أن يُعينك على حفظ الوصايا في المستقبل.

- أخيرًا، طبق كل الحق الذي تقرأه في الكتاب على ظروفك، وقدم أمام الرب طلبات صلاة لأجل أمور محددة.

لمساعدة أكبر عن كيف يمكن للكتاب المُقدَّس أن يرشدك في الصلاة، اقرأ الكتاب الممتاز (الصلاة بالإنجيل) للكاتب دون ويتني «Don Whitney».[4]

---

4 Donald S. Whitney, Praying the Bible (Wheaton, IL: Crossway, 2015).

ثانيًا: اشترك في الصلاة مع الآخرين في كنيستك. وبخصوص هذه النقطة، يجب ألاَّ تندهش من أن الكنيسة تلعب دورًا رئيسيًا في مساعدتنا على النمو في حياة الصلاة. الكتاب المُقدَّس يشير باستمرار للصلاة على أنها عنصر مهم في حياة الكنيسة. كانت الكنيسة الأولى في (أعمال ٢: ٤٢) تُكرس نفسها لتعاليم الرسل والشركة وكسر الخبز والصلاة. وفي كل سفر الأعمال نجد الكنائس، وقادة الكنيسة وأعضاءها يواظبون على الصلاة معًا (أعمال ٤: ٢٣-٣١؛ ٦: ١-٦؛ ٨: ١٤-١٥؛ ١٢: ١-٥؛ ١٣: ١-٣؛ ٢٠: ٣٦).

انظر للكنيسة كالمدرسة التي تعلمك الصلاة، فعندما نجتمع في الكنيسة نُصلّي ونتعلم نظام الصلاة. وأنت تسعى لتكون مثمرًا في كنيستك، ابحث عن مجموعات للصلاة الجماعية لتشارك الصلاة مع الآخرين. إليك بعض تلك الطرق التي تشكّل بها الكنيسة حياة الصلاة:

- فكّر في الصلاة الجماعية في صباح الأحد، ودعها تؤثر في صلاتك طوال الأسبوع. اذكر طلبات الصلاة الجماعية لكل الكنيسة في صلاتك الفردية أيضًا.
- تعلم من الصلاة الجماعية كيف تعترف بخطاياك، وتسبح الرب، وتقدم الشكر، وتحدد طلبات معينة للصلاة من أجلها.
- إذا كان هناك سجل بأعضاء الكنيسة، اختر اسماء بعض الأشخاص في كل يوم (حتى ولو لم تكن تعرفهم معرفة شخصية)، وصلِّ لأجلهم أن يحفظهم الرب من الخطية ويقويهم في الإيمان بالإنجيل.
- إذا كان بكنيستك اجتماع أسبوعي للصلاة احرص على حضوره باستمرار، لا تفوّت على نفسك فرصة مشاهدة استجابة الرب لطلبات الصلاة من شعبه.
- انتبه لطلبات الصلاة التي يصلي راعي كنيستك لأجلها ويطلب من الآخرين الصلاة لأجلها أيضًا. على سبيل المثال: إذا كان يطلب

من الناس باستمرار، الصلاة لأجل تعليم سليم في الكنيسة، حُسن إضافة للغرباء، أو كرازة أمينة ومثمرة.. إلخ، اجعل هذه الطلبات جزءً من صلاتك الفردية.

- اجعل الصلاة مع الآخرين عادة، حتى ولو لمجرد دقائق قليلة أثناء تناول القهوة.

إذًا، ما الذي يجب أن تفعله الآن بعد أن صرت مؤمنًا بالمسيح؟ اقضِ وقتًا في الصلاة الفردية، والصلاة مع كنيستك، والصلاة مع الآخرين خارج الكنيسة.

٦- تتلمذ مع آخرين

أُحب أن ألعب دور العامل المحترف في منزلي، لكنني أعترف بأنني لستُ ماهرًا في تصليح أي شيء على الإطلاق! ومع ذلك وقتما انكسر شيء ما، أسرع بحماس لمعالجة الأمر، وعندما أجد أن الأمر يفوق قدرتي وكفاءتي، اطلب المساعدة على استحياء. ربما لا أعرف كيف أصلح غسالة الأطباق، لكنني أعرف من الذي يمكنني أن أطلب منه المساعدة. وأشكر الله أنه يوجد الكثير من الأصدقاء على استعداد أن يأتوا للمساعدة. الشيء الرائع في علاقاتي بأصدقائي هو، أنني أتعلم من أصدقائي الذين لديهم مهارات أفضل مني بكثير. لقد اعتدت أن أطلب المساعدة في تصليح أبسط الأشياء، لكن بعدما تعلمت منهم الكثير، أصبح بإمكاني التعامل مع بعض الأمور الأساسية.

كما احتجت لبعض الأصدقاء لأتعلم منهم المهارات الأساسية لتصليح بعض الأشياء في المنزل، احتاج أيضًا لبعض الأصدقاء لكي يعلمونني كيف أتبع المسيح. هذا الأمر ضروري جدًا للمؤمنين الجُدد، بل ولكل المؤمنين في كل المراحل العمرية. نحن بحاجة لأصدقاء يتلمذوننا كي نتبع المسيح، ووجود هؤلاء الأصدقاء أمر جوهري في الحياة المسيحيَّة. أأمل أن يكون بكنيستك مثل هؤلاء الإخوة والأخوات الذين ساروا في درب الطاعة، ونقلوا ما تعلموه من دروس في الطاعة لغيرهم!

من خلال علاقات التلمذة نحن نتعلم كيف نسير مع الله. يسوع والرسل أعطونا مثالاً لعلاقة التلمذة. لقد قضى يسوع وقتًا مع تلاميذه يعلمهم كيف ينبغي أن يتبعوه. كان ذلك يحدث بشكل عام من خلال تعاليمه للجموع، وأيضًا من خلال تعامله معهم في الحياة اليومية (يوحنا ١٣)، بل وكانت له علاقة تلمذة خاصة مع بطرس ويعقوب ويوحنا. وبالمثل تلمذ بولس صديقه تيموثاوس وشجعه أن يتلمذ آخرين كما فعل هو معه (٢ تيموثاوس ٢: ٢). إذا اتبعنا مثال يسوع والرسل في التلمذة، سوف تستمر علاقات التلمذة في الكنيسة، ونتتلمذ على يد آخرين ونُتلمذ آخرين.

لكن كيف نؤسس علاقات التلمذة؟ أفضل طريقة هي أن تبدأ مع الأشخاص الذين حولك في كنيستك المحلية. اجعلها عادة دائمة لك، أن تدعو الآخرين لتناول وجبة غداء أو عشاء في منزلك، وإذا كنت تفضل الرياضة، اذهبوا معًا لممارسة الرياضة، المهم أن تكون الأولوية هي قضاء الوقت معًا.

خطوة أخرى عملية هي، أن تذهب مبكرًا قبل بدء الاجتماعات، وتغادر متأخرًا بعد انتهاءها حتى تتمكن من قضاء وقتًا كافيًا في الحديث مع الأعضاء الآخرين. بالنسبة لي، وضعت هدفًا هو، أن أتحدث مع أحد الأعضاء الذين لست على معرفة جيدة بهم بعد انتهاء عظة الأحد الصباحية، وأن أتبادل حديثًا مثمرًا مع أحد الأصدقاء الذين أعرفه جيدًا بعد انتهاء خدمة الأحد المسائية. إذا وضعت هذا الهدف في قلبك، ستجد أن الفرص لتأسيس علاقات تلمذة تتوالى عليك بشكل طبيعي وتلقائي.

علاقات الصداقة بين المؤمنين، من أجمل العطايا التي يمنحها الله لشعبه. لا تنظر للكنيسة على أنها المكان الذي تذهب إليه لتسمع كلمة الرب وكفى. بل استثمر في علاقاتك بالمؤمنين الآخرين، تعلم كيف تتبع يسوع بينهم، وعلم آخرين أن يفعلوا ذلك. إذًا، ماذا ينبغي أن تفعل الآن بعد أن صرت مؤمنًا بالمسيح؟ تَتلمذ وتلمِذ آخرين!

٧- اعطِ من مالك للكنيسة

في الحياة المسيحيَّة، نحن نساهم في تقدم الإنجيل من خلال مشاركتنا مع إخوة وأخوات في كنيستنا المحلية، بغرض توصيل الإنجيل لكل العالم. نحن يمكننا أن نفعل

الكثير ونحن متحدون معًا لأجل انتشار ملكوت الله، أكثر مما يستطيع أي شخص أن يفعل ذلك بمفرده.

أحد الوسائل التي نتشارك فيها هي، تقديم الدعم المادي للكنيسة. يوصي العهد الجديد مرارًا وتكرارًا بضرورة العطاء بسخاء لأجل انتشار الإنجيل (٢ كورنثوس ٩: ٧-١٥؛ ١ تيموثاوس ٦: ١٧-١٩؛ العبرانيين ١٣: ١٦). ويأمرنا الله صراحةً بأن نعطي لأجل عمل الخدمة (غلاطية ٦:٦)، وهذا يؤكد تكريسنا وطاعتنا له. الإنجيل أيضًا يوصي المؤمنين بأن العطاء هو أحد الطرق الأساسية لنمو وانتشار الإنجيل. في الكنيسة الأولى كان المؤمنون يبيعون كل ما لهم لضمان عدم احتياج أي عضو لأي أمور مادية (أعمال ٢: ٤٥؛ ٤: ٣٤). وكانوا يهتمون بتسديد الاحتياجات المادية للمؤمنين في الكنائس الأخرى (٢ كورنثوس ٨: ١-٤). وكانوا يقدمون المال للرعاة والمبشرين لكي ينمو الإنجيل من خلال زرع كنائس محلية (١ تيموثاوس ٥: ١٧-١٨).

عندما نقدم العطايا المادية للكنيسة، نحن نساعد الكنيسة في العناية بأعضائها، ونساعد الرعاة أن يجعلوا كل أولويتهم على التعليم والكرازة بكلمة الله، سواء داخل الكنيسة أو خارجها. لا يجب أن نفكر بأن هذا الشخص يفعل هذه الخدمة، وذاك الشخص يفعل تلك الخدمة.. إلخ، بل يجب أن نُشارك بعضنا البعض.

نحن نتشارك بعضُنا بعضًا لينجح كل واحد في طريقه لتوصيل الإنجيل، ونفعل ذلك من خلال العطاء المادي. لقد استخدم بولس مصطلح «الشركة» ليُعبر عن الخدمة، وطلب من كنيسة فيلبي أن تشترك معه في مسعاه للكرازة بالمسيح، من خلال تأمين احتياجاته المادية (فيلبّي ١: ٥؛ ٤: ١٤-١٩). عندما نقدم العطاء المادي، نكون مشاركين في الخدمة التي تقدمها الكنيسة ككل، نصبح شركاء في نشر الإنجيل سواء كنا في الصفوف الأمامية بالتبشير، أو الصفوف الخلفية بالدعم المادي.

إذًا، ما الذي يجب أن تفعله بعد أن صرت مؤمنًا بالمسيح؟ اعطِ من مالك لكنيستك المحلية!

٨- اكرز للضال

أخيرًا، أشجعك في هذا الجزء الأخير أن تكرز للضال. والكرازة هي أن تشارك رسالة الإنجيل مع آخرين وتدعوهم للتوبة والإيمان بالمسيح. نحن كأشخاص مُخلَّصين بنعمة الله، لنا امتياز أن نقدم المسيح للآخرين وتشجيعهم على الإيمان بالإنجيل. لقد أوصى يسوع أن نحمل رسالة الإنجيل لكل العالم (متى ٢٨: ١٨-٢٠). وكل المؤمنين في الكنيسة الأولى كانوا يكرزون بالإنجيل لمن حولهم – حتى ولو لم يكونوا رعاة – (أعمال ٨: ١-٤). رسالة الكنيسة هي أن تتلمذ الناس ليكونوا تلاميذ للرب يسوع. وإحدى هذه الطرق هي، الكرازة بأمانة عن المسيح لمن حولنا؛ أصدقائنا، زملائنا في العمل، أفراد العائلة، الجيران، سائق التاكسي، عامل البقالة.. وكل من هو في إمكاننا أن نصل إليه.

لكن الكرازة ليست سهلة، تتطلب الكثير من الصبر والشجاعة وبناء علاقات قوية مع غير المؤمنين، وفي النهاية ليس هناك خطة سحرية تناسب الجميع في «عمل» الكرازة. لكن مسؤوليتنا ببساطة تتمثل في تقديم رسالة الإنجيل بأمانة وحكمة قدر المستطاع، وأن نؤمن بأننا فقط نزرع بذرة الإنجيل، لكن الله هو الذي ينمي ويفتح القلوب لقبول الإيمان (أعمال ١٦: ١٤).

حتى ونحن نسعى بأمانة وجدية للكرازة بالإنجيل، يجب أن نتذكر أننا لسنا وحدنا في هذا العمل، فهناك الكنيسة التي تدعم وتقوي جهودنا الكرازية، علاقتنا التي تظهر محبتنا بعضنا لبعض أمام العالم لها دور مهم (يوحنا ١٣: ٣٥؛ ١٧: ٢٠-٢١)، أيضًا اهتمام كل عضو في الكنيسة بالآخر، يستخدمه الله ليجعل الناس أكثر استعدادًا لقبول الإيمان. في الكنيسة نحن نساعد بعضنا البعض على الفهم الصحيح للكتاب المُقدَّس وتطبيقه في الحياة العملية. نقوم بتدريب بعضنا البعض على تقديم رسالة الإنجيل بشكلٍ أفضل، نشجع وندعم ونصلي لأجل كرازة كل عضو منا. ونحن نجتهد في عمل الكرازة لابد أن نتذكر أن يسوع لم يؤسس الكرازة على عمل الفرد بل على عمل الجماعة ككل، والكنيسة هي المكان الذي فيه يساعد ويشجع كل واحد الآخر في جهوده الكرازية.

إذًا، ما الذي يجب عليك أن تفعله بعد أن صرت مؤمنًا بالمسيح؟ اِكرز الضال!

محفوظين للمنتهى

اتباع المسيح له ثمن، لكنه يستحق! بينما نسعى جاهدين لنتبع يسوع، يجب أن نتذكر أننا لا نسير هذا الطريق بمفردنا، لقد أعطانا يسوع كنيسته، ووعدنا بأن يكون أيضًا معنا (متى ٢٨: ٢٠). وأنت تتبع المسيح في الطريق، لا تجعل هذه الحقيقة تغيب عن نظرك، أن نعمة الله ووعود الإنجيل هما ما يثبتانك في الإيمان وطاعة الله. وفي النهاية نجد راحتنا في هذا الوعد «**الَّذِي ابْتَدَأَ فِيكُمْ عَمَلاً صَالِحًا يُكَمِّلُ إِلَى يَوْمِ يَسُوعَ الْمَسِيحِ**» (فيلبي ١: ٦).

مراجع مقترحة

خُطط لقراءة الكتاب المُقدّس

1. The M'Cheyne Reading Plan is available online at https://www.mcheyne.info/calendar.pdf.

2. The Discipleship Journal Bible Reading Plan is available online at https://www.navigators.org /wp-content/uploads/04/2017/Discipleship -Journal-Bible-Reading-Plan9781617479083- .pdf.

3. The Two-Year Bible Reading Plan is available online at https://www.thegospelcoalition.org /article/two-year-bible-reading-plan/.

4. The Bible Reading Plan for Shirkers and Slackers is available online at https://ransom fellowship.org/wp-content/uploads/48 03/2017 Recommended Resources /Bible-Reading-Program-for-Shirkers-and -Slackers.pdf.

كُتب عن الحياة المسيحيّة

1. Thabiti Anyabwile, What Is a Healthy Church Member? (Wheaton, IL: Crossway, 2008). Mark Dever, The Gospel and Personal Evangelism (Wheaton, IL: Crossway, 2017).

2. Bobby Jamieson, Understanding Baptism (Whea- ton, IL: Crossway, 2016).

3. Jonathan Leeman, Church Membership: How the World Knows Who Represents Jesus (Wheaton, IL: Crossway, 2012).

4. J. I. Packer, Knowing God (Downers Grove, IL: InterVarsity Press, 1973).

5. Donald S. Whitney, Praying the Bible (Wheaton, IL: Crossway, 2015).

6. Donald S. Whitney, Spiritual Disciplines for the Christian Life (Colorado Springs, CO: NavPress, 2014).

7. Donald S. Whitney, Spiritual Disciplines within the Church: Participating Fully in the Body of Christ (Chicago, IL: Moody, 1996).

٢١

ما الذي ينبغي أن أبحث عنه في الكنيسة؟

أليكس دوك

«مِنْ هَذَا ٱلْوَقْتِ رَجَعَ كَثِيرُونَ مِنْ تَلَامِيذِهِ إِلَى ٱلْوَرَاءِ، وَلَمْ يَعُودُوا يَمْشُونَ مَعَهُ. فَقَالَ يَسُوعُ لِلِٱثْنَيْ عَشَرَ: «أَلَعَلَّكُمْ أَنْتُمْ أَيْضًا تُرِيدُونَ أَنْ تَمْضُوا؟». فَأَجَابَهُ سِمْعَانُ بُطْرُسُ: «يَا رَبُّ، إِلَى مَنْ نَذْهَبُ؟ كَلَامُ ٱلْحَيَاةِ ٱلْأَبَدِيَّةِ عِنْدَكَ، وَنَحْنُ قَدْ آمَنَّا وَعَرَفْنَا أَنَّكَ أَنْتَ ٱلْمَسِيحُ ٱبْنُ ٱللهِ ٱلْحَيِّ»».

يوحنا ٦:٦٦-٦٩

أول كنيسة يمكنني أن أتذكرها هي كنيسة المسيح إكسبريس واي. وقد اختاروا الاسم، على ما أظن، لأنها كانت إحدى كنائس المسيح وكان موقعها بجوار الطريق السريع مباشرة.

أتذكر شيئين بخصوص الواعظ: اسمه (جريج). كما أتذكر ثلاثة أشياء بشأن كنيسته:

- كلمات الرب يسوع في الكتب المُقدَّسة الموزعة على المقاعد كانت مكتوبة باللون الأحمر. مما جعل إحدى الصفحات في العهد الجديد كلها باللون الأحمر. وكطفل، كنت أعتقد أنه لابد وأن هذه هي أفضل صفحة في الكتاب المُقدَّس كله.

- كان عشـاء الـرب يتـم كل أسبوع. وإن فاتك في الصبـاح، فعليك أن تقف أثنـاء خدمـة المسـاء لتحصل على مـا فاتك.

- كان الواعظ ذا الشـارب والـذي اسمه جريج يختم كل عظة بنفس الطريقة، بدعوة «لننهـض مـن هذه المقبرة المائيـة [ميـاه المعموديـة – المترجم]، كخليقـة جديـدة، مولوديـن ثانية.»

بطريقـة أو بأخـرى، أدى طـلاق والـديَّ إلى رحيلنا عن الكنيسـة بسـرعة. كانت التفاصيـل وقتهـا غيـر واضحـة ولا زالـت غيـر واضحـة إلى الآن. ففـي سـن العاشـرة، إمـا لـم أكن مطلعًـا عليهـا أو أن عقلي كطفـل في المرحلـة الابتدائيـة قد طردها لصالح الإحصائيـات الخاصـة ببطاقـات دوري البيسـبول والبوكيمون.

انتهـى بنـا الحـال فـي كنيسـة ضخمـة (Mega Church) – وعندمـا أقـول؛ كبيـرة فأنـا أعنـي كبيـرة جـدًا. فالحضـور يقـدر عددهـم بعشـرات الآلاف. كان فـي كنيسـتي القديمـة «حرمًـا»؛ أمـا هذا المـكان فـكان بـه «مركـز عبـادة.» كان فـي كنيسـتي القديمـة القليـل مـن الممـرات؛ أمـا هذا المـكان فـكان بـه القليل مـن السـلالم المتحركـة. كان فـي كنيسـتي القديمـة صفـوف مـن المقاعـد؛ أمـا هذا المـكان فـكان بـه كـراس منفصلـة، مثل المسـارح، فقط حوامـل الكـؤوس كانـت مناسبـة لعصيـر الشـركة، وليـس لعبـوات البيـرة التـي يبلـغ ثمنهـا ١٠ دولارات. كان فـي كنيسـتي القديمـة ألـواح مـن الفلانيـل جـراف فـي حجـرة الدراسـة للأطفـال؛ أمـا هذا المـكان فبـه مكعبـات اللعـب وأدوات رياضيـة وسـاحة للعب كـرة السـلة – فـي الواقـع أربعـة ملاعـب لكـرة السـلة. لا أذكر الكثيـر عـن أيامـي الأولـى هنـا، فيمـا عـدا أن كل شـيء بـدا مثيـرًا للذهـول ورائعًـا. شـعرت كمـا لـو كنـت قـد نهضت مـن القبـر المائـي إلى حجـرة العجائـب والألعـاب.

وكطفـل، اعتقـدت أنـه لابـد وأن هـذا هـو أفضـل مـكان فـي العالـم. تخيـل الحصـول على الحليب الخـاص بـك مـن بقـرة تعيـش فـي سـاحتك الخلفيـة طيلـة حياتـك. دعونا نسـميها بيسـي. والآن تخيـل أن بيسـي ماتـت أو اكتسـحها إعصـار أو أي شـيء، وفجـأة، أصبـح عليـك أن تشـتري الحليب/اللبـن مـن كارفـور. ولكـن ليـس أي فـرع مـن فـروع كارفـور، بـل واحـد مـن فـروع السـوبر سـنتر التـي تمتـد علـى مسـاحة عـدة أحيـاء وتجـذب غريبـي الأطـوار

بشكل جماعي. قد تفتقد بقرتك التي فقدتها منذ فترة طويلة والتي كانت بمثابة صديقة لك، ولكن إن كنت أمينًا، فستنبهر أيضًا بهذه الأرض الجديدة التي تفيض بالحليب والعسل والجوز.

كان هذا هو شعوري في الأساس. كانت الاختلافات الصارخة بين الكنيسة الأولى والكنيسة الثانية غامرة أكثر منها واضحة. الأمر أشبه بوصف الفرق بين الظهر ومنتصف الليل. على مدار السنوات الثماني التالية – من سن العاشرة إلى الثامنة عشر، عندما تركت البيت وذهبت إلى الكلية – أصبحت هذه الكنيسة الضخمة بيتي، رغم نها بدت مثل القصر الكبير. خلّصني الله في ظل خدمتها الأمينة. الشيء البارز بالنسبة لي، بعد أكثر من عشرين سنة، ليس سماتها الرائعة، بل وجوه الرجال الأمناء الذين دفعوني إلى محبة يسوع وتبعيته: جوناثان، بوبي، ريك، مات، ديف، وغيرهم.[١]

أنني شاكر من أجل هذه الكنيسة

لو كان لدينا المزيد من لوقت، لأمكنني أن أخبركم عن الكنيسة التي انضممت إليها في أول سنة لي في الكلية حيث ارتدى الرعاة مثل لاعبي كرة القدم الأمريكية توم برادي وإيلي مانينج في بطولة كرة القدم الأمريكية عام ٢٠٠٨. كذلك يمكنني أن أقول لكم أن مقاعدهم كان بها حامل كؤوس حقيقي، لا لتحمل عبوات البيرة، بل من أجل الكوكا المجانيَّة التي يمكنك الحصول عليها من الردهة.

أو يمكنني أن أخبرك عن الكنيسة التي ذهبت إليها معظم سنواتي في الجامعة. تلك الكنيسة العادية التي كانت تقع بين حقلين. وكان يقودها الراعي ستيف بمظهره الثابت ذا اللحية الخفيفة الشيباء. هناك تعلمت عن جمال الكتاب المُقدَّس وعظمة نعمة الله من نحو خطاة مثلي.[٢]

---

١ القصص الشخصية التي تتضمن أشخاصًا آخرين والتي شاركت بها في هذا الكتاب مأخوذة بإذن. أحيانًا يتم استخدام أسماء مستعارة للحفاظ على الخصوصية.

٢ أحب الراعي ستيف، فوعظه غيّر حياتي. وقد كتبت قصيدة له في العلامات التسع باسم "كيف تعثرت صدفة – ثم وقعت في حب – وسائط النعمة العادية،"
9Marks website,July 26, 2021, https://www.9marks.org/article/how-i-accidentally-stumbled-across-and-then-fell-in-love-with-the-ordinary-means-of-grace/.

أو يمكنني أن أخبرك عن الكنيسة التي ذهبت إليها أثناء دراستي اللاهوتيَّة، حيث شرح الراعي أنه كان «كالميني.»[٣] وقد قاست هذه الكنيسة انقسامًا أصبح في النهاية كنيسة مزروعة سُميت، دون أدنى قصد للسخرية، كنيسة مجتمع الوحدة.[٤] لم تكن هذه الكنيسة بلا صراعات، ولكنها كانت – وما زالت! – مليئة بالأشخاص الرائعين والأتقياء.

أو يمكنني أن أخبركم عن أول كنيسة عملت فيها في منطقة كوينز، بنيويورك، مع فيني نيزو – شماس يبدو ويتكلم مثل رجل حكيم في فيلم الجريمة الأمريكي الأصدقاء الطيبون. لم يصبح فيني مسيحيًا حتى وقت متأخر في حياته، والآن هو يكتب الشعر كل صباح ويرسل قصائده التعليميَّة لمئات الأشخاص كل يوم قبل الفجر.[٥]

أو يمكنني أن أخبركم عن الكنيسة التي أعمل فيها الآن، والتي تقع بجوار جامعة كبيرة وتعج بالعائلات الشابة. وقد عينتني، مما يدعو للغرابة، لتعليم مجموعة الشباب وقيادة شيء يُسمى «مؤتمر كنسي.»

هذه نظرة سريعة على تاريخ الكنيسة الخاص بي. يمكنني أن أخبركم بالمزيد عن كل واحدة، ولكني بينما أتأمل في هذه الكنائس حتى الآن، أمتلئ بالامتنان. لم تكن أي واحدة منها كنيسة مثالية، ولكن لعب كل واحدة منها دورًا مهمًا في مساعدتي على التفكير فيما يجعل الكنيسة كنيسة صحية ومفيدة

العلامات التسع، محلات تاكو بيل، الوعظ التفسيري، ساندويتشات جبنة جورديتا كرانش

طبعًا، ليس هدف هذا الفصل أن يخبرك عن ماضيَّ الكنسي، بل أن يساعدك فيما يخص مستقبل كنيستك. أريد أن أساعدك في الرد على السؤال: «ما الذي ينبغي

---

[٣] بالنسبة لمن ليست لديهم قدرات استنتاجية استثنائية، "كالميني" كلمة مكونة من شقين. مثل كيف أن تايجر وودز كابلينيزي. بعبارة أخرى، الراعي كان يحاول أن يقول أنه كان كالفيني وأرميني.

[٤] تنبيه: كنيسة المجتمع المتحد لم تبق.

[٥] قصيدة اليوم كانت بعنوان "الشجرة،" وقد أُرسلت الساعة ٦:٠٢ صباحًا.

أن ابحث عنه في الكنيسة؟» لقد سمعت الكثير جدًا من الإجابات الجيدة على هذا السؤال. لقد أمضيت تقريبًا العشر سنوات الماضية أعمل لصالح خدمة تُدعى العلامات التسع والتي إرساليتها الوحيدة هي في الأساس مساعدة الناس على الإجابة على هذا السؤال.

يحب مديري أن يقول إن العلامات التسع تشبه مطعمًا مكسيكيًا. حيث نستخدم نفس المكونات، ولكننا فقط نقدمها بطرق مختلفة. اللحم والجبن والفاصوليا والأرز الذي نقدمه هو الوعظ التفسيري، واللاهوت الكتابي والإنجيل والاهتداء والتبشير وعضوية الكنيسة والتأديب الكنسي والشيوخ والإرساليات والصلاة. قد تتغير آلية التوصيل – خبز التورتيلا الذي نقدمه وساندويتش الجورديتا، ورقائق البطاطس والحساء – ولكن تبقى الرسالة هي نفسها تقريبًا.

لذا دعوني أدخل في صلب الموضوع. ما الذي ينبغي أن تبحث عنه في الكنيسة؟

١ – ابحث عن كنيسة تعرف أنك ستموت

شاهدت مؤخرًا فيلم ألفريد هيتشكوك الكلاسيكي الشمال عن طريق الشمال الغربي. كل ممثل في هذا الفيلم إما أنه مات أو شارف على الموت. كاري جرانت؟ مات، منذ فترة. مارتن لاندو؟ مات، مؤخرًا. إيفا ماري سانت؟ بلغت السابعة والتسعين وقت كتابة هذا الفصل. أتساءل إذا كانت ستظل على قيد الحياة وقت انتقال هذه الكلمات من شاشة حاسوبي إلى كتاب مطبوع تقرأه بعينيك. في عام ١٩٥٩، كانوا يبدون مفعمين بالحيوية وكأنهم خالدون، ممتلئين بحياة لا تنطفئ. والآن كلهم قد ماتوا أو يقرعون على باب الموت.

اعتقد أنه ينبغي أن أدخل في الموضوع مباشرة. أنت سوف تموت. وسوف تنطفئ شمعة حياتك. سوف يأتي الحاصد الكئيب مناديًا باسمك. سوف يأتي وقتك. سوف تسلم الروح. سوف «ترحل» عن هذه الحياة. نحب أن نلبس مخاوفنا عبارات ملطفة، أليس كذلك؟ لكن أيا كانت التسمية التي ترتاح إليها، أنت وأنا وأي شخص عرفته من قبل وكل شخص سوف تعرفه سنموت (إلى أن يعود يسوع مرة أخرى).

لو انكسرت ذراعك، ستذهب إلى الطبيب، وهو سيصلحها لك. إن كنت تريد تأمين مستقبل عائلتك من الناحية المالية، ستذهب إلى مستشار مالي، وهو سيساعدك.

ولكن ماذا ينبغي أن نفعل حيال مشكلة الموت تلك؟ ماذا ينبغي أن نفعل حيال زوالنا المشترك والحتمي مستقبلًا؟ إلى أين نذهب للحصول على العون؟ يمكننا أن نذهب إلى الطبيب «ليؤخر» هذا المستقبل أو نستثمر عند موظف البنك لنستعد لهذا المستقبل أو نذهب إلى وكيل لشركة ميزراتي ليخدر مشاعرنا من نحو حتمية هذا المستقبل. ولكن لا تستطيع هذه الأماكن أن تعطينا أي شيء يمكننا أن نأخذه معنا إلى «الجانب الآخر.» نحتاج إلى شيء مقاوم للعث والصدأ. فمن أين نحصل عليه؟

ينبغي أن نحصل على هذا من كنيستنا المحلية

أحيانًا يخبرنا الكتاب المُقدَّس بما نعرفه بالفعل: «وُضِعَ لِلنَّاسِ أَنْ يَمُوتُوا مَرَّةً» (العبرانيين ٩: ٢٧). ما فعلته هنا للتو هو إنني أشرت إلى آية لإثبات نقطة معينة بينما تجاهلت معناها في السياق.

ولكن هذه الكلمات لا تظهر من العدم هكذا فحسب، مثل كرامر على باب جيري. بل هي جزء من حجة أكبر. دعوني أعطيكم معلومات أكثر عن السياق. ها هي الآيات التي تسبق العبرانيين ٩: ٢٧ مباشرة:

لِأَنَّ ٱلْمَسِيحَ لَمْ يَدْخُلْ إِلَى أَقْدَاسٍ مَصْنُوعَةٍ بِيَدٍ أَشْبَاهِ ٱلْحَقِيقِيَّةِ، بَلْ إِلَى ٱلسَّمَاءِ عَيْنِهَا، لِيَظْهَرَ ٱلْآنَ أَمَامَ وَجْهِ ٱللهِ لِأَجْلِنَا. وَلَا لِيُقَدِّمَ نَفْسَهُ مِرَارًا كَثِيرَةً، كَمَا يَدْخُلُ رَئِيسُ ٱلْكَهَنَةِ إِلَى ٱلْأَقْدَاسِ كُلَّ سَنَةٍ بِدَمِ آخَرَ. فَإِذْ ذَاكَ كَانَ يَجِبُ أَنْ يَتَأَلَّمَ مِرَارًا كَثِيرَةً مُنْذُ تَأْسِيسِ ٱلْعَالَمِ، وَلَكِنَّهُ ٱلْآنَ قَدْ أُظْهِرَ مَرَّةً عِنْدَ ٱنْقِضَاءِ ٱلدُّهُورِ لِيُبْطِلَ ٱلْخَطِيَّةَ بِذَبِيحَةِ نَفْسِهِ. (العبرانيين ٩: ٢٤-٢٦)

واه! لقد ذهبنا من عبارة منطقية، إعلانية – تقول في الأساس، «سوف تموتون يومًا ما»٦ – إلى الحديث عن ظهور يسوع في السماء لتقديم نفسه ذبيحة، فيما يشبه رئيس الكهنة ولكن بشكل مختلف.

---

٦ للحصول على تنبيه يومي بهذا، انضم إلى أكثر من ٤٢٠٠٠ شخص يتابعون death_reminder@ على تويتر.

ما الذي يحدث؟ كيف يمكننا تفسير هذه المتاهة المنطقية؟ دعوني أحاول

يريدنا كاتب العبرانيين أن نفرح بحقيقة إدخال موت يسوع التحسينات وبالتالي يزيل الحاجة إلى أي نظام ذبائح خارج نفسه. وهكذا يقول إن يسوع مات ثم دخل مباشرة إلى محضر أبيه. وفيما يخص رئيس الكهنة، فهذا بالتحديد هو ما كان يفعله عندما كان يدخل إلى خيمة الاجتماع المصنوعة باليد، والتي يسميها كاتب العبرانيين «**أَشْبَاهِ ٱلْحَقِيقِيَّةِ**» (آية ٢٤).

حسنًا، ما الذي **فعله** يسوع عندما دخل إلى هناك؟ هنا يختلف عمله عن عمل رئيس الكهنة العادي. فهو لا يقدم ذبائح «**مِرَارًا كَثِيرَةً**» «**بِدَمِ آخَرَ،**» كما كان رئيس الكهنة يفعل (آية ٢٥). كان على رئيس الكهنة أن يظهر «مستعدًا للاحتفال»[٧] وبدم ثور كل سنة ليوم الكفارة. ولكن ذبيحة يسوع كانت **مختلفة**. لم يكن عليه أن «**يَتَأَلَّمَ مِرَارًا كَثِيرَةً**» (آية ٢٦) مثل سيسيفوس أو معجبي نيويورك ميتس. لماذا؟ لأنه عندما أبطل يسوع الخطيَّة، لم يقدم وكيلًا إلى نموذج تقليد؛ بل قدم نفسه إلى الشيء **الأصلي الحقيقي**، إلى السماء، إلى محضر الله وليس إلى صورة مخففة منه أو مثال يعكسه ودون حجاب يخفيه. وقد فعل هذا من أجلنا (الآية ٢٤). كان **دمه** الذبيحة المقدمة عن الخطة والتي تلغي كل احتياج لذبيحة أخرى.

والآن لنعد إلى الآيات محل تساؤلنا:

> **وَكَمَا وُضِعَ لِلنَّاسِ أَنْ يَمُوتُوا مَرَّةً ثُمَّ بَعْدَ ذَلِكَ ٱلدَّيْنُونَةُ، هَكَذَا ٱلْمَسِيحُ أَيْضًا، بَعْدَمَا قُدِّمَ مَرَّةً لِكَيْ يَحْمِلَ خَطَايَا كَثِيرِينَ، سَيَظْهَرُ ثَانِيَةً بِلَا خَطِيَّةٍ لِلْخَلَاصِ لِلَّذِينَ يَنْتَظِرُونَهُ.** (العبرانيين ٩: ٢٧-٢٨)

نرى أن التصريح المنطقي الإعلاني ليس هو النقطة الرئيسيَّة، بل هو نقطة فرعية لتقديم نقطة معينة بخصوص يسوع. لذا يجوز لنا أن نعيد صياغة العبرانيين ٩: ٢٧-٢٨ هكذا: «وكما أن موتكم ودينونتكم أمران مؤكدان، هكذا أيضًا ظهور المسيح

---

[٧] انظر خروج ٢٨: ٣٤-٣٥، حيث يصف الأجراس على رداء هارون. (كان هو أول رئيس كهنة في إسرائيل). أتساءل ما إذا كان هذا هو مصدر عبارة "مع ارتداء الأجراس."

الثاني والذي سينهي خلاله ما قد بدأه. وحيث إنه قد تعامل بالفعل مع الخطيَّة بموته، نجد أن لديه الآن عملًا واحدًا ليقوم به لأجل شعبه: أن يخلصهم من الدينونة.»

أنت سوف تموت. وبعد هذا؟ سوف تواجه الدينونة. فهل سيواجهها يسوع من أجلك؟ أن ستُترك لتدافع عن نفسك؟

انتظر لحظة. أكنت تعتقد أننا هنا لنتعلم عما ينبغي أن نبحث عنه في الكنيسة؟! والآن نتكمل فجأة عن الموت والدينونة الأبدية؟! دعني أشرح لك: إن بدا هذا الموضوع غريبًا أو شديد الحدة بالنسبة لك، إن كنت تسمع فقط عن الموت بشكل مجرد، وغامض ومخفف بالتعبيرات المخففة والإشارات، إن لم تكن قد فكرت من قبل في الحقائق الراسخة الأكيدة التي سوف تواجهها بعد الموت – أي، الدينونة الشخصية على خطاياك – إذن فأنا أشك في أنك تذهب إلى كنيسة صحيحة. أشك في أن راعيك لا يساعدك على مواجهة أكبر مشاكلك وأكثر واحدة لا يمكنك الهروب منها.

أنا لا أوصي بما يُدعى واعظ النار والكبريت. ولا أقول إن كل عظة ينبغي أن تركز على الموت ودينونة الله. ولكني أريد أن أعود إلى الأسئلة التي طرحتها في البداية: ما الذي ينبغي أن نفعله حيال رحيلنا الحتمي والمشترك في المستقبل؟ إلى أين ينبغي أن نذهب بحثًا عن المساعدة؟ ينبغي أن نذهب إلى الكنيسة المحلية لأنه **هناك** نتعزى بالعلاج الوحيد لمشكلتنا التي لا تُحل ونُدعى للاحتفال به: شخص وعمل يسوع المسيح. **يسوع** يخلصنا من موتنا، وهو موت اكتسبناه بسبب خطيتنا بحق الرب. **يسوع** يخلّصنا من الدينونة، والتي اكتسبناها بسبب خطيتنا بحق الرب. لذا عندما أقول «ابحث عن كنيسة تعرف أنك ستموت،» فأنا أقول كذلك «ابحث عن كنيسة تتكلم عن الخطيَّة وتبعاتها بوضوح وعطف.» ابحث عن كنيسة تعرف أنه لا يمكننا إصلاح مشكلة خطيتنا بمجرد إجراء بعض التحسينات الأخلاقيَّة أو استجابة أيديولوجية أو كفاءة لاهوتيَّة أو صراحة عاطفيَّة. نحن بحاجة إلى المسيح.

عالمنا مليء بالمشاكل. لكن الرب أعطى الكنيسة المحلية رسالة خاصة ومميزة، ويجب أن تظل محور اهتمامنا. لأنه إن كففنا عن إبراز المسيح المصلوب والمقام للخطاة، فمن يمكن أن يأخذ مكاننا؟

وهنا أود أن أتحداك. انتبه جيدًا كيف يتكلم الوعاظ الذين تستمع إليهم عن الخطيَّة.

سمعت بعض الرعاة يتكلمون عن الخطيَّة كما لو كانت أكثر قليلًا من التسميات العاطفيَّة التي نطلقها على أنفسنا لنعبر عن شعورنا بخطب ما في حياتنا: مكسور، غير محبوب، بلا رجاء، إلخ. وبينما تنطق هذه التسميات ببعض آثار الخطيَّة التي تبعدنا عن الله، وبينما تعبر بشكل صحيح عن خبرتنا الذاتية لكوننا خطاة، إلا أنها تجعل جوهر الخطيَّة غامضًا وتقوض فكرة مسؤوليتنا ودورنا أمام الرب. إن كانت هذه هي الطريقة الأساسية التي تفكر بها في الخطيَّة، فقد اعتمدت السيكولوجية الشعبية أكثر من الحق الكتابي – دكتور فيل أكثر من الرسول بولس.

طبعًا، الخطيَّة شيء حدث لنا – وهذا، للأسف، شيء يختبره البعض أكثر من غيرهم. ولكن إن توقفنا هنا، نكون قد فرغنا تعليم الكتاب المُقدَّس حول الموضوع من محتواه. لماذا؟ لأنه لا أحد يختلف مع هذا. فنقل اللوم عن نفسي وتوجيهه إلى الآخرين يأتيان إلينا بكل سهولة. هذه هي حالتنا الطبيعيَّة لما بعد السقوط: «ٱلْمَرْأَةُ ٱلَّتِي جَعَلْتَهَا مَعِي هِيَ أَعْطَتْنِي مِنَ ٱلشَّجَرَةِ فَأَكَلْتُ» (تكوين ٣: ١٢).

لا يتطلب الأمر عملًا إلهيًا لنقنع الناس أنهم ضحية خطيَّة الآخرين. كما لا يتطلب أيضًا عملًا من الله أن نقنع الناس أنهم تأثروا ماديًا بخطيَّة الآخرين. ولكن من الصعب تمامًا، بعيدًا عن نعمة الله بالتأكيد، أن نقنع الناس بأنهم هم أنفسهم يرتكبون الخطيَّة بذراع رفيعة بحق كل من الله والآخرين، وأن أخلاقهم تستحق الموت.

لذا ينبغي أن تتكلم الكنائس عن الخطيَّة في الأساس (ولكن ليس حصريًا) بصفتها تمردنا الشخصي والإرادي على الله وليس كتسمية اجتماعية غير مباشرة يطلقها علينا الآخرون أو نطلقها نحن على أنفسنا. ينبغي أن يكون تعليمها واضحًا في أن يسوع مات على الصليب كبديل عن الخطاة، وليس كدفة لمن لا دفة لهم (رومية ٣: ٢٥؛ ١ يوحنا ٢:٢؛ ٤: ١٠).

لا أقصد أن أنكر طبيعة عمل المسيح الشاملة – فهو يشفي المكسور بالطبع، ويحب غير المحبوب، ويمنح الرجاء لمن لا رجاء له؛ نعم وآمين! – ولكن لا شيء

من هذا بالتحديد متاح بعيدًا عن المسيح الذي امتص غضب الله على الخطاة، بعيدًا عن ابتلاعه دينونتنا بموته، بعيدًا عن توفيره لنا العلاج لأكثر مشكلة لا مفر لنا منها: سوف نموت يومًا ما.[٨]

لأنه لن نموت كلنا فحسب، بل وسنعيش كلنا إلى الأبد. وعندما نموت، سيكون بإمكاننا فقط أن نأخذ شيئين معنا إلى الأبدية: خطيتنا أو خلاصنا الذي فاز به يسوع لأجلنا. إن كنت تملك الأخير بالإيمان بالمسيح، إذن فقد حصلت أخيرًا على شيء لا يستطيع الموت أن يسلبك إياه، ولن يصبح في النهاية مجرد طعام للعث. لديك بالضبط ما تحتاج إليه لتثابر حتى مماتك. وهذه هي النقطة التي يقصدها بطرس في بداية رسائله للمسيحيين الذين يجوزون الألم:

> **مُبَارَكٌ ٱللهُ أَبُو رَبِّنَا يَسُوعَ ٱلْمَسِيحِ، ٱلَّذِي حَسَبَ رَحْمَتِهِ ٱلْكَثِيرَةِ وَلَدَنَا ثَانِيَةً لِرَجَاءٍ حَيٍّ، بِقِيَامَةِ يَسُوعَ ٱلْمَسِيحِ مِنَ ٱلْأَمْوَاتِ، لِمِيرَاثٍ لَا يَفْنَى وَلَا يَتَدَنَّسُ وَلَا يَضْمَحِلُّ، مَحْفُوظٌ فِي ٱلسَّمَاوَاتِ لِأَجْلِكُمْ، أَنْتُمُ ٱلَّذِينَ بِقُوَّةِ ٱللهِ مَحْرُوسُونَ، بِإِيمَانٍ، لِخَلَاصٍ مُسْتَعَدٍّ أَنْ يُعْلَنَ فِي ٱلزَّمَانِ ٱلْأَخِيرِ. ٱلَّذِي بِهِ تَبْتَهِجُونَ، مَعَ أَنَّكُمُ ٱلْآنَ – إِنْ كَانَ يَجِبُ – تُحْزَنُونَ يَسِيرًا بِتَجَارِبَ مُتَنَوِّعَةٍ، لِكَيْ تَكُونَ تَزْكِيَةُ إِيمَانِكُمْ، وَهِيَ أَثْمَنُ مِنَ ٱلذَّهَبِ ٱلْفَانِي، مَعَ أَنَّهُ يُمْتَحَنُ بِٱلنَّارِ، تُوجَدُ لِلْمَدْحِ وَٱلْكَرَامَةِ وَٱلْمَجْدِ عِنْدَ ٱسْتِعْلَانِ يَسُوعَ ٱلْمَسِيحِ، ٱلَّذِي وَإِنْ لَمْ تَرَوْهُ تُحِبُّونَهُ. ذَلِكَ وَإِنْ كُنْتُمْ لَا تَرَوْنَهُ ٱلْآنَ لَكِنْ تُؤْمِنُونَ بِهِ، فَتَبْتَهِجُونَ بِفَرَحٍ لَا يُنْطَقُ بِهِ وَمَجِيدٍ، نَائِلِينَ غَايَةَ إِيمَانِكُمْ خَلَاصَ ٱلنُّفُوسِ.** (١ بطرس ١: ٣-٩)

ابحث عن كنيسة لا تعترف فقط بالخطيَّة والخلاص والأبدية، بل كنيسة تشكل هذه الحقائق خدمتها وتوضح أولوياتها. يحتاج غير المسيحيين إلى هذه الرسالة، أولًا وقبل أي شيء. ولكن المسيحيين يحتاجون إليها أيضًا!

---

٨ الفقرات الخمس السابقة مأخوذة من مقالة كتبتها باسم

«You're So Depraved, You Probably Think This Church Is about You: How Total Depravity Upends Attractionalism,» 9Marks website, February 5, 2019, https://www.9marks.org/article/youre-so-depraved-you-probably-think-this-church-is-about-you-how-total-depravity-upends-attractionalism/.

أسئلة محددة ينبغي طرحها:

- هل تشرح الكنيسة بوضوح حقيقة خطيتنا، ضرورة موت يسوع وقيامته، والالتزام الواقع علينا بأن نبتعد عن خطايانا ونتكل على يسوع؟
- هل تناقش الكنيسة بوضوح يقين دينونة الله على الخطيَّة والرجاء الأبدي الذي نتمتع به في السماء بسبب يسوع؟
- هل يقوم الواعظ بكل هذا... في كل مرة يعظ فيها؟

٢ – ابحث عن كنيسة حيث لا يكون الكتاب المُقدَّس فقط للمسيحيين الفائقين شديدي الجدية، بل للجميع

أجريت مؤخرًا حوارًا مع شخص مسيحي احترمه كثيرًا. وقد قام بتعليم فصول دراسة كتاب مُقدَّس ومدارس الأحد. وبطريقة ما، أصبح موضوع الحوار يدور حول ما يحدث عندما يموت شخص ما دون أن يسمع رسالة الإنجيل أو حتى اسم يسوع البتة. افترضت ببساطة أنه سيتفق معي على أن الإيمان الواعي الشخصي بيسوع مطلب أساسي للخلاص. وهكذا يمكنك أن تتخيل دهشتي عندما فوجئ بأني أؤكد أن هذا الشخص سيذهب إلى الجحيم.

قال، «أنا لا أفهم كيف يكون هذا. إنه يؤمن بناء على يمكنه أن يعرفه.» فأشرت له بعدة آيات، ولكنه لم يقدر أن ينفض عنه التزامه الغريزي بما تسميه كتب علم اللاهوت بالشمولية، والتي تعتبر مجرد فكرة خيالية تعني «أن هناك طريق للذهاب إلى السماء بواسطة يسوع بدون الإيمان بيسوع بالتحديد.»

كيف يمكن أن يكون هذا؟ كيف يمكن أن تكون غرائزه اللاهوتيَّة بعيدة بهذا الشكل عن الصحة؟ عندما طلبت منه أن يدافع عما يؤمن به من الكتاب المُقدَّس، لم يستطع، مما أزعجني أكثر مما بدا أن هذا يزعجه. ماذا حدث هنا؟ باختصار، أنا مقتنع

من أن صديقي يشبه الكثير من المسيحيين. مسيحيون كثيرون لا تتشكل بديهيتهم بفكر الكتاب المُقدَّس لأن كنائسهم نادرًا ما تواجه بديهة شعبها بالكتاب المُقدَّس.

لقد تعلّمت أنه ينبغي أن يفترض الوعاظ أن جمهورهم ذكي جدًا وغير متعلم جدًا. يبدو هذا صحيحًا لي. كنائس كثيرة مليئة بالقديسين الممتلئين الروح القدس ولكنهم خالين من الكتاب المُقدَّس. طبعًا، هم يعرفون الآيات المكتوبة على أقداح القهوة وعلى جدار المطبخ فوق حوض الغسيل. إنهم يعرفون أن يسوع أشبع خمسة آلاف شخص من السمك والخبز. ويعرفون أن سفر التكوين في البداية وسفر الرؤيا[٩] في النهاية، ويعرفون الخطوط العريضة التي بين السفرين والتي تخص آدم ونوح وإبراهيم وموسى وداود وكل الباقين.

ولكن هناك كثير جدًا من الأمور التي لا يعرفونها والتي ينبغي أن يعرفوها بصراحة. ربما لا يمكنهم شرح الفكرة اللاهوتيَّة من وراء خيمة الاجتماع ونظام الذبائح بعيدًا عن «هذه هي الطريقة التي يريد الله الأمور أن تسير وفقًا لها.» وهم لا يمكنهم أن يخبروك ما الذي يجري في سفري إشعياء أو أرميا. ولا يمكنهم تمييز الابتعاد عن الثالوث أو الدفاع عن ألوهية المسيح أو شرح ضرورة وجود آدم تاريخيًا.[١٠]

تملأ آيات مبعثرة القديس العادي بالفرح والقوة، ولكن أسفارًا كاملة تصيبه بالحيرة والارتباك. يمنح الكتاب المُقدَّس النور والتشجيع بقدر ما هو صعب المراس ومليء بالمعضلات. وهكذا للأسف، يهز مسيحيون كثيرون أكتافهم ببساطة ويلتزمون بما يعلمون، أو بالأجزاء المفضلة لديهم، أو بما يبدو أكثر شيء عملي بالنسبة لهم في هذه اللحظة.

ارجع عدة صفحات إلى الوراء واقرأ الآيات الموجودة في العبرانيين ٩. أخمن أن معظم من يذهبون إلى الكنائس من المسيحيين لن يقدروا أن يقرؤوها ويخبروك

---

[٩] رغم أنه يجوز أن يسموه "الرؤى."

[١٠] أنا لا أقول أنه ينبغي أن يكونوا قادرين على شرح الكالفينية المفرطة لي. إنما أقصد ببساطة أن معظم المسيحيين ليس بوسعهم حتى شرح أساسيات هذه العقائد الجوهرية – وبالتالي ربما لا يمكنهم التعرف على ما قد يهددهم أو يبعدهم عنها. إذا أردت أن تحبط، راجع المسح اللاهوتي الذي قامت به ليجونير في ٢٠٢٠ على هذا الرابط: https://thestateoftheology.com.

بما تعني. لماذا؟ حسنًا، ليس لأنهم أغبياء قطعًا – وليس لأنه ليس لديهم الرغبة في ذلك. لكنهم لن يقدروا أن يفعلوا هذا لنفس السبب الذي يجعلني لا أقدر أن أرفع الأثقال. لم يقووا العضلات الصحيحة لفعل هذا.

وهنا نجد أتعس جزء بخصوص كل هذا: كنيستهم لا توفر لهم إلا القليل من المساعدة. حسنًا، ليس هذا صحيحًا تمامًا. كل كنيسة تقريبًا تقدم خدمة مدارس أحد ودراسات في الكتاب المُقدَّس ومجموعات تلمذة وأندية للكتاب المُقدَّس تغطي كل ما ذكرته وأكثر! ولكنها تقدم لهم كتمارين إضافية، مخارج اختيارية للخروج عن الطريق السريع. لا تُقدم بصفتها الطبق الرئيسي، بل كحلوى أو مقبلات. أما الوجبة الرئيسيَّة – والتي أعني بها عظة اجتماع الأحد، الشيء الذي يشعر معظم المسيحيين بأن ضميرهم يلزمهم بحضوره – فتفشل ببساطة في رفع معامل ذكاء المسيحيين الكتابي واللاهوتي. تفشل في وضع ثقل موازنة في القارب. والنتيجة؟ يُحمل القديسين بكل ريح تعليم (أفسس ٤: ١٤).

ولكن الشيء الصارخ هو أن هذا الفشل نادرًا ما يكون بسبب عدم الكفاءة أو الوعظ الممل أو نشاط تعليمي مزيف وسيء.[١١] الفشل فشل متعمد. لماذا؟ لأنه بالنسبة لكنائس كثيرة، تهدف أيام الآحاد عمدًا إلى هدف مختلف. حيث تُخصص للإتيان بأصدقائك غير المسيحيين لسماع شيء عن كيف يمكن ليسوع أن يساعدهم في فهم حياتهم المرتبكة. (وهذا شيء جيد!) أو أنها تهدف إلى فهم حقائق كتابيَّة صغيرة حتى يتضح للمسيحيين كيف يمكنهم أن يكونوا أفضل _____ أو كيف يتوقفون عن _____ أو كيف يفهمون كيفية _____ يتفاعل مع _____. أنا لا أحاول أن ألعب معكم لعبة ماد ليبز،[١٢] ولكن أيًا كان ما يملأ به اللاوعي لديك تلك الفراغات فعلى الأرجح أنه سيكون مصيبًا أكثر من أي شيء يمكنني أن أكتبه.[١٣]

---

[١١] ولكي أكون أمينًا، أحيانًا، لا يقع عبء الفشل على الكنيسة على الإطلاق، بل يقع بالكامل على الفرد المتصل بكوكتيل ٤ على الفيسبوك، والقنوات الإخبارية، ودعوة يسوع.

[١٢] هي لعبة كلمات نموذجية ابتكرها ليونارد ستيرن وروجر برايس. وهي تتألف من لاعب واحد يطالب الآخرين بقائمة كلمات لاستبدال الفراغات في القصة قبل القراءة بصوت عالٍ. يتم لعب اللعبة بشكل متكرر كلعبة حفلات أو كتسلية ـ المترجم.

[١٣] ليس هدف هذا الكتاب الصغير أن أجادل ضد نموذج خدمة الباحث الحساس. وإنما إن كنت مهتمًا

وهكذا... ابحث عن كنيسة لا يكون فيها الكتاب المُقدَّس للمسيحيين الخارقين فائقي الجدية، حيث لا يكون لديك «اشتراك» في دراسته بجدية. ابحث عن كنيسة لا يُهمش فيها الكتاب المُقدَّس ويقتصر على مدرسة الأحد أو مجموعات فرعية أخرى. ابحث عن كنيسة لا تحاول أن تطعمك مواضيع مشهية بل وجبة من خمسة أطباق.

كيف تبدو هذه الوجبة؟ تبدو مثل أن يعظ راعيك من كل أسفار الكتاب المُقدَّس. تبدو مثل عظات رسالتها تحددها مسبقًا الفقرة التالية.[١٤] تبدو مثل كنيسة لا يلمح فيها الراعي إلى وجود غموض في الكتاب المُقدَّس حول مواضيع متنازع عليها مثل الشهوة الجنسية والنوع. ينبغي أن تكون الوجبة المعتاد في كل كنيسة هي شرح كلمة الله وتطبيقها – على حياة كل من المؤمنين لبنيانهم وتشجيعهم وعلى غير المؤمنين لتبكيتهم وهدايتهم.

هناك أولويات أخرى كثيرة تبدو أكثر إلحاحًا وواعدة أكثر. يتعرض رعاة وكنائس لإغراء «الابتعاد» بحثًا عن شيء آخر «يعطي نتائج جيدة» أكثر وضوحًا. في هذه اللحظات، نحتاج أن نتذكر ما قاله بطرس ليسوع عندما واجه تجربة مشابهة: «يَا رَبُّ، إِلَى مَنْ نَذْهَبُ؟ كَلَامُ ٱلْحَيَاةِ ٱلْأَبَدِيَّةِ عِنْدَكَ» (يوحنا ٦: ٦٨).

أسئلة محددة ينبغي طرحها:

- هل يشرح الوعاظ في هذه الكنيسة أسفار الكتاب المُقدَّس بالترتيب في عظاتهم؟

- هل يسعون إلى شرح وتطبيق كلمة الله؟

- إلى من «توجه» العظات؟ المؤمنين أم غير المؤمنين؟ القديسين أم «الباحثين»؟

بهذه الحجة، فقد قدمتها في

«You're So De-praved You Probably Think This Church Is about You.»

[١٤] ليس هدف هذا الكتاب الصغير أن أجادل لصالح ما يسمى "الوعظ التفسيري." وإنما يمكنك أن تقرأ عن أول مرة أراه في

«How I Accidentally Stumbled Across—And Then Fell in Love With—The Ordinary Means of Grace.»

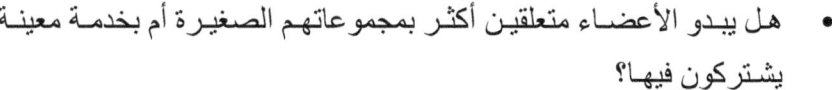

• هل يبدو الأعضاء متعلقين أكثر بمجموعاتهم الصغيرة أم بخدمة معينة يشتركون فيها؟

٣ – ابحث عن كنيسة أكثر من مجرد محطة للوعظ

أحب الوعظ التفسيري. فقد أعاد تحديد عالمي الأيديولوجي، وفجر محبتي ليسوع، وفتح ذهني على عجائب الكتاب المُقدَّس. ولكن الوعظ التفسيري لم يرد محبتي بمحبة مماثلة.

أتعرف ما الذي رد على محبتي بمحبة مماثلة؟ البوريتو [نوع من المأكولات المكسيكية – المترجم]. أنا أمزح فقط! لقد رد الناس محبتي بمحبة.

أمس فقط، انتقلنا أنا وزوجتي للمرة العاشرة في تسع سنوات. أتعرف من جاء إلينا؟ كثير جدًا من الناس الذين أحبوني: أبي، زوجة أبي، أفضل أصدقائي من عشرين سنة، وفتاة من مجموعة الشباب اعتنت بالصغار أثناء عمليَّة الانتقال. ولكن أغلبية الأشخاص الساحقة من الذين أتوا كانوا أعضاء من كنيستي. هم أيضًا يحبونني، رغم أن بعضهم لا يعرفونني جيدًا. كان هناك بيل، سائق شاحنة في الخمسينات من العمر وقد عرض قيادة الشاحنة المؤجرة وأنقذني من ارتكاب جريمة قتل غير عمد بالسيارة. كان هناك جوزيف، وهو نجار (كلا، ليس يوسف النجار من الكتاب المُقدَّس) والذي ظل معنا حتى بعد الغروب ليصلح عدة خزانات متهالكة. كان هناك إيثان، طالب جامعي ومسيحي جديد أحضر معه عدة رجال يتلمذهم. كان هناك ترنت، مزارع يمتلك شاحنة صغيرة وربما ينام بحذاء رعاة البقر الذي يرتديه. بعض هؤلاء الأشخاص أعرفهم جيدًا تمامًا، ولكن كثيرين منهم لم أعرفهم البتة. بل واضطررت أن أسأل بعض الأشخاص عن أسمائهم!

ما الذي ينبغي أن تبحث عنه في الكنيسة؟ ينبغي أن تبحث عن كنيسة مليئة بالناس الذين يحبونك ليس لأن هناك علاقة بينك وبينهم وليس بسبب تاريخكم المشترك لمدة عقود وليس بسبب تفضيلاتك السياسية. ابحث عن كنيسة مليئة بالناس الذين يحبونك **لأنهم يحبونك بالطبع**. لأن اليد تحب القدم بالطبع، والعين تحب الأذن. كأعضاء في نفس الكنيسة، استُوفي كل شرط مسبق للمحبة لمجرد كونهم أعضاء في نفس الجسد.

عندما تسمع كلمة «كنيسة،» ما الذي يرد إلى ذهنك؟ ربما مبنى. ربما ما بداخل المبنى – ربما سجاجيد حمراء وجدران بنية فاتحة. ربما المنظر الخارجي لمبنى – مبنى من الطوب يعلوه صليب. لا بأس. ولكن من الناحية الكتابيَّة، الكنيسة تتعلق بالناس أكثر من المكان. أو التعريف الأفضل، الكنيسة هي شعب افتداه نفس الرب، وبالتالي فقد تصالحوا الآن مع بعضهم البعض، ويجتمعون بانتظام معًا.

إن كنت قد قضيت أي وقت في قراءة الأخبار أو وسائل التواصل الاجتماعي على مدار السنوات القليلة الماضية، فسيتضح لك أن إحدى علامات العالم هي القبلية. **القبلية** هي مجرد كلمة لاهوتيَّة جميلة تعبر عن ميلنا للشك فيمن لا يشبهوننا. نتيجة لهذا، نقسمهم بحسب هويات جماعية معينة ثم نعين سمات غير مرغوبة لهذه المجموعات أو نفترض وجود أشياء غير مرغوبة فيهم. تجعلنا نزعتنا القبلية نقيم الناس تقييمات معينة في اللاوعي. وفي المواقف الشديدة، قد تشجعنا هذه التقييمات على عقلنة سوء معاملة الآخرين، أو تصديق أننا بطريقة ما أكثر قيمة أو برًا في ذواتنا ممن لا يشبهوننا.

أراهن أن هناك العديد من «القبائل» في ذهنك حتى وأنت تقرأ هذا. أنت تعرف من هم أصحاب القبعات البيضاء والسوداء؛ وقد رأيتهم على الفيسبوك أو مواقع التواصل الاجتماعي الأخرى. ومع هذا، إذا قرأ الشخص الجالس بجوارك هذه الفقرات بالتحديد بتدخل غريب من عناية الله ومعجزة تسويق عجيبة، أشك أن يكون لديه أيضًا قبائل في ذهنه – وما لم تتغير القبعات، فستنعكس الأدوار.

مثل فيلم الجميلة والوحش، النزعة القبلية قصة قديمة قدم الزمن نفسه. فنحن نقسم أنفسنا بحسب العرق، النوع، التوجه الجنسي، المكانة الدينيَّة، الطبقة الاقتصاديَّة، الحزب السياسي، الفريق الرياضي المفضل، أو العلامة التجاريَّة المفضلة للقصص المصورة. فسواء كنا نتكلم عن الهوتس والتوتسي في رواندا، أو البراهما والممنوع المساس بهم في الهند، أو البروتستانت والكاثوليك في شمال أيرلندا، أو المرفهين في المدينة ومن ولدوا وفي فمهم ملعقة من فضة في الضواحي – هذه النزعة للتقسيم نزعة متأصلة فينا. إنها نزعة خطيرة (فقد راح ضحيتها عدد لا حصر له من الناس بسبب الصراعات القبلية) وسخيفة (من يهتم إذا كنت تحب مارفل أم دي سي؟).

تأخذ المسيحيَّة كرة هدم وتهدم بها كل هذا. لا أقصد أن المسيحيَّة تعلمنا أن هذه الهويات المتنوعة غير موجودة. بالطبع هي موجودة. وكل واحدة منها تأتي بمجموعة مصاحبة لها من البركات والأعباء. ولكني أقصد أن أقول أن المسيحيَّة تحثنا على التمعن والعيش بحسب تشابهاتنا الأساسية أكثر مما تحثنا على تعريف أنفسنا بحسب اختلافاتنا العرضية، وتحول هذه الاختلافات إلى بركات، كما يجلب كل عضو في الجسد فائدة معينة للكل.

أفضل ما يمكن للبشرية غير المفدية أن تفعله هو أن تشجع على الوحدة المؤقتة حول قضايا عابرة. للأمانة، أفضل ما يمكنها فعله هو مباراة كرة قدم، حيث نكون كلنا في الإستاد معًا، ولا شيء آخر يهم إلا هزيمة عدونا المشترك – وهو في حالتي، فريق وايلد كاتس التابع لجامعة كنتاكي والحكام الذين أقنعت نفسي بأنهم قد اشتروهم لصالحهم. كلنا نشجع ونصيح صيحات الاستهجان في الأوقات السليمة. إننا نحتفل ونعانق ونحلل بكل حماس حالة اللعبة مع جيراننا وأصدقائنا الجدد. لست من محبي الرياضة؟ حسنًا، سأقوم بتبديل الاستعارة. أفضل ما يمكن للعالم أن يقدمه هو حفل موسيقي، حيث نكون جميعًا هناك معًا، نغني نفس النغمة بأعلى أصواتنا، ولا يهم أي شيء آخر باستثناء السطر المحبوب التالي. ولكن بعد إطلاق صافرة الحكم أو تنتهي الأغنية، ماذا يحدث؟ نفترق. تنحسر وحدتنا المؤقتة. تتلاشى هتافاتنا المتزامنة بينما يبدأ الجميع في غناء لحنهم الخاص. يختفي عدونا المشترك، ويظهر هدفنا المشترك في مرآة الرؤية الخلفية، وهكذا نسير في طريقنا الخاص، مستنفدين عاطفيًا ولكن في النهاية لم نتغير.

ولكن ها هو ما يفعله يسوع في الكنيسة المحلية. إنه يأخذ هتافات أشخاص متنوعين بل ومنقسمين ويوحدهم بوحدة لا تنكسر من أجل إرسالية أبدية. إنه ينحني ويلتقط شظايا هوياتنا المنقسمة ويجعلنا كاملين – معًا. بعد أن وصف كيف جاء كل واحد منا إلى المسيح **فرديًا** (أفسس ٢: ١-١٠)، يصف بولس بعد ذلك ما يبنيه المسيح **جماعيًا**:

> **لِذَلِكَ ٱذْكُرُوا أَنَّكُمْ أَنْتُمُ ٱلْأُمَمُ قَبْلًا فِي ٱلْجَسَدِ، ٱلْمَدْعُوِّينَ غُرْلَةً مِنَ ٱلْمَدْعُوِّ خِتَانًا مَصْنُوعًا بِٱلْيَدِ فِي ٱلْجَسَدِ، أَنَّكُمْ كُنْتُمْ فِي ذَلِكَ ٱلْوَقْتِ بِدُونِ مَسِيحٍ، أَجْنَبِيِّينَ عَنْ رَعَوِيَّةِ إِسْرَائِيلَ، وَغُرَبَاءَ عَنْ عُهُودِ ٱلْمَوْعِدِ، لَا رَجَاءَ**

لَكُمْ، وَبِلَا إِلَهٍ فِي ٱلْعَالَمِ. وَلَكِنِ ٱلْآنَ فِي ٱلْمَسِيحِ يَسُوعَ، أَنْتُمُ ٱلَّذِينَ كُنْتُمْ قَبْلًا بَعِيدِينَ، صِرْتُمْ قَرِيبِينَ بِدَمِ ٱلْمَسِيحِ. لِأَنَّهُ هُوَ سَلَامُنَا، ٱلَّذِي جَعَلَ ٱلِٱثْنَيْنِ وَاحِدًا، وَنَقَضَ حَائِطَ ٱلسِّيَاجِ ٱلْمُتَوَسِّطَ، أَيِ ٱلْعَدَاوَةَ. مُبْطِلًا بِجَسَدِهِ نَامُوسَ ٱلْوَصَايَا فِي فَرَائِضَ، لِكَيْ يَخْلُقَ ٱلِٱثْنَيْنِ فِي نَفْسِهِ إِنْسَانًا وَاحِدًا جَدِيدًا، صَانِعًا سَلَامًا، وَيُصَالِحَ ٱلِٱثْنَيْنِ فِي جَسَدٍ وَاحِدٍ مَعَ ٱللهِ بِٱلصَّلِيبِ، قَاتِلًا ٱلْعَدَاوَةَ بِهِ. فَجَاءَ وَبَشَّرَكُمْ بِسَلَامٍ، أَنْتُمُ ٱلْبَعِيدِينَ وَٱلْقَرِيبِينَ. لِأَنَّ بِهِ لَنَا كِلَيْنَا قُدُومًا فِي رُوحٍ وَاحِدٍ إِلَى ٱلْآبِ. فَلَسْتُمْ إِذًا بَعْدُ غُرَبَاءَ وَنُزُلًا، بَلْ رَعِيَّةٌ مَعَ ٱلْقِدِّيسِينَ وَأَهْلِ بَيْتِ ٱللهِ، مَبْنِيِّينَ عَلَى أَسَاسِ ٱلرُّسُلِ وَٱلْأَنْبِيَاءِ، وَيَسُوعُ ٱلْمَسِيحُ نَفْسُهُ حَجَرُ ٱلزَّاوِيَةِ، ٱلَّذِي فِيهِ كُلُّ ٱلْبِنَاءِ مُرَكَّبًا مَعًا، يَنْمُو هَيْكَلًا مُقَدَّسًا فِي ٱلرَّبِّ. ٱلَّذِي فِيهِ أَنْتُمْ أَيْضًا مَبْنِيُّونَ مَعًا، مَسْكَنًا لِلهِ فِي ٱلرُّوحِ. (أفسس ٢: ١١-٢٢)

إن كنا مسيحيون، إذن كل هذا ينطبق علينا بشكل موضوعي وبالتمام لأن المسيح عمله من أجلنا. ولكن هذا لا يعني أن نجلس ونسترخي. بل يعني أنه علينا أن نعمل. على أي حال، فالحقائق الموضوعية والكاملة التي نتمتع بها لها حقوق على حياتنا. الأمر يشبه الزواج. عندما تقول «نعم أقبل» وتقبل عروسك، تصبح من الناحية الموضوعية متزوجًا بشكل كامل. لقد تحقق زواجك. ولكن عملك كشخص متزوج – كزوج أو زوجة – قد بدأ للتو فحسب. لقد أدخلك زواجك إلى علاقة جديدة لها حقوق وتوقعات جديدة من جهة كل من الله والآخرين، حقوق وتوقعات سوف تشكل حياتك حتى يفصلكما الموت. لأنه رغم أنك متزوج بالمعنى الكامل للكلمة، إلا أنك **لست** الزوج المثالي.

لهذا السبب يتابع بولس إعلانه عما فعله المسيح بما ينبغي علينا أن نفعله. بل ويربط الإثنين معًا صراحة:

فَأَطْلُبُ إِلَيْكُمْ، أَنَا ٱلْأَسِيرَ فِي ٱلرَّبِّ: أَنْ تَسْلُكُوا كَمَا يَحِقُّ لِلدَّعْوَةِ ٱلَّتِي دُعِيتُمْ بِهَا. بِكُلِّ تَوَاضُعٍ وَوَدَاعَةٍ وَبِطُولِ أَنَاةٍ، مُحْتَمِلِينَ بَعْضُكُمْ بَعْضًا فِي ٱلْمَحَبَّةِ. مُجْتَهِدِينَ أَنْ تَحْفَظُوا وَحْدَانِيَّةَ ٱلرُّوحِ بِرِبَاطِ ٱلسَّلَامِ. جَسَدٌ

وَاحِـدٌ، وَرُوحٌ وَاحِـدٌ، كَمَـا دُعِيتُـمْ أَيْضًـا فِـي رَجَـاءِ دَعْوَتِكُـمُ ٱلْوَاحِـدِ. رَبٌّ وَاحِـدٌ، إِيمَـانٌ وَاحِـدٌ، مَعْمُودِيَّـةٌ وَاحِـدَةٌ، إِلَـهٌ وَآبٌ وَاحِـدٌ لِلْـكُلِّ، ٱلَّـذِي عَلَى ٱلْكُلِّ وَبِٱلْكُلِّ وَفِي كُلِّكُمْ. (أفسس ٤: ١-٦)

حسنًا، وماذا الآن؟ ماذا نفعل حقًا حتى «نسلك بشكل لائق»؟ بعبارة أخرى، **كيف يبدو** الاتضاع واللطف والصبر والمحبة والحدة؟ أسئلة عظيمة، ربما تشبه هذا.

التكلم بالصدق مع بعضكم البعض – حتى عندما يكون هذا صعبًا. على أي حال، أنتم أعضاء في نفس العائلة. أنتم مقربون بقدر ما يمكن لكلمة مقربون أن تعني. عندما يخطئ بحقك أحد رفاقك المؤمنين، قاوم الغضب الخطأ. وعندما يطل الغضب بوجهه، أعمل بجهد على الاعتراف به وأمض قدمًا لأنك تعرف أن الغضب غير المعترف به فرصة للشيطان ليعيث الفساد ويحطم الوحدة. استخدم عملك كمنصة لا للترويج للذات، بل للكرم، وللبحث عن المحتاجين حتى تساعدهم. استخدم كلماتك بحرص، لا وكأنها مادة ملتهبة، بل وكأنها بلسم شاف. فلا تكون كلمات تدين وتتلف مثل الصدأ؛ بل تسكّن وتشفي تذكر كيف عمل الروح القدس بشكل مماثل في كل أخ مسيحي، وهكذا ينتظركم مستقبل متماثل. أنتم متشابهون أكثر مما تدرك، لذا اعمل بجد حتى تفترض الأفضل وترى القديسين الآخرين كما يراهم المسيح – حتى عندما تريد أن ترد بمرارة، وإحباط، بل وحقد وخبث. على أي حال، لقد واجهت يومًا دينًا ليس بمقدورك البتة أن تسدده، حتى ولو كانت لديك كل المصادر وكل الوقت الموجودين في الكون. ولكن الله في المسيح قد غفر لك. في أفضل أيامك، يدفع كرمه ولطفه كرمك ولطفك. وفي أسوأ أيامك، يشاركك بكرمه ولطفه على أي حال. هللويا، يا له من مخلص!

ما قرأته للتو هو وصف الكتاب المُقدَّس للقداسة التي تطأ قدماها الأرض (أفسس ٤: ٢٥-٣١). هذه هي طريقة وصف الكتاب المُقدَّس للكنيسة. لا أقصد الكنيسة المثالية، كما تعرف، أي تلك التي يمكن أن توجد فقط في أرض الأوهام مثل نارنيا. لكني أقصد الكنيسة الكتابيَّة، مثل تلك الموجودة في أماكن طبيعيَّة مثل نبراسكا.

دعونا نتذكر ما نقوم به. نحن نتكلم عما ينبغي أن تبحث عنه في الكنيسة. أنا أحاول أن أخبرك أنه ينبغي أن تبحث عن كنيسة وليس مجرد محطة وعظ. ماذا أقصد؟ أقصد أنه عندما تلتزم بكنيسة معينة، أنت لا تلتزم بالواعظ المفضل لديك صباح يوم الأحد. ولا تلتزم بأكثر شكل تقدره من أشكال الموسيقى أو الإرساليات أو المشاعر. بل وفي جوهر الأمور أنت لا تلتزم حتى بقناعة لاهوتيَّة معينة، رغم أن الفكر اللاهوتي قطعًا أمر مهم. كلا، بل عندما تلتزم بكنيسة، فأنت في الأساس تلتزم بأشخاص، أشخاص مثل بيل وجوزيف وأتيتو وتشيلسي وجوناثان وجيسون ومورجان. إنهم أشخاص يحبونك. وأنت تحبهم. هم يساعدونك على التحرك. وأنت تساعدهم على التحرك. هم يثيرون غضبك. وأنت تثير غضبهم. هم يغفرون. وأنت تغفر. وهكذا وهكذا.

ليست الكنيسة حشدًا من المسيحيين الذين يأتون في نفس الوقت كل أسبوع للاستماع لبعض الموسيقى والرسالة الكتابيَّة. الكنيسة هي أشخاص ألزموا أنفسهم بمساعدة بعضهم البعض في طريقهم إلى السماء.[١٥]

طبعًا كل كنيسة تعد بعلاقات «حقيقيَّة» أو «عميقة.» ولكن هذه الأهداف المعلنة غالبًا ما تسير عكس اتجاه تصرفاتهم في الواقع ونوعية العلاقات التي يعطونها الأولوية. لذا دعوني أكون واضحًا: ينبغي أن تبحث عن كنيسة تمارس العضوية بمعناها السليم والتأديب الكنسي. في الكنيسة التي يُسلط فيها الضوء على «الجماعة» ولكن لا توجد ممارسة للعضوية بمعناها الصحيح، من السهل أن ننزلق دخولًا وخروجًا دون أن يلاحظنا أحد وبالتالي تصعب معرفة من يتبع المسيح ومن يتواجد هناك فقط من باب أن هذا يتفق مع ظروفه أو يريحه. في الكنيسة التي يُسلط فيها الضوء على «الجماعة» ولكن دون ممارسة للمعنى الصحيح للتأديب الكنسي، يسهل أن يعيش المرء حياة مزدوجة وبالتالي يصعب أن يصدق أن أي شخص يأخذ الموضوع **بهذه** الجدية. لا تفهمني خطأ: قد تكون بعض العلاقات حقيقيَّة، بل وعميقة بحق،

---

[١٥] أحيي مارك ديفر على هذه العبارة.

ولكنها في نهاية المطاف اختيارية من الناحية الوظيفية وتعتمد على الذات في الاختيار، [أي لا تتبع نهجًا أو نظامًا كنسيًا يسري على الجميع – المترجم].[١٦]

منذ بضعة أسابيع، دخلت في حوار مع امرأة كانت ترحل عن كنيستها. لم ترق الكنيسة لمستوى توقعاتها. لم تكن الصداقات تشكل فيهم، ولهذا قررت هي وزوجها الرحيل. أصبحت كنيستهم محطة وعظ بالنسبة لهم. قالت، «كل ما لدينا هو الوعظ.»[١٧]

أنا سعيد لأنها عرفت أن الوعظ ليس هو ما يصنع الكنيسة. ففي حين ينبغي أن يسهل العلاقات في الكنيسة، إلا أنه لا يمكن أن يصبح البديل عنها. لماذا؟ لأن الوعظ لا يرد محبتك بمحبة. لا يقدر أن يفعل هذا. ولكن الناس يقدرون. وإذا ألزمت نفسك بهم – وسمحت لهم بأن يلزموا أنفسهم بك، حتى إلى درجة التخلي عن راحتهم والتضحية – فسوف تزدهر تلك العلاقات بمرور الوقت.

أسئلة محددة ينبغي طرحها:

- هل تُدار شئون العضوية في هذه الكنيسة بشكل هادف وصحيح؟
- هل هناك اجتماعات منتظمة للأعضاء في الكنيسة؟
- هل تمارس الكنيسة التأديب الكنسي عندما يصر أحد الأعضاء على خطيَّة خطيرة دون توبة؟
- هل علاقات التلمذة العضوية طبيعيَّة؟ أم يُستعان في النمو والمسائلة بمصادر خارجيَّة مثل البرامج أو فريق عمل يقوم بها؟

دعونا نرى إن كان يمكنني تلخيص ما كتبته حتى الآن في صورة ثلاثة نصائح.

[١٦] للاطلاع على المزيد حول هذا الموضوع، يمكنك الرجوع إلى كتابي السابق في هذه السلسلة: ماذا ينبغي أن نفعل بخصوص الأعضاء الذين لا يحضرون؟ (كروسواي، ٢٠٢١). لقد أثبت أهمية العضوية والتأديب الكنسي في هذا الكتاب. هنا، أنا افترض وجودهما إلى حد ما.

[١٧] ملاحظة جانبية: قد يقول شخص ما، "كل ما لدينا هو الوعظ" ويعني، "كل ما لدينا هو الوعظ وليس البرامج المتنوعة والمجموعات الفرعية التي نحتاجها "لنشعر" بأننا على اتصال." لو كان الحال كذلك، فسأكون أقل تعاطفًا. ينبغي أن يكون الوعظ الأمين في مركز حياة الكنيسة، وتنساب العلاقات على الأرجح منه.

١. ابحث عن كنيسة تعظ بالإنجيل بوضوح، وضوح شديد حتى لا يختلط عليك فهم ما هي مشكلتك وما هو الحل الذي قدمه الله في المسيح.

٢. ابحث عن كنيسة توضع فيها كلمة الله على أعلى مكان للجميع، وليس على سير ليطلع عليها من يتمتع بالفضول اللازم.

٣. ابحث عن كنيسة تدخلك إلى مجتمع من العلاقات الخارقة للطبيعة، وهو ما يبدو غريبًا ولكنه فقط مسيحيون طبيعيون يتبعون القداسة معًا.

إذا وجدت كنيسة مثل هذه، فأنا واثق من أنك وجدت مكانًا رائعًا، مكان يستحق الاستقرار فيه لفترة، ربما بقية حياتك. الإنجيل، الكتاب المُقدَّس، والعلاقات البناءة هي أهم شيء. ينبغي أن تكون هذه الأمور على قمة أولوياتك. ينبغي أن تهتم بأمور أخرى أيضًا: قادة مؤهلون، الوضوح في العقائد الصعبة، الوضوح في القضايا الأخلاقيَّة مثل العلاقات الجنسية والإجهاض. والقائمة تستمر. على أي حال، هذا الفصل ليس شاملًا، أنا أقدم لك الأساسيات فقط.

ولكن... تبقى لدي عدو مئات فقط من الكلمات على عداد الكلمات، لذا دعوني أقدم لكم مشورة أخرى لتفكروا بها.

٤. لا تبحث عن الكمال

أخبرتكم بالقليل عن تاريخي الكنسي في البداية. وإن أمكنني تلخيصه في عبارة واحدة فستكون: على مدار الزمن، أوضحت كلمة الله كل أنواع الأسئلة التي تشغل بالي والتي لم أكن أعرف كيف أعبر عنها بوضوح.

- لماذا أدهشني دائمًا وبدا لي شيئًا غريبًا أن يكون آباء بعض أصدقائي «أعضاء» في كنيسة يبدو أنهم لم يذهبوا إليها أبدًا؟

- لماذا أجده أمرًا غريبًا، حتى كشاب في الثامنة عشرة من عمره، أن تخصص كنيستي أحد أيام الأحد لمشاهدة مباريات السوبر بأول لكرة القدم الأمريكية؟

- لماذا نموت كثيرًا عندما ذهبت أخيرًا إلى كنيسة كل ما تفعله ببساطة هو أنهاه تشرح وتطبق الإنجيل؟
- لماذا بدا لي غريبًا أن يكون لدى بعض الكنائس «خدمات» مثل السينما التي يوجد لديها «عروض»؟ أو «مواقع» مثل موقع للأطعمة السريعة تقدم «امتيازات تجارية»؟

كانت هذه أسئلة لم أعرف أنها لديَّ حتى عرفت أنها لديَّ، حتى ظهر عكس الممارسة التي أعرفها طول عمري أمام وجهي.

أرجو أن أكون قد أعطيتك قدر مناسب من القدرة على التعبير عن نوعية الأسئلة التي ينبغي أن تسألها عندما تبحث عن كنيسة. لأنه أكثر من أي شيء آخر، أريدك أن **تجد** كنيسة صحية. لا أظن أن هناك أي شيء أهم من هذا.

إذا أمكنني أن أتجرأ: فالهدف من هذا الفصل المميّز هو أن تكون مثلي، رجل وجد ما كان يحتاجه في الكنيسة رغم أنه لم يكن يبحث عنه. لقد عثرت بالصدفة على كنيسة صحية في الأساس. وأنا أريدك أن تبحث عن كنيسة صحية بأي ثمن. وعندما تجدها، أريدك أن تقدرها وتستوعبها، مثل رجل عطشان يتجرع كوبًا طويلًا من الماء المثلج محدثًا ضجة وهو يبتلع الماء. أريدك أن تجد كنيسة تبقى معك عندما ترحل – سواء كنت هناك لمدة سنة، أو عشر سنوات، أو طول الحياة.

كما أن هناك هدف آخر من هذا الفصل: لا تكن مثلي. أترى، لقد حدث شيء فظيع بينما بدأت أتعلم وأصدق هذه الأمور الرهيبة عن أهمية الكنيسة: أصبحت أحمقًا. في الواقع، أتذكر أني جلست مع أبي الصبور الكثير الاحتمال نتناول معًا بعض أجنحة الدجاج في مطعم بافالو وقلت له، «العظات في كنيستك ليست عظات للمسيحيين حتى! والواعظ لديك لا يعظ بالإنجيل! «ومواقعكم» لا تعتبر كنائس حتى!

الخطيَّة هي أسوأ شيء. حيث تجعلنا أغبياء ومعاندين عندما نكون مخطئين، وتغرينا بأن نصبح حمقى عندما نكون على حق وخاصة عندما **نظن** أننا على حق.

باختصـار: لا تكن أحمقًا. لا تحتقر المسيحيين الآخرين أو الكنائس الأخرى. افترض الأفضـل. ابحـث عـن كنائـس تحتفـل بمـا يشـتركون فيـه مـع الكنائـس الحقيقيَّـة الأخـرى، وتجنب الكنائس التي تبدو أنها تستمتع بتفردها أو ابتكاراتها. ابحـث عـن كنائس يقودها رجـال لديهـم جلـد سـميك وقلـوب رقيقـة، يتكلمـون برأفـة ووضـوح. ابحـث عـن كنائـس مليئـة بنسـاء مزدهـرات – سـواء متزوجـات أو عازبـات أو أرامـل.

وتذكر دائمًا: مـا مـن كنيسـة كاملـة. إذا حـدث ووجـدت كنيسـة كاملـة، فسـوف تخربهـا لحظـة دخولـك مـن البـاب. فـلا تكـن مثلـي، أحمـق فـي طـور التعافـي. وإنمـا كـن مثـل يسـوع. ابحـث عـن كنيسـة تسـاعدك علـى النمـو حتـى النضـوج. وبينمـا تفعـل، أشـكر الله علـى كل كنيسـة وكل راع مـررت بهـم فـي طريقـك – كمـا هـم بنفـس حالـة عـدم الكمـال التـي كانـوا عليهـا.

مراجع مقترحة

1. Mark Dever, *Nine Marks of a Healthy Church*. Wheaton, IL: Crossway, 2021.

2. Mark Dever, *What Is a Healthy Church?* Wheaton, IL: Crossway, 2005.

3. Jonathan Leeman and Colin Hansen, *Rediscover Church: Why the Body of Christ Is Essential*. Wheaton, IL: Crossway, 2021.

٢٢

ما الذي يجب أن نفعله مع الأعضاء الذين لا يذهبون لحضور الكنيسة؟

أليكس دوك

«مَاذَا تَظُنُّونَ؟ إِنْ كَانَ لِإِنْسَانٍ مِئَةُ خَرُوفٍ، وَضَلَّ وَاحِدٌ مِنْهَا، أَفَلَا يَتْرُكُ ٱلتِّسْعَةَ وَٱلتِّسْعِينَ عَلَى ٱلْجِبَالِ وَيَذْهَبُ يَطْلُبُ ٱلضَّالَّ؟»

متى ١٨: ١٢

إذا ضلت شاة دعونا نبحث عنها؛

أن نتخلى عنها بتسرع فهذه ليست طريقة السيد.

ينبغي أن تكون طريقتنا هي بذل الجهد والرعاية،

لأننا نحن المشرفون على قطيع المسيح بهدف تقديم الجميع

بلا عيب أمام الله. غياب شهر واحد عن بيت الله، في بعض

الحالات، هو علامة مميتة على الارتداد عن اعتراف الإيمان،

بينما يكون الغياب الطويل في حالات أخرى محنة ينبغي
التعاطف معها، وليس جريمة ينبغي معاقبتها بأقصى عقوبة.

تشارلز سبرجن[1]

هل سبق أن حضرت مقابلة لعضوية الكنيسة؟ أنا حضرت. في الحقيقة، لن أنسى البتة أول مقابلة أحضرها. لماذا؟ ليس لأنها كانت لحظة شديدة الأهمية في حياتي بالذات. أعني، كان هناك أربعة منا يجرون المقابلة – أنا وثلاثة من شركائي في السكن – يجلسون على كراس غير مريحة في غرفة عشوائية في كنيسة ريتش بنود المعمدانية في بولينج جرين، كنتاكي.

لكنني أتذكّر بشكل مميز هذه المقابلة للحصول على العضوية لأنها – رغم أن أربعتنا قد جلسوا في دائرة محكمة بجوار الراعي ستيف – كان صديقي زاك نائمًا تمامًا ودون القدرة على إيقاظه.[2] كان هناك، على بعد ٩٠ سم من راعينا المحبوب الذي كان يبذل قصارى جهده لشرح أفراح وامتيازات عضوية الكنيسة. وكان هناك زاك. نائمًا.

أعرف. أعرف. قد تكون عضوية الكنيسة أمرًا مملًا جدًا. الأمر يبدو مملًا ليس إلا. أقصد، انظر على العناوين المملة لهذا الفصل الممل: ما الذي يجب أن نفعله مع الأعضاء اللذين لا يذهبون لحضور الكنيسة؟ حقًا؟ شيء ممل.

ولكن ابق معي قليلًا. حتى ولو بدا هذا الفصل مملًا قليلًا، إلا أن عضوية الكنيسة ليست مملة. في الحقيقة، أود أن أقول إنه بعيدًا عن الوعظ بأمانة بالإنجيل، لا شيء أهم البتة من أن تعيش الكنيسة **العضوية بشكل له مغزاه.**[3]

---

1 C. H. Spurgeon, *The Sword and the Trowel; A Record of Combat with Sin & Labour for the Lord*. 37 vols. (Lon- don: Passmore & Alabaster, 1865–1902), 1872:198.

٢ القصص الشخصية التي تتضمن أشخاصًا آخرين والتي تمت المشاركة بها في هذا الكتاب هي بسماح من هؤلاء الأشخاص. وقد تم استخدام أسماء مزيفة أحيانًا للحفاظ على الخصوصية.

٣ عندما استعمل عبارة "العضوية بمعناها الصحيح،" فالتأديب الكنسي متضمن فيها. في عالم ساقط، لا يمكن أن تأخذ عضوية الكنيسة معناها الصحيح ببساطة بدون ممارسة التأديب الكنسي في بعض الأحيان.

العضوية بشكل له مغزاه. هذا هو ما يدور حوله هذا الفصل بالفعل. إنه يتأمل في حدث شائع – الأعضاء الذين توقفوا عن الحضور – ويطرح أسئلة، «ماذا ينبغي أن نفعله؟» والإجابة على هذا السؤال تكشف ما إذا كان فهم الكنيسة لمسألة العضوية أمر مفيد أو هو شيء آخر.

ولكن قبل أن نصل إلى هذا السؤال بالتحديد، أحتاج أن أقنعكم بعدة أمور.[٤]

ماذا ينبغي أن نقول لمن لن يحضروا؟

ربما لم تفكروا في الأمر من قبل، ولكن عليكم مسؤولية من جهة الأعضاء الذين لا يحضرون في كنيستكم. إنهم يحتاجون أن تتكلموا لحياتهم وتدعوهم إلى العودة إلى الشركة مع شعب الله. ولكن قبل أن تفعلوا هذا، أنتم بحاجة إلى أن يكون لديكم فهم واضح عما هي الكنيسة وماذا تفعل – ولماذا ينبغي أن يبني المسيحيون حياتهم حول الكنيسة. لذا النقاط التالية ليست فقط لمن لا يحضرون، بل هي كذلك لمن يحضرون بأمانة.

١– العضوية مفيدة أكثر مما تتخيل

ما هي عضوية الكنيسة؟ إنها التزام يلتزم به المسيحيون بمسائلة بعضهم البعض بخصوص الاجتماع بانتظام وجعل حياتهم تدور معًا حول الإنجيل. يأخذ هذا الالتزام والمسائلة أشكالًا مختلفة في أوقات وأماكن مختلفة. ربما تكون هناك فصول الانضمام إلى العضوية وعهود الكنيسة المكتوبة. ربما لا. المقصود هو أنهم يجاهدون لأخذ هذا الالتزام والمسائلة بجدية – لجعلهما أمرين لهما معناهما في حياة الكنيسة.

بعيدًا عن الوعظ بأمانة بالإنجيل، لا شيء تقوم به الكنيسة أهم من أن تعيش عضويتها بشكل له معناه السليم.

---

[٤] جزء من مادة هذا الكتاب مأخوذة وقد تم تحويرها من

Alex Duke, «Why Churches Should Excommunicate Longstanding Non-Attenders,» *9Marks* website, August 14, 2020, https://www.9marks.org/article/why-churches-should-excommunicate-longstanding-non-attenders/. Used with permission of 9Marks.

لا أقصد أن أضع الأشياء الجيدة مقابل بعضها، لكني أعتقد أن ما سأقوله يعكس أولويات كتابيَّة.

العضوية بالمعنى السليم أهم من إرسال المرسلين إلى من لم تصل إليهم الرسالة بعد. العضوية بمعناها السليم أهم من استضافة الأحداث التبشيرية في الحي الذي تسكن فيه. وأهم من السعي لتحقيق العدالة، أو إقامة خدمة مشورة ناجحة، أو تعميد المئات، أو القيام بتبشير رائع ومثمر في حرم الجامعة، أو السعي لتحقيق الامتياز في الفن، أو إنشاء كلية لاهوت، أو أي شيء آخر يمكنك أن تفكر فيه.

تساءل عن شكل تعبيرات وجهك بينما كنت تقرأ هذه الفقرة. حسنًا، أعطني لحظة لأدافع عن نفسي. تذكر الفقرة أعلاه قائمة من الأشياء الرائعة والأساسية التي تفعلها الكنائس. ولكن العضوية بمعناها السليم هي التعبير عن **ماهية** الكنيسة، وينبغي **أن نكون** كنيسة قبل أن نستطيع أن **نفعل** ما يُفترض بالكنيسة فعله.

يضرب الفشل في عيش العضوية بمعناها الصحيح قلب كل ما تقوم به الكنيسة. تضعف الممارسة الواهية لعضوية الكنيسة وانضباطها كل ما تفعله الكنيسة، في حين تقوي الممارسة الهادفة للعضوية والانضباط كل ما تفعله الكنيسة. فكر كيف تقوي ممارسة العضوية بمعناها السليم الكنيسة من خلال مقارنة الأسئلة التالية:

- سؤال جيد: كم عدد الناس الذين قمتم بتعميدهم هذه السنة؟
- سؤال أفضل: هل تتم تلمذة من قمتم بتعميدهم ليكونوا أعضاء؟ هل تعلمون حتى أين هم؟
- سؤال جيد: هل تعلّمون شعبكم أن يسعوا إلى إقامة العدل؟
- سؤال أفضل: هل تؤدبون الأعضاء الذين يعيشون حياة الظلم الظاهر دون توبة؟
- سؤال جيد: كم تعطون من المال لتبشير من لم تصل إليهم الرسالة في جميع أنحاء العالم؟

- سؤال أفضل: هل يعرف رعاتكم الخراف المكتوبة أسماؤهم في قوائم عضويتكم؟

ببساطة، بدون عضوية لا يمكن أن تكون الكنيسة بصحة جيدة. قد تكون كنيسة حقيقيَّة، طالمًا أنها تعظ بالإنجيل ويجتمع نفس المسيحيون بانتظام ويقدرون ببعضهم البعض. ولكن وعظها – وكل شيء آخر – سيضعف.

طبعًا، ما من كنيسة مثالية. وجود فصل تعليم لمن ينوون الانضمام إلى العضوية وممارسة التأديب الكنسي لا يجعلان الكنيسة سليمة في حد ذاتها أو من تلقاء نفسها. وممارسة العضوية السليمة لا تلغي الحاجة إلى التبشير، والسعي لإقامة العدل، وإرسال المرسلين، وكل شيء آخر.

يستخدم الرب عصى معوجة ليرسم بها خطوطًا مستقيمة، آمين؟ كما يستخدم الأشياء الضعيفة ليخزي القويَّة، آمين؟ وكل كنيسة هي كنيسة معوجة إلى حد ما؛ كل كنيسة هي كنيسة ضعيفة إلى حد ما. ولكن الممارسة الأمينة للعضوية والتأديب هي واحدة من أفضل الطرق لمعرفة ما إذا كانت الكنيسة سليمة أم لا.

فكر في كنيستك كمصباح موصل بمفتاح تقليل الإضاءة في غرفة مظلمة. كل ما نفعله يجعل شهادتنا أكثر لمعانًا أو ظلامًا. وممارسة العضوية بمعناها السليم واحدة من أكثر الطرق المضمونة لزيادة شدة إضاءة هذا المفتاح؛ بينما تجاهلها واحدة من أضمن الطرق لتقليل شدة الإضاءة.

العضوية بالمعنى السليم أهم مما تظن.

٢- العضوية بالمعنى السليم شيء يفترضه الكتاب المُقدَّس كله

هناك نصوص إثبات تثبت صحة مفهوم عضوية الكنيسة. الشاهد المفضل لدي هو ١ كورنثوس ٥: ١٢ حيث يسأل بولس، «**لِأَنَّهُ مَاذَا لِي أَنْ أَدِينَ ٱلَّذِينَ مِنْ خَارِجٍ؟ أَلَسْتُمْ أَنْتُمْ تَدِينُونَ ٱلَّذِينَ مِنْ دَاخِلٍ؟**» في هذه الآية الواحدة، نرى أن هناك داخل وخارج الكنيسة، ونرى أن علاقتنا ومسؤوليتنا تجاه الذين هم في **الداخل** تختلف عن علاقتنا ومسؤوليتنا من نحو الذين هم في **الخارج**.

أسئلة كنسيّة

ولكن أنس أمر نصوص الإثبات. دعنا نستخدم الاستعارات. تفترض استعارات الكتاب المُقدَّس الخاصة بالكنيسة العضوية الهادفة. دعونا نلقي نظرة.[٥]

جسد (١ كورنثوس ١٢)

حسنًا، بما إنني مطالب عدد معين من الكلمات، لا أستطيع ببساطة أن أنسخ ١ كورنثوس ١٢:١٢-٢٧. لذا فلتأت بكتابك المُقدَّس واقرأ هذه الآيات. ماذا ترى؟ كيف يصف بولس الكنيسة في كورنثوس؟

إنه يصفها بأنها مثل الجسد البشري المكون من أعضاء مختلفة ــ كل واحد منها مختلف، ومع هذا فهو جزء لا يتجزأ من الجسد؛ وكل واحد منها متميز، ولكنه حيوي مع هذا. لاحظ عدة أمور في هذه الفقرة.

أولًا، مصطلح «عضو» هو كلمة كتابيَّة (انظر الآيات ١٢، ١٤، ١٨-١٩). لم يخترع سام والتون هذا المصطلح. ولا حتى من أسس الفكر الماسوني أو جماعة المستنيرين هو من اخترعه. تأتي كلمة «العضوية» من الكتاب المُقدَّس، وينبغي أن نتأكد من أن فهمنا لها متأثر بالكتاب المُقدَّس، وليس بنادي سام.

ثانيًا، نحن بحاجة إلى بعضنا البعض. تحتاج اليدين إلى العينين، والعينان إلى اليدين. تحتاج العينان اليدين لتمسكا بما تراه العينان، وتحتاج اليدان إلى العينين لتريا ما الذي ينبغي أن تمسكا به. كل عضو في الكنيسة هو عضو حيوي، وتلك التي تبدو تافهة فحسب هي في الحقيقة أعضاء لا غنى عنها (آية ٢٢).

عائلة (أفسس ٢: ١٩؛ ١ تيموثاوس ٣: ١٥؛ ١بطرس ٤: ١٧)

أشعر بإغراء الاستشهاد بكل مرة يشير فيها أحد كتاب العهد الجديد إلى مستمعيه بصفتهم «إخوة،» ولكن سأشير ببساطة إلى ثلاث فقرات يسمي فيها بطرس وبولس الكنيسة «بيت الله» في أفسس ٢: ١٩؛ ١ تيموثاوس ٣: ١٥؛ و١ بطرس ٤: ١٧.

[٥] للاطلاع على مقالة مفيدة حول هذا الموضوع، أنظر

Sam Emadi, «Meta- phors and Membership: How Biblical Metaphors for the Church Require Church Membership,» *9Marks* website, May 7, 2019, https://www.9marks.org/article/metaphors-and-member-ship-how-biblical-metaphors-for-the-church-require-church-membership/.

ليس البيت هو المبنى؛ إنه مجموعة من الناس – أم وأب وعدة أطفال وتلك العمة الكبرى التي تضع الكثير من أحمر الشفاه، وابن العم الذي تقول له في كل عيد شكر، «ينبغي أن نلتقي معًا!» رغم أنكما تعرفان أنكما لن تلتقيا مرة أخرى إلا في موسم العيد كل أربع سنوات.

هكذا أيضًا، الكنيسة هكذا – بيت، عائلة. ومم تتكون العائلة؟ من أعضاء. علاوة على هذا، فالعائلات لها حدود – لا يمكنك أن تنضم إلى عائلة شخص آخر هكذا بدون إذنه. نعم، اندفع كرامر إلى بيت جيري مئات ومئات المرات. ولكنه لم يكن من ضمن عائلة جيري. نفس الشيء ينطبق على الكنيسة.

هيكل (أفسس ٢: ١١-٢٢)

مرة أخرى، أشجعك على أن تحضر كتابك المُقدَّس وتقرأ ١ كورنثوس ٣: ١٦-١٧؛ ١ بطرس ٢: ٤-٥؛ وأفسس ٢: ١١-٢٢. حاليًا سأركز فقط على أفسس ٢.

في أفسس ٢: ١-١٠، يشرح بولس كيف يخلص الأفراد – «بالنعمة ... بالإيمان،» وليس بالأعمال، «كَيْلَا يَفْتَخِرَ أَحَدٌ.» بهذه الصفة، نحن عمل الله (آية ١٠). ثم يتابع ليشرح نوعية العمل الذي يبنيه. إذا كانت أفسس ٢: ١-١٠ تصف الأحجار منفردة، فأفسس ٢: ١١-٢٢ تصف البناء – وهو بناء مذهل. تأمل كيف يصف بولس الكنيسة في الآيات التي تلي هذا:

- لقد قربنا المسيح (آية ١٣).

- وهو سلامنا (آية ١٤).

- وقد خلق في نفسه إنسانًا واحدًا جديدًا، حيث كان هناك اثنان من قبل (آية ١٥).

- وحيث كانت هناك عداوة بيننا، جلب السلام والمصالحة (الآيتين ١٥-١٦).

- لقد جعلنا مواطنين شركاء في وطن جديد: بيت الله (هنا تظهر استعارة العائلة مرة أخرى!). يُبنى بيت العائلة هذا على أساس تعليم الإنجيل الصحيح، وحجر زاويته هو المسيح نفسه (الآيتين ١٩-٢٠).
- هذا البيت الذي يبنيه يسوع سوف ينمو ليصبح هيكلًا مُقدسًا، حيث يسكن الله مع الإنسان بالروح (الآيتين ٢١-٢٢).

هذه الآيات مفعمة بالاستعارات. نحن مواطنون؛ نحن أعضاء عائلة؛ نحن أحجار في «بناء مكتمل» (الآية ٢١).

والآن دعونا نأخذ خطوة أبعد. في كل هذه الاستعارات يقدم الكتاب المُقدَّس الكنيسة كمؤسسة تُعرف بقربها وترابطها. وهي لا تتسم في الأساس بموقفها الخارجي من العالم غير المؤمن، بل بالترابط الجوهري بين أعضاءها الذين تتكون منهم – أي، الأشخاص الذين تتكون منهم.

علاوة على هذا، هذه الاستعارات حية. الأجساد حية. العائلات حية. حتى هذا «البناء المتكامل» في أفسس ٢: ٢١ يبدو أنه حي. في الآية ٢١، يصفه بولس كشيء ينمو ويصبح مسكنًا لله الحي بالروح.

عندما تفكر في الكنيسة، ما هي الصور التي ترد إلى ذهنك؟ مخطط تنظيمي؟ مبنى على شكل كهف فارغ؟ منصة مضاءة؟ مجموعتك الصغيرة المفضلة، أو الخدمة التي خدمت فيها لسنوات؟ رحلة الإرساليات التي تقوم بها مع أطفالك كل صيف؟

عندما يفكر كتبة الكتاب المُقدَّس في الكنيسة – وأجرؤ أن أقول إنه عندما أسس يسوع الكنيسة – لم يفكروا في شيء من هذا، على الأقل ليس بشكل أساسي. لقد فكروا في العائلة والأعضاء الذين تتكون منهم. فكروا في الجسد، المكون من كل أعضاءه المترابطين معًا. فكروا في مبنى، ولكنه مبنى حي لأن كل حجر يسكنه الروح الله الحي القدوس.

عندما ندع الصور الكتابيَّة عن الكنيسة تنغرس في أذهاننا، ينبغي أن يتغير فكرنا الفطري عن ماهية الكنيسة وما تفعله. مثل كوب من الشاي المنقوع، ينبغي أن تزداد

قوة، وتزداد قوة النكهة.٦ ينبغي أن تشكل هذه الأفكار الفطرية إذن حكمنا على التصرفات التي نعتبرها معقولة أو غير معقولة. فإذا كنت ترى الكنيسة وكأنها مخطط تنظيمي أو مجموعتك الصغيرة المفضلة أو أكثر خدماتك إثمارًا أو أي شيء يحدث على المنبر أو رحلتك الإرسالية المفضلة – فسيكون شيء مثل «تأديب من لا يحضرون» أمرًا غير معقول، وجائرًا، وغريبًا، بل وقاسيًا.

ولكن عندما تفكر في الكنيسة بالطريقة التي يراها بها الكتاب المُقدَّس – كشيء موحد وحي، كأشخاص مفديين يشكلون الآن شعبًا مفديًا – عندئذ أشك أن يبدو هذا غير معقول أو جائر أو غريب أو قاسي، بل بالحري معقولًا ومتوقعًا ومستقيمًا، بل ولطيفًا.

ببساطة، المسيحي الوحيد – المسيحي الذي يعيش بعيدًا عن الشركة المنتظمة مع الكنيسة المحلية – قد يكون شيئًا ممكنًا. ولكنه احتمال محزن وغير مرغوب فيه.

أريدك أن تتصور شيئًا: يد مقطوعة أو مقلة عين سائبة من مكانها. إن كان هذا أمرًا مروعًا بالنسبة لك، تصور شيئًا آخر مثل امرأة لم تتكلم مع عائلتها لسنوات. إن كان هذا الوضع يصف حال البيت من الناحية العاطفية بالنسبة لك بشكل وثيق، حاول أن تتصور شيئًا لا يمكن أن يحبطك – حجر، وحيد، يقبع في الحقل.

يشبه المسيحي الوحيد تلك اليد أو مقلة العين أو عضو العائلة المنقطع عنها أو ذلك الحجر القابع وحده في الحقل. إنه أمر مؤسف. كما أنه بلا فائدة. إنه أمر مثير للقلق إلى حد ما.

٣– العضوية بالمعنى الصحيح أندر مما تظن وأسهل مما تظن

العضوية بالمعنى الصحيح أندر مما تظن. رغم أن هناك الكثير من الكنائس التي لديها «عضوية،» إلا إنهم كثيرًا ما يستخدمون هذه الكلمة ببساطة بدون ممارسة ما تعنيه بشكل صحيح – كما يحدث عندما يخبر شاب في الصف الإعدادي صديقته بأنه «يحبها.» إنه يقصد أن يقول هذه الكلمة لأنه يعلم أنها الكلمة التي يصح أن يقولها، ولكنه لا يعرف حقًا كيف يعيشها.

---

٦ لم أتناول من قبل أي كوب من الشاي ولكني افترض أنه يسير على هذا النحو.

فيما يلي بعض الصور المتكررة الشائعة للعضوية بدون المعنى الصحيح.

هناك عضوية بمعنى **التعلق العاطفي**. وتتسم هذه بالتعلق العاطفي بالكنيسة التي تحبها أو اعتادت أن تكون أكثر كنيسة تحبها. أنت تعرف عم أكلم. أنت تتكلم مع شخص ما في ستاربكس، وتسأله إلى أية كنيسة يذهب؟ فيقول، «أوه، لقد نلت المعمودية في كنيسة الفادي المعمدانية، الموجودة في آخر الشارع.» ربما تكون هذه المعمودية قدِ حدثت الأسبوع الماضي أو القرن الماضي، ولكن في ذهن هذا الشخص أن هذه هي «كنيسته» لأنه نشأ هناك أو حظي باختبار روحي مهم هناك، رغم أنه نادرًا ما يحضر هذا إذا حضر من الأصل. في بعض الحالات، لا يكون هؤلاء الأشخاص **أعضاء** حتى في هذه الكنائس، لكنهم يظنون فقط أنهم كذلك. ولكن في الكثير من الحالات، يكونون أعضاء، وسيظلون كذلك حتى يموتون. وهي النقطة – من يدري؟ – التي قد يكونون محظوظين بدرجة كافية ليعودوا عندها إلى كنيستهم لإقامة جنازتهم.

هناك أيضًا العضوية كفرصة **لفتح أبواب معينة**. فيما لي أشرح ما أقصده: الكنيسة التي بها هذا النوع من العضوية بالمعنى السيء يكون بها أعضاء. بل وربما يكونون قد حضروا فصل الانضمام إلى العضوية الذي يتكلم فيه الراعي عن تاريخ الكنيسة، معتقداتها، والخدمات المتنوعة التي يمكن أن يشترك فيها الأعضاء. ما لا يتكلمون عنه هو كيف تغير العضوية من طبيعة كل من علاقتك بالكنيسة وعلاقة الكنيسة بك. الأمر هناك لا يتعلق البتة بالمسائلة والالتزام، بل فقط بالفرصة. في الكنائس التي تشبه هذا، تكون العضوية في الأساس خطوة سطحية عليك أن تأخذها حتى تخدم في الحضانة أو تجلس في لجنة أو تلعب بفتور على الطبلة على المنبر صباح الأحد الثالث من كل شهر.

أخيرًا، هناك عضوية **كمبدأ منهجي تنظيمي**. في هذه الكنائس تأتي العضوية كشيء مهم وحيوي. بل وقد يطلقوا عليها اسمًا رائعًا: «شركاء» أو شيء مثل هذا. ولكن مرة أخرى، لا تشدد الكنيسة على أن الانضمام يغير حالة علاقتك بالكنيسة أو علاقة الكنيسة بك. في هذه الكنائس، العضوية ببساطة هي «أفضل ممارسة»،

وسيلة يعرف بها قادة الكنيسة داعميهم الماليين والمتطوعين المحتملين. حيث تمكنهم العضوية من وضع علامة أمام الطلبات اللازمة، إن جاز التعبير، بحيث يمكنهم الرد على أسئلة مثل: «كم بالمئة يمثل العطاء في كنيستنا؟» أو: «كم بالمئة من كنيستنا يخدمون في الحضانة؟» أو: «كم بالمئة من كنيستنا يحضرون مرة شهريًا على الأقل؟» كلها أسئلة حيوية. ولكن عند سؤالهم بعيدًا عن الجوانب الأخرى من العضوية بالمعنى السليم، يقصر هذا النوع من العضوية.

والملخّص لما سبق هو أن العضوية بالمعنى السليم أندر مما تظن لأن الكنائس كثيرًا ما تقصد أن تمارسها، ولكن تفشل في هذا. فيجعلونها مسألة تتعلق برمتها بالفرص أو المعلومات وليس حول السلطان والمسائلة البتة، واللذين يكمنان كلاهما في قلب معنى العضوية. وفي نفس الوقت، العضوية بالمعنى السليم أسهل مما تظن لأنها لا تتطلب عمليَّة طويلة وسخيفة، بل ببساطة هي عبارة عن الاعتراف بهذين الجانبين المهملين: الالتزام والمسائلة.

بعبارة أخرى، تحتاج عضوية كنيستك أن يكون لها **أسنان**. تحتاج أن تأخذ في اعتبارها سلطان عضوية الكنيسة الجوهري؛ الأمر ليس مجرد تعلق عاطفي أو مبدأ تنظيمي. عندما تصبح عضوًا في الكنيسة، يُعاد تعريف علاقتك مع مجموعة فرعية معينة من المسيحيين. تذكر، هذا هو المقصود في ١ كورنثوس ٥: ١٢. تعلمنا هذه الآية الواحدة كل من الالتزام والمسائلة.

٤ - لا يمكن أن تكون العضوية بمعناها الصحيح شارعًا تسير فيه السيارات في اتجاه واحد

لا تشبه عضوية الكنيسة تلك الإشعارات المقلقة التي تصلك على جهاز الآيفون الخاص بك لتدفعك في اتجاه معين - لا يمكنك الاشتراك وإلغاء الاشتراك كيفما تشاء. دعني أوضح ما أعنيه بمقارنة ما أقوله بمفهوم إحدى الكنائس الأمريكية الشائع عن العضوية. فيما يلي ما يقوله موقع هذه الكنيسة الإلكتروني ردًا على السؤال، «هل توجد عضوية في كنيستكم؟»

> هنا في كنيسة ________، نريدك أن تعرف أنه من لحظة دخولك من الباب، أنت تنتمي إلى الكنيسة وبإمكانك اعتبار هذا المكان كنيستك وبيتك، دون الحاجة لوجود ألقاب معينة. وبما أنه ليس لدينا نظام العضوية التقليدي، فلن يكون بمقدورك أن «تنضم» إلى الكنيسة «كعضو» – ولكننا نأمل أن تنخرط بالكامل في حياة الكنيسة. بإمكانك الاشتراك معنا من خلال الخدمة بطريقة استراتيجية، الاشتراك في إحدى المجموعات، دعوة الآخرين، والعطاء بشكل ممنهج. من يشتركون معنا بشكل كامل هم من يعتبرون أعضاء في كنيستنا.

تعتبر هذه الفقرة مثالًا أصيلًا على «العضوية كطريق ذي اتجاه واحد،» والتي تعتبر قريبة الفكرة «العضوية كوسيلة لفتح الأبواب.» إنها عضوية مفرغة من أي التزام أو مسائلة. إنها عضوية تشبه أن تطلب وتتسلم طلبك دون أن تغادر السيارة، اختيارية بالكامل وتميل للفردية بالكامل. إنها تسلم السلطة لأي شخص يريدها، ولا تترك من لا يريدونها في وضع أفضل من ذي قبل.

الشيء المفقود في هذا النهج هو شيء كبير. فالخط بين الكنيسة والعالم يختفي إذ يصبح الانضمام إلى الكنيسة اختياريًا بالكامل وعبارة عن قرار ذاتي بحت. هل تعتبر **نفسك** «مشتركًا بالكامل»؟ إن كنت كذلك، فأنت **تعتبر** عضوًا. باعتباري مهووسًا بالنحو، أجد أن البناء للمجهول مفيد للغاية. فلا أحد يقوم بعمليَّة التفكير حقًا في هذا البيان!

أشكر الله أن هذه الكنيسة تعظ بالإنجيل. وأدرك أنها منظمة بهذا الشكل لتتصدى للأفكار الحصرية الخاطئة وأساليب العضوية «التقليدية» العرجاء. ولكن هذا النظام، حتى وهو يقصد تعزيز أمور جيدة، إلا أنه يشجع على وجود بيئة، ستجعل المؤمنين غير الناضجين يعيشون في حالة ركود في أحسن الأحوال، أو ستجعل المسيحيين الإسميين – في أسوأ الأحوال – يأتون ويذهبون كما يحلو لهم ودون أن تكون لهم هوية محددة ويبقون دائمًا وطول الوقت على الهامش.

للأسف، أثرت كنائس مثل هذه على ضمائر المسيحيين بحيث أصبح التأديب على عدم الحضور يُنظر إليه مثل اتباع شرائع التوراة الخاصة بالنظام الغذائي. في الواقع، لو كنت قلت لي منذ عشر سنوات إنني سأكتب كتابًا عن عضوية الكنيسة، لكنت قد تساءلت ما هذه الطائفة المجنونة التي انضممت إليها، وماذا يشربون حتى يذهب عقلهم هكذا؟[٧]

بعض الكنائس الأخرى منغلقة بشكل خاطئ، بل ومتزمتة. فلا نجدهم ملح ونور؛ هم فقط مالحين (كما في، «غاضب») ولامعين جدًا لدرجة أنه عندما تنظر إليهم تفزع.

ولكن ليس الحل لهذه المشكلة أن نتخلى عن الالتزام الرسمي والمسائلة بالتمام. كما يقول صديق لي، «أن تنتمي قبل أن تؤمن فهذه إعادة تعريف للكنيسة.»[٨] بدلًا من هذا، ينبغي أن تكون الكنائس حصرية بالشكل السليم – حصرية لمجد الله ولمحبة كل الناس.

ينبغي ألا نرد على الانغلاق المتشدد أو المغفل بشمولية ساذجة وبنفس الدرجة من الغفلة. يحتاج العالم إلى كنائس تمارس العضوية بمعناها السليم. وليس فقط «العالم» بشكل مجرد، ولكن العالم المكون من ملايين من الأفراد الذين لا يعرفون يسوع – العالم كما يعرفه جيرانك وأبواك وإخوتك وأولادك، الأشخاص الذين تعرف أسماءهم. يحتاج هؤلاء الناس إلى كنائس تعرف أن العضوية بالمعنى الصحيح هي أفضل شيء لهم، حتى ولو لم يدخلوا من الباب أبدًا.

ما فات عليك

فبينما تفكر في أشخاص معينين موجودين في كنيستك ممن لا يحضرون بانتظام، فكر فيما فات عليهم. لقد فاتتهم محبة رفاقهم من المؤمنين. لقد فاتهم أن يشجعوا جسد المسيح وأن يشجعهم جسد المسيح. فاتتهم فرصة الخدمة وأن يتقبلوا الخدمة

---

[٧] لو كانت طفولتي تمثل أية مؤشرات، فربما هي خليط من العنب والكرز الأسود. كذلك جيم جونز، يقدم في الواقع مشروب فليفور أيد وليس كول أيد.

[٨] لقد سرقت هذا السطر من صديقي مايكل لورانس.

من سواهم. لقد فاتتهم فرصة الحصول على الخدمة الرعوية. كما يفوتهم الحيوية الروحيَّة التي تأتي من الاتصال الحيوي بجسد المسيح. ويفوتهم الطاعة لوصايا يسوع.

إنهم حجر، مقلة عين، ابن عم في قطيعة. وهذا أمر سيء. ربما يمكنك أنت وغيرك في الكنيسة أن تقولوا لهم هذا.

ما الذي يجب أن نفعله مع الأعضاء اللذين لا يذهبون لحضور الكنيسة؟

حتى الآن، كان لدي هدف واحد: أن أنبه عقلك ليدرك ماهية الكنيسة. الكنيسة هي أعضاؤها. إنني أحاول أن أشكل غرائزك بحيث تقرأ ما يلي بعينين وأذنين مفتوحتين.

والآن سأحكي لك قصة.

منذ عدة سنوات، سمعت عن كنيسة أصبحت قلقة من تضخم عضويتها. بعد سنوات من المحاسبة المتراخية، أصبح العدد غير عملي، بل ومخادع. وبلغت عضويتهم «الرسمية» أكثر من ضعف متوسط الحضور – وقد تضخمت بلا شك بسبب الموتى، المنسيين، وأصحاب النوايا الحسنة ولكنهم لا يحضرون أبدًا.

أصاب هذا التباين هوية الكنيسة بالغموض. ماذا كانت الكنيسة؟ لم يكن بمقدورهم أن يقولوا.

لذا خرج الشيوخ بفكرة: دعونا نصفر العضوية وبمرور الوقت دع الذين ظلوا يحضرون يجددون التزامهم وينضموا من جديد إلى الكنيسة.

لقد ظنوا أن هذا النهج سيقتل عملاقين بحجر أملس واحد. أولًا، سيمنح الكنيسة فرصة الوصول إلى جميع من كانوا على قائمتهم على أمل إعادة تنشيط رغبة البعض في الاجتماع مع شعب الله. ثانيًا، سيعرفون في النهاية النفوس التي ينبغي أن يستمروا في السهر عليها، الأفراد الذين سيسألهم عنهم الرب في أحد الأيام.

على مدار شهور قليلة، وصلوا إلى الجميع وأعلموهم بتاريخ معين سيأتي حيث يجدد كل المستعدين تخصيص إشرافه الروحي لهذه الكنيسة بالتحديد. بالنسبة لكثيرين، كان هذا تصرفًا بلا تفكير؛ لأنهم لم يتوقفوا عن الحضور أبدًا. بالنسبة لآخرين، استخدم الله هذا الاتفاق لانتزاعهم من لامبالاتهم وليأتي بهم إلى صفوف الكنيسة. هللويا!

ولكن بالنسبة للبعض، أُعيدت الرسائل إلى مرسلها (أو تم تجاهلها)، وارتدت الرسائل الإلكترونية (أو تم تجاهلها)، ووقعت التماسات لم الشمل في آذان صماء، هذا إذا وقعت في أي آذان من الأساس.

وهكذا، قبل مرور وقت طويل، تم مسح عهدهم مع هذه الكنيسة بضغطة زر.

أنا أؤكد أن ما حدث في هذه الكنيسة، رغم أنه مليء بالنوايا الطيبة، إلا أنه ممارسة رعوية سيئة. حيث يقلب مثل الخروف الضائع الذي حكاه يسوع في متى ١٨ رأسًا على عقب: رجل لديه ١٠٠ خروف، وعاد ٩٩ إليه، ألا يبقى مع التسعة والتسعين وترك الواحد وحده؟

من الجيد أن يكون لدينا قوائم عضوية دقيقة. ولكن الأفضل هو متابعة من لا يحضرون من أجل تحقيق غاية محددة: إزالتهم إذا كانوا يحضرون كنيسة أخرى تعظ بالإنجيل، أو ردهم إذا كانت العودة تسعدهم، أو العزل إذا لم يكونوا راغبين في الحضور في أي مكان أو تعذر الوصول إليهم.

في الواقع، أريد رفع مستوى الرهان قليلًا: متابعة من لا يحضرون لفترة طويلة (لا أقصد من يحضرون بشكل غير ثابت، بل من كانوا غائبين تمامًا لعدة أشهر أو سنوات حتى) وتأديب من لا يمكن العثور عليهم هو علامة على الكنيسة السليمة. طبعًا يمكن القيام بهذه المساعي بشكل رديء ويد ثقيلة. ولكن ينبغي أن تجعلنا هذه المعاملة السيئة حذرين ولطفاء، لا أن تقتعنا بأن الخيار الأفضل هو ألا نفعل شيئًا. هذه هي الحجة الأساسية في هذا الفصل. تتفق هذه الطريقة تمامًا مع تعليم الكتاب المُقدَّس عن ماهية الكنيسة، ومن هو الراعي، وما هي المحبة الكتابيَّة. حتى لو لم يكن لدى العضو الذي لا يحضر أية فكرة عن وجود أية متابعة أو تأديب نهائي، يحذر تصرف

الكنيسة الموجودين بصورة مناسبة من مخاطر متابعة الحياة المسيحيَّة خارج الكنيسة المحلية – من خطر أن يصبح العضو يدًا مقطوعة، من وجود قطيعة، أو من أن يكون حجر وحيد ملقي في الحقل.

لم ألتق البتة بمسيحي ناضج لم يلتزم بكنيسة تعظ بالإنجيل. من ناحية أخرى، قابلت العشرات والعشرات من المسيحيين المعترفين الذين لم يحضروا كنيسة البتة (أو نادري الحضور). هل قابلتهم أنت؟ أنا متأكد من أنك فعلت. تعتبر حياة هؤلاء الناس تجربة في زراعة الكفاف الروحي. فهم لا يعيشون في فسوق علني، ولكن ثقتهم في اعترافهم بالإيمان متردد طول اليوم، بينما تبتعد ذكرى آخر مرة لشركتهم المنتظمة مع الله وتحت الوعظ بالكلمة. ربما لم يعترفوا بهذا البتة، ولكنهم أصبحوا يشكون حتى في أنفسهم.

أفترض أنه كان بإمكاني قول هذا قبلًا، ولكني كنت عضوًا في الكنيسة المذكورة في هذه القصة. بعدها بسنوات، لا زلت أشعر بالامتنان من جهتها، لأن الله خلصني هناك وتلمذني تحت خدمتها.

ومع هذا، أصارع حتى لا أحبط. بينما أكتب هذا، تومض وجوه كثيرة في ذهني، وجوه أصدقائي الذين كانوا يحضرون الكنيسة معي. كنا نذهب إلى مجموعة الشباب معًا، وإلى معسكر الصيف معًا، وإلى مجموعة المسائلة معًا. كنا صغارًا ومستهترين وأغبياء، ولكننا كنا نحاول أيضًا أن نصبح مسيحيين جادين ومفكرين وحقيقيين.

ثم جاء وقت الكلية، وتعثرت حياتنا. ذهب البعض هنا والبعض هناك؛ بينما لم يذهب البعض إلى أي مكان. لا شك أنهم بدأوا في كنيسة، ثم الأخرى، ثم الأخرى. ولكن بعد فترة، أصبح التزامهم غير المنتظم عدم التزام، وأصبح عدم التزامهم خمولًا، وأصبح خمولهم شللًا، وفي النهاية بدأ شللهم يبدو مثل الموت – لقد انطفأت تلك الومضة من التفكير أخيرًا بفعل عدم انتباههم رغم حسن نيتهم. وبينما مرت السنوات، كنت أود لو قلت لهم شيئًا عن هذا. يا رب، من فضلك سامحني.

ذات مرة، كانت كل أسماء هؤلاء الأصدقاء على قائمة عضوية إحدى الكنائس تقول أنهم سيمضون الأبدية مع يسوع. بعدها بأكثر من عشر سنوات، قد تبدو هذه الحقيقة

عرضيـة، ومنفصلـة عـن أي دليـل موضـوعـي، ومرفوضـة لأسـباب فنيـة أو بموجـب قانـون التقادم.

ولكـن هـذا خطـأ. لقـد قُيـد كل اسـم عـن عمـد – نتيجـة قـرار نابـع مـن تفكيـر رزيـن بـأن يسـوع هـو المسـيح، ابـن الله الحـي، ربهـم ومخلصهـم. وقـد سـبق هـذا القـرار المعموديـة باسـم الآب والابـن والـروح القدس.

لا أعـرف إذا كان أي واحـد مـن أصدقائـي جاءتـه رسـالة أو إيميـل، وإذا كان هـذا حـدث، لا أعـرف إذا كان قـد تجاهلهـا. ولكنـي أعـرف مـا حـدث بعـد هـذا: لقـد مُحـي تعهدهـم بضغطـة زر.

آه، كم كنت أتمنى لو حذرهم أحد مما يعنيه هذا.

لنعُد إلى الكتاب المُقدَّس

حسنًا، انتهـى وقـت القصـة. دعونـا نعـود إلـى الكتـاب المُقدَّس ونـرى إذا كنـا نسـتطيع أن نعثـر علـى فقـرات قليلـة تنطبـق علـى السـؤال المطـروح أمامنـا: هـل ينبغـي حقًـا أن نؤدب من لا يأتون إلى الكنيسة؟

النص الأول: متى ١٨: ١٠–٣٥

إذا لـم يكـن كتابـك المُقدَّس معـك، اذهـب وأحضـره. أنـت بحاجـة إلـى قـراءة متـى ١٨: ١٠-٣٥ قبـل أن نتابـع.

مـا نجـده فـي هـذه الفقـرة هـو أن التأديـب الكنسـي يظهـر مـن تعليـم يسـوع عـن طريقـة متابعـة الـرب للضـال والتائـه. كمـا لخـص أحـد الرعـاة هـذه الفقـرة، «فـي الكتـاب المُقدَّس، التأديـب الكنسـي هـو عمليَّـة إنقـاذ.»[٩]

[9] Juan Sanchez, «How Can Church Discipline be Lov- ing?» July 18, 2017, https://www.youtube.com/watch?v=-gmU23x900g.

لاحظ أنـه قبل أن يعلم يسوع مباشرة عن التأديب الكنسي في متى ١٨: ١٥-٢٠، كان يحكي مثل الخروف الضال (متى ١٨: ١٢-١٤). يريد يسوع أن يضعنا مكان الراعي الذي فقد خروفًا واحدًا. يثير مثله سؤالًا: ماذا نفعل إذا رفض الخروف العنيد أن يرجع؟ يجيب يسوع على هذا السؤال في مجموعة تعاليمه التالية: نتتبعه، وإذا أصر على رحيله، نطرده، ونعامله مثل الوثني والعشار. بعبارة أخرى، تتغير علاقتنا مع الخروف الراحل بشكل جوهري.

عزل شخص توقف عن الحضور هو في الواقع منحه ما يطلبه. إنه إرخاء الحبل الذي يحاول شده من يدنا. إنه ليس إجباره على البقاء مربوطًا بينما لا يريد أن يبقى كذلك. في نفس الوقت، هو رفض ألا يجبرنا على إعلان أنه «مسيحي له وضع سليم» بينما، لا نظن أنه يمكننا أن نشهد هذه الشهادة بضمير صالح.

بالنسبة لمن يقرؤون هذه الفقرة قراءة متعمقة، يثير هذا سؤالًا آخر: ماذا لو عاد الخروف؟ يبدو أن يسوع يجيب على هذا السؤال بمثل آخر، يخص العبد الذي لا يغفر (متى ١٨: ٢١-٣٥). والنقطة المقصودة هنا بسيطة: أن نغفر بسخاء لمن أخطأوا في حقنا. لماذا؟ لأن الله الذي أخطأنا في حقه غفر لنا، وهذه إساءة أشد بكثير مت أي شيء احتملناه.

بعبارة أخرى، ينبغي أن تغفر الكنائس بسرعة وبابتهاج وبالتمام للخروف العائد التائب لأننا نعرف أننا نحن أنفسنا قد ضللنا ولولا حبل الله الذي يربطنا به، لكنا ضللنا مرارًا وتكرارًا، أبعد وابعد. تصف هذه الترنيمة كثيرين منا وهي تعكس الصورة المرسومة في مزمور ٢٣:

ضللت كثيرًا بحماقة وانحراف،

ومع هذا سعى ورائي بمحبته،

ووضعني على كتفيه بلطف،

وأحضرني إلى البيت فرحًا.[١٠]

---

[10] Henry Williams Baker, «The King of Love My Shep- herd Is,» 1868.

باختصار، يعلّمنا متى ١٨ كل من أساس ومسار التأديب الكنسي: نتتبع أعضاء الكنيسة الضالين لأن الله يتتبع الخروف الضال، حتى ولو كان «مجرد» واحد مقابل ٩٩. للأسف، سينتج عن هذا أحيانًا استبعاد لأن بعض الخراف الضالة تنوي البقاء تائهة. في هذه المرات، نعطيهم ما يطلبونه وندعهم يذهبون، ولكن نصر على الحديث بأمانة مقابل إصرارهم هذا، ونذكرهم بأنه لا سبب لديهم يدعهم يعتبرون أنفسهم أتباع ليسوع.

ولكن لحسن الحظ يتمتع الخروف الضال بفرصة للعودة – وعندما يفعل، ينبغي أن نغفر له بسرعة وبالتمام لأن الله في المسيح قد غفر لنا بسرعة وبالتمام.

النص الثاني العبرانيين ١٠: ٢٣–٢٥

لِنَتَمَسَّكْ بِإِقْرَارِ ٱلرَّجَاءِ رَاسِخًا، لِأَنَّ ٱلَّذِي وَعَدَ هُوَ أَمِينٌ. وَلْنُلَاحِظْ بَعْضُنَا بَعْضًا لِلتَّحْرِيضِ عَلَى ٱلْمَحَبَّةِ وَٱلْأَعْمَالِ ٱلْحَسَنَةِ، غَيْرَ تَارِكِينَ ٱجْتِمَاعَنَا كَمَا لِقَوْمٍ عَادَةٌ، بَلْ وَاعِظِينَ بَعْضُنَا بَعْضًا، وَبِٱلْأَكْثَرِ عَلَى قَدْرِ مَا تَرَوْنَ ٱلْيَوْمَ يَقْرُبُ. (العبرانيين ١٠: ٢٣-٢٥)

هناك وصيتان لدى كاتب العبرانيين لأجلنا. الأولى في الآية ٢٣: «**لِنَتَمَسَّكْ بِإِقْرَارِ ٱلرَّجَاءِ رَاسِخًا،**» وهو اعتراف قاله لتوه بتمجيده ما حققه المسيح بصفته رئيس كهنتنا. ويرجع أساس هذه الوصية إلى أمانة الله.

الوصية الثانية – «**وَلْنُلَاحِظْ بَعْضُنَا بَعْضًا لِلتَّحْرِيضِ عَلَى ٱلْمَحَبَّةِ وَٱلْأَعْمَالِ ٱلْحَسَنَةِ**» – مصحوبة بتطبيق مباشر. كيف نفعل هذا؟ بسيطة. نستمر في الاجتماع معًا.[11] لماذا؟ لأنه لا يمكننا أن نشجع شخصًا لا نراه أبدًا. مرة أخرى، يؤسس الكاتب وصيته وتطبيقها على وعد: نحن نجتمع ونشجع ونحرض لأننا نرى يوم الدينونة يقترب، حيث يعود إلهنا الأمين حافظ الوعد، ونجتمع معه إلى الأبد.

---

[11] On meeting together, see Sam Allberry, *Why Bother with Church?* Questions Christians Ask (The Good Book Co., 2016); or Mark Dever, «Reasons to Join a Church» (lecture 15 of the Marks of a Healthy Church teaching series by Ligonier Ministries), https://www.ligonier.org/learn/series/marks-healthy-church/reasons-join-church/.

رغم أن هذه الكلمات قد كُتبت منذ قرابة ٢٠٠٠ سنة، إلا أنه يبدو أن كاتب العبرانيين يألف معضلتنا العصرية. هل لاحظت هذا؟ «**غَيْرَ تَارِكِينَ ٱجْتِمَاعَنَا كَمَا لِقَوْمٍ عَادَةٌ**» (آية ٢٥).

أنا متأكد من أنك تعرف بعض الأشخاص الذين اعتادوا إهمال الاجتماع معًا. وبفعلهم هذا، يفوتهم التشجيع؛ ويفوتهم أن ينالوا التحريض على المحبة والأعمال الحسنة. ولكن ليس هذا كل شيء. إذ يتقلص منظورهم حول عمل الله في الحياة المسيحيَّة، وتتضاءل ثقتهم في اعتراف رجائهم، ويتلاشى من ذاكرتهم حفظ الله لوعوده، وتبدأ رؤيتهم التي كانت واضحة وضوح رؤى العين ليوم الرب الآتي في التلاشي حتى تضيع تمامًا.

هناك غواية نتعرض لها مفادها أن تفويت الكنيسة أمر ليس بالكبير. ولكن هل لاحظت حدة هذا التحذير؟ حيث قال «**ٱلْيَوْمَ** [يوم الدينونة] **يَقْرُبُ**» (آية ٢٥). إنه مهتم جدًا بمن لا يحضرون لدرجة أنه يذكرهم بدينونة الله الأبدية. هل نأخذ عدم الحضور بهذه الجدية مثل هذا الكاتب الموحى له بالروح القدس؟ إذا كنا نفعل هذا، إذن كيف يمكن أن تكون إزالة شخص ما من العضوية لعدم الحضور شيئًا مفرط القسوة؟

لقد طلبت منك أن تتخيل أمورًا كثيرة. وأعدك بأن هذه هي آخر مرة: تخيل «عضو بالمنسية» ولا يحضر وقد وصل إلى يوم الدينونة، وللمفاجئة، قيل له أنه سينال من الله دينونة أبدية. ووسط احتجاج هذا الرجل قال، «ولكنني عضو بالكنيسة! ولكني دفعت عشوري! ولكن ....،» أتساءل إن كان الرب سيقول، «أبعد عني، لأني لم أعرفك قط.» عند هذه اللحظة، كم ستبدو الكنيسة التي لم تفعل شيئًا «محبة»؟ إلى أي مدى ستبدو «محبة» أن تحذف اسم هذا الرجل بهدوء؟

لا يحق لهذا الرجل أن يغضب من الله، ولكن لديه بعض الحق في أن يغضب من «كنيسته»: **لماذا لم تحذروني؟**

من يدري؟ ربما يكون مجرد تصرفنا التأديبي ثنائي الأبعاد الآن أكثر شيء معبر عن المحبة يمكننا أن نفعله لأنه يحذر الناس من حقيقة الدينونة المحتملة **الدائمة** الآتية.

أحب هذه الآيات في العبرانيين لأنها تمكننا من متابعة الأعضاء الذين لا يحضرون وكتبنا المُقدَّسة مفتوحة على إصحاح وآية – نص إثبات! – بدلًا من قائمة «أتمنى لو تفعل» الحسنة النية وذات الأفكار العميقة. ليس بإمكاننا أن نشير إلى انتهاكهم وصية كتابيَّة فحسب، بل وكذلك إلى الفوائد المرتبة من الله والتي تفوتهم والعقاب المعين من الله والذي قد يواجهونه يومًا دون أن يتوقعوا.

النص الثالث: العبرانيين ١٣: ١٧

بينما كان يقترب من نهاية عظته،[١٢] يحث كاتب العبرانيين مستمعيه:

> **أَطِيعُوا مُرْشِدِيكُمْ وَٱخْضَعُوا، لِأَنَّهُمْ يَسْهَرُونَ لِأَجْلِ نُفُوسِكُمْ كَأَنَّهُمْ سَوْفَ يُعْطُونَ حِسَابًا، لِكَيْ يَفْعَلُوا ذَلِكَ بِفَرَحٍ، لَا آنِينَ، لِأَنَّ هَذَا غَيْرُ نَافِعٍ لَكُمْ.**
> (العبرانيين ١٣: ١٧)

قبل هذا بعدة آيات، في الآية ٧، يوصف هؤلاء القادة بأنهم «**ٱلَّذِينَ كَلَّمُوكُمْ بِكَلِمَةِ ٱللهِ.**» ويوصينا الكاتب بأن نتمثل بإيمان هؤلاء القادة ونتأمل في ناتج أسلوب حياتهم.

وأحد مضامين هذه الآيات هو أن قادة الكنيسة ينبغي أن يعيشوا وسط شعبهم بحيث يمكن التأمل في طرق ونواتج حياتهم وبالتالي يمكن التمثل بها. أي شيخ يعيش في برج عاجي، فوق شعبه وبعدًا عنهم، يحيا أدنى من موضعه المرتب له. وإذ يرعد بالوصايا والنصائح من بين السحاب، لا يدرك هذا الشيخ المزعوم أن شعبه لا يقدر أن يسمعه. إنه يتكلم مع نفسه.

ينبغي أن نتعلم شيئًا من هذه الوصايا. عضو الكنيسة الذي يسمع فقط من راعيه عندما يفعل شيئًا خطأ – مثل عدم حضوره لمدة عام مثلًا – يقدم اعتراضًا معقولًا (وإن لم يكن خاليًا من الحماقة) عندما يسأل، «حسنًا، أين كنت حين حدث ما جعلني أترك الكنيسة؟» من الأسهل والأكثر فعالية في نفس الوقت أن ترعى شخصًا في طريقه إلى باب الخروج من أن ترعي شخصًا ترك الكنيسة بالفعل.

---

[١٢] أنا لم أعلم هذا من قبل ولكن الأذكياء يقولون أن العبرانيين عبارة عن عظة، أكثر من كونها رسالة.

ولكن دعنا نذهب إلى كيف تسري هذه الآيات على الموضوع الذي نناقشه؟ هل لاحظت لماذا ينبغي أن نطيع قادتنا؟ ينبغي أن نطيع قادتنا – بفرض أنهم فرحون وغير متذمرين، بفرض أنهم مؤهلون ويعيشون وسط شعبهم – لأنه يومًا ما سيعطون عنا حسابًا.

يتمتع الشيوخ بهذه المسؤولية الفريدة. في اليوم الأخير، سيعطون حسابًا عن كل عضو وُضع تحت رعايتهم. إن كنت شيخًا في كنيسة ليست هناك علاقة بين قائمة عضويتها وبين الواقع، ينبغي أن تتساءل ماذا يعني هذا بالنسبة لك. إن كنت تقود كنيسة طمأنت، من خلال المعمودية و / أو العضوية، مئات أو آلاف من الأشخاص أنهم سيقضون الأبدية مع يسوع، ولكن ليست لديك أية فكرة أين يوجد بعضهم، ينبغي عليك على الأقل أن تتساءل ماذا يعني هذا بالنسبة لك. ربما ينبغي أن تبدأ تقلق أيضًا.

يوضح خطاب بولس الوداعي لشيوخ أفسس نفس هذه النقطة: «**اِحْتَرِزُوا إِذًا لأَنْفُسِكُمْ وَلِجَمِيعِ ٱلرَّعِيَّةِ ٱلَّتِي أَقَامَكُمُ ٱلرُّوحُ ٱلْقُدُسُ فِيهَا أَسَاقِفَةً، لِتَرْعَوْا كَنِيسَةَ ٱللهِ ٱلَّتِي ٱقْتَنَاهَا بِدَمِهِ.**» (أعمال ٢٠: ٢٨).

لن تأتي البتة لحظة يمكن فيها للشيخ أن يقول عن عضو في الكنيسة: أوه، لم يعد مسؤوليتي فيما بعد. لماذا؟ لأن ربنا يكلفهم بالانتباه بحرص لكل الرعية – سواء كانوا موجودين أم لا، سواء قبلوا العناية أم لا.

ينبغي أن يكون كل عضو في كل كنيسة محلية ثمينًا على قلب كل قائد في الكنيسة لأن كل عضو ثمين بالنسبة لله. ينبغي ألا يفاجئنا هذا. على أي حال، انظر على الثمن الذي اشتُروا به.

خطوات عمليَّة للمضي قدمًا

هذه الحالة الكتابيَّة واضحة. ينبغي أن نتابع أعضاء الكنيسة الغائبين لثلاثة أسباب على الأقل:

- الله يتتبع الخراف الضالة (متى ١٨: ١٢)
- لقد أوصينا بألا نهمل الاجتماع مع إخوتنا وأخواتنا. وهذه ليست وصية خيارية (العبرانيين ١٠: ٢٥).
- سيعطي شيوخنا حسابًا لله عن كل شخص كان في رعايتهم. ولا توجد استثناءات في هذا (العبرانيين ١٣: ١٧).

وهكذا يثبت الكتاب المُقدَّس هذه النقاط. والآن ماذا؟ هذ سؤال جيد. ما من كنيسة أو راع يقرأ هذا الفصل ويبدأ في تأديب من لا يحضرون غدًا.[١٣] يستلزم الأمر وقتًا لإعادة معايرة ضمير الكنيسة، وإزالة الافتراضات السيئة، والدفع بافتراضات جيدة.

لذا لا تبدأ على الفور. ولكن بمرور الوقت، فكر في الخطوات البناءة التالية. هذا القسم التالي موجه بالأكثر نحو قادة الكنيسة، من يضعون أيديهم على أدوات صنع القرار في الكنيسة.

١- في عهد كنيستك، أضف سطرًا أو اثنين يذكران ما الذي يجب أن تفعله مع الأعضاء اللذين لا يذهبون لحضور الكنيسة؟

استخدمت كنيستي السابقة هذا السطر: «سوف نتحد، عندما نتحرك من هذا المكان، بأسرع ما يمكن، بكنيسة أخرى حيث يمكننا تنفيذ روح هذا العهد ومبادئ كلمة الله.» موجز، عام، وأصاب الهدف، وهذا هو الهدف المنشود.

طبعًا، لن تهم كلمات عهد كنيستك إن كانت مجرد زينة يتراكم عليها التراب. لذا استخدموها: في فصول العضوية، عندما تتناولون عشاء الرب، قبل أن تبدأوا اجتماعات العضوية، وبشكل دوري في تطبيقات العظات.

---

[١٣] ما لم ترد أن يتم فصلك. في هذه الحالة، رافقتك السلامة!

أقول إن نفس الشيء ينبغي أن يسري على دستور كنيستك. زد من إحكامه بلهجة لا تسمح للأعضاء بالاستقالة من عضويتهم من جانب واحد.[١٤]

٢- علّم أعضاء كنيستك عن السلطان والمسؤولية المعطى من الله

لقد تكلّمنا بالفعل عن احتياجنا لاستعادة مستويات الالتزام والمسائلة الكتابيَّة. تحتاج هذه الاستعادة أن تكون على مستوى الجماعة، لا أن تكون محسوسة فقط لدى غالبية قياداتها.

لماذا؟ لأن التأديب الكنسي يبدأ بكل عضو في الكنيسة (متى ١٨: ١٥). حمدًا لله، عادة ما تتوقف العمليَّة بعد الخطوة الأولى، عندما يواجه أحد الأعضاء بلطف العضو الآخر، فيستجيب العضو الآخر بامتنان وتوبة.

ولكن في تلك المناسبات غير الموفقة عندما يبقى العضو المخطئ دون أن يتوب، من المهم أن نشدد على تدخل الكنيسة كلها. وتساعد وجبة ثابتة من التعليم حول هذا الأمر الشعب على رؤية أنه، مثل شيوخهم تمامًا، ليس لديهم سبب ليقولوا أن عضو الكنيسة ليس من مشغوليتهم. متابعة عضو غائب هو مشروع يخص الجماعة كلها؛ إنه أمر لا يتعلق فقط بمن يُدفع لهم أجر أو من انتُخبوا للرعاية.

٣- لا تكن متعصبًا.

تكلم بطريقة جيدة عن الكنائس الأخرى.

كثيرًا ما سمعت أن العزل الكنسي للأعضاء الذين لا يحضرون أمر يشكل انتهاكًا روحيًا، لأنه دليل على التعصب بعدم تقوى أو شهوة السيطرة على السوق. افترض أن هذا ممكن افتراضيًا، ولكني لا أعرف أي شخص يظن أن فعل هذا سيساعده على المدى القصير. بل بالعكس، في الواقع، حيث يعرف الرعاة أكثر من أي شخص آخر أنه قد يثبت أن هذا صعب ومكلف.

---

[١٤] للاطلاع على المزيد حول هذا الموضوع، راجع

Jonathan Leeman, «The Preemptive Resignation—A Get Out of Jail Free Card?» *9Marks* website, February 25, 2010, https:// www.9marks.org/article/preemptive-resignation-get-out-jail-free-card/.

علاوة على هذا، لن تلتصق تهمة مثل هذه بالكنائس المعروفة بقلبها الكبير. لذا أرسل بانتظام أعضاء يساعدون الكنائس الأخرى. شارك بمنبرك. أزرع كنائس بدون علامتك المميزة أو ترخيصك الكنسي. صل من أجل الكنائس الأخرى علانية. لا تكن عميلًا طائفيًا. ابن صداقات تعاونية مع الكنائس التي تعظ بالإنجيل عبر الخطوط الطائفية.

٤ – علّم عن سلطان الكنيسة المستمد.

تتمتع كنيستك وأعضاءها بسلطان حقيقي معطى من الله، مما يعني أنه ينبغي أن نمارسه برزانة وحرص. فقرات مثل متى ١٨: ١٥-٢٠ و ١ كورنثوس ٥ فقرات واضحة: القرار الذي نأخذه عندما نجتمع **يعني شيئًا.**

ولكن ينبغي ألا ننسى أبدًا: سلطاننا، رغم أنه مستمد من الرب، إلا أنه لا يشبه سلطانه هو. وإنما، عندما نعلم عن سلطان الكنيسة، ينبغي أن نشدد على أنه حقيقي، ولكنه كذلك مستمد، ومحدود، ويحتمل الخطأ.

ربما انتقل هذا العضو الذي لا يمكنك العثور عليه ولم تسمع منه في آخر لحظة، وكما نفعل جميعًا في بعض الأحيان، نسي أن يخبر أي شخص. ربما انتهى اشتراكه على شبكات الإنترنت. ربما يخدم بابتهاج في كنيسة أخرى في الجانب الآخر من البلاد. أخمن أن تمثل هذه المواقف الأقلية، ولكنها تحدث، وهذا هو السبب في أنه ينبغي أن نعلم الناس دائمًا أن عزل العضو الذي لا يحضر لا يعني إعلان أن هذا العضو قد قُطع من الرب. إنه ببساطة إعلان أنه برغم بذلنا قصارى جهدنا، إلا أننا لا نعرف أين هو، وبالتالي ينبغي أن نسحب تأييدنا لاعترافه بالإيمان.

أفعل أفضل شيء من أجل غير المسيحيين والمسيحيين المزيفين

حسنًا، لقد كذبت. أريدك أن تتخيل شيئًا آخر: تخيل كل كنيسة تعظ بالإنجيل تعتني بعضويتها هكذا – ليس بمحاولة متكبرة للوصول إلى الكمال، بل بمحاولة متضعة لتكون أمينة. ليس بطريقة الأب الهليكوبتر الفاقد الثقة، بل بقلب راع مهتم.

ستشجع المسيحيين الاسميين لأنها ستحذرهم عندما يتكوم الدليل على إسميتهم. وقد يتضمن هذا الدليل عدم حضورهم. قد يكون نوعًا من عادة مستمرة دون توبة تبقيهم بعيدين عن الاجتماع من باب الخوف أو الشعور بالخجل. تلوح هذه الممارسة براية التحذير بينما يسرعون حول مسار سباق الحياة، فتعرفهم أنه رغم أنهم يظنون أنهم يسيرون على الطريق الضيق، إلا أنهم يسيرون في الواقع على الطريق الواسع.

كما ستبارك غير المسيحيين الذين يصفون أنفسهم بأنفسهم لأنهم لن يروا شهادة الكنيسة قد ضعفت أو خُففت من جانب من يدعون أنهم «أعضاء» في هذه الكنيسة أو تلك من باب العاطفة أو الملائمة فحسب.

في عالم كهذا، ألا تظن أن غير المسيحيين ستكون لديهم فكرة أفضل عن ماهية المسيحيَّة فعليًا؟ ألا تظن أنهم سيفهمون بشكل أوضح معنى أن تعيش كمسيحي؟ ألا تظن أن يسوع سيكون أكثر جاذبية بالنسبة لهم؟

يومًا ما سوف تموت. وعندما يحدث هذا، إن كنت مسيحيًا، ستسمع بعض الكلمات المجيدة: «**نِعِمَّا أَيُّهَا ٱلْعَبْدُ ٱلصَّالِحُ ٱلأَمِينُ! ... أُدْخُلْ إِلَى فَرَحِ سَيِّدِكَ**»(متى ٢٥: ٢٣). هللويا!

كل أصدقائك سيموتون أيضًا. وعندما يحدث هذا لهم، إذا لم يكونوا مسيحيين، فسوف يسمعون كلمات مفجعة، ربما لأول مرة، وربما تفاجئهم تمامًا: «اذهبوا عني، لأني لا أعرفكم البتة.»

آه، في هذه اللحظة، كم سيتمنون لو أن شخصًا قد سبق فحذرهم.

مصادر مقترحة

Bobby Jamieson. The Path to Being a Pastor. Wheaton, IL: Crossway, 2021.

٢٣

من هو المسؤول عن الكنيسة؟

سام إيمادي

«وَهُوَ أَعْطَى ٱلْبَعْضَ أَنْ يَكُونُوا رُسُلًا، وَٱلْبَعْضَ أَنْبِيَاءَ، وَٱلْبَعْضَ مُبَشِّرِينَ، وَٱلْبَعْضَ رُعَاةً وَمُعَلِّمِينَ، لِأَجْلِ تَكْمِيلِ ٱلْقِدِّيسِينَ لِعَمَلِ ٱلْخِدْمَةِ، لِبُنْيَانِ جَسَدِ ٱلْمَسِيحِ.»

أفسس ٤: ١١-١٢

هل تبدو هذه القصة مألوفة؟

اجتمعت كنيسة الوحدة اجتماعها الربع سنوي لمناقشة أعمالها. كانت على جدول الأعمال اقتراح لاستعمال جزء من فائض ميزانية الكنيسة لإعادة تنجيد المقاعد في قاعة الكنيسة. شعر أعضاء الكنيسة بالتوتر في الحجرة عندما ألقى بهذا الاقتراح أحد الشمامسة. على أي حال، فقد صنع جد ميلر كبير السن هذه المقاعد منذ أكثر من مائة سنة. حتى أن أحدهم كان يحمل لوحة على مسند الذراع تخليدًا لذكرى تركيبه. لم يستطع أن يصدق كيف أصبح الناس ناكرين للجميل. بصراحة، بدت المحادثة بأكملها خالية من التقدير والاحترام.

ولكن بعض الحاضرين الأصغر سنًا لم يفهموا كل هذه الدراما. كانت الكنيسة بحاجة إلى مجاراة الزمن، على حد تعبيرهم. لن ينضم الشباب إلى الكنيسة إن استمرت تبدو في المنظر - والرائحة - وكأنها أثر يشهد على حقبة الثلاثينات من القرن العشرين.

سأل مدير الجلسة بشجاعة إن كانت هناك أية مناقشة. وما تلي هذا كان أشبه بقتال في القفص من كونه إمعان النظر. وبعد حوالي ثلاثين دقيقة، كانت زوجة الراعي تبكي، لقد انقسمت الكنيسة تقريبًا بين «أنصار المقاعد الجديدة» و «أنصار المقاعد القديمة،» وتم تأجيل الاقتراح. ذهب الجميع إلى بيوتهم ولديهم أسوأ الأفكار عن الباقين.

كان الموقف كله مليئًا بعدم النظام والفوضى. ولو نظر أي شخص من الخارج لكان سيسأل حتمًا، «من هو المسؤول هنا؟»

أم هل تبدو هذه القصة مألوفة؟

كانت جين عضوة في كنيسة الرابطة لسنوات. ومؤخرًا اتصلت بصديقتها القديمة من المدرسة الثانويَّة هيذر والتي بدأت تحضر الكنيسة معها. في البداية، بدا أن هيذر أصبحت مسيحيَّة. كان لديها فهم واضح عن الإنجيل وكان حديثها حافلًا باللهجة المسيحيَّة. بل ونالت المعمودية وانضمت إلى الكنيسة. كانت تأتي بصفة ثابتة لحضور عبادة الأحد صباحًا وبدأت تحضر مجموعة صغيرة وتلتقي ببعض السيدات في الكنيسة لدراسة الكتاب المُقدَّس.

ولكن بمرور الوقت، بدأت الكنيسة ترى هيذر أقل فأقل. فتوقفت عن حضور المجموعة الصغيرة. ولم تحصل سيدات مجموعة درس الكتاب على رد منها على رسائلهن النصية. وفي النهاية، توقفت عن الذهاب أيام الأحد. ولم يمر وقت طويل حتى بدأت جين وبعض الأعضاء الآخرين في الحديث عن كيف «تركها الرعاة تسقط بين الشقوق.» من ناحية أخرى، كان الرعاة يتمنون لو تواصل المزيد من الأشخاص مع هيذر بينما رأوها تنزلق بعيدًا.

لا شك أنه كان على أحدهم أن يتدخل ويتابعها. ولكن من هو المسؤول عن هذا؟ من هو المسؤول هنا؟

القصص المكتوبة أعلاه قصص خيالية، ولكني متأكد من أن لديك بعض القصص الحقيقيَّة، بل وربما المؤلمة حيث يبدو أنه لا أحد في الكنيسة هو الذي يدير عجلة الأمور حقًا. ربما مررت بلحظات قليلة حيث تركت اجتماع العمل أو خدمة العبادة متسائلًا، «من المسؤول هنا؟»

هذا سؤال مهم. وصدق أو لا تصدق، يولي الكتاب المُقدَّس فعليًا الكثير من الانتباه له. في حكمته اللامتناهية، أمر يسوع الكنيسة بأن تعكس حكمه الرحيم والرؤوف. إنه يهتم بشدة بهذا السؤال، «من المسؤول هنا؟» لأنه خلق الكنيسة، ويحبها، ويريد أن تكون الكنيسة متحدة وفي سلام.

حمدًا لله، أعطى مُخلّصنا للكنيسة بعض الأوامر الواضحة تمامًا للزحف بشأن من لديه السلطة في الكنيسة وماذا يفعل بالسلطة بالتحديد. وهذا هو ما يدور حوله هذا الفصل المميّز.

قد يبدو هذا الموضوع متخصصًا، وربما مملًا بعض الشيء. كتاب عن «نظام حكم الكنيسة»؟ يا للملل.

ولكن ابقَ معي على الأقل الصفحتين القادمتين. أعتقد أنك قد تجد أن الأسئلة، حتى لو كانت عادية مثل من يجب أن يختار لون سجادة الكنيسة، تكشف في الواقع عن بعض الحقائق المجيدة حول ماهية الكنيسة المحلية، وما خلقها يسوع لتقوم به، وكيف أن كل هذا الحديث الممل عن نظام حكم الكنيسة له بعض الآثار الهائلة جدًا على حياتك.

دعني أقدم هنا ملاحظتين سريعتين فقط قبل أن ننطلق.

أولًا، تقدم الطوائف المختلفة والتقاليد اللاهوتيَّة المختلفة إجابات مختلفة على سؤال، «من هو المسؤول عن الكنيسة؟» لذا ينبغي أن تعرف من البداية أن ما سأقوله هو بشكل خاص الإجابة المعمدانية على هذا السؤال. طبعًا، أنا أصدق هذه الإجابة «المعمدانية» في النهاية لأني أعتقد أنها تأتي من الكتاب المُقدَّس. لذا، طوال هذا الفصل سوف احتكم إلى الكتاب المُقدَّس، وليس إلى التقليد المُصلح المعمداني، لأثبت حجتي.

ثانيًا، أحيانًا تصارع كل كنيسة، حتى أكثرها نضجًا، وترتيبًا، مع عدم الوحدة والشعور بالجرح بين الأعضاء. نحن نجرح بعضنا البعض في النهاية ليس بسبب وجود شيء من عدم الترتيب في بنية الكنيسة، بل لأننا مازلنا خطاة لديهم جرعة صحية من الأنانية المرتبطة بقلوبنا. لذا، كلا – لا تستطيع كنيسة مرتبة بحسب الكتاب المُقدَّس أن توقف كل كلمة تبعث على الانقسام، وكل مرارة غير صحيحة، أو كل تصرف يبعث على الانقسام. ولكن الكنيسة المرتبة بحسب الكتاب المُقدَّس لديها الوسيلة المناسبة للتعامل مع هذه الخطايا بطريقة صحية وتساعد على الاسترداد وبطريقة تمنع الانقسام من الانتشار مثل الغرغرينا. يشبه نظام الكنيسة الجيد خوذة يمكنك أن تلقي بها فوق قنبلة الانقسام لتفادي أثر انفجارها. ستنفجر القنبلة اليدوية حتمًا، ولكن ستساعدك الخوذة على احتواء الشظايا.

من المسؤول عن ماذا؟

تبين أنه عندما نطرح السؤال، «من هو المسؤول هنا؟» يعطينا الكتاب المُقدَّس إجابة بسيطة وأخرى معقدة.

الإجابة البسيطة

سنبدأ بالإجابة البسيطة أولًا: يسوع هو المسؤول عن كنيستك.

أترى؟ لقد قلت لك أن هذه الإجابة بسيطة.

دعنا نتوغل فيها قليلًا. يسوع هو رب الكنيسة. لقد أسس الكنيسة ويسود عليها بكلمته. ما هي هذه الكلمة؟ الكتاب المُقدَّس. في الكتاب المُقدَّس، نجد كلمات الملك الذي يحكم الكنيسة. حيث يخبرنا في كلمته بإرسالية الكنيسة (متى ٢٨: ١٨-٢٠). كما يخبرنا كيف ينبغي أن نتعامل مع بعضنا البعض (يوحنا ١٣: ٣٤-٣٥). كما يخبرنا كيف نحافظ على نقاوة الكنيسة (متى ١٨: ١٥-٢٠). كما يخبرنا من الذي ينبغي أن يقوم بالوعظ والتعليم (١ تيموثاوس ٢: ١٢؛ ٣: ٢) وما محتويات هذا الوعظ والتعليم الواجبة (٢ تيموثاوس ٤: ١-٢).

يسوع هو من يضع القواعد. وهو الذي يرتب حياتنا معًا.

الكتاب المُقدَّس هو صوت الملك الذي يحكم رعاياه وينظم شعبه بحسب وصاياه.

إذن من الذي يدير الكنيسة؟ يسوع. هو الملك – رب الكنيسة.

الإجابة المعقدة

ربما تفكر عند هذه النقطة، حسنًا، هذه إجابة لطيفة تصلح لمدارس الأحد، ولكن يسوع لا يظهر بالذات في اجتماع الأعضاء ويقول لنا ما إذا كان ينبغي أن نضيف كوة في سقف الكنيسة أو أن نضع سجادة جديدة في ردهتها. بالطبع، هذا صحيح. ولكن يسوع أعطى تعليماته بالطبع حول الطريقة التي ينبغي أن تتبعها الكنيسة للقيام بهذه القرارات العمليَّة، وكيف يمكنها الاعتناء بأعضائها، ومن هو المسؤول في النهاية عن جوانب حياة الكنيسة المختلفة.

لذا ها هي الإجابة المعقدة. عندما نسأل، «من هو المسؤول في الكنيسة؟» علينا أن نسأل أولًا، «مسؤول عن ماذا؟» أترى، لقد رخص يسوع بعدة وظائف في الكنيسة للقيام بأمور مختلفة. أحيانًا، يوصي الكتاب المُقدَّس الكنيسة كلها (يعني كل أعضاء الكنيسة) بأن عليهم القيام بشيء ما. وفي أوقات أخرى، يوصي الكتاب المُقدَّس شيوخ الكنيسة (ويُدعون أيضًا الرعاة) بأن عليهم فعل شيء ما. يعطي الكتاب المُقدَّس للأعضاء والشيوخ توصيفات مختلفة بخصوص عملهم.

لذا دعونا نأخذ دقيقة ونرى ما يقوله يسوع عما ينبغي أن تفعله الكنيسة كلها وما ينبغي أن يقوم به الشيوخ. قد يبدو هذا وكأننا نغوص عميقًا في بعض التفاصيل اللاهوتيَّة قليلة الأهمية، ولكن ابقوا معي. في النهاية، ستكتشفون كل أنواع المضامين العمليَّة، ليس فقط بشأن الطريقة التي تأخذ بها الكنيسة القرارات، بل وبشأن الطريقة التي ينبغي أن تعيش بها تكريسك ليسوع في سياق الكنيسة المحلية.

من هو المسؤول عن الكنيسة؟ كل الكنيسة

دعونا نذهب إلى الأساس. من هو المسؤول في الكنيسة؟ الإجابة هي **الكنيسة كلها**. تتحمل الجماعة كلها مسؤولية صحتها، ووعظها، وعضويتها. **كل الأعضاء** معًا مسؤولون.

أين نرى هذا في الكتاب المُقدَّس؟ حسنًا، هل أنتم جاهزون للغوص في شيء من الفكر اللاهوتي العميق؟ عظيم! دعونا نتكلم أولًا عن الرجل الوطواط!

ربما لم تفكر في هذا الأمر من قبل، ولكن بإمكان الرجل الوطواط أن يعلّمنا الكثير عن مسئولياتنا في الكنيسة كأعضاء.

هل فوجئتم؟ حسنًا، فكر في الأمر لحظة. لرجل الوطواط هو مجرد رجل عادي، رجل عادي يجول شوارع مدينة جوثام في زي وطواط محققًا العدالة مع المجرمين. رجل ليس لديه حمض نووي يتأثر بالكريبتونايت مثل سوبرمان. كما لم يسبق حقنه بمصل الجندي الخارق مثل كابتن أمريكا. ولكن عندما يرى فارس الظلام رمز الوطواط يضيء في السماء، يرتدي حلته ويبدأ العمل في حراسة مدينة جوثام. إنه رجل عادي يقوم بمهمة استثنائية.[١]

ما علاقة كل هذا بدورك كعضو في الكنيسة؟ حسنًا، علاقة كبيرة. لقد كُلف أعضاء الكنيسة من الله **بحراسة حق الإنجيل**. هذه هي مسؤولية الكنيسة كلها. قد تبدو هذه المهمة شيئًا ينبغي أن يؤتمن عليه الأبطال الروحيون الخارقون. ولكن الله في حكمته وضع هذه المسؤولية على أعضاء الكنيسة العاديين من أمثالكم.

دعونا نرى هذا في الكتاب المُقدَّس – خاصة في متى ١٦ و١٨.

في متى ١٦، يسأل يسوع الرسل من يظنونه؟ فرد بطرس أولًا: «**أَنْتَ هُوَ ٱلْمَسِيحُ ٱبْنُ ٱللهِ ٱلْحَيِّ**» (متى ١٦:١٦). يعد رد يسوع تصريحًا مذهلًا ليس فقط بخصوص

---

[١] جزء كبير من هذا القسم مأخوذ من

Sam Emadi, «Be Like Batman: Guard the Gos-pel» 9Marks website, March 30, 2021, https://www.9marks.org/article/be-like-batman-guard-the-gospel/?lang=de.

بطرس، بل بخصوص كل من يتمثلون بإيمان بطرس:

> **فَأَجَابَ يَسُوعُ وَقَالَ لَهُ: طُوبَى لَكَ يَا سِمْعَانُ بْنَ يُونَا، إِنَّ لَحْمًا وَدَمًا لَمْ يُعْلِنْ لَكَ، لَكِنَّ أَبِي ٱلَّذِي فِي ٱلسَّمَاوَاتِ. وَأَنَا أَقُولُ لَكَ أَيْضًا: أَنْتَ بُطْرُسُ، وَعَلَى هَذِهِ ٱلصَّخْرَةِ أَبْنِي كَنِيسَتِي، وَأَبْوَابُ ٱلْجَحِيمِ لَنْ تَقْوَى عَلَيْهَا. وَأُعْطِيكَ مَفَاتِيحَ مَلَكُوتِ ٱلسَّمَاوَاتِ، فَكُلُّ مَا تَرْبِطُهُ عَلَى ٱلْأَرْضِ يَكُونُ مَرْبُوطًا فِي ٱلسَّمَاوَاتِ. وَكُلُّ مَا تَحُلُّهُ عَلَى ٱلْأَرْضِ يَكُونُ مَحْلُولًا فِي ٱلسَّمَاوَاتِ.** (متى ١٦: ١٧-١٩)

سيبني يسوع كنيسته على بطرس – على المعترف وعلى اعترافه. ولكن أكثر من هذا، سيعطي يسوع لبطرس والرسل الآخرين «**مَفَاتِيحَ مَلَكُوتِ ٱلسَّمَاوَاتِ.**» ما الذي تفعله هذه المفاتيح؟ باختصار، لها السلطان على أن تتكلم بلسان السماء مثل يسوع.

ولكن ربما يكون ما تجدر ملاحظته أكثر، هو أن يسوع يعطي نفس هذا السلطان «**مَفَاتِيحَ مَلَكُوتِ ٱلسَّمَاوَاتِ**» ليس فقط للرسل، بل للكنائس المحلية المكونة من رجال ونساء عاديين يؤمنون بيسوع. كيف نعرف هذا؟ لأن نفس اللهجة التي يستخدمها يسوع هنا في متى ١٦ تظهر مرة أخرى في متى ١٨، ولكنه يستخدمها هنا مع مجموعة أخرى من الناس **غير** الرسل.

> **وَإِنْ أَخْطَأَ إِلَيْكَ أَخُوكَ فَٱذْهَبْ وَعَاتِبْهُ بَيْنَكَ وَبَيْنَهُ وَحْدَكُمَا. إِنْ سَمِعَ مِنْكَ فَقَدْ رَبِحْتَ أَخَاكَ. وَإِنْ لَمْ يَسْمَعْ، فَخُذْ مَعَكَ أَيْضًا وَاحِدًا أَوِ ٱثْنَيْنِ، لِكَيْ تَقُومَ كُلُّ كَلِمَةٍ عَلَى فَمِ شَاهِدَيْنِ أَوْ ثَلَاثَةٍ. وَإِنْ لَمْ يَسْمَعْ مِنْهُمْ فَقُلْ لِلْكَنِيسَةِ. وَإِنْ لَمْ يَسْمَعْ مِنَ ٱلْكَنِيسَةِ فَلْيَكُنْ عِنْدَكَ كَٱلْوَثَنِيِّ وَٱلْعَشَّارِ. اَلْحَقَّ أَقُولُ لَكُمْ: كُلُّ مَا تَرْبِطُونَهُ عَلَى ٱلْأَرْضِ يَكُونُ مَرْبُوطًا فِي ٱلسَّمَاءِ، وَكُلُّ مَا تَحُلُّونَهُ عَلَى ٱلْأَرْضِ يَكُونُ مَحْلُولًا فِي ٱلسَّمَاءِ. وَأَقُولُ لَكُمْ أَيْضًا: إِنِ ٱتَّفَقَ ٱثْنَانِ مِنْكُمْ عَلَى ٱلْأَرْضِ فِي أَيِّ شَيْءٍ يَطْلُبَانِهِ فَإِنَّهُ يَكُونُ لَهُمَا مِنْ قِبَلِ أَبِي ٱلَّذِي فِي ٱلسَّمَاوَاتِ، لِأَنَّهُ حَيْثُمَا ٱجْتَمَعَ ٱثْنَانِ أَوْ ثَلَاثَةٌ بِٱسْمِي فَهُنَاكَ أَكُونُ فِي وَسْطِهِمْ.** (متى ١٨: ١٥-٢٠)

في متى ١٨، نرى أن الكنائس المحلية (الأعضاء كجسد واحد، وليس فقط القيادات التي فيها) ينبغي أن تحرس الإنجيل من خلال الإشراف على عضوية بعضنا البعض في ملكوت الله. وهم يفعلون هذا كجسد واحد مجتمع. لاحظ أن يسوع يوضح هذه النقطة عندما يتكلم عن «اثنين أو ثلاثة» (أي مجموعة من الناس) «المجتمعين» باسمه وبسلطانه. إذن الكنيسة المحلية، هم الأشخاص المتكلمون باسم السماء. وهم يقومون بهذا العمل بالإشراف على حياة الشخص واعترافه لضمان اتساقه مع الإنجيل. ينبغي أن يحرس كل عضو في الكنيسة الإنجيل في حياته وفي حياة رفاقه من أعضاء الكنيسة.

قد تسأل، «لماذا فعل المسيح هذا؟ لماذا وضع هذه المسؤولية المهمة بين يدي المسيحيين المؤمنين العاديين؟» حسنًا، لقد أُعطي، كما تبين، نعمة استثنائية لكل مسيحي عادي. بحسب الكتاب المُقدَّس، لقد كُتب ناموس الله على قلب كل المسيحيين المؤمنين الحقيقيين (أرميا ٣١: ٣٣). كل المسيحيين المؤمنين يعرفون الله (ارميا ٣١: ٣٤). كل المسيحيين المؤمنين لديهم روح الله يسكن فيهم، ويقدسهم، ويجعلهم ينمون نحو لنضوج في المسيح (رومية ٨: ٩؛ فيلبّي ١: ٦).

قد نكون مسيحيين عاديين، ولكن لا شيء عادي فيما يخص المسيحيين المؤمنين. نحن كلنا عبارة عن نتاج عمل نعمة الله الفادية الخارقة للطبيعة. والسبب الذي جعل المسيح يكلف أعضاء الكنيسة المحلية بحراسة الإنجيل هو أن كل مسيحي قد جُهز لحراسة الإنجيل. من نكون (بصفتنا من يؤمنون بالإنجيل) هو الأساس لما دُعينا للقيام به (حراسة الإنجيل).

كيف نفعل هذا بالتحديد؟

حسنًا، تتطلب الإجابة أكثر من مجرد كتابة قائمة بما ينبغي عمله. وبدلًا من هذا، نحتاج أن ندرك أن كل جانب من الحياة المسيحيَّة ينبغي أن يساهم في هذا التكليف الشامل.

- نثبت الآخرين بصفتهم رفاقنا من أعضاء الكنيسة بالمعمودية وعشاء الرب. من خلا المعمودية تقبل الجماعة المؤمنين الجدد في عضويتها.

إنها الطريقة التي تخبر بها الكنيسة شخصًا ما، «بناء على مصداقية اعترافك بالإيمان، نفهم أنك إنسان مسيحي.» ثم في عشاء الرب نشترك في نفس الوجبة كجسد واحد، مخبرين بعضنا بعضًا في الأساس، «لا زلنا نراك إنسانًا مسيحيًا حقيقيًا.»

- كما نتلمذ الآخرين كطريقة لحراسة نقاوة الإنجيل في حياتهم.

- ونطلب من الآخرين أن يتلمذونا لضمان أننا نساهم في الحفاظ على صحة الكنيسة وأنه يمكننا تنفيذ مسؤولياتنا كمسيحيين مؤمنين بأمانة.

- ونمنع من الشركة من يعيشون حياة لا تنسجم مع الإنجيل أو يعترفون بإنجيل يخالف الكتاب المُقدَّس. وهذا ما علم به يسوع في متى ١٨، الفقرة التي قرأناها سابقًا. إذا رفض شخص ما أن يتوب عن خطيَّة مستمرة في حياته، لن يكون بإمكان الكنيسة أن تستمر في تأييد صدق اعتراف هذا الشخص بالإيمان. على أي حال، التوبة والإيمان هما ما يجعلا المرء مسيحيًا (مرقس ١: ١٥).

- إننا نعرب عن اعترافنا بالإنجيل بوضوح من خلال تأكيدنا على إقرار الإيمان الكتابي.

- كما نطرد المعلمين الكذبة من بيننا، بل ونفصلهم من الكنيسة لو كانت رسالتهم لا تتسق مع الإنجيل الكتابي (غلاطية ١: ٨).

بكل هذه الطرق وغيرها، نحرس الإنجيل ونحكم الكنيسة.

بإمكانك تلخيص كل هذه البيانات الكتابيَّة في ثلاث نقاط بسيطة. الكنيسة كلها مسؤولة عن (١) عضويتها، (٢) انضباطها، و(٣) عقيدتها.

والآن دعونا نتعمق في كل واحدة من هذه النقاط؟

أولًا، الجماعـة مسؤولـة عـن أعضـاء الكنيسـة. وهـذا يعنـي أن كل الكنيسة بحاجـة إلـى الاعتنـاء بأعضائهـا وتلمذتهـم. بعبـارة أخـرى، ليسـت هـذه وظيفة الرعـاة أو فريـق العمـل بالكنيسة فقط أن يحرصـوا على أن الشـعب ينمـوا. بالإضافة إلـى هـذا، علـى كل الجماعـة أن تقبل الأعضـاء الجـدد في شـركة الكنيسـة. لا يمكن للرعـاة وفريـق العمـل أن يضيفـوا شخصًا إلـى قوائـم العضويـة بطريقـة عشـوائية كيفمـا اتفـق. على كل الكنيسة أن توافق على إضافة شخص ما إلى العضوية.

ثانيًا، الجماعـة مسؤولـة عـن الانضبـاط. عندمـا يتوقف عضـو مـن الكنيسـة عن اتبـاع يسـوع برفضـه التوبـة عـن الخطيَّـة، فعلى الكنيسـة مسـؤولية متابعـة هذا الشـخص بمحبة ودعوتـه إلـى التوبـة. إذا لـم يسـتجب هذا الأخ أو الأخـت الضـال كإنسـان مسـيحي، عندئذ ينبغـي علـى الكنيسـة أن «تـؤدب» هـذا الشـخص. والتأديـب يعنـي أن تزيـل الجماعـة هـذا الشـخص مـن شـركتها، وتخبر هـذا الشـخص بأنهـم لـم يعـودوا واثقيـن في اعترافـه بالإيمـان، ولا يرحبـون بـه بعـد في الاحتفـال بعشـاء الـرب.

أخيـرًا، الكنيسـة مسـؤولة عـن عقيدتهـا. ينبغـي أن تعـرف الكنيسـة كلهـا مـا تؤمـن بـأن الكتـاب المُقدَّس يعلـم بـه وتحمـل أعضاءهـا مسـؤولية الالتـزام بهـذا المعيار. كمـا ينبغـي علـى الكنيسـة أن تعيـن شـيوخها - أولئـك القادريـن على التعليـم بالكتـاب المُقدَّس بأمانـة (١ تيموثـاوس ٥: ١٧-٢٠). كمـا أن عليهـم مسـؤولية إزالـة المعلمين الكذبـة ممن يضلون الجماعـة مـن قيادتهـا (غلاطيـة ١: ٨).

عنـد هـذه النقطـة، نحتـاج أن نتعمـق أكثـر. لقـد جادلـت للتـو بـأن الجماعـة مسـؤولة عـن الاعتنـاء بعضويـة الكنيسـة والانضبـاط والعقيـدة. ولكنـي لا أريـد أن تفتـرض أن هذه المسـؤولية قاصـرة على أحداث في حياة الكنيسـة، مثل اجتماع الأعضاء. بعبـارة أخـرى، لـو كانـت السـلطة النهائيـة في أمـور «العضويـة والانضبـاط والعقيـدة» تعنـي فقط «التصويـت» الـذي تقوم بـه الجماعـة لقبول شـخص مـا، أو طـرد شـخص آخـر، أو تأييـد إقـرار الإيمـان، فمـن السـهل عندئـذ أن أرى لمـاذا تشـعر وكأن سياسـة الكنيسـة ليـس لهـا علاقـة بحياتـك اليوميَّة.

ولكن فكر في الأمر أكثر قليلًا. إذا قبلت الجماعة شخصًا ما في عضويتها، فعلى هذه الجماعة الآن مسؤولية الإشراف على هذا العضو وتشجيعه وتهذيبه بعد انتهاء اجتماع الأعضاء بكثير. تعتبر أمانة هذا الشخص اليوميَّة ملكًا للكنيسة كجزء من وكالتها. لا يظهر سلطان الربط والحل فقط في الأحداث التي تحدث مرة واحدة مثل قبول أو عزل الناس من الكنيسة.

بعبارة أخرى، التصويت على قبول عضو أمر أشبه بالزواج من التصويت لاختيار المسؤول المنتخب القادم. يشمل الزواج حدث الزفاف، ولكن هذا الحدث هو بمثابة فاتحة للالتزامات والمسؤوليات اليوميَّة التي يتحملها الطرفان الآن من نحو بعضهما البعض. عندما تقبل الجماعة شخصًا ما في عضويتها، تتولى هذه الجماعة واجب الالتقاء بهذا العضو والصلاة من أجله وتهذيبه يوميًا طوال الأسبوع وفي الاجتماع الجماعي. عندما تضع الجماعة شخصًا ما خارج عضويتها، فعلى هذه الجماعة واجب معاملة هذا الشخص كعشار ودعوته إلى التوبة يوميًا. بالتالي سلطان الجماعة على العضوية والتأديب ليسا مجرد أحداث تقع مرة واحدة، بل هي مسؤوليات يوميَّة.

بالمثل، لا يظهر سلطان الجماعة على عقيدة الكنيسة فقط في التصويت لمرة واحدة بهدف تثبيت إقرار إيمان الكنيسة. لا شك أن هذا جزء من المعادلة، ولكن ينبغي على الجماعة الآن أن تأخذ هذه العقيدة وتملأ بها أدق تفاصيل حياة الكنيسة وحياة أعضاءها. هل يصارع العضو ليؤمن بأن الله يهتم به؟ إذن وظيفتك هي أن تذكره بحقائق الإنجيل وأن الله يسود بعناية إلهيَّة على أولاده. هل العضو راض من جهة الضالين؟ ربما يكون قد بدأ ينزل عينه عما يعلم به الكتاب المُقدَّس عن الجحيم. هل ترى شخصًا في كنيستك محبطًا لأنه يحاول أن يكسب عطف الله بأعماله؟ ذكره بحقيقة التبرير بالإيمان وحده وأن وضعنا أمام الله أساسه هو بر المسيح وليس برنا. أنت تحمي عقيدة الكنيسة، ليس فقط بتأييد إقرار إيمان الكنيسة، بل وبتشجيع كل شخص في الكنيسة على العيش في ضوء هذه الحقائق، في السراء والضراء.

إذن من هو المسؤول في الكنيسة؟ كل الجماعة، وكل عضو له دور ليقوم به في هذا. إذا بدأ شخص ما ينزلق بعيدًا عن الشركة، ينبغي أن يتابعه أعضاء الكنيسة.

إذا بدأ الراعي بتعليم عقيدة كاذبة، ينبغي أن يزيله أعضاء الكنيسة من على المنبر. إذا أراد شخص ما أن ينضم إلى الكنيسة، ينبغي أن يحظى أعضاء الكنيسة بفرصة لسماع ما يتعلق باهتداء هذا الشخص وفهمه للإنجيل قبل أن يقبلوه في شركتهم. إذا كان هناك شخص ما يعيش في خطيَّة دون أن يتوب عنها، فعلى أعضاء الكنيسة أن يقرروا أن يؤدبوا هذا الشخص ويزيلوه من العضوية.

الكنيسة مسؤولة عن حراسة الإنجيل: الحرص على أن كل عضو مستمر في أن يعيش حياة يشكلها الإنجيل وأن الكنيسة مستمرة في التعليم والوعظ بالإنجيل.

من هو المسؤول في الكنيسة؟ الشيوخ

أعرف ما يفكر فيه بعضكم: تبدو هذه وكأنها فوضى ديمقراطية. إن كان على كل الجماعة أن تتخذ قراراتها، فهل يعني هذا أنه على الجماعة أن تصوت على كل شيء؟

- إذا بدأت الكنيسة فصل مدارس أحد جديد، فهل تحتاج الجماعة إلى الالتقاء للتصويت على من ينبغي أن يعلم فيه؟
- إذا كانت الكنيسة تضع سجادة جديدة في القاعة الرئيسيَّة، فهل يحتاج كل عضو أن يعطي رأيه في لونها المطلوب؟
- هل تحتاج كل الكنيسة أن تكتب ميزانيتها من الصفر كل سنة؟

حمدًا لله، يرينا الكتاب المُقدَّس أن الكنيسة ليست بحاجة إلى أن تجتمع لتصوت على كل مسألة يمكن تصورها. وإنما يعلمنا الكتاب المُقدَّس أن هناك مجموعة أخرى من الناس في الكنيسة مسؤولة عن حياة الكنيسة والخدمة. وهذه المجموعة من الناس تسمى الشيوخ.

في الكتاب المُقدَّس، الشيوخ (ويسمون أيضًا الرعاة) مكلفون من الرب يسوع بقيادة الجماعة. يعطينا بطرس ملخصًا جيدًا لتوصيف وظيفة الشيوخ في ١ بطرس ٥: ١-٤:

أَطْلُبُ إِلَى ٱلشُّيُوخِ ٱلَّذِينَ بَيْنَكُمْ، أَنَا ٱلشَّيْخَ رَفِيقَهُمْ، وَٱلشَّاهِدَ لِآلَامِ ٱلْمَسِيحِ، وَشَرِيكَ ٱلْمَجْدِ ٱلْعَتِيدِ أَنْ يُعْلَنَ، ٱرْعَوْا رَعِيَّةَ ٱللهِ ٱلَّتِي بَيْنَكُمْ نُظَّارًا، لَا عَنِ ٱضْطِرَارٍ بَلْ بِٱلِٱخْتِيَارِ، وَلَا لِرِبْحٍ قَبِيحٍ بَلْ بِنَشَاطٍ، وَلَا كَمَنْ يَسُودُ عَلَى ٱلْأَنْصِبَةِ، بَلْ صَائِرِينَ أَمْثِلَةً لِلرَّعِيَّةِ. وَمَتَى ظَهَرَ رَئِيسُ ٱلرُّعَاةِ تَنَالُونَ إِكْلِيلَ ٱلْمَجْدِ ٱلَّذِي لَا يَبْلَى.

هل لاحظت كل كلمات السلطان والمسؤولية الموجودة في هذه الفقرة؟ ينبغي على الشيوخ أن «يرعوا،» «يمارسوا الإشراف،» ويخدموا «كنماذج يُحتذى بها» لكل الجماعة. يتمتع الشيوخ بسلطان حقيقي جدًا في الكنيسة المحلية. في الواقع، يقدم كاتب العبرانيين نفس هذه النقطة ولكن من منظور مختلف، إذ يشجع أعضاء الكنيسة على الخضوع للشيوخ المسؤولين عنهم.

أَطِيعُوا مُرْشِدِيكُمْ وَٱخْضَعُوا، لِأَنَّهُمْ يَسْهَرُونَ لِأَجْلِ نُفُوسِكُمْ كَأَنَّهُمْ سَوْفَ يُعْطُونَ حِسَابًا، لِكَيْ يَفْعَلُوا ذَلِكَ بِفَرَحٍ، لَا آنِّينَ، لِأَنَّ هَذَا غَيْرُ نَافِعٍ لَكُمْ. (العبرانيين ١٣: ١٧)

ينبغي أن يقود الشيوخ الجماعة. ينبغي أن تتبع الجماعة قيادة شيوخها.

ولكن كيف يقود الشيوخ الكنيسة بالتحديد؟ بالطرق الثلاث التالية:

أولًا، يعلم الشيوخ الكنيسة الكتاب المُقدَّس. الشيء الأساسي الذي يميز الشيوخ عن بقية الجماعة وعن الشمامسة هو أن الشيوخ «قادرون على التعليم» (١ تيموثاوس ٣: ٢). في الواقع، هذا هو دورهم الرئيسي في حياة الكنيسة. أصغ إلى الطريقة التي يصف بها بولس وظيفة الشيخ:

إِلَى أَنْ أَجِيءَ ٱعْكُفْ عَلَى ٱلْقِرَاءَةِ وَٱلْوَعْظِ وَٱلتَّعْلِيمِ. لَا تُهْمِلِ ٱلْمَوْهِبَةَ ٱلَّتِي فِيكَ، ٱلْمُعْطَاةَ لَكَ بِٱلنُّبُوَّةِ مَعَ وَضْعِ أَيْدِي ٱلْمَشْيَخَةِ. ٱهْتَمَّ بِهَذَا. كُنْ فِيهِ، لِكَيْ يَكُونَ تَقَدُّمُكَ ظَاهِرًا فِي كُلِّ شَيْءٍ. لَاحِظْ نَفْسَكَ وَٱلتَّعْلِيمَ وَدَاوِمْ عَلَى ذَلِكَ، لِأَنَّكَ إِذَا فَعَلْتَ هَذَا، تُخَلِّصُ نَفْسَكَ وَٱلَّذِينَ يَسْمَعُونَكَ أَيْضًا. (١ تيموثاوس ٤: ١٣-١٦)

في الواقع، الرب لا يوصي الشيوخ إيجابيًا فقط بتعزيز التعليم الصحيح، بل ويكلفهم كذلك بحماية الكنيسة من التعليم الكاذب. فكر في تحذير بولس لشيوخ أفسس:

> **لِأَنِّي أَعْلَمُ هَذَا: أَنَّهُ بَعْدَ ذَهَابِي سَيَدْخُلُ بَيْنَكُمْ ذِئَابٌ خَاطِفَةٌ لَا تُشْفِقُ عَلَى ٱلرَّعِيَّةِ. وَمِنْكُمْ أَنْتُمْ سَيَقُومُ رِجَالٌ يَتَكَلَّمُونَ بِأُمُورٍ مُلْتَوِيَةٍ لِيَجْتَذِبُوا ٱلتَّلَامِيذَ وَرَاءَهُمْ. لِذَلِكَ ٱسْهَرُوا، مُتَذَكِّرِينَ أَنِّي ثَلَاثَ سِنِينَ لَيْلًا وَنَهَارًا، لَمْ أَفْتُرْ عَنْ أَنْ أُنْذِرَ بِدُمُوعٍ كُلَّ وَاحِدٍ.** (أعمال ٢٠: ٢٩-٣١)

ينبغي أن يمارس الشيوخ سلطانهم في الجماعة بتعليم الكلمة. بالتعليم، يجهز الشيوخ أعضاء الكنيسة لطاعة يسوع وتنفيذ مسؤولياتهم.

ثانيًا، يمثل الشيوخ نموذج طاعة الكتاب المُقدَّس. هل سبق أن قرأت مؤهلات أن تكون شيخًا في ١ تيموثاوس ٣؟ إنها مؤهلات مذهلة لأنها اعتيادية بشكل كبير:

> **صَادِقَةٌ هِيَ ٱلْكَلِمَةُ: إِنِ ٱبْتَغَى أَحَدٌ ٱلْأُسْقُفِيَّةَ، فَيَشْتَهِي عَمَلًا صَالِحًا. فَيَجِبُ أَنْ يَكُونَ ٱلْأُسْقُفُ: بِلَا لَوْمٍ، بَعْلَ ٱمْرَأَةٍ وَاحِدَةٍ، صَاحِيًا، عَاقِلًا، مُحْتَشِمًا، مُضِيفًا لِلْغُرَبَاءِ، صَالِحًا لِلتَّعْلِيمِ، غَيْرَ مُدْمِنِ ٱلْخَمْرِ، وَلَا ضَرَّابٍ، وَلَا طَامِعٍ بِٱلرِّبْحِ ٱلْقَبِيحِ، بَلْ حَلِيمًا، غَيْرَ مُخَاصِمٍ، وَلَا مُحِبٍّ لِلْمَالِ، يُدَبِّرُ بَيْتَهُ حَسَنًا، لَهُ أَوْلَادٌ فِي ٱلْخُضُوعِ بِكُلِّ وَقَارٍ. وَإِنَّمَا إِنْ كَانَ أَحَدٌ لَا يَعْرِفُ أَنْ يُدَبِّرَ بَيْتَهُ، فَكَيْفَ يَعْتَنِي بِكَنِيسَةِ ٱللهِ؟ غَيْرَ حَدِيثِ ٱلْإِيمَانِ لِئَلَّا يَتَصَلَّفَ فَيَسْقُطَ فِي دَيْنُونَةِ إِبْلِيسَ. وَيَجِبُ أَيْضًا أَنْ تَكُونَ لَهُ شَهَادَةٌ حَسَنَةٌ مِنَ ٱلَّذِينَ هُمْ مِنْ خَارِجٍ، لِئَلَّا يَسْقُطَ فِي تَعْيِيرٍ وَفَخِّ إِبْلِيسَ.** (١ تيموثاوس ٣: ١-٧).

ألا ينبغي أن يتسم كل مسيحي بالسمات الموجودة في هذه القائمة؟ حسنًا، وهذا هو المقصود. يُفترض بالشيوخ أن يكونوا مسيحيين **جيدين يُحتذى بهم** – نماذج في الحياة المسيحيَّة لكل من ينتمي للكنيسة. يقدم بطرس نفس النقطة في الفقرة التي قرأناها سابقًا عندما يوصي الشيوخ بأن يكونوا «أمثلة للرعية» (١ بطرس ٥: ٣). يقود الشيوخ الكنيسة بتقديم نموذج في الطاعة ليسوع للكنيسة.

أخيرًا، يقدم الشيوخ الإشراف للجماعة. حيث ينبغي عليهم اتخاذ قرارات من أجل الكنيسة، وكما قرأنا للتو في العبرانيين ١٣: ١٧، يوصي الله الجماعة بالخضوع لتلك القرارات واتباعها. يعلمنا الكتاب المُقدَّس هذه الفكرة ليس فقط عندما يسمي الشيوخ في بعض الأحيان «أساقفة [مشرفين]» (فيلبي ١:١؛ ١ تيموثاوس ٣: ١-٢؛ تيطس ١: ٧) بل وكذلك في فقرات مثل ١ تيموثاوس ٥: ١٧:

أَمَّا ٱلشُّيُوخُ ٱلْمُدَبِّرُونَ حَسَنًا فَلْيُحْسَبُوا أَهْلًا لِكَرَامَةٍ مُضَاعَفَةٍ، وَلَا سِيَّمَا ٱلَّذِينَ يَتْعَبُونَ فِي ٱلْكَلِمَةِ وَٱلتَّعْلِيمِ.

ينبغي أن «يدبر» الشيوخ في الكنيسة. من الواضح أنه ينبغي أن يفعلوا هذا بمحبة وعناية، ولكن الكتاب المُقدَّس يكسو شيوخ الكنيسة بسلطان حقيقي جدًا لاتخاذ القرارات بخصوص شئون الكنيسة.

باختصار: يقود الشيوخ الجماعة. بل ويجوز لك أن تقول إنهم «المسؤولون» في الكنيسة.

كيف تنسجم هاتان الفكرتان معًا؟

عند هذه النقطة قد تحك رأسك مرتبكًا. يبدو وكأن الكتاب المُقدَّس يعلم بفكرتين متناقضتين. الجماعة هي المسؤولة والشيوخ هم المسؤولون. الجماعة مسؤولة عن حياة الكنيسة، ولكن الجماعة أيضًا ينبغي أن تخضع لقيادة الشيوخ.

إذن، كيف ينسجم كل هذا مع بعضه؟ حمدًا لله لأن الكتاب المُقدَّس يساعدنا في الإجابة على هذا السؤال.

تعتبر أفسس ٤: ١١-١٢ واحدة من أكثر الفقرات المفيدة التي تناقش كيف يتعامل الشيوخ مع الجماعة:

وَهُوَ أَعْطَى ٱلْبَعْضَ أَنْ يَكُونُوا رُسُلًا، وَٱلْبَعْضَ أَنْبِيَاءَ، وَٱلْبَعْضَ مُبَشِّرِينَ، وَٱلْبَعْضَ رُعَاةً وَمُعَلِّمِينَ، لِأَجْلِ تَكْمِيلِ ٱلْقِدِّيسِينَ لِعَمَلِ ٱلْخِدْمَةِ، لِبُنْيَانِ جَسَدِ ٱلْمَسِيحِ.

هـل تـرى كيـف يسـير الأمـر؟ يجهـز «الرُعَـاةَ وَالمُعَلِّمِيـنَ» (أي، الشـيوخ) الكنيسـة للقيـام بعمـل الخدمـة. **يعلـم** المعلمـون ويقدمـون **النمـوذج** العملـي علـى الخدمـة السـليمة، **وتقـوم الجماعـة بالخدمـة**. يقـود الشـيوخ، والجماعـة تتبـع. الشـيوخ يعلمـون – بالكلمـة، بمثـال حياتهـم – والجماعـة تتمثـل بإيمانهـم.

كثيـرًا مـا يشـبه صديقـي جوناثـان ليمـان العلاقـة بيـن الشـيوخ والجماعـة بفصـل التماريـن الرياضيـة. يشـبه الشـيوخ مـدرس الألعـاب الواقـف أمـام الفصـل ويقـول، «أنظـروا كيـف أقـوم بهـذه الحركـة. عليكـم حقًـا أن تحرصـوا علـى فـرد أصابـع أقدامكـم. حسـنًا، والآن دوركـم أنتـم أيضًـا.» يحتـاج الفصـل أن يكـون المعلـم هـو النمـوذج الـذي يقلدونـه في عمـل الشـيء بشـكل صحيـح.

نفـس الشـيء ينطبـق علـى الشـيوخ والجماعـة. يقـول الشـيوخ، «هـا هـي الطريقـة التـي نطيـع بهـا يسـوع. أنظـروا مـاذا يقـول الفصـل عـن هـذا؟ أنظـروا كيـف أتبـع يسـوع بهـذه الطريقـة؟ عظيـم، والآن دوركـم.»

يسـمي اللاهوتيـون هـذا النـوع مـن سياسـات الكنيسـة «نظـام قيـادة الشـيوخ للجماعـة.» ربمـا تحـب أن تتذكـر هـذا المصطلـح لأننـي سأسـتخدمه في مواضـع قليلـة في باقـي هـذا الفصـل.

فالشـيخ لا **يغتصبـون** السـلطة علـى الجماعـة، بـل إنهـم **يجهـزون** الجماعـة لتمـارس سـلطانها بشـكل صحيـح. وهـذه هـي الطريقـة التـي يمكـن للجماعـة أن تكـون «مسـؤولة» بهـا ومـع هـذا تظـل «خاضعـة» لقيـادة الشـيوخ. تقـول القيـادة، «يقـول الكتـاب المُقـدَّس أنـه ينبغـي أن تقـوم بهـذا التصـرف،» وتقـول الجماعـة، «سـوف نتبـع قيادتكـم وتوجيهكـم الكتابـي. دعونـا نفعـل هـذا.»

في الواقـع، هنـاك مـكان واحـد في الكتـاب المُقـدَّس نـرى فيـه هـذا المبـدأ واقعًـا وهـو ١ كورنثـوس ٥ في إحـدى حـالات التأديـب الكنسـي. في هـذا النـص، يوصـي بولـس كنيسـة كورنثـوس بأنـه أصـدر بالفعـل «حكمًـا» علـى الرجـل الـذي يحتـاج إلـى التأديـب (آيـة ٣). ولكـن حكـم بولـس (رغـم أنـه كان رسـولًا) لـم يـزل الرجـل مـن الكنيسـة، بـل أراد بولـس الكنيسـة أن تزيـل الرجـل غيـر التائـب مـن شـركتها. ينبغـي أن «يدينـوا» هـم أيضًـا

الرجل (آية ١٢). هل ترى المنطق من وراء هذا؟ بولس يتصرف كشيخ. إنه يوصي الكنيسة «لقد اتخذت هذا التصرف، والآن أنتم بحاجة إلى فعله أنتم أيضًا.»

قبـل أن نتقـدم إلـى القسـم التالـي، دعونـي أضيـف أن هـذا النمـط مـن قيـادة الشـيوخ وتبعيـة الجماعة غير قاصر فقـط علـى طريقـة اتخـاذ الكنيسـة القـرارات الخاصـة بالعضويـة أو شـئون حيـاة الكنيسـة الأخـرى. يسـري هـذا المبـدأ علـى كل حيـاة الكنيسـة. يعطـي الله للكنيسـة الشـيوخ بحيـث يمكنهـم أن يخبـروا الكنيسـة، «راقبـوا كيـف أحـب زوجتـي وأولادي؛ راقبـوا كيـف أحتمـل الألـم؛ راقبـوا كيـف أتصـرف بكـرم فـي مالـي؛ راقبـوا كيـف أبشـر. والآن دوركـم لتفعلـوا مثلـي.»

قلـت فـي بدايـة هـذا الفصـل أن مـا نعتقـده بخصـوص نظـام الكنيسـة لـه تداعيـات هائلـة علـى طريقـة تفكيرنـا فـي الحيـاة المسـيحيَّة. أرجـو أن تبـدأوا تـرون لمـاذا تسـير الأمـور هكـذا. لا يتعلـق نظـام قيـادة الشـيوخ للجماعـة فقـط بطريقـة اتخـاذا الكنيسـة قراراتهـا، بـل هـو فـي الواقـع برنامـج تلمـذة الله للكنيسـة. يعلـم الشـيوخ عـن محبـة المسـيح وعنايتـه بالآخريـن ويمثلـون النمـوذج فـي تقديمهـا بحيـث تسـتطيع الجماعـة كلهـا أن تتعلـم كيـف تحـب وتعتنـي ببعضهـا البعـض.

عجلات القيادة وفرامل الطوارئ

كانـت أقـل درجاتـي فـي المدرسـة الثانويَّـة هـي تعليـم القيـادة – وهـي نقطـة لا تدهـش زوجتـي، هـل تتابـع معـي؟ لقـد فشـلت بشـكل ذريـع فـي اختبـار يتطلـب منـي التعـرف علـى أجـزاء المحـرك المختلفـة ومعرفـة أسـمها. برغـم جهلـي بتشـريح السـيارة، إلا إننـي سـأغامر الآن باسـتخدام مثـال توضيحـي يتطلـب علـى الأقـل بعـض المعرفـة البدائيـة بطريقـة عمـل السـيارة.

يمكنـك أن تفكـر فـي العلاقـة بيـن سـلطان الشـيوخ وسـلطان الجماعـة مثـل العلاقـة بيـن عجلـة القيـادة وفرامـل الطـوارئ. يضـع الشـيوخ أيديهـم علـى عجلـة القيـادة. فيقومـون بـدور الملاح الـذي يوجـه السـيارة ومسـافريها عبـر الشـوارع هـذا العالـم المتعرجـة، والتـي أحيانًـا مـا تكـون هائجـة.

وفي غضون ذلك، تجلس الجماعة في مقعد المسافرين، واثقة في أن يوصلها الشيوخ إلى الوجهة الصحيحة. ولكن إذا رأت الجماعة أن الشيوخ قد انحرفوا انحرافة خاطئة وخطيرة أو أنهم على وشك أن يلقوا بالكنيسة من فوق منحدر عال، فبإمكان الكنيسة أن تشد فرامل الطوارئ. يعتبر شد هذه الفرامل عملًا أساسيًا تمامًا. على أي حال، كم مرة استخدمتم فيها فرامل الطوارئ الخاصة بكم؟ ولكن بجذب فرامل الطوارئ تلك، تقول الجماعة في الأساس، «نحتاج إلى سائقين جدد لأن هؤلاء لا يسوقون في الاتجاه السليم.»

بعض المضامين العمليَّة

قد يبدو هذا وكأنه تصيد لكثير من الأخطاء في الإجراءات، ولكن مضامين ما صممه الكتاب المُقدَّس للكنيسة مضامين عميقة وتؤثر أبعد بكثير من اجتماع الأعضاء التالي لديكم. دعوني أطرح أمامكم القليل من المضامين العمليَّة.

أولًا، لا تحتاج كنيستك أن تقوم بالتصويت في كل شيء.

الأشياء الوحيدة التي ينبغي على الجماعة أن تصوت عليها هي الأمور التي تتعلق مباشرة بعضوية الكنيسة أو التأديب أو العقيدة. وهكذا، هل تستقبل كنيستك أعضاء جدد؟ إذن تحتاج الجماعة المجتمعة أن تقوم بالتصويت. هل تقومون بعزل شخص ما من شركة كنيستكم؟ إذن كل كنيستك بحاجة إلى أن تقوم بهذا التصرف. هل تقومون بتعيين راعٍ أو تقومون بتغيير إقرار إيمان كنيستكم (أمور تتعلق بالعقيدة)؟ إذن كل الكنيسة بحاجة إلى الاتفاق على هذا الفعل.

تذكر، الجماعة (وليس الشيوخ فقط) هي المسؤولة عن حماية الإنجيل وحراسة بعضها البعض. في كل مرة تقبل فيها الكنيسة شخصًا ما ليكون عضوًا فيها، فأنتم لا تقولون فقط أنكم تعتقدون أن هذا الشخص لديه إيمان موثوق فيه بالإنجيل، بل إنكم تعلنون عن التزامكم بهذا الشخص. أنتم تقولون في الأساس لهذا العضو الجديد، «سوف نسهر على نفسك ونقف إلى جوارك بحيث تستمر في الإيمان بالمسيح والاتكال عليه، وتستمر في التوبة عن الخطيَّة، وتستمر في التمسك بالتعليم الصحيح.»

أنتم لا تصوتون فحسب على وضع اسم في قوائم عضوية الكنيسة، أنتم تتعهدون ببناء علاقة مع هذا الشخص لأجل تشجيعه على المثابرة في تكريسه ليسوع.

وماذا عن باقي أعمال حياة الكنيسة؟ حسنًا، بإمكانكم ترك هذا للشيوخ والخضوع لحكمتهم.

لا تحتاج الكنيسة كلها إلى التداول بشأن لون سجادة الردهة الجديدة. لا تحتاج الكنيسة كلها أن تتصرف بشأن ما إذا كان ينبغي جعل توفير الطعام الساعة ٥ أم ٦ مساء. لا تحتاج الكنيسة كلها أن تصوت على ما إذا كان المتدرب على الرعاية ينبغي أن يقرأ ٨ كتب أم ٩. ينبغي ترك هذه المسائل بين يدي الشيوخ فحسب.

أحيانًا، قد يختار الشيوخ أن يفوضوا مجموعات أخرى في الكنيسة لاتخاذ القرار في هذه الأمور مثل أعضاء فريق عمل الكنيسة أو شمامسة الكنيسة الذين يساعدون الشيوخ ويهتمون باحتياجات الجماعة العمليَّة. ولكن هذه المجموعات لا زالت تخدم تحت إشراف وقيادة الشيوخ بصفة عامة.

ثانيًا، أدع رعاتك إلى حياتك.

فعملهم هو أن يعلموك كيف تكون مسيحيًا وكيف تنفذ مسؤوليتك لضمان أن تبقى الكنيسة بصحة جيدة. هذه مهمة شاقة إن كنت لا تدعهم يتوددون إليك. لذا أتح نفسك لرعاتك. دعهم يعرفون فيم تفكر وكيف حالك من الناحية الروحيَّة. أطلب نصيحتهم في قرارات الحياة. كن خروفًا تسهل رعايته.

علاوة على هذا، سل رعاتك عن الكنيسة. هل هناك ما يقلقك؟ هل يضايقك شيء يجري الآن في الجسد؟ دعهم يعرفون وسلهم كيف يمكنك أن تكون جزءًا من الحل. لا تشك أو تنم، بل أقبل تعليماتهم ودعهم يشرحون لماذا يقودون الكنيسة بهذه الطريقة. قد لا تتفق مع كل ما يقولونه. لا بأس. فلا زال عليك أن تخضع لأحكامهم وتثق في الحكمة التي يعطيها لهم الله، حتى ولو كنت ترى الأمور بصورة مختلفة. وهذا بالطبع ليس سهلًا دائمًا. فالخضوع للسلطة أمر صعب. ولكن من الممكن اتباع القادة الأتقياء، حتى عندما نختلف معهم، لأن خضوعنا لهم يرجع في النهاية

إلى خضوعنا ليسوع. فنحن نخضع للشيوخ ونطيع العبرانيين ١٣: ١٧ من أجل خاطر يسوع.

ثالثًا، يعد فهم وظيفتك ووظيفة الشيوخ بوضوح طريقة عظيمة لحفظ وحدة الكنيسة.

كثيرًا جدًا ما يظهر عدم الوحدة من أشخاص يحاولون التدخل في شئون لا تخصهم حقًا. عادة ما يؤدي الاستيلاء على السلطة إلى صراعات على السلطة. ولكن عندما يعرف كل واحد توصيفه الوظيفي **ومن** هو المسؤول عن **ماذا**، فستكون لدينا عندئذ فرصة أفضل للحفاظ على وحدة الكنيسة.

في الواقع، دعونا نعيد النظر في بعض من «مشاجرات الكنيسة» التي ذكرناها في بداية الفصل ونرى إذا كنا لا نقدر أن نطبق بعض مما تعلمناه لحل هذه المواقف.

أتذكر كنيسة الوحدة المعمدانية ومشاجرتهم حول ما إذا كانوا يعيدون تنجيد المقاعد أم لا؟ أرادت مجموعة أن تكرم الماضي. وأخرى أن تتطلع إلى المستقبل. حسنًا، هل يؤثر أي من هذا فعليًا على عضوية الكنيسة أو انضباطها أو عقيدتها؟ كلا. فأثاث الكنيسة لا يعوق قدرة الجماعة على قبول أي أعضاء جدد في الكنيسة أو الاعتناء بسلامة أعضاءها الروحيَّة – وقطعًا لا يؤثر على عقيدة إنجيل الكنيسة. لذا في النهاية، هذه مسألة حكمة ليس إلا – قرار من الأفضل أن نتركه للشيوخ (أو لشخص يفوضونه للاعتناء بالأمر)، وينبغي على الكنيسة أن تتبع قيادتهم. قد لا يأخذ الشيوخ القرار الذي كنت أنت لتأخذه، ولكن عليك أن تثق بأنهم منشغلون بكل الكنيسة، وأنهم يبذلون قصارى جهدهم لصنع أفضل القرارات، وربما يعملون بناء على بعض المعلومات غير المتوفرة لديك.

أتذكر هيذر في كنيسة كونيكشن؟ لقد بدأت بداية جيدة، ولكن بعد فترة «أفلتت من النظام.» من كان ينبغي أن يتابعها؟ وماذا ينبغي على الكنيسة أن تفعل الآن؟ حسنًا، كان ينبغي أن يتابعها الأعضاء، الذين يزودهم الشيوخ بالتعليم المنتظم. كان ينبغي عليهم أن يذكروها بأن المسيحي الحقيقي لا «يترك اجتماعه» (العبرانيين ١٠: ٢٥).

كان ينبغي عليهم دعوتها إلى التوبة. طبعًا، ينبغي أن ينخرط الشيوخ في هذه العمليَّة، أيضًا، ولكن المسؤولية لا تقع على أكتافهم **وحدهم**. والآن بما أن هيذر قد هجرت الكنيسة بشكل حازم وصدت كل جهود إعادتها للانضمام إلى الكنيسة، ينبغي أن يبين الشيوخ من الكتاب المُقدَّس أن الجماعة عليها مسؤولية «تأديبها وعزلها» من الكنيسة وألا يؤيدوا فيما بعد مصداقية اعترافها.

كما ترى، الأمر برمته تصميم مجيد لخير الكنيسة ومن أجل بنيان القديسين. فالشيوخ يقودون ويعلمون، والجماعة تستجيب وتخضع وتنفذ.

تخيل أنك دعوت صديقًا من الكنيسة لتناول القهوة. وعندما يتحول الحوار إلى الحديث عن حياة الكنيسة، تعبر لغة جسدها قليلًا عن الامتعاض. «أنا لا أفهم لماذا لا نصلح الممشى على جانب المبنى. أعني، هذا هو المكان الذي يركن فيه معظم الناس سياراتهم. أنا متأكدة من أن هذا منفر للكثير من الزوار!»

ماذا ينبغي أن تفعل في موقف كهذا؟ أقترح عليك أم تذكر صديقتك بتوصيف عمل كل واحد. «نعم، هذا الممشى يحتاج إلى بعض العمل. ولكن تذكري أن الشيوخ شرحوا أنهم قد يرن أن الكنيسة تحتاج أن تشتري كتب مُقدسَّة لتوزعها على الزوار وإصلاح التكييف في القاعة الرئيسيَّة بدلًا من ذلك. ربما لم نكن نحن لنقرر هذا، ولكننا نحتاج أن نتبع قادتنا. وفي النهاية، عملنا هو الاعتناء بالأعضاء وتقييم التعليم الجيد. ويمكننا أن نفعل هذا مع هذا الممشى أو بدونه.»

تساعدنا معرفة أدوارنا واتباع قادتنا في الحفاظ على وحدة الكنيسة. إذا كانت لديك جماعة على خلاف دائم مع الشيوخ، فإما أن لديك شيوخ غير أتقياء لا يستحقون أن تتبعونهم أو جماعة غير تقية غير مستعدة أن تتبعهم.

رابعًا، عزز ثقافة الثقة في القيادة التقية في كنيستك.

لا تقم نفسك كفريق مراجعة مستقل لكل قرار يأخذه الشيوخ. على أي حال، لقد أقامت كنيستك هؤلاء القادة في المقام الأول، لذا وفر لهم الثقة التي يحتاجونها لقيادة الجماعة بشكل جيد. وعليك أن تدرك أنه في حين يحتاج الشيوخ إلى إبلاغ

الجماعة بشكل جيد بما فيه الكفاية حتى تتمكن من اتخاذ قرارات حكيمة، فقد يكون لديهم أسباب وجيهة لعدم إخبار الجماعة بكل ما يعرفونه عن موقف معين يجري في حياة الكنيسة.

قليل من الأسئلة النهائية

ماذا لو فقدت الثقة في شيوخ كنيستي؟

إن كنت قد وصلت إلى مرحلة من عدم الثقة في شيوخ كنيستك، فعليك على الأرجح أن تترك كنيستك. إن كانوا يتخذون دائمًا قرارات تعتبرها غير حكيمة بشكل عميق أو حتى تضع الإنجيل في خطر، فقد حان الوقت لتنقل عضويتك إلى مكان آخر. لا يستحق كل شيخ ولا كل فريق من الشيوخ أن تضع ثقتك فيه.

ولكن قبل أن تفعل هذا، افحص قلبك، واطلب المشورة، وقم بأمانة بتقييم نفسك هل أنت شكاك وغير خاضع. فقد لا تكون المشكلة على أي حال في الشيوخ، بل قد تكون عدم استعدادك في الثقة بهم. ولكن إذا وصلت إلى مرحلة لم تعد ترى فيها أن شيوخك يستحقون الثقة، فمن الأفضل أن تترك المكان بسلام وتجد مكانًا آخر به قيادة يمكنك أن تتبعها.

ماذا لو كنت أثق بشيوخ الكنيسة ولكن لا يمكنني أن أصوت لصالح اقتراح يقترحونه فحسب؟

ربما تثق بصفة عامة في شيوخ كنيستك، ولكنهم على وشك طرح اقتراح معين في اجتماع الأعضاء التالي وتجد صعوبة كبيرة في دعمه.

على سبيل المثال، تخيل أن الشيوخ يقترحون ميزانية للكنيسة بحيث تقلل بشكل كبير من عطاء الكنيسة إلى الإرساليات أو المنظمة التي تفضلها وبدلًا من هذا تخصص هذا المال لبعض التجديدات في المبنى. في رأيك أن إعادة هيكلة ميزانية الكنيسة بهذا الشكل أمر غير حكيم. ولهذا تشعر بصعوبة كبيرة في قبول الأمر.

ماذا تفعل؟

أولًا، ابحث عن شيخ وأعلمه بما يشغلك. لا تأت إلى الحوار وأنت مستعد لإلقاء التهم. أطرح الكثير من الأسئلة وكن مستعدًا لتسمع. أتبع وصية يعقوب: «**لِيَكُنْ كُلُّ إِنْسَانٍ مُسْرِعًا فِي ٱلِاسْتِمَاعِ، مُبْطِئًا فِي ٱلتَّكَلُّمِ**» (يعقوب ١: ١٩). يتجاهل أعضاء كثيرون جدًا في الكنيسة هذه الخطوة الأولى ويتركون الاختلاف وعدم الرضا يتفاقم في قلوبهم.

ثانيًا، لتكن لديك روح قابلة للتعلم وتوجه نحو الاتضاع. وإذ تنصت للشيوخ، أمنح أسبابهم أذنًا مصغية. على أي حال، يمتدح سفر الأمثال هذا التوجه كطريق للحكمة:

- **طَرِيقُ ٱلْجَاهِلِ مُسْتَقِيمٌ فِي عَيْنَيْهِ، أَمَّا سَامِعُ ٱلْمَشُورَةِ فَهُوَ حَكِيمٌ.** (أمثال ١٢: ١٥)
- **اَلْجَاهِلُ لَا يُسَرُّ بِٱلْفَهْمِ، بَلْ بِكَشْفِ قَلْبِهِ.** (أمثال ١٨: ٢)
- **مَنْ يُجِيبُ عَنْ أَمْرٍ قَبْلَ أَنْ يَسْمَعَهُ، فَلَهُ حَمَاقَةٌ وَعَارٌ.** (أمثال ١٨: ١٣)

ربما تظل مصرًا على قرارك بأنك كنت لتصدر حكمًا مختلفًا. ولكن على الأقل كن مستعدًا للاعتراف بأن قرار الشيوخ كان معقولًا وبعد تفكير.

ثالثًا، سل نفسك، «هل هذه مسألة تتعلق بالحكمة أم تتعلق بالإنجيل؟» لو كان الشيوخ قد اتخذوا قرارًا يضع الإنجيل على المحك، فأنت لست حرًا فقط في أن تعارضهم، بل وينبغي عليك أن تفعل هذا. لا تتبع شيخًا إلى الخطيَّة أبدًا أو إلى ممارسات تنكر الفهم الصحيح للإنجيل.

ولكن أغلب الأوقات، ستختلف فحسب مع الشيوخ حول أمور تتعلق بالحكمة في اتخاذ القرارات. لا تضع المسائل المتعلقة بالحكمة الإنجيل على المحك؛ بل إنها فقط مسائل قرار جيد وأفضل والأفضل.

- هل ينبغي أن تعطي الكنيسة لمنظمة الإرساليات أ أم ب؟
- هل ينبغي أن تستخدم الكنيسة فائض ميزانيتها لتعطي المزيد للإرساليات أن تستخدم هذا المال لخدمة الرهن العقاري على المبنى؟
- هل ينبغي أن تعين الكنيسة راعيًا خاصًا بالمشورة أم خاصًا بالكرازة؟
- هل ينبغي أن تصلح الكنيسة مكان ركن السيارات أم السطح؟

لا تضع أسئلة مثل هذه الإنجيل على المحك. في أي مسألة تخص الحكمة في اتخاذ القرار، أشجعك على الخضوع بابتهاج لشيوخ كنيستك وأن تتبع قيادتهم، حتى ولو كان لديك رأي مختلف.

أخيرًا، إذا طلب الشيوخ من الجماعة أن تصوت في مسألة معينة تتعلق بالحكمة في اتخاذ القرار، ولم يرتح ضميرك أن تصوت لصالح اقتراح الشيوخ، ففكر في الامتناع عن التصويت.

إذا شعرت ان ضميرك يلزمك بالتصويت ضد هذا الاقتراح، عرف الشيوخ مقدمًا أنك تنوي التصويت ضد اقتراحهم. ثم قم بما في وسعك لتعزز وحدة الكنيسة. لا تفعل النميمة أو تشهر بأحد. فليكن اختلافك في الراي بروح تيطس ٣: ١-٢: «**ذَكِّرْهُمْ أَنْ يَخْضَعُوا لِلرِّيَاسَاتِ وَٱلسَّلَاطِينِ، وَيُطِيعُوا، وَيَكُونُوا مُسْتَعِدِّينَ لِكُلِّ عَمَلٍ صَالِحٍ، وَلَا يَطْعَنُوا فِي أَحَدٍ، وَيَكُونُوا غَيْرَ مُخَاصِمِينَ، حُلَمَاءَ، مُظْهِرِينَ كُلَّ وَدَاعَةٍ لِجَمِيعِ ٱلنَّاسِ.**»

دعونا نقوم بالعمل

الكنيسة المحلية مكان خاص، مكان يستحق أن نحافظ عليه ونداقع عنه. كتب بولس في أفسس ٣: ١٠ أنه «**يُعَرَّفَ ٱلْآنَ عِنْدَ ٱلرُّؤَسَاءِ وَٱلسَّلَاطِينِ فِي ٱلسَّمَاوِيَّاتِ، بِوَاسِطَةِ ٱلْكَنِيسَةِ، بِحِكْمَةِ ٱللهِ ٱلْمُتَنَوِّعَةِ.**» قد يبدو طرح أسئلة مثل «من هو المسؤول في الكنيسة؟» سؤالًا باردًا ويتعلق بالإجراءات الروتينية، ولكن هناك شيء من حكمة ومجد الله يُعرفا بينما نجيب على هذا النوع من الأسئلة.

في النهاية، هناك عمل ينبغي علينا أن نقوم به.

- إن كنت شيخًا – علّم، كن نموذجًا يُحتذى، وقد كنيستك حسنًا. لا تغتصب السلطة بل جهز الجماعة لتستخدم سلطانها بشكل جيد.
- إن كنت عضوًا في الكنيسة – اصغ لشيوخ كنيستك، واخضع لقيادتهم، واتبع مثال حياتهم. ولكن عليك عمل لتقوم به. أنت مسؤول عن حماية رفاقك من أعضاء الكنيسة وإعلاء الإنجيل وسط الجماعة. دع شيوخك يعدونك لأجل هذه المهمة بحيث يمكنك القيام بها بشكل جيد.

رفاقي المسيحيون المؤمنون، دعونا نقبل المسؤوليات الموضوعة أمامنا ونحمي الإنجيل. دعونا نقوم بالعمل الذي كلفنا به يسوع بحيث تُعرف «**حِكْمَةِ ٱللهِ ٱلْمُتَنَوِّعَةِ**» للعالم.

مراجع مقترحة

1. Jonathan Leeman, *Don't Fire Your Church Mem- bers: The Case for Congregationalism* (Nash-ville, TN: B&H Academic, 2016).
2. Jonathan Leeman, *Understanding the Congrega-tion's Authority* (Nashville, TN: B&H, 2016).
3. Jeramie Rinne, *Church Elders: How to Shepherd God's People Like Jesus* (Wheaton, IL: Cross-way, 2014).

٢٤

لماذا يُعد العشاء الرباني بهذه الأهمية الكبيرة؟

أوبري م. سيكويرا

«فَإِنَّكُمْ كُلَّمَا أَكَلْتُمْ هَذَا ٱلْخُبْزَ وَشَرِبْتُمْ هَذِهِ ٱلْكَأْسَ، تُخْبِرُونَ بِمَوْتِ ٱلرَّبِّ إِلَى أَنْ يَجِيءَ»

١ كورنثوس ١١: ٢٦

ينهي الواعظ عظته ويقف وراء مائدة ليقدم ما يسميه بـ «الوليمة.» ويشير إلى أن الكنيسة «تحتفل بهذه الوليمة» تذكارًا لما فعله المسيح. فيذكر جسد يسوع المكسور ودمه المسفوك لأجل الخطاة. ثم يعطي التعليمات حول من يمكنه ومن لا يمكنه الاشتراك. ويصلي، فيملأ المبنى شعور بالمهابة بينما يمر الناس حول صوانٍ تحتوي على رقائق صغيرة وأكواب عصير بحجم الدُمى. أخيرًا، يأكل الجميع رقائقهم، ويشربون عصيرهم، ويرنمون ترنيمة.

لغير المنضمين، قد يبدو عشاء الرب وكأنه شيء خاص، بل وغريب حتى. ماذا حدث للتو؟ كيف يمكن أن تكون هذه «وليمة»؟ لماذا يأكل شعب يسوع ويشربون بهذه الطريقة، وكيف يرتبط هذا بإيمانهم؟ ليست هذه أسئلة يطرحها بوب الذي لا يذهب إلى الكنيسة أو أحمد غير المسيحي وهو يزور الكنيسة صباح أحد أيام الآحاد.

إنها أسئلة قد يخجل مسيحيون أمناء كثيرون من طرحها، أو للأسف، لم يفكروا فيها كثيرًا من قبل.

من السهل أن نتبع التحركات السليمة أثناء عشاء الرب. من السهل أن تؤمن فقط بأن هناك شيء خاص يجري دون أن تعرف السبب أبدًا. من السهل أن تأكل وتشرب وتفكر أن يسوع بطريقة ما يفعل شيئًا معينًا من أجلنا في هذه اللحظة، حتى لو لم نكن متأكدين ما هو هذا الشيء.

ولكن إذا اتبعنا التحركات السليمة، فسنختزل عشاء الرب ليكون مجرد شعيرة ويفوتنا القصد الرئيسي منه. يريدنا يسوع أن نعرف ماذا نفعل ولماذا نفعله عندما نأكل ونشرب من عشاءه. في هذا الفعل التعبدي الجميل والخاص، يريد يسوع أن يباركنا. وتأتي هذه البركة إلينا فقط بينما **نشترك بتمعن** في هذه الوليمة المليئة بالمعاني الجميلة.

لماذا انتقيت هذا الفصل؟ ربما لاحظت أنك تتناول من عشاء الرب دون التفكير فيما يحدث بالفعل. ربما تساءلت لماذا تمارس الكنائس فريضة عشاء الرب من الأصل. أو ربما حضرت في كنائس لا تشرح معنى فريضة عشاء الرب. والآن تريد من شخص ما أن يشرح سر أهميتها ومدى ارتباطها بحياتك المسيحيَّة.

وأنا أريد أن أفعل هذا بالضبط. بالتفكير مليًا فيما يقوله الكتاب المُقدَّس عن عشاء الرب، سوف تضاعف فرحك بهذه الوليمة بينما تحتفل بها مع كنيستك.

وليمة تذكاريَّة

يمكنك أن تسميني «عاشق للطعام.» وإذ عشت في كل من الشرق والغرب، أحب الطعام الذي يقدم لي الجديد من المذاق والروائح. كما إنني مولع بما يمكن لتجارب الطهي أن تعيده لي من ذكريات الماضي. بينما كنت أعيش في أمريكا الشماليَّة، ذكرني الطعام الهندي بطهي أمي وحياتها في وطني في جنوب الهند. وبينما أعيش الآن في الشرق الأوسط، تذكرني وجبات الهامبرجر بالوقت الذي قضيته في أمريكا. الطعام يثير المشاعر. فالوجبات تعيد لنا الذكريات. وفي عشاء الرب، يعطينا يسوع وليمة تستحضر الذكريات – لنتذكر ما فعله من أجلنا.

هل تتذكر ليلة يسوع الأخيرة مع تلاميذه؟ لقد اشترك في آخر وليمة فصح مع أقرب أصدقائه قبل أن يتعرض للخيانة والضرب والصلب. في هذه اللحظات الأخيرة، أعطاهم يسوع وليمة ليتذكروه بينما يحتفلون بإنقاذ الله لشعبه المختار في الفصح. وقد يساعدنا في فهم هذا أن نعود بالذاكرة إلى الوراء قليلًا.

في سفر التكوين، وعد الله بأن يبارك إبراهيم وعائلته وكل الأمم من خلالهم (تكوين ١٢؛ ١٥؛ ١٧؛ ٢٢). ومع هذا يبدأ سفر الخروج بهذه العائلة – شعب إسرائيل – وهم يعيشون تحت عبودية تقصم الظهر في مصر.

صرخ الإسرائيليُّون إلى الله، وهو سمع صراخهم. فأرسل تسع ضربات ليبين أنه الإله الحقيقي الوحيد، ثم أرسل ضربة عاشرة، والتي كانت ذروة عمل الدينونة. كان سيمر عبر أرض مصر ويدين المصريين بقتله كل بكر لهم. ولكنه سيحمي أبكار الإسرائيليين إذا ذبح كل بيت حملًا ورش دمه على القائمتين والعتبة العليا لمداخل بيوتهم (خروج ١٢:١٢-١٣).

داخل البيوت الإسرائيليَّة، اجتمعت العائلات لتناول وليمة. لقد أكلوا الحمل المذبوح مع أعشاب مرة وخبز غير مختمر، وليمة ذُكرت على مر السنوات الآتية باسم الفصح.

أصبح الفصح حدثًا سنويًا بالنسبة للإسرائيليين. وقد أسسه الله نفسه ليذكرهم بأنه حفظ إسرائيل ليس لأنهم بلا خطيَّة، بل بسبب رحمته وبسبب دم الحمل (خروج ١٢: ٢٣). كل سنة، جيلًا تلو الآخر، تذكر شعب إسرائيل عمل الله الخلاصي بتناول وليمة (خروج ١٢: ٢٤-٢٧).

والآن دعونا نعود إلى ليلة الفصح مع يسوع وتلاميذه. فبينما كانوا يحتفلون بالفصح لآخر مرة، مخلدين ذكرى عمل الله الخلاصي في الماضي، أعطى يسوع لتلاميذه وليمة جديدة ليتذكروها:

> **وَفِيمَا هُمْ يَأْكُلُونَ أَخَذَ يَسُوعُ ٱلْخُبْزَ، وَبَارَكَ وَكَسَّرَ وَأَعْطَى ٱلتَّلَامِيذَ وَقَالَ: خُذُوا كُلُوا. هَذَا هُوَ جَسَدِي. وَأَخَذَ ٱلْكَأْسَ وَشَكَرَ وَأَعْطَاهُمْ قَائِلًا: ٱشْرَبُوا مِنْهَا كُلُّكُمْ، لِأَنَّ هَذَا هُوَ دَمِي ٱلَّذِي لِلْعَهْدِ ٱلْجَدِيدِ ٱلَّذِي يُسْفَكُ مِنْ أَجْلِ كَثِيرِينَ لِمَغْفِرَةِ ٱلْخَطَايَا.»** (متى ٢٦: ٢٦-٢٨)

وفي اليوم التالي، مات يسوع على خشبة الصليب كبديل عن شعبه، متحملًا غضب الله على الخطاة. بعد هذا أقام الله يسوع من الأموات بمجد، والآن هو يملك في السماء، مقدمًا الغفران والحياة الأبدية لكل من يثق به ويتكل عليه. إن كنت تقرأ هذا، ولم تؤمن بعد بيسوع، فهذا العرض ينطبق عليك أنت أيضًا! تحول عن خطاياك، وآمن بيسوع اليوم، وستنال الغفران وستتغير حياتك إلى الأبد.

وكما كانت وليمة الفصح تذكر الشعب بإنقاذ الله لإسرائيل، هكذا تذكر وليمة عشاء الرب شعب يسوع بإنقاذه لنا وكيف تم هذا. ولكن هذه الوليمة تُخلِّد ذكرى خلاص أعظم بكثير. لقد كان الخلاص من مصر والفصح عرض مسبق لخلاص أعظم. من خلال موت المسيح، أنقذ الله شعبه من عبودية الخطيَّة.

استخدم يسوع وليمة الفصح ليوجه تلاميذه إلى ذبيحة فصح جديدة وأعظم – الخبز يمثل جسده والخمر يمثل دمه. يسوع هو حمل الفصح الذي من الله الذي يرفع خطيَّة العالم (يوحنا ١: ٢٩؛ ١ كورنثوس ٥: ٧). ويساعدنا سر العشاء الرباني على تذكّر عمل خلاصه العظيم.

وإذ نأكل الخبز ونشرب الكأس، نتذكره، كما قال لنا: «**اِصْنَعُوا هَذَا لِذِكْرِي**» (لوقا ٢٢: ١٩). فننظر إلى الوراء على الصليب بقلوب شاكرة.[١]

---

[١] هذه الفكرة التي تقول إن عشاء الرب وليمة تذكارية يختلف تمامًا عما تعلم به بعض تقاليد الكنيسة. يعلم الروم الكاثوليك أن الخبز والخمر يتحولان بشكل غامض إلى جسد ودم المسيح الفعليين. ويعتقدون أنه ينبغي "تمثيل" ذبيحة المسيح حرفيًا على المذبح. ولكن هذا غير صحيح، لأن الكتاب المُقدَّس يعلمنا أن موت يسوع على الصليب كان تقدمة نهائية لتطهيرنا من الخطيَّة: "**فَبِهَذِهِ ٱلْمَشِيئَةِ نَحْنُ مُقَدَّسُونَ بِتَقْدِيمِ جَسَدِ يَسُوعَ ٱلْمَسِيحِ مَرَّةً وَاحِدَةً**" (العبرانيين ١٠:١٠). ما من أساس كتابي يجعلنا نظن أن يسوع أراد تلاميذه أن يأكلوا جسده ودمه الحرفيين.

إن كنت مسيحيًا تؤمن بالإنجيل وتتساءل إن كان لا باس بالنسبة لك من الاشتراك في عشاء الرب في قداس روماني كاثوليكي، دعني أقدم لك نصيحة: لا تفعل. ينكر التعليم الروماني الكاثوليكي عن عشاء الرب أن ذبيحة يسوع التي قُدمت مرة واحدة على الصليب كانت كافية لتأخذ خطايانا. وبدلًا من هذا، يعتقدون أنه ينبغي تقديمه مرارًا وتكرارًا في عشاء الرب. ينكر هذا التعليم قلب الإنجيل. وبالاشتراك في الخبز والخمر في قداس كاثوليكي، نحن نعطي مصادقتنا على المفهوم الكاذب للإنجيل. هذا هو السبب في أن مصلحين بروتستانت كثيرين كانوا مستعدين للاستشهاد بدلًا من أخذ القداس وتأكيد التعليم الروماني الكاثوليكي عن عشاء الرب.

لسنا بحاجة إلى **تكرار** ذبيحة يسوع؛ فهي كاملة ولا تحتاج أية تحسينات. نحتاج بدلًا من هذا أن **نتذكر** ما فعله **ونتلذذ** بما تعنيه ذبيحته الكاملة من أجلنا. يرمز الخبز إلى جسد يسوع ويرمز الخمر إلى دم يسوع. وإذ نأكل ونشرب هذين الرمزين، فإنهما يوجهاننا إلى ذبيحة محبة يسوع المُحيية.

إذن عشاء الرب يساعدنا على تذكّر الإنجيل بشكل ملموس بحواسنا:

- فبينما تتذوق الخبز، تتذكر أنه كما أن الخبز الذي في فمك حقيقي، هكذا ابن الله الذي أصبح إنسانًا وأسلم جسده من أجلك لكي تكون لك حياة أبدية هو حقيقي.

- وبينما تتذوق حلاوة الخمر أو عصير العنب، تتذكر حلاوة الحصول على غفران خطاياك لأن يسوع نزف دمه من أجلك.

وبينما تتناول من عشاء الرب، تذكر:

- أنك كنت عدوًا لله، ولكن الآن تم تبنيك في عائلته.

- أنك كنت تقف مُدانًا في خطيتك، ولكنك الآن حُسبت بارًا.

- أنك كنت عبدًا للخطيَّة، ولكنك قد تحررت الآن لتخدم الله.

- أنك كنت ميتًا في خطيتك، ولكنك الآن قد صرت حيًا.

- أنك كنت متجهًا نحو الجحيم، ولكنك الآن مواطن في ملكوت الله السماوي.

... وكل هذا بسبب يسوع!

وهذا التذكّر ليس مجرد نشاط عقلي. إنه تذكر يعيد تعريف من نكون ويشكل هذه الهوية. إنه تذكر يلغي قصص حياتنا الأنانية ويضعنا داخل قصة جديدة وأعظم بكثير. إنه تمرين للتدريب على العيش داخل هويتنا الجديدة.

دع قلبك يمتلئ بالشكر من أجل الحياة التي اشتراها لك يسوع بموته. هذا هو السبب في أن عشاء الرب يُسمى أحيانًا بـ «الإفخارستيا» - تأتي كلمة «الإفخارستيا» من كلمة يونانية تعني «الشكر.» في عشاء الرب، ننظر إلى الوراء بقلوب شاكرة إلى صليب ربنا يسوع.

وليمةٌ معيَّة

لقد عشت في بلدان قليلة وتمتعت بفرصة التعرف على أشخاص من ثقافات مختلفة. ولكنني لاحظت شيئًا واحدًا مشتركًا عبر الثقافات وهو أن العائلات تأكل معًا. سواء كان العشاء معًا في البيت أو في الاحتفالات الكبيرة في الإجازات العائلية، تتمتع الوجبات بالقدرة على جمع الأسرة معًا. وبينما نأكل، نستطيع أن ننظر في عيون بعضنا البعض، ونقضي الوقت سويًا، ونكون جزءًا من حياة بعضنا البعض.

وعشاء الرب لا يختلف عن هذا. نعم، هو وليمة نتذكر فيها يسوع وما فعله من أجلنا بشكل فردي. ولكنه أيضًا وليمة عائلية نتذكر فيها يسوع **معًا**.

يظن مسيحيون كثيرون أن الحياة المسيحيَّة شيء «بيني وبين يسوع» فقط. ويظنون أن الكنيسة ليس لها علاقة أو لها علاقة بسيطة بعلاقتنا الشخصية مع يسوع؛ وأنها ببساطة عبارة عن حدث أسبوعي اختياري. بهذه العقلية، يُعامل عشاء الرب وكأنه ميعاد خاص لتناول العشاء مع يسوع: حيث أتذكر ما فعله من **أجلي** في لحظة خاصة **أشترك** فيها معه. ولكن بفوت على هذا التوجه فهم المسألة برمتها، وليس فقط عشاء الرب، بل الحياة المسيحيَّة نفسها.

عندما مات يسوع على الصليب، لم يخلص فقط مجموعة من الأفراد الذين لا تربطهم ببعضهم البعض أي صلة؛ بل مات ليُخلِّص **شعبًا**. في الواقع، لقد مات يسوع بحيث يتحد الخطاة من جميع أنحاء العالم - شعب من خلفيات وأعراق ولغات وثقافات مختلفة - معًا فيه بصفتهم عائلة الله على مستوى العالم. لقد بذل يسوع دمه حتى نصبح إخوته وأخواته الذين اشتراهم بالدم، ونصبح أبناء الله بالتبنّي.

لاحظ كيف تشدد هذه النصوص الكتابيَّة على أن يسوع يأتي بنا معًا كعائلة:

- **فَلَسْتُمْ إِذًا بَعْدُ غُرَبَاءَ وَنُزُلًا، بَلْ رَعِيَّةٌ مَعَ ٱلْقِدِّيسِينَ وَأَهْلِ بَيْتِ ٱللهِ** (أفسس ٢: ١٩).
- **لِأَنَّ ٱلْمُقَدِّسَ وَٱلْمُقَدَّسِينَ جَمِيعَهُمْ مِنْ وَاحِدٍ، فَلِهَذَا ٱلسَّبَبِ لَا يَسْتَحِي أَنْ يَدْعُوَهُمْ إِخْوَةً، قَائِلًا: «أُخَبِّرُ بِٱسْمِكَ إِخْوَتِي، وَفِي وَسَطِ ٱلْكَنِيسَةِ أُسَبِّحُكَ». وَأَيْضًا: «أَنَا أَكُونُ مُتَوَكِّلًا عَلَيْهِ». وَأَيْضًا: «هَا أَنَا وَٱلْأَوْلَادُ ٱلَّذِينَ أَعْطَانِيهِمِ ٱللهُ»**. (العبرانيين ٢: ١١-١٣).

عندما يدعو المسيحيون بعضهم البعض «أخ» أو «أخت،» فهذه ليست ببساطة طريقة مسيحيَّة للتعبير عن الود ودفء العلاقات؛ بل نحن نستخدم لقبًا ثمينًا يعكس حقيقة روحيَّة. **نحن** إخوة وأخوات حقًا، وقد جُعلنا هكذا بدم يسوع. لقد خلَّصنا **من** العالم وأتي بنا **إلى** عائلته.

ماذا ينبغي أن نفعل حيال هذا؟ ينبغي أن ننضم إلى كنيسة.[٢] على أي حال، يدعونا يسوع إلى أن نعيش هذه العلاقة العائلية من خلال عضويتنا في الكنيسة المحلية.

الكنائس المحليَّة عبارة عن مجموعات من المسيحيين الذين التزموا باتباع وصايا المسيح معًا:

- حيث يجتمعون معًا بانتظام تحت الوعظ بكلمة الله.
- ويهتمون ببعضهم البعض ويعيشون الحياة معًا بصفتهم عائلة الله.
- إنهم يعترفون بإيمان بعضهم البعض ويؤيدونه من خلال المعمودية وعشاء الرب.

إن كنت قد آمنت بيسوع وسلمت حياتك له، إذن ينبغي أن فعليك إذن أن تلزم نفسك بالمسيحيين الآخرين في الكنيسة المحلية. في الكنيسة، سوف تتعلم أن تعيش

---

[٢] لمزيد من المعلومات، أنظر

Mark Dever, *Why Should I Join a Church?* (Wheaton, IL: Crossway, 2020).

كتلميذ ليسوع. ليست الحياة مع المسيحيين الآخرين في الكنيسة المحلية شيئًا اختياريًا أو إضافية؛ إنها طاعة أساسية. إذا أردت أن تتعرف على أعضاء عائلتي، فبإمكانك أن تنظر على شهادة زواجي وشهادات ميلاد أطفالي – أو يمكنك ببساطة أن تأتي إلى بيتي كل مساء وتنظر على من يجلسون بانتظام على المائدة. بالمثل، أعطى يسوع الكنيسة المحلية المعمودية وعشاء الرب لتمييز من ينتمون إلى **عائلته**. دعوني أوضح هذا.

في المعمودية، يحدث أمران على الأقل: (١) يندمج المسيحي علانية بيسوع وشعبه، و(٢) تقر الكنيسة علانية بإيمان المؤمن وتقبله ضمن عائلة يسوع. في عشاء الرب، يجدد المسيحيون التزامهم بكل من يسوع وبعضهم البعض؛ ويقرون بإيمانهم المستمر بيسوع وبعضويتهم المشتركة في عائلته. تحدد المعمودية وعشاء الرب معًا من هو «بالداخل» ومن هو «بالخارج» في الكنيسة المحلية – إنهما يرياننا من ينتمي إلى العائلة.

عشاء الرب هو وليمة عائلية. ولهذا السبب ينبغ أن تأخذ الكنيسة فقط عشاء الرب عندما تجتمع معًا. كمسيحي جديد، كنت أظن أن عشاء الرب شيئًا يمكن للمسيحيين أن يقوموا به في أي وقت صادف أن يجتمع فيه بعضهم معًا. وكمسيحي جديد متلهف (وجاهل!)، اشتركت في الخبز والخمر مع زملائي في السكن من المسيحيين، بل ومع زوجتي التي تزوجتها حديثًا على ظهر الطائرة، معتقدًا أننا نأخذ (عشاء الرب) معًا. للأسف، هذا النوع من التصرفات الجاهلة شائع للغاية. ربما سمعت كيف أعطى باز ألدرين، ثاني رجل يهبط على القمر، عشاء الرب لنفسه على القمر! بقدر ما قد يبدو هذا «رائعًا،» إلا أن الكتاب المُقدَّس يوضح أن عشاء الرب هو وليمة خاصة ينبغي الاشتراك فيها فقط عندما تجتمع الكنيسة؛ إن اجتماعنا ومعيتنا هما ما يجعلان منه عشاء الرب![٣] فكر كيف قوَّم الرسول بولس بعض المسيحيين الأنانيين

---

[٣] تختلف الكنائس التي تؤيد هذا المبدأ حول ما إذا كان يجوز استثناء غير القادرين جسديًا على حضور الكنيسة بسبب العجز أو السن (مثلًا، غير القادرين على مغادرة المنزل أو الساكنين في دار رعاية المسنين). يعتقد من لا يسمحون بهذه الممارسة أن عجز المرء الجسدي عن الاشتراك في عشاء الرب يعفيه من الوصية. أما من يسمحون بهذا يقولون إن هذا مسموح به إذا قُدم بواسطة ممثلين من الكنيسة كاستثناء خاص وليس هو المعيار أو العادي.

في كورنثوس. كانت الكنيسة في فوضى كاملة. وانقسم أعضاء الكنيسة إلى شلل وتظاهروا بعدم وجود خطيَّة فاضحة. وكانوا مرتبكين بشأن الكثير من المشاكل التي تتراوح من الزواج والطلاق إلى العبادة والمواهب الروحيَّة. ولكن مشكلة واحدة كانت خطيرة للغاية لدرجة أنها استدعت تأديب الله، مما جعل البعض يقعون مرضى، بل ويموتون. ما هي المشكلة التي أثارت رد الفعل القوي هذا من الرب؟ لقد أهملوا بعضهم البعض عند تناول عشاء الرب.

كان بعض الكورنثيين يسلكون بأنانية؛ حيث لم ينتظروا بعضهم البعض عندما كانوا يحتفلون بعشاء الرب. انفرد الأعضاء الأغنياء بكل الطعام وشربوا الخمر كله قبل أن يتمكن الأعضاء الأكثر فقرًا في الكنيسة من الاقتراب من المائدة حتى. فشدد بولس وهو يصحح هذا الخطأ بشكل متكرر على أن الكورنثيين يحتاجون أن يجتمعوا قبل الاحتفال بعشاء الرب:

- «**كَوْنَكُمْ تَجْتَمِعُونَ لَيْسَ لِلأَفْضَلِ بَلْ لِلأَرْدَأ**» (١ كورنثوس ١١: ١٧)
- «**لأَنِّي أَوَّلًا حِينَ تَجْتَمِعُونَ فِي ٱلْكَنِيسَةِ، أَسْمَعُ أَنَّ بَيْنَكُمُ ٱنْشِقَاقَاتٍ**» (١ كورنثوس ١١: ١٨)
- «**فَحِينَ تَجْتَمِعُونَ مَعًا لَيْسَ هُوَ لأَكْلِ عَشَاءِ ٱلرَّبِّ، لأَنَّ كُلَّ وَاحِدٍ يَسْبِقُ فَيَأْخُذُ عَشَاءَ نَفْسِهِ فِي ٱلأَكْلِ، فَٱلْوَاحِدُ يَجُوعُ وَٱلآخَرُ يَسْكَرُ. أَفَلَيْسَ لَكُمْ بُيُوتٌ لِتَأْكُلُوا فِيهَا وَتَشْرَبُوا؟ أَمْ تَسْتَهِينُونَ بِكَنِيسَةِ ٱللهِ وَتُخْجِلُونَ ٱلَّذِينَ لَيْسَ لَهُمْ؟ مَاذَا أَقُولُ لَكُمْ؟ أَأَمْدَحُكُمْ عَلَى هَذَا؟ لَسْتُ أَمْدَحُكُمْ!**» (١ كورنثوس ١١: ٢٠-٢٢).
- «**إِذًا يَا إِخْوَتِي، حِينَ تَجْتَمِعُونَ لِلأَكْلِ، ٱنْتَظِرُوا بَعْضُكُمْ بَعْضًا. إِنْ كَانَ أَحَدٌ يَجُوعُ فَلْيَأْكُلْ فِي ٱلْبَيْتِ، كَيْ لَا تَجْتَمِعُوا لِلدَّيْنُونَةِ**» (١ كورنثوس ١١: ٣٣-٣٤).

بحسب بولس، ينبغي الاشتراك في عشاء الرب **معًا** عند الاجتماع ككنيسة. كما تشترك العائلة في وليمة العائلة الخاصة عندما تكون العائلة **معًا**، هكذا عشاء

الرب محفوظ للوقت الـذي تكون فيه عائلة الكنيسـة معًا. عشاء الرب ليس للمجموعـات الصـغيرة، ولا دراسـات الكتـاب المُقـدَّس فـي الكنيسـة، ولا لمجموعـة مـن المسيحيين في أحد المؤتمرات، أو للمراهقين في معسكر، أو حتى لرواد الفضاء على القمر!

ولكن الكتـاب المُقـدَّس يذهب خطـوة أبعد مـن هـذا. فعشاء الـرب أكثر مـن مجرد وليمـة تحدد مـن هم أعضـاء عائلـة يسوع. فـي الواقع، عشـاء الرب هو الـذي **يصنع** من مجموعة المؤمنين بالمسيح كنيسة محلية.

يأتي بنا يسوع إلى عائلته من خـلال إيماننا بذبيحته النهائية. ولأننا متحدون بالمسيح، فنحن كذلك متحدون ببعضنا البعض فيه. وإذ نتذكر ذبيحته معًا وقت عشـاء الرب، نتعهد بالـولاء لـكل مـن الـرب يسوع ولبعضنـا البعض. يحتفل عشـاء الرب بوحدتنـا ويعبر عنهـا كما لا يستطيع شـيء آخر أن يفعل. إنه يضمنـا **ويربطنـا معًـا** بصفتنا عائلة المسيح. وإذ نـأكل ونشـرب معًـا، نصبح واحدًا.

دعونـا نـزور كورنثوس مرة أخرى. لـم يكن الأعضـاء يتجاهلون بعضهـم البعض فقط وقت عشاء الـرب، بـل كان بعضهـم أيضًا يشـتركون فـي وجبات الطعـام الوثنية التـي كانت تكرم الآلهة الكاذبة. حذر بولس الكورنثيين مـن أن الاشتراك فـي هـذه الوجبـات كان اشتراكًـا فـي الوثنية. وعلـى الجانب الآخـر، أن تشـترك فـي عشاء الرب يعنـي أن تشـترك فـي المسيح. كتـب بولس:

كَأْسُ ٱلْبَرَكَةِ ٱلَّتِي نُبَارِكُهَا، أَلَيْسَتْ هِيَ شَرِكَةَ دَمِ ٱلْمَسِيحِ؟ ٱلْخُبْزُ ٱلَّذِي نَكْسِرُهُ، أَلَيْسَ هُوَ شَرِكَةَ جَسَدِ ٱلْمَسِيحِ؟ فَإِنَّنَا نَحْنُ ٱلْكَثِيرِينَ خُبْزٌ وَاحِدٌ، جَسَدٌ وَاحِدٌ، لِأَنَّنَا جَمِيعَنَا نَشْتَرِكُ فِي ٱلْخُبْزِ ٱلْوَاحِدِ. (١ كورنثوس ١٠: ١٦-١٧)

مـا معنـى هذا؟ معنـاه أنه عندما نـأكل ونشرب عشاء الـرب، نحن نجلس علـى مائدة العشـاء مـع يسوع: ونكون **فـي شـركة معـه**. ولأننا في شـركة معه، نكون كذلك في شـركة مـع بعضنا البعض. هذا هو السبب فـي أن عشاء الرب كثيرًا مـا يُسمى «الشركة.» انظر مـرة أخرى علـى مـا يقولـه بولس فـي الآية ١٧: **فَإِنَّنَا نَحْنُ ٱلْكَثِيرِينَ خُبْزٌ وَاحِدٌ،**

جَسَدٌ وَاحِدٌ، لِأَنَّنَا جَمِيعَنَا نَشْتَرِكُ فِي ٱلْخُبْزِ ٱلْوَاحِدِ. بعبارة أخرى، عشاء الرب يجعلنا واحدًا؛ إنه يجعلنا كنيسة.

واحدة من البركات العظيمة في حياتي هي الجماعة التي أرعاها. تقع كنيستنا في مدينة عالمية في الشرق الأوسط. إنها تتكون من أشخاص من حوالي ٥٠ جنسية وعِرق وثقافات ولغات كثيرة. بموته، وحدنا يسوع كلنا فيه. وعندما نجتمع ككنيسة، نختبر لمحة من السماء، حيث سيعبده الشعب الذي فداه من كل قبيلة ولسان وأمة (رؤيا ٧: ٩-١٢).

في إحدى المناسبات بينما كانت كنيستنا تشترك في عشاء الرب، كان وطني الهند على شفير الحرب مع جارته باكستان – وهو صراع كان محتدما منذ عقود. في هذا الصباح، قدم رجلان عشاء الرب لكنيستنا: واحد من الهند والآخر من باكستان. رغم أن وطنيهما كانا على شفير الحرب، إلا أن هذان الرجلان كانا في سلام مع بعضهما البعض – وكل هذا بسبب جسد ودم يسوع. لقد أكلا وشربا معًا كعضوين في نفس العائلة. هذا هو ما يعلنه ويظهره عشاء الرب: السلام والوحدة اللتان ربحهما يسوع من أجلنا، حول مائدته الآن وحول عرشه إلى الأبد.

إذن، ما معنى كل هذا بالنسبة لك؟ حين تأتي إلى عشاء الرب في المرة التالية، هاك بعض النقاط التي ينبغي أن تبقيها في بالك:

- الأمر لا يتعلق بك فحسب! ليست هذه هي لحظتك الخاصة، شديدة الخصوصية مع يسوع؛ إنه وقت خاص مع العائلة التي أتى بك إليها.
- على أساس منتظم، تعلم أكثر كيف عمل الله في حياة الأعضاء الآخرين في كنيستك؛ اكتشف كيف عرفوا يسوع وكيف ينمون في الرب. عندما تأخذ عشاء الرب، أشكر الله على النعمة الموجودة في حياتهم بقدر ما تشكر على النعمة الموجودة في حياتك.
- أنت لا تتذكر فحسب ما فعله يسوع ليخلص هؤلاء الأفراد، أنت تحتفل بحقيقة صنعه منكم عائلة واحدة. أشكر من أجل الرابطة التي اشتراها

الـدم والتـي توحدكـم بيسـوع وببعضكـم البعـض. تمتـع بشـركتك مـع يسـوع وعائلـة كنيسـتك.

وليمة للتغذية

منـذ سـنوات قليلـة، اسـتبدلت نمـط حياتـي غيـر الصحـي، غيـر المسـتقر بنظـام تماريـن كثيـر المتطلبـات. كمـا تعلمـت أن أعـدل نظامـي الغذائـي ليتوافـق مـع المتطلبـات الجديـدة (والشـاقة!). وإذ قمـت بهـذه التغييـرات، سـمعت شـعارًا غذائيًـا شـائعًا: «الطعـام هـو الوقـود.» الفكـرة بسـيطة: اتبـاع نظـام غذائـي صحـي يدعـم نمـط حيـاة صحـي.

إن كنـت قـد سـرت مـع يسـوع لأي قـدر مـن الوقـت، فأنـت تعـرف أن الحيـاة المسـيحيَّة أكثـر مشـقة ومتطلبـات بكثيـر مـن أي نظـام تماريـن بدنيـة. حمـدًا لله، يمدنـا يسـوع بالطاقـة بالطعـام المغـذي – طعـام كلمتـه وطعـام سـر التنـاول. يغـذي عشـاء الـرب إيماننـا ويقويـه بينمـا نسـير مـع يسـوع. لكـي نفهـم كيـف، نحتـاج أن نتأمـل فـي بنـود علاقتنـا مـع الله فـي المسـيح.

عندمـا مـات يسـوع علـى الصليـب، لـم يخلصنـا فحسـب مـن خطايانـا؛ لقـد خلصنـا لتكـن لنـا علاقـة مـع الله مـن خلالـه. فـي المسـيح، ألـزم الله نفسـه بنـا؛ وقـد وعـد بـأن يغفـر خطايانـا، ويغيـر حياتنـا، ويمنحنـا معرفـة صحيحـة ولصيقـة بـه. لقـد الـزم نفسـه بنـا بحسـب مـا يسـميه الكتـاب المُقـدَّس «عهـد.»

مـا هـو العهـد؟ العهـد هـو علاقـة التـزام تتسـم بالمحبـة الوفيـة والأمانـة ومبنيَّـة علـى وعـود ملزمـة. الـزواج، مثـلًا، عبـارة عـن عهـد يلتـزم فيـه الرجـل والمـرأة ببعضهمـا البعـض.

فـي العهـد القديـم، نـرى الله يدخـل فـي عهـود مـع شـعبه. تظهـر هـذه الوعـود عنـد نقـاط محوريـة فـي قصـة الكتـاب المُقـدَّس. ومـع هـذا أثبـت البشـر – سـواء آدم أو شـعب الله المختـار، إسـرائيل – أنهـم غيـر أمنـاء وأنهـم يكسـرون العهـد. وهـذا هـو سـبب روعـة وعـد الله بقطـع «عهـد جديـد» مـع شـعبه. فقـد وعـد بـأن يؤسـس عهـدًا يختلـف عمـا قبـل:

هَـا أَيَّامٌ تَأْتِـي، يَقُـولُ ٱلـرَّبُّ، وَأَقْطَـعُ مَـعَ بَيْـتِ إِسْـرَائِيلَ وَمَـعَ بَيْـتِ يَهُـوذَا عَهْـدًا جَدِيـدًا. لَيْـسَ كَٱلْعَهْـدِ ٱلَّـذِي قَطَعْتُـهُ مَـعَ آبَائِهِـمْ يَـوْمَ أَمْسَـكْتُهُمْ بِيَدِهِـمْ لِأُخْرِجَهُـمْ

> **مِنْ أَرْضِ مِصْرَ، حِينَ نَقَضُوا عَهْدِي فَرَفَضْتُهُمْ، يَقُولُ ٱلرَّبُّ. بَلْ هَذَا هُوَ ٱلْعَهْدُ ٱلَّذِي أَقْطَعُهُ مَعَ بَيْتِ إِسْرَائِيلَ بَعْدَ تِلْكَ ٱلْأَيَّامِ، يَقُولُ ٱلرَّبُّ: أَجْعَلُ شَرِيعَتِي فِي دَاخِلِهِمْ وَأَكْتُبُهَا عَلَى قُلُوبِهِمْ، وَأَكُونُ لَهُمْ إِلَهًا وَهُمْ يَكُونُونَ لِي شَعْبًا. وَلَا يُعَلِّمُونَ بَعْدُ كُلُّ وَاحِدٍ صَاحِبَهُ، وَكُلُّ وَاحِدٍ أَخَاهُ، قَائِلِينَ: ٱعْرِفُوا ٱلرَّبَّ، لِأَنَّهُمْ كُلَّهُمْ سَيَعْرِفُونَنِي مِنْ صَغِيرِهِمْ إِلَى كَبِيرِهِمْ، يَقُولُ ٱلرَّبُّ، لِأَنِّي أَصْفَحُ عَنْ إِثْمِهِمْ، وَلَا أَذْكُرُ خَطِيَّتَهُمْ بَعْدُ.** (أرميا ٣١:٣١-٣٤)

في هذا النص، وعد الله شعبه بعهد جديد يمنحهم فيه مغفرة الخطايا، وقلوبًا طائعة، وعلاقة وثيقة معه. ولكن هذا يثير بعض الأسئلة الضخمة: كيف يمكن لله أن يغفر خطايا شعبه؟ كيف يمكن لله حافظ العهد أن يدخل في عهد دائم مع شعب يكسر العهود؟

عندما أسس يسوع فريضة عشاء الرب، أعلن صراحة أنه كان يقيم العهد الجديد الموعود به في أرميا ٣١ من خلال موته:

> «**وَأَخَذَ ٱلْكَأْسَ وَشَكَرَ وَأَعْطَاهُمْ قَائِلًا: ٱشْرَبُوا مِنْهَا كُلُّكُمْ، لِأَنَّ هَذَا هُوَ دَمِي ٱلَّذِي لِلْعَهْدِ ٱلْجَدِيدِ ٱلَّذِي يُسْفَكُ مِنْ أَجْلِ كَثِيرِينَ لِمَغْفِرَةِ ٱلْخَطَايَا.**» (متى ٢٦: ٢٧-٢٨)
>
> **هَذِهِ ٱلْكَأْسُ هِيَ ٱلْعَهْدُ ٱلْجَدِيدُ بِدَمِي ٱلَّذِي يُسْفَكُ عَنْكُمْ.** (لوقا ٢٢: ٢٠)

دخل الله في عهد مع الخطاة بسبب ذبيحة يسوع. أسس يسوع العهد الجديد بأن أسلم نفسه للموت، محتملًا العقاب الذي نستحقه، ودافعًا ثمن عقاب خطايانا بدمه. من خلال يسوع، نصبح مستفيدين من كل وعود عهد الله الجديد.

ما علاقة كل هذا بعشاء الرب. حسنًا، يشير عشاء الرب إلى اشتراكنا في وعود العهد الجديد المجيدة. العشاء، مثل المعمودية، **علامة** للعهد الجديد. في الكتاب المُقدَّس، عادة ما يصحب العهود علامات للعهود. مثلًا، نرى قوس قزح في عهد الله مع نوح (تكوين ٩: ٨-١٧)، والختان في عهد الله مع إبراهيم (تكوين ١٧: ٩-١٤)، والفصح في عهد الله مع إسرائيل. حتى في الزواج، يتبادل الزوج والزوجة خواتم الزفاف كعلامات على وعود عهدهما. أعطانا الله المعمودية وعشاء الرب كعلامات للعهد

ليذكرنا بأمانته. بتذكيرنا بعلامات مرئية بأمانة الله، يغذي عشاء الرب نفوسنا ويطعمها. فكر مرة أخرى في العهد الجديد الموعود به في أرميا ٣١: ٣١-٣٤. من خلال يسوع، أصبحت هذه الوعود حقيقة واقعية. تذكر، في العهد الجديد، أعطانا يسوع **نفسه**. ومن خلال اتحادنا معه، تتقوى قلوبنا لتعيش بإيمان وطاعة لوصايا الله وفي شركة حقيقيَّة مع الله. عشاء الرب هو حيث نتذوق، بطرق متنوعة، تحقيق هذه الوعود.

وهذا هو السبب في أن يسوع يقرن الخبز والخمر بنفسه:

خُذُوا كُلُوا. هَذَا هُوَ جَسَدِي. وَأَخَذَ ٱلْكَأْسَ وَشَكَرَ وَأَعْطَاهُمْ قَائِلًا: ٱشْرَبُوا مِنْهَا كُلُّكُمْ، لِأَنَّ هَذَا هُوَ دَمِي ٱلَّذِي لِلْعَهْدِ ٱلْجَدِيدِ ٱلَّذِي يُسْفَكُ مِنْ أَجْلِ كَثِيرِينَ لِمَغْفِرَةِ ٱلْخَطَايَا. (متى ٢٦:٢٦-٢٨)

في إنجيل يوحنا، رغم أن يسوع لا يتكلم بالذات عن عشاء الرب، إلا أنه يصف الإيمان به بهذه الطريقة:

ٱلْحَقَّ ٱلْحَقَّ أَقُولُ لَكُمْ: إِنْ لَمْ تَأْكُلُوا جَسَدَ ٱبْنِ ٱلْإِنْسَانِ وَتَشْرَبُوا دَمَهُ، فَلَيْسَ لَكُمْ حَيَاةٌ فِيكُمْ ... مَنْ يَأْكُلْ جَسَدِي وَيَشْرَبْ دَمِي يَثْبُتْ فِيَّ وَأَنَا فِيهِ. (يوحنا ٦: ٥٣، ٥٦)

يستخدم يسوع لغة الأكل والشرب ليشير إلى طبيعة اتحادنا به الواهبة الحياة. عندما نؤمن بيسوع، نحن **نتناوله**. في عشاء الرب، عندما نأكل ونشرب بإيمان، نحن **نتغذى على المسيح بالإيمان**. حيث نُرفع إلى مائدته السماوية حيث نكون في **شركة** معه بالإيمان. وكما يزود العصير الجيد العضلات المتعبة بالطاقة اللازمة لممارسة تمرين شاق، هكذا يجدد عشاء الرب مخزون إيماننا ويمد قلوبنا المتعبة بالطاقة التي نحتاجها للحياة المسيحيَّة.

عندما نتكلم عن أن يسوع يغذينا في عشاء الرب، نحتاج أن نوضح ما لا يعنيه هذا. تعلم بعض التقاليد المسيحيَّة أن عشاء الرب يشفي المؤمنين بطريقة معجزيَّة من الأمراض الجسدية. وتعلم تقاليد أخرى بأن شيئًا سحريًا يحدث ببساطة بتناول الخبز وشرب الكأس. هذه الآراء الخرافية عن العشاء هي آراء خاطئة. يعلم الكتاب

المُقدَّس بوضوح بأن الخبز والخمر هما رمزان يشيران إلى حقيقة أعظم؛ أي أنهما ليسا مادتين سحريتين في حد ذاتهما. كما لا يعد الكتاب المُقدَّس بالشفاء الجسدي من خلال العشاء. وإنما نحن نتقابل مع يسوع بشكل روحي ويتقوى إيماننا إذ نثق في وعود عهده.

كيف ينبغي أن يؤثر هذا على نظرتك لعشاء الرب؟ وهنا أقدم لك بضعة أفكار:

- أطلب من يسوع أن يذكّرك بذبيحته التي قُدمت نيابة عنك.
- آمن أن يسوع سيمدك بالنعمة التي تحتاج إليها لتنمو في الثقة به وفي طاعة وصاياه.
- تعال إلى عشاء الرب ولديك شعور بالتوقع: مع عائلة كنيستك، أنت تأتي إلى وليمة ليس لها مثيل،

وليمة مع يسوع نفسه

وليمة للتأمل

منذ بضعة سنوات، دُعينا أنا وقادة دينيون آخرون في بلدي إلى حدث هام – تناول وليمة في قصر أحد شيوخ دبي. تطلب هذا الحدث الفائق الخصوصية تقديم بطاقات الهوية وجوازات السفر قبل الحدث بوقت. خضعنا لفحوصات أمنية ومعاملة لبقة خاصة جدًا. لا أحد يستطيع أن يرقص الفالس في هذه الوليمة!

لمن يُقدم عشاء الرب؟ وما هي متطلبات الاشتراك؟ حتى الآن، رأينا أن عشاء الرب هو وليمة لعائلة يسوع نتذكر فيها موت مخلصنا بينما نتمتع بالشركة مع كل من يسوع وبعضنا البعض.

ولكن عندما نتناول عشاء الرب، نحتاج أن ندرك أننا نتعشى مع شخصية ملكية؛ نحتاج أن نتذكر أننا جالسون على مائدة الملك يسوع نفسه! ومل أية وليمة مع شخصية ملكية، هناك متطلبات وقيود.

مرة أخرى، دعونا نرجع إلى كورنثوس، حيث وجه بولس الكنيسة بخصوص كيفية وجوب أن يحتفلوا بعشاء الرب. إن كنت تتذكر السياق، كان المسيحيون الكورنثيون يعاملون بعضهم البعض بطريقة رديئة إذ كانوا يأتون إلى عشاء الرب بشراهة خاطئة. فحثهم بولس على فحص أنفسهم مقدمًا:

إِذًا أَيُّ مَنْ أَكَلَ هَذَا ٱلْخُبْزَ، أَوْ شَرِبَ كَأْسَ ٱلرَّبِّ، بِدُونِ ٱسْتِحْقَاقٍ، يَكُونُ مُجْرِمًا فِي جَسَدِ ٱلرَّبِّ وَدَمِهِ. وَلَكِنْ لِيَمْتَحِنِ ٱلْإِنْسَانُ نَفْسَهُ، وَهَكَذَا يَأْكُلُ مِنَ ٱلْخُبْزِ وَيَشْرَبُ مِنَ ٱلْكَأْسِ. لِأَنَّ ٱلَّذِي يَأْكُلُ وَيَشْرَبُ بِدُونِ ٱسْتِحْقَاقٍ يَأْكُلُ وَيَشْرَبُ دَيْنُونَةً لِنَفْسِهِ، غَيْرَ مُمَيِّزٍ جَسَدَ ٱلرَّبِّ. مِنْ أَجْلِ هَذَا فِيكُمْ كَثِيرُونَ ضُعَفَاءُ وَمَرْضَى، وَكَثِيرُونَ يَرْقُدُونَ. لِأَنَّنَا لَوْ كُنَّا حَكَمْنَا عَلَى أَنْفُسِنَا لَمَا حُكِمَ عَلَيْنَا، وَلَكِنْ إِذْ قَدْ حُكِمَ عَلَيْنَا، نُؤَدَّبُ مِنَ ٱلرَّبِّ لِكَيْ لَا نُدَانَ مَعَ ٱلْعَالَمِ. إِذًا يَا إِخْوَتِي، حِينَ تَجْتَمِعُونَ لِلْأَكْلِ، ٱنْتَظِرُوا بَعْضُكُمْ بَعْضًا. إِنْ كَانَ أَحَدٌ يَجُوعُ فَلْيَأْكُلْ فِي ٱلْبَيْتِ، كَيْ لَا تَجْتَمِعُوا لِلدَّيْنُونَةِ. وَأَمَّا ٱلْأُمُورُ ٱلْبَاقِيَةُ فَعِنْدَمَا أَجِيءُ أُرَتِّبُهَا. (١ كورنثوس ١١: ٢٧-٣٤)

هذه كلمات جادة! ليست هذه وليمة عادية على الإطلاق. إنها وليمة مع شخصية ملكية؛ إنها مائدة العائلة مع يسوع ملكنا. عندما أهمل الكورنثيون بعضهم البعض عند ممارسة عشاء الرب، أدانهم الله وأدبهم بالمرض، بل وبالموت. وهذا هو مستوى الجدية الذي يأخذ به يسوع هذه الوليمة.

ونحن أيضًا ينبغي أن نأخذها بجدية. كيف نفعل هذا؟ أولًا، نحتاج أن ندرك القيود حول من يمكنه ومن لا يمكنه أن يشترك فيها. ثانيًا، نحتاج أن نأخذ في اعتبارنا المطلوب بالنسبة لمن يشتركون فيها.

١- القيود

بما أن عشاء الرب هو وليمة عائلة يسوع، ينبغي على من يشتركون فيها أن كونوا جزءًا من عائلة يسوع. وهذا يعني أن هناك ثلاثة قيود حول من يمكنه أن يأتي إلى المائدة: الإيمان، المعمودية، والانتماء.

الإيمان

عشـاء الـرب هـو للمؤمنيـن بيسـوع: مـن تابـوا عـن خطاياهـم وآمنـوا بيسـوع للحيـاة الأبديـة. لا يمكـن لغيـر المسـيحيين المؤمنيـن أن يشـتركوا فـي هـذه الوليمـة لأنهـم لـم يؤمنـوا بمـوت يسـوع لأجـل مغفـرة خطاياهـم – إنهـم ليسـوا جزءًا مـن عائلتـه. فـلا يمكنهـم أن **يتذكـروا** مـوت يسـوع لأنهم لـم يؤمنوا بأهميتـه بالنسبة لحياتهـم.

المعمودية

عشـاء الـرب هـو مـن أجـل مـن نالـوا المعموديـة. ينبغـي ليـس فقـط أن يؤمـن المـرء بالمسـيح، بـل ينبغـي أن يتحـد بـه علانيـة وبعائلتـه مـن خـلال المعموديـة. كمـا لوحـظ بالفعل، المعموديـة وعشـاء الـرب كلاهمـا علامتـان للعهـد الجديـد: المعموديـة هـي العلامـة **المبدئيـة** للعهـد، وعشـاء الـرب هـي العلامـة **المستمـرة**. المعموديـة هـي الطريقـة التـي تدخـل بهـا إلـى قصـر الملـك، وهـو الأمـر الضـروري **قبـل** أن تجلـس علـى مائـدة الملـك.

الانتماء

عشـاء الـرب هـو للأعضـاء ذوي «السـمعة الحسـنة» فـي الكنيسـة المحليـة. لمـاذا هـذا التقييـد؟ تذكـر مـا ناقشـناه مـن قبـل: العضويـة فـي الكنيسـة المحليـة ليسـت أمـرًا اختياريًا للحيـاة المسـيحيَّة: إنهـا السـياق الـذي نعيـش فيـه التزامنـا بيسـوع وشـعبه. لـذا قبـل أن تجلـس علـى مائـدة عشـاء الأسـرة، ينبغـي أن تتأكـد بأنـك قـد ألزمـت نفسـك بـأن تكـون جزءًا مـن العائلـة – الـتزام يُصنـع بواسـطة العضويـة.

كذلـك رأينـا أن عشـاء الـرب هـو الطريقـة التـي تحـدد بهـا الكنائـس المحليـة مـن ينتمـي إلـى عائلـة يسـوع ومـن لا ينتمـي إليهـا. كيـف؟ حسـنًا، يوصـي يسـوع الكنائـس بالحـرص علـى ألا يقـدم لـه أحـدًا مجـرد خدمـة الشـفاه الظاهريـة بالادعـاء بأنـه يتبعـه بينمـا يعصـى وصايـاه. يوجـه يسـوع الكنائـس إلـى حراسـة قداسـتها وشـهادتها. وهـم يفعلـون هـذا بممارسـة التأديـب الكنسـي.

التأديب الكنسي هو الطريقة التي تقوم بها الكنيسة وتواجه الخطيَّة الموجودة في وسطها (انظر متى ١٨: ١٥-٢٠؛ ١ كورنثوس ٥: ١-١٣).[٤] إذا أدعى شخص ما بأنه يتبع يسوع، ولكن استمر في العيش في الخطيَّة دون توبة، يوصي الله شعبه بأن يزيلوا هذا الشخص من العضوية ويستبعدونه من عشاء الرب. يسمى هذا التصرف **بالعزل** لأنه يعني وضع الشخص خارج نطاق الشركة. والهدف من هذا التصرف الصعب هو إيقاظ الشخص وتنبيهه إلى خطورة الخطيَّة بحيث يتحول ويبتعد عنها. ولكن، مضمون هذا بالنسبة لعشاء الرب واضح: الأعضاء ذوي السمعة الحسنة فقط (أي، غير الواقعين تحت التأديب الكنسي) هم الذين يجوز لهم الاشتراك.

عادة، عندما تحتفل الكنيسة بعشاء الرب، يشرح الراعي أو الشخص الذي يقود الخدمة هذه القيود بحيث لا يشترك الزوار غير المسيحيين وغيرهم من غير المؤهلين للاشتراك.

لذا إن كنت تريد أن تشترك في عشاء الرب، سل نفسك هذه الأسئلة الأربعة، وإن كانت الإجابة عليهم كلهم بنعم، فأنت جاهز للاشتراك!

- هل **تحولت بعيدًا عن خطيتي وآمنت** بيسوع وموته الكفاري كذبيحة من أجلي؟

- هل **اقترنت** بيسوع وشعبه من خلال المعمودية؟

- هل **ألزمت** نفسي بيسوع وبشعبه من خلال العضوية في الكنيسة المحلية؟

- هل أسير **حاليًا في شركة** مع عائلة يسوع في الكنيسة المحلية؟

---

٤   لمزيد من المعلومات حول التأديب الكنسي، أنظر

Jonathan Leeman, *Is It Loving to Practice Church Discipline?* (Wheaton, IL: Crossway, 2020).

٢- المتطلبات

تضع كلمة الله حدودًا بخصوص من يستطيع ومن لا يستطيع الاشتراك في عشاء الرب. ولكنها لا تتوقف عند هذا الحد. حيث تضع أيضًا متطلبات معينة على من يشتركون. ولكي نفهم هذه المتطلبات، نحتاج أن نأخذ في اعتبارنا ما يقوله بولس في ١ كورنثوس ١١: ٢٧-٣٤، وخاصة ما يقصده عندما يقول أن الشخص ينبغي أن «يمتحن نفسه،» وأنه ينبغي علينا أن «نحكم على أنفسنا بالحق،» وأنه ينبغي أن «نميز الجسد.»

مرة أخرى، دعونا نتذكر السياق. في كورنثوس، كان هناك أشخاص يتجاهلون رفاقهم من أعضاء الكنيسة بالتهامهم الطعام ويسكرون بالخمر بحيث لا يتبقى شيء عندما يأتي أعضاء الكنيسة الأكثر فقرًا. كان هؤلاء الشرهون الأغنياء يهينون رفاقهم من أعضاء الكنيسة. وبدلًا من أن يصبح عشاء الرب فرصة للاحتفال بروابط العائلة في المسيح، أصبح عشاء الرب في كورنثوس فرصة للانقسام في جسد المسيح.

لذا، أولًا وأهم شيء، تتعلق تعليمات بولس باهتمامنا برفاقنا من أعضاء الكنيسة. عندما نأتي إلى عشاء الرب، نأتي في وحدة مع إخوتنا وأخواتنا في المسيح. نحن أعضاء في نفس الجسد، وقد جعلنا يسوع كذلك بواسطة جسده ودمه. لا يمكننا أن ندعي أننا نتذكر ذبيحة المسيح في عشاء الرب بدون إدراك كيف توحدنا هذه الذبيحة بعضنا ببعض. في الواقع، لو احتقرنا رفاقنا من أعضاء الكنيسة وقت عشاء الرب فهذا يعني أننا نحتقر الرب نفسه. هذا هو معنى الأكل والشرب «دون تمييز للجسد» (١ كورنثوس ١١: ٢٩). إذن المطلب الأساسي عندما نأتي إلى عشاء الرب هو أن نضمن أننا نفعل هذا مقترنًا بالاحترام والمحبة الواجبين لإخوتنا وأخواتنا في المسيح.

كذلك يتطلب منا عشاء الرب أن نفحص أنفسنا. أساء بعض المسيحيين فهم وصية بولس بعدم الاشتراك «بعدم استحقاق.» حيث يبالغون في أخذ فحص الذات هذا بشكل مغالى فيه ويقلقون من أن يكونوا قد اقترفوا خطيَّة ما بغير علم مما يجعلهم غير

مستحقين. ولكن الخطيَّة حقيقة واقعة في كل حياتنا؛ لا أحد يمكنه أن يدعي «الاستحقاق» على أساس ما فعلناه أو ما لم نفعله. أيها الإخوة والأخوات، لا تقعوا في حالة من الشلل بسبب فحص الذات.

ومن ناحية أخرى، فحص الذات أمر صحي ومفيد إذا تم في ضوء الإنجيل. كثيرًا ما تكون حياتنا مشغولة ومليئة بالضوضاء؛ يمنحنا عشاء الرب الفرصة بأن نبطئ، ونتأمل، ونتمعن في قلوبنا. في كل مرة نأتي إلى المائدة، نُمنح الفرصة لإنعاش وإنهاض إيماننا بيسوع، ولتقوية عزمنا على السير بتوبة وقداسة ومحبة.

بعد أن نظرنا على هذه المتطلبات اللازمة للاشتراك في عشاء الرب، أنت الآن مستعد للتفكير في الاستعداد للوليمة بشكل أمثل. وها هي بضعة أسئلة لتسألها لنفسك:

- هل أؤمن بأن هناك أي شيء غير يسوع وموته يمكن أن يخلصني من الخطيَّة؟ إذا كانت الإجابة بنعم، فالآن وقت مناسب لتجديد إيمانك بيسوع بصفته رجاؤك الوحيد في الحياة والموت.
- هل هناك خطايا أحتاج أن اعترف بها وأتوب عنها أمام الرب؟ إذا كانت إجابتك بالإيجاب، فالآن وقت مناسب للاعتراف بخطاياك لله، حتى تنال غفرانه، وتصمم على السلوك سلوك التوبة.
- هل أعيش في سلام ووحدة مع إخوتي وأخواتي في المسيح؟ إذا كانت إجابتك بالنفي، فأحرص على اتباع السلام والمصالحة في أية علاقات مكسورة قبل أن تشترك في عشاء الرب (اقرأ متى ٥: ٢١-٢٤).

منذ عدة سنوات، دخلت امرأتان في كنيستنا في نزاع. قبل عشاء الرب، شجعنا الراعي على فحص ذواتنا والاشتراك بطريقة تليق بعشاء الرب. أتذكر بشكل خاص كيف سارت إحدى هاتين المرأتين إلى آخر القاعة إلى المرأة التي أهانتها. واحتضنتا بعضهما البعض طويلًا والدموع تنساب على وجهيهما. لقد تصالحتا مع بعضهما البعض واشتركتا في عشاء الرب كأخوات في المسيح، مدركتين أنه يمكنهما أن تغفرا لبعضهما البعض بسبب ما تمثله هذه الوليمة – أن الرب يسوع، بموته، قد غفر لهما.

وليمة مشاركة

أحب الطهي، خاصة الوجبات الهندية الكبيرة الودية، كما أحب دعوة الناس لتناول العشاء مع عائلتي. يعتبر طهي وليمة هندية كبيرة «حدثًا» شيء يستلزم قضاء عدة ساعات من العمل بتأن. وبينما أطهو، يزداد التوقع والشعور بالإثارة في بيتي بينما يعاين أفراد عائلتي قليلًا ما على وشك أن يظهر. ملعقة من الكاري هنا، قطعة صغيرة من اللحم هناك، وتتصاعد الروائح عبر الهواء – وكل هذا يسيل اللعاب ويزيد الإعجاب! وهكذا ينتظر الجميع أن يجلسوا أخيرًا على المائدة حيث يمكنهم اغتراف الطعام.

بينما كان يسوع يأكل آخر وليمة فصح له مع تلاميذه، أخبرهم عن وليمة أخرى كان ينتظرها بلهفة:

> **وَأَقُولُ لَكُمْ: إِنِّي مِنَ ٱلْآنَ لَا أَشْرَبُ مِنْ نِتَاجِ ٱلْكَرْمَةِ هَذَا إِلَى ذَلِكَ ٱلْيَوْمِ حِينَمَا أَشْرَبُهُ مَعَكُمْ جَدِيدًا فِي مَلَكُوتِ أَبِي** (متى ٢٦: ٢٩)

حتى ويسوع يؤسس عشاء الرب، أراد أن يعرف تلاميذه أن هذه الوليمة كانت فقط عرض مسبق، لمحة، لوليمة أعظم ستأتي فيما بعد.

الهدف من الحياة المسيحيَّة في النهاية هو **الشركة** مع الله. ينبغي أن تمتلئ حياتنا الآن بالتوقع، والرجاء والاشتياق بينما ننتظر أمجاد خليقة الله الجديدة. يخبرنا الكتاب المُقدَّس أن هناك يوم آت يصنع فيه الله كل شيء جديدًا، وقت تنتهي فيه كل أحزاننا وتجاربنا، وسنتمتع بالشركة مع الله إلى الأبد (رؤيا ٢١: ٣-٤). في ذلك اليوم، سيتحد يسوع، العريس، بصفة نهائية وإلى الأبد بعروسه، الكنيسة، التي اشتراها بدمه (رؤيا ٢١: ٢، ٩). سيتحد المخلص إلى الأبد بالشعب الذي سفك دمه ليخلصه.

يذكرنا الكتاب المُقدَّس بشكل متكرر بأنه سيتم الاحتفال بهذا اليوم المجيد بوليمة زفاف تكريمًا للحمل وعروسه:

> وَسَمِعْتُ كَصَوْتِ جَمْعٍ كَثِيرٍ، وَكَصَوْتِ مِيَاهٍ كَثِيرَةٍ، وَكَصَوْتِ رُعُودٍ شَدِيدَةٍ قَائِلَةً:

«هَلِّلُويَا!

فَإِنَّهُ قَدْ مَلَكَ

ٱلرَّبُّ ٱلْإِلَهُ ٱلْقَادِرُ عَلَى كُلِّ شَيْءٍ.

لِنَفْرَحْ وَنَتَهَلَّلْ وَنُعْطِهِ ٱلْمَجْدَ!

لِأَنَّ عُرْسَ ٱلْخَرُوفِ

قَدْ جَاءَ،

وَٱمْرَأَتُهُ هَيَّأَتْ نَفْسَهَا.

وَأُعْطِيَتْ أَنْ تَلْبَسَ بَزًّا نَقِيًّا بَهِيًّا،

لِأَنَّ ٱلْبَزَّ هُوَ تَبَرُّرَاتُ ٱلْقِدِّيسِينَ».

وَقَالَ لِيَ: «**ٱكْتُبْ: طُوبَى لِلْمَدْعُوِّينَ إِلَى عَشَاءِ عُرْسِ ٱلْخَرُوفِ!**». **وَقَالَ:** «**هَذِهِ هِيَ أَقْوَالُ ٱللهِ ٱلصَّادِقَةُ**». (رؤيا ١٩: ٦-٩؛ انظر كذلك إشعياء ٢٥: ٦-٩)

عشاء الرب هو لمحة لهذه اللحظة، وكأنها ملعقة تلعق ما بقي بها من طعام. وقد قُصد به أن يثير شهيتنا للوليمة التي تمثل التحقيق النهائي لكل وعود الله الخلاصية. هذا هو سبب قول الرسول بولس، «**فَإِنَّكُمْ كُلَّمَا أَكَلْتُمْ هَذَا ٱلْخُبْزَ وَشَرِبْتُمْ هَذِهِ ٱلْكَأْسَ، تُخْبِرُونَ بِمَوْتِ ٱلرَّبِّ إِلَى أَنْ يَجِيءَ**» (١ كورنثوس ١١: ٢٦). عندما نأكل ونشرب من عشاء الرب، نحن لا نتوقع فحسب، نحن أيضًا نعلن ملكوت يسوع الآتي. نحن لا نعلن فقط أن يسوع مات، بل وأنه قام أيضًا وسيأتي ثانية. نحن نعلن في الحاضر ليس فقط ما فعله يسوع في الماضي، بل وكذلك ما سيفعله في المستقبل. نحن نأكل ونشرب إذ نتوقع اليوم المجيد الذي سنأكل فيه معه في ملكوته السماوي.

خمن ماذا أيضًا؟ يسوع يتطلع متلهفًا لهذه الوليمة بقدر ما نفعل نحن أيضًا. يشتاق العريس الفرح إلى أن يتحد بعروسه.

مراجعة سريعة

لقد غطينا جزءًا من الموضوع في هذا الفصل. وها هو موجز سريع من خمس نقاط لما نفعله في عشاء الرب[٥]:

١- نحن ننظر إلى **الوراء**: نحن نتذكر جسد المسيح ودمه المبذولين عنا على الصليب؛ نتذكر أن موته جلب لنا الغران والحياة الأبدية.

٢- ننظر إلى **الخارج**: نحتفل برابطة العائلة التي نشترك فيها مع الإخوة والأخوات في المسيح في الكنيسة المحلية.

٣- ننظر إلى **أعلى**: ندرك أنا مرفوعون لنجلس مع يسوع مضيفنا السماوي، الذي نأتي إليه بقلوبنا الجائعة ليطعمها بنعمة العهد الجديد.

٤- ننظر إلى **الداخل**: نفحص قلوبنا لنضمن أننا نسلك بالإيمان والتوبة، وأننا نعيش بمحبة لإخوتنا وأخواتنا في المسيح.

٥- ننظر إلى **الأمام**: ننتظر برجاء اليوم المجيد الذي نحتفل فيه بتتميم كل وعود الله في وليمته السماوية.

---

٥ بعد تطوير الملخّص المكون من خمس نقاط بنفسي، رأيت أن كاتبين آخرين استخدما ايضًا ملخصات مشابهة لوصف عشاء الرب:

Erik Raymond, «What Should I Think about During the Lord's Supper?» The Gospel Coalition (blog), April 16, 2019, https://www.the gospelcoalition.org/blogs/erik-raymond/think-lords-supper/ and Bobby Jamieson, *Understanding the Lord's Supper* (Nashville: B&H Publishing, 2016), 63–66.

مراجع مقترحة

تشكلت أفكاري في هـذا الفصـل بعـدد مـن الكتـب المفيـدة جـدًا عـن عشـاء الـرب، والتي أوصيك بها لمزيد من الدراسة.

مراجع أساسية

1. Bobby Jamieson. *Understanding the Lord's Supper*. Nashville: B&H Publishing, 2016.

2. R. C. Sproul. *What Is the Lord's Supper?* Sanford, FL: Reformation Trust, 2013.

مراجع أخرى

1. John S. Hammett. *40 Questions about Baptism and the Lord's Supper*. Grand Rapids, MI: Kregel, 2015.

2. Robert Letham. *The Lord's Supper: Eternal Word in Broken Bread*. Phillipsburg, NJ: P&R, 2001.

3. Keith A. Mathison. *The Lord's Supper: Answers to Common Questions*. Sanford, FL: Reformation Trust, 2019.

4. Guy P. Waters. *The Lord's Supper as the Sign and the Meal of the New Covenant*. Wheaton, IL: Crossway, 2019.

مراجع متقدمة

1. Thomas R. Schreiner and Matthew R. Crawford, eds. *The Lord's Supper: Remembering and Proclaiming Christ until He Comes*. Nashville: B&H Academic, 2010.

2. Thomas Watson. *The Mystery of the Lord's Supper*. Louisville, KY: GLH Publishing, 2014.

٢٥

لماذا يجب عليَّ أن أعتمد؟

بوبي جاميسون

«هُوَذَا مَاءٌ. مَاذَا يَمْنَعُ أَنْ أَعْتَمِدَ؟»

أعمال الرسل ٨: ٣٦

كما اكتشفت على الأرجح من العنوان، فإن الهدف من هذا الفصل هو إقناعك بأن تعتمد. لكن هدف هذا الفصل لا ينطبق عليك إلا إذا كان هناك شرطان آخران ينطبقان أيضًا: أولًا إذا تبت عن خطاياك ووثقت في المسيح للخلاص، وثانيًا إذا أنت لم تعتمد بعد كمؤمن بالمسيح.

دعونا نتحدث عن الشرط الأول

الكلمات المسجلة الأولى من خدمة يسوع العامة هي، «**قَدْ كَمَلَ الزَّمَانُ وَاقْتَرَبَ مَلَكُوتُ اللهِ، فَتُوبُوا وَآمِنُوا بِالإِنْجِيلِ.**» (مرقس ١: ١٥). التوبة هي تغيير الاتجاه، بعيدًا عن الخطية ومقتربًا من الله (متى ٣: ٨؛ أعمال الرسل ٢٠: ٢١).

التوبة هي عكس المسار، لعمل تغيير كامل ومفاجئ، هي الاعتراف بسلطة الله عليك والطرق التي رفضتها وسلطانه الذي قاومته. التوبة هي الاعتراف بأنك حاولت أن تعيش سيد حياتك في الماضي وأن تقبل يسوع المسيح كسيد حياتك، الآن وإلى الأبد.

هذا التحول الجذري للتوبة ممكن فقط بالإيمان. الإيمان بمن؟ الإيمان بماذا؟ الإيمان بالمسيح كما يقدم نفسه لك في الإنجيل. جاء يسوع إلى الأرض ليس فقط ليُعلِّم ويشفي ولكن أيضًا ليموت ولينتصر على الموت.

كخطاة، نحن جميعًا نستحق عقاب الله الأبدي. هذا الحكم هو بالتحديد ما جاء يسوع ليخلصنا منه. هذا الحكم هو ما تحمله على الصليب (رومية ٣: ٢١-٢٦). هذا الحكم هو ما نفاه من حياة كل الذين يؤمنون من خلال قيامته من بين الأموات (رومية ٤: ٢٥). الطريقة التي تتلقى بها هذه الهبة الكريمة هي ببساطة عن طريق الابتعاد عن الخطية والثقة بالمسيح.

فهل تحولت من الخطية ووثقت في المسيح؟

إن لم يكن، فتُب وآمِن اليوم، الآن. اعترف لله أنك قد رفضته وأخطأت أمامه، ضع ثقتك في المسيح ليخلصك واعترف بإيمانك لله في الصلاة. هذا الإنجيل، الخبر السار الذي جاء يسوع ليعلنه ويحققه، هو أهم خبر يمكنك سماعه على الإطلاق. إن الثقة بالمسيح كما يقدم لك في الإنجيل هو أكثر القرارات أهمية التي يمكنك اتخاذها على الإطلاق.

المعموديَّة، موضوع هذا الفصل، أقل أهمية بكثير من الإنجيل. ومع ذلك، فإن المعموديَّة مهمة على وجه التحديد لأن المعموديَّة تتعلق بالإنجيل. ترتبط المعموديَّة بالإنجيل وتصور الإنجيل. إذا كان الإنجيل مهمًا بالنسبة لك، فيجب أن تكون المعموديَّة مهمة جدًا بما يكفي للقيام بها.

الآن، دعونا نتحدث بإيجاز عن الشرط الثاني، هل تم تعميدك كمؤمن؟ ربما تؤمن حقًا بالإنجيل الآن، لكنك غير متأكد مما إذا كنت تثق حقًا بالمسيح في الوقت الذي تعمدت فيه. هل كنت حقًا أثق في المسيح عندما عمدني جدي في سن الثامنة؟ في النهاية، لا أستطيع أن أخبرك بما يجب عليك فعله، فهذا بينك وبين الرب. إذا كنت تؤمن بصدق بما فهمته في ذلك الوقت عن موت المسيح وقيامته ومغفرة الخطية، فأنت قد لا تحتاج إلى القيام بأي شيء آخر. ومع ذلك، إذا أصبحت مقتنعًا بأنك لم تولد

مرة أخرى في الوقت الذي تعمدت فيه، فلا تزال بحاجة إلى التعميد. ليس «إعادة تعميد»، ولكن ببساطة تعميد. خلاصة القول هي أن تُصلِّي، وتسأل الله ليعطيك الحكمة، ومن ثم المضي قدمًا فرحًا أن الخلاص يأتي من خلال الإيمان وحده في المسيح وحده.

مع وضع هذه الأسس، دعونا نتحدث عن المعموديَّة. يمكنك التفكير في هذا الفصل على أنه حوار موجز حول المعموديَّة، في القسم الأول، نسأل، «لماذا يجب عليَّ أن أعتمد؟»، في القسم الثاني، نتناول بعض الاعتراضات الأكثر شيوعًا على التعميد: «لا أريد أن أعتمد لأنني...» وأخيرًا، يتعامل القسم الأخير مع السؤال، «ماذا عليَّ أن أفعل الآن؟»

لنبدأ.

لماذا يجب عليَّ أن أعتمد؟

لماذا يجب عليك أن تعتمد؟ اسمح لي أن أقدم لك ثلاثة أسباب. أملي في وضع هذه الأسباب هو أن تجد أنهم ليسوا فقط مقنعين، ولكنهم أيضًا دعوة تفرض نفسها. كما سنرى، المسيح لا يأمر المؤمنين فقط بالمعموديَّة، المعموديَّة هي أيضًا هدية يعطيها بنعمة لمصلحتنا وبركتنا.

هؤلاء هم الثلاثة أسباب لكي تعتمد:

أولًا: أن تطيع وصية المسيح، ثانيًا: أن تعلن علانيةً الإيمان بالمسيح، وثالثًا أن تُلزِم نفسك رسميًا بالمسيح وشعبه.

١. أن تطيع وصية المسيح

لماذا يجب عليك أن تعتمد؟ لكي تُطيع وصية المسيح. أية وصية؟ التي يعطينا إياها في متى ٢٨: ١٩. دعونا ننظر إلى هذه الآية في السياق:

«فَتَقَدَّمَ يَسُوعُ وَكَلَّمَهُمْ قَائِلًا: «دُفِعَ إِلَيَّ كُلُّ سُلْطَانٍ فِي السَّمَاءِ وَعَلَى الأَرْضِ، فَاذْهَبُوا وَتَلْمِذُوا جَمِيعَ الأُمَمِ وَعَمِّدُوهُمْ بِاسْمِ الآبِ وَالابْنِ

وَالـرُّوحِ الْقُـدُسِ. وَعَلِّمُوهُـمْ أَنْ يَحْفَظُـوا جَمِيـعَ مَـا أَوْصَيْتُكُمْ بِـهِ. وَهَـا أَنَـا مَعَكُـمْ كُلَّ الأَيَّـامِ إِلَـى انْقِضَـاءِ الدَّهْـرِ». آمِيـنَ.» (متـى ٢٨: ١٨–٢٠)

هنـا خاطـب يسـوع تلاميذه الأحد عشـر بعد وقـت قصيـر مـن موتـه مـن أجل خطايانا وقيامتـه مـن بين الأمـوات. لقد تمـم الخـلاص، والآن كلـف تلاميذه بإعـلان خبـر الخـلاص لكل أمـة علـى الأرض. فـي عـدد ١٨، نتعلـم أنـه نتيجـة لموتـه المُنقِـذ وقيامتـه، يمتلك يسـوع «كل سلطان فـي السـماء وعلـى الأرض.» إنـه الحاكـم الأسـمى للكـون، سـيد الأسـياد.

ثـم أعطـى يسـوع تلاميـذه – وضمنيًـا جميـع المؤمنيـن – أمـر رئيسـي واحـد: «**تَلْمِذُوا**» (عـدد ١٩). أمـر يسـوع تلاميـذه أن يتلمـذوا. هـو يطلـب مـن أتباعـه، آنـذاك والآن، دعـوة الآخريـن ليتبعـوه. ثـم أعطـى ثـلاث تعليمـات داعمـة توضـح لنـا كيفيـة التلمـذة. أولًا، نحـن بحاجـة إلـى الذهـاب. نحـن بحاجـة للذهـاب إلـى حيـث توجـد الأمـم، سـواء كان ذلـك يعنـي عبـور الشـارع أو عبـور المدينـة أو عبـور المحيـط. ثانيًـا، نُعمّـد أولئـك الذيـن يتبعـون المسـيح. وأخيـرًا، يخبرنـا أن نُعلّـم تلاميـذ جـدد أن يطيعـوا كل وصيـة مـن وصايـاه. أن تصبـح تابعًـا ليسـوع هـو أن تعطـي حياتـك كلهـا للثقـة بيسـوع، وأن تتبـع وتتعلـم وتطيـع تعليـم يسـوع، واتبـاع مثالـه.

لذلـك، وفقًـا ليسـوع، نحـن نصنـع تلاميـذ مـن خـلال تعميـد المؤمنيـن الحقيقيين وتعليمهم طاعـة كل مـا أمـر بـه يسـوع. الترتيـب مهـم: صناعـة تلاميذ، تعميـد، تعليـم.

هـل أنـت تلميـذ يسـوع؟ إذًا تحتـاج إلـى إظهـار ذلـك بالمعموديَّـة، فهـذا مـا قالـه يسـوع. يريـد يسـوع أن يعتمـد أولئـك الذيـن وثقـوا بـه كمخلـص وخضعـوا لـه كـرب. كمـا تـرى، المعموديَّـة العلنيـة تحـدد شـخصًا مـا علـى أنـه تلميـذ ليسـوع. تسـجل المعموديَّـة رسـميًا وعلنًـا تلميذًا في مدرسـة المسـيح.

الله يميـز شـعبه بالمعموديَّـة. عـن طريـق الحصـول علـى معموديَّـة، نحـن ببسـاطة نرتـدي القميـص الـذي يقـول «فريـق يسـوع»، نحـن نلعـب وفقًـا لقواعـده وتبعًـا لأوامـره. باتبـاع أمـر يسـوع للحصـول علـى معموديَّـة، نحـن نقـول إننـا ملتزمـون بـكل مـا أمرنـا بـه. الآن، مـاذا يعنـي يسـوع بالضبـط عندمـا يقـول «**عَمِّدُوهُـمْ**»؟ هنـا هـو تعريـف للمعموديَّـة قد عرضتـه في كتاب آخر، اسمه فهم المعموديَّة.

المعموديَّة هي فعل الكنيسة لتأكيد وتصوير اتحاد المؤمن بالمسيح من خلال غمره أو غمرها في الماء، وعمل المؤمن بإلزام نفسه علنًا بالمسيح وشعبه، وبالتالي توحيد المؤمن بالكنيسة وإبعاده عن العالم.[1]

قد يكون ما سبق معقد بعض الشيء. ببساطة أكثر، المعموديَّة هي عمل المؤمن بإلزام نفسه علنًا بالمسيح وشعبه من خلال غمره – تغطيسه – في الماء.

لقد رأينا بالفعل من تعاليم يسوع في متى ٢٨: ١٩ أن المعموديَّة هي الطريقة التي يلتزم بها شخص ما علنًا باتباع المسيح. وسنرى دعمًا كتابيًا للكثير من هذا التعريف في القسمين التاليين. هنا يمكننا ببساطة أن نلاحظ أن المعموديَّة يجب أن تُؤدَى بالغمر. الكلمة اليونانيَّة بابتيزو، التي تستند إليها كلمتنا «عَمِّدُوهُمْ»، تعني غمس أو تغطيس أو غمر شيء ما بالكامل في سائل. أمثلة العهد الجديد للمعموديَّة تشير أن ذلك قد تم عن طريق الغمر (يوحنا ٣: ٢٣؛ أعمال الرسل ٨: ٣٨-٣٩)، والانغماس يناسب صورة الاتحاد مع المسيح في دفنه وقيامته، والتي سننظر فيها في المقطع التالي (رومية ٦: ١-٤).

لتلخيص تعاليم يسوع في متى ٢٨: ١٩، يمكننا القول إن المعموديَّة هي العنصر الأول في قائمة يسوع «جَمِيعَ مَا أَوْصَيْتُكُمْ بِهِ». لماذا يجب عليك أن تعتمد؟ لأنه إذا كنت تعتبر نفسك من أتباع يسوع، إذن، بعد التوبة والإيمان (مرقس ١: ١٥)، أول عمل رسمي علني لاتباعه يطلبه منك يسوع هو المعموديَّة. الحياة المسيحيَّة هي أكثر من مجرد اتباع الوصايا، لكنها بالتأكيد ليست أقل من ذلك. لذلك بعد الأمر بالتوبة والإيمان، إليك أول «المهام» من يسوع. كل ما عليك فعله هو إعلان إيمانك وأن تسترخي.

٢. أن تعلن علنًا الإيمان به

والسبب الثاني لماذا يجب أن تحصل على معموديَّة هو أن تعلن علنًا إيمانك بيسوع. لقد رأينا أن عنصر المعموديَّة هذا ضمني في متى ٢٨: ١٩. إنه أكثر وضوحًا في عدد قليل من الأماكن الأخرى في الكتاب المُقدَّس.

---

[1] Bobby Jamieson، Understanding Baptism، Church Basics (Nashville، TN: B&H، 2016)، 6.

على سبيل المثال، عندما نخسوا في قلوبهم أولئك الذين سمعوا بطرس يعظ في يوم الخمسين سألوه ماذا يفعلوا، فحثهم على التوبة والمعموديَّة (أعمال الرسل ٢: ٣٧-٣٨). ثم نقرأ، «**فَقَبِلُوا كَلاَمَهُ بِفَرَحٍ، وَاعْتَمَدُوا، وَانْضَمَّ فِي ذلِكَ الْيَوْمِ نَحْوُ ثَلاَثَةِ آلاَفِ نَفْسٍ.**» (عدد ٤١). إن قبول الكلمة والمعموديَّة كانا يسيران جنبًا إلى جنب. تم تعميد جميع الذين قبلوا الإنجيل، وفقط أولئك الذين قبلوا الإنجيل تم تعميدهم. كانت المعموديَّة هي الطريقة التي أعلن بها أولئك في يوم الخمسين علانيةً قبولهم للمسيح، المصلوب والقائم من الأموات. والمعموديَّة هي الطريقة التي يمكنك بها ويجب عليك أن تعلن بها صراحة أنك تثق في المسيح.

وبالمثل، ضع في اعتبارك تعليم بولس في كولوسي ٢: ١١-١٢:

> «**وَبِهِ أَيْضًا خُتِنْتُمْ خِتَانًا غَيْرَ مَصْنُوعٍ بِيَدٍ، بِخَلْعِ جِسْمِ خَطَايَا الْبَشَرِيَّةِ، بِخِتَانِ الْمَسِيحِ. مَدْفُونِينَ مَعَهُ فِي الْمَعْمُودِيَّةِ، الَّتِي فِيهَا أُقِمْتُمْ أَيْضًا مَعَهُ بِإِيمَانِ عَمَلِ اللهِ، الَّذِي أَقَامَهُ مِنَ الأَمْوَاتِ.**»

لاحظ كيف تسير المعموديَّة والإيمان جنبًا إلى جنب. مخاطبًا جماعة من المسيحين المعمدين، يقول بولس إنهم دفنوا وقاموا مع المسيح في المعموديَّة. حتى أنه يستخدم المعموديَّة كاختصار للإشارة إلى حدث تحولهم بأكمله.

لأن المعموديَّة هي تعبير مرئي وملموس وعلني ودرامي عن الإيمان بالمسيح. إنه واضح، لا يُنسَى، قابل للتأريخ. فأنت تُغمَر، وكل الحاضرين يرونك تختفي تحت الماء وتعاود الظهور من الماء. لهذا السبب يفرد بولس المعموديَّة كعلامة على التحول. لكنه لا يشير فقط إلى المعموديَّة. هو يقول، «**الَّتِي فِيهَا أُقِمْتُمْ أَيْضًا مَعَهُ بِإِيمَانِ عَمَلِ اللهِ**»(عدد ١٢). يفترض بولس أن الإيمان كان موجود وقت المعموديَّة، لأن الإيمان كان سبب المعموديَّة. الإيمان بقوة قيامة الله هو السبب في أن هؤلاء المسيحيين قدموا أنفسهم للمعموديَّة. والتعبير علنًا عن نفس الإيمان هو سبب وجوب تعميدك أيضًا.

لماذا هو شيء جيد أن تعلن علنًا إيمانك بالمسيح؟ لقد رأينا بالفعل أن المسيح يأمر بذلك. بالإضافة إلى ذلك، فإن إعلان إيمانك بالمسيح أمر جيد لإيمانك. إن إعلان إيمانك سيعمق إيمانك. إن الاعتراف بإيمانك سيؤكد إيمانك. مشاركة إيمانك ستقوي إيمانك.

ليس ذلك فحسب، ولكن المعموديَّة تبين لنا شكل الحياة المسيحيَّة كلها. إذا كنت مسيحيًا، فلا يمكنك فقط إعلان إيمانك مرة واحدة في المعموديَّة ثم لا تتكلم ثانيَّة عن يسوع لبقية حياتك. بدلًا من ذلك، يجب أن يكون إعلان إيمانك بالمسيح علانيةً جزءًا من النسيج المعتاد لحياتك من الآن فصاعدًا. يجب أن يكون أحد أول الأشياء التي يتعلمها الناس عنك هو أنك مسيحي. يجب أن يكون أكثر ما تتحمس لإخبار الناس به، أن المسيح هو مُخلِّصك. علاوة على ذلك، يحذر يسوع نفسه من أن الإيمان الذي يبقى سرًا ليس إيمانًا على الإطلاق. «**فَكُلُّ مَنْ يَعْتَرِفُ بِي قُدَّامَ النَّاسِ أَعْتَرِفُ أَنَا أَيْضًا بِهِ قُدَّامَ أَبِي الَّذِي فِي السَّمَاوَاتِ، وَلكِنْ مَنْ يُنْكِرُنِي قُدَّامَ النَّاسِ أُنْكِرُهُ أَنَا أَيْضًا قُدَّامَ أَبِي الَّذِي فِي السَّمَاوَاتِ.**» (متى ١٠: ٣٢–٣٣).

٣. لكي تلتزم بشعب المسيح

لقد رأينا أنه في المعموديَّة التزام بالمسيح. الآن سنرى أنك في المعموديَّة تلتزم بشعب المسيح. كما رأينا بالفعل، في يوم الخمسين، أولئك الذين تلقوا الكلمة تم تعميدهم وانضموا إلى الكنيسة (أعمال الرسل ٢: ٤١). كل الذين قبلوا المسيح في ذلك اليوم استقبلتهم الكنيسة، والطريقة التي استقبلتهم بها الكنيسة كانت بتعميدهم. في المعموديَّة، تخرج من العالم إلى الكنيسة، وتعلن ولائك للمسيح. في المعموديَّة، تنضم إلى جماعة المسيح. التزامك تجاه شعب المسيح يتبع منطقيًا، بالضرورة، وعلى الفور التزامك تجاه المسيح.

لم يكن الالتزام الذي قطعه أولئك الذين كانوا في يوم الخمسين مع الكنيسة مجرد علامة شكلية. بدلًا من ذلك، أدى هذا الالتزام الجديد تجاه شعب المسيح إلى تغيير جذري في نسيج حياتهم. نقرأ في الآيات التالية أن الكنيسة كلها في أورشليم، بما في ذلك هؤلاء الثلاثة آلاف الذين انضموا إلى الكنيسة بالمعموديَّة في يوم الخمسين كرسوا أنفسهم لتعليم الرسل، وللشركة، ولكسر الخبز، وللصلاة معًا (عدد ٤٢). لقد تقاسموا حياتهم وممتلكاتهم (عدد ٤٤). حتى أنهم باعوا من الممتلكات من أجل إعطاء العائدات إلى المؤمنين المحتاجين (عدد ٤٥). كانوا يصلون ويأكلون معًا يوميًا (عدد ٤٦). كانت ثمرة التزامهم لبعضهم البعض، شركة ثرية ومُرَحِبة مع بعضهم

البعض، شركة ألهمت الرهبة في الغرباء (عدد ٤٣). وكانت الوسيلة التي التزموا بها تجاه بعضهم البعض هي المعموديَّة. في المعموديَّة، ربط هؤلاء المؤمنون أنفسهم بالمسيح وببعضهم البعض. بعبارة أخرى، في المعموديَّة تلتزم بشعب المسيح.

نرى أيضًا أن المعموديَّة تلزم المسيحي لشعب المسيح في ١ كورنثوس ١٢: ١٣. كتب بولس، « **أَنَّنَا جَمِيعَنَا بِرُوحٍ وَاحِدٍ أَيْضًا اعْتَمَدْنَا إِلَى جَسَدٍ وَاحِدٍ، يَهُودًا كُنَّا أَمْ يُونَانِيِّينَ، عَبِيدًا أَمْ أَحْرَارًا، وَجَمِيعُنَا سُقِينَا رُوحًا وَاحِدًا.**» هل يشير بولس إلى المعموديَّة بالماء أم المعموديَّة بالروح؟ أود أن أقترح أن بولس يضع كلاهما في الاعتبار. يولد المسيحيون من جديد ويتحدون مع المسيح وجسده من خلال عمل الروح، ومعموديتنا في الماء تشير الى المعموديَّة بالروح.

يتساءل بعض الناس عما إذا كان «**اعْتَمَدْنَا إِلَى جَسَدٍ وَاحِدٍ**» تشير إلى الكنيسة العالمية أو الكنيسة المحليَّة. هنا مرة أخرى أود أن أقترح أن الأولى تعني الأخيرة. في مقطع آخر، بولس يستخدم أحيانًا مفهوم «جسد» المسيح لوصف جميع المؤمنين في جميع الأوقات في جميع الأماكن (انظر أفسس ١: ٢٢-٢٣). لكن، في الآيات التالية في ١ كورنثوس، يركز بولس على كنيسة محلية. فقط في الكنيسة المحليَّة يمكن لعضو أن يخطئ ويقول لآخر، «**لاَ حَاجَةَ لِي إِلَيْكِ**» (١ كورنثوس ١٢: ٢١). فقط في الكنيسة المحليَّة يمكن للأعضاء اعطاء كرامة لمن نحسب أنهم بلا كرامة (عدد ٢٣-٢٤). فقط في كنيسة محلية يمكن أن يتألم الجميع معًا، ويفرح الجميع معًا (آية ٢٦). لذلك بالنظر إلى سياق الاصحاح كله، يقول بولس في عدد ١٣ أن معموديتنا توحدنا بجسد المسيح، أي بجسد المسيح المحلي. تدرجك المعموديَّة في الكيان الحي الذي هو كنيسة محلية.

في المعموديَّة، يتحدث طرفان، ويلتزم طرفان. في المعموديَّة، تطلب الترحيب، والكنيسة تعطيه. في المعموديَّة، أنت تعهد نفسك للكنيسة، والكنيسة تعهد نفسها لك. لا يقصد بالحياة المسيحيَّة أن تعاش على انفراد، ولا يقصد بها أن تعيش بمفردها. المعموديَّة تجلب حياتك إلى نور اهتمام الكنيسة المحب. إن المعموديَّة تضعك ضمن شركة تقوية شعب المسيح ودعمها.

ثلاثة أسباب وجيهة

في هذا القسم أعطيت لك ثلاثة أسباب للحصول على معموديَّة. في المعموديَّة، أولًا: أن تطيع وصية المسيح، ثانيًا: أن تعلن علانيةً الإيمان بالمسيح، وثالثًا أن تُلزِم نفسك رسميًا بالمسيح وشعبه. في الحقيقة، يجب أن يكون السبب الأول كافيًا. إذا كنت مسيحيًا، فإن إطاعة ما يأمر به يسوع أمر ضروري وليس اختياريًا. ووصايا المسيح ليست عبء ولكنها محررة ومعطية حياة. «**لأَنَّ نِيرِي هَيِّنٌ وَحِمْلِي خَفِيفٌ**» (متى ٣٠:١١). عندما تطيع تعليمه، أنت تعرف الحقيقة، والحقيقة ستحررك (يوحنا ٨: ٣٢).

لذلك بالإضافة إلى مجرد ملاحظة أن المسيح يأمر جميع المؤمنين به أن يتعمدوا، لقد نظرنا في جانبين من جوانب المعموديَّة التي تحمل نعمة لأولئك الذين يحصلون عليها. في المعموديَّة، تعلن إيمانك وبالتالي تمارس وتقوي إيمانك. في المعموديَّة، تلتزم بشعب المسيح، وبالتالي ترث نعمة لا تحصى من شركة الكنيسة المحليَّة.

إذا كنت تؤمن بالمسيح، فيجب أن تعتمد، وسوف تكون المعموديَّة نعمة. فماذا تنتظر اذًا؟

لا أريد أن أعتمد لأن...

بجدية، ماذا تنتظر؟ لماذا لا تعتمد بأسرع ما يمكنك؟ هناك العديد من الأسباب التي تجعل المسيحيين مترددين في أن يعتمدوا كمؤمنين. في هذا القسم، سنتناول سبعة من الأسباب الأكثر شيوعًا التي يقدمها الناس لعدم رغبتهم في المعمودية.

١. لقد تم تعميدي بالفعل كطفل رضيع

ربما كنت قد عُمِّدت كطفل رضيع. تمارس العديد من التقاليد المسيحيَّة معموديَّة الأطفال، ولكن لديهم أسباب مختلفة جذريًا للقيام بذلك. على سبيل المثال، تعلم الكنيسة الرومانيَّة الكاثوليكيَّة أن المعموديَّة تمنح نعمة الخلاص وتزيل وصمة الخطية الأصليَّة. هذا فهم مختلف تماما عما وصفته للتو أعلاه، مما يعني أنها ممارسة مختلفة تمامًا عما تعتقده معظم الهيئات البروتستانتيَّة التي تمارس معموديَّة الأطفال.

بيـن المسـيحيين الإنجيلييـن الذيـن يمارسـون معموديَّـة الأطفـال، يتـم تقديـم واحـدة مـن أكثـر الحجـج شيوعًا (وفي رأيـي، أقوى الحجج) من قبل الكنائس المشيخيَّة والمُصلحة. تشير هـذه الكنائـس إلـى أنـه فـي العهـد القديـم، عندمـا قطـع الله عهـدًا مـع إبراهيـم، أمـر إبراهيـم أن يطبـق علامـة العهـد، الختـان، لأبنائـه (الذكـور) (انظـر تـك ١٧: ١-١٤). والله لـم يلـغ صراحـة أو يغير هـذا النمـط مـن تضميـن أبنـاء المؤمنين فـي المجتمـع العهدي. لذلـك، يجب أن نطبق علامـة العهد عليهم. فـي العهـد الجديد الـذي افتتحـه يسـوع، علامـة الدخـول هـي المعموديَّـة. لـذا، يقولـون، يجب علـى الكنائس اليـوم أن تُعمد الرضـع. معموديَّة الأطفـال هـذه لا تُفهَـم علـى أنهـا تمنـح أو تضمـن الخـلاص. بـدلًا مـن ذلـك، ينظـر إليهـا علـى أنهـا علامـة علـى وعـد الله.

هـذه الحجـة لديهـا الكثيـر ممـا يمكـن الثنـاء عليـه. أسـتطيع أن أفهـم جيدا لمـاذا يسـتخلص المؤمنـون الملتزمـون بسـلطة الكتـاب المُقـدَّس هـذا الاسـتنتاج. لكننـي لا أجدهـا مقنعـة فـي النهايـة. ولا الكنائـس التـي تحمـل اسـم «المعمدانيَّـة»، ولا جميـع الكنائـس غيـر الطائفيَّـة تقريبًـا تجدهـا كذلـك يمكننـا اختـزال الأسـباب الأكثـر حسـمًا ضـد معموديَّـة الأطفـال إلى نقطتين.

أولًا، لا توجـد حـالات واضحـة لمعموديَّـة الأطفـال فـي العهـد الجديـد. ثانيًـا، يفتـرض كل جانـب مـن جوانـب معنـى المعموديَّـة إيمـان الشـخص الـذي يتـم تعميـده. يسـوع يأمـر تلاميـذه لصنـع تلاميـذ وتعميـد هـؤلاء التلاميـذ (متـى ٢٨: ١٩). المعموديَّـة هـي علامـة عامـة للإيمـان (أعمـال الرسـل ٢: ٣٨-٤١). فـي المعموديَّـة، تلتـزم بالمسـيح وشـعبه، وهـذا هـو شـيء فقط المؤمـن يمكـن وينبغـي أن يفعلـه (أعمال الرسـل ٢: ٤١؛ ١ كورنثوس ١٢: ١٣). عـلاوة علـى ذلـك، المعموديَّـة ترمـز إلـى التطهيـر (أعمـال الرسـل ٢٢: ١٦) والمـوت والقيامـة مـع المسـيح (روميـة ٦: ١-٤)، وعمـل الـروح فـي التجديـد (تيطـس ٣: ٥). كل هذه الأمور تنطبق فقط على أولئك الذين يؤمنون بالمسيح.

والسـبب الثانـي لمـاذا يجـب أن نرفـض هـذا المنطـق لمعموديَّـة الأطفـال هـو أنـه يفتقـد لمـا هـو جديـد بخصـوص العهـد الجديـد، العهـد الـذي نتمتـع بـه مـن خـلال المسـيح. فـي إرميـا ٣١:٣١-٣٤، وعـد الله بعمـل عهـد جديـد مـع شـعبه. لـن يكـون هـذا العهـد

الجديد مثل ذلك العهد الآخر الذي قطعه مع الشعب في جبل سيناء، «**حِينَ نَقَضُوا عَهْدِي**» (عدد ٣٢). بدلًا من ذلك، «**أَجْعَلُ شَرِيعَتِي فِي دَاخِلِهِمْ وَأَكْتُبُهَا عَلَى قُلُوبِهِمْ**» (عدد ٣٣). في العهد الجديد، لا يراقب القانون شعب الله كمطلب مجرد ولكنه يسكن داخل شعب الله. في العهد الجديد، يحول الله شعبه من الداخل، مما يمكنهم من الرغبة والقيام بما يرضي الله. في العهد الجديد، «**لأَنَّهُمْ كُلَّهُمْ سَيَعْرِفُونَنِي مِنْ صَغِيرِهِمْ إِلَى كَبِيرِهِمْ**» (عدد ٣٤). كل فرد من أعضاء مجتمع العهد سيعرف الله شخصيًا حميميًا. وأخيرًا، يعطي الله أساس هذه العلاقة المتحولة بينه وبين شعبه: «**لأَنِّي أَصْفَحُ عَنْ إِثْمِهِمْ، وَلاَ أَذْكُرُ خَطِيَّتَهُمْ بَعْدُ**» (عدد ٣٤). أن تكون في العهد الجديد يعني أن تُغفَر خطاياك من خلال ذبيحة المسيح، أن تعرف الله شخصيًا، وأن يكون لديك قلب متغير، قلب مكتوب عليه شريعة الله.

ماذا يعني كل هذا للدفاع المُصلح بخصوص معموديَّة الأطفال؟ هذا يعني أن عضويَّة العهد الجديد تأتي بميلاد جديد وليس ولادة جسديَّة. وهذا يعني أنه من خلال تصميم العهد، فإن جميع أعضاء العهد الجديد يختبرون الحقائق المغيرة للعهد الجديد. جميع أعضاء العهد الجديد يعرفون الله، تغيرت قلوبهم، وغُفرَت خطاياهم.

هناك نوع واحد فقط من أعضاء العهد الجديد: الشخص الذي يثق في المسيح بالروح. فالعهد الجديد يتألف من المؤمنين فقط، وليس المؤمنين بالإضافة إلى أطفالهم. إذا كان أولئك الذين يولدون مرة أخرى ينتمون إلى هذا العهد، فعندئذ فقط أولئك الذين يولدون مرة أخرى يجب أن يتلقوا علامة العهد للمعموديَّة.

وبعبارة أخرى، إذا كنت تتفق مع الحُجة التي وضعتها، ستكون مضطرًا لاستنتاج أن «معموديَّة» الأطفال ليست معموديَّة على الإطلاق. إذا كانت المعموديَّة للمؤمنين فقط، وأنت لم تكن قد عُمدت كمؤمن، إذًا انت لم يتم تعميدك على الإطلاق، ويجب أن تُعمَّد.

٢. أنا لا أريد أن أسيء لوالدي، اللذان عمداني كطفل

هذا السبب، بالطبع، يرتبط ارتباطًا وثيقًا بالسبب السابق. إذا كان والداك قد «عمداك» عندما كنت رضيعًا، واستنتجت أن هذا لم يكن تعميدًا، وتحتاج إلى التعميد، فمن الطبيعي أن تقلق بشأن ما إذا كانوا سيشعرون بالإساءة. ولكن أينبغي أن يردعك

هذا من الحصول على معموديَّة؟ تذكر أننا «**جَمِيعًا سَوْفَ نَقِفُ أَمَامَ كُرْسِيِّ الْمَسِيحِ**» (رومية ١٤: ١٠). تذكر أنه في ذلك اليوم «**كُلَّ وَاحِدٍ سَيَحْمِلُ حِمْلَ نَفْسِهِ**» (غلاطية ٦: ٥). تذكر أن يسوع يطلب ولاءنا المطلق وطاعتنا المطلقة (متى ٢٨: ١٩؛ مرقس ٨: ٣٤). عادةً، طاعة يسوع تعني إكرام والديك (متى ١٩: ١٩). ولكن إذا جاءت رغبات والديك في أي وقت ضد الطاعة التي يأمر بها المسيح، فإن طاعة المسيح لها الأولوية.

لذا فإن السؤال هو، كيف يجب أن تقوم بتوصيل اقتناعك الجديد ونيتك أن تعتمد إلى والديك؟ افعل ذلك باحترام وتواضع. عبِّر عن تقديرك للطريقة التي ربوك بها في الانضباط للرب. عبِّر عن تقديرك لنيتهم الحسنة التي دفعتهم إلى «تعميدك» كطفل رضيع على الرغم من أنك لا توافق الآن على هذه الممارسة. وصلِّي من أجل أن أي خيبة أمل يعبر عنها والديك بخصوص قناعاتك المختلفة والممارسة الخاصة بهذا الموضوع سوف تغلبها بسهولة فرحتهم أنك تثق في المسيح وتسعى إلى طاعته في كل شيء.

٣. عائلتي غير المسيحيَّة سترفضني

المخاطرة أعلى بكثير هنا. بالنسبة للعديد من المؤمنين في جميع أنحاء العالم اليوم، وحتى هنا في الولايات المتحدة، فإن قبول المسيح علنًا يعني المخاطرة بقطع الأسرة الجسدية تمامًا. كنيستي الخاصة بها مؤمنون من مجموعة متنوعة من الخلفيات الدينيَّة التي رفضتهم عائلاتهم عند معموديتهم. هذه تجربة عظيمة وحزن شديد. كأعضاء في الكنيسة، يجب أن نفعل كل ما في وسعنا لتقديم تعزية، ولتشديد المؤمنين الذين كلفتهم طاعتهم للمسيح عائلاتهم.

يجب أن نتذكر أيضًا أن هذا النوع من الرفض من قبل العائلة هو بالضبط ما قال يسوع أنه سيحدث.

> «**فَإِنِّي جِئْتُ لأُفَرِّقَ الإِنْسَانَ ضِدَّ أَبِيهِ، وَالابْنَةَ ضِدَّ أُمِّهَا، وَالْكَنَّةَ ضِدَّ حَمَاتِهَا. وَأَعْدَاءُ الإِنْسَانِ أَهْلُ بَيْتِهِ. مَنْ أَحَبَّ أَبًا أَوْ أُمًّا أَكْثَرَ مِنِّي فَلاَ يَسْتَحِقُّنِي، وَمَنْ أَحَبَّ ابْنًا أَوِ ابْنَةً أَكْثَرَ مِنِّي فَلاَ يَسْتَحِقُّنِي**» (متى ١٠: ٣٥–٣٧)

اِتباع المسيح مُكلِّف، وفي كثير من الأحيان مؤلم جدًا. لكن اِتباع المسيح يستحق ذلك دائمًا. يسوع هو أكثر من قادر على التعويض، سواء في هذه الحياة أو في الحياة القادمة، عن كل ما نتخلى عنه في اتباعنا له.

«**الْحَقَّ أَقُولُ لَكُمْ: لَيْسَ أَحَدٌ تَرَكَ بَيْتًا أَوْ إِخْوَةً أَوْ أَخَوَاتٍ أَوْ أَبًا أَوْ أُمًّا أَوِ امْرَأَةً أَوْ أَوْلاَدًا أَوْ حُقُولًا، لأَجْلِي وَلأَجْلِ الإِنْجِيلِ، إِلاَّ وَيَأْخُذُ مِئَةَ ضِعْفٍ الآنَ فِي هذَا الزَّمَانِ، بُيُوتًا وَإِخْوَةً وَأَخَوَاتٍ وَأُمَّهَاتٍ وَأَوْلاَدًا وَحُقُولًا، مَعَ اضْطِهَادَاتٍ، وَفِي الدَّهْرِ الآتِي الْحَيَاةَ الأَبَدِيَّةَ.**» (مرقس ١٠: ٢٩-٣٠)

إذا كانت عائلتك تهدد بنكرانك لأنك تنوي أن تعتمد، أُصلِّي لله، أن يمنحك بروحه الشجاعة لإطاعة وصية المسيح. أُصلِّي الله أن يبارك طاعتك الشجاعة وأن يكون معك في أي تجارب يضعها أمامك.

٤. أخشى أن أخبر الجميع أنني مسيحي

في الغرب اليوم، يستمر تيار الدعم الشعبي للمسيحيَّة في الانحسار. أن تكون مسيحي اليوم هو أن تكون أكثر عرضة للسخرية والمعارضة والاستياء وفقدان الوظيفة. لكن الاعتراف بالمسيح كان دائمًا مكلفًا: «**وَمَنْ مِنْكُمْ وَهُوَ يُرِيدُ أَنْ يَبْنِيَ بُرْجًا لاَ يَجْلِسُ أَوَّلًا وَيَحْسِبُ النَّفَقَةَ، هَلْ عِنْدَهُ مَا يَلْزَمُ لِكَمَالِهِ؟**» (لوقا ١٤: ٢٨). ما هي التكلفة التي يطلب منا المسيح أن ندفعها من أجل اتباعه؟ «**فَكَذلِكَ كُلُّ وَاحِدٍ مِنْكُمْ لاَ يَتْرُكُ جَمِيعَ أَمْوَالِهِ، لاَ يَقْدِرُ أَنْ يَكُونَ لِي تِلْمِيذًا.**» (عدد ٣٣). «جَمِيعَ» تشمل بالتأكيد السمعة، والتأييد، ومستقبلك الوظيفي.

إذا كنت تخشى أن تعلن علنًا عن نفسك مسيحيًا، فيجب أن تدرك أن هذا هو أحد أول الإغراءات التي ستواجهها. إذا كان احتمال المعموديَّة هو اختبار إيمانك، فهو الاختبار الذي تحتاجه. هل ستنجح في اجتيازه؟ فكر في تحذير يسوع المحزن: «**فَكُلُّ مَنْ يَعْتَرِفُ بِي قُدَّامَ النَّاسِ أَعْتَرِفُ أَنَا أَيْضًا بِهِ قُدَّامَ أَبِي الَّذِي فِي السَّمَاوَاتِ، وَلكِنْ مَنْ يُنْكِرُنِي قُدَّامَ النَّاسِ أُنْكِرُهُ أَنَا أَيْضًا قُدَّامَ أَبِي الَّذِي فِي السَّمَاوَاتِ.**» (متى ١٠: ٣٢–٣٣).

٥. أنا أخشى التحدث في الأماكن العامة

يخشى بعض الناس المعموديَّة لأنهم يخشون التحدث في الأماكن العامة. على سبيل المثال، في كنيستي، عملية التعميد تسير على هذا النحو: مؤمن جديد يأخذ دورة عضويَّة الكنيسة، يحضر مقابلة مع قس، ثم تتم الموافقة عليه من قبل الشيوخ والجماعة. خلال خدمة صباح الأحد التي يتعمدوا فيها، نطلب منهم أن يشاركوا مع الجماعة، في حوالي ثلاث دقائق، كيف أوصلهم الرب إلى الإيمان بالمسيح. هذه أوقات مُشجعة للغاية. عادةً ما تندلع المصلين في التصفيق المبهج بعد كل شهادة، ولكن لمجموعة متنوعة من الأسباب، ليس كل شخص قادرًا أو مرتاحًا في إلقاء هذا الخطاب الموجز. في تلك الحالات النادرة، يسعدنا أن يجيب هذا الشخص ببساطة على سؤالين بالإيجاب اللذان دائمًا ما نطلبهما علنًا من مرشحي المعموديَّة: «هل تعترف بالتوبة تجاه الله والإيمان بالرب يسوع المسيح؟» و«هل تعد، بنعمة الله، باتباعه إلى الأبد في شركة كنيسته؟»

إذا كانت الممارسة المعتادة في كنيستك هي أن يشارك المرشحون للمعموديَّة شهاداتهم، وإذا كان ذلك يمثل صعوبة خطيرة بالنسبة لك لأي سبب من الأسباب، فاسأل قساوستك عما إذا كانوا يقدمون تسهيل مماثل. تتطلب المعموديَّة أن تعلن علانيةً إيمانك بالمسيح. عدد الكلمات التي تستخدمها في ذلك أقل أهمية بكثير.

٦. لقد كنت مؤمنًا لفترة طويلة، ألم يفت الأوان؟

ماذا لو كنت مؤمنًا لفترة طويلة؟ ربما كنت قد اتخذت وقتًا طويلًا في التفكير في صحة «المعموديَّة» التي حصلت عليها وأنت طفلًا. ربما ببساطة لم تتعمد من قبل. على أي حال، لقد مرت سنوات أو حتى عقود منذ أن أصبحت مسيحيًا. أليست المعموديَّة من المفترض بها أن تحدث بعد التجديد مباشرةً؟ ألا يعني ذلك أن الأوان قد فات الآن؟

نعم، من المفترض أن تتعمد مباشرةً بعد أن تأتي إلى الإيمان. لكن لا، هذا لا يعني أن الوقت قد فات الآن. إن وصية يسوع بالتعميد ملزمة لجميع المؤمنين،

مما يعني أنها ملزمة لك. مهما كانت أسبابك لعدم طاعة وصية المسيح بعد، فلا شيء من هذه الأسباب وجيهة لرفض المعموديَّة الآن.

قال يسوع ذات مرة مثل عن رجل لديه ولدان. أخبر الابن الأول أن يذهب للعمل في كرمـه، وأجـاب الابـن أولًا «مَـا أُرِيدُ»، ولكن فـي وقـت لاحـق «نَـدِمَ أَخِيرًا وَمَضَى» (متى ٢١: ٢٨–٢٩). عندما فعل الرجل الشيء نفسه مـع ابنه الآخر، الابـن الثانـي قال إنـه سيذهب لكنـه لم يذهب (آيـة ٣٠). ثم سأل يسوع، «فَأَيُّ الاثْنَيْنِ عَمِلَ إِرَادَةَ الأَبِ؟» (عدد ٣١). الجواب واضح: الأول. فـي السياق، كانت وجهة نظر يسوع هـي أن العديد ممـن كانـوا خطـاة، لكنهـم أدركـوا ذلك وتابـوا، كانـوا يدخلون الملكـوت قبـل أولئك الذين رفضـوا يسـوع (عـدد ٣١). لكن مبدأه يمتـد إلى المعموديَّة أيضًا. عندما يتعلق الأمـر بـأي مـن وصايا المسيح، بمـا فـي ذلك المعموديَّة، فـإن التأخيـر أفضل مـن ألا تفعل الوصيـة.

٧.لا أريد الانضمام إلى كنيسة

بعـض الذيـن يؤمنـون بالمسـيح قـد ينـوون الحصـول علـى معموديَّـة، ولكـن ليـس علـى استعداد للانضمـام إلى كنيسـة. بالنسبة لهـم، تبدو عضويَّة الكنيسة مثل الدين المُنظم: رسـمي للغاية أو استبدادي للغاية. الآن، تُعمِّد بعض الكنائـس النـاس دون أن تنطـق كلمـة واحـدة عـن عضويَّة الكنيسة. مهمـا كانت حسنة النيَّة، فإن مثل هذه الكنائس تلحـق الضـرر بالمؤمنيـن وتفكك مـا يحفظه الكتاب المُقدَّس معًـا. هل تتذكـر مـا رأينـاه عندما نظرنـا إلى أعمـال الرسل ٢: ٣٨–٤١ و ١ كورنثوس ١٢: ١٣؟ في المعموديَّة، أنت لا تلتـزم بالمسيح فحسب، بل تلتزم بشعب المسيح. وعضويَّة الكنيسة هي ببساطة العلاقة الملتزمـة بين الكنيسـة والمسيحي التي تبدأها المعموديَّة.

ولكـن ربمـا لا تـزال لديـك شـكوك حـول عضويَّـة الكنيسـة. ربمـا لا تكون مقتنعًا بـأن العلاقـة بيـن المسيحي والكنيسـة المحليَّة يجب أن تأخـذ مثـل هذا الشكل المسؤول والمُلزِم. إذا كان هذا أنت، أريد إقناعك بـأن عضويَّة الكنيسة كتابيَّة وأنها أساسية للحياة المسيحيَّة.

لنبدأ بشيء أكثر تفصيلًا: عضويَّة الكنيسة هي التزام متبادل واعٍ للذات بين الكنيسة والمسيحي حيث تؤكد الكنيسة إيمان المسيحي وتهتم به، ويخضع المسيحي للكنيسة ويهتم بها.

هناك ثلاث ركائز كتابيَّة تدعم هذا الفهم لعضويَّة الكنيسة. الأول هو أنه في جميع أنحاء العهد الجديد، فإن الكنيسة لديها تعريف واضح لما هو «داخل» و«خارج» في متى ١٨: ١٧، يأمرنا يسوع بإخطار «**الْكَنِيسَةِ**» بخطية أخ أو أخت غير تائب عنها، ويأمر «**الْكَنِيسَةِ**» أن تحرم هذا الشخص من شركته إذا لم تكن هناك توبة. من الذي يتم إخطاره؟ من الذي يقوم بالتصرف؟ لا يمكن أن يكون هذا سوى مجموعة من الأشخاص الذين تحملوا مسؤولية بعضهم البعض عن طيب خاطر وعن علم وأخضعوا أنفسهم لبعضهم البعض.

علاوة على ذلك، في سيناريو مماثل، يأمر الرسول بولس الكنيسة في كورنثوس بإزالة شخص من شركتها كان يرتكب خطية جنسيَّة غير تائب عنها (١ كو ٥: ١-١٣). وكتب، «**لأَنَّهُ مَاذَا لِي أَنْ أَدِينَ الَّذِينَ مِنْ خَارِجٍ؟ أَلَسْتُمْ أَنْتُمْ تَدِينُونَ الَّذِينَ مِنْ دَاخِلٍ؟**» (عدد ١٢). لاحظ العلاج المختلف الذي يصفه بولس اعتمادًا على ما إذا كان شخص ما خارج الكنيسة أو داخلها. علينا أن نتوقع أن الغرباء، أولئك الذين لا يعتنقون الإيمان بالمسيح، سيعيشون كغير مسيحيين، لذلك لا يجب أن نفصل أنفسنا عنهم ردًا على خطاياهم. من ناحية أخرى، نحن نحرم من الشركة أولئك الذين هم «داخل» الكنيسة، الذين يعلنون الإيمان بالمسيح ولكن حياتهم تتعارض مع ذلك الإعلان. يمكنك فقط وضع شخص «خارجًا» إذا كنت أولًا في «الداخل». الكنيسة لديها سلطة «الحكم» على أولئك الذين وضعوا أنفسهم بوعي تحت سلطة الكنيسة فقط.

الدعم الكتابي الثاني للعضويَّة الكنسيَّة هو المجموعة الواسعة من الاستعارات في العهد الجديد التي تصور المؤمنين على أنهم مرتبطون ببعضهم البعض، متماسكون معًا، وعالقون معًا في شكل كنيسة محلية. نحن أعضاء في بيت الله (١ تيموثاوس ٣: ١٥). نحن الحجارة في هيكل الله (أفسس ٢: ٢١-٢٢). نحن أعضاء جسد المسيح (١ كورنثوس ١٢: ١٢-٢٦). في كل مثال، مهما كانت تلك الصور قد تعني

عن انتمائنا إلى جسد المسيح العالمي، كل هذه الصور تعني وتتطلب علاقة حقيقيَّة مع أناس حقيقيين معروفين وملتزمين ببعضهم البعض.

ثالثًا، كل وصايا العهد الجديد حول كيف يجب أن نعيش معًا كمؤمنين تفترض هذا الالتزام بجسد من المؤمنين. على سبيل المثال، في أفسس ٤: ١٥-١٦، قيل لنا أن نقول الحقيقة في المحبة لبعضنا البعض، حتى ننمو إلى المسيح، وهو ما يحدث «عندما يعمل كل جزء بشكل صحيح.» كيف يمكننا معرفة ما إذا كان كل جزء من الجسد يعمل بشكل صحيح إذا كنا لا نعرف من هم الأجزاء؟ كيف يمكن لأجزاء الجسد أن تساعد بعضها البعض على النمو إذا لم تكن متصلة ببعض بشكل أساسي، متكامل، في علاقة تعتمد على بعضها البعض؟

لذا بدلًا من رفض المعموديَّة لأنك لا تريد الانضمام إلى الكنيسة، أود أن أشجعك وأحثك، على المعمودية حتى يتسنى لك أن تنضم إلى الكنيسة. عضويَّة الكنيسة هي أساس عملي للحياة المسيحيَّة بأكملها. إنها ليست إضافة اختيارية لنُخبة من المؤمنين ولكنها مساعدة ودعم ووسائط نعمة لجميع المؤمنين.

ولكن ماذا عن...؟

إذا كان لا يزال لديك أسئلة بلا إجابة وملاحظات حول المعموديَّة، أود أن أشجعك على الصلاة من أجلهم، ابحث في الكتاب المُقدَّس عن إجابات لهم، ومناقشتها مع قس أو شخص مسيحي ناضج آخر تثق به.

ولكن على افتراض أنك كنت مقتنعًا باحتياجك للمعموديَّة، ماذا يجب ان تفعل الآن؟ سؤال جيد. هذا يقودنا إلى القسم الأخير.

ماذا عليّ أن أفعل الآن؟

ماذا يجب ان تفعل الان؟ لدي تشجيع من جملة واحدة لك: ابحث عن كنيسة تبشر بالإنجيل وتسعى إلى المعموديَّة كجزء من الانضمام إلى الكنيسة. دعونا نحلل هذه الجملة إلى أربعة أجزاء.

... ابحث عن كنيسة...

أولًا، ابحث عن كنيسة. ربما يكون أحد أسباب أنك لم تعتمد هو أن حضور كنيستك كان انتقائيًا ومتقطعًا. حان الوقت لعكس هذا الاتجاه. ابحث عن كنيسة يمكنك حضورها بانتظام والتزم بتلك الكنيسة. اذهب كل يوم أحد. تعرف على الناس. تعرف على قساوسة الكنيسة. دعهم يعرفون أنك تريد أن تتعمد واتبع الخطوات التي يقدمونها لك.[٢]

... تبشر بالإنجيل...

أهم شيء في الكنيسة هو أنها تبشر بالإنجيل. للأسف، ليس كل كنيسة تفعل ذلك. بعض الكنائس المزعومة تنكر موت يسوع الكفاري وقيامته الجسدية. لا تتفق بعض الكنائس المزعومة مع الكتاب المُقدَّس على أننا مبررون (أعلننا الله أبرارًا) بنعمته وحدها من خلال الإيمان وحده بالمسيح وحده. بدلًا من ذلك، تعلم مثل هذه الكنائس المزعومة أننا تصالحنا مع الله من خلال «الإيمان بالإضافة إلى شيئًا ما»، مثل «الإيمان بالإضافة إلى أعمالنا الصالحة»، والتي تجعلنا في النهاية مقبولين لدى الله. تجنب كل هذه التجمعات.

بعض الكنائس تعلن الإنجيل ولكن بشكل عام يعتبرونه مُسلَّم به. إذا وجدت الأماكن الصحيحة ستجد الإنجيل، ولكن الكنيسة لا تعلن الإنجيل بانتظام. قبل استقرارك في كنيسة مثل هذه، أود أن أشجعك على البحث بجد، داخل مساحة واسعة قدر الإمكان، لكنيسة تقوم بوضع الإنجيل في مقدمة كل ما تفعله. لذا، فبدلًا من الكنيسة التي تنكر أو تعتبر الإنجيل مُسلَّم به، أنت تريد الحضور والانضمام والمعمودية من قِبل كنيسة تبشر بالإنجيل وتحتفل بالإنجيل وتروج للإنجيل. تريد الانضمام إلى كنيسة تساعدك على عدم نسيان الإنجيل.

---

[٢]   إذا كنت بحاجة إلى مساعدة في العثور على كنيسة، يمكنك البدء بالبحث عن الكنيسة المقدم من ٩ علامات، في www.9marks.org/church-search/.

... اسعَ للمعموديَّة...

بمجرد أن تستقر على كنيسة تبشر بالإنجيل للانضمام، اسع للمعموديَّة. تحدث إلى الراعي. اعرف ما هي الخطوات التالية التي يريدون منك أن تأخذها وقم بها. المعموديَّة لن تطاردك؛ عليك أن تبادر إليها.

... كجزء من الانضمام إلى الكنيسة

كما ناقشنا في الفصل الأخير، لا تتطلب كل كنيسة من يتم تعميدهم السعي للعضويَّة في نفس الوقت. لقد حاولت أن أوضح لماذا هذا خطأ. ولكن حتى لو كنيستك تركت هذا الباب مفتوحًا لك، أود أن أشجعكم على عدم فعل هذا. بدلًا من ذلك، اسع على طول الطريق لاتباع ما يقوله الكتاب المُقدَّس عن ماهيَّة المعموديَّة. إذا كنت تثق في المسيح، فاحصل على معموديَّة من أجل طاعة وصية المسيح لتعلن إيمانك بالمسيح والالتزام نحو المسيح وشعبه.

مصادر مقترحة

Bobby Jamieson. Going Public: Why Baptism Is Required for Church Membership. Nashville، TN: B&H، 2015.

٢٦

لماذا يجب عليَّ تقديم العطايا للكنيسة؟

جيمي دونلوب

«كُلُّ وَاحِدٍ كَمَا يَنْوِي بِقَلْبِهِ، لَيْسَ عَنْ حُزْنٍ أَوِ ٱضْطِرَارٍ. لِأَنَّ ٱلْمُعْطِيَ ٱلْمَسْرُورَ يُحِبُّهُ ٱللهُ. وَٱللهُ قَادِرٌ أَنْ يَزِيدَكُمْ كُلَّ نِعْمَةٍ، لِكَيْ تَكُونُوا وَلَكُمْ كُلُّ ٱكْتِفَاءٍ كُلَّ حِينٍ فِي كُلِّ شَيْءٍ، تَزْدَادُونَ فِي كُلِّ عَمَلٍ صَالِحٍ.»

٢ كورنثوس ٩: ٧-٨

الله لا يحتاج إلى مالك

لكنه يهتم بأن تعطي منه.

السؤال: لماذا أعطي؟

لماذا ينبغي أن تعطي من مالك لكنيستك؟ إنه سؤال مهم لسببين. أولًا، في حين يبدو العطاء أمرًا شائعًا ورائجًا في المجتمع طول الوقت، إلا أن العطاء **للكنيسة** لم يعد أمرًا محبوبًا لدى الناس بصفة عامة. في الولايات المتحدة، على الأقل، نجد أن نسبة العطاء الخيري الذاهب إلى الكنيسة قد انخفض من ٥٣٪ إلى ٣٢٪

على مدار الثلاثين عامًا الأخيرة.[1] فالمسيحي العادي اليوم يعطي ٢,٥٪ من دخله لكنيسته، مقابل ٣,٣٪ أثناء فترة الكساد العظيم.[2]

ولكن ثانيًا، هذا سؤال مهم لأن إجابة الكتاب المُقدَّس تختلف تمامًا عما قد نتوقعه. تعتبر الإجابة على هذا السؤال بـ «لماذا» إجابة شديدة الأهمية إن كنا نريد الإجابة عن أسئلة أخرى عن العطاء، مثل كم ينبغي أن تعطي، لمن ينبغي أن تعطي، وكيف ينبغي أن تعطي.

سيركز معظم هذا الفصل على الإجابة على سبب وجوب العطاء. ثم، بعد وضع هذا الأساس، سنسأل عن الدور الذي ينبغي أن تلعبه كنيستك في عطاءك. أخيرًا، سنصل إلى بعض الأسئلة الأكثر تحديدًا والتي قد تخطر ببالك.

الكتاب المُقدَّس: منظور مختلف جذريًا

للإجابة على هذا السؤال الخاص بالسبب، ينبغي أن نرى مقدار اختلاف الدافع الكتابي للعطاء عن أسباب العطاء لدى معظم الناس. عندما نسأل لماذا يعطي الناس بصفة عامة، يرد إلى ذهننا على الفور كلمتان: الحاجة والالتزام.

- الحاجة: نعطي لأن هناك أمور صالحة تحتاج أن ننجزها – مثل عمليات الإغاثة بعد الكوارث الطبيعيَّة أو مشاركة الإنجيل في مدينة لم يصل إليها الإنجيل بعد.
- الالتزام: نعطي لأنه يُفترض بنا أن نفعل هذا. هذا هو رد الفعل السليم مع مقدار ما باركنا به الرب.

ولكن العهد الجديد يقدم دوافع مختلفة للعطاء. وسأقدم مثالين بسرعة.

---

1 «Giving USA 2015 Press Release,» The Giving Institute, 2015, accessed August 6, 2020, https://www.giving institute.org/page/GUSA2015Release.

2 «The Ultimate List of Charitable Giving Statistics for 2018,» NP Source, accessed August 6, 2020, https:// nonprofitssource.com/online-giving-statistics/.

أولًا، تخبرنا (١ كورنثوس ١٣: ٣) أنه «**إِنْ أَطْعَمْتُ كُلَّ أَمْوَالِي... وَلَكِنْ لَيْسَ لِي مَحَبَّةٌ، فَلَا أَنْتَفِعُ شَيْئًا.**» مبهر! في نظر الله، لا تأتي قيمة العطيَّة من شدة الاحتياج إليها، بل مما إذا كنت أعطيها **بمحبة** أم لا. قدم عطاءك لأسباب خاطئة ولن يكون لما فعلته أي قيمة على الإطلاق، بغض النظر عن عمق الاحتياج الذي يسدده.

ثانيًا، نقرأ في (٢ كورنثوس ٩: ٧) أن «**ٱلْمُعْطِيَ ٱلْمَسْرُورَ يُحِبُّهُ ٱللهُ.**» حقًا؟ هل يهتم الصليب الأحمر بدوافعك عندما تكتب لهم شيكًا بمبلغ ما؟ هل يهتم السياسيون بسبب دعمك لحملاتهم؟ ومع هذا فالمعطي المسرور هو الذي يسر به الله. يبدو هذا مناقضًا تمامًا للعطاء لأنه عليك أن تعطي.

لا يظهر الالتزام والاحتياج بشكل بارز كثيرًا في تعليم العهد الجديد عن العطاء.[٣] ولكن بدلًا من هذا نرى أشياءً مثل الفرصة والفرح، مجد الله والمكافأة. ولماذا هذا؟

المشكلة في مسألة الالتزام

دعوني أقدم لكم مثالًا توضيحيًا. زوجتي طاهية ممتازة. وطبعًا لا يرى أطفالي الثلاثة الذين في عُمر المدرسة الأمر هكذا دائمًا. أحيانًا، يشتكون. لذا تصور هذا: يومًا، يأكلون بشراهة، ويتكلمون بانفعال عن مدى جودة العشاء. واليوم التالي، لا يعجبهم الطعام، ولكنهم يأكلون على أي حال دون شكوى. في أي يوم تظهر مهارات زوجتي في الطهي؟ الأول بالطبع. أما اليوم الثاني فيشيد بأطفالي وطاعتهم.

بنفس الطريقة، فإن العطاء من باب الالتزام يظهر كم **نحن** مطيعون. ولكن العطاء بفرح (أو «بابتهاج» [٢ كورنثوس ٩: ٧]) يمجّد الله.[٤] عندما نتخلى عن مالنا بابتهاج لكي نتبع المسيح، فهذا يعلن عن مقدار صلاحه واستحقاقه.

---

[٣] فكر مثلًا في الفقرة الطويلة التي كتبها بولس عن العطاء في ٢ كورنثوس ٨-٩. حيث لم يذكر حتى الاحتياج الكامن وراء طلبه. ثم يعود ليشدد على أن المؤمنين في كورنثوس غير ملزمين بالعطاء (٨:٨).

[٤] لاحقًا، سوف نتكلم عن كيف أن العطاء رغم أننا لا نشعر بأننا نحبذ الفكرة – لأننا نثق بالله – يمكن أن يظل أمرًا مفرحًا وفرصة ننتهزها لتمجيد الله.

تذكر أن الله لا يحتاج إلى عطائنا بأي حال من الأحوال. في (مزمور ٥٠: ١٢)، يقول الله «**إِنْ جُعْتُ فَلَا أَقُولُ لَكَ، لِأَنَّ لِي ٱلْمَسْكُونَةَ وَمِلْأَهَا.» كل الأشياء** هي ملك لله. حتى المال الذي نظن أننا «نعطيه له» هو ملكه بالفعل. فالله لم يشعر البتة بالإحباط لأنه ينقصه المال.

إذن لماذا يهتم الله بشأن عطاءنا؟ ليس لأنه يحتاج إلى مالنا، بل لأنه يريد قلوبنا. لهذا السبب يريد الله المعطي بابتهاج.

العطاء بفرح

أذكر أنني التقيت بجيف بيزوس بعد سنة من إنشائه شركة أمازون. إن كنت تقرأ هذا الفصل في جزء آخر من العالم، فكر في لقاء جاك ما مؤسس موقع علي بابا أو ماركوس جالبرين مؤسس ميركادوليبر. في ذلك الوقت، كان مجرد شخص ليست له أهمية، ولكن لديه فكرة كبيرة. والآن دعونا نتخيل (للأسف، هذا في خيالاتنا فقط) أنه طلب مني عدة آلاف من الدولارات مقابل جزء من الشركة. بالنظر إلى الوراء، لن أرى هذا التبادل وكأنني أفعل معه معروفًا، أليس كذلك؟ ففي الوقت الحالي، سيستحق هذا الجزء من الشركة الملايين من الدولارات. كنت سأعتبرها واحدة من أعظم الفرص الرائعة التي صادفتني!

هذا هو التوجه الذي يدعوك الله ليكون لديك بينما تعطي لكنيستك. هذا الشعور بالإثارة، هذا الفرح، هذا التوقع – وأكثر – هو الأساس في عطائنا بشكل جيد. ينبغي أن نجتهد لنرى العطاء كفرصة، وليس كالتزام. ليس بالطريقة التي يخبرنا بها بعض الدعاة المتجولون الدينيون أن نعطي على التلفزيون والتي تشوه وتدنس وعود الله في الكتاب المُقدَّس، أولئك الذين يقولون «أعط لخدمتي وسيجعلك الله ثريًا.» كلا، نحن نعطي لنفوز بشيء أفضل بكثير – في هذا العالم وفي العالم الآتي.

لنفهم هذا، سنقضي الأقسام الثلاثة التالية نطرح السؤال، لماذا ينبغي أن نعطي؟ ستكون هذه الأقسام أكثر فائدة بكثير إذا قارنتها بإجاباتك الأمينة على نفس السؤال. لذا في الفراغات الموجودة أدناه، خذ لحظة (دون أن تسترق النظر مسبقًا!)

واكتب الأسباب الرئيسة الثلاثة التي تجعلك تعطي لكنيستك. نعم – بحق – خذ لحظة وقم بهذا؛ فسيجعل هذا الأقسام الثلاثة التالية أكثر فائدة بالنسبة لك.

لماذا أعطي لكنيستي:

١. _____

٢. _____

٣. _____

لماذا أعطي؟ من أجل قلبك

عندما يتبخر المال

ذات مرة قمت برحلة عمل إلى لندن قبل أن أصبح راعيًا بسنوات. آخر ليلة لي هناك، قررت أن أتصل باجتماع الكنيسة في بلدي – وقد كان اجتماع طويل استمر ست ساعات. في الصباح التالي، حدث شيئان لن أنساهما أبدًا. أولًا، علمت إنني سأحصل على مكافأة كبيرة من صاحب العمل، مما دفعني على الفور إلى التفكير في كيفية إنفاقها. كم يجب أن أنفق؟ كم يجب أن أعطي؟ وكلما فكرت في طرق إنفاقها، قل الجزء الذي كنت أنوي التخلي عنه.

ثانيًا، أثناء مغادرتي الفندق، علمت أن الرقم المجاني الذي اتصلت منه باجتماع الكنيسة الطويل لم يكن مجانيًا في الواقع، وتم تحصيل ١٠ جنيهات إسترلينية للدقيقة الواحدة مقابل مكالمتي الهاتفية. احسب المبلغ... إنه آلاف من الدولارات! من كان يعلم أن الرب يتمتع هكذا بروح الدعابة؟ لقد منحني مبلغًا كبيرًا من المال، وفكرت على الفور في كيفية إنفاقه على نفسي، ثم أخذه. يا له من توضيح رائع لوصف أمثال ٢٣: ٤-٥ الطبيعة العابرة للثروة.

لا تَتْعَبْ لِكَيْ تَصِيرَ غَنِيًّا.

كُفَّ عَنْ فِطْنَتِكَ.

هَلْ تُطَيِّرُ عَيْنَيْكَ نَحْوَهُ وَلَيْسَ هُوَ؟

لِأَنَّهُ إِنَّمَا يَصْنَعُ لِنَفْسِهِ أَجْنِحَةً.

كَٱلنَّسْرِ يَطِيرُ نَحْوَ ٱلسَّمَاءِ.

لا تعط قلبك لشيء كهذا! فكما يتبين، كانت خسارة هذا المال أمر جيد بالنسبة لقلبي! فجأة أدركت الفخ الذي وقعت فيه بسبب «الثروة الجيدة» المتمثلة في مكافأتي.

حمدًا لله، استطعت أن أتفاوض مع مدير الفندق وحصلت على تخفيض لفاتورة التليفون الخاصة بي لتصبح فقط عدة دولارات. وقدمت المكافأة لكنيستي ولأحد المرسلين. كنت أحتاج أن يذكّرني الله بأن هذا المال ملكه، وأن وكالتي عليه يمكن أن تكون عمليَّة عابرة تمامًا. حررني هذا المفهوم من قبضة المال الخانقة على قلبي، وكان شيئًا مفرحًا أن أكون كريمًا.

قلوبنا تتبع كنوزنا

هذا بالضبط هو ما يخبرنا به يسوع، أليس كذلك؟ «**بَلِ ٱكْنِزُوا لَكُمْ كُنُوزًا فِي ٱلسَّمَاءِ... لِأَنَّهُ حَيْثُ يَكُونُ كَنْزُكَ هُنَاكَ يَكُونُ قَلْبُكَ أَيْضًا**» (متى ٦: ٢٠-٢١). تتبع قلوبنا كنوزنا بطبيعة الحال. إذا اشتريت أسهمًا في شركة نايكي، فسيتولد لديك اهتمامًا مفاجئًا بأداء شركة نايكي. إذا أعطيت – وعشت حياتك – بحيث ينتظرك معظم كنزك في السماء، فهناك سيكون قلبك. يعد اكتناز كنز في السماء هو واحدة من حجج الكتاب المُقدَّس الرئيسيَّة التي يقدمها عن وجوب العطاء: فهو يحمي قلبنا من أن يتعلق بأشياء هذ العالم.

في الواقع، تعمل هذه الصلة بين القلوب والكنز في اتجاهين. حيث **يتبع** قلبك كنزك. ولكن بالإضافة إلى هذا، **تعلن** حالة قلبك عن نوعية كنزك. إن كنت مسيحيًا مؤمنًا، ينبغي أن تعيش بحيث إذا تبين أن السماء ليست حقيقيَّة، فستكون حياتك بلية وفشلًا ذريعًا (١ كورنثوس ١٥: ١٩). دعوتك هي أن تضع كل البيض في سلة واحدة: سلة وعود يسوع. وستعرف إلى أي مدى تحسن فعل هذا بالنظر على قلبك.

إلى أي مدى تتوق للسماء، وإلى أي مدى تتوق إلى مغريات هذا العالم؟ هذا هو متى ٦ كترمومتر، **يقيس** حرارة حياتك.

ولكن ماذا لو اكتشفت أن أمور هذا العالم تلتهم قلبك بشكل مفرط؟ تخل عن هذه الأمور. أجعل كنزك في السماء، وسيتبعه قلبك. كما أن متى ٦ يعمل كثرموستات، **يعدل** حرارة عواطفك.

ماذا يقول عطاؤك عن قلبك؟

الله يطلب منك أن تعطي لأنه يريد قلبك. إنه يريد أن تكون رغباتك وأحلامك وعواطفك وطموحاتك مبنيَّة **عليه** وعلى **وعوده**، وليس على أشياء هذا العالم التي ستختفي وتصبح سبب إحباط أكيد. هل ترى كم إن هذا لطف ومحبة منه؟

لذا خذ لحظة وسل نفسك هذه الأسئلة. واكتب إجاباتك في الفراغ المتاح:

عم تدور أحلام يقظتك؟

ما هي المخاوف التي يجيش بها فكرك عندما تجلس وحدك؟

ما هي نوعية الأهداف التي تضعها لنفسك؟

ما هي أكثر الأخطاء التي تندم عليها؟

ما هي أكثر الأمور التي تتكلم عنها؟

بم تخبرك هذه المؤشرات القلبية عن مكان كنزك الحقيقي؟

محبة الله العجيبة

مـن المذهـل أن الله يهتـم بـكل هـذا، أليـس كذلـك؟ الله الـذي خلـق الكـون ويضبطـه، مـن يحكـم القـارات والكواكـب وأنظمـة النجـوم والمجـرات والزمـن والأبديـة – هـذا الإلـه يهتـم بمـا تفعلـه، والأكثـر أنـه يهتـم بسـبب فعلـك هـذا. إنـه يهتـم بمـا تفعلـه لأنـه يحبـك. إنه يغار على فرحك.

لذا فلتكن كريمًا بما ائتمنك الله عليه – أنت بحاجة إلى هذا، من أجل خاطر قلبك.

لماذا تعطي؟ من أجل مكافأتك

ملاحظة شكر بولس الغريبة

تعتبـر الرسـالة إلـى مؤمنـي فيلبـي، جزئيًـا، ملاحظـة شـكر مـن بولـس إلـى الكنيسـة الموجـودة فـي فيلبـي مـن أجـل دعمهـم المالـي. طبعًـا، ملاحظات الشـكر هـي طريقـة ممتازة لطلـب الاسـتمرار فـي العطـاء مـن النـاس، وهـو مـا يجعـل كلمـات بولس عنـد نهاية الرسـالة إلـى فيلبـي كلمـات غيـر متوقعـة.

لَيْـسَ أَنِّـي أَقُـولُ مِـنْ جِهَـةِ ٱحْتِيَـاجٍ، فَإِنِّـي قَـدْ تَعَلَّمْـتُ أَنْ أَكُـونَ مُكْتَفِيًـا بِمَـا أَنَا فِيهِ...أَسْـتَطِيعُ كُلَّ شَـيْءٍ فِـي ٱلْمَسِيحِ ٱلَّـذِي يُقَوِّينِي. (فيلبّي ٤: ١١، ١٣)

يشـدد بولـس علـى أنـه ليـس لديـه احتيـاج! ومـع هـذا، كان مـا يـزال شـاكرًا مـن أجـل مـا قدمـوه، ليس من أجل نفسه بل من أجل خاطرهم هم.

لَيْسَ أَنِّي أَطْلُبُ ٱلْعَطِيَّةَ، بَلْ أَطْلُبُ ٱلثَّمَرَ ٱلْمُتَكَاثِرَ لِحِسَابِكُمْ. (فيلبّي ٤: ١٧)

إنــه يريدهـم أن يقدمـوا لأنهـم سـيخرجون بشـيء مـن عطائهـم. كمـا قـال يسـوع فـي متـى ٦، فـإن بعـض الأمـور التـي نفعلهـا فـي هـذه الحيـاة سـينتج عنهـا وجـود كنـز في السـماء. هذا هو ثاني سـبب رئيسـي يقدمه الكتاب المُقدَّس يجعلنا نعطي: المكافأة الأبدية.

في الواقع، إذا لم يظهر هذا في قراراتك الخاصة بالمال، فإن استراتيجيتك المالية قصيرة النظر بشكل محزن.

للأسف، لأن إنجيل الرخاء المزعوم قد ألحق دمارًا شديدًا بالكنائس المسيحيَّة في جميع أنحاء العالم، يجب أن أتوقف لحظة للتأكيد على أن الوعود بالمكافأة حقيقيَّة للغاية وأنها **روحيَّة** في طبيعتها. كما يقول يسوع في متى ٦، «**ٱكْنِزُوا لَكُمْ كُنُوزًا فِي ٱلسَّمَاءِ**» (آية ٢٠). إن أعطيت المزيد لكنيستك، فقد يختار الله أن يزيد صافي دخلك اليوم. ولكنه لم يعد بأن يفعل هذا الأمر البتة. أي معلم مسيحي يُعلِّم – أو يُلمِّح – بأن تحصل على زواج أفضل، حساب بنكي أفضل، أو زيارة أفضل للطبيب لأنك تعطي لخدمته فهو ليس معلمًا مسيحيًا من الأساس.[٥]

استبدل ما سيتبخر بما سيدوم

منذ سنوات قليلة، أعلنت حكومة الهند أنه سيتم إلغاء التعامل بالعملات الهندية من فئة الخمسة مائة والألف روبية – وأنه سيتم تفعيل هذا القرار في غضون أربع ساعات من صدور هذا الإعلان. وهذا يعادل إلغاء العملات من فئة العشرة والعشرين دولارًا في محفظتك بداية من ساعة معينة هذه الظهيرة. ماذا ستفعل بهذه العملات التي سرعان ما ستفقد قيمتها؟ على الأرجح أنك ستستبدلها بعملات لها قيمة دائمة، أليس كذلك؟

يا له من مثل توضيحي رائع للحياة المسيحيَّة! ليس بمقدورك أن تأخذها معك. لكن، كما قال كثيرون، بإمكانك إرسالها مقدمًا. مثل أولئك التجار في الهند الذين انشغلوا باستبدال تلك العملات التي سرعان ما ستفقد قيمتها، يمكنك أن تستبدل الثروة الدنيوية بكنز يدوم بتخليك عنها لإمداد العمل في رسالة الإنجيل بالطاقة. سوف يؤثر ما تفعله بمالك اليوم عليك إلى الأبد.

ليكن ما تفعله بمالك أمرًا متعمدًا.

---

٥ للاطلاع على المزيد عن هذا، يمكنك أن تقرأ Costi Hinn, God, Greed, and the (Prosperity) Gospel (Grand Rapids, MI: Zondervan, 2019).. كوستي هن هو ابن أخي "الشافي بالإيمان" الشهير بني هن ومناصر سابق "لإنجيل الرخاء."

تستدعي هذه الحقيقة التعامل مع المال بتأن وبمنهجية تتسم بالحرص. ولكن للأسف، لا ينطبق وصف هذه المنهجية علينا كلنا. فبعضنا لا يترصف في ماله بمنهجية متعمدة لأنه ليس لدينا الكثير. ولكن فكر في أبطال العطاء في الكتاب المُقدَّس: عبيد المصريين الذين تحرروا من عبوديتهم وهم يقدمون من أجل بناء خيمة الاجتماع (خروج ٣٦)؛ المسيحيين المقدونيين وهم يقدمون عطاياهم وهم في فقر عميق (٢ كورنثوس ٨)؛ الأرملة الفقيرة في مرقس ١٢ وهي تعطي كل ما تملك – وتتلقى المدح من ابن الله نفسه. لقد كان أبطال العطاء في الكتاب المُقدَّس فقراء! إنه أمر ملفت للنظر، أن نجد في ١ تيموثاوس ٦، عندما يخاطب بولس الأثرياء، أن يكونوا أثرياء في الأعمال الصالحة، ... وأن يكونوا **كُرَمَاءَ فِي ٱلتَّوْزِيعِ**» (آية ١٨). قد يقول أحد رجال الاقتصاد أن كرم الفقراء لا يهم كثيرًا لأن عطاياهم صغيرة. ولكن في اقتصاد الله، الأمر يسير في الاتجاه المعاكس تمامًا. فالفقراء هم أبطال العطاء في الكتاب المُقدَّس. من المتوقع من الأغنياء أن يكونوا كرماء – ولكن ما يريده الله حقًّا منهم أن يكونوا أغنياء في أَعْمَالٍ صَالِحَةٍ. العطاء من العوز هو أكثر شيء يمجد الله.

من ناحية أخرى، بالنسبة للبعض، فإن الفشل في التعامل مع أموالنا بترو يبدو في الواقع أمرًا فاضلًا. نعم... أنا لست مهتمًا بالمال حقًّا. فليس بإمكانك أن تأخذه معك، أليس كذلك؟ ولكن بالعكس، ينبغي أن يتذكر المترددون من ناحية المال أن الطريقة التي ننظر بها إلى المال هي مؤشر أساسي عن حالة الإيمان. في المثل الشهير الذي قاله الرب يسوع عن الوزنات في متى ٢٥، دعا السيد العبد الذي كان مترددًا بخصوص إدارة ثروته بـ «**ٱلشِّرِّيرُ وَٱلْكَسْلَانُ**» (آية ٢٦)، وتعتبر نهايته تحذيرًا لنا أجمعين.

ينبغي أن تعطي، ليس فقط لأن العطاء أمر جيد لقلبك، بل لأنك بالعطاء تكنز لك كنزًا في السماء لن يصيبه أي تلف.

لماذا أعطي؟ لأجل مجد الله

كيف يمجد العطاء الله

سبب ثالث للعطاء هو أن العطاء يظهر صلاح ومجد الله. كيف؟ لكي أرد دعوني أستعير تشبيهًا من جون بايبر: لماذا أعطي زوجتي زهورًا؟ ليس لأنني مضطر (تخيلوا منظر وجهها إذا قلت لها هذا) ولكن لأنني أريد أن أعطيها الزهور. لأنها رائعة! لأنها مبهجة! لأنني أريد، بطريقة مصغرة، أن أعبر لها عن كل مشاعر محبتي لها ومسرتي بها.[٦]

بنفس الطريقة، تمتلئ قلوبنا بالرغبة في العطاء عندما تمتلئ بالتقدير لروعة الله. فهو من خلق كل شيء. والصلاح الذي نتمتع به عندما نستنشق هواء الجبال الصافي، أو حلاوة الصداقة، أو في عمل تم بشكل جيد، أو في وجبة شهية نتمتع بها هو صلاحه. وما هذه الأمور إلا مجرد ظلال باهتة لمدى صلاحه. في الواقع، يمتد صلاحه ببساطة أبعد بكثير من خلق العالم – لأنه في يوم من الأيام أيضًا سوف يدين العالم. إنه صالح للغاية لدرجة أنه ما من تصرف واحد كاذب إلا وسيفتضح أمره وينكشف، ولا خطأ واحد إلا وسيُكشف. يومًا ما، سيكون بره واضحًا جدًا حتى إن «**جَمِيعَ ٱلْأُمَمِ سَيَأْتُونَ وَيَسْجُدُونَ أَمَامَكَ**» (رؤيا ١٥: ٤).

علاوة على هذا، إلهنا يفيض بصلاح الرحمة. فبينما كنا أمواتًا في خطايانا، الله «**أَحْيَانَا مَعَ ٱلْمَسِيحِ**» (أفسس ٢: ٥). وبينما كنا أعدائه، أرسل الله ابنه الغالي ليموت بدلًا عنا (رومية ٥: ٨-١٠). وبعد أن فعل كل هذا، أغدق علينا بركاته! بركة التبني لنكون أبناؤه وبناته. بركة سكنى روحه فينا، والذي يضمن بركة الحياة إلى الأبد مع مخلّصنا. بركة معرفة أنه يحول كل الأشياء لخيرنا (رومية ٨: ٢٨). بركة الصلاة، وبركة كلمة الله الكاملة، والمحبة المسيحيَّة، والسماء. ويمكنني أن أستمر!

---

[6] John Piper, *Desiring God: Meditations of a Christian Hedonist*, rev. ed. (Colorado Springs, CO: Multnomah Books, 2011), 94.

كيف نتجاوب مع غنى صلاح الله الذي لا يُحسب؟ نعلنه! نعلنه بينما نتكلم عنه مع إخوتنا وأخواتنا المسيحيين. نعلنه عندما نشارك الخبر السار عن يسوع مع من لا يعرفونه. ونعلنه بينما نعطي من مالنا لنجعل هذه الأمور ممكنة لأن يسوع أفضل بكثير من مالنا. هكذا يبين عطاؤنا صلاح ومجد الله. أو، على حد تعبير مصطلح كتابي أكثر، هكذا **يمجده** مالنا. تظهر العائلة التي تصرف بسرور مليون دولار على حفل زفاف ابنتها محبتها لها وغنى ثروتها. والمسيحي الذي يعطي بابتهاج من ثروته المادية يبين محبته ليسوع وغنى الثروة الروحيَّة السخيَّة التي قبلها من يسوع.

العطاء يقول شيئًا له رنة أبدية

يظهر العطاء مجد الله وبهذه الطريقة ينتج عن العطاء المادي كنز أبدي. لن تدوم الأشياء التي في هذا العالم إلى الأبد، بل النفوس الموجودة في هذا العالم، والقصة التي تحكيها حياتنا عن صلاح ومجد الله وهو ما يلفت النظر. السماء عبارة عن احتفال أبدي بالله – إذ ندقق في كل ما جرى هنا على الأرض ونرى كيف أعلن بشكل مثالي عن روعة خالقنا في قدرته وعدله ورحمته ومحبته ولطفه (رؤيا ١٥: ٤). يظهر العطاء مجد الله – إنه تصريح يدوم إلى الأبد.

في كل مرة تعطي فيها، أنت تصدر بيانًا مفاده أن الله أفضل من أي شيء آخر كان يمكنك فعله بهذا المال. أحيانًا يتطلب العطاء فقط قدرًا بسيطًا من الإيمان. وفي أوقات أخرى، تُجرب **بشدة** بأن تفعل شيئًا آخر بهذا المال، ويتطلب التخلي عنه إيمانًا كبيرًا. ولكن عندما يتطلب العطاء الإيمان، يصبح البيان الذي تدلي به عن استحقاق الله أكثر قوة بكثير، أليس كذلك؟ تقول (العبرانيين ١١: ٦) أنه «**بِدُونِ إِيمَانٍ لَا يُمْكِنُ إِرْضَاؤُهُ** [الله].» إيمانك هو الذي يحول التحويل البنكي إلى شيء ذا قيمة أبدية.

هل يفعل عطاؤك هذا؟ هل هو شيء محترم في عيني هذا العالم؟ أم أنه جنون وحماقة من وجهة نظر العالم لأنك تخاطر بكل شيء بناء على وعود الله؟ أتخاطر بكل شيء بناء على وعد به الله؟! لا يوجد مكان أكثر أمنًا من هذا.

ماذا لو لم أكن أرغب في أن أعطي؟

طبعًا لا نشعر أحيانًا بفرحة العطاء. فماذا نفعل عندئذ؟ أولًا، قد تعطي بتأفف. وهذا أسوأ خيار. فالعطاء بهذا الشكل يكذب بشأن الله. فالعطاء بتأفف يعبر عن أن الله سيد بخيل يطالب بمالك رغم وجود طريقة أفضل لاستخدامه.

ثانيًا، بإمكانك أن تنفق المال بدلًا من أن تقدمه. هذا أفضل، ولكنه ليس بالكرم الذي ينقذ قلوبنا من وعود هذا العالم الفارغة.

أو ثالثًا، يمكنك أن تقدم. ليس من باب الشعور بالإجبار، بل بإيمان، إذ تصدق – بالرغم مما تشعر به – أنه من الجيد أن تعطي. وإذ يصبح العطاء أمرًا معتادًا ومنتظمًا، سيتبع قلبك كنزك، ويدوم فرحك.

لقد كانت هذه الحقيقة هي ما أطلق فرحة العطاء بالنسبة لي. عندما حصلت على أول عمل لي، أعطيت لكنيستي، ولكن ينبغي أن أقول أن عطائي كان روتينيًا أكثر منه مبهجًا. ثم بدأت أرى العطاء كفرصة لإظهار مجد وصلاح مخلصي أكثر من مجرد عمليَّة تحويل مالي. فاكتشفت كم هو ممتع أن أسخر مما يقدره هذا العالم بينما أتخلى عنه. تعلمت فرحة المجازفة بحق مستندًا على وعود الله. وبدأت أفهم فرحة أن أكون كريمًا. وهذه الفرحة من حقك أن تكتشفها أنت أيضًا!

أعط من أجل قلبك. أعط من أجل مكافأتك. وأعط لتمجد الله، وهو ما خُلقت لتفعله. والآن، أنظر مرة أخرى على القائمة التي كتبتها عن أسباب العطاء في السابق، هل ستغير أي شيء بعد أن قرأت هذه الفقرات الثلاث؟ ما هي أسباب العطاء التي ذكرتها والتي تحتاج أن تفكر فيها لبعض الوقت؟

ولكن معرفة السبب الذي يجعل من الضروري أن تعطي هو مجرد بداية فحسب بالطبع. أين وكيف يمكننا أن نضع هذه الدوافع موضع تنفيذ؟ هذا هو موضوع الفقرتين التاليتين.

أين أعطي؟ كنيستك وخطط الله

لماذا أعطي لكنيستي؟

لقد تأملنا حتى الآن في هذا الفصل في العطاء لمقاصد الله بصفة عامة، ولكننا لم نعالج السؤال المحدد الموجود على الغلاف الأمامي: لماذا ينبغي أن أعطي لكنيستي؟

كما تبين، فإن مسؤولية المسيحيين أن يعطوا لكنائسهم مذكورة في كل أجزاء العهد الجديد. كتب بولس، «هَكَذَا أَيْضًا أَمَرَ ٱلرَّبُّ: أَنَّ ٱلَّذِينَ يُنَادُونَ بِٱلْإِنْجِيلِ، مِنَ ٱلْإِنْجِيلِ يَعِيشُونَ» (١ كورنثوس ٩: ١٤). على من ينطبق هذا الكلام إن لم يكن على من يسمعون هذا الوعظ؟ بالمثل، في (غلاطية ٦: ٦) يكتب، «وَلَكِنْ لِيُشَارِكِ ٱلَّذِي يَتَعَلَّمُ ٱلْكَلِمَةَ ٱلْمُعَلِّمَ فِي جَمِيعِ ٱلْخَيْرَاتِ.» هل تتعلم الكلمة في كنيستك؟ إذن هذا ينطبق عليك. أو تأمل في (١ تيموثاوس ٥: ١٧-١٨)، وهي فقرة تنصح الكنيسة بأن تعول مبشريها. من أين سيأتي هذا المال إن لم يكن من أعضاء كنيستك؟

من الواضح أن الله يوصينا بأن نعطي لكنائسنا. طبعًا، كما هو الحال مع كل وصاياه، فإن رغبة الله هي أن نعطي ليس لأننا مضطرون، بل لأننا نريد – لأننا نؤمن حقًا باستحقاقه وفي وعوده. في ضوء هذا، دعني أعطيك أربعة أسباب تجعل معظم عطاءك ينبغي أن يذهب إلى كنيستك، إلا في حالات غير عادية تمامًا.

السبب الأول: الكنيسة المحليّة تُعلّمك

كما رأينا منذ لحظة، الله يحمل من يتلقون التعليم – أي الكنيسة – بمسؤولية تحمل معيشة المعلمين. إن تعليم الكتاب المُقدَّس الذي تقدمه كنيستك يكلف شيئًا ما. هل تستثمر في التعليم الممتاز؟ هل هناك استثمار أفضل يمكنك القيام به من أجل روحك؟

السبب الثاني: الكنيسة المحليَّة ستغلب

اشتهر بنجامين فرانكلين بقوله إنه لا شيء في هذا العالم مؤكد إلا الموت والضرائب. لو كان مسيحيًا، لربما ذكر أمرًا ثالثًا: الكنيسة المحليَّة. على أي حال، ما من مؤسسة أخرى وعدها يسوع بالدوام: «وَعَلَى هَذِهِ ٱلصَّخْرَةِ أَبْنِي كَنِيسَتِي، وَأَبْوَابُ ٱلْجَحِيمِ لَنْ تَقْوَى عَلَيْهَا» (متى ١٦: ١٨). الأمر يشبه أن يهمس الله في أذنيك في عام ١٨٩٠، «استثمر في السيارات» أو في عام ١٩٩٠ «استثمر في الإنترنت.» في متى ١٦، يخبر يسوع الرسل، «استثمروا في الكنيسة؛ فهذه سوف تستمر.» لم يعد يسوع بأن تدوم كل كنيسة، ولكن إن كنت ستختار شيئًا لتستثمر فيه اليوم بحيث تربح منه يومًا كنزًا أبديًا، فلعلك تجد في الكنيسة المحليَّة جاذبية خاصة.

السبب الثالث: الكنيسة المحليَّة مهمة

تخبرنا (أفسس ٣: ١٠) أن الكنيسة المحلية هي محور خطة الله الكبيرة لإعلان مجد حكمته لكل مخلوقاته تحت السماء. يخبرنا (أعمال ٢٠: ٢٨) أن الله اشترى الكنيسة «بدمه.» الله يهتم بعمق بكنيستك! نتيجة لهذا، فعلى الأرجح أن تكون الكنيسة أهم مما يدرك معظمنا. ربما تكون هناك الكثير من الخدمات المسيحيَّة المختلفة التي تتنافس على عطائك. ومقارنة بها، قد تشعر بأن كنيستك مملة وغير ملهمة. ولكننا نحتاج أن نجعل فكرتنا عن «المهم» و «المثير» تنسجم مع أولويات كلمة الله في الكتاب المُقدَّس. عنما نفعل هذا، سنرى قوة ومجدًا عظيمين في الكنيسة المحليَّة.

السبب الرابع: الكنيسة المحليَّة حكيمة

في مجتمعنا الميال للنزعة الفردية، كثيرًا ما نظن أنه ما من شخص آخر يمكنه أن يقول لنا ماذا نفعل بمالنا. ولكن هذا ليس توجهًا مسيحيًا، أليس كذلك؟ عندما أصبحت مسيحيًا، أخضعت كل شيء لسلطان الرب يسوع المسيح. وجزء من الخضوع لسلطانه الخضوع لسلطان كنيستك (العبرانيين ١٣: ١٧). عندما تعطي لكنيستك، فأنت تخضع القرار الخاص بطريقة استثمار مالك لأجل يسوع لكنيستك وقادتها. فكرة أنك تعرف أفضل من كنيستك فكرة تعارض المسيحيَّة الكتابية، سواء بأخلاقياتك أو بمالك.

ماذا لو لم أكن ائتمن كنيستي على مالي؟

ربمــا تفكــر وأنــت تقــرأ هــذا الفصــل «ولكنــك لا تعــرف كنيستــي! لا تعــرف كم هم (املأ الفراغات: حمقى، غير روحيين، غير كفء، جشعين، إلخ)!

إن كان هذا هو اعتراضك، فلدي رد بسيط للغاية: إن لم يكن بإمكانك أن تأتمن كنيستك على مالك، فلمــاذا تأتمنهـا بحـق السـماء على روحك؟ فالحقائـق الماليـة والروحيَّـة تسـير معًا يـدًا بيـد. تذكـر كلمـات يسـوع: «لِأَنَّـهُ حَيْثُ يَكُونُ كَنْزُكَ هُنَاكَ يَكُونُ قَلْبُكَ أَيْضًا» (متى ٦: ٢١). طبعًا، الثقـة في كنيستـك لا تعنـي أنك توافـق على طريقـة إنفاقهم لكل مليم. ربما تود أن ينفقوا مبلغًا أقل قليلًا على فريق العمل وأكثر قليلًا على الإرساليات؛ ربما تشـعر أن آخـر التجديـدات في المبنـى لـم تكـن أحكم صـورة للاستثمار. أفهم هذا. وبسبب هذه المواقف، تذكر ثلاثة أشياء:

١- لا أحد كامل. كمــا سـيكون هنـاك بعض الرابحين وبعض الخاسـرين في محفظة الأوراق الماليـة، سـتنفق كنيسـتك الأمـوال على أشـياء ليسـت هـي الاستثمار الروحـي الأحكم في الحسـاب النهائـي. لا بـأس. لا يعفيك وجود بعض البنـود السـيئة في الميزانيـة مـن جانـب قيـادة كنيستك مـن مسؤولية العطـاء بقدر ما تستطيع بأي حال من الأحوال.

٢- الثقة مطلوبة. إن كنت تـرى أن كنيستك جديرة بالثقـة، فلتثق بهـا إذن. وهذا يعني أنك لـن توافـق في بعض الأحيان على مـا تفعلـه - ولكن ينبغـي أن يكـون توجهـك توجه الثقـة. إن تصرف القادة بحيـث لـم تعد تثق بهم، فأنـت بحاجـة إلى أن تجد كنيسـة حيـث يمكنـك أن تثـق بالجماعـة وبقادتها.

٣- ناقـش مشاغلك. إن كانـت هنـاك سـبل تنفـق فيهـا كنيستك المـال وأنـت لا توافق عليهـا، ابحـث عـن قائـد في كنيستـك وتكلـم معـه عـن الأمـر. لا تفضـح الأمـر في اجتمـاع للجماعة كلهـا، ولكـن أخـدم قـادة كنيستك بشرحـك لهـم أين تـرى أنهـم مخطئـون باتضاع.

لقد أجبنـا حتـى الآن على الأسئلة الخاصـة بالسـبب الـذي يجعلنـا نعطي وبأين نعطي. وبهذا يتبقـى لنا سـؤال واحـد مهـم: كيف.

كيف أعطي؟

توجيهات بولس بخصوص طريقة التقديم

بالنسبة للكثيرين، قد يبدو السؤال الخاص «بطريقة العطاء» سؤالًا ليس له لزوم. «إن أردت أن أعطي، فلا عليَّ سوى فتح محفظتي، أليس كذلك؟ إلى أي مدى يصعب فعل هذا؟» ولكننا سنخسر في الواقع الكثير من الفرح إذا لم نفكر بعمق في هذ السؤال. تأمل مثلًا في (١ كورنثوس ١٦: ٢):

> **فِي كُلِّ أَوَّلِ أُسْبُوعٍ، لِيَضَعْ كُلُّ وَاحِدٍ مِنْكُمْ عِنْدَهُ خَازِنًا مَا تَيَسَّرَ، حَتَّى إِذَا جِئْتُ لَا يَكُونُ جَمْعٌ حِينَئِذٍ.**

تتضمن هذه الآية أمرين بالنسبة لكيفية العطاء:

الأمر الأول: خطط لعطائك. كثيرًا ما نحتفي بعفوية العطاء بصفتها قمة الروحانيَّة، ولكن ليست هذه هي نصيحة بولس في هذه الآية. وبدلًا من هذا، تلمحي نصيحته إلى مستوى معين من التخطيط: «قوموا باختزان مقدار معين» كل أسبوع. بالمثل، في (٢ كورنثوس ٩: ٧)، يكتب بولس «**كُلُّ وَاحِدٍ كَمَا يَنْوِي بِقَلْبِهِ.**» يعمل الروح القدس في حياتك بنفس القدر من النشاط عندما تخطط ميزانيتك كما يفعل عندما ترنم في الكنيسة! ينبغي أن يكون تحديد كم ستعطي هو المكون الأساسي في ترتيب ميزانيتك الشخصية – وفي الواقع، ينبغي أن يكون دافعًا رئيسًا في أن تكون لديك ميزانية.

عندما ترتب ميزانيتك الشخصية، فأنت تقرر في الأساس كيف سيخرج كل جنيه من دخلك لخدمة مقاصد الله. سيساعدك بعض المال في طاعة وصيته بأن تعول أسرتك (١ تيموثاوس ٥: ٨). وسيساعدك البعض على طاعة الحكومة بينما تدفع ضرائبك (رومية ١٣: ٧). وواحدة من أفضل الطرق التي يمكن أن يخدم بها مالك مقاصد الله هي أن تخطط أن تعطي منه لعمله في كنيستك (غلاطية ٦: ٦). ولكن بالطبع، التخطيط لعطائك يعني أنه ينبغي أن تحدد كم ستعطي، مما يؤدي إلى الأمر الثاني الذي نراه في (١ كورنثوس ١٦: ٢)

الأمـر الثانـي: أعـط بشـكل يتناسـب مـع دخلـك. لاحـظ نصيحـة بولـس بـأن يعطـي كل واحـد «مَـا تَيَسَّـرَ.» بعبـارة أخـرى، إن كسـبت القليـل مـن المـال فحسـب، فأعـط القليـل. إذا ربحـت قـدرًا كبيـرًا، أعـط قـدرًا كبيـرًا. يعتقـد مسـيحيون كثيـرون – وبعـض الطوائـف المسـيحيَّة بالكامـل – أن الأمانـة المسـيحيَّة تتطلـب أن نعطـي ١٠٪ ممـا نربحـه (العشـور). علـى أي حـال، هـذا مـا طلبـه الله مـن شـعبه فـي العهـد القديـم (ملاخـي ٣: ١٠). يجـادل مسـيحيون آخـرون بأنـه مثـل الذبائـح الحيوانيـة، كانـت العشـور جـزءًا مـن عبـادة الله فـي العهـد القديـم والتـي تحققـت فـي المسـيح (يوحنـا ٢: ٢٠-٢١).

لا أنـوي أن أحـل هـذه المسـألة هنـا. ولكننـي سـأجادل بأنـه بغـض النظـر عـن نظرتـك للعشـور، فمسـؤوليتك لا تنتهـي عنـد الـ ١٠٪. ربمـا تكـون ١٠٪ ممـا ربحـت نقطـة بدايـة ممتـازة للعطـاء ولكـن ينبغـي ألا نراهـا وكأنهـا كل مـا يطلبـه منـا الله بـأي حـال. حتـى فـي العهـد القديـم كان مـن المتوقـع مـن الشـعب أن يقدمـوا أكثـر مـن العشـور (ملاخـي ٣: ٨). ولقـد نلنـا فـي المسـيح مـا لـم ينالـوه ولا فـي أحلامهـم! فبـدلًا مـن أن نـرى العطـاء وكأنـه إلـزام، ينبغـي أن نـراه كامتيـاز – وينبغـي أن نسـعى للعطـاء بقـدر مـا يبـدو حكيمًـا في ضوء الفرص المختلفة التي تأتي أمامنا لخدمة يسوع في حياتنا.

وهنا أقدم لكم أربعة أسئلة لتسألها لنفسك عن مقدار عطائك:

١- **هل أعطـي بدرجـة كافيـة تؤثـر علـى قلبـي؟** إن كان أحـد أسـباب العطـاء هـو جـذب قلوبنـا نحـو السـماء، فهـل عطائـي كاف ليقوم بهـذا؟

٢- **هـل يعـرف أي شـخص آخـر كـم أعطـي؟** بالطبـع يمكننـا أن نتكلـم عـن العطـاء بتفاخـر ولكـن ينبغـي أن نتجنـب هـذه الطريقـة (متـى ٦: ٣). ولكـن إلـى أي مـدى يبـدو غريبًـا أن نطلـب المشـورة فـي دوائـر الصـراع الأخـرى (مثـل الشـهوة أو الخـوف) ولكـن لا نطلـب المشـورة أبـدًا بخصـوص المـال؟ علـى أي حـال، تكلم يسوع عن المال أكثر تقريبًا من أي موضوع آخر.

٣- **مـا هـي أقـل نسـبة أرجـو أن أعطيهـا دائمًـا مـن دخلـي لكنيسـتي؟** كمـا قلـت مـن قبـل، ١٠٪ تعتبـر نقطـة بدايـة ممتـازة – ولكـن حتـى أكـون أمينًـا، ينبغـي أن يعطي كثيرون منا أكثر من هذا.

٤- **هل أعطي كثيرًا بحيث يضر هذا بأمانتي في نواح أخرى في حياتي؟** مثلًا، قد أعطي كثيرًا لكنيستي لدرجة أن أكون شحيحًا من جهة قريبي الجائع. من ناحية أخرى، لو كانت الإجابة «غير مرجح تمامًا،» فربما أحتاج أن أعطي أكثر بكثير.

هل يجب عليّ فعل هذا حقًا؟

في أغلب الأحوال، تشكو قلوبنا من العطاء. ونعلم أن هذا ليس توجهًا جيدًا، ولكن هذا ما يحدث. وكما أذكر كنيستي كثيرًا، إن كانت لديكم مشكلة في التوجهات، فهذا لأن لديكم مشكلة في شعوركم بالامتنان. فنحن نعطي لكي نظهر غنى ما أعطاه لنا المسيح (٢ كورنثوس ٨: ٨-٩). نحن نعطي لأننا نهتم بمخلصنا اهتمامًا كبيرًا (٢كورنثوس ٩: ١١-١٢). نعطي لأننا نحبه (٢ كورنثوس ٩: ٧).

عندما نجد أننا لا نحبه بدرجة كافية لنعطي بابتهاج، فهذا يعني شيئًا من اثنين. أولًا، قد يكون أننا نسينا مجد صليب المسيح: كم غُفر لنا، وكم كلف هذا المسيح، وكم كنا غير مستحقين. أو، ثانيًا، ربما لم ننل الغفران أبدًا في المقام الأول، وأننا مازلنا ضائعين في خطايانا. لأنه كما قال يسوع، لو غُفر لنا الكثير، فسنحب كثيرًا (لوقا ٧: ٤٧).

لذا خذ مسألة العطاء تلك ليس كتذكرة لك بالتزاماتك، بل كشيء تفحص به قلبك. هل تحب يسوع؟ إذن أعط بكل قلبك، أيها الأخ أو الأخت! أنم في نعمة العطاء وتوقع الفرح الذي ستجده بينما تفعل هذا (٢ كورنثوس ٨: ٧). من ناحية أخرى، ونحن على وشك الانتهاء من هذا الفصل هل تجد أنك لا تحب يسوع بدرجة كافية حتى تعطي بابتهاج؟ لا تقلق، فلدي أخبار سارة لك يا صديقي: بإمكانك أن تغير هذا! اعترف بهذه الخطيَّة لله. فقد كذب عطاء قلبك القاسي بخصوص صلاحه وكرمه. اعترف هذه الخطيَّة وآمن بأن موت يسوع نيابة عنك فقط هو الذي يمكنه أن يبعد عنك عقوبة هذه الخطيَّة. اعترف، وآمن، وتب، واختر أن تتبعه في كل جوانب الحياة. وتكلم مع شخص مسيحي تثق به عما اكتشفته عن نفسك.

الله يحب المعطي بسرور

باختصار، ينبغي أن نرسم خطة معًا لكيفية استخدام مالنا لإعلان فضائل إلهنا ومخلصنا العظيم، يسوع المسيح. وهذه دعوة للفرح! أعط لكنيستك، ولتر قلبك يرخي قبضته حول «كنوز» هذا العالم الرخيصة. أعط لكنيستك، وتطلع إلى المكافأة التي تنتظرك فوق. أعط لكنيستك، وأعثر على الفرح الذي يأتي من استعمال حتى مالك لإظهار مجد وروعة يسوع. أعط بابتهاج، ليس لأنك مضطر، بل لأنك تريد، لأنك تثق أن ما لدى الله لأجلك أفضل بكثير من أي شيء يمكن أن يشتريه مالك.

أسئلة أخرى

ستجد أدناه إجابات قصيرة على أسئلة كثيرًا ما يطرحها المسيحيون عن العطاء.

١ – هل ينبغي أن أدفع تبرعات على الإنترنت؟

تسهل بعض صور التبرع على الإنترنت (مثل تحديد مسحوبات منتظمة من حسابك البنكي) النهج المقصود والمخطط للعطاء والذي يشجع عليه بولس في (١ كورنثوس ١٦: ١). ولكن لا تدع هذا العطاء المخطط التلقائي يصبح ببساطة عطاء «أنت غير مشغول به.» كثيرًا ما تُستخدم صور أخرى للعطاء (مثل إرسال رسالة نصية بقيمة ١ دولار لرقم تليفون معين) لتشجيع العطاء في خضم الشعور اللحظي بالحماس، وهو ما يتعارض تمامًا مع ما يدافع عنه بولس في (١ كورنثوس ١٦). يبعد العطاء على الإنترنت المال عن خدمة الكنيسة الأسبوعية – ولكن في ضوء أنه ليست لدينا نماذج واضحة عن العطاء كجزء من العبادة الجماعية في العهد الجديد، يجد أشخاص كثيرون هذا مقبولًا.

٢ – هل ينبغي أن أعطي لخدمة قضايا معينة بالإضافة لكنيستي؟

تشير تعليمات بولس في (غلاطية ٦:٦)، (١ كورنثوس ٩: ١٤)، و(١ تيموثاوس ٥: ١٧) لدعم التعليم الذي نتلقاه إلى أن العطاء لكنيستك ينبغي أن يكون أمرًا رئيسًا. في نفس الوقت، لا شيء في الكتاب المُقدَّس يعوقنا عن العطاء لخدمات أخرى كذلك إن كانت لديك الإمكانيات والرغبة.

دعوني أقدم القليل من الإرشادات من أجل هذا العطاء الزائد. أولًا، ينبغي أن يكون شيئًا بخلاف ما تعهدت بأن تلتزم بدفعه بانتظام لكنيستك. ثانيًا، سل راعيًا أو مسيحي ناضج آخر تثق به عن الخدمة التي تود أن تدعمها بما أنها لا تتمتع بميزة تقييمها من جانب قادة كنيستك كجزء من ميزانية الكنيسة. أخيرًا، ما من سبب يجعل كل عطاءك كفرد يذهب إلى منظمات مسيحيَّة. ولكن ليبق في بالك أنه بينما سيمول غير المسيحيون أيضًا منظمات أخرى تستحق، سيدعم المسيحيون فقط عمل الإنجيل.

٣- هل ينبغي أن أعطي إن كنت مديونًا؟

الإجابة القصيرة هي حسب الظروف. أهم نصيحة إرشادية يمكنني تقديمها لك هي ألا تأخذ قرارك بمفردك؛ تكلم مع شخص مسيحي تثق به عن وضعك (أمثال ١٥: ٢٢). وها هي بعض المبادئ التي ينبغي أن تجعلها في بالك:

- المسيحيون ملزمون أدبيًا بسداد ديونهم (مزمور ٣٧: ٢١).
- الدين دائمًا صورة من صور الاستعباد (أمثال ٢٢: ٧). لا يوجد ما يُسمى بدين «جيد» ودين «سيء.» ولكن تختلف الدرجة التي تحد بها هذه العبودية قدرتنا على خدمة المسيح بناء على قدرتنا على سداد الدفعات المتفق عليها.
- ليس الخروج من الدين هو هدف الحياة؛ هدف الحياة هو خدمة يسوع المسيح - وأحيانًا يكون الدين طريقة عاقلة لفعل هذا (مثل مساعدتك على شراء بيت حيث يمكنك أن تستضيف الغير وتعول أسرتك).

بصفة عامة، إن كان الدين جزءًا مستدامًا من ميزانيتك، ينبغي أن يكون العطاء جزءًا مستدامًا هو الآخر في ميزانيتك. لو كان لديك فقط دخل كاف لسد احتياجاتك الأساسية ودفع ديونك، فأنت في وضع سيء حيث قد يعني العطاء عصيان وصايا الله الواضحة بدفع ديونك أو الاعتناء باحتياجاتك (١ تسالونيكي ٤: ١٢؛ ١ تيموثاوس ٥: ٨). في هذه الحالة، أشجعك على الإفلات من هذا الوضع بالعمل مع الدائنين للتعامل مع عبء ديونك الطاحن (أمثال ٦: ٣)، أو السعي للحصول

على دخل أكبر، وخفض نفقاتك، والتفكير فيما إذا كنت تحتاج حقًا لإعادة تعريف ما يعتبر «احتياجًا» بحق.

٤ – كيف أوازن بين العطاء والادخار؟

أذكر أن أخبرني أحد أعضاء الكنيسة والذي كان يتمتع براتب جيد، بأنه كان يعيش تقريبًا على لا شيء، وأنه لا يدخر شيئًا، وأنه يعطي قدرًا ضخمًا من المال. أحببت حماسه من أجل الإنجيل! ولكنني قلت له إنني أشعر إنه كان يتغطرس على الله بعيشه حياته بهذه الطريقة. أسلوب الله الطبيعي ليعول في المستقبل هو أن يعول في الحاضر. ولو تجاهلنا هذه الحقيقة بالتخلي عن كل الفائض لديك فهذا يعني أن تتجاهل وسيلته الطبيعيَّة في تدبير شئونك. وهذا ليس إيمان، بل غطرسة. لا يتمتع أشخاص كثيرون في هذا العالم بوجود فائض لديهم، وسيسدد الله احتياجاتهم المستقبلية. ولكن إن كان قد أعطاك ما يكفي من المال لتسديد احتياجاتك الأساسية، فأعط لكنيستك، ويشجعك الكتاب المُقدَّس على ادخار شيء من المال المتبقي (أمثال ٢١: ٢٠؛ ١ تسالونيكي ٤: ١٢).

كم ينبغي أن تدخر؟ يعتمد هذا على عوامل كثيرة. إن كنت لا تعرف الكثير عن احتياجاتك المستقبلية، فبإمكانك أن تختار قدرًا معينًا لتقدمه كعطيَّة بحيث يكون كبيرًا ويتناسب مع دخلك ثم تدخر الباقي. عند نقطة ما من الحياة، يشعر الكثير من الناس بشعور جيد من جهة احتياجاتهم المستقبلية وفي هذه الحالة يمكنك أن تبدأ في عمل ميزانية لمدخراتك مثلما ترت ميزانية مصروفاتك. تذكر أن مسيحيين كثيرين يضعون رجاءهم بصورة خاطئة في مدخراتهم بدلًا من الله؛ كن واعيًا لهذه التجربة بينما تقرر كم ستدخر (متى ٦: ٢٥-٣٤).

٥ – كيف أحقق التوازن بين العطاء والصرف؟

دعنا نقول إنك تعطي مقدارًا معينًا يبدو أمينًا لكنيستك، وأن لديك ما يكفي لتسديد احتياجاتك الأساسية، وأنك تدخر ما تحتاج إليه. ولكن الله مدك بالمزيد من المال. التسبيح لله! كم ستعطي أكثر؟ ستصارع لتجيب على هذا السؤال بصورة جيدة

حتى تدرك أن هناك هدف واحد لكل المال الذي ائتمنك الله عليه: أن تظهر مجد اسمه (١ كورنثوس ١٠: ٣١). باستخدام المال للتمتع بعطاياه الصالحة أنت تظهر صلاحه (١ تيموثاوس ٦: ١٧)، وكذلك بطاعة وصاياه لتسدد الاحتياجات الحاضرة والمستقبلة (١ تسالونيكي ٤: ١٢)، وبالعطاء. السؤال الذي ينبغي أن تجيب عليه هو ما إذا كانت ميزانيتك الحاليَّة هي أفضل طريقة لوضع مواردك بين كل هذه الفرص لإظهار صلاح ومجد الله أم لا.

٦ - كيف أبدأ في العطاء بطريقة تمجد اللّه؟

سؤال ممتاز! دعوني أقترح ما يلي:

أولًا، ابدأ من شيك المرتب التالي، وأعط منه ١٠٪ لكنيستك.

ثانيًا، على مدار الأسابيع القليلة القادمة، خذ وقتًا لرسم ميزانية إذا لم تكن لديك واحدة (أنظر المثال الموجود في الصفحتين التاليتين). جرب أن توضح بالنسبة لكل بند كيف يحقق هذا المال مقاصد الله، وبناء على الميزانية التي وضعتها، تحقق مما إذا كان العُشر هو القدر الصحيح للعطاء.

ثالثًا، أجلس مع صديق مسيحي ناضج لتناقش ما توصلت إليه معه.

رابعًا، كرر هذا مرة كل سنة.

عينة لميزانية يمكنك الاستعانة بها

مثال يوضح كيف يمكن أن يمجد كل بند الله

الدخل	$	العمل موجود لتدبر احتياجاتك ولتكون كريمًا مع الآخرين (أفسس ٤:٢٨).
الضرائب	$	ينبغي طاعة الحكومة ما لم يكن هذا عصيانًا للمسيح (رومية ١٣: ٧)
العطاء		(أفسس ٤:٢٨)
الكنيسة	$	ينبغي أن تعطي لتدعم التعليم الذي نتلقاه (غلاطية ٦:٦)
المرسلون	$	سدد احتياجات المرسلين "بطريقة تليق بالله" (٣ يوحنا ٦–٨)
خدمة الرحمة	$	ينبغي أن تتدخل من أجل احتياجات إخوتك المسيحيين ثم احتياجات الآخرين (غلاطية ٦:١٠).
السكن		يساعد السكن في إعالة أسرتك كما توجهنا (١ تيموثاوس ٥: ٨)، ويساعدنا على تسديد احتياجاتنا (١ تسالونيكي ٤: ١٢)، ويمكننا من استضافة الآخرين (رومية ١٢: ١٣).
الإيجار	$	
الأثاث	$	
الصيانة	$	
الرعاية الصحية		

الطبيب / التأمين	$	الصحة الجيدة جزء من تحقيق أقصى استفادة من الفرص الذي يرتبها لنا اللّه (أفسس ٥: ١٦).
صالة الألعاب الرياضية	$	هناك قيمة معينة في التدريب البدني، وإن كان بالأكثر في حالة التدريبات الروحيَّة (١ تيموثاوس ٤: ٨).
الاتصالات	$	تساعدك الأدوات الحديثة على فعل ما تفعله بصورة أفضل، حيث إنك تفعله من أجل المسيح (كولوسي ٣: ٢٣).
وسائل النقل	$	تمكنك وسائل النقل من تسديد احتياجاتك واحتياجات أسرتك (٢ تسالونيكي ٣: ١٠).
وقت الفراغ		
الإجازات	$	يذكرنا سفر الأمثال بحكمة التوقف للراحة من آن لآخر (أمثال ٢٣: ٤).
تناول الوجبات في الخارج	$	استخدم تناول العشاء بالخارج لتتمتع بصلاح اللّه بينما تستمتع بعطاياه (١ تيموثاوس ٤:٤).
وسائل الإعلام والتسلية	$	التسلية البريئة، إذا ما قُبلت بالشكر، تكرم اللّه الذي يعطيها (١ تيموثاوس ٦: ١٧).
بنود شخصية		

الملابس	$	نحن نمجد اللّه عندما نكون راضين بسداد احتياجاتنا الأساسية (١ تيموثاوس ٦: ٨).
مواد البقالة	$	إطعام أسرتك ونفسك وصية أساسية بالنسبة لكل مسيحي (١ تيموثاوس ٥: ٨).
تموين البيت	$	الحفاظ على البيت يسمح لك بأن تكون مضيافًا (رومية ١٢: ١٣).
الكرم		
العطايا	$	تدعونا (١ تيموثاوس ٦: ١٨) لنعيش بطريقة كريمة.
مواقف كرم أخرى	$	تأتي بعض الفرص للكرم دون أن نلاحظها كثيرًا (لوقا ٦: ٣٠–٣١).
المدخرات	$	الوسيلة الطبيعيَّة لدى اللّه للتكفل بالمستقبل هي عملنا اليوم (٢ تسالونيكي ٣: ٦–١٢).
مبالغ لم يتحدد فيم ستُصرف	$	المال بدون توصيف لما سيُعمل به يضعنا في خطر التبذير (يعقوب ٥: ١–٣).

٢٧

لماذا يجب عليَّ الانضمام للكنيسة؟

مارك ديفر

«وَصِيَّةً جَدِيدَةً أَنَا أُعْطِيكُمْ: أَنْ تُحِبُّوا بَعْضُكُمْ بَعْضًا.
كَمَا أَحْبَبْتُكُمْ أَنَا تُحِبُّونَ أَنْتُمْ أَيْضًا بَعْضُكُمْ بَعْضًا.
بِهَذَا يَعْرِفُ الْجَمِيعُ أَنَّكُمْ تَلاَمِيذِي:
إِنْ كَانَ لَكُمْ حُبٌّ بَعْضًا لِبَعْضٍ.»

يوحنا ١٣: ٣٤-٣٥

في بعض الأحيان تطلب مني هيئة خدمة الجامعات التحدث إلى طلابها. لقد عُرِّفت، في عدة مناسبات، أنني أبدأ ملاحظاتي بهذه الطريقة: «إذا كنت تدعو نفسك مسيحي، ولكنك لست عضوًا في الكنيسة التي تحضرها بانتظام، فقد تكون ذاهبًا إلى الجحيم». يمكنك القول إن هذه الجملة تجذب انتباههم. الآن، هل أنا أحاول فقط أن أصدمهم؟ لا أعتقد ذلك. هل أحاول إخافتهم لينضموا إلى عضويَّة كنيسة؟ لا. هل أقول إن الانضمام إلى الكنيسة هو يجعل شخصًا ما مسيحيًا؟ بالتأكيد لا! لا تلقِ بالًا لأي كتاب (أو متكلم) يقول مثل هذا.

فلماذا أبدأ إذًا بهذا النوع من التحذير؟ هذا لأنني أريدهم أن يروا شيئًا من الحاجة إلى كنيسة محليَّة صحيَّة في حياة المسيحي، وأن يبدأوا في مشاركة هذا الشغف إلى الكنيسة الذي يميز المسيح وأتباعه. أريدهم أن يروا أنه من أجل نفوسهم، يحتاجون إلى الانضمام إلى كنيسة محليَّة.

إذا كنت تريد أن تتبع المسيح ولكنك لست عضوًا في كنيسة محليَّة، دعنا نأخذ في الاعتبار سبعة أسباب تجعلك تنضم إلى واحدة.

١- انضم إلى كنيسة لتُظهِر الإنجيل

على مدار أكثر من عشرين عامًا من الخدمة الرعويَّة، قابلت العشرات من الأشخاص الذين يشكّكون في فكرة عضويَّة الكنيسة. فبعد كل شيء، تتمحور المسيحيَّة حول علاقة شخصية مع الله من خلال يسوع المسيح، وليس حول ربط اسمك إلى قطعة من الورق أو المشاركة في اجتماعات الكنيسة الإدارية. في الحقيقة، لماذا نضيع الوقت في الحديث عن عضويَّة الكنيسة بينما يمكن أن نتحدث عن يسوع؟ بالنسبة لبعض الناس، فكرة عضويَّة الكنيسة تبدو وكأنها تشتيت عما ينبغي أن يكون أهم شيء في حياتنا – الإنجيل.

أوافق، بالطبع، على أن جميع المسيحيين يجب أن يجعلوا الإنجيل مركز حياتهم. نريد أن نشارك الإنجيل مع الآخرين ونراه ينتشر في جميع أنحاء العالم. نريد أن تعكس حياتنا محبة الله في الإنجيل، وكما قال بولس، **فقط عيشوا «كَمَا يَحِقُّ لإِنْجِيلِ الْمَسِيحِ»** (فيلبي ١: ٢٧). أنا مولع بأن يُظهر كل مسيحي الإنجيل في حياته، وهذا هو السبب في أنني مولع بعضويَّة الكنيسة. لم تُختَرَع عضويَّة الكنيسة من قبل رعاة الكنائس، قادة الخدمات، أو خبراء نمو الكنيسة.

العضويَّة هي النتيجة الطبيعيَّة للإنجيل نفسه. ربما لم تضع ذلك في الاعتبار من قبل، لكن الإنجيل لا يتعلق فقط بكيف خلصنا الله من «**سُلْطَانِ الظُّلْمَةِ**»؛ إنها أيضًا رسالة حول كيف يُخلِّصنا الله إلى «**مَلَكُوتِ ابْنِ مَحَبَّتِهِ**» – ملكوت يعج بخطاة مفديين آخرين، الذين مثلنا، هم الآن مواطنون سماويون (كولوسي ١: ١٣؛ انظر أيضًا أفسس ٢: ١٩). إذا كنت مولع بالإنجيل، فإن إحدى الطرق الأساسيَّة التي تُظهر بها الإنجيل

للعالم هي بالانضمام إلى كنيسة محليَّة. دعونا نتعمق في هذه الفكرة.

إن الإنجيل هو رسالة عن كيف يمكن أن يتصالح المذنبين مع إله قدوس من خلال موت المسيح وقيامته. المسيحيون هم أولئك الذين يعترفون بإفلاس بنكهم الأخلاقي، ويتوبون عن الخطيَّة، ويلجؤون إلى المسيح من أجل المغفرة. عن طريق إعلانهم مبررين في المسيح وسكنى الروح القدس فيهم، هم الآن يعيشون بسعادة تحت حكم المسيح، مُتَّبِعين وصاياه وساعين لتمجيد الله. في النهاية، المسيحي هو الشخص الذي تمت مصالحته مع الله.

ولكن هذا ليس كل شيء! إن الإنجيل لا يُصالحنا فقط مع الله ولكن أيضًا مع شعبه. أحد الأسباب التي جعلت الكثير من المسيحيين يقللون من أهمية عضويَّة الكنيسة هو أنهم اختزلوا الإنجيل إلى مجرد علاقة شخصيَّة مع الله فقط. لكن الكتاب المُقدَّس يُعلِّم شيئًا مختلفًا تمامًا.

الخطاة معادون ليس فقط لله، ولكن أيضًا لأولئك الذين يحملون صورته. علاقتنا المحطمة مع الله تخلق علاقات محطمة مع الآخرين. الكتاب المُقدَّس يصور بانتظام هذا الواقع. في الواقع، هل تتذكر القصة الأولى في الكتاب المُقدَّس بعد سقوط آدم وحواء ونفيهما من الجنة؟

إنها قصة إنسان يقتل آخر – قايين يقتل هابيل. يريد الخطاة أن ينزعوا الله من عرشه ويُنَصِّبوا أنفسهم عليه، وكما أظهر لنا قايين، فنحن لسنا مستعدين لأن نسمح لأي إنسان أن يأخذ هذا العرش منا، لا يمكن. أدى فعل آدم لكسر الشركة مع الله إلى انقطاع فوري في الشركة بين جميع البشر، فكل إنسان يهتم بنفسه.

وهكذا، عندما يسترجع الإنجيل علاقتنا مع الله، فإنه يسترجع أيضًا الشركة بيننا وبين خطاة مفديين آخرين. عندما نتخلى عن عدائنا تجاه الله، فإننا نتخلى أيضًا عن عدائنا لبعضنا البعض.

وبكلمات أخرى، فإن المسيحيين هم أولئك الذين يبتهجون الآن بالوصية العظيمة: «**تُحِبُّ الرَّبَّ إِلهَكَ مِنْ كُلِّ قَلْبِكَ، وَمِنْ كُلِّ نَفْسِكَ، وَمِنْ كُلِّ فِكْرِكَ**» و«**تُحِبُّ قَرِيبَكَ كَنَفْسِكَ**» (متى ٢٢: ٣٤-٤٠). ماذا ينتج الإنجيل فينا؟ محبة لله ومحبة لشعبه.

أن تكون مُصالَح مع الله، فهذا يعني أن تكون مُصالَح مع كل شخص آخر تم الصُلح بينه وبين الله. هذه النقطة ليست مجرد استنتاج لرسالة الإنجيل. يسوع والرسل علموا صراحةً ومرارًا هذه الفكرة في جميع أنحاء العهد الجديد.

على سبيل المثال، في النصف الأول من أفسس ٢، يصف بولس الخلاص الذي قدمه المسيح لشعبه. كثير من المسيحيين يقدرون بحق كلمات بولس بأننا نخلص «**بِالنِّعْمَةِ.. بِالإِيمَانِ**» وذلك «**هُوَ عَطِيَّةُ اللهِ. لَيْسَ مِنْ أَعْمَال**» (أفسس ٢: ٨-٩). لكن، بعد إظهار كيف يعيد الإنجيل شركتنا مع الله، يتحول بولس، في النصف الثاني من أفسس ٢، لإظهار كيف يعيد الإنجيل الشركة بين كل من هم في المسيح: «**لأَنَّهُ هُوَ سَلاَمُنَا، الَّذِي جَعَلَ الاثْنَيْنِ وَاحِدًا، وَنَقَضَ حَائِطَ السِّيَاجِ الْمُتَوَسِّطَ أَيِ الْعَدَاوَةَ...لِكَيْ يَخْلُقَ الاثْنَيْنِ فِي نَفْسِهِ إِنْسَانًا وَاحِدًا جَدِيدًا، صَانِعًا سَلاَمًا، وَيُصَالِحَ الاثْنَيْنِ فِي جَسَدٍ وَاحِدٍ مَعَ اللهِ بِالصَّلِيبِ، قَاتِلًا الْعَدَاوَةَ بِهِ.**» (أفسس ٢ :١٤-١٦) جميع الذين ينتمون إلى الله هم «**رَعِيَّةٌ**» و«**أَهْلِ بَيْتِ اللهِ**» (عدد ١٩).

لقد دمر المسيح «**الْعَدَاوَةَ**» تجاه بعضنا البعض. في المسيح، شعب الله لديه «**سَلاَمًا**» وتصالَح في «**جَسَدٍ وَاحِدٍ.**» كلمات بولس واضحة بشكل لا مفر منه: إذا كنا تصالحنا مع الله، فإننا تصالحنا مع شعبه.

نعم، يمنحنا الإنجيل علاقة شخصية مع الله. لكن بحسب الكتاب المُقدَّس، تلك العلاقة مع الله تتضمن علاقات ذات مغزى مع شعبه. عندما نأتي إلى المسيح، يجعلنا جزء من عائلة – عائلة من لحم ودم حقيقيين، أناس متداخلون في حياة بعض.

وبالتالي، فإن عضويَّة الكنيسة هي النمو الطبيعي للإنجيل. عندما نتلقى رحمة الله، نصبح جزءا من «**شَعْبُ**» (١ بطرس ٢: ١٠). عندما نتلقى نعمة الله (أفسس ٢: ١-١٠)، نحن مشمولون في جماعة العهد (أفسس ٢: ١١-٢٠). مُصالَحون مع الله، مُصالَحون مع شعبه. الكنائس المحليَّة هي الأماكن التي نعيش فيها وفقًا لهذا الواقع الجديد. نحن لا نكتفي بقول إننا مُصالَحون، نحن نُظهر ذلك.

نحن نُظهر ذلك من خلال الانضمام إلى جماعة والالتزام بحب بعضنا البعض ومساعدة بعضنا البعض على النمو في التشبه بالمسيح. نحن نُظهر ذلك من خلال دعوة بعضنا البعض إلى منازلنا والاهتمام ببعضنا البعض. نحن نُظهر ذلك من خلال الاعتراف بخطايانا لبعضنا البعض، وغفراننا بعضنا البعض. نحن نُظهر ذلك من خلال وضع التفضيلات الشخصية جانبًا ونضع في الاعتبار مصالح الآخرين فوق مصالحنا. نحن نُظهر ذلك من خلال التعلم والخضوع لكلمة الله معًا. من خلال الانضمام إلى كنيسة، نحن نشترك مع خطاة مفديين آخرين ونُظهر للعالم أن المسيح قد صالحنا بالفعل مع الله ومع بعضنا البعض.

إنه لا يكفي مجرد وجود أصدقاء مسيحيين نجتمع معهم أحيانًا – أصدقاء نختارهم وننتقيهم وفقًا لأذواقنا الخاصة. ما يُظهر الإنجيل حقًا هو عندما نلتزم بحب ورعاية مجموعة من الناس تضم أشخاصًا لا يشبهوننا إطلاقًا. نحن نُظهر الإنجيل عندما نجتمع كل أسبوع لخدمة أشخاص الذين أحيانًا يشاركوننا شيئًا واحدًا فقط: يسوع. نظهر أننا مُصالحون في المسيح عندما نلتزم بحب هؤلاء الناس في ذلك المكان – بغض النظر عن العيوب ونقاط الضعف التي قد تكون لديهم.

إذا كنت مولعًا بالإنجيل، انضم إلى كنيسة محليَّة.

٢- انضم إلى كنيسة لأن الكتاب المُقدَّس يطلب ذلك

يشير الإنجيل نفسه إلى حاجتنا إلى أن نكون مرتبطين بشكل حيوي بمجتمع من الإخوة والأخوات. لكن هل يذكر الكتاب المُقدَّس صراحةً عضويَّة الكنيسة؟ إذا أظهرنا الإنجيل من خلال الالتزام رسميًا بكنيسة محليَّة، أفلا ينبغي أن نرى عضويَّة الكنيسة في العهد الجديد؟

لقد سمعت هذه الأنواع من الأسئلة عشرات المرات. هل يمكننا حقًا أن نقول إن الكتاب المُقدَّس يتطلب عضويَّة الكنيسة على الرغم من أنه لا يقول أبدًا، «انضم إلى كنيسة»؟

أعتقد أننا نستطيع. اسمحوا لي أن أوضح خمسة أسباب لذلك.

احتفظت كنائس العهد الجديد بسجلات عضويّة

صحيح أن الكتاب المُقدَّس لا يستخدم أبدًا عبارة «انضم إلى كنيسة»، لكن العهد الجديد به الكثير من الأدلة على أن الكنيسة الأولى مارست عضويَّة الكنيسة. على سبيل المثال، أعمال الرسل ٢ يسجل بداية الكنيسة في أورشليم. في هذا المقطع، كان بطرس يكرز للحشود في أورشليم ويحثهم على الثقة بالمسيح والتوبة عن خطاياهم (أعمال الرسل ٢: ٣٨). كيف استجاب الناس؟

«**فَقَبِلُوا كَلاَمَهُ بِفَرَحٍ، وَاعْتَمَدُوا، وَانْضَمَّ فِي ذلِكَ الْيَوْمِ نَحْوُ ثَلاَثَةِ آلاَفِ نَفْسٍ.**» (أعمال ٢: ٤١)

لاحظ أن الكنيسة الأولى قامت بتعداد المهتدين الجُدُد الذين اتبعوا المسيح في المعموديَّة. كانوا يحتفظون بالسجلات. أكثر من ذلك، تقول هذه الآية أن هؤلاء الثلاثة آلاف مؤمن «**انْضَمَّ**» إلى الكنيسة – ال ١٢٠ تلميذًا الأصليين في الغرفة العُليا (أعمال ١:١٥). من المؤكد أن الكنيسة الأولى كانت تمارس عضوية الكنيسة. كانوا يعرفون بالضبط من ينتمي إلى الجماعة وكم كان لديهم من أعضاء.

هؤلاء الثلاثة آلاف رجل وامرأة لم يتم فقط تعميدهم ثم لم يظهروا مرة أخرى. هم تصرفوا مثل أعضاء الكنيسة. اجتمعوا بانتظام في الهيكل لسماع تعاليم الرسل، والصلاة، والاحتفال بالعشاء الرباني (أعمال الرسل ٢: ٤٢، ٤٦). كانوا يسددون احتياجات بعضهم البعض (أعمال الرسل ٢: ٤٥). كانوا يدعون بعضهم البعض إلى بيوتهم (أعمال الرسل ٢: ٤٦). نحن نجد حتى تجمع الكنيسة لاجتماع الأعضاء لمناقشة أفضل طريقة لرعاية أراملهن (أعمال الرسل ٦: ١-٢). ونحن نرى أيضًا أن بينما هذه الكنيسة المحليَّة تشارك الإنجيل، استمروا في ضم المزيد من الأعضاء: «**وَكَانَ الرَّبُّ كُلَّ يَوْمٍ يَضُمُّ إِلَى الْكَنِيسَةِ الَّذِينَ يَخْلُصُونَ.**» (أعمال الرسل ٢: ٤٧)

استمرت هذه الكنيسة في أورشليم في إضافة المزيد والمزيد من الأعضاء، وبحلول أعمال الرسل ٤: ٤ نمت جماعتهم إلى خمسة آلاف عضو على الأقل. في وقت لاحق من العهد الجديد، نجد حتى أن الكنائس احتفظت بقوائم بالأرامل اللائي كن أعضاء في الكنيسة. احتفظت الكنيسة الأولى بسجلات العضويَّة. مارس الرسل عضويَّة الكنيسة.

تفترض وصايا الكتاب المُقدَّس عضويّة الكنيسة

هل سبق لك أن لاحظت أنه من المستحيل في الواقع إطاعة وصايا الله دون إلزام نفسك بكنيسة محليَّة؟ افحص العهد الجديد، وستجد سريعًا أن الحياة المسيحيَّة لا تتمحور حول مجرد تأكيد العقائد الصحيحة أو عن السعي لفضائل فردية ومعزولة. بدلًا من ذلك، يظهر الكتاب المُقدَّس باستمرار أن الحياة المسيحيَّة تتمحور حول الكنيسة المحليَّة – مجتمع منظم من أشخاص من مختلف الأعمار، الأعراق، الاهتمامات، والخلفيات الاقتصادية. خذ في اعتبارك، على سبيل المثال، الوصايا التالية في الكتاب المُقدَّس وكيف أنها تفترض وجود علاقة عميقة وثابتة بين شركة المؤمنين الذين يجتمعون بانتظام معًا في الكنيسة.

المحليَّة. المسيحيون أُمِروا بـ:

- محبة بعضهم البعض (يوحنا ١٣: ٣٤-٣٥؛ ١٥: ١٢-١٧؛ رومية ١٢: ٩-١٠؛ ١٣: ٨-١٠؛ غلاطية ٥: ١٤؛ ٦: ١٠؛ أفسس ١: ١٥؛ ١ بطرس ١: ٢٢؛ ٢: ١٧؛ ٣: ٨؛ ٤: ٨؛ ١ يوحنا ٣: ١٦؛ ٤: ٧-١٢؛ راجع مزمور ١٣٣)
- السعي إلى السلام والوحدة داخل جماعتهم (رومية ١٢: ١٦؛ ١٤: ١٩؛ ١ كورنثوس ١٣: ٧؛ ٢ كورنثوس ١٢: ٢٠؛ أفسس ٤: ٣-٦؛ فيلبي ٢: ٣؛ ١ تسالونيكي ٥: ١٣؛ ٢ تسالونيكي ٣: ١١؛ يعقوب ٣: ١٨؛ ٤: ١١)
- تجنب كل صراع (أمثال ١٧: ١٤؛ متى ٥: ٩؛ ١ كورنثوس ١٠: ٣٢؛ ١١: ١٦؛ ٢ كورنثوس ١٣: ١١؛ فيلبي ٢: ١-٣)
- رعاية بعضهم البعض جسديًا وروحيًا (تثنية ١٥: ٧-٨، ١١؛ متى ٢٥: ٤٠؛ يوحنا ١٢: ٨؛ أعمال الرسل ١٥: ٣٦؛ رومية ١٢: ١٣؛ ١٥: ٢٦؛ ١ كورنثوس ١٦: ١- ٢؛ غلاطية ٢: ١٠؛ ٦: ١٠؛ العبرانيين ١٣: ١٦؛ يعقوب ١: ٢٧؛ ١يوحنا ٣: ١٧)

- أن يحفظوا أحدهم الآخر ويكونوا تحت مُساءَلة بعضهم البعض (رومية ١٥: ١٤؛ غلاطية ٦: ١-٢؛ فيلبي ٢: ٣-٤؛ ٢ تسالونيكي ٣: ١٥؛ العبرانيين ١٢: ١٥؛ راجع لاويين ١٩: ١٧؛ مزمور ١٤١: ٥)
- العمل على بناء بعضهم البعض (١ كورنثوس ١٤: ١٢-٢٦؛ أفسس ٢: ٢١-٢٢؛ ٤: ١٢-٢٩؛ ١ تسالونيكي ٥: ١١؛ ١ بطرس ٤: ١٠؛ ٢ بطرس ٣: ١٨)
- أن يتحملوا بعضهم البعض (متى ١٨: ٢١-٢٢؛ مرقس ١١: ٢٥؛ رومية ١٥: ١؛ غلاطية ٦: ٢؛ كولوسي ٣: ١٢). يتضمن عدم مقاضاة بعضهم البعض (١ كورنثوس ٦: ١-٧)
- أن يصلوا من أجل بعضهم البعض (أفسس. ٦: ١٨؛ يعقوب ٥: ١٦)
- الابتعاد عن أولئك الذين قد يدمروا الكنيسة (رومية ١٦: ١٧؛ ١ تيموثاوس ٦: ٣-٥؛ تيطس ٣: ١٠؛ ٢ يوحنا ١٠-١١)
- رفض تقييم الناس بالمعايير الدنيوية (متى ٢٠: ٢٦-٢٧؛ رومية ١٢: ١٠-١٦؛ يعقوب ٢: ١-١٣)
- أن يجاهدوا معًا من أجل الإنجيل (فيلبي ١: ٢٧؛ يهوذا ٣)
- أن يكونوا قدوة لبعضهم البعض (فيلبي ١:٢-١٨)

تفترض هذه الوصايا أن المسيحيين يجتمعون معًا بانتظام، ويتلمذون بعضهم البعض، ويضعون بعضهم البعض تحت المُساءلة. بكلمات أخرى، تفترض هذه الوصايا أن المسيحيين أعضاء في كنيسة محليَّة. إن الطريقة الوحيدة ذات المعنى للوفاء بهذه الوصايا هي بتنفيذها مع مجموعة معينة من الأشخاص – أشخاص تجتمع معهم بانتظام. في الواقع، يجب ألا نفوت حقيقة أن الرسل كتبوا هذه الأوامر إلى كنائس محليَّة وليس فقط مسيحيين أفراد.

وصايا أخرى في الكتاب المُقدَّس

توجد وصايا أخرى صراحةً تطالب بالانضمام إلى كنيسة محليَّة. على سبيل المثال، نحن مدعوون إلى «الخضوع» للمرشدين في جماعة محليَّة (العبرانيين ١٣: ١٧). نحن مأمورون أن نجتمع بانتظام مع كنيستنا المحليَّة من أجل سماع كلمة الله وتشجيع الآخرين (العبرانيين ١٠: ٢٥؛ أعمال ٢: ٤٢). إذا أخذنا طاعة الله على محمل الجد، فإننا ببساطة لا نستطيع اتباع وصايا الكتاب المُقدَّس دون أن نكون أعضاء في كنيسة محليَّة.

١كورنثوس ١٢ يُعلِّم عضويَّة الكنيسة

مكان آخر في الكتاب المُقدَّس يناقش صراحةً عضويَّة الكنيسة هو ١ كورنثوس ١٢. في هذا المقطع، يشير بولس إلى المؤمنين في كورنثوس على أنهم «أعضاء» في جسد المسيح. لم تتبن الكنائس لغة «العضويَّة» من الأندية ذات الاشتراكات، هذه اللغة تأتي من بولس نفسه.

في هذا المقطع، يشير بولس إلى عضويَّة في جماعة محليَّة – وليس فقط الكنيسة الجامعة. هؤلاء المسيحيون هم «**أعضاء**» من جسد واحد على وجه التحديد لأنهم يأكلون العشاء الرباني معًا (١ كورنثوس ١٠: ١٧) ويشاركون في أفراح وأحزان أحدهم الآخر. (١ كورنثوس ١٢: ٢٦). إنهم ليسوا مجرد «**أعضاء**» في الكنيسة الجامعة بالمعنى المجرد؛ هؤلاء هم «أعضاء» في كنيسة محليَّة – الكنيسة في كورنثوس. في حين أن بعض المسيحيين غير مرتاحين لفكرة أننا يجب أن نكون أعضاء في كنيسة محليَّة، لا يشترك بولس في نفس شعور عدم الراحة.

لاحظ أن بولس يوجه اللوم إلى أهل كورنثوس – لقول بعضهم لبعض، «**لاَ حَاجَةَ لِي إِلَيْكِ!**» (١ كورنثوس ١٢: ٢١). المعنى الضمني، بالطبع، هو أننا نحتاج لبعضنا البعض – نحن بحاجة إلى الاهتمام المُحِب والتأديب من الجماعة المحليَّة. إذا كان الكتاب المُقدَّس يحتوي على نص إثبات لالتزامنا بالانضمام إلى الكنيسة، فهو ١ كورنثوس ١٢: ٢١. نحن بحاجة، وهذا يعني، نحن يجب أن نتحد مع الإخوة والأخوات في الكنيسة المحليَّة.

صور العهد الجديد للكنيسة تعني ضمنيًا عضويّة الكنيسة

بالإضافة إلى ذلك، فإن الصور التي يستخدمها كتبة الكتاب المُقدَّس لوصف المسيحيين وعلاقتهم بالكنيسة في العهد الجديد تفترض أن المسيحيين أعضاء في كنائس محليَّة. يشير بولس إلى الكنيسة كجسد وإلى المسيحيين على أنهم «أعضاء» فيها. يشير إلى الكنيسة باسم «**بَيْتِ اللهِ**» (١ تيموثاوس ٣: ١٥)، مكونة من إخوة وأخوات في الإيمان. يشير بطرس إلى المسيحيين على أنهم «**حِجَارَةٍ**» تشكل جزءا من «**بَيْتًا رُوحِيًّا**» (١ بطرس ٢: ٥). كما يشير إلى المسيحيين على أنهم «**خِرَافٍ**» الذين هم جزء من «**رَعِيَّةَ اللهِ**» (١ بطرس ٢: ٢٥؛ ٥: ٢).

صور العهد الجديد للكنيسة	
الكنيسة هي...	المسيحيون هم ...
الجسد	أجزاء الجسد (اليدين والقدمين والعينين، إلخ.)
بيت الله	الإخوة والأخوات
بيت روحي	الحجارة
رعية الله	خراف

تشير هذه الصور إلى حقيقة أن الله يقصد لشعبه أن يتحد معًا في كنائس محليَّة. إذا كنا أعضاء في الجسم، ألا يفترض بنا أن نكون متصلين الجسم؟ إذا كنا أبناء الله، ألا يفترض بنا أن نكون في شركة مع إخواننا وأخواتنا في بيت الله؟

إذا كنا حجارة، ألا يفترض بنا أن نكون جزءً من المبنى؟ إذا كنا خراف الله، ألا يفترض بنا أن نسافر مع القطيع؟

تفترض نصوص التأديب الكنسي عضويّة الكنيسة

بعض أقوى الأدلة على عضويَّة الكنيسة هي تعاليم الكتاب المُقدَّس الصريحة حول التأديب الكنسي. التأديب الكنسي، بالمعنى الدقيق للمصطلح، هو فعل استبعاد شخص يدعي أنه مسيحي من العضويَّة في الكنيسة والمشاركة في العشاء الرباني بسبب خطية خطيرة لم يتم التوبة عنها – خطية يرفض هو أو هي التخلي عنها. التأديب الكنسي هو كيف تحمي الكنيسة أعضائها وكيف يُشرف المسيحيون على أمانة بعضهم البعض للمسيح.

وصى يسوع الكنائس بتأديب الأعضاء غير التائبين في متى ١٨: ١٥-١٨. كما أمر بولس الكنيسة في كورنثوس بإزالة رجل يعيش في خطية جنسيَّة غير تائب عنها من شركتهم. مقاطع أخرى في جميع أنحاء الكتاب المُقدَّس تأمُر الكنيسة بأن تحفظ أعضائها بواسطة التأديب الكنسي (انظر غلاطية ٦: ١؛ ٢ تسالونيكي ٣: ٦-١٥؛ ١ تيموثاوس ١: ٢٠؛ ٥: ١٩-٢٠؛ تيطس ٣: ٩-١١).

من خلال إعطاء الكنيسة السُلطة لمواجهة الخطيَّة، أظهر يسوع أنه يتوقع من شعبه أن يكونوا تحت مُساءلة بعضهم البعض في الكنيسة المحليَّة. إن اتباع المسيح مُكلف وصعب. يحاول العالم والشيطان والخطيَّة الساكنة فينا عرقلة التزامنا بالمسيح. في مواجهة تلك التحديات، أعطى يسوع الكنائس المحليَّة الحق في تأديبنا عندما نكون غير نادمين كي لا نحطم إيماننا (١ تيموثاوس ١: ١٩). يراقب أعضاء الكنائس المحليَّة ويشجعون إيمان بعضهم البعض. كما يقول بولس، لدينا مسؤولية مراقبة بعضنا البعض داخل الكنيسة، ولكن هذا لا يمتد إلى غير المؤمنين خارج الكنيسة (١ كورنثوس ٥: ١٢).

التأديب الكنسي يفترض عضويَّة الكنيسة. يتوقع العهد الجديد من كل مسيحي أن يتحد بالآخرين في كنيسة محليَّة حيث يمكن لجميع الأعضاء مساعدة بعضهم البعض على اتباع المسيح – حتى لو كان ذلك يعني مواجهة خطيتنا.

هل عضويَّة الكنيسة مذكورة في الكتاب المُقدَّس؟ بالتأكيد.

إنها موجودة في كل صفحة من صفحات العهد الجديد لأن الرسل يكتبون إلى كنائس محليَّة حقيقيَّة وإلى الأعضاء الذين يشكلون تلك الكنائس. لم يخاطب الرسل أبدًا «**المسيحي المنعزل**» لأنهم لم يتصوروا هذه الفئة أبدًا. لم يفترضوا أبدًا أن أي شخص يمكن أن يكون مسيحيًا وبطريقة ما لا يكون مرتبطًا بشكل حيوي بجماعة محليَّة. إن فكرة وجود مسيحي غير مرتبط بكنيسة محليَّة هي ببساطة غريبة عن العهد الجديد.

٣- انضم إلى كنيسة لتحب مسيحيين آخرين وتبني الكنيسة

ذات مرة كان لدي صديق، عمل في هيئة مسيحيَّة تخدم في الحرم الجامعي أثناء حضوره كنيسة حيث كنت عضوًا. كان يتسلل دائمًا بعد الترانيم مباشرة، ويجلس هناك من أجل العظة، ثم يغادر.

سألته ذات يوم لماذا لم يأت للخدمة بأكملها.

«حسنًا،» قال، «أنا لا أستفيد أي شيء من بقية الاجتماع.»

«هل فكرت يومًا في الانضمام إلى الكنيسة؟» أجبت.

لقد أعتقد أن هذا تعليق سخيف. هو قال، «لماذا أنضم إلى الكنيسة؟ إذا انضممت إليهم، أعتقد أنهم سيبطئونني روحيًا.»

أنا سألت، «هل فكرت يومًا أنه ربما يريدك الله أن تتحد بهؤلاء الناس، وربما على الرغم من أنهم قد يبطئونك قليلًا، قد تساعد أنت في تسريعهم؟ ربما يكون هذا جزءًا من خطة الله لنا لكيفية العيش كمسيحيين معًا.»

مثل صديقي، كثير من الناس يقتربون من الكنيسة المحليَّة كمستهلكين، يسألون «ماذا يمكن أن تفعل هذه الكنيسة من أجلي؟ «لقد قابلت العديد من الأشخاص الذين يبحثون عن كنيسة ينتمون لها كما لو كانوا يتسوقون لشراء سيارة جديدة: «الوعظ جيد، والموسيقى لائقة، لكنني بالتأكيد لا أحب الجزء الداخلي من القاعة... وتكييف

الهواء به مشاكل. «بالطبع، يجب أن نتوقع بعض الأشياء من كنيستنا المحليَّة، مثل الوعظ المُخْلِص والعقيدة الكتابيَّة. لكن لا ينبغي لنا أبدًا الاقتراب من الكنيسة كعملاء يبحثون عن أفضل صفقة في المدينة. نحن لسنا مستهلكين. نحن أطفال بالتبني ينضمون إلى عائلة.

لقد سبق أن أشرنا سابقًا إلى أن العهد الجديد يصف الحياة المسيحيَّة بأنها مرتبطة ارتباطًا وثيقًا بمجمع محلي. يأمرنا الله أن نخدم بعضنا البعض، ونصلي من أجل بعضنا البعض، ونعيش في سلام مع بعضنا البعض، ونكون لطفاء مع بعضنا البعض، ونشجع بعضنا البعض، ونجتمع مع بعضنا البعض، ونبني بعضنا البعض بكلمة الله. كل مسيحي أُمِرَ أن يستخدم مواهبه الروحيَّة ل «**بُنْيَانِ الْكَنِيسَةِ**» (١ كورنثوس ١٤: ١٢). باختصار، أمرنا الله أن نحب بعضنا البعض، لا «**نُحِبَّ بِالْكَلاَمِ وَلاَ بِاللِّسَانِ، بَلْ بِالْعَمَلِ وَالْحَقِّ!**» (١ يوحنا ٣: ١٨؛ انظر أيضًا ١ يوحنا ٣: ١٤، ١٦؛ ٤: ٢١).

أعضاء الكنيسة لديهم أيضًا مسؤوليات معينة تجاه قادة الكنيسة، كما أن القادة لديهم مسؤوليات تجاه الأعضاء. القادة في الكنيسة ينبغي احترامهم، ويكونوا في أعلى درجات التقدير، ومكرمين (فيلبي ٢: ٢٩؛ ١ تسالونيكي ٥: ١٢- ١٣). إذا توقع المسيحيون أن يفي راعيهم بمسؤولياته الكتابيَّة، فيجب على أعضاء الكنيسة أن يجعلوا أنفسهم معروفين له. يجب عليهم احترامه كهدية من المسيح أُرسِلَت إلى الكنيسة من أجل خيرها. خادم الكلمة هو وكيل بيت الله وراعي قطيع الله. انه يخدم بالاختيار وبنشاط (١ بطرس ٥: ١-٣). يمكن الدفاع عن سمعته، يُصَدَّق تعليمه، وتُطاع تعليماته ما لم تتناقض مع الكتاب المُقدَّس (العبرانيين ١٣: ١٧، ٢٢؛ ١ تيموثاوس ٥: ١٧-١٩). الخادم الأمين يجب أن يكون له كل تقدير، ذلك ببساطة لأنه يجلب كلمة الله إلى شعبه؛ إنه لا يحل محلها بكلماته الخاصة.

يجب أن يتذكر أعضاء الكنيسة قادتهم ويتمثلوا بحياتهم وإيمانهم (١ كورنثوس ٤: ١٦؛ ١١: ١؛ فيلبي ٣: ١٧؛ العبرانيين ١٣: ٧). الوعاظ الجيدون والمعلمون يستحقون أن يتم تكريمهم بشكل مضاعف، وفقًا لبولس في ١ تيموثاوس ٥: ١٧، والذي يتضمن الدعم المادي (انظر أيضًا أعمال الرسل ٦: ٤؛ ١ كورنثوس ٩: ٧-١٤؛ غلاطية ٦ :٦).

وأعضـاء الكنيسـة يجـب أن يعطـوا أنفسـهم للصـلاة مـن أجـل خدامهـم ومسـاعدتهم بـكل طريقـة ممكنـة (أفسـس ٦: ١٨-٢٠؛ كولوسـي ٤: ٣-٤؛ ٢ تسـالونيكي ٣: ١؛ العبرانيين ١٣: ١٨-١٩). تـم تكليـف خدام الكلمـة بمهمـة جلـب كلمـة الله إلـى شـعب الله.

إذا قمنـا برسـم جميـع المسـؤوليات التـي يمنحهـا الله للمسـيحيين فـي الكتـاب المُقـدَّس، فقد يبدو الأمر مثل الشكل الموجود في الصفحة التالية.

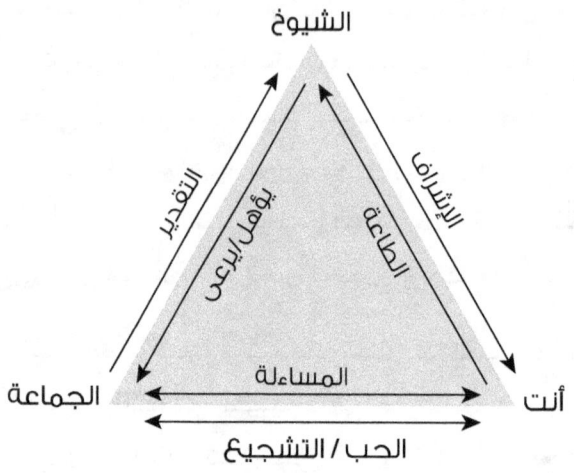

من خـلال الانضمـام إلـى الكنيسـة نحـن نلتـزم بمحبـة مجموعـة معينـة مـن النـاس بالطـرق المذكـورة أعلاه.

نعـم، نحـن نعتـزم أن نحـب جميـع المسـيحيين، لكننـا نثبـت ذلـك بالأفعـال، مـن خـلال الالتـزام بمجموعـة معينـة مـن النـاس الحقيقيين. غالبًـا مـا يكـون هـذا النـوع مـن الحـب صعبًـا وغيـر مريـح. هـذه المضايقـات هـي بالضبـط السـبب، فـي عضويَّـة الكنيسـة، نتعهـد معًـا لتطبيـق هـذا الحـب فـي الأوقـات الجيـدة والسـيئة. إن عـدم الالتـزام الـذي يعـززه الافتقـار إلـى العضويَّـة الرسـميَّة فـي الكنيسـة المحليَّـة هـو إغـراء لجسـدنا وفرصـة لخـداع الـذات. العضويَّـة تحملنـا المسـؤولية لممارسـة الحـب الحقيقـي وتشـجعنا علـى حـب الآخريـن بالطريقـة التـي يأمرنـا بهـا الكتـاب المُقـدَّس.

إذا كنـت تعتبـر نفسـك مسـيحيًا ولكنـك ترفـض الالتـزام بمجموعـة مـن الأشـخاص المكرسـين لاتبـاع يسـوع، أخشـى أنـه قـد لا يكـون لديـك سـبب كبيـر للاعتقـاد بأنـك قـد

تجددت بالفعل. نعم، حب المؤمنين الآخرين ينطوي على جميع أنواع المضايقات ويجعلنا معرضين للأذى وخيبة الأمل. لكن المسيحيين الناضجين حقًا لا يتركون الكنيسة وراءهم. إنهم يتبعون أوامر الكتاب المُقدَّس ليحبوا إخوتهم وأخواتهم ويتحملوا بصبر مع مجموعة معينة من الخطاة المفديين – حتى الخطاة الذين جرحوهم. بينما يحبون ويغفرون ويحزنون ويفرحون مع الآخرين في كنيسة محليَّة، فإنهم يُظهِرون حب المسيح.

ماذا عنك؟ هل تحب شعب الله؟ هل تمارس العطاء لهم بشكل فعَّال؟ هل تستخدم يديك من أجلهم؟ أموالك؟ شفتيك؟

في الكنيسة، التلمذة هي مشروع فردي ونشاط مشترك بينما نتبع المسيح ونساعد بعضنا البعض على طول الطريق. يمكننا محاسبة بعضنا البعض في أوقات الإغواء. يمكننا دراسة كلمة الله معًا لإعدادنا للحرب الروحيَّة. يمكننا أن نُرنم تسابيح لله ونصلي معًا. يمكننا تعزية بعضنا البعض ومشاركة أعباء بعضنا البعض. كما قال لنا يسوع، «**هذِهِ هِيَ وَصِيَّتِي أَنْ تُحِبُّوا بَعْضُكُمْ بَعْضًا كَمَا أَحْبَبْتُكُمْ. بِهذَا أُوصِيكُمْ حَتَّى تُحِبُّوا بَعْضُكُمْ بَعْضًا**». (يوحنا ١٥: ١٢، ١٧). اتحد مع المسيحيين الآخرين من حولك لبناء الكنيسة.

٤- انضم إلى كنيسة لتكرز للعالم

قد يبدو هذا غريبًا، لكن إحدى الطرق التي نحب بها غير المسيحيين ونكرز للعالم هي بالانضمام إلى كنيسة محليَّة. من خلال الانضمام إلى الكنيسة، نظهر لغير المسيحيين وأولئك الذين يعتقدون أنهم مسيحيون كيف يبدو التجديد الحقيقي. نحن نقدم تمييزًا واضحًا بين الكنيسة والعالم، ونظهر بوضوح أن المؤمنين هم «**دَاخِل**» الكنيسة، بينما يبقى غير المؤمنين «**خَارِجٍ**» (١ كورنثوس ٥: ١٢).

علاوة على ذلك، عندما ننضم إلى كنيسة محليَّة، فإننا نكثف جهودنا الكرازيَّة. عندما نعمل معًا، يمكننا نشر الإنجيل بشكل أفضل في الداخل والخارج. يمكننا القيام بذلك من خلال كلماتنا، حين نشارك الأخبار السارة مع الآخرين وبينما نساعد الآخرين

على القيام بذلك. نحن ندعم هذه الكرازة بأفعالنا بينما نُشيد بالإنجيل من خلال الأعمال الصالحة.

الكنيسة المحليَّة، بطبيعتها، منظمة كرازيَّة. نحن ننشر الإنجيل من خلال التعاون لنقله إلى أولئك الذين لم يسمعوه بعد، ومن خلال جعل الإنجيل مرئيًا للعالم من خلال الطريقة التي نعيش بها.

علم يسوع أن «**الْجَمِيعُ**» يعرفون أننا تلاميذه إذا كان لنا «**حُبٌّ بَعْضًا لِبَعْضٍ**» (يوحنا ١٣: ٣٤-٣٥).

عندما ينظر العالم إلى الكنيسة، يجب أن يروا محبة المسيح في رعايتنا لبعضنا البعض. بقدر ما نحن ناقصون، إذا كان روح الله يعمل حقًا فينا، فسوف يستخدم حياتنا للمساعدة في إظهار حقيقة إنجيله للآخرين. هذا هو دور خاص لدينا الآن والذي لن يكون لدينا في السماء – أن نكون جزءًا من خطة الله لنقل إنجيله إلى العالم.

هل فكرت يومًا أن الكنيسة هي خطة يسوع الكرازيَّة؟ عندما نعلن رسالة محبة الله في المسيح، نحن أيضًا نُظهر هذا الحب نفسه في الكنيسة المحليَّة. عندما نغفر لبعضنا البعض، وندعو بعضنا البعض للتوبة، ونشجع بعضنا البعض، ونتحدث بكلمة الله لبعضنا البعض، فإننا نُظهر محبة المسيح الذي فعل هذه الأشياء نفسها من أجلنا. حياتنا معًا تعطي مصداقية للرسالة التي نُعلنها. إذا كنا نحب حقًا أصدقائنا غير المسيحيين، سنقوم بالاشتراك في خطة يسوع الكرازيَّة ونلتزم الجماعة المحليَّة.

٥- انضم إلى كنيسة لتؤكد خلاصك لنفسك

أنت لا تنضم إلى كنيسة من أجل الخلاص، ولكن قد ترغب في الانضمام إلى الكنيسة لمساعدتك في التأكد من أنك مُخلَّص. تذكر كلمات يسوع:

> «**اَلَّذِي عِنْدَهُ وَصَايَايَ وَيَحْفَظُهَا فَهُوَ الَّذِي يُحِبُّنِي وَالَّذِي يُحِبُّنِي يُحِبُّهُ أَبِي، وَأَنَا أُحِبُّهُ، وَأُظْهِرُ لَهُ ذَاتِي.**»

... «إِنْ حَفِظْتُمْ وَصَايَايَ تَثْبُتُونَ فِي مَحَبَّتِي، كَمَا أَنِّي أَنَا قَدْ حَفِظْتُ وَصَايَا أَبِي وَأَثْبُتُ فِي مَحَبَّتِهِ...أَنْتُمْ أَحِبَّائِي إِنْ فَعَلْتُمْ مَا أُوصِيكُمْ بِهِ.» «إِنْ عَلِمْتُمْ هذَا فَطُوبَاكُمْ إِنْ عَمِلْتُمُوهُ.» (يوحنا ١٤: ٢١؛ ١٥: ١٠، ١٤؛ ١٣: ١٧)

يمكنني أن أقتبس العديد من الكلمات من يسوع التي تعلمنا كيف نتبعه وكيف يجب أن نكون حريصين على عدم خداع أنفسنا. في الانضمام إلى الكنيسة، نطلب من إخواننا وأخواتنا أن يضعونا تحت المُساءلة للعيش وفقًا لما نقوله بأفواهنا. نطلب من الإخوة والأخوات من حولنا تشجيعنا، أحيانًا بتذكيرنا بالطرق التي رأينا بها الله يعمل في حياتنا، وفي أحيان أخرى، بتحدينا عندما نبتعد عن طاعته.

فمن السهل أن نخدع أنفسنا في التفكير أننا مسيحيون ببساطة لأنه في وقت ما اتخذنا قرارًا باكيًا ثم انضممنا إلى الكنيسة. ربما جُرِفنا في حياة الكنيسة لسنوات، ندعم منظماتها، نكون صداقات قائمة على الأنشطة، نُعجَب ببعض الترانيم، نشكو من الآخرين، ولكن لا نعرف المسيح حقا. هل لديك علاقة حية مع المسيح تغير حياتك وحياة من حولك؟ كيف يمكنك معرفة ما إذا كانت لديك؟

إحدى الطرق التي يمكنك من خلالها اكتشاف حقيقة حياتك هي طرح هذا السؤال: هل أفهم أن اتباع المسيح ينطوي بشكل أساسي على كيفية تعاملي مع الآخرين، خاصةً الأشخاص الآخرين الذين هم أعضاء في كنيستي؟ هل تعهدت معهم أن أحبهم، وهل أعطي نفسي لذلك؟

أو، هل ادعيت أنك تعرف محبة من الله في المسيح ومع ذلك تعيش بطريقة تتعارض مع هذا الادعاء؟ هل تدعي أنك تعرف هذا النوع من الحب الذي لا يعرف حدودًا، ومع ذلك تضع حدودًا في حب الآخرين، قائلًا في الواقع، «سأذهب إلى هذا الحد ولكن ليس أبعد منه»؟

مثل هذا الادعاء بالحب، دون حياة تدعمه، هو علامة سيئة. ومع ذلك، إذا كنت تجول بمفردك وترفض الانضمام إلى كنيسة، فلن يتمكن المسيحيون الآخرون من مساعدتك. فأنت تبحر بسفينتك الصغيرة في طريقك الخاص الصغير. ستأتي إلى الكنيسة عندما تحب العظات، ستأتي عندما تحب الموسيقى أو عندما تحب

شيئًا آخر تفعله الكنيسة، ثم ستبحر إلى أي مكان آخر قد تذهب إليه عندما تريد شيئًا آخر.

العضويَّة في كنيسة محليَّة ليست إضافة غير ضروريَّة وعفا عليها الزمن إلى العضويَّة الحقيقيَّة في جسد المسيح العالمي؛ تهدف العضويَّة في كنيسة محليَّة إلى أن تكون شهادة على عضويتنا في الكنيسة العالميَّة. عضويَّة الكنيسة لا تُخَلِّص، لكنها تعكس الخلاص. وإذا لم يكن هناك انعكاس لخلاصنا، كيف يمكننا أن نكون على يقين من أننا حقًا مُخَلَّصين؟ كما يشرح يوحنا، «**إِنْ قَالَ أَحَدٌ: «إِنِّي أُحِبُّ اللهَ» وَأَبْغَضَ أَخَاهُ، فَهُوَ كَاذِبٌ. لأَنَّ مَنْ لاَ يُحِبُّ أَخَاهُ الَّذِي أَبْصَرَهُ، كَيْفَ يَقْدِرُ أَنْ يُحِبَّ اللهَ الَّذِي لَمْ يُبْصِرْهُ؟**» (١ يوحنا ٤: ٢٠).

في كوننا أعضاء في الكنيسة، نحن نمسك أيدينا بعضها البعض لنَعرِف ونُعرَف من قبل بعضنا البعض. نحن نتفق على مساعدة وتشجيع بعضنا البعض عندما نحتاج إلى تذكيرنا بعمل الله في حياتنا أو عندما نحتاج أن يتم تحدينا بخصوص التناقضات الكبيرة بين ما نقوله وما نعيشه.

٦- انضم إلى كنيسة لفضح الأناجيل الكاذبة

بينما نتفاعل مع مسيحيين آخرين، نُظهِر للعالم ما هي المسيحيَّة حقًا؛ نحن نهدم الفكرة الخاطئة بأن المسيحيين هم أناس بغيضون ومنغمسون في برِّهم الذاتي وقلقون من أن شخصًا ما في مكان ما قد يكون مستمتعًا بوقته، وهم يؤمنون – أهم شيء – بصلاحهم. ينظر العديد من غير المسيحيين إلى المسيحيين بهذه الطريقة. يمكننا محاربة تلك الصورة الخاطئة من خلال وجود كنيسة لا يكون هذا التوجه القلبي اتجاهها.

قبل بضع سنوات، زرت قريبة لم أراها منذ الطفولة. إعلاني بأنني كنت أخطط لأن أكون واعظًا معمدانيًا لم يسر على ما يرام. توقفت، ونظرت إلى قهوتها،

وقالت: «لقد تخليت عن شكليات الدين. فأنا أعتقد أن الكنائس هي مجرد جُحر أفاعي.»

«حقًا؟» أجبتها.

«نعم»، قالت.

«هل تظني حقًا أن العالم الخارجي أفضل بكثير؟» سألت.

فكرت لثانية واحدة: «حسنًا، لا أعتقد ذلك.

هم أفاعي أيضًا. لكنهم على الأقل يعرفون أنهم أفاعي.»

قلت، «قد يفاجئك كم أنا أتفق مع قولك. أعلم أن العالم الخارجي عبارة عن جُحر أفاعي. وأنا أعلم أن الكنيسة هي جُحر أفاعي أيضًا. لكن الاختلاف هو أنني لا أعتقد حقًا أن العالم الخارجي يعرف أنهم كذلك. وأعتقد أن المسيحيين يعرفون أنهم كذلك، ولهذا السبب نذهب إلى الكنيسة – لأننا نعلم أننا بحاجة إلى المساعدة. لأننا نعلم أننا نعتمد على الله وأننا نخلص بنعمته وحدها.»

كل ما يمكننا تقديمه لخلاصنا هو خطيتنا. يجب أن تكون محبة الله في المسيح هي التي تنقذنا. لقد جاء وعاش حياة مثالية لنا، ومات على الصليب بدلًا من كل أولئك الذين يتحولون إليه ويثقون به، وقام منتصرًا على الموت وعلى الخطيئة. إيماننا به وحده هو الأداة التي نخلص بها. لذا انضم إلى كنيسة تؤمن بهذا الإنجيل. انضم إلى مسيحيين آخرين في عضويَّة عهدية لجعل هذه الحقيقة معروفة.

٧- انضم إلى كنيسة لتمجيد الله

أخيرًا، إذا كنت مسيحيًا، فعليك الانضمام إلى كنيسة من أجل مجد الله. كتب بطرس لبعض المسيحيين الأوائل، «**وَأَنْ تَكُونَ سِيرَتُكُمْ بَيْنَ الأُمَمِ حَسَنَةً، لِكَيْ يَكُونُوا، فِي مَا يَفْتَرُونَ عَلَيْكُمْ كَفَاعِلِي شَرّ، يُمَجِّدُونَ اللهَ فِي يَوْمِ الافْتِقَادِ، مِنْ أَجْلِ أَعْمَالِكُمُ الْحَسَنَةِ الَّتِي يُلاَحِظُونَهَا.** »(١ بطرس ٢: ١٢).

مدهش، أليس كذلك؟ يمكنك القول إن بطرس قد سمع تعليم سيده. تذكر ما علمه يسوع في العظة على الجبل: «**فَلْيُضِئْ نُورُكُمْ هكَذَا قُدَّامَ النَّاسِ، لِكَيْ يَرَوْا أَعْمَالَكُمُ الْحَسَنَةَ، وَيُمَجِّدُوا أَبَاكُمُ الَّذِي فِي السَّمَاوَاتِ.**» (متى ٥: ١٦).

مرة أخرى، يبدو أن الافتراض المفاجئ هو أن الله سيحصل على المجد بسبب أعمالنا الصالحة. إذا كان هذا صحيحًا في حياتنا بشكل فردي، فلا ينبغي أن يفاجئنا أنه ينطبق أيضًا على حياتنا معًا كمسيحيين. يقصد الله أن الطريقة التي نحب بها بعضنا البعض ستُظهرنا كأتباع المسيح.

تذكر كلمات يسوع في يوحنا ١٣: ٣٤-٣٥: «**وَصِيَّةً جَدِيدَةً أَنَا أُعْطِيكُمْ: أَنْ تُحِبُّوا بَعْضُكُمْ بَعْضًا كَمَا أَحْبَبْتُكُمْ أَنَا تُحِبُّونَ أَنْتُمْ أَيْضًا بَعْضُكُمْ بَعْضًا. بِهذَا يَعْرِفُ الْجَمِيعُ أَنَّكُمْ تَلاَمِيذِي: إِنْ كَانَ لَكُمْ حُبٌّ بَعْضًا لِبَعْضٍ.**»

حياتنا معًا هي لتميزنا كخاصته ولتجلب له الثناء والمجد.

قال يسوع: «**أَبْنِي كَنِيسَتِي**» (متى ١٦: ١٨). إذا كان يسوع ملتزمًا بالكنيسة، هل يجب أن نكون أقل التزامًا بها؟ يشعر معظم المسيحيين الذين يحضرون بانتظام كنيسة مركزها الله وتعظ بالكتاب المُقدَّس بالإحباط في مرحلة ما. لكن تذكر أن جميع العائلات لديها مشاكل. لحظات الإحباط هذه هي بالضبط الأوقات التي يمكننا فيها ممارسة الغفران، والسلوك بطول الأناة، وحب الآخرين الذين قد لا يكون لديهم ما يقدمونه لنا في المقابل. هذه العلاقات الملتزمة العهدية تجلب المجد لله.

التزم بجسد المسيح

في المشهد قبل الأخير من مسرحية روبرت بولت: رَّجُل لجميع الفصول، تأتي ابنة توماس مور، ميج، إلى زنزانته لإقناعه بقول ما يحتاج إلى قوله من أجل أن يُطلَق صراحه.

تتوسل ميج، «ثم قل كلمات القسم وفي قلبك، فكر بعكسها.»

«حسنًا، ... في النهاية، «يقول مور، «إنها ليست مسألة سبب؛ في النهاية إنها مسألة حب.»[1]

---

[1] Robert Bolt, A Man for All Seasons (New York: Ran- dom House, 1990), 141.

إن الانضمام إلى كنيسة محليَّة معينة هو انعكاس خارجي لمحبة داخليَّة للمسيح ولشعبه. وكما نرى كثيرًا في هذه الحياة، نادرًا ما يكون الحب الأعظم مجرد عفوية؛ غالبًا ما يتم التخطيط له، مع سبق الإصرار، ويتميز بالالتزام.

تقول أفسس ٥: ٢٥ أن «**أَحَبَّ الْمَسِيحُ أَيْضًا الْكَنِيسَةَ وَأَسْلَمَ نَفْسَهُ لأَجْلِهَا**» وأعمال الرسل ٢٠: ٢٨ يذكرنا أنه اقتنى كنيسته بدمه. إذا كنا أتباع المسيح، يجب علينا أيضًا أن نحب الكنيسة التي بذل نفسه من أجلها. لذلك، لا تقم فقط بحضور الكنيسة (على الرغم من أنك يجب أن يحضر) ولكن انضم إلى كنيسة. اتحد مع مسيحيين آخرين. ابحث عن كنيسة يمكنك الانضمام إليها، وافعل ذلك حتى يسمع غير المسيحيين الإنجيل ويشاهدونه، حتى يتم الاعتناء بالمسيحيين الضعفاء، حتى يتمكن المسيحيون الأقوياء من تسخير طاقاتهم بطريقة جيدة، حتى يتم تشجيع قادة الكنيسة ومساعدتهم، وكي يتمجد الله.

المصادر المقترحة

1. Thabiti Anyabwile, What Is a Healthy Church Member? (Wheaton, IL: Crossway, 2008)).
2. Mark Dever, Nine Marks of a Healthy Church
3. Wheaton, IL: Crossway, 2013).)
4. Jonathan Leeman, Church Membership: How the World Knows Who Represents Jesus (Wheaton, IL: Crossway, 2012).

IX 9Marks سلسلة بناء الكنائس الصحيحة

هل تنعم كنيستك بالصحَّة؟

تهدفُ هيئة «9Marks» لتزويد قادة الكنائس بمصادر كتابيّة وعمليَّة، لإظهار مجد الله للأمم من خلال الكنائس الصحيحة.

من أجل هذا الهدف نريد أن نساعد الكنائس على النموِّ في العلامات التسع للصحَّة والتي كثيرًا ما يتمُّ إغفالها:

١- الوعظ التفسيريّ
٢- اللاهوت الكتابيّ
٣- الفهم الكتابيّ لبشارة الإنجيل
٤- الفهم الكتابيّ للاهتداء
٥- الفهم الكتابيّ للكرازة
٦- العضويَّة الكنسيَّة
٧- التأديب الكنسيّ الكتابيّ
٨- التلمذة الكتابيَّة
- القيادة الكنسيَّة الكتابيّة

نكتبُ في «9Marks» مقالات، وكتبًا، وتقييمات لكتب، كما نُصدرُ مجلّة إلكترونيَّة، وأيضًا نعقدُ مؤتمرات، ونقومُ بتسجيل مقابلاتٍ وننتج مصادر أخرى لتمكين الكنائس من إظهار مجد الله.

يمكنك زيارة موقعنا الإلكترونيِّ لتجد محتوىً بأكثر من ٣٠ لغة، كما يمكنك تسجيل دخولك على موقعنا لتحصل على مجلّتنا الإلكترونيَّة المجانيَّة.

يمكنك أن تجد قائمة بمواقعنا الأخرى الخاصَّة بلغات مختلفة على هذا الرابط:

https://www.9marks.org/about/international-efforts/

www.9marks.org | ar.9marks.org

رسالتنا: نحن خدمة تعليمية هدفها تجديد الذهن وتثبيت وتأصيل المؤمنين في كلمة الله المُقدَّسة وتقديم خدمة المشورة الفردية والأسرية بهدف الاسترداد الكتابي لمجد الله والرب يسوع المسيح.

إِنْ كُنْتُمْ قَدْ سَمِعْتُمُوهُ وَعُلِّمْتُمْ فِيهِ كَمَا هُوَ حَقٌّ فِي يَسُوعَ، أَنْ تَخْلَعُوا مِنْ جِهَةِ التَّصَرُّفِ السَّابِقِ الإِنْسَانَ الْعَتِيقَ الْفَاسِدَ بِحَسَبِ شَهَوَاتِ الْغُرُورِ، وَتَتَجَدَّدُوا بِرُوحِ ذِهْنِكُمْ، وَتَلْبَسُوا الإِنْسَانَ الْجَدِيدَ الْمَخْلُوقَ بِحَسَبِ اللهِ فِي الْبِرِّ وَقَدَاسَةِ الْحَقِّ (أفسس ٤: ٢١-٢٤).

وَأَنَا نَفْسِي أَيْضًا مُتَيَقِّنٌ مِنْ جِهَتِكُمْ، يَا إِخْوَتِي، أَنَّكُمْ أَنْتُمْ مَشْحُونُونَ صَلاَحًا، وَمَمْلُوؤُونَ كُلَّ عِلْمٍ، قَادِرُونَ أَنْ يُنْذِرَ بَعْضُكُمْ بَعْضًا (رومية ١٥: ١٤).

للتواصل معنا

WhatsApp +201211583580 - +201210150752

Social Media: https://www.facebook.com/mashoraketabyya

https://t.me/zehngadiid

https://twitter.com/zehngadid?s=09

Website: www.zehngadid.org

Email: info@zehngadid.org

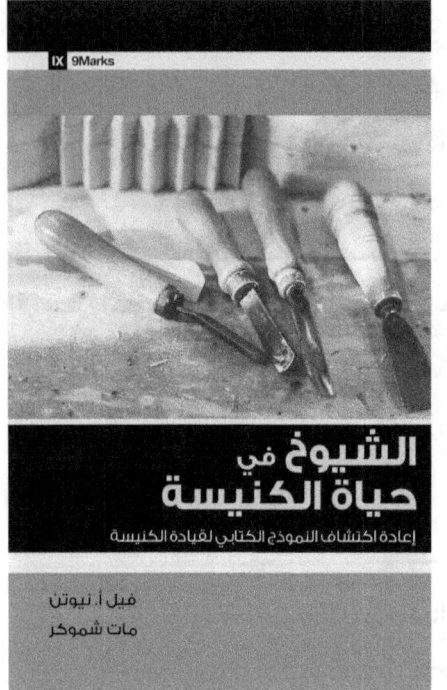

9Marks
الشيوخ في
حياة الكنيسة
إعادة اكتشاف النموذج الكتابي لقيادة الكنيسة
فيل أ. نيوتن
مات شموكر

9Marks
كيف تبني
كنيسة صحيحة؟
دليل إرشاديّ عمليّ للقيادة المُتعَدِّدة
Mark Dever & Paul Alexander